Monika Jachmann (Hrsg.)
Erneuerung des Steuerrechts

Veröffentlichungen der Deutschen
Steuerjuristischen Gesellschaft e.V.

DStJG Band 37

Erneuerung des Steuerrechts

38. Jahrestagung
der Deutschen Steuerjuristischen Gesellschaft e.V.
Berlin, 9. und 10. September 2013

Herausgegeben im Auftrag der
Deutschen Steuerjuristischen Gesellschaft e.V.

von

Prof. Dr. Monika Jachmann
Richterin am Bundesfinanzhof
Ludwig-Maximilians-Universität
München

2014

Verlag
Dr. Otto Schmidt
Köln

Zitierempfehlung
Verf., DStJG 37 (2014), S. ...

*Bibliografische Information
der Deutschen Nationalbibliothek*

Die Deutsche Nationalbibliothek verzeichnet diese Publikation in der Deutschen Nationalbibliografie; detaillierte bibliografische Daten sind im Internet über http://dnb.d-nb.de abrufbar.

Verlag Dr. Otto Schmidt KG
Gustav-Heinemann-Ufer 58, 50968 Köln
Tel. 02 21/9 37 38-01, Fax 02 21/9 37 38-943
info@otto-schmidt.de
www.otto-schmidt.de

ISBN 978-3-504-62039-4

©2014 by Verlag Dr. Otto Schmidt KG, Köln

Das Werk einschließlich aller seiner Teile ist urheberrechtlich geschützt. Jede Verwertung, die nicht ausdrücklich vom Urheberrechtsgesetz zugelassen ist, bedarf der vorherigen Zustimmung des Verlages. Das gilt insbesondere für Vervielfältigungen, Bearbeitungen, Übersetzungen, Mikroverfilmungen und die Einspeicherung und Verarbeitung in elektronischen Systemen.

Das verwendete Papier ist aus chlorfrei gebleichten Rohstoffen hergestellt, holz- und säurefrei, alterungsbeständig und umweltfreundlich.

Satz: WMTP, Birkenau
Druck und Verarbeitung: Kösel, Krugzell
Printed in Germany

Inhalt*

	Seite

Prof. Dr. h.c. Rudolf Mellinghoff, Präsident des Bundesfinanzhofs, München

Erneuerung des Steuerrechts – Reformüberlegungen am Beispiel der Besteuerung von Einkommen und Vermögen 1

    I. Reformüberlegungen in Zeiten des Wahlkampfes 1
    II. Notwendigkeit einer Steuerreform 3
    III. Vorarbeiten für Steuerreformen und deren Behandlung in Wissenschaft und Praxis 4
    IV. Grundlagen für die Erneuerung des Steuerrechts 5

Prof. Dr. Klaus-Dieter Drüen, Heinrich-Heine-Universität Düsseldorf, Richter am FG Düsseldorf

Prinzipien und konzeptionelle Leitlinien einer Einkommensteuerreform 9

    I. Ausgangspunkt: Der langgehegte und verbreitete Wunsch nach Erneuerung der Besteuerung von Einkommen 10
    II. Reformmaßstäbe und Reformziele bei der Besteuerung von Einkommen 16
    III. Leitlinien wissenschaftlicher Reformkonzepte für die Besteuerung von Einkommen 23
    IV. Zentrale Prinzipien einer reformierten Besteuerung von Einkommen 42
    V. Schluss: Perspektiven der Reform(diskussion) 61

Prof. Dr. Clemens Fuest, Zentrum für Europäische Wirtschaftsforschung, Mannheim und Universität Mannheim

Ökonomische Prinzipien gerechter und effizienter Besteuerung . . . 65

    I. Einleitung 65
    II. Wohlfahrtsökonomischer Ansatz: Die Theorie der optimalen Besteuerung 66
    III. Die konstitutionelle Theorie der Besteuerung: die Bedeutung von Verfassungsregeln 77
    IV. Fazit 81
    Literatur 81

Diskussion 83

---

* Ausführliche Inhaltsverzeichnisse jeweils zu Beginn der Beiträge.

Prof. Dr. Marc Desen, Universität Leipzig
Einkommensbegriffe und Einkunftsarten
Wie kann eine Reform gelingen? 95
    I. Problemstellung 95
   II. Reform als Wertentscheidung 97
  III. Konstitutionelle, politische und konzeptionelle Gelingens-
       bedingungen 97
  IV. Überzeugung von den zugrunde gelegten Wertvorstellungen –
      zur Einführung einer konsumorientierten Einkommensteuer . 100
   V. Überzeugung von der konkreten Umsetzung der Wert-
      vorstellungen – zu den Folgen einer Abschaffung oder
      Reduzierung der Einkunftsarten 112
  VI. Überzeugung von der materiellen Notwendigkeit – zur
      Verwirklichung der Markteinkommenstheorie 119
 VII. Überzeugung von der praktischen Umsetzbarkeit – zur
      vollständigen Besteuerung privater Veräußerungsgewinne . . . 128
VIII. Schlussbetrachtung 135

Prof. Dr. Claus Staringer, Wien, WU Wien
Einkommensermittlung, objektives Nettoprinzip und
Verlustberücksichtigung 137
    I. Einleitung und Themenstellung 137
   II. Abzugsverbote für Betriebsausgaben oder Werbungskosten
      bei bestimmten Einkunftsarten 142
  III. Einschränkungen beim Verlustausgleich 151
  IV. Ausschluss des Verlustvortrages 154
   V. Ergebnis 156

Prof. Dr. Joachim Englisch, Universität Münster
Subjektives Nettoprinzip und Familienbesteuerung 159
    I. Einleitung 159
   II. Verfassungsrechtlicher Geltungsgrund des subjektiven
      Nettoprinzips 163
  III. Reformbedarf bei der Verwirklichung des subjektiven
      Nettoprinzips 172
  IV. Familienbesteuerung 185
   V. Zusammenfassung 203

Diskussion 205

Inhalt VII

Prof. Dr. Dr. h.c. Wolfgang Schön, Max-Planck-Institut für Steuerrecht und Öffentliche Finanzen, München
Die Funktion des Unternehmenssteuerrechts im Einkommensteuerrecht 217
    I. Konturen des Themas 217
    II. Unternehmer, Unternehmen und Unternehmensträger 218
    III. Zielsetzung der Besteuerung von Unternehmen 219
    IV. Besteuerung des Unternehmers 220
    V. Besteuerung des Unternehmens 226
    VI. Besteuerung von Unternehmensträgern 229
    VII. Zukunft der Gewerbesteuer? 255
    VIII. Schluss 258

Prof. Dr. Heinz-Klaus Kroppen, LL.M., Düsseldorf
Internationale Aspekte einer Reform der Unternehmensbesteuerung. 259
    I. Rückblick auf Unternehmenssteuerreformvorschläge der letzten Jahre 259
    II. Relevanz im jetzigen politischen Umfeld 260
    III. Aktuelle Vorschläge zur Sicherung des deutschen Besteuerungssubstrats 261
    IV. Zusammenfassung 279

Diskussion 280

Prof. Dr. Ekkehart Reimer, Universität Heidelberg
Kann eine Vereinfachung der Einkommensbesteuerung gelingen? .. 293
    I. Vorbemerkung 294
    II. Fokussierungen 294
    III. Materielles Recht 299
    IV. Verfahrensrecht 312
    V. Ansätze zur Lösung außersteuerrechtlicher Probleme 315
    VI. Fazit 320

Prof. Dr. Henriette Houben, Humboldt-Universität zu Berlin
Reformüberlegungen zur Bemessung der Einkommensteuer (Tariffragen, Grenzen für die Steuerbelastung) 321
    I. Einleitung und Struktur 321
    II. Der optimale Einkommensteuertarif 321
    III. Die kalte Progression in der Einkommensteuer 323
    IV. Grundlegende Tarifreformen 325

	V. Grenze der Einkommensteuerbelastung	330
	VI. Fazit	332

Diskussion 334

Prof. Dr. Hanno Kube, LL.M., Johannes Gutenberg-Universität Mainz
Erneuerung der Besteuerung von Vermögen aus deutscher Sicht (Vermögensteuer, Vermögensabgabe, Erbschaft- und Schenkungsteuer) 343

	I. Vermögensbesteuerung im verfassungsrechtlichen Rahmen . . .	344
	II. Vermögensteuer	346
	III. Einmalige Vermögensabgabe	360
	IV. Erbschaft- und Schenkungsteuer	362
	V. Steuern im freiheitlichen Staat	370

Prof. Dr. Peter Essers, Tilburg University, Tilburg
Erneuerung der Besteuerung von Vermögen
aus rechtsvergleichender Sicht 373

	I. Einleitung und Problemstellung	373
	II. Das Leistungsfähigkeitsprinzip	375
	III. Einige Gründe für die Vermögensteuer	378
	IV. Einige Einwände gegen die Vermögensteuer	380
	V. Einkommensteuer auf Vermögenseinkommen, Vermögensteuer, Schenkung- und Erbschaftsteuer in Europa und die USA	380
	VI. Box 3 im niederländischen Einkommensteuergesetz	382
	VII. Schlussfolgerungen	393

Diskussion 394

Prof. Dr. Detlev J. Piltz, Bonn
Voraussetzungen für das Gelingen einer Steuerreform – Ursachen des Scheiterns bisheriger Reformüberlegungen 405

	I. Der Stand der Reformen	405
	II. Ursachen des Scheiterns bisheriger Reformüberlegungen	406
	III. Voraussetzungen für das Gelingen einer Steuerreform – Zwölf steuerpolitische Thesen	412
	IV. Reformzukunft	416

Podiumsdiskussion 417

*Prof. Dr. Monika Jachmann Richterin am Bundesfinanzhof
Ludwig-Maximilians-Universität, München*
Resümee 433
   I. Einführung 433
  II. Erneuerung der Besteuerung von Einkommen 434
 III. Erneuerung der Besteuerung von Vermögen 452
 IV. Wege zur praktischen Erneuerung 455
  V. Schlussbetrachtung 456

Laudatio – aus Anlass der Verleihung des Albert-Hensel-Preises 2013
an Herrn Privatdozenten Dr. André Meyer 459

Deutsche Steuerjuristische Gesellschaft e.V.
   Satzung. 463
   Vorstand und Wissenschaftlicher Beirat. 465
   Teilnehmerverzeichnis 466

Stichwortverzeichnis 475

Erneuerung des Steuerrechts – Reformüberlegungen am Beispiel der Besteuerung von Einkommen und Vermögen

Einführung und Rechtfertigung des Themas

Prof. Dr. h.c. *Rudolf Mellinghoff*
Präsident des Bundesfinanzhofs, München

Inhaltsübersicht

I. Reformüberlegungen in Zeiten des Wahlkampfes
II. Notwendigkeit einer Steuerreform
III. Vorarbeiten für Steuerreformen und deren Behandlung in Wissenschaft und Praxis
IV. Grundlagen für die Erneuerung des Steuerrechts

I. Reformüberlegungen in Zeiten des Wahlkampfes

Als der wissenschaftliche Beirat das Thema für die diesjährige Jahrestagung festlegte, konnte er nicht ahnen, wie wichtig eine steuerwissenschaftliche und steuerdogmatische Begleitung von Reformüberlegungen im Steuerrecht gerade zum jetzigen Zeitpunkt sind. Während in früheren Jahren in der Steuerpolitik vielfach auch mit rechtsdogmatischen, systematischen und ordnungspolitischen Argumenten um den Wähler gekämpft wurde, zeichnet sich der diesjährige Wahlkampf dadurch aus, dass vornehmlich die aus der jeweiligen Perspektive gerechte Belastung höherer Einkommen und Vermögen, die Bekämpfung von Steuerhinterziehung und Steuerbetrug oder die Steuergestaltungsmöglichkeiten international tätiger Unternehmen diskutiert werden. Unabhängig von steuersystematischen Überlegungen wird über eine mögliche Erhöhung des Spitzensteuersatzes in der Einkommensteuer, die Steuersätze von Körperschaftsteuer und Abgeltungssteuer, die Wiederbelebung der Vermögensteuer, die Einführung einer Vermögensabgabe oder die Rechtfertigung des Solidaritätszuschlages diskutiert.

Dies liegt wohl weniger daran, dass unser geltendes Steuerrecht als systematisch, folgerichtig und verständlich empfunden wird. Vielleicht verzichtet man in der heutigen politischen Diskussion auf steuersystematische und ordnungspolitische Argumente, weil ein Blick in die Geschichte der Bundesrepublik Deutschland zeigt, dass die Erneuerung des Steuerrechts zwar häufig gefordert, aber bisher nicht durchgesetzt werden konnte.

Schon der erste Finanzminister der Bundesrepublik Deutschland, *Fritz Schäffer*, forderte eine Vereinfachung der Steuergesetze.[1] Sein Nachfolger *Franz Etzel* berief eine Einkommensteuerkommission ein, die das Einkommensteuerrecht durchforsten, und das Gesetz klarer, einfacher, allgemeinverständlicher und volkstümlicher fassen sollte. Auch *Franz Josef Strauß* berief in seiner Zeit als Finanzminister eine unabhängige Kommission zur Vorbereitung einer „Großen Steuerreform" ein. Als *Willy Brandt* 1969 Bundeskanzler wurde, war eines seiner Ziele ein gerechtes, einfaches und überschaubares Steuersystem. Sein Finanzminister *Alex Möller* hatte die Idee eines neuen Steuersystems mit relativem Ewigkeitswert. Als *Helmut Schmidt* als Nachfolger von *Karl Schiller* 1973 Finanzminister wurde erklärte er: „Das Steuersystem muss auch, wie ich denke, dazu führen, dass der einzelne Bürger Sinn und Berechtigung steuerlicher Maßnahmen erkennen kann. Die Forderung nach Vereinfachung nehme ich persönlich jedenfalls außerordentlich ernst." Aber auch er schrieb rückblickend, dass die Politiker gegenüber dem Geschrei der Interessengruppen, der Verbände der Industrie, der Landwirtschaft, der Gewerkschaften und ähnlichen Lobbyisten nicht gewachsen wären.

Diese Versuche wurden in den folgenden Jahrzehnten fortgesetzt. Jeder von uns kann sich an die immer wiederkehrenden Beteuerungen erinnern, mit der jede Politikergeneration ein einfaches, systematisches, folgerichtiges, verständliches und gerechtes Steuersystem verspricht. Auch 2009 wurde uns versprochen, das deutsche Steuerrecht werde niedriger, einfacher und gerechter.

Auf diese Versprechen folgen jeweils Gesetzgebungsaktivitäten, die bis auf wenige Ausnahmen genau das Gegenteil dessen bewirkten, was geplant war. Alleine das Einkommensteuerrecht wird nach wie vor jedes Jahr durch etwa zehn Gesetze geändert. Immer neue Regelungsmaterien werden z.B. in das Einkommensteuerrecht aufgenommen. Die Verlagerung sozialer Leistungen, wie das Kindergeld in das Einkommensteuerrecht, die umfangreichen und änderungsanfälligen Regelungen zur privaten Altersvorsorge, die Einführung der Abgeltungssteuer oder Einzelregelungen wie diejenigen zur Mindestbesteuerung, zur Zinsschranke oder auch zur Vollverzinsung sind beredtes Zeugnis für eine ständige Zunahme der Komplexität des geltenden Steuerrechts.

Inzwischen ist der Gesetzgeber nicht einmal mehr in der Lage, zwingend erforderliche Gesetzesanpassungen zu verabschieden. So scheiterte kurz vor den Bundestagswahlen der letzte Versuch der Legislaturperiode das AIFM-Steueranpassungsgesetz zu verabschieden, um die seit Juli überfäl-

---

1 Nachweise zu diesem Absatz in: *Tipke*, Steuerrechtsordnung III, 2. Aufl. 2012, S. 1785 ff.

lige Folgeänderung im Investmentsteuerbereich nachzuvollziehen.[2] Mit Inkrafttreten des Kapitalanlagegesetzbuchs (KAGB)[3] zum 22.7.2013 lief der Anwendungsbereich des Investmentsteuergesetzes (InvStG)[4] aufgrund der bestehenden Verweise auf das dann nicht mehr gültige Investmentgesetz (InvG)[5] ins Leere. Damit entfielen die spezialgesetzlichen Vorschriften des Investmentgesetzes, und Investmentvermögen sowie deren Anleger hätten nach allgemeinen steuerlichen Regelungen besteuert werden müssen; dies hätte möglicherweise den Wegfall der Steuerbefreiung für inländische Investmentvermögen sowie des Thesaurierungsprivilegs bei transparenten Fondsvehikeln zur Folge. Die Vermeidung dieser untragbaren Rechtsfolgen suchte die Finanzverwaltung dadurch zu bewältigen, dass bis zum Inkrafttreten einer gesetzlichen Neuregelung das Investmentsteuergesetz in seiner derzeitigen Fassung weiterhin auf Fonds anzuwenden sei, die nach der alten Rechtslage Investmentvermögen nach dem Investmentgesetz darstellten. Die damit zusammenhängenden vielfältigen rechtsdogmatischen Fragen sind für die Zeit bis zum Inkrafttreten eines neuen Gesetzes ungeklärt und Gegenstand umfangreicher Erörterungen.[6] Dieser unhaltbare Rechtszustand wurde erst durch Inkrafttreten des AIFM-Steueranpassungsgesetz am 18.12.2013[7] beendet.

II. Notwendigkeit einer Steuerreform

In der Literatur wird teilweise vertreten, dass es kein Steuerrecht geben könne, das der normale Bürger versteht. Selbst wenn man der Auffassung folgen sollte, dass nur Steuerberater, Finanzbeamte und Finanzrichter das geltende Steuerrecht verstehen müssten, ist aber inzwischen ein Zustand erreicht, der nicht mehr akzeptabel ist. Schon 2006 stellte der Bundesrechnungshof fest: „Eine durchgreifende Vereinfachung des deutschen Steuerrechts ist unerlässlich, weil die Steuerverwaltung längst nicht mehr in der Lage ist, die Vielzahl der äußerst komplizierten Regelungen entsprechend

---

2 Der Bundestag verabschiedete am 16.5.2013 das AIFM-StAnpG. Der Bundesrat verweigerte die Zustimmung und rief den Vermittlungsausschuss an (vgl. BR-Drucks. 376/13). Der Vermittlungsausschuss kam zu keiner Einigung, so dass sich der Gesetzgeber in der ablaufenden Legislaturperiode nicht mehr damit befassen konnte (vgl. BR, Stenographischer Bericht der 914. Sitzung, S. 501). Damit war das Gesetz gescheitert.
3 Kapitalanlagegesetzbuch vom 4.7.2013, BGBl. I 2013, 1981.
4 Investmentsteuergesetz vom 15.12.2003, BGBl. I 2003, 2724.
5 Investementgesetz vom 15.12.2003, BGBl. I 2003, 2676.
6 Ausführlich: *Neumann/Lübbehüsen*, DB 2013, 2053 ff.
7 Gesetz zur Anpassung des Investmentsteuergesetzes und anderer Gesetze an das AIFM-Umsetzungsgesetz (AIFM-Steuer-Anpassungsgesetz – AIFM-StAnpG) v. 18.12.2013, BGBl. 2013, 4318.

dem Willen des Gesetzgebers umzusetzen."⁸ Jüngere Berichte des Bundesrechnungshofes und der Landesrechnungshöfe belegen eindrucksvoll, dass die Finanzverwaltung nicht mehr in der Lage ist, das geltende Recht zu vollziehen. Fast jeder der hier im Saal Anwesenden vermag anschauliche Beispiele für den desolaten Zustand des geltenden Rechts zu liefern.

III. Vorarbeiten für Steuerreformen und deren Behandlung in Wissenschaft und Praxis

Während Wissenschaft und Praxis sich früher damit begnügten, den Zustand des Steuerrechts zu beklagen, sind in den letzten Jahren auch unter Mitwirkung von vielen Mitgliedern der Deutschen Steuerjuristischen Gesellschaft konkrete Reformvorschläge entwickelt worden. Nennen möchte ich hier nur drei in Wissenschaft und Öffentlichkeit besonders beachtete Gesetzesvorschläge.

Die Kommission „Steuergesetzbuch" der Stiftung Marktwirtschaft hat mit ihrem Steuergesetzbuch eine Strukturreform der deutschen Ertragsteuern vorgelegt.⁹ Das Einkommensteuerrecht soll evolutionär weiterentwickelt und unter Beibehaltung der grundsätzlich synthetischen Besteuerung vereinfacht werden. Im Mittelpunkt der Reformüberlegungen steht die Schaffung einer einheitlichen Unternehmensteuer mit dem Ziel der weitgehenden steuerlichen Rechtsformneutralität und Finanzierungsneutralität bei unverändertem, zivilrechtlichem Status. Die Unternehmensbelastung soll international wettbewerbsfähig werden; durch niedrig besteuerte Gewinne, die im Unternehmen verbleiben und Nachbelastung bei Ausschüttung und Entnahme. Ergänzt wird das neue Unternehmenssteuerrecht durch ein neues, eigenständiges steuerliches Gewinnermittlungsgesetz und eine moderne Gruppenbesteuerung. Außerdem sollen die Kommunalfinanzen neu geordnet werden.

Der Sachverständigenrat zur Begutachtung der gesamtwirtschaftlichen Entwicklung hat zusammen mit dem Max-Planck-Institut für Steuerrecht und dem Zentrum für Europäische Wirtschaftsforschung das Konzept einer dualen Einkommensteuer entwickelt, das sämtliche Kapitalerträge innerhalb und außerhalb von Unternehmen einer abschließenden, niedrigen proportionalen Besteuerung unterwerfen will.¹⁰ Der Sachverständigenrat hat mit der „Zinsbereinigung des Grundkapitals" eine Weiterentwicklung der

---

8 Probleme beim Vollzug von Steuergesetzen – Empfehlungen des Präsidenten des Bundesrechnungshofes als Bundesbeauftragter für die Wirtschaftlichkeit in der Verwaltung zur Verbesserung des Vollzugs der Steuergesetze in Deutschland, Stuttgart, 2006.
9 *Lang/Eilfort* (Hrsg.), Strukturreform der deutschen Ertragsteuern, 2013, passim.
10 Sachverständigenrat zur Begutachtung der gesamtwirtschaftlichen Entwicklung, Reform der Einkommens- und Unternehmensbesteuerung durch die Duale Einkommensteuer, 2006.

dualen Einkommensteuer vorgeschlagen, durch welche die Finanzierungsneutralität hergestellt würde.[11] Dieser Vorschlag lasse sich verhältnismäßig einfach in das bestehende Steuerrecht integrieren, ohne dass eine Abschaffung der Gewerbesteuer erforderlich wäre.

Paul Kirchhof hat mit seinem Bundessteuergesetzbuch den wohl umfassendsten und weitgehendsten Steuerreformvorschlag vorgelegt.[12] Sein Reformkonzept beschränkt sich nicht auf die Einkommensteuer, sondern sucht das gesamte materielle Steuerrecht in einer Kodifikation zusammenzufassen, damit dem Steuerrecht eine ähnliche Gesetzesgrundlage zu geben, wie es das Bürgerliche Gesetzbuch im Privatrecht bietet.

Die Kernregelungen, dogmatischen Grundlagen und Ziele und des zukünftigen Steuerrechts werden auf 146 allgemein verständliche Paragraphen zurückgeführt, die zu einer „fundamentalen Vereinfachung" führen sollen. Der Reformvorschlag regelt neben einem Allgemeinen Teil die Einkommen-, Umsatz-, Erbschaft- und Verbrauchsteuer. Die Körperschaftsteuer soll vollständig in die Einkommensteuer integriert werden. Dazu wird die Rechtsfigur einer sog. steuerjuristischen Person vorgeschlagen. Der Entwurf verzichtet auf jegliche Lenkungsmaßnahmen und enthält durch die Einführung eines proportionalen Steuertarifs wesentliches Vereinfachungspotential. Die unteren Einkommen sollen durch einen sog. Sozialausgleich progressionsähnlich berücksichtigt werden. Die Gewerbesteuer wird durch eine kommunale Zuschlagsteuer ersetzt.

IV. Grundlagen für die Erneuerung des Steuerrechts

Obwohl Teile dieser Reformvorschläge schon seit einigen Jahren vorliegen, ist bisher keine dieser Anregungen von der Politik aufgenommen worden. Dabei handelt es sich bei allen Reformvorschlägen um gut durchdachte, steuerrechtlich fundierte und teilweise innovative Konzepte.

Die Ursache des Scheiterns bisheriger Reformüberlegungen hat vielfältige Gründe und liegt sicher auch an den politischen Rahmenbedingungen. Teilweise mag dies aber auch daran liegen, dass in der Wissenschaft verschiedene Auffassungen über den richtigen Weg zu einer Erneuerung des Steuerrechts bestehen. Dabei wird intensiv über die Inhalte und die Konzeption der verschiedenen Reformkonzepte gerungen. In diesem Zusammenhang stellt sich aber auch die Frage, ob es dem wissenschaftlichen Dialog unter Wissenschaftlern und der Erneuerung des Steuerrechts dient, wenn sich

---

11 Vgl. *Dominik Rumpf*, Zinsbereinigung bei der Dualen Einkommensteuer – Die Unternehmenssteuerreform 2008 und der Vorschlag einer „Zinsbereinigung des Grundkapitals", Beiträge zur Finanzwissenschaft 32, 2013.
12 *Paul Kirchhof*, Bundessteuergesetzbuch, 2011; vgl. dazu auch *Paul Kirchhof* (Hrsg.), Das Bundessteuergesetzbuch in der Diskussion, 2013.

mehrere Vertreter oder Befürworter eines bestimmten Reformkonzepts in einer gemeinsamen Publikation gegen die Grundlagen eines anderen Reformentwurfes wenden.

Da die Vertreter der Steuerrechtswissenschaft und auch der ökonomischen Steuerwissenschaften darin einig sind, dass die Erneuerung des Steuerrechts unabweisbar ist, besteht Anlass, sich über die Voraussetzungen für das Gelingen einer Steuerreform Gedanken zu machen. Anstatt das Trennende hervorzuheben, sollte es ein Anliegen der Deutschen Steuerjuristischen Gesellschaft sein, die gemeinsamen Grundüberlegungen herauszuarbeiten und auf dieser Grundlage sich über die Voraussetzungen für das Gelingen einer Steuerreform Gedanken zu machen.

Aus diesem Grund ist es auch nicht Ziel der diesjährigen Tagung, die vorliegenden Steuerreformkonzepte im Einzelnen zu bewerten, zu evaluieren und sich für die eine oder die andere Alternative zu entscheiden. Am Beispiel der Besteuerung von Einkommen und Vermögen sollen vielmehr die gemeinsamen Leitlinien für eine Erneuerung des Steuerrechts entwickelt und diskutiert werden. Auch wenn der wissenschaftliche Diskurs unter Juristen vielfach nicht zu einer einheitlichen Auffassung führt – wir alle kennen das Sprichwort: zwei Juristen, drei Meinungen – gibt es doch auch im Steuerrecht zahlreiche steuerrechtliche Prinzipien, theoretische Grundlagen und ökonomische Rahmenbedingungen, die gemeinsamer Ausgangspunkt aller bisherigen Reformüberlegungen sind. Ziel ist es daher, die Voraussetzungen für das Gelingen einer Steuerreform in den Mittelpunkt unserer Tagung zu stellen.

Den Schwerpunkt bilden die Überlegungen zur Erneuerung der Besteuerung von Einkommen. Zunächst wird uns *Klaus-Dieter Drüen* die Prinzipien und konzeptionellen Leitlinien einer Einkommensteuerreform vorstellen. Voraussetzung für eine erfolgreiche Steuerreform ist eine Berücksichtigung der ökonomischen Auswirkungen. Daher wird *Clemens Fuest* in einem zweiten Referat auf die steuerökonomischen und steuerjuristischen Prinzipien optimaler Einkommensbesteuerung eingehen.

Marc Desens, *Claus Staringer*, und *Joachim Englisch* werden sich mit ihren Referaten zum Einkommensbegriff, zur Einkommensermittlung und zur Verwirklichung des subjektiven Nettoprinzips zentralen Grundfragen der Einkommensbesteuerung widmen.

Schon die vorliegenden Reformentwürfe belegen die große Bedeutung der Unternehmensbesteuerung. Da diese unmittelbar mit der Besteuerung von Einkommen zusammenhängt, widmet sich *Wolfgang Schön* der Funktion der Unternehmensbesteuerung im Einkommensteuerrecht. *Heinz-Klaus Kroppen* wird sodann die internationalen Aspekte einer Reform der Unternehmensbesteuerung beleuchten.

In der Diskussion um Steuerreform tauchen immer wieder die Begriffe, einfach, niedrig und gerecht auf. *Ekkehart Reimer* wird daher prüfen, ob eine Vereinfachung der Einkommensbesteuerung gelingen kann. *Henriette Houben* widmet sich der Bemessung der Einkommensteuer und hier insbesondere den Tariffragen und den Grenzen für die Steuerbelastung.

Gerade die aktuelle Steuerreformdiskussion fordert auch eine Auseinandersetzung mit der Besteuerung von Vermögen, z.B. durch Vermögensabgabe, Vermögensteuer oder Erbschaft und Schenkungsteuer. *Hanno Kube* erörtert dies aus deutscher Sicht, während *Peter Essers* dies aus rechtsvergleichender Sicht tut.

Der Abschluss dieser Tagung ist den Wegen zu einer praktischen Erneuerung des Steuerrechts gewidmet. Nach einem einführenden Vortrag von *Detlev Jürgen Piltz* zu den Voraussetzungen für das Gelingen einer Steuerreform und den Ursachen des Scheiterns bisheriger Reformüberlegungen werden mit *Uwe Wagschal, Georg Fahrenschon, Albert Peters, Bruno Jeitziner* und *Detlev Jürgen Piltz* Repräsentanten aus den politischen Wissenschaften, der Regierung, der Finanzverwaltung, der Wirtschaftswissenschaft und der Praxis zu Wort kommen.

Prinzipien und konzeptionelle Leitlinien einer Einkommensteuerreform

Prof. Dr. *Klaus-Dieter Drüen*
Heinrich-Heine-Universität Düsseldorf
Richter am FG Düsseldorf

Inhaltsübersicht

I. Ausgangspunkt: Der langgehegte und verbreitete Wunsch nach Erneuerung der Besteuerung von Einkommen
  1. Zur Reformgeschichte der Besteuerung von Einkommen
  2. Reformbedarf bei der Besteuerung von Einkommen
  3. Rechtsreform als Aufgabe und Reformvorarbeiten
II. Reformmaßstäbe und Reformziele bei der Besteuerung von Einkommen
  1. Reformmaßstäbe: Verbesserung der Steuergerechtigkeit sowie der Effizienz und der Akzeptanz der Besteuerung von Einkommen
  2. Reformwege und -maximen für den Gesetzgeber
III. Leitlinien wissenschaftlicher Reformkonzepte für die Besteuerung von Einkommen
  1. Wettstreit der Reformentwürfe zur Besteuerung von Einkommen
  2. Konzeptionelle Leitlinien der diskussionsleitenden Reformentwürfe
    a) *M. Rose*, Reform zur Einfachsteuer (2002/2011)
    b) *P. Kirchhof*, Einkommensteuergesetzbuch (2003) und Bundessteuergesetzbuch (2011)
    c) *J. Mitschke*, Erneuerung des deutschen Einkommensteuerrechts (2004)
    d) *M. Elicker*, Entwurf einer proportionalen Netto-Einkommensteuer (2004)
    e) *J. Lang et al*, Kölner Entwurf eines Einkommensteuergesetzes (2005)
    f) Kommission „Steuergesetzbuch" der *Stiftung Marktwirtschaft*, Entwurf eines EStG (2005/2009)
    g) *Sachverständigenrat/MPI/ZEW*, Reform durch die duale Einkommensteuer (2006)
  3. Analyse konzeptioneller Gemeinsamkeiten und Unterschiede der Reformentwürfe
IV. Zentrale Prinzipien einer reformierten Besteuerung von Einkommen
  1. Prinzipien als Optimierungsgebote für die Besteuerung von Einkommen und ihrer Reform
  2. Das Prinzip steuerpolitischer Gestaltungsfreiheit und seine Grenzen
  3. Das materielle Leitprinzip der Besteuerung nach der wirtschaftlichen Leistungsfähigkeit
  4. Das Konterprinzip der Gewähr der Vollzugsfähigkeit bei der Besteuerung von Einkommen
    a) Interdependenz von materiellem Recht und Verfahrensrecht
    b) Vollzugsgerechtigkeit als Rechtfertigung eines pragmatischen Einkommensbegriffs
    c) Nettoprinzip vs. Typisierungen bei der Besteuerung von Einkommen
  5. Das Interventionsprinzip bei der Besteuerung von Einkommen und seine Grenzen
  6. Das Prinzip gesetzlich eingehegter Gestaltungsfreiheit der Steuerpflichtigen
  7. Das Prinzip internationaler und europäischer Anschlussfähigkeit der Besteuerung von Einkommen im offenen Steuerstaat
V. Schluss: Perspektiven der Reform(diskussion)

I. Ausgangspunkt: Der langgehegte und verbreitete Wunsch nach Erneuerung der Besteuerung von Einkommen

1. Zur Reformgeschichte der Besteuerung von Einkommen

Überlegungen zur Erneuerung der Besteuerung von Einkommen müssen sich der (Reform-)Geschichte versichern. Gerade die Besteuerung der definitionsoffenen Maßgröße des Einkommens ist Spiegel der Entwicklung der Wirtschaft und der Staatlichkeit insgesamt. Die Besteuerung von Einkommen hat sich nicht nur in Deutschland in Schüben entwickelt, deren Auslöser fast immer Kriege[1] oder Katastrophen waren.[2] Als jüngere Wegmarken der Entwicklung sind die Einführung der Einkommensteuer in Preußen im Zuge der *Miquel*'schen Steuerreform[3] und die reichseinheitlichen Gesetze zur Einkommen- und Körperschaftsteuer von 1920 als Teil der *Erzberger*'schen Reformen[4] zu nennen. Der Reformgesetzgeber wandte sich im Jahre 1920 nach eingehender Auseinandersetzung mit den finanzwissenschaftlichen Einkommensbegriffen von der Quellentheorie *Fuisting*s[5] ab und der Reinvermögenszugangstheorie *v. Schanz*s[6] zu.[7] Letztere schränkte er aber zur Gewähr der Durchführbarkeit substantiell ein.[8] Praktische Schwierigkeiten und die dramatischen Erfahrungen der Inflationszeit bewogen den Reformgesetzgeber fünf Jahre später, den Einkommensbegriff des EStG 1925 an keiner Theorie auszurichten,[9] sondern pragmatisch durch den Einkünftekatalog zu bestimmen.[10] Bei diesem Einkünftedualismus[11] ist es bis heute cum grano salis geblieben,[12] wenngleich der Gesetzgeber durch punktuelle Änderungen die

---

1 *Großfeld*, Die Einkommensteuer, 1981, S. 7 f., 48.
2 *Kruse*, Lehrbuch des Steuerrechts, Bd. I, Allgemeiner Teil, 1991, S. 4 ff.
3 *Mathiak*, Das Preußische Einkommensteuergesetz von 1891 im Rahmen der Miquelschen Steuerreform 1891/93, 2011.
4 *Kruse* (Fn. 2), S. 9 ff. m.w.N.
5 *B. Fuisting*, Die preußischen direkten Steuern, Kommentar zum EStG i.d.F. v. 19.6.1906², 1907, § 6 Anm. 1; § 13 Anm. 14.
6 *G. v. Schanz*, Der Einkommensbegriff und Einkommensteuergesetze, FinArch. 13 (1896), Bd. 1, 1 ff.
7 Begründung zum Reichseinkommensteuergesetz 1920, Verhandlungen der Nationalversammlung, Bd. 340 (1920), Nr. 1624, 24.
8 *J. Lang*, Die Bemessungsgrundlage der Einkommensteuer, 1981/1988, S. 36 ff., 39 f. m.w.N.
9 Regierungsbegründung des Reichseinkommensteuergesetz-Entwurfes v. 23.4.1925, Verhandlungen des Reichtages, III. Wahlperiode 1924, Nr. 795, 1 (21 ff.).
10 *J. Lang* (Fn. 8), S. 42 f.
11 Dazu kritisch bereits *Söhn*, Der Dualismus der Einkunftsarten im geltenden Recht, DStJG 30 (2007), S. 13 (17 ff., 24) m.w.N. sowie *Birk*, Einkommen, Einkunftsarten und Einkünfteermittlung, DStJG 34 (2011), S. 11 (25 f.).
12 *Hey* in Tipke/Lang, Steuerrecht²¹, 2013, § 8 Rz. 50–53.

Grenzlinien seit dem Jahre 1999 erheblich verschoben hat.[13] Gleichwohl hat das EStG bereits im Jahre 1934 eine Fassung gefunden, die trotz zahlloser Detailänderungen durch Korrekturgesetzgebung und Jahressteuergesetze in ihrem Kernbestand unverändert fortbesteht.[14]

Seit Ende des Zweiten Weltkriegs wird über die Reform der Einkommensteuer diskutiert.[15] Zahlreiche Kommissionen haben sich an das Reformwerk gemacht.[16] Die Reformgeschichte ist aber vor allem eine Geschichte misslungener oder gescheiterter Steuerreformen, der *Klaus Tipke* eigens ein Kapitel in seiner „Steuerrechtsordnung" gewidmet hat.[17] Nachdem die Vorschläge der Steuerreformkommission 1971[18] nur bruchstückhaft umgesetzt wurden,[19] steht allein der Körperschaftsteuerreform 1977 und der diese korrigierenden Reform mit dem Wechsel vom Anrechnungs- zum Halbeinkünfteverfahren[20] das Prädikat einer strukturellen Reform der Besteuerung von Einkommen zu.[21] Viele andere Gesetze enthalten zwar den Zusatz „Reform", verdienen ihn aber angesichts ihrer Beschränkung auf Detailänderungen einzelner Vorschriften[22] kaum.[23] Denn Reform steht abgeleitet vom Lateinischen „reformare" allgemein für eine planmäßige Neuordnung,

---

13 Durch Änderungen der §§ 17, 23 und 20 Abs. 2 EStG wurden die Auswirkungen des Einkünftedualismus in Schüben zurückgedrängt, ohne ihn aber gänzlich aufzugeben (zur Kritik vgl. nur *Musil* in Herrmann/Heuer/Raupach, EStG/KStG, § 2 EStG Anm. 523 [Juli 2012]).
14 So allgemein bereits *Kruse* (Fn. 2), S. 12; ebenso bezogen auf die Kernprinzipien *H. Schneider*, Gesetzgebung³, 2002, Rz. 428.
15 *Jecht*, Probleme der Einkommensteuerreform, 1948.
16 Überblick bei *Dziadkowski*, 50 Jahre Reformversuche bei der Einkommensteuer – Von der „Kleinen Steuerreform" bis zur vorgezogenen Steuerentlastung 2003, in Akademie für Steuer- und Wirtschaftsrecht des Steuerberater-Verbandes Köln GmbH, 50 Jahre Steuerreformen in Deutschland, 2003, S. 3 (36 ff.) mit Besetzungstableau S. 60 ff.
17 *Tipke*, Die Steuerrechtsordnung (StRO), III², 2012, § 37, S. 1783 ff.; zuvor *Tipke*, Ein Ende dem Einkommensteuerwirrwarr!? Rechtsreform statt Stimmenfangpolitik, 2006, S. 22 ff. mit zahlreichen Abbildungen des „Reformpersonals". Zu Reformansätzen seit 1953 *Dziadkowski* (Fn. 16), S. 3 (22 ff.). Zur Politik der Einkommensteuerreform seit den 1980er Jahren in Deutschland mit internationalem Vergleich *Ganghof*, Wer regiert in der Steuerpolitik? Einkommensteuerreformen zwischen internationalem Wettbewerb und nationalen Verteilungskonflikten, 2004, S. 57 ff., 131 ff.
18 Gutachten der Steuerreformkommission 1971, Schriftenreihe des Bundesministeriums der Finanzen, Heft 17, 1971, S. 47 ff. zur Einkommensteuer.
19 Dazu *Thiel*, StuW 2005, 335 (336 f.).
20 Dazu *Reiß*, Zurück zu den Wurzeln? – Zur Geschichte der Körperschaftsteuer in Deutschland, in Akademie für Steuer- und Wirtschaftsrecht des Steuerberater-Verbandes Köln GmbH, 50 Jahre Steuerreformen in Deutschland, 2003, S. 65 (91 ff., 101 ff.).
21 Ebenso *Bareis*, Steuerreform, in Leitgedanken des Rechts, FS Paul Kirchhof, Bd. II, 2013, § 166 Rz. 13.
22 Zur Differenzierung zwischen Reformen, Anpassungen und Ausbesserungen *Bareis*, ebd., § 166 Rz. 13, 18 f.
23 Ebenso *Dziadkowski* (Fn. 16), S. 3 (5, 55).

Umgestaltung und Verbesserung des Bestehenden.[24] Allerdings haben die punktuellen Änderungen der letzten 15 Jahre, zuletzt mit der Abgeltungssteuer, das Einkommensteuerrecht eher situativ denn konzeptionell fortentwickelt, so dass es einzelnen Kommentatoren als Recht im „Übergangsstadium" gilt.[25] Quantität schlägt in Qualität um und Hunderte von Detailänderungen ergeben eben auch „ein neues Gesetz".[26]

2. Reformbedarf bei der Besteuerung von Einkommen

Das Fehlen des „Großen Wurfs"[27] einer strukturellen Rechtsreform[28] bei der Besteuerung von Einkommen darf freilich nicht dazu verleiten, den Realzustand als nicht reformbedürftiges Ideal zu begreifen. Vielmehr hat die Reformdiskussion seit Jahrzehnten Schwachstellen und Reformbedarf identifiziert.[29] Der Deutsche Juristentag beschäftigte sich bereits im Jahre 1988 mit der Frage „Empfiehlt es sich, das Einkommensteuerrecht zur Beseitigung von Ungleichbehandlungen und zur Vereinfachung neu zu ordnen?",[30] die einstimmig bejaht wurde.[31] Im Jahre 2006 behandelte er nochmals die Besteuerung von Einkommen.[32] Der dort erkannte strukturelle Reformbedarf bei der Besteuerung von Einkommen[33] war zuvor auch Gegenstand der Heidelberger Tagung zum 25-jährigen Jubiläum der Deutschen Steuerjuristischen Gesellschaft (DStJG).[34] Aktuell illustrieren zahlreiche Reformentwürfe den Reformbedarf (dazu III.). Verbreitet, aber

---

24 So z.B. auch *Bippes*, Die Reformfähigkeit der Bundesrepublik Deutschland. Analyse der Reformfähigkeit Deutschlands am Beispiel einer grundlegenden Reform der Ertragsteuern, Diss. Trier, 2011, S. 21.
25 So aufgrund der „rechtsnatur-ändernden" Entwicklungstendenzen der letzten Jahrzehnte Schmidt/*Weber-Grellet*, EStG[32], 2013, § 2 Rz. 3.
26 So allgemein *H. Schneider* (Fn. 14), Rz. 428.
27 Relativierend bereits im Titel *Wagner*, FR 2012, 653: „Steuerreformen: Warum der ‚Große Wurf' weder möglich noch nötig ist".
28 Zu diesem Begriff *J. Lang*, Zur Rechtsreform des Steuerrechts, FS Kriele, 1997, S. 965 (972 f.).
29 Grundlegend Gutachten der Steuerreformkommission 1971 (Fn. 18), S. 62 ff.; *Raupach/Tipke/Uelner*, Niedergang oder Neuordnung des deutschen Einkommensteuerrechts?, 1985, S. 15 ff.; zusammenfassend *Lang/Herzig/Hey/Horlemann/Pelka/Pezzer/Seer/Tipke*, Kölner Entwurf eines Einkommensteuergesetzes, 2005, Rz. 19 ff.
30 *Deutscher Juristentag*, Verhandlungen des 57. Deutschen Juristentages, 1988, Gutachten F von *P. Kirchhof*, Bd. I, 1988, F 9 und Sitzungsbericht, Bd. II, 1988, N 6.
31 *Deutscher Juristentag*, Sitzungsbericht, Bd. II, 1988, N 211.
32 *Deutscher Juristentag*, Besteuerung von Einkommen – Aufgaben, Wirkungen und europäische Herausforderungen, Verhandlungen des 66. Deutschen Juristentages, 2006, Gutachten von *Seiler*, Bd. I, F 9 und Gutachten von *Spengel*, Bd. I, G 5; Referat von *Mellinghoff*, Bd. II/1, Q 85 und *Seer*, Bd. II/1, Q 127 sowie Sitzungsbericht, 2006, Bd. II/1, Q 5; dazu titelgleiche Begleitaufsätze von *Hey*, JZ 2006, 851 und *J. Lang*, NJW 2006, 2209.
33 *Seer*, Verhandlungen des 66. Deutschen Juristentages, 2006, Bd. II/1, Q 127.
34 *P. Kirchhof*, Der Auftrag zur Erneuerung des Einkommensteuerrechts – Eröffnung der Jahrestagung und Rechtfertigung des Themas, DStJG 24 (2001), S. 1 (5 ff.).

keineswegs neueren Datums[35] ist der Krisenbefund.[36] Die Einkommensteuer als die einstige „Königin der Steuern"[37] hat einen schlechten Ruf. Reformuntersuchungen zur Besteuerung von Einkommen pflegen mit einer düsteren Ausgangsbeschreibung zu beginnen. „Das geltende Einkommensteuerrecht ist in einem desolaten Zustand und dringend reformbedürftig".[38]

Statt der pauschalen Annahme der Reformbedürftigkeit ist indes zu differenzieren: Wenig Reformbedarf besteht bei der Besteuerung der Einkünfte aus nichtselbständiger Arbeit (§ 19 EStG), weil abgesehen von verschleierten Sachbezügen die Besteuerung des Arbeitslohns als sachgerecht und gesichert gilt.[39] Die Reformentwürfe stützen diesen Befund, weil sie sämtlich am Lohnsteuerabzugsverfahren festhalten wollen[40] und nur punktuelle Verbesserungen vorsehen.[41] Grundlegender Reformbedarf für die Besteuerung von Einkommen besteht demgegenüber bei und aufgrund der Gewerbesteuer.[42] Diese strahlt auf die Einkommensteuer von der Einkünftequalifikation bis zu zahllosen Belastungsscheren zurück und ist vielfach der Hauptgrund einkommensteuerrechtlicher Komplexität. Die Anrechnung der Gewerbesteuer nach § 35 EStG kuriert nur an den Symptomen.[43] Die

---

35 Zur „Krise der Einkommensteuer" bereits *Jecht* (Fn. 15), S. 75.
36 *Birk/Desens/Tappe*, Steuerrecht[16], 2013, Rz. 95; *Tipke*, Einkommensteuerwirrwarr (Fn. 17), S. 55 ff.
37 *Popitz*, Einkommensteuer, in Elster/Weber/Wieser, Handwörterbuch der Staatswissenschaften[4], S. 400 (402).
38 So namentlich der Einleitungssatz von *Suttmann*, Die Flat-Tax. Bemessungsgrundlage und Tarif im Rahmen einer „flachen" Einkommensteuer: Effizienzgerechtigkeit und rechtliche Bewertung, 2007, S. 25 m.w.N.
39 *Wagner*, FR 2012, 653 (655 ff., 665, 667); zuvor *Wagner*, Warum sind nur manche Steuern reformbedürftig und andere nicht?, FS Lang, 2010, S. 345 (346 ff., 349, 365), der die Besteuerung von Arbeitseinkommen, die über 80 % aller Einkünfte ausmachen, für „weder reformbedürftig noch reformfähig" hält.
40 *P. Kirchhof*, Bundessteuergesetzbuch. Ein Reformentwurf zur Erneuerung des Steuerrechts, 2011, S. 5, sieht in der Quellensteuer über die Lohnsteuer das Modell eines gegenwartsnahen Gesetzesvollzugs. Der Berliner Entwurf der FDP sieht in der Lohnsteuer ein bewährtes Verfahren der „vorläufigen Steuererhebung" durch den Arbeitgeber, fordert aber eine eindeutige Bestimmung der abzugspflichtigen Einnahmen und eine weitgehende Vereinfachung des Verfahrens (*Solms*, Die neue Einkommensteuer. Niedrig, einfach und gerecht, Berliner Entwurf der FDP, 2003, S. 7 [Gesetzestext], S. 45 f. [Begründung]).
41 Dazu insgesamt *Seer*, FR 2004, 1037; BB 2004, 2272 (2277 f.) sowie *Lang et al* (Fn. 29), Rz. 155 ff., 501 ff.
42 Eingehend *Jachmann*, Die Gewerbesteuer im System der Besteuerung von Einkommen, DStJG 25 (2002), S. 195 (203 ff.); zuletzt *Roser*, Kritische Bestandsaufnahme der Gewerbesteuer, DStJG 35 (2012), S. 189 (190 ff.); *J. Lang*, Bestandsaufnahme der kommunalen Reformmodelle, DStJG 35 (2012), S. 307 (309 ff.).
43 Die systematischen Mängel und die verfassungsrechtliche Kritik zusammenfassend *Zuschlag*, Die pauschalierte Gewerbesteueranrechnung nach § 35 EStG, 2009, S. 140 ff.

herkömmliche Gewerbesteuer, deren Abschaffung vielfach gefordert wird,[44] ist freilich ein besonders schwerer Wackerstein im Reformrucksack. Einzelne Reformentwürfe wagen sich mutig auch an sie heran,[45] andere beschränken sich auf die Einkommensteuer als solche (dazu III.).[46]

3. Rechtsreform als Aufgabe und Reformvorarbeiten

Das Steuerrecht zu gestalten, ist Privileg und zugleich Aufgabe der Legislative. Darum ist eine Steuerreform originäre Aufgabe der Politik.[47] Sie ist indes nicht ihre Ausschlussaufgabe. Immerhin spiegelt die Rechtsprechung Rechtsrealität und Reformbedarf. Dabei geht der rechtspolitische Auftrag über den der Rechtsprechung hinaus: Wenn z.B. der Große Senat des BFH bei der Nichtvererblichkeit der Verluste mangels konkreter gesetzlicher Norm die frühere Rechtsprechung aufgegeben hat,[48] sollte dies Anstoß für den Gesetzgeber zum Reformnachdenken über eine Verlustperpetuierung sein.[49] Auch wenn Steuerrechtswissenschaft und Steuerpolitik miteinander nicht zu harmonieren scheinen,[50] tut die Steuerrechtswissenschaft gut daran, auch das Feld der Steuerrechtspolitik zu beackern.[51] Sie darf sich nicht auf das geltende Recht und einen „Gesetzesblatt-Positivismus" reduzieren lassen, weil die Rechtswissenschaft andernfalls niemals über den oftmals betrüblichen Stand des Gesetzes hinauskommen könnte.[52] Die Stärke der Rechtswissenschaft liegt gerade darin, rechtspolitische Alternativen vorzubereiten[53] und Gegenentwürfe zu entwickeln. Darum rechnet auch die Erneuerung des Einkommensteuerrechts zu den Aufgaben der Steuerrechtswissenschaft,[54] die sie freilich nicht ohne ökonomischen Sachverstand bewältigen kann. Allen Steuerwissenschaftlern, die nicht allein das geltende Recht kritisieren, sondern ausformulierte Entwürfe zur Verbesserung präsentieren, gebührt der größte Respekt.[55]

---

44 *Spengel*, Verhandlungen des 66. Deutschen Juristentages, 2006, Bd. I, G 5 (72 und 75 [These 12]).
45 Namentlich *P. Kirchhof*, Bundessteuergesetzbuch (Fn. 40), S. 18 ff.
46 Die optimierbare Abstimmung der Einkommensteuer mit der Erbschaft- und Schenkungsteuer, gerade bei unternehmerischem Vermögen (zuletzt *Crezelius*, BB 2012, 2979 [2982 ff.] m.w.N.), sei nur am Rande angemahnt.
47 So *Bippes* (Fn. 24), S. 243, 257.
48 BFH v. 17.12.2007 – GrS 2/04, BStBl. II 2008, 608.
49 Zum rechtspolitischen Regelungsbedarf vgl. nur *Rickert*, DStR 2010, 410 (413 ff.).
50 *Tipke*, StuW 2013, 97; zuvor *Tipke*, StRO, III², 2012, S. 1884 ff., 1896 ff.
51 Dafür bereits *Drüen*, StuW 2013, 72 (81 f.) m.w.N.
52 Vgl. die klassische, wenngleich überzogene Kritik von *v. Kirchmann*, Die Werthlosigkeit der Jurisprudenz als Wissenschaft. 1848, S. 23, 30, 43.
53 *Eifert*, Zum Verhältnis von Dogmatik und pluralistischer Rechtswissenschaft, in G. Kirchhof/Magen/Schneider, Was weiß Dogmatik?, 2012, S. 79 (92).
54 Zuvor zum „Auftrag zur Erneuerung des Einkommensteuerrechts" bereits *P. Kirchhof*, DStJG 24 (2001), S. 1.
55 Ebenso *Tipke*, StRO, III², 2012, S. 1821.

Zugleich bleiben rechtspolitische Reformvorschläge zum Steuerrecht eine Herausforderung, nicht nur systematisch-konstruktiv, sondern auch persönlich, wenn sie Teil der Parteipolitik und des Wahlkampfes werden.[56] Soll der eigene Entwurf ins Bundesgesetzblatt gelangen, gilt es, Fachkritik sowie politische Widerstände und Blockaden auszuräumen.[57] Der „bremsende Effekt" institutioneller und parteipolitischer Vetospieler gegenüber Steuerreformen muss überwunden werden.[58] Der Einfluss der Wissenschaft auf die Steuerpolitik sollte daher nicht überschätzt werden.[59] Die Steuerwissenschaft hat sich ungeachtet dessen der Reformarbeit beim Einkommensteuerrecht nicht versagt. Sie ist in einen interdisziplinären Dialog und den Dialog mit Steuerpolitikern eingetreten.

Zur Diagnose des Reformbedarfs kamen alsbald Therapievorschläge.[60] Als Reformpionier ist *Joachim Lang* zu nennen,[61] der frühzeitig einen „Reformentwurf zu Grundvorschriften des Einkommensteuergesetzes" vorlegte,[62] dem weitere Gesetzesentwürfe insbesondere zur Einkommensteuer nachfolgten.[63] Weiterer „Reformoptimist"[64] ist *Paul Kirchhof*, der bekanntlich Vordenker und Motor der verschiedenen Entwürfe vom Karlsruher Entwurf zum EStG bis hin zum Bundessteuergesetzbuch ist.[65] Inzwischen können wir auf gut ein Jahrzehnt intensiver Diskussion über konkrete Entwürfe zur Reform der Besteuerung von Einkommen zurückblicken.[66] Trotz

---

56 *Paul Kirchhof* kann davon ein Lied singen (*P. Kirchhof*, Der mündige Wähler, FAZ v. 8.2.2006, S. 7; *P. Kirchhof*, Bundessteuergesetzbuch [Fn. 40], S. 359 f. sowie aus der Außensicht *Tipke*, StRO, III², 2012, S. 1824 ff.).
57 Zur politikwissenschaftlichen Analyse vgl. *Wagschal*, Steuerpolitik und Steuerreform im internationalen Vergleich. Eine Analyse der Ursachen und Blockaden, 2005, S. 19 ff.
58 *Wagschal* (Fn. 57), S. 411 ff.
59 *Franke*, Steuerpolitik in der Demokratie. Das Beispiel der Bundesrepublik Deutschland, 1993, S. 386 ff., 389.
60 *Gaddum*, Einkommensteuerreform: Einfach und gerecht!, 1986; *Uldall*, Modell einer radikalen Reform der Einkommensteuer, in Baron/Handschuch, Wege aus dem Steuerchaos, 1996, S. 189.
61 Zu ihm näher *Tipke*, StRO, III², 2012, S. 1830 ff.
62 *J. Lang*, Reformentwurf zu Grundvorschriften des Einkommensteuergesetzes, Münsteraner Symposium, Bd. II, 1985, S. 85–100.
63 *J. Lang*, Die einfache und gerechte Einkommensteuer – Ziele, Chancen und Aufgaben einer Fundamentalreform, 1987; *J. Lang*, Entwurf eines Steuergesetzbuchs, Schriftenreihe des Bundesministeriums der Finanzen, Bd. 49, 1993.
64 So und eingehend zu *P. Kirchhofs* Reformwerk *Tipke*, StRO, III², 2012, S. 1822 ff.
65 *P. Kirchhof*, Einkommensteuergesetzbuch. Ein Vorschlag zur Reform der Einkommen- und Körperschaftsteuer, 2003; *P. Kirchhof*, Bundessteuergesetzbuch (Fn. 40), 2011.
66 Zur Einkommensteuerreform (ohne Anspruch auf Vollständigkeit): *Borell/Schemmel/Stern*, Vergleichende Untersuchung aktueller Eckwerte zur „großen Reform" der Einkommensteuer. Karl-Bräuer-Institut (KBI), FDP, Merz, CSU und Kirchhof, Sonderinformation 45, 2004; *Finke/Spengel*, StuW 2013, 256; *Hennrichs*, StuW 2013, 249; *Kube*, BB 2005, 743; *P. Kirchhof/Lambsdorff/Pinkwart*, Perspektiven eines modernen Steuerrechts, FS Solms, 2005, S. 63 ff.; *P. Kirchhof*, DStR 2003, Beihefter 5 zu Heft

der Vielzahl von Reformvorschlägen und der vielfältigen Vorarbeiten aus der Wissenschaft hat der Gesetzgeber bislang nicht die Kraft zu einer durchgreifenden Reform aufgebracht.[67] Da eine Reform nicht um ihrer selbst willen anzustreben und zu verwirklichen ist, soll im ersten Schritt vor den genannten und weiteren Entwürfen (dazu III.) der Blick auf den Zielpunkt[68] des Reformanliegens gerichtet werden.

II. Reformmaßstäbe und Reformziele bei der Besteuerung von Einkommen

1. Reformmaßstäbe: Verbesserung der Steuergerechtigkeit sowie der Effizienz und der Akzeptanz der Besteuerung von Einkommen

Steht eine Reform nicht allein für Veränderung (s. I. 1.), ist nach den Maßstäben der Verbesserung zu fragen. Denn sowohl die Beurteilung des Istzustandes als reformbedürftig als auch die des Sollzustands als vorzugswürdig bedarf eines Maßstabs. Am Anfang jeder Reformüberlegung muss darum die Frage nach den Maßstäben für ein „gutes" Einkommensteuergesetz und damit auch für eine unterstützungswürdige Einkommensteuerreform[69] stehen. Die Reformliteratur greift für die Grundanforderungen an ein „gutes" Steuergesetz[70] auf die klassischen Besteuerungsmaximen der Nationalökonomie zurück,[71] die *Adam Smith* schon im Jahre 1776 zusammengetragen hat.[72] Die vier Grundregeln der Gleichheit, der Bestimmtheit, der Bequemlichkeit und der Wohlfeilheit der Besteuerung waren für *Smith* offenkundig gerecht und nützlich.[73] Diese Steuermaximen gelten in den Steuerwissenschaften noch

---

37, 1*; BB 2006, 71; FR 2012, 701; *Kühn*, FR 2012, 543 (547 ff.); *Lang/Englisch/Keß*, DStR 2005, Beihefter 1 zu Heft 25; *Pelka*, StuW 2013, 226; *Reif*, Reform der Besteuerung des Einkommens. Notwendigkeit, Anforderungen und Möglichkeiten, 2005; *Seer*, BB 2004, 2272; *Spengel*, Ubg 2012, 256; *Suttmann* (Fn. 38), S. 103 ff.; *Stapperfend*, FR 2005, 74; *Thiel*, StuW 2005, 335 (342 ff.); *Tipke*, StuW 2002, 148; *Traub* in Seidl/Jickeli, Steuern und soziale Sicherung in Deutschland, Reformvorschläge und deren finanzielle Auswirkungen, 2006, S. 3; *Wagner*, FR 2012, 653 (658 ff.).

67 *Birk/Desens/Tappe*, Steuerrecht[16], 2013, Rz. 99.
68 Dieser „Zielpunkt" ist freilich nur ein relativer, weil „die Reform für alle Ewigkeit" vermessen wäre und die Einsicht gilt: „Nach der Reform ist vor der Reform".
69 Zu Kriterien für eine Steuerreform aus ökonomischer Sicht bereits *Traub* (Fn. 66), S. 3 (7 ff.).
70 *Elicker*, Entwurf einer proportionalen Netto-Einkommensteuer. Textentwurf und Begründung, 2004, S. 19 ff.
71 Ebenso *Suttmann* (Fn. 38), S. 27 f.
72 *Smith*, An Inquiry into the Nature and Causes of the Wealth of Nations, 1776, S. 119 ff.; zitiert nach der deutschen Ausgabe von *Streissler*, Untersuchung über Wesen und Ursachen des Reichtums der Völker, 2012, S. 786 ff. Zu den Wurzeln näher *Treisch*, StuW 2006, 255 (256 ff.).
73 Ebd., S. 121, in der Übersetzung, S. 788.

heutzutage als Kriterien für ein rationales Steuersystem.[74] Aufbauend auf ihnen und weiter ausdifferenzierend hat *Fritz Neumark* insgesamt 18 Besteuerungsgrundsätze als Maßstabsgefüge der Steuerpolitik zusammengefasst.[75] Eine Maßstabslehre für Steuergesetze muss dabei interdisziplinär angelegt sein, weil juristische wie ökonomische Grundanforderungen zu erfüllen sind.[76] Darum wird im Anschluss *Clemens Fuest* steuerökonomische und steuerjuristische Kriterien[77] optimaler Einkommensbesteuerung darlegen.[78]

Im Grundlagenreferat ist aus juristischer Sicht Folgendes vorauszuschicken: Als Kriterien für Ansprüche an Steuersysteme werden Effizienz, Effektivität, Anwendbarkeit bzw. Einfachheit, Transparenz und Fairness genannt.[79] Die verschiedenen Kriterien für die Beurteilung eines Einkommensteuersystems lassen sich den beiden Oberkategorien Effizienz und Gerechtigkeit der Besteuerung[80] zuordnen.[81] Aber auch Neutralitätsanforderungen, Aufkommens- und Belastungswirkungen, Gestaltungsanfälligkeit oder -rigidität, Befolgungs- und Administrationskosten[82] und Vollzugsfragen sind Prüfkriterien für ein Einkommensteuersystem. Steuervereinfachung[83] ist zwar ein vielfach proklamiertes Reformziel,[84] sollte aber nicht verabsolutiert werden, weil sie nur ein sekundärer und subsidiärer Gestaltungsgesichtspunkt ist.[85] Einerseits ist Steuervereinfachung im Gegensatz zu Steuerkomplexität nicht einfach zu bewerkstelligen,[86] andererseits spiegelt die Komplexität des Gesetzes zum Teil die der Lebenswirklichkeit wieder, so dass unterkomplexe Steuergesetze ihrerseits fragwürdig und nicht zielführend sind.[87] Übertrie-

---

74 *Birk/Desens/Tappe*, Steuerrecht[16], 2013, Rz. 10; *Hey* in Tipke/Lang, Steuerrecht[21], 2013, § 7 Rz. 2 f.
75 *Neumark*, Grundsätze gerechter und ökonomisch rationaler Steuerpolitik, 1970, §§ 1–18; dazu erläuternd *Franke* (Fn. 59), S. 62 ff.
76 *Elicker* (Fn. 70), S. 23 m.w.N.
77 Zu den Gründen, ausgehend vom hier verwendeten Prinzipienbegriff (näher sub IV. 1.), von „Kriterien" statt von „Prinzipien" zu sprechen, vgl. sogleich am Ende dieses Abschnitts.
78 *Fuest*, Prinzipien effizienter und gerechter Besteuerung, in diesem Band.
79 *Reif* (Fn. 66), S. 123, mit nachfolgender Einzeldefinition, ebd., S. 125 ff. und Ableitung eines Beurteilungskatalogs, ebd., S. 165 ff.
80 Näher *Homburg*, Allgemeine Steuerlehre[6], S. 141 ff., 195 ff.
81 *Suttmann* (Fn. 38), S. 30 ff., 48.
82 Dazu *Wagner*, FR 2012, 653 (655 ff.) sowie *Homburg* (Fn. 80), S. 54 ff.
83 Dazu insgesamt bereits der Tagungsband, hrsg. von *P. Fischer*, Steuervereinfachung, DStJG 21 (1998); *J. Weber*, Vereinfachung des Einkommensteuerrechts, 2012 sowie *E. Reimer*, Kann eine Vereinfachung der Einkommensbesteuerung gelingen?, in diesem Band.
84 Dazu *Traub* (Fn. 66), S. 3 (9).
85 So bereits *Ruppe*, Steuergleichheit als Grenze der Steuervereinfachung, DStJG 21 (1998), S. 29 (56).
86 Treffend *Ruppe*, DStJG 21 (1998), S. 29 (56).
87 Vgl. bereits *Pöllath*, Einkommensteuer – einfach am Ende, am Ende einfach, FS Raupach, 2006, S. 153 (156 f., 175).

bene Vereinfachungsversprechen können überdies nur in Enttäuschungen enden.[88]

Als weiterer Maßstab einer Reform ist noch die Akzeptanz der Steuer hervorzuheben. Fehlende Akzeptanz führt zu Ausweichstrategien, schafft vermeidbares Streitpotential und befördert Steuerwiderstand. Jüngstes Beispiel ist die fehlende Symmetrie bei den einkommensteuerrechtlichen Folgen der Vollverzinsung nach § 233a AO, wonach die (nicht marktgerechten) Zinsen seit dem Steuerentlastungsgesetz 1999/2000/2002 steuerlich nicht mehr abzugsfähig, während Erstattungszinsen als Kapitaleinkünfte zu versteuern sind. Ob diese Regelung noch verfassungsmäßig ist,[89] spielt für auf Akzeptanz des Steuergesetzes ausgerichtete Reformüberlegungen nicht die ausschlaggebende Rolle. Nicht alles, was die Politik dem Bürger verfassungsrechtlich zumuten darf, ist auch steuerpolitisch sinnvoll. Umgekehrt können steuersystematisch konsistente oder sinnvolle Reformvorschläge an der fehlenden politischen Vermittelbarkeit scheitern. Fehlende Akzeptanz ist insoweit eine Reformschranke.

Diese Zusammenschau ergibt ein ganzes Bündel an Reformmaßstäben. Die Beurteilungskriterien für die Ausgestaltung des Steuersystems und einzelner Steuern beruhen dabei auf zeitgebundenen Wertungen.[90] Steuerpolitische Ideale wandeln sich im Zeitenlauf.[91] Die Maßstäbe zur Beurteilung von Steuerreformen sind zum Teil hoch abstrakt, eröffnen beträchtliche Wertungsspielräume und schließen darum Zielkonflikte und Gewichtungen ein.[92] Vor allem über Steuergerechtigkeit[93] und die daraus abzuleitenden praktischen Maßstäbe und Folgerungen[94] lässt sich trefflich streiten, ohne dass konkrete Ergebnisse allseits konsensfähig sind.[95] Darum sind in der Reformdiskussion einerseits die verschiedenen Wertungen und Gewichtungen offenzulegen.[96] Andererseits belegen die für die jeweilige Steuerrechtsordnung zu entscheidenden Fragen der Zielhierarchie und der zu lösenden Zielkonflikte[97] die politische Gestaltungsmacht des Steuergesetzgebers, die freilich immer Gestaltungswillen voraussetzt und Gestaltungsverantwortung erfordert. Jede Einkommensteuer ist „ein Kompromiss zwischen vie-

---

88 So *Tipke*, Einkommensteuerwirrwarr (Fn. 17), S. 124.
89 Dafür *Thiemann*, FR 2012, 673 (678 ff.).
90 Deutlich *Bareis*, Leitgedanken des Rechts, 2013, § 166 Rz. 3 ff., 12.
91 *F. K. Mann*, Steuerpolitische Ideale, 1937 (Nachdruck 1978).
92 *Suttmann* (Fn. 38), S. 48.
93 Näher *Birk*, StuW 2011, 354; *Tipke*, Steuergerechtigkeit in Theorie und Praxis, 1981; Tipke, StRO, I², 2000, S. 236 ff., 273 ff.
94 Grundsätzlich skeptisch *Moes*, Die Steuerfreiheit des Existenzminimums vor dem BVerfG, 2011, S. 134 f.
95 *Kruse* (Fn. 2), S. 44, 50 f.; zuletzt *Drüen* in Tipke/Kruse, AO/FGO, § 3 AO Rz. 42 f. (Jan. 2012).
96 Dafür *Tipke*, StuW 2013, 211.
97 Näher bereits *Neumark* (Fn. 75), S. 382 f.

len, nur schwer zu vereinbarenden Zielen".[98] Die Kriterienvielfalt, -offenheit und -gewichtung illustrieren die verschiedenen Reformentwürfe. Insgesamt ist es Aufgabe der Politik, Mehrheiten für eine Reform zu finden, bei der die Kriterien richtig gewichtet und Zielkonflikte zwischen der Effizienz und der Gerechtigkeit der Besteuerung aufgelöst werden.

Gesamtwirtschaftliche und wirtschaftspolitische Zielsetzungen, wie das gesamtwirtschaftliche Gleichgewicht oder die Geldwertstabilität,[99] können dabei den Rahmen für steuerliche Ziele und Gewichtungen vorgeben. Die grundlegende wirtschaftspolitische Weichenstellung fällt in den politischen Gestaltungsfreiraum. Gerade bei einer Strukturreform der Besteuerung von Einkommen darf der Gesetzgeber selbstverständlich auf Aufkommensneutralität und -stabilität achten.[100] Schon die verfassungs- und unionsrechtlichen Vorgaben der Schuldenlimitation zwingen ihn dazu. Der Fiskalzweck taugt nicht für die Auslegung des gesetzten Steuerrechts, beherrscht aber als Primärziel die gesetzgeberische Ausgestaltung der Steuergesetze. Darum sind Aufkommensabschätzungen der Reformentwürfe[101] für die Steuerpolitik ein nicht zu unterschätzendes Kriterium.[102] Gerade die Abschätzung und Gewichtung von Aufkommens-, Beschäftigungs- und Wachstumswirkungen einer Steuerreform[103] ist eine steuerpolitische Frage, die nur gestützt auf ökonomischen Sachverstand zu beantworten ist.

Für die Maßstabsfrage einer Reform ist aus juristischer Sicht zu betonen, dass die Zielsetzung und -gewichtung „Essentiale der Gesetzgebung" und

---

98 Zutreffend *Wissenschaftlicher Beirat beim Bundesministerium der Finanzen*, Flat-Tax oder Duale Einkommensteuer? Zwei Entwürfe zur Reform der deutschen Einkommensbesteuerung, Gutachten, in Bundesministerium der Finanzen, Schriftenreihe Bd. 76, 2004, S. 5, dort auch: „Aber eine alle Wünsche befriedigende, optimale Einkommensteuer gibt es nicht".
99 Zum zulässigen Verzicht auf eine Indexierung trotz struktureller Inflation unter Hinnahme einer Scheingewinnbesteuerung bei der Einkommensteuer auf fundierte Einkünfte *G. Weber*, Inflationsberücksichtigung in der Einkommensteuer, 2012, S. 58 f., 116 ff.
100 *Traub* (Fn. 66), S. 3 (7).
101 Zum Teil werden in den Reformentwürfen (vgl. *P. Kirchhof*, Bundessteuergesetzbuch [Fn. 40], S. 360, 378; *Lang et al.* [Fn. 29], Rz. 152) oder in gesonderten Studien (z.B. *Fuest/Peichl/Schaefer*, Aufkommens-, Beschäftigungs- und Wachstumswirkungen einer Steuerreform nach dem Vorschlag von Mitschke, 2007; *Fuest*, FR 2011, 9; *Finke/Spengel*, StuW 2013, 256 [258 ff.]) Abschätzungen der Reformwirkungen auf das Aufkommen zitiert oder vorgenommen (vergleichender, auch tabellarischer Überblick der Aufkommens-, Verteilungs- und Verteilungswirkungen sowie der Arbeitsangebotseffekte ausgewählter Reformvorschläge bei *DIW*, Reformkonzepte zur Einkommens- und Ertragsbesteuerung, Wochenbericht 16/2004, 185 (188 ff.). Diese zu beurteilen, überlasse ich der Expertise von Steuerökonomen und Volkswirten.
102 *Kühn*, FR 2012, 543 (548 f.).
103 Exemplarisch *Fuest/Peichl/Schaefer* (Fn. 101), S. 83 ff.

keineswegs im Einzelnen verfassungsrechtlich determiniert sind.[104] In den Grenzen höherrangigen Rechts hat der Gesetzgeber eine Zielsetzungsprärogative.[105] Er kann die Ziele[106] und auch den Grad ihrer Realisation wählen.[107] Auf dieser vorgelagerten Ebene legislatorischer Zielsetzung und -gewichtung gelten nicht die Bindungen der Verhältnismäßigkeitstrias. Darum sollte im Unterschied zur Umsetzungsebene nicht von Prinzipien,[108] sondern von (Ziel-)Kriterien die Rede sein. Reformentwürfe können Vorschläge für die Zielbestimmung und -gewichtung machen, die Entscheidung des Gesetzgebers aber nicht vorwegnehmen.

2. Reformwege und -maximen für den Gesetzgeber

Ist das Steuerrecht gewachsenes Recht,[109] so stellt sich die Frage nach dem richtigen Reformweg. Der Gesetzgeber steht vor den Alternativen einer „bewahrenden Reform" oder einer „Radikalreform".[110] Für beide Alternativen gibt es unter den Reformentwürfen Beispiele (s. III. 2.). Im Reformwerk von *P. Kirchhof* ist gar ein konzeptioneller Wechsel vom evolutionären zum eher „revolutionären" Modell erkennbar: Sah er in seinem „Einkommensteuergesetzbuch" im Jahre 2003 das traditionelle deutsche Einkommensteuerrecht noch als „ein Juwel des Rechts" an, „dessen Glanz allerdings so überwuchert ist, dass es wieder freigelegt und ausgegraben werden muss",[111] so hält er das „Fahrzeug" des deutschen Steuerrechts inzwischen aufgrund seiner „Konstruktionsmängel" für „nicht reparaturfähig", weshalb er „ein neues Modell" vorschlägt.[112] Der Reformweg einer systematischen Neukonzeption[113] setzt ein Plus an Reformkraft voraus und hat Vorzüge und Nachteile gegenüber einer konservativen Fortentwicklung der Besteuerung von Einkommen.[114] Bei einer Neuorientierung ist auch zu bedenken, dass der Gesetzgeber kein Vergessen des Altrechts anordnen kann. Die Besteuerungspraxis wird selbst bei

---

104 *Meßerschmidt*, Gesetzgebungsermessen, 2000, S. 881, zu Inhalt und Grenzen ebd., S. 882 ff., 894 ff. sowie *Schober*, Der Zweck im Verwaltungsrecht, 2007, S. 17 ff.
105 BVerfG v. 12.11.1997 – 1 BvR 479/92, 307/94, BVerfGE 96, 375 (394 f.): „Zwecksetzungsprärogative des Gesetzgebers".
106 *W. Martens*, Öffentlich als Rechtsbegriff, 1969, S. 186 f.; *Schlink*, Der Grundsatz der Verhältnismäßigkeit, FS 50 Jahre BVerfG, Bd. II, 2001, S. 445 (450).
107 *Alexy*, VVDStRL 61 (2002), S. 7 (17).
108 Denn der Prinzipiencharakter impliziert den Verhältnismäßigkeitsgrundsatz (so *Alexy*, Theorie der Grundrechte², 1994, S. 100; dazu noch IV. 1.).
109 *Kruse* (Fn. 2), S. 1 ff., 12, 64 f.
110 So *Lang et al.* (Fn. 29), Rz. 21, 100 ff., 103.
111 *P. Kirchhof*, Einkommensteuergesetzbuch (Fn. 65), S. VIII; ähnlich *P. Kirchhof*, BB 2006, 71 (75).
112 *P. Kirchhof*, FR 2012, 701.
113 Dafür *P. Kirchhof*, Bundessteuergesetzbuch (Fn. 40), S. II, der indes zugleich betont, dass die Grundprinzipien des deutschen Steuerrechts überzeugen (ebd., S. I).
114 Dazu *Lang et al* (Fn. 29), Rz. 104 f.; kritisch zu „umstürzlerischen Steuerreformen" *Hennrichs*, StuW 2013, 249 (255).

neuen Begriffen versuchen, zunächst auf vertraute Lösungsmuster zurückzugreifen. Jede Reform hat ihr Nachleben und muss sich im Besteuerungsalltag bewähren. Der Reformgesetzgeber übergibt das Recht in die Hände der Rechtsanwender und kann allenfalls später nachsteuern. Bei neuen Konzepten und Begriffen werden dem gesetzlichen Reformschritt zusätzliche Konkretisierungsschritte bei der Rechtsanwendung nachfolgen. Dieser Reformprozess und seine Länge sind bei der Wahl des Reformweges ebenfalls einzukalkulieren.

Beim formalen Umsetzungsweg plädiert namentlich *P. Kirchhof* für gesetzliche Kürze[115] und entlastet das Bundessteuergesetzbuch durch ergänzende Rechtsverordnungen von Details und Übergangsregelungen.[116] Damit verwirklicht er unter Betonung des Gesetzesvorbehaltes[117] den von *Christian Seiler* bereiteten Weg ergänzender exekutiver Rechtsetzung,[118] wonach „Unwesentliches (…) im Verordnungswege zu regeln (ist)."[119] Abgesehen vom fragwürdigen Gewinn an Verständlichkeit durch die Aufspaltung in Gesetz und Verordnungen[120] ist vor einer Überfrachtung der Verordnungsmacht der Exekutive[121] und der Gefahr einer Kassation durch die Finanzgerichte zu warnen. Das Verwerfungsmonopol des BVerfG schützt nur das parlamentarische Gesetz. Gegenüber dem rechtspolitischen Vorschlag weitgehender und betragskonkretisierender Delegation auf die Exekutive,[122] den punktuell auch andere Reformentwürfe aufgreifen,[123] ist daran zu erin-

---

115 Auch andere Reformentwürfe stellen die „Reduktion des Umfangs des Einkommensteuergesetzes" heraus (zuletzt *Stiftung Marktwirtschaft*, Steuervereinfachung ist möglich und nötig!, 2013, S. 1: mit der Quantifizierung „um 70 %", wobei freilich in diesem Reformkonzept weitere Reform*gesetze* neben das verkürzte EStG treten sollen, dazu noch III. 2. f]).
116 *P. Kirchhof*, Bundessteuergesetzbuch (Fn. 40), S. 334 zur Verordnungsermächtigung des § 41 BStGB-E zum Erlass der Bundessteuerverordnung (BStVO-E; Text ebd., S. 79–108; zum Nettoprinzip s. noch sub IV. 4. c]). Hinzu kommt die gesetzliche Verordnungsermächtigung zum Erlass der Bilanzverordnung (BilVO) in § 18 Bilanzordnung (BilO-E; dazu ebd., S. 1205 f.).
117 *P. Kirchhof*, Bundessteuergesetzbuch (Fn. 40), S. 169 f.
118 *Seiler*, Der einheitliche Parlamentsvorbehalt, 2000, S. 355, 368 ff., 412, 419.
119 Explizit *Seiler*, Verhandlungen des 66. Deutschen Juristentages, 2006, Bd. I, 2006, F 9 (67 [These 15]).
120 Dazu kritisch *Tipke*, StuW 2013, 212 (213) sowie *Pelka*, StuW 2013, 226 (227).
121 Immerhin ordnet § 15 BStVO-E für eine Vielzahl Betroffener substantielle Abzugsverbote an (näher *P. Kirchhof*, Bundessteuergesetzbuch [Fn. 40], S. 420 ff.).
122 Dafür mit Formulierungsvorschlägen *Seiler* (Fn. 118), S. 368 f.
123 So enthält der Kölner Entwurf in § 18 Abs. 2 S. 1 EStG-E (sowie wortidentisch § 50 Abs. 2 EStG-E der *Stiftung Marktwirtschaft*, Kommission „Steuergesetzbuch", Entwurf eines Einkommensteuergesetzes², 2009) eine weitgehende Verordnungsermächtigung auch für „andere häufig geltend gemachte Erwerbsausgaben", die trotz der erklärten Reserve gegenüber Typisierungen (*Lang et al.* [Fn. 29], Rz. 355 f.) aufgrund ihrer inhaltlichen Offenheit ein Einfallstor für umfassendere Typisierungsbestrebungen durch die Exekutive abgeben könnte.

nern, dass eine Verordnungsermächtigung zur Pauschalierung von Betriebsausgaben bereits seit Jahrzehnten ungenutzt im EStG bereitsteht (§ 51 Abs. 1 Nr. 1c EStG).[124] Auch dieses nicht ausgeschöpfte Vereinfachungspotential relativiert die Hoffnung auf praktikable und rechtssichere Lösungen allein im Verordnungswege.

Da unsere Tagung auch nach Verwirklichungschancen einer Reform fragt, sind vorab zwei Maximen für den Reformgesetzgeber zu benennen. Die erste Reformmaxime betrifft die Überzeugung von der inhaltlichen Überlegenheit des neuen Rechts. Die neue Lösung muss der bisherigen erkennbar überlegen sein. Dafür trifft den Reformwilligen die Darlegungslast. Bei jeder Reform ist der Veränderungswillige im Obligo, die Vorteile gegenüber dem Bestehenden nachzuweisen. In der Steuerpolitik fällt die Begründungslast dem Veränderer zu.[125] Die Vorteile müssen auch mit Rücksicht auf den Umstellungs- und Umgewöhnungsaufwand aller Betroffenen gerade bei systemwechselnden Reformen[126] erkennbar überwiegen. Wer für eine grundstürzende Reform wirbt, muss darlegen und beweisen, dass seine Pläne den Wert einer sich langsam stabilisierenden Rechtsordnung deutlich übersteigen.[127] Danach muss bei einer Gesetzesänderung, wie es schon *Thomas von Aquin* im 13. Jahrhundert forderte, ein großer und offensichtlicher Vorteil für das Gemeinwesen absehbar sein.[128]

Die zweite Reformmaxime ist Ausdruck eines Reformpragmatismus. Gefragt ist Pragmatismus zunächst bei der inhaltlichen Ausgestaltung. So wird selbst bei einem national homogenen und gefestigten Gerechtigkeitsverständnis über die Steuerverteilung der einzelne nationale Einkommensteuergesetzgeber sich kaum mit Erfolg dem internationalen Steuerwettbewerb und -druck (dazu noch III. 3., IV. 7.) entgegenstemmen können, was für „optimierte" pragmatische Lösungen sprechen kann. Nur mit Pragmatismus lässt sich vielfach auch der Übergang zum neuen Recht bewerkstelligen. Denn jede Reform hat Gewinner und Verlierer.[129] In kriegs- oder kri-

---

124 Statt einer Verordnungsermächtigung sieht der aktuelle Gesetzesentwurf von *Rose* (dazu sub III. 2. a]) bei der Ermittlung der Gewinne von Betrieben die Möglichkeit vor, ohne Einzelnachweis 20 Prozent der Erwerbseinnahmen nach Kassenbuch als Betriebsausgaben abzusetzen, sofern nicht die Grenze von 250 000 Euro Erwerbseinnahmen für alle Betriebe des Unternehmens überschritten wird (§ 20 Abs. 2 EStG-E; s. noch Fn. 157).
125 *Isensee*, Referat, Verhandlungen des 57. Deutschen Juristentages, 1988, Bd. II, 1988, N 32 (34).
126 Dazu *Kühn*, FR 2012, 543 (549).
127 So *Schön*, StuW 2002, 23 (35).
128 Summa Theologica, II, qu.97, a. 2.
129 Exemplarisch *Fuest/Peichl/Schäfer*, StuW 2007, 22; vergleichender Überblick über Gewinner und Verlierer einzelner Reformvorschläge bei *DIW*, Wochenbericht 16/2004, 185 (199 f.).

senbedingten Ausnahmesituationen rücken die Verteilungswirkungen einer Reform in den Hintergrund, in „Normallagen" steht der gruppenbezogene Vergleich mit dem Status quo dagegen im Zentrum.[130] Die Verschiebungsbilanz wird politisch instrumentalisiert und wirft Gerechtigkeitsfragen auf.[131] Die Reformchancen können steigen, wenn die Reformverlierer als potentielle Vetospieler[132] zumindest für einen Übergangszeitraum schadlos gehalten werden. Pragmatisch muss das alte Recht optional temporär fortgelten oder – administrativ vorzugswürdig – zeitweise einen finanziellen Ausgleich schaffen. Einfach, wenig juristisch, aber effektiv: Wer Strukturreformen will, muss den Weg dorthin finanziell ebnen. Es bedarf einer Kompensation, um Reformwiderstände auszuräumen. Allein der Trost des besseren zukünftigen Rechts reicht vielfach nicht aus. Die pragmatische Reformmaxime hilft eine Brücke zum neuen Recht zu bauen.

III. Leitlinien wissenschaftlicher Reformkonzepte für die Besteuerung von Einkommen

1. Wettstreit der Reformentwürfe zur Besteuerung von Einkommen

Die verbreitete Einsicht in die Reformbedürftigkeit der Besteuerung von Einkommen in Deutschland hat einen Wettstreit konkurrierender Reformkonzepte ausgelöst, die zum Teil in Gesetzesform ausgestaltet sind. Die Auslobung der Humanistischen Stiftung im Sommer 2002[133] hat den Wettbewerb der Reformideen[134] forciert. Seither haben sich die wissenschaftlichen und parteipolitischen Reformentwürfe[135] gegenseitig befruchtet.[136] Zum Teil wurden die Erstentwürfe aufgrund der Reformdiskussion überarbeitet und neue Fassungen vorgelegt. Um einzelne frühe und pragmatische Entwürfe ist es genau so still geworden,[137] wie um ambitionierte Re-

---

130 Zu den Entlastungswirkungen verschiedener Reformentwürfe anhand einer Modellrechnung vgl. *Borell/Schemmel/Stern* (Fn. 66), S. 67 ff. mit tabellarischen Übersichten.
131 Zu Gruppengerechtigkeit und Lobbyismus *Thiel*, StuW 2005, 335 (341).
132 Politikwissenschaftler analysieren dabei Zahl und Einfluss der „Vetospieler" gegen eine Reform (*Bippes* [Fn. 24], S. 27 f. m.w.N.).
133 Dazu *Tipke*, Einkommensteuerwirrwarr (Fn. 17), S. 113 ff.
134 Ähnlich *Seer*, Verhandlungen des 66. Deutschen Juristentages, 2006, Bd. II/1, Q 127.
135 Zum Überblick *Bippes* (Fn. 24), S. 77 ff., 89 ff.
136 Deutlich *Elicker* (Fn. 70), S. 4 ff.
137 Namentlich um den Darmstädter Entwurf, vorgelegt von *Bizer/Diste/Friedrich/Gutzki/Göttmann/Hoffart/Lyding/Rürup/Trinkaus*, Steuern – einfach gemacht. Darmstädter Entwurf für eine pragmatische Politik der Steuervereinfachung, 2002 (dazu *Bizer/Lyding*, Für eine pragmatische Politik der Steuervereinfachung – ein Darmstädter Entwurf, Wirtschaftsdienst 2002, 471).

formentwürfe einzelner Parteien.[138] Von einer „Bierdeckel-Reform"[139] ist heute kaum noch die Rede. Im Zentrum der wissenschaftlichen Diskussion von Reformentwürfen stehen auch außerhalb steuerwissenschaftlicher Analysen[140] häufig die Arbeiten von *P. Kirchhof*, *M. Rose* und *J. Lang* sowie die zur dualen Einkommensteuer.[141] Meine nachfolgende Konzentration auf „in wissenschaftlicher Freiheit"[142] verfasste „Professorenentwürfe" ist keineswegs professoraler Eitelkeit geschuldet, sondern hat ihre Ursache darin, dass die aktuellen steuerpolitischen Aussagen der Parteien nicht Ausdruck eines geschlossenen Reformkonzepts für die Einkommensteuer sind. Die Wahlprogramme zum Bundestagswahlkampf 2013 beschäftigen sich neben der Diskussion über die Wiedereinführung einer Vermögensteuer und der Reform der Erbschaftsteuer[143] vor allem mit dem Einkommensteuertarif und punktuellen Änderungsvorschlägen,[144] während strukturelle Reformen der Einkommensteuer nicht im Mittelpunkt der politischen Auseinandersetzung stehen. Innerhalb der wissenschaftlichen Reformentwürfe dominiert das *Kirchhof'sche* Bundessteuergesetzbuch als Entwurf einer Gesamtkodifikation des deutschen Steuerrechts die aktuelle Reformdiskussion. Das fachliche Echo auf seine Vorschläge mag zunächst gering gewesen sein,[145] seit einem Jahr ist aber die Eigen-[146] und Fremddiskussion[147] um das Bundessteuergesetzbuch beispiellos.

---

138 *CDU/CSU*, Ein modernes Steuerrecht für Deutschland – Konzept 21, BT-Drucks. 15/2745 v. 23.3.2004; *FDP*, Entwurf eines Gesetzes zur Einführung einer neuen Einkommensteuer und zur Abschaffung der Gewerbesteuer, BT-Drucks. 15/2349 v. 14.1.2004; zu diesen und weiteren parteipolitischen Reformvorschlägen *Bippes* (Fn. 24), S. 89 ff.; *Kube*, BB 2005, 743 (744 f.).
139 Kritisch *Tipke*, Einkommensteuerwirrwarr (Fn. 17), S. 118 und *Pöllath*, FS Raupach, 2006, S. 153 (164); dazu und die Metapher des Bierdeckels relativierend *Merz*, Vom Bierdeckel zur Reform – der lange Weg zur Vereinfachung des Steuerrechts, FS Lang, 2010, S. 367 (371 f.).
140 Zur Selektion der untersuchten Reformvorschläge vgl. die Begründung von *Reif* (Fn. 66), S. 169 f.
141 So auch aus politikwissenschaftlicher Perspektive *Wagschal* (Fn. 57), S. 118 ff.
142 Dies betont *P. Kirchhof*, Bundessteuergesetzbuch (Fn. 40), S. II.
143 Dazu *Wiegard*, Die politischen Umverteilungsziele über Vermögensteuer, Erbschaftsteuer und Einkommensteuer, in Steuerpolitik im Wahlkampf, Institut Finanzen und Steuern, IFSt-Schrift 489 (2013), 11.
144 Dazu *Kruhl*, StBW 2013, 792 sowie auf Unternehmen bezogen *Spengel/Evers*, DB 2012, 705; *Zipfel*, Ubg 2013, 501.
145 So noch *Tipke*, StRO, III², 2012, S. 1830.
146 *P. Kirchhof*, Das Bundessteuergesetzbuch in der Diskussion, 2013.
147 Vgl. vor allem die Beiträge im Heft 3 von StuW 2013 von *Tipke* (StuW 2013, 211 f.), *Pelka* (StuW 2013, 226), *Seer* (StuW 2013, 239), *Hennrichs* (StuW 2013, 249) und *Finke/Spengel* (StuW 2013, 256).

2. Konzeptionelle Leitlinien der diskussionsleitenden Reformentwürfe[148]

An vergleichenden Darstellungen der Reformentwürfe besteht kein Mangel.[149] Eine Einzelvorstellung und -analyse würde ebenso den Rahmen sprengen wie ein Gesamtvergleich der Entwürfe. Im Folgenden geht es darum nur um die konzeptionellen Leitlinien der die Diskussion leitenden Reformentwürfe. Zum Teil stellen die Entwürfe selbst ihre „Leitlinien",[150] „Leitgedanken"[151] oder ihre „Konzeption"[152] voran. Einzelheiten der Ausgestaltung der Reformentwürfe werden im Folgenden nur punktuell herausgegriffen, um die konkrete Umsetzung der jeweiligen Grundentscheidungen zu illustrieren.

a) M. Rose, Reform zur Einfachsteuer (2002/2011)

Der Heidelberger Finanzwissenschaftler *Manfred Rose* beschäftigt sich seit vielen Jahren mit der Reform der Besteuerung von Einkommen und gilt als Vordenker eines konsumorientierten Steuersystems.[153] Sein Schlagwort für eine zukunftsfähige Besteuerung des Einkommens in Deutschland lautet „Einfachsteuer". Im Jahre 2002 veröffentlichte er seinen unter Mitwirkung von Mitgliedern des „Heidelberger Steuerkreises"[154] unter dem Dach des Alfred-Weber-Institutes für Wirtschaftswissenschaften in Heidelberg entstandenen ersten ausformulierten Gesetzesentwurf,[155] den er später auch in

---

148 Ich danke meinem wiss. Mitarbeiter Dipl.-Finanzwirt (FH) *Sören Lehmann* für seine Vorarbeiten bei der Sichtung und Auswertung der nachfolgend analysierten Reformentwürfe.
149 *Borell/Schemmel/Stern* (Fn. 66), S. 4 ff.; *Kube*, BB 2005, 743 (744 ff.); *Reif* (Fn. 66), S. 169 ff.; *Seer*, BB 2004, 2272 (2273 ff.); *Stapperfend*, FR 2005, 74 (75 ff.); *Tipke*, Einkommensteuerwirrwarr (Fn. 17), S. 104 ff.; *Traub* (Fn. 66), S. 3 (11 ff., 17 ff.); aus politischer Sicht *Merz*, FS Lang, 2010, S. 367 (369 ff.); tabellarische Übersicht ausgewählter Entwürfe bei *DIW*, Wochenbericht 16/2004, 185 (201 ff.).
150 *Mitschke*, Erneuerung des deutschen Einkommensteuerrechts – Gesetzestextentwurf und Begründung. Mit einer Grundsicherungsvariante, 2004, S. 4 „Leitlinien als generelle Begründung der Konzeption"; zuvor bereits Gutachten der Steuerreformkommission 1971, Schriftenreihe des Bundesministeriums der Finanzen, Heft 17, 1971, S. 38: „Leitlinien der Reform".
151 *P. Kirchhof*, Bundessteuergesetzbuch (Fn. 40), S. 1 ff.: „Leitgedanken der Steuerreform".
152 *Lang et al.* (Fn. 29), S. 47 ff.
153 *Reif* (Fn. 66), S. 215.
154 Dieser interdisziplinären Arbeitsgruppe gehörten seinerzeit *Joachim Lang* (Köln), *Hans-Georg Petersen* (Potsdam), *Bernd Raffelhüschen* (Freiburg), sowie *Manfred Rose* (Heidelberg) an. Zum aktuellen Mitgliederverzeichnis des Heidelberger Steuerkreises vgl. http://www.einfachsteuer.de/?SiteID=135.
155 Entwurfsvorschriften mit der Kennzeichnung EStG-E 2002 werden im Folgenden zitiert aus *Rose*, Reform der Einkommensbesteuerung in Deutschland, 2002, S. 146 ff.

bürgernaher Sprache präsentierte.[156] Die jüngste Fassung seines Entwurfs stammt aus dem Jahre 2011.[157]

Schon namensgebend ist bei seiner Einfachsteuer das Hauptziel der verfahrensrechtlichen und materiellen Vereinfachung des deutschen Einkommensteuerrechts.[158] Nur eine für die Bürger verstehbare und leicht zu ermittelnde Einkommensteuer könne eine effektive und gerechte Besteuerung gewährleisten.[159] Damit verbunden ist das Ziel einer möglichst transparenten Besteuerung für natürliche Personen sowie auf der Unternehmensebene.[160] Daneben betont *Rose* besonders den Grundsatz der Marktverträglichkeit und -neutralität.[161] Ein gutes Einkommensteuerrecht solle nicht die Kräfte des Marktes behindern, sondern ein hohes Maß an Entscheidungsneutralität bieten und einer bestmöglichen intertemporalen Entfaltung von Freiheit in Investitions- und Konsumentscheidungen dienen. Neben den Vereinfachungs- und Transparenzanliegen hält er es für unverzichtbar, die Besteuerung der Einkommen lebenszeitlich[162] zu begreifen,[163] anstatt isoliert den einzelnen Veranlagungszeitraum zu betrachten. Dabei räumt *Rose* dem Grundsatz der Einmalbelastung von Einkommen einen zentralen[164] Stellenwert ein.[165]

---

156 *Rose*, Vom Steuerchaos zur Einfachsteuer, 2003.
157 Die aktuellen Entwurfsvorschriften werden im Folgenden zitiert aus *Rose*, Die Einfachsteuer: „Das Gesetz", in Alfred-Weber-Institut für Wirtschaftswissenschaften, Forschungsstelle „Marktorientiertes Steuersystem", Die Einfachsteuer, Forschungsbericht zu einer grundlegenden Reform der Einkommens- und Gewinnbesteuerung in Deutschland, 2011, Teil III.
158 *Rose*, Reform der Einkommensbesteuerung (Fn. 155), S. 146; *Rose*, Vom Steuerchaos zur Einfachsteuer (Fn. 156), S. 218 f., 221, 236, 261, 270, 274 f.; *Rose*, Die Einfachsteuer (Fn. 157), S. 4, 6.
159 *Rose*, Reform der Einkommensbesteuerung (Fn. 155), S. 33; *Rose*, Vom Steuerchaos zur Einfachsteuer (Fn. 156), S. 218 f., 221.
160 *Rose*, Vom Steuerchaos zur Einfachsteuer (Fn. 156), S. 83 ff., 219, 237, 261.
161 *Rose*, Reform der Einkommensbesteuerung (Fn. 155), S. 33 f.; *Rose*, Vom Steuerchaos zur Einfachsteuer (Fn. 156), S. 219, 240, 259, 278; näher *Feist/Krimmer/Raffelhüschen*, Intergenerative Effekte einer lebenszyklusorientierten Einkommensteuerreform: Die Einfachsteuer des Heidelberger Steuerkreises, in *Rose*, Reform der Einkommensbesteuerung (Fn. 155), S. 141 ff.
162 § 2 EStG-E 2002 trägt die Überschrift: „Belastung des Lebenseinkommens". § 1 Abs. 1 EStG-E 2011 formuliert das entsprechende Grundprinzip.
163 Besonderer Ausdruck dessen war die im Erstentwurf vorgesehene Einkommensteuervergütung im Verlustfalle, soweit auf dem sog. Guthabenkonto des Steuerpflichtigen aus vorangegangenen Jahren Beträge gespeichert waren (§§ 8 Abs. 2, 33 EStG-E 2002).
164 § 1 EStG-E 2002 und § 1 Abs. 1 EStG-E 2011 benennen die „einmalige" Belastung als erstes Grundprinzip.
165 *Rose*, Reform der Einkommensbesteuerung (Fn. 155), S. 19 ff., 179 f.; *Rose*, Vom Steuerchaos zur Einfachsteuer (Fn. 156), S. 187 ff., 264 f.; *Rose*, Die Einfachsteuer (Fn. 157), S. 3 ff.; ebenso *Feist/Krimmer/Raffelhüschen* (Fn. 161), S. 129 ff.

Ein herausstechendes Merkmal des Entwurfes ist das System der Unternehmensbesteuerung, innerhalb dessen *Rose* drei Gruppen von Unternehmen unterscheidet: Neben die Betätigung als Einzelunternehmen (§ 1 Abs. 30 S. 1 Halbs. 1 EStG-E) oder als sog. Transparenzgesellschaft (vgl. etwa §§ 1 Abs. 16 und 30, 9 Abs. 2 Nr. 2, 11 Abs. 1 Nr. 3, 14 Abs. 4 bis 10, 20 Abs. 4 EStG-E) tritt die Betätigung der der körperschaftlichen Einkommensteuer unterliegenden Gesellschaft (vgl. etwa §§ 1 Abs. 5, 3 Abs. 3, 4 Abs. 2 und 5, 5 Abs. 2 EStG-E), wobei Optionsmöglichkeiten sowohl für die persönliche als auch für die körperschaftliche Einkommensteuer (§ 1 Abs. 6, 14 Abs. 7 S. 3 und Abs. 10 EStG-E) vorgesehen sind.[166] Neben der Integration der Besteuerung von Körperschaften in das Einkommensteuerrecht schlägt *Rose* eine umfassende Gemeindefinanzreform durch Einführung eines sog. Gemeindewirtschaftsgesetzes vor, welches als wesentliche Änderung gegenüber dem bisherigen Gewerbesteuergesetz eine Ausweitung der subjektiven Steuerpflicht auch auf selbständige Tätigkeiten umfasst.[167]

Abweichend vom Ursprungsentwurf, der eine sog. Gewinnsteuer großer Unternehmen nur als besondere Erhebungsform der Einkommensteuer vorsah, die einem mit der persönlichen Einkommensteuer identischen Steuersatz unterlag (§ 8 EStG-E 2002), sieht die aktuelle Entwurfsfassung eine Steuersatzspaltung vor (§ 5 EStG-E): Der Steuersatz für die persönliche Einkommensteuer mit echtem Familiensplitting (§ 28 Abs. 1 und 2 EStG-E) liegt mit 20 Prozent moderat über dem für die körperschaftliche Einkommensteuer (15 Prozent), wobei eine grundsätzliche Steuerbefreiung von Ausschüttungen auf der Ebene des Anteilseigners greift (§ 9 Abs. 2 S. 2 EStG-E).[168] Ausdruck des Grundsatzes der Einmalbesteuerung und der Konsumentscheidungsneutralität[169] ist die Inflationsbereinigung verschiedener Posten durch sog. Schutzzinsen (vgl. etwa §§ 1 Abs. 21 und 26, 15 Abs. 2, 18 Abs. 1, 20 Abs. 4, 21 Abs. 1 und 2, 23 EStG-E). Bei den Vorsorgeeinkünften (§ 19 S. 1 EStG-E) wird eine konsequent nachgelagerte Besteuerung verwirklicht.

Rose ist sich nicht zuletzt aufgrund der praktischen Erfahrungen mit einer Einfachsteuer in Kroatien und Bosnien-Herzegowina[170] durchaus der

---

166 Die Figur der Durchreichgesellschaften aus dem ursprünglichen Entwurf von 2002 (§§ 4 Abs. 4, 17 Abs. 3 bis 5 EStG-E 2002) ist nicht mehr vorgesehen.
167 Näher *Scholz/Zöller*, Gemeindesteuern der Zinsbereinigten Gewinnsteuer, Entwurf eines Gesetzes zur Reform der Gemeindesteuern (Gemeindesteuerreformgesetz – GemStRefG), 2008, S. 93.
168 *Rose*, Die Einfachsteuer: „Das Konzept", in Alfred-Weber-Institut für Wirtschaftswissenschaften (Fn. 157), 2010, Teil I, S. 11.
169 *Rose*, Die Einfachsteuer (Fn. 157), S. 5 f.
170 Dazu *Rose*, Vom Steuerchaos zur Einfachsteuer (Fn. 156), S. 287 ff. sowie *Nguyen-Thanh*, Steuerreformen in Transformationsländern und wirtschaftspolitische Beratung: Eine Fallstudie am Beispiel der Politik des IWF in Kroatien und Bosnien-Herzegowina, 2005.

Schwierigkeiten bei der Umstellung von der bisherigen Einkommensteuer auf ein Einfachsteuersystem bewusst. Aus diesem Grunde macht er unlängst Vorschläge zu einer stufenweisen Umsetzung der Einfachsteuer,[171] u.a. durch das Modell einer zinsbereinigten Gewinnsteuer („ZGS"). Nach diesem soll als Sofortmaßnahme eine Zinsbereinigung von Unternehmensgewinnen stattfinden, welche dann einer föderalen und kommunalen Gewinnsteuer unterworfen werden. Beginnend mit der Unternehmensebene soll ein proportionaler Einheitssteuersatz eingeführt werden.[172]

b) P. Kirchhof, Einkommensteuergesetzbuch (2003) und Bundessteuergesetzbuch (2011)

Der Heidelberger Jurist und ehemalige Richter des BVerfG *Paul Kirchhof* widmet sich seit vielen Jahren der Reform des deutschen Steuerrechts in seiner Gesamtheit und hat Reformvorschläge zur Einkommensteuer in verschiedenen Entwicklungsstufen vorgelegt.[173] Sein Einkommensteuergesetzbuch baut auf dem sog. Karlsruher Entwurf auf.[174] Dieser ist das Werk der Forschungsgruppe „Bundessteuergesetzbuch"[175] unter Leitung von *P. Kirchhof*,[176] die im Jahre 2011 das „Bundessteuergesetzbuch" als Gesamtkodifikation mit dem „Buch 2: Einkommensteuer" (§§ 42 ff. BStGB-E) vorgelegt hat.[177]

Der Entwurf zielt vor allem auf die Herstellung von Besteuerungsgleichheit durch Unausweichlichkeit der Steuerlast und konsequente Reduktion der Einkommensteuer auf ihren Fiskalzweck ab.[178] Eine substantielle Vereinfachung des Steuerrechts ist Anliegen des Entwurfes, wobei sich der Entwurfsverfasser hiervon neben der Verständlichkeit des Gesetzes auch eine Steigerung der Wirtschaftskraft verspricht.[179] Der Steuersatz soll abgesenkt, zahllose Besteuerungsausnahmen sollen gestrichen und die Besteuerungsgrundlage dadurch ausgedehnt werden.[180] Ausdruck einer radikalen norma-

---

171 *Rose*, Die Einfachsteuer: „Vorzüge und Reformschritte des Übergangs", in Alfred-Weber-Institut für Wirtschaftswissenschaften (Fn. 168), Teil II.
172 *Rose*, ebd., S. 20.
173 Zur Entwicklungsgeschichte *Reif* (Fn. 66), S. 171 ff.; *Tipke*, StRO, III², 2012, S. 1822 ff.
174 *P. Kirchhof*, Einkommensteuergesetzbuch (Fn. 65), S. VI.
175 Zur personellen Zusammensetzung des „Karlsruher Kreises" und der Arbeitsgruppe „Bundessteuergesetzbuch" *P. Kirchhof*, Bundessteuergesetzbuch (Fn. 40), S. 1207 f.
176 *P. Kirchhof*, Einkommensteuergesetzbuch (Fn. 65), S. VIII.
177 Entwurfsvorschriften werden im Folgenden zitiert aus *P. Kirchhof*, Bundessteuergesetzbuch. Ein Reformentwurf zur Erneuerung des Steuerrechts, 2011 (Fn. 39).
178 *P. Kirchhof*, Bundessteuergesetzbuch (Fn. 40), S. 4 f., 14, 122 ff.
179 *P. Kirchhof*, Bundessteuergesetzbuch (Fn. 40), S. 6 ff., 13 ff.
180 *P. Kirchhof*, Bundessteuergesetzbuch (Fn. 40), Leitgedanken der Steuerreform, Rz. 46, 48 ff.

tiven Reduktion[181] sollen namentlich eine einheitliche Einkunftsart, die „Einkünfte aus Erwerbshandeln" (§ 43 Abs. 2 BStGB-E),[182] ein einheitlicher linearer Steuersatz (§ 43 Abs. 4 BStGB-E)[183] und die Einführung einer rechtsformneutralen Unternehmensbesteuerung[184] sein: Die Körperschaftsteuer entfällt durch die neue Rechtsfigur der steuerjuristischen Person, welche insbesondere juristische Personen und Personenvereinigungen umfasst (§ 12 BStGB-E). Die steuerjuristische Person selbst ist einkommensteuerpflichtig (§ 42 BStGB-E), während Beteiligungserlöse und Veräußerungseinkünfte aus Anteilen an steuerjuristischen Personen steuerfrei bleiben (§ 52 Abs. 1, § 53 Abs. 1 BStGB-E).[185] Die Gewerbesteuer soll durch eine kommunale Zuschlagsteuer auf das gesamte in einer Gemeinde erwirtschaftete Einkommen (§§ 65 ff. BStGB-E) ersetzt werden. Zugleich spricht P. Kirchhof als prominenter Fürsprecher eines materiell verstandenen Periodizitätsprinzips[186] sich für Verlustvorträge und eine nachgelagerte Besteuerung der persönlichen Zukunftssicherung aus (§§ 50, 55 f. BStGB-E).[187] Mit Regelungen zur Verlustübernahme und -übergabe enthält sein BStGB anstelle des Individualprinzips[188] Elemente eines interpersonellen Verlustausgleichs zwischen einer steuerjuristischen Person und ihren Beteiligten (§ 49 Abs. 2 bis 4 BStGB-E).[189] Prononciert erteilt der Entwurf steuerlichen Lenkungsnormen zur Gewähr der Gleichheit der Steuerlast und Wiedergewinnung der Freiheit des Steuerpflichtigen eine Absage.[190] Bereits die Eingangsdefinition der Steuer[191] tilgt im Gegensatz zu § 3 Abs. 1 AO den im historischen Ringen ergänzten Zusatz, dass „die Erzielung von Einnahmen (...) Nebenzweck sein (kann)".[192] Dem folgend verzichtet der Entwurf weitgehend auf Steuerbefreiungen und -vergünstigun-

---

181 Das BStGB soll durch die Verordnungsermächtigung des § 41 BStBG-E von Details und Übergangsregelungen entlastet werden (dazu bereits unter II. 2.).
182 *P. Kirchhof*, Bundessteuergesetzbuch (Fn. 40), S. 14, 369.
183 Präzisierend spricht *P. Kirchhof*, FR 2012, 701 (703), von einer „verdeckt erhobenen progressiven Steuer, die nach einem Freibetrag von 10 000 € pro Person und Jahr bei 15 % beginnt und bei 25 % endet".
184 *P. Kirchhof*, Bundessteuergesetzbuch (Fn. 40), S. 361 f., 440 ff.
185 Kritisch zur (widerleglichen) Typisierung der Veräußerungskosten *Pelka*, StuW 2013, 226 (236).
186 *P. Kirchhof* in Kirchhof/Söhn/Mellinghoff, EStG, § 2 Rz. H 2 (Sept. 1992); *P. Kirchhof*, EStG[12], 2013, § 2 Rz. 120.
187 Zur Begründung *P. Kirchhof*, Bundessteuergesetzbuch (Fn. 40), S. 13 f., 17, 445 ff., 488 ff.
188 In Abkehr davon sieht auch § 51 Abs. 2 BStGB-E eine Erwerbsgemeinschaft von Ehegatten (bzw. Lebenspartnern) mit der Möglichkeit der Übertragung von persönlichen Freibeträgen und dem Ausgleich von Einkünften untereinander vor.
189 Dazu *P. Kirchhof*, Bundessteuergesetzbuch (Fn. 40), S. 442 ff.
190 *P. Kirchhof*, Bundessteuergesetzbuch (Fn. 40), S. 14 „Befreiung von Lenkungsnormen", S. 124 ff., 127 f.
191 § 1 Abs. 1 S. 1 BStGB: „Steuern sind Abgaben zur Finanzierung öffentlicher Aufgaben ohne besondere Gegenleistung".
192 *Drüen* in Tipke/Kruse, AO/FGO, § 3 AO Rz. 12 (Jan. 2012) m.w.N.

gen mit einem Lenkungszweck.[193] Daneben bekennt sich der Entwurf deutlich zur Befugnis des Gesetzgebers zu typisieren und greift bei der Aufwandstypisierung „im großen Umfang" auf unwiderlegliche Typisierungen zurück.[194] Ein Beispiel mit Breitenwirkung für Vermieter sind grundstücksbezogene Erwerbsaufwendungen, die gesetzlich unwiderleglich pauschaliert werden (§ 8 Abs. 1 und 2 BilO-E).[195]

c) *J. Mitschke, Erneuerung des deutschen Einkommensteuerrechts (2004)*

Der Ökonom *Joachim Mitschke* forscht seit vielen Jahren auf den Gebieten des Steuerrechts und der sozialen Transfersysteme. Mit seinem im Jahre 2004 veröffentlichten Entwurf zur Erneuerung des deutschen Einkommensteuerrechts unter Einbeziehung von sozialen Transfersystemen[196] gewann er den ersten Preis der Ausschreibung der Frankfurter Humanistischen Stiftung. Sein Steuerreformkonzept einer nachgelagerten Einkommensbesteuerung bezweckt die Förderung von Kapitalbildung und Investitionen durch eine Besteuerung des verfügbaren Einkommens,[197] die Herstellung horizontaler Lastengleichheit[198] sowie eine Beschäftigungs- und Familienförderung.[199] Explizit zum nachrangigen Ziel – und in bewusster Abgrenzung zu *Roses* Entwurf – erklärt *Mitschke* die Anliegen der Praktikabilität und der Transparenz.[200] Anders als die meisten anderen Entwürfe spricht sich *Mitschke* für eine moderate, die Systematik des Gesetzes nicht zerstörende Lenkung durch das Einkommensteuerrecht aus.[201]

Einzig sein Reformentwurf schlägt vor, das staatliche Transfersystem durch den Anspruch auf ein sog. Bürgergeld, das den Grundbedarf, Kinderbetreuungskosten, Wohnbedarf und außergewöhnliche Belastungen abdeckt

---

193 An der Förderung von Zuwendungen an gemeinnützige Körperschaften hält § 32 BStGB-E mit einem neuen Zuschussmodell fest (*P. Kirchhof*, Bundessteuergesetzbuch [Fn. 40], S. 288 ff.). Zur alten Diskussion, ob der Spendenabzug nach § 10b EStG eine Subvention oder aber als Ausdruck des Leistungsfähigkeitsprinzips eine Fiskalzwecknorm darstellt, zusammenfassend *Thimm*, Rechtsformspezifischer gemeinnütziger Spendenabzug vs. Leistungsfähigkeitsprinzip, 2009, S. 20 ff., 37 ff.
194 So *P. Kirchhof*, Bundessteuergesetzbuch (Fn. 40), S. 119 ff., 121.
195 Nach § 8 Abs. 1 S. 3 BilO-E werden bei vermieteten Grundstücken 60 Prozent der Erwerbserträge als Aufwendungen unwiderleglich vermutet, nach § 8 Abs. 2 S. 2 BilO-E die Betriebskosten bei eigenbetrieblich genutzten Grundstücken unwiderleglich mit 2,4 Prozent des Kaufpreises pauschaliert. Zur Begründung *P. Kirchhof*, Bundessteuergesetzbuch (Fn. 40), S. 1144 ff.; zur Kritik *Pelka*, StuW 2013, 226 (233).
196 Entwurfsvorschriften werden im Folgenden zitiert aus *Mitschke*, Erneuerung des deutschen Einkommensteuerrechts – Gesetzestextentwurf und Begründung. Mit einer Grundsicherungsvariante, 2004.
197 *Mitschke* (Fn. 196), S. VIII, 7 ff.
198 *Mitschke* (Fn. 196), S. 4 ff.
199 *Mitschke* (Fn. 196), S. 10, 13 ff.
200 *Mitschke* (Fn. 196), S. 16 ff., insb. Note 18.
201 *Mitschke*, (Fn. 196), S. 4.

(§§ 46 ff. EStG-E), in das Einkommensteuerrecht zu implementieren.[202] Ein weiteres prägendes Merkmal des Entwurfes ist die Grundentscheidung, nur das privat verfügbare Einkommen mit Einkommensteuer zu belasten. Danach sind allein (Netto-)Ausschüttungen und -entnahmen die Besteuerungsbasis (§ 6 Abs. 2 lit. a EStG-E).[203] Mit der Konzentration auf die private Konsumtion wird zudem Unternehmen als bloßen „Einkommensintermediären" eigene Leistungsfähigkeit aberkannt und sie unterliegen selbst weder einer definitiven Einkommensteuer noch einer Körperschaftsteuer.[204] Die konsequente Konsumorientierung eröffnet die Reformneutralität durch den generellen Verzicht auf die Besteuerung aller Unternehmensformen.[205]

d) M. Elicker, Entwurf einer proportionalen Netto-Einkommensteuer (2004)

Der Saarbrücker Steuerrechtslehrer *Michael Elicker* hat seinen Wahlspruch „Das Gerechte ist das Proportionale"[206] zur Grundlage seiner preisgekrönten Habilitationsschrift gemacht. Im Jahre 2004 veröffentlichte er den mit ihr unterbreiteten Entwurf einer proportionalen Netto-Einkommensteuer[207] und gewann damit den zweiten Preis der Ausschreibung der Humanistischen Stiftung.[208] *Elickers* Ansatz ist geprägt durch das Streben nach einer verhältnismäßigen und gleichheitsgerechten Besteuerung unter Wahrung des objektiven Nettoprinzips.[209] Weitere zentrale Anliegen des Entwurfes sind Entscheidungsneutralität und wirtschaftliche Betätigungsfreiheit.[210] Eine investitionsneutrale und konsumorientierte Besteuerung soll zugleich ein höheres Maß an Nachhaltigkeit und Umweltfreundlichkeit schaffen.[211] Auf Lenkungsnormen verzichtet *Elicker* weitgehend, weil er Wirtschafts- und Sozialgestaltung nicht als Aufgabe des Einkommensteuerrechts ansieht und anderenfalls die Gleichmäßigkeit, den systematisch konsequenten Aufbau und die Ergiebigkeit der Steuer als gefährdet erachtet.[212]

---

202 Zu Ausgestaltung und Begründung im Einzelnen *Mitschke* (Fn. 196), S. 86 ff., 106 ff.
203 *Mitschke* (Fn. 196), S. 47 ff.
204 *Mitschke* (Fn. 196), S. 11 f.
205 Erhalten bleibt lediglich der Kapitalertragsteuerabzug bei Ausschüttungen von Kapitalgesellschaften (§ 39 Abs. 1 Nr. 1 EStG-E).
206 *Elicker*, StuW 2000, 3 (17).
207 Entwurfsvorschriften werden im Folgenden zitiert aus *Elicker*, Entwurf einer proportionalen Netto-Einkommensteuer, 2004 (Fn. 70).
208 Lob und Respekt zollend *Tipke*, Einkommensteuerwirrwarr (Fn. 17), S. 114 f.
209 *Elicker* (Fn. 70), S. 24 ff., 72 ff., 173 ff.
210 *Elicker* (Fn. 70), S. 141 ff.
211 *Elicker* (Fn. 70), S. 184 ff.
212 *Elicker* (Fn. 70), S. 196 ff.

Sein Entwurf kennt nur eine Einkunftsart mit der Bezeichnung „Einkünfte aus Erwerbsvermögen" (§ 2 EStG-E)[213] mit nur einem einheitlichen (proportionalen) Steuersatz (§ 12 EStG-E)[214] und verficht damit einen synthetischen Einkommensbegriff.[215] Das herausstechende Merkmal der Einkommensbesteuerung bei *Elicker* ist ein konsumorientierter Besteuerungsansatz, der über die Definition von Einkommen (§ 2 Abs. 1 EStG-E) als Unterschiedsbetrag von Entnahmen (§ 5 EStG-E) und Einlagen (§ 6 EStG-E) eines Veranlagungszeitraumes erreicht werden soll. So kommt es zu einer periodenübergreifenden Fortschreibung von Einlage- und Entnahmevorgängen und damit letztlich zu einer nachgelagerten Besteuerung grundsätzlich aller Einkünfte. Der „Sofortabzug" von Anschaffungs- oder Herstellungskosten mit ihrem Einlagewert (§ 6 Abs. 1, 2 EStG-E) verdeutlicht diesen Ansatz. *Elicker* macht in seinem Entwurf konkrete Vorschläge zu einer Umsetzung der neuen Einkommensbetrachtung anhand sog. Erwerbsvermögenskonten (§§ 15 f. EStG-E), deren Entwicklung zum Steuerabzug stetig fortzuschreiben ist. Der Besteuerung von Veräußerungen aus dem Privatvermögen will er nur „hochwertige Güter des Privatvermögens" (§ 4 Abs. 1 EStG-E) unterwerfen.

e) J. Lang et al., Kölner Entwurf eines Einkommensteuergesetzes (2005)

Eine Gruppe von Steuerrechtlern um den Kölner Steuerrechtsprofessor *Joachim Lang*[216] veröffentlichte nach einem mehr als zweijährigen Ringen um ein besseres Einkommensteuergesetz im Jahre 2005 den Kölner Entwurf eines Einkommensteuergesetzes,[217] welcher ebenfalls an der Ausschreibung der Frankfurter Humanistischen Stiftung teilgenommen hat und mit dem dritten Preis ausgezeichnet wurde.[218]

Der Entwurf verfolgt zuvörderst das Ziel der Schaffung von Besteuerungsgleichheit durch Leistungsfähigkeitsgerechtigkeit.[219] Ausdrücklich nachrangig verfolgt er das Ziel einer substantiellen Vereinfachung des Einkommen-

---

213 Eine Binnenabgrenzung innerhalb dieser Einkunftsart ist nur insoweit vorzunehmen, als dies für Zwecke der Einkommensermittlung (etwa bei privaten Veräußerungseinkommen nach § 4 EStG-E) oder des Steuerabzuges von Erwerbskonten (§ 15 EStG-E) erforderlich ist.
214 Dabei bleibt diese Tarifnorm im Entwurf bewusst betragsmäßig offen (*Elicker* [Fn. 70], S. 310 ff.).
215 Zur Begründung der (verfassungsrechtlichen) Notwendigkeit eines einheitlichen Einkommensbegriffs näher *Elicker* (Fn. 70), S. 117 ff.
216 Im Einzelnen waren dies neben *Joachim Lang* als Sprecher *Johanna Hey* (damals Düsseldorf), *Jürgen Pelka* (Köln), *Roman Seer* (Bochum), *Norbert Herzig* (Köln), *Heinz-Gerd Horlemann* (Ansbach), *Heinz-Jürgen Pezzer* (München) sowie beratend *Klaus Tipke* (Köln).
217 Entwurfsvorschriften werden im Folgenden zitiert aus *Lang et al.*, Kölner Entwurf eines Einkommensteuergesetzes, 2005 (Fn. 29).
218 *Tipke*, Einkommensteuerwirrwarr (Fn. 17), S. 116.
219 *Lang et al.* (Fn. 29), S. V, 51 ff.

steuerrechts. Die Normsubstanz kann nach Ansicht der Verfasser nicht einfach, jedoch wesentlich einfacher als im geltenden Recht geregelt werden.[220] Ein zu kurzes, auf wenige Generalklauseln reduziertes Einkommensteuergesetz widerspreche dem steuerrechtlichen Legalitätsprinzip und sei letztlich nicht mit dem Rechtsstaatsprinzip in Einklang zu bringen.[221] Durch eine wohlüberlegte und juristisch präzise Vorgehensweise soll ein hohes Maß an normativer Vollständigkeit sowie Rechtssicherheit gewährleistet und zugleich das Bedürfnis nach exekutiver (und judikativer) Rechtssetzung zurückgedrängt werden.[222] Die Kölner Arbeitsgruppe macht vor allem sozial-, lenkungs-, und wahlpolitisch motivierte Ausnahmenormen für die Komplexität und Ungerechtigkeit des geltenden Einkommensteuerrechts verantwortlich[223] und verzichtet darum weitgehend auf Lenkungsvorschriften.[224] Da sich die Entwurfsverfasser ausdrücklich zu einem Entwurfsaufbau auf der Basis bewährter und bekannter Grundstrukturen bekennen,[225] schreibt der Kölner Entwurf „konservativ" viele bekannte Begriffe und Tatbestände des tradierten Einkommensteuerrechts fort. Dabei legt er darauf Wert, seit langem praktiziertes und anerkanntes Richterrecht auf eine gesetzliche Grundlage zu stellen.[226]

Der Kölner Entwurf vertritt einen synthetischen Einkommensbegriff und sieht keine Abgeltungssteuer vor.[227] Der Katalog der Einkunftsarten (§ 2 Abs. 1 EStG-E) ist auf fünf reduziert (§§ 4 bis 8 EStG-E),[228] wobei die sog. Einkünfte aus Zukunftssicherung (§ 8 EStG-E) einer konsequent nachgelagerten Besteuerung unterworfen werden (§§ 30 f. EStG-E).[229] Typisierungen setzt der Entwurf getreu seinem Bekenntnis zum objektiven Nettoprinzip[230] nur zurückhaltend ein. Einzig § 18 EStG-E sieht in Abs. 1 widerlegbare Erwerbsausgabenpauschalen zwischen einem und fünf Prozent, jeweils gedeckelt durch Höchstbeträge, sowie in Abs. 2 die Möglichkeit der Schaffung von Rechtsverordnungen zur Festlegung von Pauschbeträgen für Verpflegungsmehraufwendungen, Kraftfahrzeugkosten, andere häufig geltend gemachte Erwerbsausgaben und gemischte Kosten vor.[231] Ein weiteres Merk-

---

220 Ebd., S. V, 50 f.
221 Ebd., S. V, 49.
222 Ebd., S. V, 49 f.
223 Ebd., S. 52.
224 § 38 EStG-E sieht weiterhin den Spendenabzug vor, der als Fiskalzwecknorm qualifiziert wird (*Lang et al.* [Fn. 29], Rz. 120, 210; dazu bereits Note 193).
225 Ebd., S. 48 f.
226 Ebd., Rz. 114, mit dem Beispiel der §§ 25 f. EStG-E als Rechtsgrundlage der Einkünfteermittlung sog. Erwerbsgemeinschaften.
227 Ebd., S. 53.
228 Zu Einzelheiten ebd., S. 69 ff.
229 Zu dem „Kernanliegen" der folgerichtigen Regelung der Zukunftssicherung nach dem lebenszeitlichen Konzept in einer Einkunftsart ebd., S. 76 ff.
230 Ebd., Rz. 115, 207.
231 Ebd., Rz. 355 f.

mal des Entwurfs ist die normative Umsetzung des subjektiven Nettoprinzips einschließlich der Kategorie sog. Privateinnahmen (§§ 2 Abs. 2, 35 Abs. 3, 36 Abs. 5, 37 EStG-E), durch die die Maßgröße subjektiver Leistungsfähigkeit auf ein einheitliches dogmatisches Fundament gestellt werden soll.[232]

f) Kommission „Steuergesetzbuch" der **Stiftung Marktwirtschaft**, *Entwurf eines EStG (2005/2009)*

Die Kommission „Steuergesetzbuch" der *Stiftung Marktwirtschaft*[233] versammelt seit 2004 über siebzig Steuerrechtsexperten aus allen Tätigkeitsbereichen.[234] Sie beschäftigt sich mit dem Ziel eines zukunfts- und wettbewerbsfähigen Ertragsteuerrechts und speziell mit der Reform des Einkommensteuerrechts. Ihr Spiritus Rector ist wiederum *Joachim Lang*.[235] Nach dem ersten Entwurf zur Einkommensteuerreform im Jahre 2005 legte die Kommission im Jahre 2009 die zweite Auflage vor.[236] Ende August 2013 hat die Kommission „Steuergesetzbuch" ihren Abschlussbericht in Berlin vorgestellt.[237] Der Entwurf soll der Steuergerechtigkeit und der Akzeptanz der Einkommensbesteuerung dienen und begreift Einfachheit und Gerechtigkeit nicht als gegenläufige Ziele.[238] Eine materielle und verfahrensrechtliche Vereinfachung des Einkommensteuerrechts ist angestrebt, weil das geltende Einkommensteuergesetz durch eine starke Berücksichtigung tagespolitischer Interessen eine „missgestaltete Komplexität" entwickelt habe.[239] Da der Einzelfallgerechtigkeit im Massenverfahren der Besteuerung Grenzen gesetzt sind, will der Entwurf den Rahmen verfassungsrechtlich zulässiger Typisierung und Pauschalierung durch Vereinfachungsnormen ausschöpfen.[240] Der Entwurf bekennt sich zur prinzipiengerechten Besteuerung nach der Leistungsfähigkeit und will das objektive

---

232 Ebd., Rz. 210 ff.
233 Leitung: *Michael Eilfort* und *Joachim Lang*.
234 Bebildertes Verzeichnis der Mitwirkenden bei *Stiftung Marktwirtschaft*, Kommission „Steuergesetzbuch", Steuerpolitisches Programm, Einfacher, gerechter, sozialer: Eine umfassende Ertragsteuerreform für mehr Wachstum und Beschäftigung, 2006, S. 58 ff.
235 *Tipke*, StRO, III², 2012, S. 1832 mit Detaildarstellung der Entwicklungsgeschichte des Entwurfes, ebd. S. 1831 ff.
236 Entwurfsvorschriften werden im Folgenden zitiert aus *Stiftung Marktwirtschaft*, Kommission „Steuergesetzbuch", Entwurf eines Einkommensteuergesetzes², 2009 (Kurzzitat: EStG-E², 2009).
237 *Lang/Eilfort*, Strukturreform der deutschen Ertragsteuern, Bericht über die Arbeit und Entwürfe der Kommission „Steuergesetzbuch" der Stiftung Marktwirtschaft, 2013.
238 *Stiftung Marktwirtschaft*, EStG-E² (Fn. 236), S. 1, 33 f.
239 Explizit *Stiftung Marktwirtschaft*, Steuerpolitisches Programm (Fn. 234), S. 46.
240 *Stiftung Marktwirtschaft*, EStG-E² (Fn. 236), S. 33.

und subjektive Nettoprinzip[241] stärken.[242] Insgesamt wird kein radikal anderes Einkommensteuerrecht angestrebt und bewährte Grundstrukturen des geltenden Rechts sollen beibehalten werden,[243] was dem erklärten Grundprinzip „Evolution statt Revolution"[244] entspricht.

Besonderes Element des Reformkonzepts ist das dem Ziel der Rechtsformneutralität der Unternehmensbesteuerung dienende „Unternehmensteuergesetz"[245]: Diesem werden einheitlich große Kapital- und Personenunternehmen unterworfen (§§ 1 Abs. 1, 2 Abs. 1, 3 UntStG-E)[246], während kleine Unternehmen dem Regime des Einkommensteuerrechts unterfallen (§ 3 UntStG-E). Ein besonderes Gewinnermittlungsgesetz[247] normiert auf der Basis eines Bestandsvergleichs die Ermittlung von Einkünften aus Unternehmen (§ 9 Abs. 2 EStG-E, § 4 Abs. 2 UntStG-E). Die Verlustverrechnung erfolgt grundsätzlich nur auf der Unternehmensebene und nur in engen Ausnahmefällen mit einkommensteuerpflichtigen Einkünften.[248] Beim Transfer von Gewinnen von der vorbelasteten Unternehmensebene auf die der Einkommensteuer erfolgt ein Nachbelastungsverfahren.[249] Ähnlich dem Kölner Entwurf werden die Gewinnermittlung der Erwerbsgemeinschaft (§§ 9 Abs. 3, 17 f. EStG-E) und Privateinnahmen (§§ 28 Abs. 3, 30 EStG-E) besonders geregelt. Die bisherige Gewerbesteuer soll zugunsten eines Vier-Säulen-Modells der Kommunalfinanzen abgeschafft werden.[250] Neben der Grund- und Bürgersteuer soll eine kommunale Unternehmensteuer mit Hebesatzrecht für die Gemeinden sowie ein durch einen feststehenden, für die Unternehmen verrechenbaren Anteil an dem örtlich entstehenden Lohnsteueraufkommen treten.[251] Dabei enthält der jüngste Bericht eine Quantifizierung des Konzepts für alle deutschen Kommunen.[252]

---

241 Stichworte sind das Familien-Nettoprinzip und das Familienrealsplitting (§ 30 EStG-E).
242 *Stiftung Marktwirtschaft*, EStG-E² (Fn. 236), S. 33 ff., 45 ff., 51 ff.
243 Wiederum ebd., S. 33.
244 Zuletzt *Stiftung Marktwirtschaft*, Steuervereinfachung ist möglich und nötig!, 2013, S. 1.
245 Zur Zielsetzung *Stiftung Marktwirtschaft*, Steuerpolitisches Programm (Fn. 234), S. 17.
246 *Stiftung Marktwirtschaft*, Kommission „Steuergesetzbuch", Entwurf allgemeines Unternehmensteuergesetz (UntStG), 2006.
247 *Stiftung Marktwirtschaft*, Kommission „Steuergesetzbuch", Gesetz zur Steuerlichen Gewinnermittlung (StGEG), 2006.
248 *Stiftung Marktwirtschaft*, Steuerpolitisches Programm (Fn. 234), S. 23 f.
249 Ebd., S. 25 ff. (mit Schaubildern).
250 Näher ebd., S. 40 ff.
251 *Stiftung Marktwirtschaft*, UntStG (Fn. 246), S. 40 ff.
252 *Lang/Eilfort* (Fn. 237).

Der Katalog der Einkunftsarten wird auf vier reduziert (§§ 4–8 EStG-E).²⁵³ Anders als noch im Ursprungsentwurf aus dem Jahre 2006²⁵⁴ befürwortet die Kommission unter Hinweis auf die internationale Wettbewerbsfähigkeit nunmehr eine Abkehr von der synthetischen Einkommensteuer im Bereich der Kapitaleinkünfte und der Einkünfte aus Zukunftssicherung.²⁵⁵ Dementsprechend sieht ihr jüngster Vorschlag eine Abgeltungswirkung für diese Einkünfte durch den Quellensteuerabzug (§ 53 Abs. 1 EStG-E) allerdings mit Veranlagungsoption (§ 53 Abs. 2 Nr. 5 EStG-E) vor. Da die Vorschriften zum Quellensteuerabzug der jeweiligen Einkünfte (§§ 39 f. EStG-E) bewusst keinen Quellensteuersatz festlegen, hängt es von der politischen Entscheidung ab, inwieweit die Abgeltungssteuer diese Einkünfte mit Blick auf Kapitalflucht und Vollzugsgewähr privilegiert. Das gilt wegen der offengehaltenen Tarifangabe (§ 5 UntStG-E) mutatis mutandis auch für unternehmensteuerpflichtige Einkünfte. Durch die Trennung von Unternehmensteuer- und Einkommensteuerrecht wird strukturell eine abweichende Tarifierung unternehmensteuerpflichtiger Einkünfte eröffnet und mithin eine Weichenstellung zugunsten einer analytischen Einkommensbesteuerung ermöglicht.²⁵⁶

g) *Sachverständigenrat/MPI/ZEW, Reform durch die duale Einkommensteuer (2006)*

Die Bundesminister für Finanzen und für Wirtschaft und Arbeit beauftragten im Jahre 2005 den Sachverständigenrat zur Begutachtung der gesamtwirtschaftlichen Entwicklung ein Gutachten über die wirtschaftlichen Auswirkungen und Übergangsmöglichkeiten einer grundlegenden Unternehmensteuerreform und einer dualen Einkommensteuer zu erstellen. In Zusammenarbeit mit dem Max-Planck-Institut für Geistiges Eigentum, Wettbewerbs- und Steuerrecht in München und dem Zentrum für Europäische Wirtschaftsforschung in Mannheim veröffentlichte der Sachverständigenrat im Jahre 2006 die Studie zur „Reform der Einkommens- und Unternehmensbesteuerung durch die Duale Einkommensteuer".²⁵⁷

---

253 Zur Begründung und Abgrenzung *Stiftung Marktwirtschaft*, EStG-E² (Fn. 236), S. 41 ff.
254 *Stiftung Marktwirtschaft*, Steuerpolitisches Programm (Fn. 234), S. 49 f.
255 Zur Begründung *Stiftung Marktwirtschaft*, EStG-E² (Fn. 236), S. 35 f., 41, 44.
256 Bereits *Stiftung Marktwirtschaft*, UntStG (Fn. 246), S. 19, betont, dass die Abkoppelung der Tarife dem Gesetzgeber ein „Höchstmaß an Flexibilität" verschafft.
257 *Sachverständigenrat zur Begutachtung der gesamtwirtschaftlichen Entwicklung/Max-Planck-Institut für geistiges Eigentum, Wettbewerbs- und Steuerrecht/Zentrum für europäische Wirtschaftsforschung*, Reform der Einkommens- und Unternehmensbesteuerung durch die duale Einkommensteuer, Expertise im Auftrag des Bundesministers der Finanzen und für Wirtschaft und Arbeit, in Bundesministerium der Finanzen (Hrsg.), Schriftenreihe Bd. 79, 2006 (kurz: *Sachverständigenrat/MPI/ZEW*, BMF-Schriftenreihe Bd. 79, 2006, woraus im Folgenden auch die Entwurfsvorschriften zitiert werden). Dazu näher *Reif* (Fn. 66), S. 256 ff.

Hauptziele des Entwurfes sind die Verbesserung der Standortattraktivität und Wettbewerbsfähigkeit Deutschlands, sowie die Gewährleistung von Entscheidungsneutralität durch das Einkommensteuerrecht.[258] Als hiermit teilweise kollidierende Nebenbedingungen werden Forderungen nach einer Begrenzung von Steuerausfällen und der Einschränkung von Steuergestaltung verfolgt.[259] Eine wettbewerbsfähige Unternehmens- und Kapitalbesteuerung könne nur um den Preis gewisser, zu begrenzender Steuerausfälle implementiert werden.[260] Vereinfachungsziele verfolgt der Entwurf – entsprechend seinem vergleichsweise fokussierten Anliegen[261] – nicht explizit. Vielmehr übernimmt er zahlreiche Detailregelungen des geltenden Einkommensteuergesetzes ohne Änderung und schafft neue, teils hoch komplexe Regelungsgebiete. Insbesondere auf dem Gebiet der Kapital- und Unternehmensbesteuerung schlagen die Experten erhebliche Änderungen in hoher Detailtreue vor. Der Gemeinschaftsentwurf behält den Dualismus der Unternehmensbesteuerung zwar bei, versucht aber die verschiedenen Systeme durch Verzinsungsfreibeträge und eine Schedule für Kapitaleinkünfte (§§ 2 Abs. 3, 12c, 12e, 20, 22a, 22b EStG-E) materiell anzugleichen.[262] Der Entwurf sieht kalkulatorische Eigenkapitalverzinsungen bei den Gewinneinkünften und den Einkünften aus Vermietung und Verpachtung vor. Dies ist Ausdruck des gespaltenen Einkommensbegriffs für Einkünfte aus Erwerbsvermögen (§ 2 Abs. 3 S. 1 EStG-E) einerseits und solche aus Kapitalvermögen (§ 2 Abs. 3 S. 2 EStG-E) andererseits. Für die so bestimmten Kategorien des Erwerbs- und Kapitaleinkommens bestimmt die Tarifnorm (§ 32a Abs. 1 EStG-E) auf Basis des traditionellen progressiven Tarifs unterschiedliche Steuersätze.[263] Bei Personenunternehmen wird der begünstigte Gewinn in Höhe der Eigenkapitalverzinsung mit 25 Prozent und der diese Grenze übersteigende Gewinn mit dem progressiven Regelsteuersatz belastet. Kapitalerträge werden einer Abgeltungssteuer (§§ 43, 43a und 45b EStG-E) mit Veranlagungsoption (§ 45b Abs. 2 EStG-E) unterworfen. Die duale Einkommensteuer verfolgt damit einen analytischen Einkommensbegriff, nimmt einen internationalen Trend auf und orientiert sich deutlich an „Dual-Income-Tax"-Modellen der skandinavischen Staaten.[264]

---

258 *Sachverständigenrat/MPI/ZEW*, BMF-Schriftenreihe Bd. 79 (Fn. 257), S. 1, 3.
259 Ebd., S. 2.
260 Ebd., S. 49 f.
261 Explizit, S. 11, in Abgrenzung zu dem auf eine „Totalreform des Einkommensteuer- und Körperschaftsteuerrechts" abzielenden Konzept der *Stiftung Marktwirtschaft*.
262 Ausführliche Begründungen der Einzelregelungen ebd., S. 28 f., 31 f., 33 ff., 58 ff., 64 ff., 72, 92, 95 ff. 130 ff.
263 Eingehend ebd., S. 29 ff.
264 Dazu *Hey* in Herrmann/Heuer/Raupach, EStG/KStG, Einf. KSt Anm. 225 m.w.N. (Sept. 1999).

3. Analyse konzeptioneller Gemeinsamkeiten und Unterschiede der Reformentwürfe

Unter dem Dach der DStJG geht es stets um die wissenschaftliche, sachkundige und unbefangene Auseinandersetzung mit dem Steuerrecht.[265] Darum sehe ich meine Aufgabe nicht darin, als Punktrichter über die Reformentwürfe und ihre einzelnen Elemente zu urteilen. Stattdessen gilt es im Folgenden einen Überblick über konzeptionelle Gemeinsamkeiten und Unterschiede der Reformentwürfe zu gewinnen.

Nach der einkommenstheoretischen Fundierung lassen sich die vorgestellten Entwürfe in zwei Gruppen einteilen.[266] Die eine Gruppe, zu der die Reformentwürfe von *P. Kirchhof*, der Kölner Entwurf, der Entwurf der *Stiftung Marktwirtschaft* und derjenige von *Sachverständigenrat/MPI/ZEW* gehören, knüpft grundsätzlich am traditionellen Einkommensbegriff an, der wesentlich durch die klassische Kapitalorientierung und die Markteinkommenstheorie[267] geprägt ist.[268] Demgegenüber greifen die konsumorientierten Besteuerungskonzepte von *Rose*, *Mitschke* und *Elicker* die im geltenden Einkommensteuerrecht kaum umgesetzte alte Idee[269] einer konsumorientierten Einkommensdefinition auf[270] und gießen sie in Gesetzesform.[271] Die Stringenz der Konsumorientierung illustriert der von *Mitschke* und *Elicker* vorgeschlagene Sofortabzug von Anschaffungs- und Herstellungskosten bei Wirtschaftsgütern. Auch *Roses* System der Schutzzinsen, welches sich wie ein roter Faden durch seinen Entwurf zieht, dient bestmöglich der Einmalbelastung konsumierbaren Einkommens. Verbindendes Element beider Entwurfsgruppen ist trotz divergierender einkommenstheoretischer Grundlage die gemeinsame Forderung nach einer nachgelagerten Besteuerung zur Vermeidung inflationärer Scheingewinne, die im Bereich der Alterseinkünfte inzwischen zum common sense zählt.[272]

---

265 So bereits allgemein *P. Kirchhof*, DStJG 24 (2001), S. 1.
266 Ähnlich *Kube*, BB 2005, 743 (746); abstrahierend *Seer*, BB 2004, 2272 (2273 f.).
267 Grundlegend *Ruppe*, Möglichkeiten und Grenzen der Übertragung von Einkunftsquellen als Problem der Zurechnung von Einkünften, DStJG 1 (1977), 7.
268 Näher zu den den Einkommensbegriff prägenden Theorien *Tipke*, StRO, II², 2003, S. 623 ff.; *Hey* in Tipke/Lang, Steuerrecht²¹, 2013, § 8 Rz. 49 ff.
269 Vgl. bereits *J. S. Mill*, Grundsätze der politischen Oekonomie nebst einigen Anwendungen derselben auf die Gesellschaftswissenschaft, zitiert nach der deutschen Übersetzung von Soether, Bd. III³, 1869, S. 121 ff., insb. S. 126: „Dieser Grundsatz geht, (…) richtig gefaßt, dahin, daß die Menschen nicht im Verhältniß zu dem, was sie haben, sondern zu dem, was sie ausgeben können, zu besteuern sind".
270 Zur konsumorientierten Einkommensbesteuerung näher *J. Lang*, Prinzipien und System der Besteuerung von Einkommen, DStJG 24 (2001), S. 49 (115 ff.); *Schön*, StuW 2002, 23 (34 f.); *Tipke*, StRO, II², 2003, S. 638 ff.; *Traub* (Fn. 66), S. 4 (14).
271 *Hey* in Tipke/Lang, Steuerrecht²¹, 2013, § 7 Rz. 88, spricht von „konsumsteuertheoretischen Radikalentwürfen".
272 Übereinstimmend *Kube*, BB 2005, 743 (747); *Seer*, BB 2004, 2272 (2274).

Bei der weiteren Ausgestaltung der Einkommensteuer lassen sich die definitorische Ebene der Bemessungsgrundlage mit der Messfunktion und die des Steuertarifs mit der Belastungsfunktion dogmatisch trennen, wenngleich beide Ebenen in der Belastungs*wirkung* gleitend ineinander übergehen.[273] Die Reformentwürfe eint das Bestreben, den auf historistischen Vorbildern[274] fußenden Einkünftepluralismus zu überwinden. Vom „Elend der Einkunftsarten" war mit Blick auf das ausdifferenzierte „Einkunftsartenrecht" des geltenden Einkommensteuergesetzes[275] bereits auf der Potsdamer Tagung die Rede.[276] Die Verkürzung des tradierten Einkünftekatalogs durch eine Generalklausel oder eine reduzierte Enumeration ist ein altes Reformanliegen[277] und Gegenstand zahlreicher Reformvorschläge,[278] aber auch der Kritik.[279] Während der Kölner Entwurf noch fünf Einkunftsarten zählt (s. III. 2. e]), unterscheidet *Rose* grundsätzlich vier.[280] *Elicker* und *P. Kirchhof* (s. III. 2. b] und d]), schaffen sogar die Reduktion auf nur eine Einkunftsart.[281] Darin liegt nur auf den ersten Blick eine durchgreifende Vereinfachung,[282] weil auch diese Entwürfe aus ermittlungs- oder erhebungstechnischen Gründen[283] nicht ohne eine Binnenabgrenzung anhand besonderer Besteuerungsmerkmale innerhalb der einzigen Einkunftsart auskommen.[284] Zwar lassen

---

273 Zuletzt *Drüen*, Bemessungsgrundlage, FS Paul Kirchhof, Bd. II, 2013, § 158 Rz. 2, 18 m.w.N.
274 Deutlich spricht *J. Lang* (Fn. 8), S. 222 f., vom „Einkünftehistorismus".
275 Näher *Goetze*, Die Ersetzung der sieben Einkunftsarten des EStG durch eine einzige, 2010, S. 73 ff.; *Schmitt*, Systembereinigung und Vereinfachung der Einkommensteuer 2005, S. 152 ff.
276 *Birk*, DStJG 34 (2011), S. 11 (20).
277 Vgl. bereits *Jecht* (Fn. 15), S. 11 „Typus der Personaleinkommensteuer"; *J. Lang* (Fn. 62), S. 29 ff., 35 ff. sowie *Tipke*, Einkommensteuerwirrwarr (Fn. 17), S. 143 f.
278 Zusammenfassend *Musil* in Herrmann/Heuer/Raupach, EStG/KStG, § 2 EStG Anm. 72 (Juli 2012); eingehende Analyse der Reformvorschläge bei *Goetze* (Fn. 275), S. 197 ff.
279 Gegen Verschmelzung des bisherigen numerus clausus der Einkunftsarten *Bernhardt*, Einkünfte vs. Income. Eine systemvergleichende und wertende Betrachtung des deutschen Einkünftebegriffs und dessen US-amerikanischen Synonyms, insbesondere dargestellt am Beispiel der Vermietung und Verpachtung von Wohnimmobilien, 2000, S. 409. Gegen einen „Äther" des Einkommens, dem letztlich jeder Steuergegenstand zuzurechnen wäre, jüngst *Eisgruber*, Einkommensteuerobjekt und Bemessungsgrundlage, FS Paul Kirchhof, Bd. II, 2013, § 169 Rz. 32.
280 *Rose*, Die Einfachsteuer (Fn. 157), S. 18 ff., 45 f. (§ 6 Abs. 1 EStG-E): Einkünfte aus nichtselbständiger Erwerbstätigkeit (§ 7 EStG-E), aus selbständiger Erwerbstätigkeit (§ 8 EStG-E), aus Vermögensverwaltung (§ 9 EStG-E) und Vorsorgeeinkünfte (§ 10 EStG-E) sowie (grundsätzlich steuerbefreite) Gewinne von Unternehmen (§ 11 EStG-E).
281 Für eine einheitliche Einkunftsart auch *Birk*, DStJG 34 (2011), 11 (24); *Goetze* (Fn. 275), S. 204 ff., 207.
282 Ähnlich *Pelka*, StuW 2013, 226 (229).
283 Dazu bereits *Schön*, StuW 2002, 23 (27); *Stapperfend*, FR 2005, 74 (78).
284 So wird im BStGB-E innerhalb der einheitlichen Einkunftsart der Einkünfte aus Erwerbshandeln (§ 43 Abs. 2 BStGB-E) nach Ermittlung und Erhebungsform unter-

sich auf diesem Wege die vieldiskutierten Gleichheitsprobleme des geltenden Einkunftsartendualismus[285] einebnen, es verbleiben aber Grenzlinien zwischen Sub-Einkunftsarten. Neben der Gefahr, dass die bislang bereits auf der Ebene der Einkunftsartenzuordnung angelegten Gleichheitsprobleme einfach auf Ebene der Einkünfteermittlung und -erhebung verschoben werden,[286] kann je nach Ausgestaltung eine weitere Schedularisierung innerhalb der einheitlichen Einkunftsart drohen.[287]

Die konzeptionelle Tarifentscheidung zwischen „Einheitssteuer vs. dualer Steuer"[288] wirft bereits ihre Schatten auf den Einkommensbegriff zurück. Ungeachtet der kontroversen Behandlung von Unternehmensgewinnen (dazu IV. 3.) konkurrieren der synthetische und analytische Einkommensbegriff miteinander. An diesem Punkt prallen die verschiedenen Sichtweisen von Juristen und Ökonomen aufeinander.[289] Die traditionelle, auch im Reformvorschlag von *P. Kirchhof* angelegte Antwort der Jurisprudenz, betont den verfassungsrechtlichen Gleichheitssatz[290] und den Auftrag, Einkünfte aus Arbeit und Kapital gleich zu behandeln.[291] Manche Juristen sehen im einheitlichen Steuersatz allgemein den Schlüssel zur Gleichheit und Vereinfachung des Steuerrechts.[292] Ökonomen[293] sehen demgegenüber das konzeptionell schwierigste Problem aller Steuersysteme der Welt darin, ob und wie Kapitaleinkommen besteuert werden sollen und verweisen auf Flucht des Kapitals ins Ausland oder in den Konsum.[294] Um Deutschlands Steuerrecht international wettbewerbsfähig auszugestalten, sei angesichts

---

teilt. Beispielsweise werden bestimmte Einnahmen an der Quelle besteuert (§ 57 BStGB-E), Gewinneinkünfte (§ 44 Abs. 1 S. 1 Alt. 1 BStGB-E) dagegen weiterhin im Vorauszahlungswege erhoben (§ 59 BStGB-E). Differenziert wird zudem für Kapitaleinnahmen (§§ 44 Abs. 1 S. 1 Alt. 2, 53 Abs. 2 BStGB-E, § 41 Abs. 1 BStGB-E i.V.m. § 30 BStVO-E) und bei der Ermittlung grundstücksbezogener Einkünfte nach § 8 BilO-E (zum Karlsruher Vorentwurf näher *Maitzen*, Der Grundsatz der Gleichbehandlung der Einkunftsarten, 2011, S. 164 ff.). Zur Binnenabgrenzung bei *Elicker* (Fn. 70), vgl. § 4 Abs. 1 S. 1 EStG-E.

285 Stellvertretend *Kanzler*, FR 1999, 363; *Maitzen* (Fn. 284), S. 16 ff.
286 Dazu *Tipke*, StuW 2002, 148 (164); *Maitzen* (Fn. 284), S. 146 ff.; positiv dagegen *Goetze* (Fn. 275), S. 204.
287 Kritisch zur Differenzierung zwischen einzelnen Erwerbsgrundlagen *Pelka*, StuW 2013, 226 (230 ff.) sowie *Spengel*, Ubg 2012, 256 (257); *Finke/Spengel*, StuW 2013, 256 (257, 264).
288 *Tipke*, Einkommensteuerwirrwarr (Fn. 17), S. 144 f.
289 Zu dieser Perspektivendivergenz („Denkfehler") bereits *Birk*, DStJG 34 (2011), S. 11 (21).
290 Ebenso *Mellinghoff*, Verhandlungen des 66. Deutschen Juristentages, 2006, Bd. II/1, Q 85 (126, These 18); *Söhn*, DStJG 30 (2007), 13 (36).
291 Explizit *P. Kirchhof*, FR 2012, 701 (705).
292 So *Seiler*, Verhandlungen des 66. Deutschen Juristentages, 2006, Bd. I, F 9 (67 [These 12]).
293 Demgegenüber sehen Politologen in der dualen Einkommensteuer ein konsensfähiges und „demokratiefreundliches" Reformmodell (so *Ganghof* [Fn. 17], S. 176 f.).
294 *Wagner*, FS Lang, 2010, S. 345 (350, 352).

der Mobilität der Kapitalanlage eine begünstigende Tarifierung des hieraus erwirtschafteten Einkommens ein probates Mittel.[295] Ob der konzeptionelle Import der dualen Einkommensteuer,[296] der zur Steuergleichheit unter Standortvorbehalt führt,[297] sich verfassungsrechtlich insbesondere[298] durch die besondere Inflationsanfälligkeit der Kapitaleinkünfte[299] und Reduktion der Vollzugsdefizite rechtfertigen lässt,[300] ist lebhaft umstritten.[301] Darin mag man die Schicksalsfrage sehen, inwieweit das Verfassungsrecht eine im internationalen Steuerwettbewerb angelegte Differenzierung nach mobilen und weniger mobilen Produktionsfaktoren gestattet.[302] Diese Verfassungsfrage ist an dieser Stelle nicht zu entscheiden.[303] Die Diskussion über den dualen Einkommensbegriff[304] illustriert, wie schwer es bei einzelnen Reformvorschlägen fallen kann, die von der legislatorischen Zielsetzungsprärogative bei der Einkommensbesteuerung umfasste grundlegende Gewichtung zwischen Gerechtigkeit und Effizienz (s. II. 1.) von der am Verhältnismäßigkeitsgrundsatz zu messenden Zielumsetzung abzugrenzen. Während *Sachverständigenrat/MPI/ZEW* die grundlegende Reformentscheidung zugunsten einer flächendeckenden Begünstigung von Kapitaleinkommen der weitgehenden politischen Entscheidungsprärogative des Gesetzgebers zuordnen und die folgerichtige Einbeziehung sämtlicher Kapitalfaktoren in

---

295 *Sachverständigenrat/MPI/ZEW*, BMF-Schriftenreihe Bd. 79 (Fn. 257), S. 21. Für die duale Einkommensteuer aus ökonomischer Sicht näher *Schreiber/Spengel*, Allgemeine Unternehmensteuer und Duale Einkommensteuer, BFuP 2006, 275 (286 f.).
296 Zur praktischen Ausgestaltung der dualen Einkommensteuer in verschiedenen Ländern *Demmler*, Dual Income Tax als Reform der Einkommensteuer – Fortschritt oder Stillstand, 2005, S. 29 ff., der für eine von „Kinderkrankheiten" befreite duale Einkommensteuer auch in Deutschland plädiert (ebd., S. 140 f.).
297 Zugespitzt *Chr. Wagner*, Steuergleichheit unter Standortvorbehalt. Verfassungsrechtliche Grenzen einer ungleichen Einkommensbesteuerung von Kapital und Arbeit, 2010.
298 Und statt des durchaus fragwürdigen Rechtfertigungsgrundes internationaler Wettbewerbsfähigkeit.
299 Näher zur Inflationsanfälligkeit fundierter Einkünfte und Methoden der Inflationsberücksichtigung *G. Weber* (Fn. 99), S. 137 ff., 149 ff.
300 Dafür *Hey* in Tipke/Lang, Steuerrecht[21], 2013, § 7 Rz. 91; positiv auch *Wieland* in Dreier, GG[3], 2013, Art. 14 Rz. 70.
301 Ablehnend *Meyer-Sandberg*, Die Duale Einkommensteuer als Modell ungleicher Besteuerung von Arbeit und Kapital, 2008 sowie *Mellinghoff*, Verhandlungen des 66. Deutschen Juristentages, 2006, Bd. II/1, Q 85 (113 f.); *Söhn*, DStJG 30 (2007), 13 (35 f.); differenzierend *Englisch*, Die Duale Einkommensteuer – Reformmodell für Deutschland?, Institut Finanzen und Steuern, IFSt-Schrift 432 (2005), S. 93 ff., 166.
302 So *Schön*, StuW 2004, 62 (73).
303 Jedenfalls darf die aktuelle Ausgestaltung der Abgeltungsteuer mit ihren vielfältigen Verfassungszweifeln (*Jachmann*, Abgeltungsteuer, DStJG 34 [2011], S. 251 [258 ff.]) nicht paradigmatisch gegen eine duale Einkommensteuer als solche gewendet werden.
304 Nach *Hey* in Tipke/Lang, Steuerrecht[21], 2013, § 7 Rz. 88, wird das „System der synthetischen Einkommensteuer (…) mit Schedulen der Steuerwettbewerbsfähigkeit ausgestattet".

die Erwerbssphäre ausreichen lassen,[305] fordern Verfassungsrechtler die hinreichende Rechtfertigung der unterschiedlichen Belastung des Einkommens.[306] In jedem Fall kommt den vom Gesetzgeber zu verantwortenden Zielen der dualen Einkommensteuer und ihrer erkennbaren konzeptionellen Ausgestaltung erhebliche Bedeutung für die Beurteilung der Verfassungskonformität zu.[307]

Auf der Ebene des Steuersatzes ist neben dem angesprochenen zweigeteilten Steuersatz die andere konzeptionelle Antwort unter den Reformentwürfen der Vorschlag eines flachen, proportionalen Steuersatzes auf das gesamte Einkommen, zum Teil in Form eines Teilmengenstaffeltarifes.[308] Die Tarifgestaltung ist aus meiner Sicht primär eine Frage steuerpolitischer Opportunität (s. noch IV. 2.).

Insgesamt ist bei einer langfristigen Reformanalyse bemerkenswert, dass viele der in den Reformentwürfen aufgegriffenen Themen eine lange Reformtradition haben: Über die Tendenz der Abkehr von der synthetischen Einkommensteuer hin zur Aufspaltung in Teileinkommensteuern im Sinne klassischer Schedulensteuern[309] berichtet bereits eine lesenswerte Denkschrift zu „Problemen der Einkommensteuerreform" aus dem Jahre 1948 ebenso wie über einen Übergang zu einer einheitlichen Unternehmenssteuer[310] unter Vereinigung von Einkommen- und Gewerbesteuer[311] und über die Begünstigung investierten Kapitals im Gegensatz zur „Verbrauchseinkommensteuer".[312] Die Frage, ob die Zeit nach 65 Jahren reif für derartige, nunmehr in Gesetzesentwürfe gekleidete Reformanliegen ist,[313] bleibt der Diskussion überlassen.

IV. Zentrale Prinzipien einer reformierten Besteuerung von Einkommen

Wenn im Anschluss an die – freilich vertiefungswürdige – Analyse diskussionsleitender Reformentwürfe eine verdichtende Zusammenschau zentraler Prinzipien einer reformierten Besteuerung von Einkommen gewagt werden

---

305 *Sachverständigenrat/MPI/ZEW*, BMF-Schriftenreihe Bd. 79 (Fn. 257), S. 18, 21.
306 *Meyer-Sandberg* (Fn. 301), S. 157; *Englisch* (Fn. 301), S. 95 f.; ähnlich *Söhn*, DStJG 30 (2007), S. 13 (35).
307 In diesem Sinne auch *Englisch* (Fn. 301), S. 142 ff., 166.
308 Zum Begriff *Wissenschaftlicher Beirat beim Bundesministerium der Finanzen*, Zur Reform des Einkommensteuertarifs, BMF-Schriftenreihe, Heft 60, 1996, S. 16; *Seer*, BB 2004, 2272 (2275 f.).
309 *Jecht* (Fn. 15), S. 6, 11, 75 f.
310 Ebd., S. 77 f.
311 Ebd., S. 82 f.
312 Ebd., S. 6, 80 f.
313 Dies aufgrund der analysierten Reformkonzepte bejahend *Kube*, BB 2005, 743 (746).

soll, so ist eingangs ein Vorbehalt anzubringen. Es soll nicht der Versuch gemacht werden, den grundlegenden Vortrag von *Joachim Lang* auf der Heidelberger Tagung über „Prinzipien und Systeme der Besteuerung von Einkommen"[314] zu wiederholen oder zu aktualisieren. Es kann in diesem Grundlagenreferat nicht um den Strauß von Prinzipien bei der Ausgestaltung der Besteuerung von Einkommen[315] gehen, zumal die Prinzipien der Einkünfteermittlung bereits Gegenstand der Potsdamer Tagung waren.[316] Insbesondere verbietet sich eine detaillierte Analyse der Prinzipien der Besteuerung von Einkommen, denen die nachfolgenden Einzelreferate gewidmet sind. Vielmehr geht es im nachfolgenden Allgemeinen Teil abstrakt um zentrale Prinzipien der Besteuerung von Einkommen mit Blick auf eine Reform und die spezifischen Reformspielräume.

1. Prinzipien als Optimierungsgebote für die Besteuerung von Einkommen und ihrer Reform

Da die Rechtswissenschaft den Begriff des Prinzips nicht einheitlich verwendet,[317] ist mehr als eine terminologische Vorbemerkung vonnöten. Prinzipien lassen sich als allgemeine Regelungen mit hohem Generalitätsgrad oder Rechtsgrundsätze begreifen, sie lassen sich aber rechtstheoretisch im Anschluss an *Robert Alexy* in qualitativer Abgrenzung zu Regeln als abwägungsoffene Normen und dem Verhältnismäßigkeitsgrundsatz verpflichtete

---

314 *J. Lang*, DStJG 24 (2001), S. 49.
315 Vgl. nur den (nicht abschließenden) Überblick über Prinzipien zur Gestaltung des Einkommensteuersystems bei *Reif* (Fn. 66), S. 75 ff.: Steuersubjekt: Universalitätsprinzip und Individualprinzip, Steuerobjekt: Totalitätsprinzip, Bemessungsgrundlage: Objektives und subjektives Nettoprinzip, Periodizitätsprinzip, Zu- und Abflussprinzip und Nominalwertprinzip (zu ergänzen ist insb. das Realisationsprinzip). Auf der Tarifebene könnten zudem das Progressions- und Proportionalprinzip für den Tarifverlauf einander gegenüber gestellt werden.
316 Zu den Prinzipien der Einkünfteermittlung *Ratschow*, Subjektsteuerprinzip, DStJG 34 (2011), S. 35; *Seiler*, Objektives Nettoprinzip, DStJG 34 (2011), S. 61 und *Ismer*, Periodizitätsprinzip, DStJG 34 (2011), S. 91; zu den Arten der Einkünfteermittlung (jeweils mit Bestandsaufnahme und Kritik) *Prinz*, Betriebsvermögensvergleich, DStJG 34 (2011), S. 135; *Eisgruber*, „Vereinfachte" Gewinnermittlung (§ 4 Abs. 3 EStG), DStJG 34 (2011), S. 185 und *Pezzer*, Überschussermittlung, DStJG 34 (2011), S. 207; zur Ermittlung von Vermögenseinkünften *Musil*, Einkünfte aus Veräußerungsgeschäften, DStJG 34 (2011), S. 237; *Jachmann*, Abgeltungsteuer, DStJG 34 (2011), S. 251 sowie *Hüttemann*, Einkünfteermittlung bei Gesellschaften, DStJG 34 (2011), S. 291; *Mayr*, Zukunftskonzepte der Einkünfteermittlung, DStJG 34 (2011), S. 327.
317 Grundlegend zur Diskussion in Deutschland *Esser*, Grundsatz und Norm in der richterlichen Fortbildung des Privatrechts³, 1974, S. 141 ff.; *Larenz*, Richtiges Recht, 1979, S. 23 ff. sowie *Canaris*, Systemdenken und Systembegriff in der Jurisprudenz², 1983, S. 112 ff.; näher *Englisch*, Wettbewerbsgleichheit im grenzüberschreitenden Handel (mit Schlussfolgerungen für indirekte Steuern), 2008, S. 7 ff. sowie zuletzt kritisch zum Prinzipienbegriff *Heinold*, Die Prinzipientheorie bei Ronald Dworkin und Robert Alexy, 2011, S. 26 ff., 392 ff.

Optimierungsgebote[318] verstehen.[319] Dieser Prinzipienbegriff, der eng mit dem Gedanken praktischer Konkordanz[320] und seinem schonenden Ausgleich zwischen kollidierenden Prinzipien verbunden ist,[321] hat konstruktive Vorteile.[322] Einwände gegen die Konstruktion der Grundrechte als Optimierungsgebote[323] sprechen nicht gegen dieses Prinzipienverständnis als solches,[324] mahnen aber vor Überschätzungen der Prinzipientheorie. Einwände gegen ein Normoptimierungsgebot bei der Rechtsanwendung[325] erinnern daran, die Wertungsoffenheit und -bedürftigkeit der Rechtsverwirklichung anzuerkennen.[326] Diese kennzeichnet freilich im besonderen Maße die vorgelagerte Stufe der Rechtssetzung. Gerade bei der reformierenden Ausgestaltung der Besteuerung von Einkommen steht der Gesetzgeber vor der Wertungsaufgabe, Kollisionen aufzulösen und die betroffenen Verfassungsgüter zu optimieren. Prinzipien lassen sich normstrukturell als „Bausteine der Rechtsordnung" begreifen.[327] Der „Bauherr" genießt bei der Anordnung der Bausteine Freiheiten, unterliegt aber auch Bindungen. Prinzipienkollisionen sind nicht aufgrund einer absoluten, sondern einer bedingten Vorrangrelation nach dem Gewicht der Prinzipien im Einzelfall aufzulösen.[328] Dieses Prinzipienverständnis liegt namentlich der periodenübergreifenden Verlustkompensation[329] und dem dahinterstehenden Dauerstreit zwischen periodischer Abschnittsbesteuerung und auf Totalität angelegter Lebenszeitbesteue-

---

318 Demgegenüber lässt *Canaris*, JZ 1993, 377 (383 Note 63), die Frage, ob Prinzipien als Optimierungsgebote zu verstehen sind, explizit offen.
319 *Alexy*, Theorie der Grundrechte², 1994, S. 75 ff., 100 ff.
320 Grundlegend *Hesse*, Grundzüge des Verfassungsrechts der Bundesrepublik Deutschland²⁰, 1995, Rz. 72, S. 317 f.
321 Explizit *Alexy*, ebd., S. 152.
322 Für das Steuerrecht bereits *Drüen*, Periodengewinn und Totalgewinn, 1999, S. 96 ff.; *Hey* in Tipke/Lang, Steuerrecht²¹, 2013, § 3 Rz. 12; auch *Englisch* (Fn. 317), S. 34, folgt der Prinzipienkonzeption von *Alexy*, will aber den Wertebezug unterstreichen, indem er zwischen Wertprinzipien, die Gründe für Regelungen vorgeben und Strukturprinzipien, die Gründe für Regelungen angeben, unterscheidet (ebd., S. 36).
323 *Borowski*, Grundrechte als Prinzipien², 2007, S. 68 ff.; umfassend zur Diskussion der Sammelband hrsg. von *Sieckmann*, Grundrechte als Prinzipien, 2007; kritisch zur grundrechtlichen Prinzipientheorie und vor allem zur Deutung von Prinzipien als Optimierungsgebote *Klement*, JZ 2008, 756 (759 ff.) und zuletzt *Ph. Reimer*, Der Staat 52 (2013), 27 (38 f.); insoweit kritisch auch die grundsätzliche Antikritik von *Sieckmann*, JZ 2009, 557.
324 Gegen weitere Einwände *Englisch* (Fn. 317), S. 54 ff.
325 Näher und kritisch zuletzt *Heinold* (Fn. 317), S. 175 ff., 204 ff., 285 ff., 313 ff., 395 ff.
326 Ähnlich *Ph. Reimer*, Der Staat 52 (2013), 27 (37 ff., 57).
327 *Heinold* (Fn. 317), S. 269.
328 *Alexy* (Fn. 319), S. 79, 81 f.
329 Mit demselben Ausgangspunkt, aber unterschiedlichen Ergebnissen *Desens*, FR 2011, 745 (747); *Heuermann*, FR 2012, 435 (436 ff.) und *Heuermann* in Kirchhof/Söhn/Mellinghoff, EStG, § 10d Rz. A 79 (Mai 2012).

rung³³⁰ zugrunde.³³¹ Diesen greifen auch einige Reformentwürfe auf.³³² Ist das Leistungsfähigkeitsprinzip konkretisierungsbedürftig (s. noch IV. 3.) und gerade beim Zeitbezug unterschiedlich konkretisierbar,³³³ so ist der Ausgleich zwischen der Perioden- und Lebensleistungsfähigkeit eine Frage gesetzlicher Optimierung der betroffenen Verfassungsgüter.³³⁴ Dieses Beispiel warnt konkret vor einer Verengung des Blickwinkels³³⁵ sowie der Verabsolutierung einzelner Wertungsaspekte und illustriert zugleich den Vorteil, Prinzipien allgemein als Optimierungsgebote zu begreifen.

2. Das Prinzip steuerpolitischer Gestaltungsfreiheit und seine Grenzen

Die Optimierungsaufgabe ist an den Gesetzgeber gerichtet. Dieser sollte den Optimierungspunkt anstreben, während die verfassungsgerichtliche Kontrolle auf einen noch angemessenen Ausgleich innerhalb eines Optimierungskorridors beschränkt ist.³³⁶ Die Zielauswahl und -gewichtung unterfällt der legislatorischen Prärogative (s. II. 1.), die Ausgestaltung und Umsetzung muss dem Maßstab des höherrangigen Rechts einschließlich der Verhältnismäßigkeit entsprechen. Auch wenn legislatorische Gestaltungsfreiheit nicht mit Beliebigkeit zu verwechseln ist, so illustriert die Vielfalt der Reformentwürfe die steuerpolitischen Freiräume des Reformgesetzgebers. Der Jurist sollte der Versuchung widerstehen, präferierte Ausgestaltungen als verfassungsgeschuldet zu begreifen. Verfassungsrecht und Reformpolitik sind zwei Paar Schuhe.³³⁷ Der Jurist muss sich davor hüten,

---

330 Dazu einerseits *Tipke*, StRO, II², 2003, S. 754 ff. und andererseits *Witt*, BB 2008, 1199 (1201).
331 Zustimmend *Lammers*, Die Steuerprogression im System der Ertragsteuern und ihr verfassungsrechtlicher Hintergrund, 2008, S. 223 f.
332 Eingehend *Lang et al.* (Fn. 29), Rz. 126 ff., 129, 252; *Seer*, BB 2004, 2272 (2274) sowie *Tipke*, StuW 2002, 148 (165 ff.); *Tipke*, Einkommensteuerwirrwarr (Fn. 17), S. 142 f. Deutlich für eine Besteuerung des Lebenseinkommens *Rose*, Reform der Einkommensbesteuerung (Fn. 155), S. 15, 150; Die Einfachsteuer (Fn. 157), S. 3 f., 11. Dagegen verwirft *P. Kirchhof* eine Lebenseinkommensbesteuerung explizit (deutlich *P. Kirchhof*, BB 2006, 71 [73]; kritisch auch *Kube*, BB 2005, 743 [749]) sieht aber im Bundessteuergesetzbuch eine überperiodische Verlustkompensation mit einem unbegrenzten, aber erwerbsgrundlagenbezogenen Verlustvortrag (§ 50 BStGB-E) und damit kein strikt auf das Kalenderjahr bezogenes Abschnittsprinzip vor (*P. Kirchhof*, Bundessteuergesetzbuch [Fn. 40], S. 368, 445).
333 Dazu *Ismer*, DStJG 34 (2011), S. 91 (108, 120) sowie *Bauer*, Das Prinzip der Besteuerung nach der Leistungsfähigkeit als Grundlage der Gewinnermittlungsarten im Einkommensteuerrecht, 2011, S. 131 ff.
334 Zusammenfassend *Drüen*, FR 2013, 393 (398 ff., 401 f.).
335 Insbesondere auf die vielfach diskutierte Streitfrage, ob die Jahresbesteuerung ein materielles oder nur ein technisches Prinzip ist (dazu *Musil* in Herrmann/Heuer/Raupach, EStG/KStG, § 2 EStG Anm. 900 [Juli 2012]).
336 *Drüen* (Fn. 322), S. 97 f.
337 Deutlich *Schön*, DStR 2008, Beihefter zu Heft 17, 10* (14*) sowie *Drüen* in Schön/Beck, Zukunftsfragen des deutschen Steuerrechts, 2009, S. 1 (5).

Rechtspolitik als Interpretationskunst zu kaschieren.[338] Soweit die verschiedenen Reformentwürfe nicht gegen höherrangiges Recht verstoßen, liegt die Auswahl und Kombination rechtspolitischer Reformbausteine im politischen Gestaltungsfreiraum des Gesetzgebers. Das Prinzip politischer Gestaltungsfreiheit gilt namentlich für die Tarifgestaltung[339] und die Höhe des Spitzensteuersatzes,[340] selbstredend in den Grenzen der Verfassung.[341] Die verschiedenen Reformentwürfe veranschaulichen die Wertungsmöglichkeiten,[342] innerhalb derer die Rechts- und Sozialpolitik eine politische Entscheidung[343] über Lastenverteilung und gesellschaftliche Umverteilung zu verantworten hat. Diese folgt idealerweise politischer Klugheit, gespeist von ökonomischer Einsicht.[344] Dabei muss sich die Politik der Mehrheit versichern. Auch wenn für einen proportionalen Steuersatz gute Gründe sprechen,[345] soll Meinungsumfragen zufolge eine flat tax bei einem großen Teil der Bürger auf wenig Akzeptanz stoßen.[346] Die flat tax und ihre Lastenverteilungswirkungen gelten als eine zentrale Frage der Steuergerechtigkeit.[347] Darum erscheint manchen die Reformoption einer flat tax im Sozialstaat Deutschland auf absehbare Zeit als Illusion,[348] die auf erhebliche politische Widerstände stößt.[349] Unabhängig von den äußersten Verfas-

---

338 *Säcker* in MünchKomm/BGB[6], 2012, Einleitung Rz. 99; *Schön* in Engel/Schön, Das Proprium der Rechtswissenschaft, 2007, S. 313 (320).
339 *Lang*, NJW 2006, 2209 (2211); näher *Ganghof* (Fn. 17), S. 58, mit Schaubild der „Steuerreformprofile" zur Entwicklung der Steuersätze von 1974 bis 2005.
340 Zur politischen Diskussion über den Spitzensteuersatz *Merz*, FS Lang, 2010, S. 367 f.
341 Näher *Lammers* (Fn. 331), S. 22 ff., 233 f.; gegen eine Rechtfertigung des progressiven Steuertarifs aber *Elicker*, StuW 2000, 3 (14 ff.).
342 Zum Spektrum: Der bereits namensprägende proportionale Tarif bei *Elicker* (Fn. 70), S. 4 f., der einheitliche Steuersatz von 25 Prozent des Einkommens (§ 43 Abs. 4 BStG-E) bei *P. Kirchhof*, Bundessteuergesetzbuch (Fn. 40), S. 374 ff., 377 ff. (abgemildert durch Freibeträge s. Note 183), der gebrochen-lineare Stufentarif (§ 27 EStG-E) bei *Mitschke* (Fn. 196), Rz. 185 ff. und der modifizierte Stufentarif (§ 3 Abs. 1 EStG-Kölner E), der in Einkommensstufen von 16 000 Euro bis 64 001 Euro Steuersätze von jeweils 15 bis 35 Prozent vorsieht (*Lang et al.* [Fn. 29], Rz. 225).
343 Deutlich zur politischen Tarifentscheidung *Lang et al.* (Fn. 29), Rz. 29 ff., 149 ff. Die *Stiftung Marktwirtschaft*, EStG-E[2] (Fn. 236), S. 37, überlässt die Tarifentscheidung explizit der Politik und § 3 EStG-E folgerichtig frei.
344 Näher zur Ausgestaltung des Einkommensteuertarifs aus ökonomischer Sicht *Houben*, Reformüberlegungen zur Bemessung der Einkommensteuer (Tariffragen, Grenzen für die Steuerbelastung), in diesem Band.
345 *Elicker*, StuW 2000, 3; *Seer*, BB 2004, 2272 (2275 f.); zuletzt *Hey* in Tipke/Lang, Steuerrecht[21], 2013, § 7 Rz. 86 m.w.N.
346 *Bippes* (Fn. 24), S. 232. Akzeptanzschwierigkeiten räumt – zumindest bei vollständiger Umstellung in einem Schritt – auch *Rose*, Die Einfachsteuer (Fn. 171), Teil II, S. 20, ein.
347 *Kühn*, FR 2012, 543 (548); *Wagner*, FR 2012, 653 (660).
348 *Lang*, NJW 2006, 2209 (2211) sowie *Hey* in Tipke/Lang, Steuerrecht[21], 2013, § 7 Rz. 86.
349 *Traub* (Fn. 66), S. 3 (22).

sungsgrenzen³⁵⁰ sollte der Gesetzgeber jedenfalls im Ausland erprobte Ausgleichsmechanismen gegen eine kalte Progression³⁵¹ als Inflationsschutz³⁵² zur Förderung der Akzeptanz der Besteuerung und zur Gewähr einer parlamentarisch verantworteten Belastungsentscheidung erwägen.³⁵³

3. Das materielle Leitprinzip der Besteuerung nach der wirtschaftlichen Leistungsfähigkeit

Für die Besteuerung von Einkommen ist – trotz mancher Kritik³⁵⁴ – der einzig³⁵⁵ sachgerechte Maßstab das Leitprinzip der Besteuerung nach der wirtschaftlichen Leistungsfähigkeit.³⁵⁶ Alle Reformentwürfe bekennen sich mehr oder weniger deutlich und prominent zu diesem Grundprinzip.³⁵⁷ Es gilt als „alternativlos",³⁵⁸ wenngleich dieses Prädikat gerade im akademischen Kontext fragwürdig erscheint, zumal es alternative Maßgrößen der Leistungsfähigkeit gibt.³⁵⁹ Da das Leistungsfähigkeitsprinzip im Ausgangspunkt ein hoch abstraktes Leitprinzip³⁶⁰ ist, das der Konkretisierung aufgrund zusätzlicher Werturteile³⁶¹ bedarf,³⁶² variieren die Reformentwürfe in der Ausformung und Ausgestaltung der Leistungsfähigkeit sowohl in nationaler wie internationaler Sicht als auch bezogen auf die einzelne Periode oder die

---

350 Zu (äußersten) verfassungsrechtlichen Grenzen der kalten Progression *Lammers* (Fn. 331), S. 212 ff.; *G. Weber* (Fn. 99), S. 156 ff., S. 168 f.
351 Z.B. Art. 128 Abs. 3 Schweizer Bundesverfassung und Art. 215 (Schweizer) Bundesgesetz über die direkte Bundessteuer (DBG).
352 So *Seer*, BB 2004, 2272 (2275).
353 Vgl. §§ 3 Abs. 2 S. 2, 36 Abs. 3 S. 2 Kölner EStG-E (dazu *Lang et al.* [Fn. 29], Rz. 225) in Anlehnung an die US-amerikanische Lösung (so *Seer*, Verhandlungen des 66. Deutschen Juristentages, 2006, Bd. II/1, Q 127 [142]).
354 Dazu *J. Lang*, DStJG 24 (2001), S. 49 (56 ff.).
355 Die alternative Rechtfertigung mit dem äquivalenztheoretischen Nutzenprinzip bringt bei der Einkommensteuer wenig Mehrwert gegenüber dem Leistungsfähigkeitsprinzip (*Hey*), Vom Nutzen des Nutzenprinzips für die Gestaltung der Steuerrechtsordnung, FS Lang, 2010, S. 133 [149 f.]).
356 *Tipke*, StRO, I², 2000, S. 290 ff., 479 ff.; III², 2012, S. 1251 ff. sowie *Hey* in Tipke/Lang, Steuerrecht²¹, 2013, § 3 Rz. 40 ff.; *Englisch*, Folgerichtiges Steuerrecht als Verfassungsgebot, FS Lang, 2010, S. 167 (172 ff.).
357 Besonders prominent § 1 des Berliner Entwurfes der FDP (*Solms*, Die neue Einkommensteuer, 2003, S. 2 [Gesetzestext], S. 35 [Begründung]); ebenso hervorgehoben in der Steuerdefinition *P. Kirchhof*, Bundessteuergesetzbuch (Fn. 39), S. 42: „Eine Steuer belastet die finanzielle Leistungsfähigkeit des Betroffenen" (§ 1 Abs. 1 S. 2 BStGB-E).
358 *Tipke*, StRO, III², 2012, S. 1252, 1256 m.N.
359 *D. Schneider*, Steuerlast und Steuerwirkung, 2002, S. 239 ff.
360 *Englisch* (Fn. 317), S. 571.
361 Allgemein zu Rechtsprinzipien *Larenz* (Fn. 317), S. 24 sowie *Canaris* (Fn. 317), S. 57.
362 *J. Lang*, Konkretisierungen und Restriktionen des Leistungsfähigkeitsprinzips, FS Kruse, 2001, 313 (314 ff.).

Lebenszeit des Steuerpflichtigen.[363] Die gesetzgeberische Konkretisierung des Leistungsfähigkeitsprinzips ist dabei nicht gänzlich ungebunden,[364] aber allein dem Gesetzgeber gebührt zu bestimmen, welche Leistungsfähigkeit er wie und wann steuerlich erfassen will. Da das Leistungsfähigkeitsprinzip verschiedene Wertungen und Gewichtungen eröffnet und erfordert, darf es hinsichtlich der rechtlichen Aussagen nicht überschätzt werden,[365] die konkret und konsentiert aus ihm ableitbar sind.[366] Zudem kann es durch andere Vorgaben und Ziele begrenzt werden[367] und kann bzw. muss nicht in reiner Form verwirklicht werden.[368] Stets ist der Gefahr zu begegnen, unter Berufung auf das Leistungsfähigkeitsprinzip Erwünschtes in die Verfassung hineinzuinterpretieren.[369]

Angesichts der Konkretisierungsbedürftigkeit sind Ausgestaltung und Zusammenwirken der Subprinzipien des Leistungsfähigkeitsprinzips entscheidend. Das belegen einmal mehr die verschiedenen Reformentwürfe. Allgemein sind neben dem Stellenwert des objektiven Nettoprinzips (dazu IV. 4. c]) auch Grundfragen des subjektiven Nettoprinzips umstritten.[370] Insbesondere schwelt der Streit zwischen Steuerrechtlern und einer Gruppe von Steuerökonomen weiter, ob das Leistungsfähigkeitsprinzip persönliche Abzüge bei der Einkommensteuer fordert oder verbietet.[371] *Joachim Englisch* widmet sich (auch) dieser Frage.[372] Die Reformentwürfe wollen das strenge Individualsteuerprinzip[373] im Familienverbund aufbrechen. Sie sehen vielfach ein Familiensplitting mit Verrechnung von Besteuerungsmerkmalen zwischen den einbezogenen Steuersubjekten

---

363 Zur Konkretisierungsbedürftigkeit und unterschiedlicher Konkretisierungsmöglichkeit des Zeitbezugs der Leistungsfähigkeit s. bereits unter IV. 1. am Ende sowie allgemein *Reil*, Leistungs- und Verlustfähigkeit, 2003, S. 172 ff.
364 Dazu *Birk*, Das Leistungsfähigkeitsprinzip als Maßstab der Steuernormen, 1983, S. 54 ff., 57, 261 mit der Differenzierung zwischen (vorgegebenen) Primärableitungen und (alternativ möglichen) Sekundärableitungen.
365 Zurückhaltend *Starck* in v. Mangoldt/Klein/Starck, GG⁶, 2010, Art. 3 Rz. 84.
366 Relativierend bereits *Drüen* in Tipke/Kruse, AO/FGO, § 3 AO Rz. 50 f. (Jan. 2012); sehr kritisch auch *Moes* (Fn. 94), S. 135 ff., 142 f.
367 Ebenso zum Praktikabilitätsprinzip bereits *J. Lang*, FS Kruse, 2001, S. 313 (325).
368 *Jarass* in Jarass/Pieroth, GG¹², 2012, Art. 3 Rz. 47 m.w.N.
369 Dazu allgemein *Seer*, Verhandlungen des 66. Deutschen Juristentages, 2006, Bd. II/1, Q 127 (130).
370 Monographisch *Moes* (Fn. 94), insb. S. 96 ff., 133 ff., 149 ff., 190 ff. sowie zu ehelichen und familiären „Vereinbarkeitsaufwendungen" jüngst *Schilling*, Zwangsläufiger, pflichtbestimmter Aufwand in Ehe und Familie, 2013, S. 38 ff.
371 Zuletzt *Schneider/Bareis/Siegel*, DStR 2013, 1145 (1147) m.w.N.
372 Verwirklichung des subjektiven Nettoprinzips/Familienbesteuerung, in diesem Band.
373 *Hey*, Das Individualprinzip in Einkommen-, Körperschaft- und Gewerbesteuer. Auflösungstendenzen personal gebundener Steuerpflichten, GS Trzaskalik, 2005, S. 219 (21 ff.).

vor.[374] *Rose*[375] und *P. Kirchhof*[376] schlagen sogar einen interpersonellen Ausgleich der Leistungsfähigkeit außerhalb einer Zusammenveranlagung vor.

Neben der „richtigen" Bemessung individueller Leistungsfähigkeit lässt sich aber bereits vorgelagert über die Grundfrage des Trägers der wirtschaftlichen Leistungsfähigkeit streiten. Gerade bei der Besteuerung von Unternehmen divergieren die Reformvorschläge deutlich.[377] Der Position, dass der juristischen Person eine eigenständige steuerrechtliche Leistungsfähigkeit – zumindest temporär[378] – zukommt,[379] steht der rechtspolitische Vorschlag gegenüber, die Leistungsfähigkeit allein den an ihr Beteiligten zuzuweisen.[380] Andere Reformvorschläge plädieren dafür, die Körperschaftsteuer wie früher in Preußen in die Einkommensteuer zu (re)integrieren.[381] *Rose* gelingt dies mit dem Kunstgriff der „körperschaftlichen Einkommensteuer", soweit das erwirtschafte Einkommen nicht den Erwerbsbeteiligten zugerechnet wird,[382] während bei *P. Kirchhof* die Körperschaftsteuer durch die neue Rechtsfigur der steuerjuristischen Person[383] in der Einkommensteuer aufgeht.[384] Die Frage, ob die Körperschaftsteuer, deren Aufkommen kaum ins Gewicht fällt, steuersystematisch gänzlich verzichtbar ist,[385] bleibt eine Kernfrage des Unternehmenssteuerrechts.[386] Bei ihrer Beantwortung ist angesichts der Verbreitung unterschiedlicher Unternehmens-

---

374 Im Einzelnen *Rose*, Die Einfachsteuer (Fn. 157), § 28 EStG-E; *Mitschke* (Fn. 196), Rz. 36 ff., 54, 103 f.: Familienbesteuerung mit zwingender Zusammenveranlagung mit minderjährigen Kindern (§ 2 EStG-E); Familiensplitting im Kölner Entwurf (*Lang et al.* [Fn. 29], § 51 EStG-E) und bei der Stiftung Marktwirtschaft (*Stiftung Marktwirtschaft*, EStG-E² [Fn. 236], § 51 EStG-E). Zwar sieht *Elicker* (Fn. 70), kein echtes Familiensplitting vor, aber sein § 8 EStG-E lässt die Übertragung von Grundfreibeträgen in häuslichen Unterhaltsgemeinschaften zu.
375 *Rose*, Die Einfachsteuer (Fn. 157), §§ 11 Abs. 4, 12 Abs. 2, 14 Abs. 11, 15 Abs. 1 und 3 EStG-E.
376 *P. Kirchhof*, Bundessteuergesetzbuch (Fn. 40), § 49 Abs. 2 bis 4 BStGB-E.
377 Ebenso *Kube*, BB 2005, 743 (747); im Einzelnen *Stapperfend*, FR 2005, 74 (75 ff.).
378 *Hennrichs*, StuW 2002, 201 (205).
379 Dazu *J. Lang*, DStJG 24 (2001), S. 49 (58 f., 62); *Hey* in Herrmann/Heuer/Raupach, EStG/KStG, Einf. KSt., Anm. 16 ff. (Sept. 1999).
380 Dafür, unter Verneinung einer eigenen Leistungsfähigkeit der Einkommensintermediäre *Mitschke* (Fn. 196), Rz. 27 ff., 34.
381 Zu „Geburt" und „Emanzipation" der Körperschaftsteuer *Reiß* (Fn. 20), S. 65 (75 ff., 81 ff.).
382 Zuletzt *Rose*, Die Einfachsteuer (Fn. 157), S. 5, 17.
383 Zusammenfassend *Palm*, JZ 2012, 297 (300 ff.).
384 *P. Kirchhof*, Bundessteuergesetzbuch (Fn. 39), S. 195 ff.; zur Kritik *Spengel*, Ubg 2012, 256 (259 f.); *Finke/Spengel*, StuW 2013, 256 (262 f.).
385 Zur Komplementärfunktion der Körperschaftsteuer für die Besteuerung des Einkommens juristischer Personen des Zivilrechts (Vereine, Stiftungen) und des öffentlichen Rechts (Betriebe gewerblicher Art), die auf der Ebene natürlicher Personen nicht erfasst werden können, vgl. bereits *J. Lang*, DStJG 24 (2001), S. 49 (62).
386 Näher zu Grundfragen des Unternehmenssteuerrechts bereits die Hamburger Tagung der DStJG: *Seeger*, Perspektiven der Unternehmensbesteuerung, DStJG 25 (2002).

rechtsformen[387] neben den Verfassungsvorgaben auch das weitergehende ökonomische Postulat der Rechtsformneutralität[388] zu bedenken. Dabei ist ebenso das tradierte Transparenzprinzip bei der Besteuerung der Gewinne von Personengesellschaften mit Blick auf alternative Regelungsmodelle im Ausland[389] zu hinterfragen. Die Konzeption des Einkommensbegriffes schlägt auch insoweit durch: Aus konsumtheoretischer Sicht rückt das Unternehmen ins Abseits und der konsumierende Mensch ins Zentrum. Die technische Steuerfreistellung von am Markt tätigen und sichtbaren Körperschaften ist freilich wiederum auch eine Frage der Akzeptanz (s. bereits II. 1.), weil der greifbare Vorwurf der Privilegierung politisch ausgeräumt werden muss. Der Vorschlag, investierte Unternehmensgewinne mittels eines niedrigen Körperschaftsteuersatzes partiell nachgelagert zu besteuern,[390] wirft auch bei Optionsrechten für Personengesellschaften durchaus Verfassungszweifel auf.[391] Diese Andeutungen belegen bereits, dass „die Besteuerung der körperschaftlichen Unternehmungen (...) eines der schwierigsten Probleme der Einkommensbesteuerung überhaupt dar(stellt)".[392] Dieser, wiederum der Denkschrift zur Einkommensteuerreform aus dem Jahre 1948 entstammende Satz hat an Richtigkeit nichts eingebüßt, im Gegenteil.[393] Der internationale Rechtsvergleich belegt auch insoweit äußerst heterogene Lösungen für dieses Problem.[394] Ich weiß die schwierigen Fragen der Unternehmensbesteuerung bei *Wolfgang Schön*[395] in guten Händen.

4. Das Konterprinzip der Gewähr der Vollzugsfähigkeit bei der Besteuerung von Einkommen

a) Interdependenz von materiellem Recht und Verfahrensrecht

Jedes Gesetz muss sich im praktischen Vollzug bewähren.[396] Eine formelhafte Beschwörung des Leistungsfähigkeitsprinzips in Gesetzes- oder Re-

---

387 Zu (wettbewerbsrelevanten) Personenunternehmen *Hey* in Tipke/Lang, Steuerrecht[21], 2013, § 7 Rz. 90 m.w.N.
388 *Homburg* (Fn. 80), S. 261 ff.
389 Näher *Schön* in Dötsch/Herlinghaus/Hüttemann/Lüdicke/Schön, Die Personengesellschaft im Steuerrecht, 2011, S. 139, 142 ff.
390 Dafür *Hey* in Tipke/Lang, Steuerrecht[21], 2013, § 7 Rz. 88 m.w.N.
391 Dazu *Kahnwald*, Steuersatzspreizung zwischen Unternehmenssteuer und Steuer auf private Einkünfte. Eine Untersuchung der verfassungsrechtlichen Zulässigkeit am Maßstab des Art. 3 I GG, 2010, S. 120 ff., 228.
392 So bereits *Jecht* (Fn. 15), S. 55.
393 Auch *Hey* in Tipke/Lang, Steuerrecht[21], 2013, § 7 Rz. 85, hält das „historische Problem des Nebeneinanders von Einkommen- und Körperschaftsteuer" für „ungelöst".
394 Dazu *EATLP*, Corporate Income Tax Subjects, Tagung 2013.
395 Die Funktion der Unternehmensbesteuerung im Einkommensteuerrecht, in diesem Band.
396 Grundlegend zur Reziprozität zwischen Norm und Vollzug *Seer*, Der Vollzug von Steuergesetzen unter den Bedingungen einer Massenverwaltung, DStJG 31 (2008), S. 7 ff.

formbegründungen reicht darum nicht aus. Im steuerlichen Massenfallrecht ist die Vollzugstauglichkeit eine elementare verfassungsrechtliche (Reform-)Anforderung.[397] Das Leistungsfähigkeitsprinzip muss bei der Definition des Einkommens gegen das Praktikabilitätsprinzip sachgerecht abgewogen werden.[398] Die idealtypische Erfassung jeder Steigerung individueller Leistungsfähigkeit jedes Steuerpflichtigen wäre eine überambitionierte und unerfüllbare Vollzugsaufgabe, die notwendigerweise die Vollzugsgleichheit strapazieren würde.[399] Vollzugsohnmacht sowie strukturelle Vollzugsmängel und -divergenzen sind keineswegs verfassungsgeschuldet. Das Leistungsfähigkeitsprinzip stößt an Vollzugsgrenzen.[400] Die Sicherung des Vollzuges kann den Gesetzgeber zur Abkehr vom reinen Prinzip der Besteuerung nach der Leistungsfähigkeit bewegen.[401] Die Gewähr struktureller Vollzugsfähigkeit ist ein Konterprinzip zum Prinzip der Besteuerung nach der wirtschaftlichen Leistungsfähigkeit.[402] Die Ebene des Steuervollzugs ist nicht bloßer Annex des materiellen Steuerrechts,[403] sondern entfaltet Vor- und Rückwirkungen auf die Ausgestaltung der Steuergesetze[404] und der Besteuerungsmaßgröße des Einkommens. Diese Interdependenz von Einkommensteuer- und Verfahrensrecht bilden die Reformentwürfe in unterschiedlicher Form und Intensität ab. Das *Kirchhof*'sche Bundessteuergesetzbuch bekennt sich explizit zur Vollzugsfähigkeit des materiellen Rechts[405] und enthält[406] dem Anspruch einer Vollkodifikation des Steuerrechts entsprechend im I. Buch einen Allgemeinen Teil zum Steuerschuld- und Verfahrensrecht,[407] allerdings basierend auf der alten Idee eines zu schaffenden allgemeinen Verfahrensgesetzes für alle Verwaltungszweige.[408] Demgegenüber schlagen andere Re-

---

397 Ähnlich zur Verfahrensvereinfachung und für eine Selbstveranlagung werbend *Nussbaum*, Keine „Große (Einkommen-)Steuerreform" ohne gleichzeitige Verfahrensvereinfachung denkbar, FS Ress, 2005, S. 1251 (1254 ff.).
398 *J. Lang*, FS Kruse, 2001, S. 313 (325).
399 Eingehend *Eckhoff*, Rechtsanwendungsgleichheit im Steuerrecht, 1999, S. 512 ff.
400 *Drüen* in Tipke/Kruse, AO/FGO, § 3 AO Rz. 42 f. (Jan. 2012).
401 *Möstl*, Verfassungsrechtliche Grenzen der Besteuerung, DStR 2003, 720 (723) sowie *R. P. Schenke*, Das Leistungsfähigkeitsprinzip im Steuerrecht und die zwei Phasen des Öffentlichen Rechts, FS Wahl, 2011, S. 803 (810), der von einem „Vollzugsdilemma" spricht.
402 *Drüen*, Inanspruchnahme Dritter für den Steuervollzug, DStJG 31 (2008), S. 167 (179) m.w.N.
403 Ebd., S. 167.
404 Näher zur Forderung der Schaffung gleichmäßig vollzugfähiger Steuergesetze *Eckhoff* (Fn. 399), S. 525 ff.
405 *P. Kirchhof*, Bundessteuergesetzbuch (Fn. 40), Rz. 13.
406 Neben einem speziellen Abschnitt zum „Verfahren der Einkommensbesteuerung" (§§ 57–60 BStGB-E; dazu *P. Kirchhof*, Bundessteuergesetzbuch [Fn. 40], S. 498 ff.).
407 Buch I, Allgemeiner Teil, Abschnitte 4 und 6 BStGB-E (*P. Kirchhof*, Bundessteuergesetzbuch [Fn. 40], S. 195 ff., 296 ff. mit Anlage einer Synopse zu BStGB-E und AO, ebd., S. 340–355).
408 Ebd., S. 340 f.; dazu *Tipke*, StuW 2013, 212 (224).

formentwürfe nur punktuelle verfahrensrechtliche Regelungen im EStG vor.[409]

b) Vollzugsgerechtigkeit als Rechtfertigung eines pragmatischen Einkommensbegriffs

Die beschriebene Interdependenz zeigt sich bereits bei der Definition des Einkommensbegriffes. Theorie des Einkommensbegriffs und Praxis der Einkommensbesteuerung[410] stoßen aufeinander.[411] Das weit verstandene objektbezogene Totalitätsprinzip fordert die Besteuerung aller Einkommen.[412] Dabei ist es theoretisch reizvoll, auch über die Freizeit als „reales Einkommenselement" nachzudenken.[413] Die Schwierigkeiten der Bewertung des Freizeitnutzes und die fehlende gleichmäßige Vollzugsfähigkeit verengen aber das Feld rechtspraktischer Reformüberlegungen. Denn eine gleichmäßige Erfassung des Eigeneinkommens, als alle Nutzungen und Leistungen außerhalb des erwirtschafteten Markteinkommens, ist in der Realität der Besteuerungspraxis nicht möglich.[414] Auch wenn die Reinvermögenszugangstheorie theoretisch ideal erscheint, ist ein derart weiter Einkommensbegriff, der auch Wertveränderungen privater Güter erfasst, nicht gleichmäßig vollziehbar, so dass der Gesetzgeber den Einkommensbegriff enger fassen oder nicht gleichmäßig erfassbare Einkommensteile von der Besteuerung ausnehmen muss.[415] Die Vermögenszugangstheorie muss auf das Administrierbare zurückgenommen werden.[416] Daran sind auch Reformvorschläge zu messen. Sie schlagen verbreitet die Abkehr vom Einkünftedualismus[417] und eine allgemeine Besteuerung von Veräußerungseinkünften vor.[418] Der Reformvorschlag zur Einführung einer „achten Einkunftsart", der „Einkünfte aus der Veräußerung von Anlagegütern" (§ 2 Abs. 1 Nr. 8 EStG-E) unabhängig von

---

409 Insbesondere *Rose*, Die Einfachsteuer (Fn. 157), §§ 31 ff. EStG-E; *Lang et al.* (Fn. 29), §§ 50 Abs. 3 bis 7 EStG-E zum Steuererklärungsentwurf; *Stiftung Marktwirtschaft*, EStG-E² (Fn. 236), S. 53 ff. zu § 42 EStG-E.
410 Vgl. bereits *I. Fisher*, Income in Theory and Income Taxation in Practice, Econometrica 5 (1937), No. 1, S. 1.
411 So schon *Tipke*, StRO, II², 2003, S. 630.
412 *J. Lang*, DStJG 24 (2001), S. 49 (61).
413 Dazu *Haller*, Die Steuern. Grundlinien eines rationalen Systems öffentlicher Abgaben³, 1981, S. 47 ff.
414 Zutreffend *Elicker* (Fn. 70), S. 100 m.w.N.
415 *Reif* (Fn. 66), S. 39.
416 Treffend *Tipke*, StRO, II², 2003, S. 629 f.
417 Dafür auch *Musil*, DStJG 34 (2011), S. 237 (250).
418 Die Diskussion über die Reformvorschläge zusammenfassend *Bäuml*, System- und Reform der Besteuerung privater Veräußerungsgeschäfte. Bestandsaufnahme und Analyse von Reformansätzen unter steuersystematischen und verfassungsrechtlichen Aspekten, 2004, S. 78 ff., 124 ff.

der Zugehörigkeit zum Privat- oder Betriebsvermögen[419] unterfallen,[420] ist rechtspolitisch ebenso diskutabel wie die Steuerverhaftung sämtlicher Vermögensänderungen in der Erwerbsgrundlage.[421] Die Entscheidung für die materielle Steuerpflicht setzt indes zugleich Mitwirkungspflichten des Steuerpflichtigen[422] und wirksame Kontrollmöglichkeiten der Finanzbehörde im Massenfallvollzug voraus.[423] Die materielle Belastungsentscheidung hat Nachwirkungen auf die Vollzugsebene. Wenn der Gesetzgeber diese scheut, kann dies wegen fehlender gleichgerechter Vollzugsfähigkeit auf die Einkommensdefinition zurückschlagen. Der Pragmatismus des Einkommensbegriffs eröffnet in den (umstrittenen) Grenzen der Verfassung auch eine analytische Schedulensteuer, zumal neben der Vollzugssicherung auch materielle Argumente zur Rechtfertigung anzuführen sind (s. bereits III. 3.).

c) Nettoprinzip vs. Typisierungen bei der Besteuerung von Einkommen

Die Anforderung der Leistungsgerechtigkeit und der Vollzugsfähigkeit markieren legislatorische Zielkonflikte (s. IV. 4. a]). Individuell gerechte Steuernormen können sich im Massenfallrecht mangels Praktikabilität in ihr Gegenteil verkehren.[424] Darum darf der Gesetzgeber eine Bestimmung, die an Massenvorgänge des Wirtschaftslebens die gleichen steuerlichen Folgen knüpfen soll, weit fassen und Besonderheiten einzelner Gruppen vernachlässigen. Das BVerfG ermuntert[425] den Gesetzgeber geradezu zu Typisierungen[426] und toleriert mitunter beträchtliche Typisierungsspielräume.[427] Allerdings sind die individuellen wie volkswirtschaftlichen Vorteile widerlegbarer Typisierungen durchaus fragwürdig.[428] Insgesamt geht es um die richtige Balance zwischen leistungsgerechten Besteuerungstatbeständen und der Gewähr ihrer gleichheitsgerechten Vollziehbarkeit unter den Be-

---

419 Enger der Kölner Entwurf (*Lang et al.* [Fn. 29], §§ 7, 27 Abs. 1 EStG-E) mit der Einschränkung auf „Erwerbsvermögen".
420 *Bernhardt* (Fn. 279), S. 409 f.
421 Dafür *P. Kirchhof*, Bundessteuergesetzbuch (Fn. 40), S. 382 ff.
422 Namentlich Aufzeichnungspflichten (instruktiv *Elicker* [Fn. 70], § 4 Abs. 1 und 4 EStG-E).
423 Näher *Tipke*, Steuerliche Ungleichbelastung durch einkunfts- und vermögensartdifferente Bemessungsgrundlagenermittlung und Sachverhaltsverifizierung, FS Kruse, 2001, S. 215 (225 ff.) sowie *Seer*, DStJG 31 (2008), 7 (12 ff., 16).
424 Näher, auch zu den Grenzen zulässiger Typisierung *Drüen* in Tipke/Kruse, AO/FGO, § 3 AO Rz. 51 (Jan. 2012) m.w.N.
425 Deutlich BVerfG v. 10.4.1997 – 2 BvL 77/92, BVerfGE 96, 1 (6): „Der Gleichheitssatz fordert nicht eine immer mehr individualisierende und spezialisierende Gesetzgebung, die letztlich die Gleichmäßigkeit des Gesetzesvollzugs gefährdet ... ".
426 Zur Funktion und zur Rechtfertigung steuerrechtlicher Typisierungen zusammenfassend *Pahlke*, DStR 2011, Beihefter zu Heft 31, 66* (69 ff. *); *Wernsmann*, ebd., 72* m.w.N.
427 Vgl. BVerfG v. 12.10.2010 – 1 BvL 12/07, BVerfGE 127, 224 (257 ff.) zu § 8b Abs. 3 und 5 KStG.
428 Näher *Schön*, StuW 2002, 23 (32 f.); *Wagner*, FR 2012, 653 (659).

dingungen des Massenfallrechts. Die Forderung nach Vereinfachung stößt an verfassungsrechtliche Grenzen.[429] Die Reformentwürfe machen von Typisierungen in unterschiedlichem Ausmaß Gebrauch. Die Spannbreite belegen die Erwerbsausgabenpauschale in *Roses* Einfachsteuerentwurf,[430] die eher sparsam eingesetzten, aber weitreichenden Typisierungsermächtigungen im Kölner Entwurf und bei der *Stiftung Marktwirtschaft*[431] und der Ausschluss der Abzugsfähigkeit gemischter Aufwendungen im Verordnungswege bei *P. Kirchhof*.[432] Gerade letztere sind dem Vorwurf ausgesetzt, das objektive und subjektive Nettoprinzip zu durchbrechen.[433] Das hängt freilich vom umstrittenen Verständnis,[434] gerade des objektiven Nettoprinzips ab.[435] Bislang kommt der Frage, ob eine Aufwendung üblich, angemessen, zweckmäßig oder nützlich ist, für den Betriebsausgabenabzug keine Bedeutung zu.[436] Der rechtspolitische Vorschlag, den Abzug von Erwerbsaufwendungen auf notwendige[437] oder angemessene Aufwendungen[438] zu begrenzen, verkürzt das objektive Nettoprinzip.[439] Gesetzliche oder im Gesetz angelegte Typisierungen begründen insoweit die Gefahr der Besteuerung eines Sollertrages[440] anstelle des vom Steuerpflichtigen erzielten Ist-Einkommens (s. noch IV. 6.). Allerdings ist die Abgrenzung der Betriebs- oder Berufssphäre von der Privatsphäre im Einkommensteuerrecht[441] ein Dauerthema oder gar „wirkliches Ewigkeits-

---

429 Speziell *Schober*, Verfassungsrechtliche Restriktionen für den vereinfachenden Einkommensteuergesetzgeber. Eine Überprüfung verfassungsrechtlicher Grundsätze an ausgewählten Vereinfachungsideen. 2009, S. 47 ff., 178 ff.
430 Nach § 20 Abs. 2 EStG-E können bei der Ermittlung der Gewinne von Betrieben ohne Einzelnachweis 20 Prozent der Erwerbseinnahmen nach Kassenbuch als Betriebsausgaben abgesetzt werden, sofern 250 000 Euro Erwerbseinnahmen für alle Betriebe des Unternehmens nicht überschritten werden.
431 § 18 Abs. 2 EStG-E im Kölner Entwurf und übereinstimmend § 50 Abs. 2 EStG-E der Stiftung Marktwirtschaft (s. bereits Note 123).
432 *P. Kirchhof*, Bundessteuergesetzbuch (Fn. 40), S. 420: § 15 Abs. 1 BStVO-E mit Abzugsverboten insbesondere für Lasten für häusliche Arbeitszimmer, Fahrtkosten zwischen Wohnung und Arbeitsstätte und Bewirtungskosten.
433 Namentlich *Wagner*, FR 2012, 653 (658 f.). Zur Diskussion vgl. *P. Kirchhof, Mellinghoff und J. Lang* in *P. Kirchhof*, Diskussion (Fn. 146), S. 46 ff.
434 Zur Position des *Verf.* näher *Drüen*, StuW 2008, 3 (4 ff., 10 ff.).
435 So plädiert *Seiler*, DStJG 34 (2011), S. 61 (88 f.), für eine Restriktion des objektiven Nettoprinzips.
436 Kirchhof/*Bode*, EStG[12], 2013, § 4 Rz. 163; Schmidt/*Heinicke*, EStG[32], 2013, § 4 Rz. 483.
437 *Jachmann*, Verfassungsrechtliche Grenzen der Besteuerung, 1996, S. 73.
438 Dafür *Seiler*, DStJG 34 (2011), S. 61 (75 f., 88 f.), bei Aufwendungen mit nicht nur geringfügiger Mitveranlassung.
439 *Seer*, Verfassungsrechtliche Grenzen der Gesamtbelastung von Unternehmen, DStJG 23 (2000), S. 87 (121).
440 *Wagner*, FR 2012, 653 (658 f.).
441 Dazu bereits der Tagungsband, hrsg. von *Söhn*, Die Abgrenzung der Betriebs- oder Berufssphäre von Privatsphäre im Einkommensteuerrecht, DStJG 3 (1980).

problem",[442] dass im Grenzbereich zu Privataufwendungen Typisierungen durchaus eröffnet.[443] Ob die Typisierungsgrenzen in Reformvorschlägen noch gewahrt sind, ist Frage einer Einzelanalyse.[444] Dabei steht die These im Raume, dass die legislatorische Entscheidung für einen niedrigen Tarif zugleich die gesetzlichen Typisierungsspielräume aufgrund der schwächeren Eingriffsintensität erweitere.[445] Wenngleich das Leistungsfähigkeitsprinzip auf der Ebene der Bemessungsgrundlage auch bei einem flachen Steuersatz fortgilt,[446] hängt immerhin der verfassungsrelevante Belastungs*erfolg* vom Zusammenwirken von Bemessungsgrundlage und Tarif ab.[447]

5. Das Interventionsprinzip bei der Besteuerung von Einkommen und seine Grenzen

Eine Gretchenfrage künftiger Reformpolitik ist der Einsatz des Einkommensteuerrechts für vom Gesetzgeber verfolgte Lenkungswirkungen. Mit Ausnahme der Entwürfe von *Mitschke*[448] und von *Sachverständigenrat/MPI/ZEW*[449] sprechen sich die Entwurfsverfasser einhellig für eine Reduktion des Einkommensteuerrechts auf seinen Fiskalzweck aus.[450] Lenkungs- und Sozialzwecknormen sollen weitgehend eliminiert und das Einkommensteuerrecht auf seine „verstehbaren Grundstrukturen"[451] zurückgeführt werden. Freilich hat die Interventionsbesteuerung[452] in Deutschland eine lange Tradition.[453] Historisch war die Durchlöcherung der einkommensteuerlichen Bemessungsgrundlage die legislatorische Antwort auf die von den Alliierten durch Kontrollratsgesetz vorgegebenen Steuersätze[454] von bis zu 95 Prozent

---

442 So *Schön*, StuW 2002, 23 (32).
443 Näher *Drüen*, StuW 2008, 3 (13 f.).
444 Zur sog. flat tax allgemein *Suttmann* (Fn. 37), S. 301 ff., 327 ff.
445 *Seer*, BB 2004, 2272 (2274); gegen eine Vermengung von Tarif und Nettoprinzip indes *Seer*, Diskussionsbeitrag, DStJG 34 (2011), 278 (279). Für eine verfassungsrechtliche Zulässigkeit der Pauschalierung von Abzugstatbeständen bei Arbeitnehmern auch *Suttmann* (Fn. 37), S. 349 f.
446 Dafür *Tipke*, StRO, II², 2003, S. 842 f.
447 *Drüen*, FS Paul Kirchhof, Bd. II, 2013, § 158 Rz. 2, 18 m.w.N.
448 *Mitschke* (Fn. 196), S. 4 spricht sich für eine moderate, die Systematik des Einkommensteuerrechts nicht zerstörende Lenkung aus.
449 Der Entwurf hält an verschiedenen Lenkungsnormen des geltenden Rechts fest (z.B. §§ 3, 6b, 7g und 10b EStG-E bei *Sachverständigenrat/MPI/ZEW*, BMF-Schriftenreihe Bd. 79 [Fn. 257]).
450 *P. Kirchhof*, Bundessteuergesetzbuch (Fn. 40), S. 14, 124 ff., 127 f.; *Elicker* (Fn. 70), S. 196 ff.; *Lang et al.* (Fn. 29), S. 52; *Stiftung Marktwirtschaft*, EStG-E² (Fn. 236), S. 1, 32.
451 *Lang et al.* (Fn. 29), S. V.
452 So *Birk* (Fn. 364), S. 196 ff., 265.
453 Historischer Überblick seit dem Kaiserreich bei *Musil*, Der Staat 46 (2007), 420; umfassend zur Geschichte steuerlicher Verhaltenslenkung *Wernsmann*, Verhaltenslenkung in einem rationalen Steuersystem, 2005, S. 19–46.
454 *Dziadkowski* (Fn. 16), S. 3 (24).

des Jahreseinkommens.[455] Daraus hat sich im Einkommensteuerrecht, gerade bei Sonder- und erhöhten Abschreibungen (§§ 7a ff. EStG) eine wahre „Lenkungskultur" entwickelt, die freilich eine Fülle von Rechtsfragen aufwirft.[456] Neben der partiellen Zurückdrängung des Leistungsfähigkeitsprinzips[457] ist bei jedem staatlichen Lenkungsbemühen der Eintritt des Lenkungserfolges ungewiss, weil der Steuerpflichtige die in Aussicht gestellte Lenkungsverschonung ablehnen und eine spiegelbildliche steuerliche Sonderlast bewusst in Kauf nehmen kann. Als Kehrseite führt ein progressiver Steuersatz überdies im Gegensatz zu einer flat tax (s. IV.) zu regressiv wirkenden Abzügen von der Steuerbemessungsgrundlage und damit ungeachtet der individuellen Förderungswürdigkeit zu einer steigenden Vergünstigung mit zunehmendem Einkommen.[458] Steuerlicher Interventionismus benötigt zwar keine eigene Bürokratie,[459] birgt aber immer die Gefahr der Fehlallokation der Ressourcen und konterkariert zudem das Postulat einer Steuervereinfachung.[460] Insgesamt sind Lenkungsnormen wie jede staatliche Intervention rechtfertigungsbedürftig.[461] Sie lassen sich auch begrenzt rechtfertigen, wobei stets die europäische Reichweite des Lenkungsangebots (dazu IV. 7.) und die disziplinierende Wirkung des europäischen Beihilferechts[462] zu bedenken sind.[463] Limitierend wirkt zugleich die Maßstabsfunktion der einkommensteuerrechtlichen Begriffe für außersteuerrechtliche Rechtsnormen (vgl. § 2 Abs. 5a EStG) des öffentlichen Schuld- und Transferrechts.

Rechtspolitisch lautet die allgemeine Empfehlung, steuerliche Subventionen nur zurückhaltend und wohldosiert einzusetzen.[464] Das Interventionsprinzip wird damit zum Ausnahmeprinzip. Allerdings kommt im Kontrast zur rechtsdogmatischen Forderung nach einer „lenkungsneutralen" Steuerbelastung[465] steuerliche Lenkung durch das Einkommensteuerrecht politisch

---

455 Zur Belastungshöhe *Jecht* (Fn. 15), S. 7, 35 ff., 38 (Tabelle).
456 *Osterloh*, Lenkungsnormen im Einkommensteuerrecht, DStJG 24 (2001), S. 383 (389 ff.); monographisch *Wernsmann* (Fn. 453), S. 172 ff.
457 *Englisch* (Fn. 317), S. 617.
458 Zu dieser „gleichheitswidrigen Lenkung" bereits *Trzaskalik*, Inwieweit ist die Verfolgung ökonomischer, ökologischer und anderer öffentlicher Zwecke durch Instrumente des Abgabenrechts zu empfehlen?, Gutachten E für den 63. Deutschen Juristentag, 2000, E 85 f.
459 *Mitschke* (Fn. 196), Rz. 10.
460 *Friauf*, Steuervereinfachung vs. Lenkungsnormen, DStJG 21 (1998), S. 85 (97 f.).
461 Allgemein *Di Fabio* in Maunz/Dürig, GG, Art. 2 Abs. 1 Rz. 76 (Juli 2001) m.w.N.
462 Als Ersatz fehlender Selbstdisziplin der Staaten (treffend *Trzaskalik*, Gutachten E für den 63. Deutschen Juristentag, 2000, E 91).
463 Vertiefend zum höherrangigen Lenkungsrahmen *Glaser*, StuW 2012, 168.
464 Ebenso allgemein zur „Subventionsgewalt" *Trzaskalik*, Gutachten E für den 63. Deutschen Juristentag, 2000, E 93; ähnlich *Kube*, BB 2005, 743 (748); im Gesamtfazit für eine Zurückdrängung bevorzugender Sonderregeln innerhalb bestimmter Steuerarten auch *Wernsmann* (Fn. 453), S. 489.
465 *Seiler*, Verhandlungen des 66. Deutschen Juristentages, 2006, Bd. I, 2006, F 9 (67 [These 10]).

nicht aus der Mode. So sehen verschiedene Wahlprogramme für den Bundestagswahlkampf 2013 die immer wieder diskutierte Förderung von Forschung und Entwicklung[466] entweder allgemein oder für spezielle Unternehmen vor.[467] Steuerliche Lenkung ist ein Wettbewerbsfaktor in der globalen und europäischen Staatenkonkurrenz.[468] Darum wird sich die Politik das Steuerrecht als Instrument der Wirtschafts- und Wettbewerbspolitik nicht aus der Hand nehmen lassen. Keine parlamentarische Demokratie wird gänzlich auf den von steuerlichen Lenkungsvorschriften erhofften Gestaltungsanspruch verzichten.[469] Freilich sind verfassungs- und unionsrechtliche Interventionsgrenzen[470] zu wahren. Lenkungsnormen lassen sich nur punktuell und dosiert vertreten. Sie sind immer nur ein Angebot an die Steuerpflichtigen, die es annehmen oder aber ablehnen können.

6. Das Prinzip gesetzlich eingehegter Gestaltungsfreiheit der Steuerpflichtigen

Ein Gesetz zur Besteuerung von Einkommen baut im freiheitlichen Verfassungsstaat auf der wirtschaftlichen Freiheit des Steuerpflichtigen auf, an der der Steuerstaat partizipiert.[471] Dabei legt der Gesetzgeber getreu dem Prinzip der steuerpolitischen Gestaltungsfreiheit (s. IV. 2.) in den Grenzen höherrangigen Rechts Art und Umfang der staatlichen Teilhabe am Erfolg privaten Wirtschaftens fest. Die Steuergesetze machen keine Handlungsvorgaben und beschränken nur den privatnützigen Teil des Handlungserfolges. Die wirtschaftliche Freiheit Privater schützen die Grundrechte, die unionsrechtlichen Grundfreiheiten und die abkommensrechtlichen Diskriminierungsverbote. Aus dieser individuellen wirtschaftlichen Freiheit folgt einerseits, dass weder Finanzbeamte noch Finanzrichter sich anmaßen dürfen, sich im Zuge der Steuerveranlagung (ex post) als bessere Unternehmer zu generieren.[472] Das zu besteuernde Einkommen hängt von den tatsächlichen Fähigkeiten und Entscheidungen des Steuerpflichtigen ab. Das Ist- und nicht ein Soll-Einkommen ist die Grundlage des staatlichen Steuerzugriffs.

Auf der anderen Seite bedarf die Freiheit zum gleichheitsrechtlich gebotenen Schutze der staatlichen Gemeinschaft der Begrenzung *durch das Ge-*

---

466 *Lehmann*, DStR 2010, 1459 (1462 ff.); näher *Spengel*, Steuerliche Förderung von Forschung und Entwicklung (FuE) in Deutschland. Ökonomische Begründung, Handlungsbedarf und Reformbedarf, 2009.
467 *Zipfel*, Ubg 2013, 501 (502).
468 Zum Überblick über die vielfältigen nationalen Formen steuerlicher Investitions- und Innovationsförderung vgl. *Jacobs/Endres/Spengel*, Internationale Unternehmensbesteuerung[7], 2011, S. 141 ff.
469 Ebenso jüngst *Tipke*, StuW 2013, 212 (215).
470 Dazu *Kniese*, Europarechtlicher Rahmen einer steuerlichen Förderung von Forschung und Entwicklung, 2013.
471 Näher, auch zum Folgenden bereits *Drüen*, StuW 2008, 154 (155 ff.).
472 In der Sache ebenso *Seer*, DStJG 23 (2000), S. 87 (122).

setz.⁴⁷³ Der Steuergesetzgeber schreibt der Wirtschaft aus rechtlichen und ökonomischen Gründen keine Standardgestaltungen vor,⁴⁷⁴ muss aber gesetzlich effektive Vorkehrungen gegen den Versuch von Steuerumgehungen und Steuervermeidungsbestrebungen treffen.⁴⁷⁵ Die allgemeine Missbrauchsabwehr über eine Generalklausel ist – zumindest nach dem Stand der Rechtsprechung – wenig effektiv und gesetzgeberische Reaktionen darauf durch spezielle Vorschriften zur Missbrauchsbekämpfung sind häufig überschießend und entfalten erhebliche Kollateralschäden. Darum darf das dem wirksamen Umgehungsschutz dienende Prinzip gesetzlich begrenzter Gestaltungsfreiheit der Steuerpflichtigen in der Reformdiskussion nicht fehlen. Eine Reform sollte den zugrunde gelegten Belastungsgrund des Einkommens verdeutlichen⁴⁷⁶ und aufgrund erkennbarer Wertungsteleologie eine teleologische Missbrauchsabwehr eröffnen. Wertungstransparenz und -konsistenz wird sich auszahlen. Denn nur systematisch-wertrationale Gesetzgebung eröffnet die Abwehr von Steuerumgehungen mit den Bordmitteln juristischer Interpretationskunst⁴⁷⁷ und garantiert die unausweichliche Steuerlast.⁴⁷⁸

Die Ausgestaltung des Tarifs mag zudem die Gestaltungsanfälligkeit eindämmen. Ein proportionaler und vor allem ein flacher Tarif mindert die Gestaltungsrendite und senkt sowohl die Gestaltungsanreize⁴⁷⁹ als auch die Steuerplanungskosten.⁴⁸⁰ Dasselbe gilt für eine Zusammenrechnung der Einkünfte im Familienverbund durch ein Familiensplitting.⁴⁸¹ Freilich sind bei der Tarifbestimmung neben der Gestaltungsrigidität auch gewichtigere Aspekte wie die gesellschaftliche Akzeptanz entscheidungsleitend (s. bereits IV. 2.).

---

473 Insoweit übereinstimmend *Schön*, Legalität, Gestaltungsfreiheit und Belastungsgleichheit als Grundlagen des Steuerrechts, DStJG 33 (2010), S. 29 (37 f.).
474 *Hey*, Verfassungsrechtliche Maßstäbe der Unternehmensbesteuerung, FS Herzig, 2010, 7 (13 f.).
475 Dies gilt selbst für solche Einkünfte, die dem Quellensteuerabzug durch Dritte unterliegen (ebenso *Wagner*, FR 2012, 653 [657], zu Lohneinkünften).
476 So definiert § 3 Abs. 1 S. 1 BStGB-E bereits anfangs im Rahmen der Grundsätze der Besteuerung den Belastungsgrund der Einkommensteuer (dazu *P. Kirchhof*, Bundessteuergesetzbuch [Fn. 40], S. 2 ff.). Ob dadurch und die ergänzende Auslegungsregel der „steuerjuristischen Betrachtungsweise" (vgl. § 10 BStGB-E; dazu *Tipke*, StuW 2013, 212 [219]) § 42 AO tatsächlich obsolet wird (so ebd., S. 185 ff., 189), erscheint indes fraglich.
477 Näher *Drüen*, Systembildung und Systembindung im Steuerrecht, FS Spindler, 2011, S. 29 (49 f.) m.w.N.
478 Zu dieser Anforderung näher *P. Kirchhof*, Bundessteuergesetzbuch (Fn. 40), S. 4 f.
479 *Seer*, Verhandlungen des 66. Deutschen Juristentages, 2006, Bd. II/1, Q 141; hinsichtlich der zeitlichen Verlagerung und der Übertragung von Einkommensquellen zur Nutzung ebenso *Pelka*, StuW 2013, 226 (228).
480 *Wagner*, FR 2012, 653 (660).
481 *Mitschke* (Fn. 196), S. 13.

7. Das Prinzip internationaler und europäischer Anschlussfähigkeit der Besteuerung von Einkommen im offenen Steuerstaat

Schließlich, aber nur im Sinne einer Reihenfolge und nicht zugleich einer Rangfolge, gehört zu den Prinzipien einer Reform von Einkommen die überstaatliche Anschlussfähigkeit. Die überstaatliche Dimension ist keinesfalls nachrangig für eine Reform im offenen Steuerstaat. Denn die nationale Besteuerung von Einkommen ist nur ein Teilstück einer inter- und supranationalen Besteuerung.[482] Der Reformdruck der internationalen Steuerkonkurrenz (s. bereits III. 3.) ist weiterhin maßgebender Impuls der Ungleichbehandlung zwischen mobilen und territorial gebundenen Einkunftsquellen.[483] Globalisierung bleibt das Schlagwort für den internationalen Wettbewerbs- und Anpassungsdruck auf nationale Steuersysteme.[484] Dieser und der erklärte Wille Deutschlands zur Integration in steuerliche Prinzipien der Staatenwelt zwingt das nationale Steuersystem zwar nicht einseitig zur Adaption internationaler Entwicklungen im Sinne einer Anpassungsfähigkeit,[485] setzt aber seine Anschlussfähigkeit voraus. Ihre Gewähr ist ein zentraler Prüfstein einer Reform. Zur internationalen Anschlussfähigkeit gehört der Verzicht auf nationale Sonderwege und den Versuch, sie bei der Verhandlung von Doppelbesteuerungsabkommen oder gar vertragsbrechend durchzusetzen, wofür das solitäre deutschrechtliche Sonderbetriebsvermögen und der Versuch seiner internationalen „Absicherung" durch § 50d Abs. 10 EStG nur ein aktuelles und umstrittenes Beispiel ist.[486] Auch der grenzüberschreitende Zugriff auf künftige Gewinnpotentiale erscheint nicht nur verfassungsrechtlich fragwürdig, sondern führt fast zwingend zur internationalen Besteuerungskollision.

Die Zeiten, in denen die steuerpolitische Souveränität von Nationalstaaten in Europa verklärt wird,[487] sind lange vorbei. Auch wenn der Scheitelpunkt der Grundfreiheiten-Rechtsprechung des Europäischen Gerichtshofs überschritten scheint, ist auch die nationale Reformautonomie in Europa begrenzt. Die europäischen Grundfreiheiten entfalten mit ihren Diskriminierungs- und Beschränkungsverboten Vor- und Rückwirkungen auf das nationale Einkommensteuerrecht. Fehlt z.B. eine unionsrechtliche Rechtsangleichung für den Wegzug des Steuerpflichtigen oder sein Unternehmen

---

482 Treffend *J. Lang*, DStJG 24 (2001), S. 49 (52).
483 Dazu bereits *Schön*, Der „Wettbewerb" der europäischen Steuerordnungen als Rechtsproblem, DStJG 23 (2000), S. 191 (202).
484 *Ganghof* (Fn. 17), S. 18 f.; *Wagschal* (Fn. 57), S. 139 ff.
485 Vom „Prinzip der Anpassungsfähigkeit" ausgehend *J. Lang*, DStJG 24 (2001), S. 49 (72); ebenso *E. Reimer* in P. Kirchhof, Diskussion (Fn. 146), S. 34.
486 Zuletzt *Jü. Lüdicke* in Lang/Schuch/Staringer, Die österreichische DBA-Politik, 2013, S. 31 (49).
487 Vgl. noch *Battis*, DÖV 2001, 988 (994).

innerhalb der Europäischen Union, die korrespondierend die transferierten Werte im Wegzug- und Zuzugsstaat verknüpft, so werden nationale Regeln, die stille Reserven eröffnen, auf den Prüfstand gestellt.[488] Das Realisationsprinzip, für das auch verfassungsrechtlich fundierte Gründe sprechen,[489] gerät unter europäischem Druck zur disponiblen „steuerlichen Verschonung".[490] Aber nicht nur Fiskalzwecknormen, sondern auch Lenkungsnormen müssen unionsrechtfest sein. Mehrere Versuche, Steuervergünstigungen auf das Inland oder Inländer zu begrenzen, sind bereits gescheitert. Für den europarechtlichen Zwang, Lenkungsanreize über die Grenzen in Europa auszudehnen, mag nur die Reinvestitionsregelung des § 6b EStG als jüngstes Beispiel stehen.[491] Nationale Alleingänge bei Systemwechseln zur Besteuerung von Einkommen(steilen) sind zumindest eine rechtliche Herausforderung. Die einseitige Einführung einer nachgelagerten Besteuerung von Einkommen stößt an unionsrechtliche Grenzen. Auch wenn sich diese bei sachgerechter Ausgestaltung überwinden lassen,[492] sind europaeinheitliche Systeme nachgelagerter Besteuerung vorzugswürdig.[493] Freilich müssen dem Werben der EU-Kommission für europaeinheitlich nachgelagerte Besteuerungssysteme (z.B. bei der Alterssicherung) alle Mitgliedstaaten folgen. Überdies ist für den Systemwechsel zur nachgelagerten Besteuerung[494] regelmäßig eine Anpassung der Doppelbesteuerungsabkommen erforderlich.[495]

Dieses Beispiel steht stellvertretend für andere Reformideen. Innovative Reformkonzepte werfen freilich größere Anschlussfragen auf als eher bewahrende. Bei allen Reformvorschlägen stellt sich indes die Frage, inwie-

---

488 De lege ferenda verfolgt *P. Kirchhof*, Bundessteuergesetzbuch (Fn. 40), S. 1077 f., 1101, 1103 f., mit dem in § 3 Abs. 2 BilO-E vorgeschlagenen Gebot realitätsgerechter und gegenwartsnaher Bewertung das Ziel der Vermeidung des Entstehens stiller Reserven (dazu allgemein kritisch *Hennrichs*, StuW 2013, 249 [252 f.] sowie wegen fehlender Rechtssicherheit *Wagner*, FR 2012, 653 [666]).
489 Zusammenfassend zum Realisationsprinzip *Baldauf*, Das innere System der einkommensteuerrechtlichen Gewinnrealisierung, 2009, S. 29 ff., 46, und zum begrenzenden Entstrickungsprinzip, ebenda, S. 112 f., 209 f.
490 Vgl. die Argumentation der deutschen und der italienischen Regierung in der Rechtssache National Grid Indus BV, wiedergegeben in EuGH v. 29.11.2011 – Rs. C-371/10, Slg. 2011, I-12273-12339, Rz. 79.
491 Zum Stand der Diskussion *Thömmes*, JbFStR 2013/14, S. 73 m.w.N.
492 Zur Wegzugsbesteuerung als Ersparnisauflösung und ihrer europarechtlichen Rechtfertigung *Dorenkamp*, Nachgelagerte Besteuerung von Einkommen. Besteuerungsaufschub für investierte Reinvermögensmehrungen, 2004, S. 240 ff., 399 f.
493 Dazu insgesamt die Beiträge aufgrund einer Auslobung der Humanistischen Stiftung in *Fuest/Mitschke*, Nachgelagerte Besteuerung und EU-Recht, 2008.
494 Allgemein zu Doppelbesteuerungsproblemen bei konsumorientierten Systemanpassungen *Lončarević*, Die Vermeidung internationaler Doppelbesteuerung von Einkommen und konsumorientierte Steuersysteme, 2004.
495 *Lang et al.* (Fn. 29), Rz. 74.

weit sie sich bruchlos in das Netz bestehender Doppelbesteuerungsabkommen einfügen.[496] Das gilt exemplarisch für die Implementierung der Körperschaftsteuer in die Einkommensteuer durch die Figur der steuerjuristischen Person, die zumindest eine Herausforderung für die am Dualismus von Einkommen- und Körperschaftsteuer ausgerichteten Doppelbesteuerungsabkommen darstellt.[497] Dagegen ist das Ausscheren aus den tradierten Grobmustern der international üblichen Einkünftequalifikation durch eine Reduktion oder gar Fusion der Einkunftsarten kein strukturelles Problem,[498] weil eine Einkunftsartenkongruenz zwischen nationalem Recht und dem Abkommensrecht nicht zwingend ist.[499] Damit sind eingangs die europäische und internationale Dimension der Reform angedeutet,[500] die im Verlauf weiterer Reformüberlegungen freilich zu vertiefen sind.

V. Schluss: Perspektiven der Reform(diskussion)

Der Steuergesetzgeber, der sich der Aufgabe einer strukturellen Einkommensteuerreform stellt, muss nicht bei null anfangen. Die bisherige Diskussion über die Reform der Besteuerung von Einkommen ist inhalts- und facettenreich. Die verschiedenen Reformentwürfe enthalten vielfältige, zum Teil aus ausländischen Rechtsordnungen rezipierte oder aus der Historie wiederentdeckte Vorschläge und Bausteine, auf die der Gesetzgeber in toto oder in Kombination zurückgreifen kann. So gesehen besteht in Deutschland in der Reformfrage kein Erkenntnisproblem oder -defizit.[501] Von einem „Umsetzungsproblem" möchte ich in einer parlamentarischen Demokratie trotz aller Kritik[502] aber nicht sprechen. Auch wenn eine gewisse Frustration der Verfasser bisher verschmähter Reformentwürfe[503] angesichts ihrer hohen Eigenansprüche[504] verständlich ist, darf das Primat

---

496 Explizit sieht *Mitschke* (Fn. 196), S. 2, bestehende Doppelbesteuerungsabkommen als nichtdisponible Rechtsnormen an.
497 Skeptisch auch *J. Lang* in P. Kirchhof, Diskussion (Fn. 146), S. 39 und *Pelka*, StuW 2013, 226 (235).
498 A.A. *J. Lang*, ebd., S. 27; *Pelka*, StuW 2013, 226 (234).
499 Weitergehend im Sinne einer Irrelevanz *E. Reimer* in P. Kirchhof, Diskussion (Fn. 146), S. 34.
500 Eine andere Frage ist der materielle Reformbedarf im Detail (dazu aus Unternehmenssicht *Haas*, Reformbedarf im deutschen internationalen Steuerrecht, in Jü. Lüdicke, Internationales Steuerrecht – Aufbruch oder Konsolidierung?, Forum der Internationalen Besteuerung, Bd. 38, 2011, S. 21, 25 ff.).
501 *Reif* (Fn. 66), S. 311.
502 Zu „Funktionsschwächen" der parlamentarisch-repräsentativen Demokratie als Erklärungsmodell für den Zustand der Steuerpolitik *Franke* (Fn. 59), S. 272 ff., 421 ff.; zu einem Demokratiedefizit der deutschen Steuerpolitik *Ganghof* (Fn. 17), S. 123 ff.
503 Zu den Vorbehalten der Steuerpolitik z.B. *Kühn*, FR 2012, 543 (549).
504 So bezeichnet die *Stiftung Marktwirtschaft*, Kommission „Steuergesetzbuch", Entwurf eines einfachen und gerechten Einkommensteuergesetzes, 2007, ihren Entwurf als „Blaupause für ein neues und einfaches Einkommensteuerrecht".

der Politik nicht in Frage gestellt werden. Jeder Reformvorschlag kann nur ein wissenschaftliches Angebot an die Rechtspolitik sein. So nachvollziehbar die fachwissenschaftliche Sehnsucht nach einem „Jahrhundertsteuergesetz" statt zahlloser Jahressteuergesetze ist, so nüchtern ist festzuhalten, dass das strukturelle Reformanliegen (noch) nicht von breiten Bevölkerungskreisen geteilt wird und die Politik es sich (noch) nicht auf die Fahnen geschrieben hat (s. III. 1.). Der Reformdruck ist offenbar nicht hoch genug. Die Reformangst scheint übermächtig,[505] gerade vor radikalen Paradigmenwechseln. Reformen setzen aber neben Einsicht und gutem Willen einen „elementaren Handlungszwang"[506] und tatkräftige Reformer[507] voraus. Die Erfolgsaussichten struktureller Steuerreformen sind dabei in Krisenzeiten wesentlich höher als in Zeiten der Wirtschaftsblüte.[508] Wir müssen uns also fragen, ob das geltende Gesetz nicht schlecht genug ist[509] oder es uns für ein besseres Einkommensteuergesetz einfach (noch) zu gut geht. Das etablierte Steuersystem ist eben ein Spiegel der Staatlichkeit.[510]

Damit aber die Reformstimmung nicht schon zu Beginn unserer Tagung zu sehr gedämpft wird, darf ich zum Schluss einen Hoffnungsfunken weiterleiten: Politikwissenschaftler machen uns in puncto Reformfähigkeit Mut.[511] Basierend auf Meinungsumfragen halten sie eine grundlegende Reform der Ertragsteuern in Deutschland für möglich und nicht per se für zum Scheitern verurteilt.[512] Aber auch wer an Demoskopie nicht recht glauben mag,[513] sollte die beharrliche Arbeit an der Reform der Besteuerung von Einkommen fortsetzen. Uns Steuerjuristen steht der Kampf für das „gute" Steuergesetz gut an. Wer sollte ihn sonst führen? Überdies sollte selbst das Scheitern eines Reformentwurfes den Wissenschaftler nicht verzagen lassen. Denn selbst einstweilen „gescheiterte" Kodifikationsentwürfe

---

505 Zur „Angst vor der Veränderung" bereits *Thiel*, StuW 2005, 335 (345).
506 *Kruse* (Fn. 2), S. 17.
507 *Großfeld* (Fn. 1), S. 48 f.
508 *J. Lang*, StuW 2010, 1 sowie *Bareis*, Leitgedanken des Rechts, 2013, § 166 Rz. 23.
509 Deutlich *Tipke*, StRO, III², 2012, S. 1837: „Das deutsche Steuerrecht ist aus steuerjuristischer Sicht in der Tat mit vielen Mängeln behaftet, aber es ist auch nicht schlechter als das Steuerrecht anderer parlamentarischer Demokratien".
510 Ähnlich am Ende, aber fast resignierend *Reif* (Fn. 66), S. 312: „jedes Steuersystem ist so gut wie der Staat, für den es gemacht ist".
511 Allgemein *Bippes* (Fn. 24), S. 26 ff., mit dem Versuch, die „Reformperformanz" im internationalen Vergleich quantitativ anhand von Indizes und qualitativ anhand von Reformberichten zu beurteilen.
512 So konkret *Bippes* (Fn. 24), S. 230, basierend auf dem Fragebogen GFK Meinungsumfrage „Reformen", abgedruckt ebd., S. 258 f.
513 Skeptisch gegenüber „tiefgreiferden Änderungen" bei der Einkommensteuer z.B. *Traub* (Fn. 66), S. 3 (22).

sind für weitere wissenschaftliche Arbeiten von bleibendem Wert.[514] Sie enthalten Anregungen[515] und Denkmuster, an denen sich künftige Reformvorstellungen entwickeln lassen. Zudem liefern die Reformentwürfe als Kontrastprogramme zugleich wertvolle systematische Erkenntnisse für das geltende Einkommensteuerrecht.[516] Auch aus diesen Gründen lohnt ohne Rücksicht auf die konkreten Verwirklichungschancen[517] unsere Diskussion über Wege zur Erneuerung der Besteuerung von Einkommen.

---

514 Zutreffend in anderem Kontext und auf der Basis eines Kreislaufmodells von Systembildung und Kodifikation *Kahl*, Die Europäisierung des Verwaltungsrechts als Herausforderung an Systembildung und Kodifikationsidee, in Axer/Grzeszick/Kahl/Mager/Reimer, Das Europäische Verwaltungsrecht in der Konsolidierungsphase, Die Verwaltung, Beiheft 10, 2010, 39 (56).
515 Positiv zu politisch nicht aufgegriffenen Reformkonzepten auch *Tipke*, Einkommensteuerwirrwarr (Fn. 17), S. 115.
516 Für diese Art des „Rechtsvergleichs" bereits *Tipke*, StRO, III², 2012, S. 1830.
517 So betonte *J. Lang* (Fn. 62), S. 80, dass sein „Reformentwurf zu Grundvorschriften des Einkommensteuergesetzes (...) nicht in der Erwartung ausgearbeitet worden (sei), jemals Gegenstand eines Gesetzgebungsverfahrens werden zu können" und vielmehr „einen konstruktiven Beitrag zur Kritik an der Steuergesetzgebung leisten" sollte.

Ökonomische Prinzipien gerechter und effizienter Besteuerung

Prof. Dr. *Clemens Fuest*
Zentrum für Europäische Wirtschaftsforschung (ZEW),
Mannheim und Universität Mannheim

Inhaltsübersicht

I. Einleitung
II. Wohlfahrtsökonomischer Ansatz: Die Theorie der optimalen Besteuerung
  1. Verzerrungen und die Zusatzlast der Besteuerung
  2. Verzerrungswirkungen der Besteuerung des Konsums und des Arbeitseinkommens
  3. Prinzipien gerechter Besteuerung
     a) Abgrenzung des Einkommens
     b) Einkommens- vs. Konsumbesteuerung
     c) Leistungsfähigkeitsprinzip vs. Äquivalenzprinzip
     d) Verteilungswirkungen und das Problem der Steuerinzidenz
  4. Verteilungs- und Effizienzaspekte zusammenbringen
     a) Wie progressiv sollte die Einkommensteuer sein?
     b) Einheitliche oder differenzierende Umsatzsteuer?
  5. Produktionseffizienz und internationaler Steuerwettbewerb
  6. Administration und Durchsetzung der Besteuerung
III. Die konstitutionelle Theorie der Besteuerung: die Bedeutung von Verfassungsregeln
IV. Fazit
Literatur

I. Einleitung

Prinzipien, Leitideen, Grundsätze, die knapp und verständlich beschreiben, wie ein gutes, ein gerechtes und effizientes Steuersystem auszusehen hat, haben in den Steuerwissenschaften eine lange Geschichte.[1] Viele moderne steuerwissenschaftliche Abhandlungen zu diesem Thema beginnen mit den von *Adam Smith* (1776/2005, S. 676 ff.) formulierten Besteuerungsprinzipien, nach denen Steuern gerecht, eindeutig, leicht handhabbar und effizient sein sollen. Steuerprinzipien sind allerdings nicht zeitlos, sie sind beeinflusst von ihrem historischen Kontext, sowohl den ökonomischen und politischen Gegebenheiten als auch den vorherrschenden wissenschaftlichen Denkweisen und Methoden.[2]

---

[1] Zur Dogmengeschichte der Steuerprinzipien s. *Reimer* (2014).
[2] Zu grundlegenden Aspekten von Besteuerungsprinzipien im Steuerrecht s. *Mössner* (2010) und *Waldhoff* (1997).

Im „Mainstream" der modernen Finanzwissenschaft werden Fragen gerechter und effizienter Besteuerung vor allem unter Verwendung wohlfahrtsökonomischer Ansätze analysiert, im Rahmen der „Theorie Optimaler Besteuerung". Hier steht die Frage im Mittelpunkt, wie ein „benevolenter Diktator" die Steuerpolitik gestalten würde. Die Theorie der Optimalen Besteuerung hat den Ruf, teils recht abstrakt und schwer verständlich zu sein. Gleichwohl liefert dieser Denkansatz wichtige Hinweise für die Steuerpolitik und durchaus Leitlinien oder Prinzipien, die bei der Gestaltung von Steuersystemen nicht vernachlässigt werden sollten, wie im Folgenden noch erläutert wird.

Die Relevanz der Theorie Optimaler Besteuerung für die Gestaltung von Steuersystemen und Steuerpolitik ist allerdings umstritten. Zu ihren härtesten Kritikern gehören *Brennan* und *Buchanan* (1980), die argumentieren, die Theorie Optimaler Besteuerung stelle die falschen Fragen. Sie betonen, dass steuerpolitische Entscheidungen von Menschen gefällt werden, die im Rahmen gegebener institutioneller Regeln eigene Interessen verfolgen und sich in dieser Hinsicht nicht von Menschen unterscheiden, die privaten Geschäften und Interessen nachgehen. Im politischen Prozess kann es dazu kommen, dass Mehrheiten Minderheiten ausbeuten oder gut organisierte Interessengruppen ihre Ziele auf Kosten der Allgemeinheit durchsetzen. *Brennan* und *Buchanan* (1980) konzentrieren sich deshalb auf die Frage, wie die Regeln gestaltet sein sollten, unter denen steuerpolitische Entscheidungen zustande kommen. Dieser Ansatz stellt Verfassungsregeln (im Unterschied zu einfachen und jederzeit veränderbaren Gesetzen) in den Mittelpunkt der Analyse.

Besteuerungsprinzipien, verstanden als Leitlinien für die Gestaltung des Steuersystems, liefern beide Ansätze, und wie im Folgenden näher erläutert wird, spielen diese Leitlinien für die steuerpolitische Debatte und steuerpolitische Entscheidungen eine erhebliche Rolle.

II. Wohlfahrtsökonomischer Ansatz: Die Theorie der optimalen Besteuerung

Die Theorie der optimalen Besteuerung befasst sich sowohl mit Effizienz- als auch mit Verteilungsaspekten der Besteuerung. Ausgangspunkt der Überlegungen zur Effizienz der Besteuerung ist üblicherweise die folgende Problemstellung: Ein gegebenes Steueraufkommen soll mit möglichst geringen Kosten erhoben werden. Dabei geht es um die gesamtwirtschaftlichen Kosten. Dazu gehören erstens die Erhebungskosten, die beim Staat anfallen – beispielsweise das Betreiben von Finanzämtern –, zweitens die Kosten der Entrichtung von Steuern auf Seiten der Steuerzahler – etwa die für das Verfassen der Steuererklärung benötigte Zeit –, und drittens die Kosten steuerlicher Verzerrungen wirtschaftlicher Entscheidungen. Kosten steuerlicher Verzerrungen haben für die finanzwissenschaftliche Steuerlehre zentrale Bedeutung. Bei der Steuerzahlung selbst handelt es sich aus gesamtwirtschaftlicher Sicht nicht um Kosten, denn die Steuerzahlung ist ein Transfer der Steuerzahler an den Staat.

1. Verzerrungen und die Zusatzlast der Besteuerung

In der Analyse der Kosten steuerlicher Verzerrungen spielt das Konzept der *Zusatzlast* der Besteuerung eine zentrale Rolle. Die Zusatzlast der Besteuerung entspricht der Differenz zwischen den in Geldeinheiten bewerteten gesamtwirtschaftlichen Kosten der Besteuerung und dem Steueraufkommen. Die Zusatzlast der Besteuerung resultiert daraus, dass Steuern zu Ausweichreaktionen der Besteuerten führen (steuerlichen Verzerrungen).[3] Effizient ist ein Steuersystem, wenn es die Zusatzlast unter der Nebenbedingung eines gegebenen Steueraufkommens minimiert.[4]

Die Zusatzlast der Besteuerung lässt sich am einfachsten anhand des Beispiels einer prohibitiven Steuer erläutern. Man betrachte ein Gut, für dessen Konsum ein Nachfrager maximal bereit wäre, einen Preis von zehn Euro zu bezahlen, die Produktionskosten betragen fünf Euro. Wenn dieses Gut mit einer Steuer von sechs Geldeinheiten belegt wird, wird der Produzent für das Gut mindestens elf Geldeinheiten verlangen, sonst würde er Verluste machen und auf die Produktion verzichten. Da der Käufer bei diesem Preis lieber auf das Gut verzichtet, ist das Steueraufkommen Null. Ohne Steuer wäre das Gut produziert worden, und es wäre ein gesamtwirtschaftlicher Wohlfahrtsgewinn von fünf Euro erzielt worden – das entspricht genau der Differenz zwischen den Produktionskosten und der maximalen Zahlungsbereitschaft des Konsumenten.[5] Die Zusatzlast der Besteuerung beträgt in diesem Beispiel also fünf Euro. Dieses Beispiel verdeutlicht zugleich, dass das Steueraufkommen kein sinnvolles Maß dafür ist, wie sehr die Steuerzahler durch eine Steuer belastet werden. Wegen der Zusatzlast ist die durch eine Steuer verursachte Gesamtbelastung der Steuerpflichtigen in der Regel höher als das Steueraufkommen.

Welche Leitlinien oder Prinzipien für effiziente Besteuerung liefert die Zusatzlastanalyse? In der finanzwissenschaftlichen Literatur sind Regeln opti-

---

3 Prinzipiell können auch Erhebungs- und Entrichtungskosten als Teil der Zusatzlast angesehen werden. Viele wissenschaftliche Beiträge zur Theorie optimaler Besteuerung abstrahieren allerdings von diesen Kosten, obwohl sie für die praktische Steuerpolitik erhebliche Bedeutung haben.
4 Zur folgenden Erläuterung von Optimalsteuerregeln vgl. etwa *Homburg* (2010).
5 Nicht jede Verhaltensänderung, die durch Steuern ausgelöst wird, führt zu einer Zusatzlast. Da Steuern unweigerlich das verfügbare Einkommen schmälern, werden die Besteuerten auch bei nicht verzerrenden Steuern ihr Verhalten anpassen (Einkommenseffekt).

maler Besteuerung für sehr unterschiedliche Situationen und unter sehr verschiedenen Annahmen hergeleitet worden. Hier seien nur einige grundlegende Besteuerungsregeln erwähnt. Die vermutlich bekannteste ist die sog. *inverse Elastizitätenregel*. Eine einfache Anwendung findet sich bei den speziellen Verbrauchsteuern. Güter mit hoher Preiselastizität der Nachfrage sollten geringer besteuert werden als Güter mit geringer Elastizität. Das ist plausibel, wenn man bedenkt, dass das Ausweichen der Besteuerten primäre Ursache dafür ist, dass eine Zusatzlast entsteht. Die Preiselastizität der Nachfrage ist ein Maß für diese Ausweichreaktion.

Die inverse Elastizitätenregel ist eingängig, sie hat jedoch Implikationen, die unter dem Aspekt der Steuerlastverteilung fragwürdig sein können. Güter mit niedriger Preiselastizität der Nachfrage sind Güter, die den Nachfragern so wichtig sind, dass sie auch bei hohen Preisen nicht auf den Konsumverzichten wollen. Das gilt zum einen für Güter des Grundbedarfs – man wird auch bei steigenden Heizölpreisen kaum darauf verzichten, im Winter die eigene Wohnung zu heizen. Zum anderen kann es sich um lebensnotwendige Güter handeln – bei einer schweren Krankheit wird man kaum auf das notwendige Medikament verzichten, weil der Preis hoch ist. Derartige Güter besonders hoch zu besteuern kollidiert mit verbreiteten Vorstellungen über gerechte Steuerlastverteilung. Die Abwägung zwischen Effizienz- und Gerechtigkeitszielen wird im Abschnitt II.4 noch einmal aufgenommen.

2. Verzerrungswirkungen der Besteuerung des Konsums und des Arbeitseinkommens

Wie ist das Verhältnis zwischen Verbrauchsteuern und Einkommensteuern? In der öffentlichen Debatte ist die Auffassung verbreitet, eine Besteuerung des Konsums sei weniger schädlich als eine Besteuerung des Einkommens. Zur Begründung wird häufig vorgetragen, die Einkommensteuer belaste die Einkommensentstehung und schädige Anreize, zu arbeiten und produktiv zu sein. Die Konsumsteuer hingegen belaste „nur" den Konsum. Dabei wird übersehen, dass die meisten Menschen für Geld arbeiten, damit sie ihren Lebensunterhalt bestreiten, also konsumieren können.

Es ist für Analysezwecke hilfreich, sich zu vergegenwärtigen, dass beide Steuerarten unter bestimmten Annahmen äquivalent sind. Man betrachte einen Haushalt, der über ein Arbeitseinkommen i.H.v. 20 Euro verfügt, keinerlei andere Einkommensquellen hat und nicht spart. Bei einer Einkommensteuer von 50 Prozent verbleibt dem Haushalt ein verfügbares Einkommen i.H.v. 10. Man nehme an, dass alle Konsumgüter zu Preisen von 1 angeboten werden. Dann konsumiert der Haushalt ein Konsumgüterbündel von 10 Einheiten. Nun nehme man an, dass die Einkommensteuer durch eine einheitliche Verbrauchsteuer i.H.v. 100 Prozent des Nettopreises ersetzt wird. Dann steigt der Preis des Konsumgutes inklusive Steuern auf 2,[6] und der Haushalt kann ebenfalls 10 Einheiten konsumieren. Da er real weder reicher noch ärmer ist als vorher, wird er das gleiche Konsumgüterbündel wählen.

Dieses „Äquivalenztheorem" soll nicht die These belegen, es gebe keinen Unterschied zwischen Verbrauchsteuern und Einkommensteuern. Es verdeutlicht lediglich, dass diese Steuern unter bestimmten Annahmen äquivalent sind und folglich Unterschiede zwischen diesen Steuern damit zu tun haben, dass die für das Äquivalenztheorem notwendigen Annahmen verletzt sein können. Dazu gehört beispielsweise, dass Einkommensentstehung und Einkommensverwendung zu verschiedenen Zeitpunkten stattfinden können (Ersparnis), dass bestimmte Einkommen nicht der Einkommensteuer unterliegen, dass die Einkommensteuer progressiv sein und an der individuellen wirtschaftlichen Leistungsfähigkeit der Steuerzahler anknüpfen kann und so weiter. Unterschiede ergeben sich aber nicht allein daraus, dass die eine Steuer an der Einkommensentstehung ansetzt und die andere an der Einkommensverwendung.

Unter den restriktiven Annahmen des hier betrachteten Beispiels haben beide Steuern – Einkommensteuer und einheitliche Verbrauchsteuer – die gleiche Zusatzlast. Eine Zusatzlast entsteht, wenn die Besteuerung die Preisrelationen zwischen unterschiedlichen Gütern verändert und dadurch Ausweichreaktionen der Besteuerten verursacht. Die Preisrelationen zwischen Konsumgütern werden weder durch die Einkommensteuer noch durch die einheitliche Verbrauchsteuer verändert. Verändert wird aber das Preisverhältnis zwischen Konsum und Freizeit. Wenn der betrachtete Haushalt seine Arbeitszeit variieren kann, wird er in dem hier gewählten einfachen Beispiel nur so lange arbeiten, wie er den durch Mehrarbeit zusätzlich ermöglichten Konsum höher bewertet als den Verlust an Freizeit. Eine Einkommensteuer senkt ebenso wie eine Verbrauchsteuer den zusätzlichen Konsum, der durch Mehrarbeit ermöglicht wird, der Wert der Freizeit bleibt aber (gegeben der Konsum) unberührt. Beide Steuern schaffen Anreize, weniger zu arbeiten und zu konsumieren. Insofern ist die weit verbreitete These, Verbrauch- oder Konsumsteuern seien weniger leistungsfeindlich als Einkommensteuern, weil die eine Steuer an der Einkommensentstehung ansetzt und die andere an der Verwendung, nicht haltbar. Wenn das so ist, dann aus anderen Gründen, beispielsweise deshalb, weil Einkommensteuern progressiv sind oder aus anderen Gründen die hier beschriebene Äquivalenz nicht gilt.

---

6 Hier wird angenommen, dass der Nettopreis (auch Produzentenpreis genannt) nicht fällt, die Steuer also vollständig auf die Konsumenten überwälzt wird. Das ist dann der Fall, wenn unter den Anbietern vollkommene Konkurrenz herrscht und sie Nullgewinne erzielen, so dass sie lieber aus dem Markt ausscheiden als die Nettopreise zu senken.

Der Umstand, dass sowohl eine Einkommensteuer als auch eine einheitliche Konsumsteuer das Preisverhältnis zwischen Konsum und Freizeit verzerren, führt zu einem weiteren wichtigen Ergebnis der Theorie optimaler Besteuerung. In einer Situation mit mindestens einer steuerlichen Verzerrung kann die Effizienz des Steuersystems durch das Hinzufügen weiterer Verzerrungen erhöht werden. Das lässt sich anhand der *Freizeitkomplementaritätsregel* illustrieren. Nach dieser Regel kann man der Verzerrung zugunsten der Freizeit, die durch Einkommensteuern oder Verbrauchsteuern entsteht, entgegenwirken, indem die Konsumgüter höher besteuert werden, die komplementär zur Freizeit sind. Wer beispielsweise in seiner Freizeit gerne ins Kino geht, wird den Wert der Freizeit geringer ansetzen, wenn Kinokarten durch spezielle Verbrauchsteuern verteuert werden.

Wie verhält es sich mit Steuern im Bereich der Produktion? Im Prinzip ist es möglich, unterschiedliche Produktionsfaktoren mit unterschiedlich hohen Steuern zu belasten, also z.B. Kapital stärker zu besteuern als Arbeit. Vielfach wird gefordert, den Produktionsfaktor Energie höher zu besteuern. Dabei geht es allerdings um das Ziel der Anlastung externer Kosten, vor allem Kosten der Umweltverschmutzung. Gegen höhere Steuern auf einzelne Produktionsfaktoren wird allerdings immer wieder vorgebracht, dass eine Abwanderung von Unternehmen und Arbeitsplätzen drohe. Die Theorie optimaler Besteuerung bietet dazu eine grundlegende Leitlinie, die fordert, Steuern zu vermeiden, die zu Verzerrungen im Einsatz der Produktionsfaktoren führen (*Produktionseffizienzregel*). Dabei ist allerdings zu beachten, dass Steuern, die externe Kosten anlasten – beispielsweise Kosten der mit dem Einsatz eines Produktionsfaktors verbundenen Umweltbelastung – nicht als verzerrende Steuern im Sinne des Produktionseffizienztheorems anzusehen sind.

Eine wichtige Implikation der bislang diskutierten Besteuerungsregeln liegt darin, dass eine Verringerung der Anzahl vorhandener steuerlicher Verzerrungen die Effizienz des Steuersystems nicht notwendigerweise steigert und umgekehrt. Ein Beispiel bietet die *inverse Elastizitätenregel*, die impliziert, dass eine gleichmäßige Besteuerung aller Güter ineffizient ist, wenn diese Güter sich in der Preiselastizität der Nachfrage unterscheiden. Für die steuerpolitische Debatte folgt daraus, dass Verzerrungen, die durch einzelne Steuern verursacht werden, nicht notwendigerweise gegen die Einführung oder Erhöhung dieser Steuern sprechen. Die Verzerrungswirkungen sind im Kontext des Gesamtsteuersystems zu betrachten.

3. Prinzipien gerechter Besteuerung

Prinzipien gerechter Besteuerung bzw. gerechter Steuerlastverteilung lassen sich aus einer Vielzahl von Gerechtigkeitstheorien ableiten. Dazu gehören wohlfahrtstheoretische Modelle mit sozialen Wohlfahrtsfunktionen oder vertragstheoretische Ansätze, von denen einige Analogien zwischen Versicherungsverträgen und umverteilenden Steuersystemen herstellen. Andere Theorien operieren mit Annahmen über Altruismus auf individueller Ebene und sehen eine Analogie zwischen umverteilender Besteuerung und der Bereitstellung öffentlicher Güter.

Viele dieser Theorien führen zu Ergebnissen, die eine Steuerlastverteilung nach der wirtschaftlichen Leistungsfähigkeit (gemessen an Einkommen oder Vermögen) verlangen. Das Leistungsfähigkeitsprinzip stößt auf breite Akzeptanz. Kontrovers diskutiert wird die Frage, welcher Indikator für wirtschaftliche Leistungsfähigkeit herangezogen werden soll.

a) Abgrenzung des Einkommens

Im Rahmen der Einkommensbesteuerung wird dabei zum einen diskutiert, welcher Einkommensbegriff der richtige ist, wie das objektive Nettoprinzip umzusetzen ist und wie berufliche von privaten Aufwendungen abzugrenzen sind. Diese Debatte wirft grundlegende konzeptionelle Fragen der Besteuerung auf, gleichzeitig spielen Einzelaspekte in der praktischen Steuerpolitik immer wieder eine zentrale Rolle. Das gilt beispielsweise für die Absetzbarkeit der Fahrtkosten zum Arbeitsplatz. Die Auffassungen darüber, ob Fahrtkosten zum Arbeitsplatz abziehbar sein sollten oder nicht, divergieren unter Steuerwissenschaftlern sowohl mit juristischem als auch mit ökonomischem Hintergrund erheblich.[7]

b) Einkommens- vs. Konsumbesteuerung

Zum anderen geht es in der Debatte über die Messung wirtschaftlicher Leistungsfähigkeit um die Frage, ob das *Einkommen* oder eher der *Konsum* der Indikator sein sollte, an dem eine gerechte Besteuerung anknüpft. Für den Konsum beziehungsweise die Konsumausgaben als Indikator kann man anführen, dass der auf die Gegenwart abgezinste Wert des Lebenszeitkonsums dem Lebenszeiteinkommen entspricht, wenn man von Erbschaften und Schenkungen abstrahiert. Da Steuern üblicherweise jährlich erhoben werden, bedeutet die Einkommensbesteuerung, dass bei gleichem Lebenszeiteinkommen derjenige höher besteuert wird, der mehr spart und später konsumiert, denn Zinsen auf Ersparnisse werden zum Einkommen gezählt.

---

7 Im deutschen Steuerrecht werden die Fahrtkosten der Erwerbssphäre zugerechnet, in *Tipke* und *Lang* (2002) wird allerdings dargelegt, sie seien gemischt veranlasst, und die private Mitveranlassung trete um so deutlicher hervor, je weiter entfernt der Steuerpflichtige von seinem Arbeitsplatz wohne, vgl. *Tipke* und *Lang* (2002), S. 290, Fußnote 123. Unter den Finanzwissenschaftlern hat beispielsweise *Sinn* (2004) sich zumindest für ein Teilabsetzbarkeit der Wegekosten ausgesprochen, während der *Kronberger Kreis* (2008) die Abschaffung der Absetzbarkeit fordert, wenn auch erst nach einer Übergangszeit.

Praktisch umsetzen kann man die Idee des Konsumsteuersystems durch eine Ausgabensteuer oder alternativ auch durch eine Kombination aus zinsbereinigter Einkommensteuer und einer Erbschaft- und Schenkungsteuer.

Kritiker dieser Position verweisen darauf, dass es keineswegs zwingend ist, allein den Konsum als Indikator für wirtschaftliche Leistungsfähigkeit heranzuziehen. Wie beispielsweise *Homburg* (2010) erläutert, hat der Konsumsteueransatz die Implikation, dass zwei Steuerpflichtige, die in einer Periode zwar gleich viel konsumieren, aber sehr unterschiedliche Einkommen haben, gleich besteuert werden. Wer sehr viel Geld verdient und ein hohes Vermögen akkumuliert, kann Prestige, Einfluss und vieles mehr erreichen, Dinge, die dem Normalbürger verschlossen sind. Es ist keineswegs offensichtlich, dass diese Begleiterscheinungen hohen Einkommens bei der Besteuerung keine Rolle spielen sollten. Man kann durchaus der Meinung sein, dass diese Begleiterscheinungen hohen Einkommens für die Besteuerung relevant sein sollten. Letztlich geht es hier um Werturteile, nicht um Fragen der Konsistenz in der Messung wirtschaftlicher Leistungsfähigkeit.

c) *Leistungsfähigkeitsprinzip vs. Äquivalenzprinzip*

Zwar ist das Leistungsfähigkeitsprinzip weithin akzeptiert, trotzdem spielt als Leitlinie gerechter Steuerlastverteilung auch das Äquivalenzprinzip eine wichtige Rolle. Nach diesem Prinzip sollte die Verteilung der Steuerlast sich daran orientieren, in welchem Umfang die Steuerzahler von staatlichen Leistungen profitieren, beispielsweise der Bereitstellung staatlicher Infrastruktur. Eine Besteuerung nach dem Äquivalenzprinzip ist allerdings nicht einfach umzusetzen. Viele staatliche Leistungen sind dadurch charakterisiert, dass eine Zurechnung zu einzelnen Nutzern schwierig oder unmöglich ist. Wenn sie möglich ist, kann man häufig auf Gebührenfinanzierung zurückgreifen, Steuern sind dann entbehrlich.[8]

Das Äquivalenzprinzip kann man allerdings auch so verstehen, dass staatliche Leistungen zwar einzelnen Steuerzahlern kaum zurechenbar sind, dass wegen der grundlegenden Bedeutung dieser Leistungen für privates Wirtschaften aber eine Beteiligung des Staates an den Erträgen dieses Wirtschaftens angemessen ist – vergleichbar mit dem Fall stiller Teilhaberschaft bei privaten Unternehmen. Aus dieser Perspektive ist eine Einkommens- oder Ertragsbesteuerung durchaus sinnvoll, allerdings wären proportionale Steuern dann plausibler als progressive Steuern.

---

8 Zum Thema Besteuerung nach dem Äquivalenzprinzip bzw. dem Nutzenprinzip s. *Hey* (2010).

d) Verteilungswirkungen und das Problem der Steuerinzidenz

Ein zentrales Problem der Analyse von Verteilungswirkungen der Besteuerung liegt darin, dass oft schwer zu ermitteln ist, wer durch eine Steueränderungen be- oder entlastet wird. Häufig wird die Zahllast, also die Pflicht, eine Steuer abzuführen, mit der ökonomischen Traglast gleichgesetzt. In manchen Fällen wird sogar die vom Gesetzgeber beabsichtigte Belastung mit der tatsächlichen Traglast gleichgesetzt. Beide Ansätze sind irreführend, denn Steueränderungen ziehen in der Regel Preisanpassungen nach sich, welche die Steuerlastverteilung entscheidend beeinflussen.

Für die Frage, wie die mit Steuern verbundenen Lasten sich verteilen, ist entscheidend, wie elastisch Nachfrage und Anbieter an Märkten auf die Besteuerung reagieren. Tendenziell trägt die Marktseite einen um so höheren Anteil an der Gesamtlast der Steuer, je unelastischer sie reagiert.

Über die Inzidenz der Besteuerung gibt es viele Missverständnisse und Irrtümer. Dazu gehört die verbreitete Auffassung, dass Steuern in Märkten mit intensiver Anbieterkonkurrenz nicht auf die Nachfrager überwälzt werden können, in Monopolmärkten hingegen schon. Das Gegenteil ist zutreffend. Die Idee, dass Monopolisten Steuererhöhungen eher auf Nachfrager überwälzen werden als Unternehmen, die unter hohem Konkurrenzdruck operieren, beruht auf der irrtümlichen Annahme, dass Monopolisten vor der Steuererhöhung Spielräume für Preissteigerungen nicht ausschöpfen.

Der Zusammenhang zwischen Marktmacht und Steuerüberwälzung lässt sich einfach anhand eines perfekt preisdiskriminierenden Monopolisten erläutern. Dabei handelt es sich um einen Monopolisten, der von jedem Nachfrager genau den Preis verlangen kann, der dessen maximaler Zahlungsbereitschaft für das Produkt entspricht. Diese Form extremer Marktmacht hat zur Folge, dass der Monopolist sich den gesamten Wohlfahrtsgewinn aneignet, den der betrachtete Markt erzeugt. Die Nachfrager hingegen sind indifferent zwischen dem Kauf des Gutes und dem Verzicht auf den Kauf. Wenn nun eine Steuer eingeführt oder erhöht wird, kann der Monopolist die Steuer nicht auf die Nachfrager überwälzen, denn die würden schon bei der kleinsten Preissteigerung den Markt verlassen und das betrachtete Gut nicht mehr kaufen. Deshalb muss der Monopolist in diesem Fall die gesamte Steuerlast tragen.

Besonders deutlich wird die Relevanz der Überwälzungsfrage im Bereich der Unternehmensbesteuerung. Wenn das Tragen von Steuerlasten Konsumverzicht bedeutet, dann können nur Menschen Steuerlasten tragen, nicht aber Unternehmen. Üblicherweise wird angenommen, dass die Unternehmensbesteuerung die Eigentümer von Unternehmen belastet, also beispielsweise Gewinnausschüttungen mindert. Ob es dazu kommt, hängt jedoch von einer

Reihe von Faktoren ab. Prinzipiell kann eine Erhöhung der Unternehmensbesteuerung auch zu fallenden Löhnen der Beschäftigten, sinkenden Preisen für Zulieferer oder steigende Preise für Abnehmer führen.

In der Debatte über internationale Kapitalmobilität und Steuerwettbewerb wird betont, dass Unternehmen und unternehmerische Investitionen auf Besteuerung durch Standortverlagerung ins Ausland reagieren und in der Folge die Steuerlast teilweise oder ganz auf Einkommen immobiler Produktionsfaktoren überwälzt wird.[9]

4. Verteilungs- und Effizienzaspekte zusammenbringen

Während es für Zwecke der Analyse sinnvoll ist, Effizienz- und Verteilungsüberlegungen zu trennen, müssen beide Aspekte bei der Gestaltung von Steuersystemen gemeinsam bedacht werden. Eine Verknüpfung beider Aspekte liefert die Theorie Optimaler Einkommensbesteuerung, die zeigt, dass zwischen Umverteilungszielen und Effizienzzielen der Besteuerung ein Zielkonflikt besteht. Der Aspekt der gerechten Steuerlastverteilung spricht dafür, hohe Einkommen stärker zu belasten als niedrige Einkommen, aber die Besteuerung zerstört Leistungsanreize und führt zu Ausweichreaktionen. Die Abwägung zwischen diesen Erwägungen führt in vielen Beiträgen zur Theorie der optimalen Einkommensbesteuerung zu der These, eine progressive Einkommensteuer sei optimal. Tarifverlauf und Spitzensteuersatz hängen im Wesentlichen von drei Faktoren ab: erstens der Elastizität des zu versteuernden Einkommens, mit der Ausweichreaktionen erfasst werden, zweitens der zugrunde gelegten sozialen Wohlfahrtsfunktion, in der die Bewertung von Ungleichheit zum Ausdruck kommt, drittens der Verteilung der Arbeitsproduktivität und damit der Fähigkeiten zur Einkommenserzielung unter den Steuerzahlern.

a) Wie progressiv sollte die Einkommensteuer sein?

Um auf dieser Basis Empfehlungen für den Einkommensteuertarif abzuleiten, muss man zum einen eine soziale Wohlfahrtsfunktion zugrunde legen. Das beinhaltet Werturteile, die man teilen kann oder auch nicht. Zum anderen muss man messen, wie die Produktivität in der Bevölkerung verteilt ist und private Wirtschaftssubjekte (Individuen, Haushalte, Unternehmen) auf die Besteuerung reagieren. Diese Reaktionen, gemessen in Form von Elasti-

---

9 In einer Analyse der Auswirkungen höherer Gewerbesteuern auf Löhne kommen *Fuest*, *Peichl* und *Siegloch* (2013) zu dem Ergebnis, dass Steuererhöhungen das Lohnwachstum in der Tat beeinträchtigen. Das gilt vor allem in Unternehmen mit kollektiven Tarifverhandlungen. Pro Euro zusätzlicher Gewerbesteuerbelastung sinken die Löhne (durch verringerte Lohnsteigerungen) um rund 70 Cent. Dieser Effekt lässt sich damit erklären, dass die Arbeitnehmer in diesen Unternehmen durch die Macht der Gewerkschaften am Gewinn beteiligt werden. Sinkt dieser Gewinn in Folge steigender Steuern, dann sinken auch die Löhne.

zitäten, zu untersuchen, ist Gegenstand einer wachsenden Literatur im Bereich der empirischen Finanzwissenschaft.

In der empirischen finanzwissenschaftlichen Forschung sind in den letzten Jahren durch verbesserten Zugang zu Daten und neue Methoden erhebliche Fortschritte erzielt worden. Dennoch ist das verfügbare Wissen über Steuerwirkungen begrenzt. Steuerelastizitäten haben außerdem nicht die Stabilität von Naturgesetzen. Das Verhalten von Arbeitnehmern, Konsumenten, Sparern und Investoren unterschiedet kann sich zwischen Ländern und Regionen unterscheiden und sich im Zeitablauf ebenso ändern wie die wirtschaftlichen Rahmenbedingungen.

Aus diesen Gründen ist es nicht überraschend, dass verschiedene Studien sehr unterschiedliche Steuertarife empfehlen. So argumentieren *Mankiw et al.* (2009), die Kombination aus einer proportionalen Einkommensteuer mit einem Pro-Kopf-Transfer sei „annähernd optimal", während *Diamond* und *Saez* (2011) zumindest für die USA einen direkt progressiven Tarif mit einem Spitzensteuersatz von 48 Prozent oder mehr für optimal halten. Immerhin kommt die Mehrzahl der Untersuchungen zu dem Ergebnis, dass eine „Flat Tax" nicht optimal ist und hohe implizite Steuersätze bzw. Transferentzugsraten bei niedrigen Einkommen kaum zu vermeiden sind, weil es andernfalls kaum möglich ist, dafür zu sorgen, dass mittlere Einkommen einen hinreichenden Beitrag zum Steueraufkommen leisten.[10]

b) Einheitliche oder differenzierende Umsatzsteuer?

Die Frage, ob es wünschenswert ist, für verschiedene Güter unterschiedliche Verbrauchsteuern zu erheben oder unterschiedliche Umsatzsteuersätze vorzusehen, spielt in Steuerreformdebatten eine große Rolle. Soweit spezielle Verbrauchsteuern wie etwa die Mineralölsteuer im Kern Lenkungszwecke verfolgen, mag die richtige Höhe umstritten sein, die steuerliche Differenzierung zu anderen Gütern hingegen nicht. Problematischer ist es, bei der Umsatzsteuer verschiedene Sätze vorzusehen. Wie bereits erwähnt wurde, legt die Freizeitkomplementaritätsregel (bzw. die inverse Elastizitätenregel) es eigentlich nahe, zur Minimierung der Zusatzlast, also aus Effizienzgründen, unterschiedliche Güter unterschiedlich hoch zu besteuern. Die reduzierten Sätze bei der Umsatzsteuer zielen jedoch in erste Linie auf Verteilungsziele ab. Das ist aus der Perspektive der Optimalsteuertheorie kritisch zu betrachten. Wie *Atkinson* und *Stiglitz* (1976) zeigen, ist es dann, wenn Effizienzgründe nicht für eine Differnzierung der Konsumsteuersätze sprechen, auch nicht sinnvoll, aus Gründen der Einkommensverteilung eine Differenzierung vorzusehen. In ihrem Modell sind indirekte Steuern deshalb sogar vollständig entbehrlich. Die Einkommensteuer ist also unter

---

10 Vgl. *Jacobs* (2013), insb. S. 344 ff.

recht allgemeinen Bedingungen das bessere Umverteilungsinstrument als eine differenzierende Verbrauchsteuer.

5. Produktionseffizienz und internationaler Steuerwettbewerb

Es gibt einige weitere Bereiche, in denen Regeln optimaler Besteuerung Hinweise für die Gestaltung von Steuersystemen und für Steuerreformen geben, die für die Praxis relevant sind. Das gilt z.b. für die Produktionseffizienzregel, die verlangt, dass Betriebskosten grundsätzlich abzugsfähig sind. Die Zusatzlast der Besteuerung lässt sich nicht reduzieren, wenn neben Konsumentscheidungen zusätzlich Produktionsentscheidungen verzerrt werden.[11] Das Nettoprinzip ist also nicht nur durch Gerechtigkeitsüberlegungen gestützt, sondern auch durch Effizienzargumente.

Wichtig sind Überlegungen der Optimalsteuertheorie außerdem für die Reaktion der Steuerpolitik auf die Internationalisierung und Globalisierung der Wirtschaft. Wenn Unternehmen und Kapital international mobil sind, wird eine Besteuerung von Unternehmensgewinnen schwieriger. Sie führt zur Abwanderung von Kapital und Arbeitsplätzen. Die Steuerlast wird letztlich von immobilen Produktionsfaktoren getragen, weil beispielsweise Löhne sinken und weniger Arbeitsplätze zur Verfügung stehen. Andererseits können Staaten unter Umständen durch eine Niedrigsteuerpolitik Erfolge erreichen, weil die Vorteile der niedrigen Besteuerung ebenfalls den lokalen immobilen Produktionsfaktoren zu Gute kommen.[12]

Gerade in einer zunehmend komplexen und internationalisierten Wirtschaft ist es allerdings wichtig für die Politik, Informationen darüber zu erhalten, welche Steuerbemessungsgrundlage tatsächlich international mobil sind oder aus anderen Gründen sehr stark auf Besteuerung reagieren und welche nicht, und wie Steuerlasten im Inland im Vergleich zum Ausland wirklich sind. Dabei stellen sich erhebliche Mess- und Interpretationsprobleme, wie beispielsweise die Debatte darüber belegt, ob Deutschland im internationalen vergleich ein Hoch- oder Niedrigsteuerland ist.[13]

Eine verbreitete Form der steuerpolitischen Reaktion auf die Internationalisierung der Wirtschaft, die auf Überlegungen der Optimalsteuertheorie beruht, ist die in vielen Ländern erfolgte Abwendung vom System der synthetischen Einkommensbesteuerung und die Einführung von Steuersystemen, die Kapital- und Arbeitseinkommen unterschiedlich behandeln.[14] Dabei werden Arbeitseinkommen üblicherweise wie bisher progressiv besteuert, während für Kapitaleinkommen eine proportionale Steuer gilt. Diese Diffe-

---

11 Die Effizienzargumente zugunsten der Produktionseffizienz relativieren sich allerdings, wenn es ökonomische Renten gibt, also beispielsweise Monopolgewinne.
12 Einen Literaturüberblick bieten etwa *Fuest et al.* (2005).
13 Siehe hierzu etwa *Becker* und *Fuest* (2006).
14 Siehe hierzu *Sorensen* (1994).

renzierung beruht auf der Überlegung, dass Kapital mobil ist, leicht ins Ausland abwandert und sich dabei der inländischen Besteuerung entzieht,[15] während dies bei Arbeitnehmern meistens schwieriger ist. Ähnliche Überlegungen treiben Steuersenkungen in der Unternehmensbesteuerung.

6. Administration und Durchsetzung der Besteuerung

Fragen der Administration und der Durchsetzung der Besteuerung haben für die Besteuerungspraxis zwar große Bedeutung, sind von der Optimalsteuertheorie aber lange stiefmütterlich behandelt worden. In neueren Arbeiten haben diese Aspekte aber an Bedeutung gewonnen. Eine wachsende Literatur im Bereich der optimalen Besteuerung beschäftigt sich mit Problemen der Steuerhinterziehung, der Steuervermeidung sowie mit administrativen Problemen der Steuererhebung. Dass Steuersysteme in Entwicklungs- und Schwellenländern oft anders strukturiert sind als Steuersysteme in entwickelten Volkswirtschaften, kann beispielsweise mit Unterschieden in den Kosten der Steuerverwaltung und Steuerdurchsetzung erklärt werden und muss nicht Ausdruck ineffizienter steuerpolitischer Entscheidungen sein.[16]

III. Die konstitutionelle Theorie der Besteuerung: die Bedeutung von Verfassungsregeln

Obwohl die wohlfahrtsökonomischen Theorie der optimalen Besteuerung die finanzwissenschaftliche Forschung heute dominiert, ist der ihr zugrunde liegende Denkansatz keineswegs unumstritten. Eine wichtige Prämisse, die dieser Theorie zugrunde liegt, ist die eines gegebenen Steueraufkommens. Kritiker dieses Ansatzes (*Brennan* und *Buchanan* (1980)) zeigen, dass ein Kleptokrat, der das Ziel verfolgt, das Steueraufkommen zu maximieren und für eigene Zwecke zu verwenden, das Steuersystem nach den Besteuerungsregeln gestalten würde, die aus der Perspektive der wohlfahrtsökonomischen Theorie effizient sind.

Rein formal gesehen ist das richtig. Der wohlfahrtsökonomische Ansatz besteht in der Maximierung einer Wohlfahrtsfunktion unter der Nebenbedingung eines gegebenen Steueraufkommens. Ein Kleptokrat könnte das Steueraufkommen maximieren unter der Nebenbedingung, dass die gesellschaftliche Wohlfahrt ein Mindestniveau nicht unterschreitet, beispielsweise weil sonst eine Revolution droht.[17] Die ideale Lösung für beide Probleme bietet die Kopfsteuer – sie verursacht keine Verzerrungen und ermöglicht

---

15 Unter Umständen durch Wohnsitzverlagerung der Kapitaleigentümer ins Ausland.
16 Vgl. *Slemrod* (1990).
17 In diesem Fall wären die beiden Optimierungsproblem dual zueinander, die Lösungsbedingungen wären gleich. *Brennan* und *Buchanan* (1980) konzentrieren sich allerdings auf den Fall der reinen Steueraufkommensmaximierung.

es dem Kleptokraten, ein maximales Steueraufkommen zu erzielen. Deshalb sei, so die Argumentation, die Theorie optimaler Besteuerung als Leitlinie zur Gestaltung der Steuerpolitik und steuerpolitischer Institutionen von beschränktem Nutzen.

Brennan und *Buchanan* (1980) wählen das Modell der Kleptokratie in erster Linie zu analytischen Zwecken. Ihre Erkenntnisse sind prinzipiell auch auf moderne Demokratien anwendbar. Auch demokratische Entscheidungsprozesse können zu Ausbeutung durch Besteuerung führen, beispielsweise die Ausbeutung der Minderheit durch die Mehrheit oder die Ausbeutung der Mehrheit durch gut organisierte Interessengruppen, die Partikularinteressen durchsetzen. Auf *Brennan* und *Buchanan* (1980) aufbauende Arbeiten zur konstitutionellen Theorie der Besteuerung operieren vielfach mit der in der ökonomischen Theorie der Politik üblichen Annahme, dass die Entscheidungsträger in der Steuerpolitik auf ähnliche Weise von privaten Zielen und Interessen geleitet sind wie Menschen, die in privaten Märkten ihren Geschäften nachgehen.

Das Erkenntnisinteresse dieser Literatur liegt nicht allein darin, Ergebnisse des realen steuerpolitischen Prozesses zu erklären. Normativ geht es aus der Perspektive dieses Ansatzes darum, die Rahmenbedingungen steuerpolitischer Entscheidungen so zu gestalten, dass die staatliche Besteuerungsmacht begrenzt wird.

Das hat weit reichende Implikationen für die Steuerpolitik. Aus der Perspektive dieser Theorie kommt es in der Steuerpolitik darauf an, den steuerpolitischen Entscheidungsprozess durch Verfassungsregeln so zu gestalten, dass eine übermäßig hohe Besteuerung oder eine Ausbeutung bestimmter Gruppen durch andere Gruppen verhindert wird.

Brennan und *Buchanan* (1980) entwickeln diese Forderungen aus vertragstheoretischen Überlegungen. Ausgangspunkt ist die These, dass Bürger und Steuerzahler stets dadurch gefährdet sind, dass die jeweils herrschende Regierung gegen ihren Willen Steuern erhebt. Das kann nur verhindert werden, wenn für jede steuerpolitische Maßnahme das Einstimmigkeitsprinzip gilt. Es ist klar, dass kollektives Handeln unter eine umfassenden Einstimmigkeitsregel praktisch nicht realisierbar ist. Daher ist die Delegation von Macht, u.a. von Besteuerungsmacht, an eine Regierung oder eine Parlamentsmehrheit, unvermeidlich. Gleichzeitig ist es aber wichtig, diese Macht zu beschränken.

Umgesetzt werden kann dies durch Diskriminierungsverbote, Abstimmungsregeln, Höchstgrenzen für Steuersätze oder konstitutionelle Beschränkungen der Steuerbemessungsgrundlage, des Steuerfindungsrechts, der Kontroll- und Informationsbeschaffungsrechte des Staates sowie Dezentralisierung der Besteuerungsmacht in einem Föderalstaat.

Das führt zu Empfehlungen zur Gestaltung des Steuersystems (Besteuerungsprinzipien), die denen der wohlfahrtsökonomischen Theorie teils diametral entgegengesetzt sind. Beispielsweise führt aus der Perspektive der Optimalsteuertheorie der Steuerwettbewerb zwischen Gebietskörperschaften leicht zu Ineffizienzen, weil die Steuerpolitik einer einzeln handelnden, auf die Interessen der eigenen Bevölkerung fokussierenden Regierung in der Regel Auswirkungen auf die Steuereinnahmen der anderen Gebietskörperschaft hat, die nicht angemessen berücksichtigt werden. Viel diskutiert wird in diesem Kontext die Sorge vor einem Steuersenkungswettlauf. Aus der Sicht der konstitutionelle Besteuerungstheorie kann der Steuerwettbewerb dagegen wünschenswert sein, weil er eine übermäßige Besteuerung verhindert.

Welche Rolle spielt die konstitutionelle Besteuerungstheorie für die Praxis? Bei Steuerreformen wird durchaus berücksichtigt, dass grundlegende Veränderungen in der Struktur des Steuersystems, z.B. die Einführung einer neuen Steuer, sich auf spätere, weniger grundlegende steuerpolitische Entscheidungen wie etwa die Veränderung von Steuersätzen auswirken werden. Ein Beispiel dafür ist die Debatte über die Reform der Kommunalfinanzen. In dieser Debatte hat die Idee einer Wertschöpfungssteuer immer wieder Unterstützung gefunden, u.a. deshalb weil man hoffte, die breite Bemessungsgrundlage würde die verursachten steuerlichen Verzerrungen in Grenzen halten.[18] Kritiker haben hingegen darauf hingewiesen, dass die breite Bemessungsgrundlage dazu führen könnte, dass die Kommunen die Steuerlast zu sehr in die Höhe treiben.

Ein weiteres aktuelles Beispiel ist die Frage, ob es in der Europäischen Union künftig ein Besteuerungsrecht der supranationalen Ebene geben soll. Aus der Perspektive der Optimalsteuertheorie spricht einiges dafür, eine solche Besteuerung vorzusehen. Das gilt vor allem für Steuern, deren Erhebung auf nationaler Ebene unter Bedingungen wachsender ökonomischer Integration immer schwieriger wird, z.B. Steuern auf Unternehmensgewinne. Unterschiedliche steuerliche Regelungen in den Mitgliedstaaten und Hindernisse für grenzüberschreitende Transaktionen (z.B. Unternehmensfusionen) führen zu ökonomischen Verzerrungen. Der Steuerwettbewerb kann zu einer Erosion der Steuereinnahmen führen.[19]

---

18 Ein weiteres wichtiges Argument bestand in der These, die Wertschöpfung wäre ein guter Indikator dafür, in welchem Umfang Unternehmen von lokalen öffentlichen Leistungen profitieren.

19 Die Optimalsteuertheorie kennt allerdings auch Argumente gegen eine supranationale Steuerhoheit, vor allem das Problem der vertikalen fiskalischen Externalitäten. Gemeint sind damit Ineffizienzen, die entstehen, wenn Regierungen auf den verschiedenen Regierungsebenen (supranational, national, regional) auf die gleiche Bemessungsgrundlage zugreifen.

Aus der Perspektive der konstitutionellen Besteuerungstheorie tritt hingegen die Frage in den Vordergrund, wie die Besteuerungsmacht auf supranationaler Ebene kontrolliert und begrenzt wird. In der Tat ist die Furcht vor übermäßiger Besteuerung und mangelnder demokratischer Kontrolle ein wesentlicher Grund dafür, dass ein Besteuerungsrecht für die EU in vielen Mitgliedstaaten abgelehnt wird.

Optimalsteuertheorie und konstitutionelle Besteuerungstheorie widersprechen sich aber nicht immer. So kann es auch im Sinne der Optimalsteuertheorie nützlich sein, die Handlungsspielräume der Steuerpolitik einzuschränken. Das ist dann der Fall, wenn die Steuerpolitik von Zeitkonsistenzproblemen betroffen ist. Beispielsweise ist es bei irreversiblen Investitionen notwendig, dass der Staat sich glaubwürdig darauf festlegen kann, in Zukunft darauf zu verzichten, die Investoren durch konfiskatorische Steuererhöhungen zu enteignen. Ohne eine glaubwürdige Selbstbindung kann es dazu kommen, dass allseitig vorteilhafte Investitionen nicht stattfinden, weil die Investoren die künftige Enteignung antizipieren. In diesen Fällen können Verfassungsregeln, welche die Spielräume des Steuergesetzgebers einschränken, die Effizienz der Steuerpolitik auch im Sinne der Optimalsteuertheorie steigern.

In Deutschland spielt unter den steuerlichen Verfassungsregeln das Gleichheitsgebot eine zentrale Rolle. Ganz im Sinne der konstitutionellen Besteuerungstheorie ist diese Regel durchaus geeignet, die Steuerzahler vor bestimmten Formen steuerlicher Ausbeutung zu schützen. *Joachim Englisch* (2010) formuliert es so:

„..., der Gleichheitssatz wirkt damit als verfassungsrechtliches Bollwerk gegen politisch opportune Befriedigung von Partikularinteressen."[20]

Über die Wirkung dieser Regel in der Praxis und ihre Effektivität als Bollwerk gegen die Durchsetzung von Partikularinteressen gibt es allerdings divergierende Auffassungen. So bemängelt *Schön* (2013), das BVerfG habe in der Vergangenheit zwar zu Recht die gleichheitsgerechte Ausgestaltung des Steuerrechts und die innere Systemkonsequenz, also die Folgerichtigkeit steuerlicher Regeln in den Vordergrund seiner Rechtsprechung gestellt, habe „die Reichweite dieses Grundsatzes in den vergangenen Jahren aber nicht hinreichend fortentwickelt."[21] Als Beispiele werden Entscheidungen zur ökologischen Steuerreform und zur Erbschaftsteuer angeführt, in denen dem Gesetzgeber in der Tat so weite Spielräume gewährt werden, dass von einem Schutz der Steuerzahler vor diskriminierenden Eingriffen nur sehr eingeschränkt die Rede sein kann.

---

20 *Englisch* (2010), S. 177.
21 *Schön* (2013), S. 296.

IV. Fazit

Prinzipien gerechter und effizienter Besteuerung sind ein wichtiges Produkt der steuerwissenschaftlichen Forschung. Besteuerungsprinzipien sind nicht unumstößliche Wahrheiten. Sie müssen im Kontext der Prämissen gesehen werden, auf denen sie beruhen. Gleichwohl bieten sie in der Debatte um Steuerreformen einen unentbehrlichen Orientierungsrahmen.

Der Politik kommen Besteuerungsprinzipien und Verfassungsregeln häufig in die Quere. In der Vergangenheit ist das BVerfG, wenn es steuerpolitische Entscheidungen verwarf oder ihnen spürbare Grenzen setzte, immer wieder dafür kritisiert worden, die Grenzen richterlicher Zuständigkeit zu überschreiten. Öffentliche Kritik an Verstößen gegen grundlegende Besteuerungsprinzipien wird von politischen Entscheidungsträgern gerne als dogmatische Prinzipienreiterei abgetan. Das sollte die Steuerwissenschaften aber eher ermuntern als davon abschrecken, Besteuerungsprinzipien weiterzuentwickeln und ihre Beachtung entschieden einzufordern. Eine Steuerpolitik, die Prinzipien gerechter und effizienter Besteuerung als Leitlinien ignoriert und sich stattdessen allein an fiskalischen Zielen oder populären, aber schlecht durchdachten Umverteilungsargumenten orientiert, folgt auch Prinzipien, aber leider den falschen.

Literatur

Atkinson, A. B. und *J. E. Stiglitz* (1976), The design of tax structure: direct vs. indirect taxation, Journal of Public Economics 6, 55–75.

Becker, J. und *C. Fuest* (2006), Ist Deutschland Hoch- oder Niedrigsteuerland? Der Versuch einer Synthese, Perspektiven der Wirtschaftspolitik 7, S. 35–42.

Brennan, G. und *J. M. Buchanan* (1980), The Power to Tax: Analytical Foundations for a Fiscal Constitution, CUP, Cambridge et al.

Diamond, P. und *E. Saez* (2011), The case for a progressive tax: From basic research to tax policy recommendations, Journal of Economic Perspectives 25, 165–190.

Englisch, J. (2010), Folgerichtiges Steuerrecht als Verfassungsgebot, in: K. Tipke et al. (Hrsg.), Gestaltung der Steuerrechtsordnung, FS für Joachim Lang, Köln, 2010, S. 167–220.

Fuest, C., B. Huber und *J. Mintz* (2005), Capital Mobility and Tax Competition, Foundations and Trends in Microeconomics 1, S. 1–62.

Fuest, C., A. Peichl und *S. Siegloch* (2013), Do Higher Corporate Taxes Reduce Wages? Micro Evidence from Germany, ZEW Discussion Paper 13–039.

Hey, J. (2010), Vom Nutzen des Nutzenprinzips für die Gestaltung der Steuerrechtsordnung, in: Klaus Tipke et al. (Hrsg.), Gestaltung der Steuerrechtsordnung, FS für Joachim Lang, Köln, 2010, S. 133–165.

Homburg, S. (2010), Allgemeine Steuerlehre, 6. Aufl., München.

Jacobs, B. (2013), From optimal tax theory to applied tax policy, Finanzarchiv 69, S. 338–389

Kronberger Kreis (2008), Gegen die Neubelebung der Entfernungspauschale, Argumente zu Marktwirtschaft und Politik, Nr. 102, Mai 2008.

Mankiw, G., M. Weinzierl und *D. Yagan* (2009), Optimal taxation in theory and practice, Journal of Economic Perspectives 23, 147–174.

Mössner, J. M. (2010), Prinzipien im Steuerrecht, in: Klaus Tipke et al. (Hrsg.), Gestaltung der Steuerrechtsordnung, FS für Joachim Lang, Köln, 2010, S. 83–99
Reimer, E. (2014), Dogmengeschichte der ertragsteuerlichen Grundprinzipien, Steuer und Wirtschaft 1/2014, S. 29–38.
Schön, W. (2013), Leitideen des Steuerrechts oder: Nichtwissen als staatswissenschaftliches Problem, Steuer und Wirtschaft 4/2013, S. 289–297.
Sinn, H. W. (2004), Teilabsetzbarkeit der Wegekosten, aber wovon?, ifo schnelldienst 57, (2004) Nr. 5, S. 3–4.
Slemrod, J. (1990), Optimal Taxation and Optimal Tax Systems, Journal of Economic Perspectives 4, S. 157–178.
Smith, A. (1776/2005), An Inquiry into the Nature and Causes of the Wealth of Nations, An Electronic Classics Series Publication, Hazleton.
Sorensen, P. B. (1994), From the global income tax to the dual income tax: Recent reforms in the Nordic countries, International Tax and Public Finance 1, 57–79.
Tipke, K. und *J. Lang* (2002), Steuerrecht, 17. Aufl., Köln.
Waldhoff, C. (1997), Verfassungsrechtliche Vorgaben für die Steuergesetzgebung, München

Diskussion

zu den Referaten von Prof. Dr. *Klaus-Dieter Drüen* und
Prof. Dr. *Clemens Fuest*

Leitung:
Prof. Dr. *Claus Lambrecht*, LL.M.

Prof. Dr. Dres. h.c. *Paul Kirchhof*, Heidelberg

Beide Referate bieten uns eine wertvolle Grundlage für unser Gespräch, das als erstes den Maßstab jeder Reform bewusst zu machen hat. Ein Ziel ist die Steuervereinfachung, damit der Bürger das Steuerrecht verstehen, auch als richtig und gerecht einsehen kann. Sodann geht es um die Frage der Effizienz der Besteuerung. Vor allem dient jedes Steuergesetz dem nie ganz erreichbaren, aber stets anzustrebenden Stil der Steuergerechtigkeit. Alle drei Ziele wirken zusammen. Je weniger ein Gesetz allgemein ist, desto weniger kann es verstanden werden, desto mehr verfehlt es die Steuergerechtigkeit, desto eher verheddert es sich in Einzelfällen, Privilegien und Lenkungstatbeständen. Zunächst, Herr Fuest, möchte ich eine Frage zur Effizienz stellen, tue dieses in der Erfahrung des Juristen, der vor 35 Jahren beim Juristentag in Mainz das Gutachten für die Einkommensteuerreform vorgelegt hat. Wir entwickeln steuerpolitische Ideale, die unsere Wissenschaft formuliert, stellen diesen die steuerliche Realität gegenüber, die den Idealen – vorsichtig gesprochen – nicht recht nahe kommt. Dennoch kämpfen wir weiterhin für Effizienz, die Vollziehbarkeit der materiellen Norm, der das Steuerverfahren zu dienen hat. Dies hat das Bundesverfassungsgericht im Zinsurteil im 84. Band gesagt. Ich war damals Berichterstatter. Wenn das EStG eine Besteuerung der Zinsen fordert, das Bankgeheimnis aber verhindert, dass nach dem Deklarationsprinzip die Steuererklärung verifiziert wird, schlägt der Fehler des Vollzugsrechts auf das materielle Recht durch. Dieses ist bei einem strukturellen Erhebungsdefizit gleichheitswidrig. Sodann verlangt das Prinzip der Effizienz, dass die gesetzlich begründete Steuerlast prinzipiell unausweichlich ist. Sie haben für die Steuergestaltung die Parallele zum zivilrechtlichen Vertrag gezogen. Im privatrechtlichen Vertrag verfügt jeder der Beteiligten über das, was sein Eigen ist, über das er verfügen darf. Im gegenseitigen Konsens ergibt sich die Angemessenheit des Preises für den vereinbarten Tausch. Die Steuergestaltung hingegen wird problematisch, wenn eine formale Vertragsgestaltung einen steuererheblichen Sachverhalt anders darstellt, als er sich in Wirklichkeit ereignet. Wenn ein Unternehmen seinen Sitz real in das Ausland verlegt, um dort zu produzieren und Handel zu treiben, dann mag dieses Unternehmen sich den Staat aussuchen, der das Steuerrecht mit der geringsten Belastung hat. Unser Problem betrifft den Inländer, der die Inlandsstruktur – den Frieden, die gut ausgebildeten Arbeitskräfte, das Banken- und Währungssystem, die gebildeten Kunden, die Lebensqualität – weiter nutzen will, sich aber durch formale Vertragsgestaltung – etwa durch Sitzverlegung – ins Ausland begibt. Verfügen bei diesem steuerbewussten Vertrag die Beteiligten über Rechte, die ihnen zustehen, oder schließen sie einen Vertrag zulasten Dritter, des Steuerstaates und der anderen Steuerpflichtigen? Vor allem dort, wo Vertragspartner ohne Interessengegensatz – die Muttergesellschaft und die Tochtergesellschaft – etwas vereinbaren, ist real oft die Steuer der Vereinbarungsgegenstand. Die Steuer aber unterliegt nicht der Herrschaft der Vertragspartner. Über die Gleichheit der Besteuerung entscheidet der Gesetzgeber, nicht der Vertragsgestalter. Als Drittes weist das Effizienzprinzip auf die Realität unserer politischen Wirklichkeit. Herr Fuest, Sie haben uns noch einmal deutlich vor Augen geführt, dass das Parlament nach Interessen handelt. Auch in unserem Demokratieprinzip behaupten wir nicht, dass im Parlament die Vernunft herrsche, der Schleier des Nichtwissens über das Parlament gebreitet sei. Doch weil dort handfeste Interessen wirken, ist die Wissenschaft beauftragt, für eine neue Aufklärung zu kämpfen, für den Mut, seinen Verstand zu nutzen, die steuerlichen Gerechtigkeitsprinzipien bewusst zu machen und die daraus sich ergebenden praktischen Folgen zu definieren.

Dazu haben Sie, Herr Drüen, ein konkretes Beispiel benannt, als Sie von dem Elend der Einkunftsarten sprachen. Unser Einkommensteuerrecht soll die individuelle steuerliche Leistungsfähigkeit erfassen, ausgedrückt in Euro. Darin sind wir uns einig. Der Euro – ein Geldwert – hat die Besonderheit, dass er seine Herkunft vergessen macht. Ob jemand den Euro durch Arbeit erworben, an der Börse mit leichter Hand mitgenommen, als Bettler die Hand aufgehalten hat oder beim Banküberfall erfolgreich war, ist unerheblich. Euro ist gleich Euro. Dann aber ist es rechtfertigungsbedürftig, wenn wir Einkunftsarten grundsätzlich als einkommensteuerliche Bemessungsgrundlagen unterscheiden. Selbstverständlich müssen wir später im Dualismus von Gewinnermittlung und Überschussermittlung unterscheiden, auch beim Quellenabzug Differenzierungen treffen. Doch wenn an die sieben Einkunftsarten strukturell verschiedene Belastungsfolgen knüpfen, bei gewerblichen Einkünften die Gewerbesteuer, ist diese Ungleichheit nicht zu rechtfertigen.

Schließlich, Herr Drüen, eine klarstellende Bemerkung zu unserem Reformvorschlag „Bundessteuergesetzbuch". Wir sagen nachdrücklich, dass die bilanziell ermittelten Gewinne auf einem Gesetz beruhen müssen, niemals nur durch eine Verordnung gerechtfertigt werden können. Wir schreiben auf jeder Seite in der Kolumne „Bilanzgesetz". In der Sache verfolgen wir die Idee, den Interessenkonflikt zwischen der Handelsbilanz, die für den Kreditgeber das Unternehmen leistungsstark darstellt, und der Steuerbilanz, die für Zwecke der Besteuerung das Unternehmen leistungsschwach präsentiert, in einer einheitlichen Bilanzierung gegeneinander auszugleichen und so einen wirklichkeitsnahen Mittelwert zu finden. In der Rechtsquellenfrage haben wir keine Diskrepanz. Steuerlicher Belastungsgrund ist das Parlamentsgesetz, nicht die Rechtsverordnung.

Prof. Dr. *Klaus-Dieter Drüen*, Düsseldorf

Ich möchte auf zwei Punkte antworten, die Herr *Kirchhof* angesprochen hat. Beim Reformdenken hilft der Blick in die Reformgeschichte. Wenn wir zurückblicken zu den historischen Einkommensteuergesetzen des 19. Jahrhunderts, noch vor Preußen 1891 Bremen und Sachsen im Jahre 1874, so wird Ihr Gedanke der Einsichtigkeit der Einkunftsarten für den Bürger greifbar. Die Anknüpfung an Berufsbilder diente den Bürgern, einfach ihre Deklarationspflichten auf der Basis der damaligen Typengewissheit zu erfüllen. Wer damals in den Katalog der Einkunftsarten guckte, der wusste, wer Land- und Forstwirt ist und wer Freiberufler. Diese Typengewissheit ist im Laufe der Jahrzehnte im Zuge des wirtschaftlichen und gesellschaftlichen Wandels abhandengekommen. Auch darum muss der Einkünftekatalog aktualisiert werden, um diese Funktion auch für die Erklärung durch den Bürger erfüllen zu können. Zu Recht haben Sie die Vollziehbarkeit des Gesetzes betont. Ob eine Reform zu einer einheitlichen Einkunftsart übergeht oder zu mehreren, ist eine Frage des vorzugswürdigen Maßstabs. Bereits die Vollzugsfolgen zwingen zu einer Differenzierung. Allerdings gelangt man natürlich zu unterschiedlichen Rechts- und Belastungsfolgen, wenn innerhalb dieser einheitlichen Einkunftsart nach einzelnen Erwerbsgrundlagen parzelliert wird. Das führt zugleich zum zweiten Punkt. Ich wollte bei meinem Eingangsreferat nicht in eine Detailkritik einzelner Reformentwürfe einsteigen. Mir scheint nur die Bilanzierung ein Grundproblem der Besteuerung von Einkommen zu sein und der Gedanke, dass man das Gesetz ganz schlank hält und Einzelfragen in Rechtsverordnungen ausgliedert, löst viele der komplexen Gewinnermittlungsfragen nicht. Ich habe mich als Finanzrichter nicht nur bei Ihrem Entwurf, Herr *Kirchhof*, sondern auch bei den anderen Entwürfen immer gefragt, welcher der Entwürfe führt dazu, dass sich ein praktisches Problem der Besteuerung von Einkommen gar nicht mehr stellt oder das Problem grundsätzlich anders zu lösen wäre. Vielleicht liegt es daran, dass ich Mitglied eines Körperschaftsteuersenats bin, aber insoweit bezweifele ich, anders als bei der zuvor angesprochenen Einkunftsartenabgrenzung, insgesamt eine große Vereinfachung aufgrund der Entwürfe. Denn viele Rechtsstreite drehen sich eben um komplexe Fragen des Gewinnermittlungsrechts und darauf richte ich als Unternehmenssteuerrechtler natürlich auch einen besonderen Fokus. Die Rechtsquellenfrage der steuerrechtlichen Gewinnermittlung ist damit angesprochen. Der *Kirchhof*'sche Entwurf verortet die Bilanzierung dem Grunde nach im Gesetz, aber delegiert Einzelfragen in Rechtsverordnungen. Damit stellt sich auch die Frage zulässiger Typisierung, gerade durch Rechtsverordnungen, die in mehreren Regelungen im Bundessteuergesetzbuch vorgeschlagen werden. Grundsätzlich besteht also kein Dissens in diesen Punkten und Ihren Appell, Herr *Kirchhof*, zur Aufklärung kann ich nur nachdrücklich unterstreichen.

Prof. Dr. *Clemens Fuest*, Mannheim

Ja, herzlichen Dank. Ich würde vielleicht auch zu zwei Punkten Stellung nehmen. Also zunächst einmal der Aspekt der Vollziehbarkeit der Besteuerung. Ich stimme Ihnen ganz und gar zu. Das ist ein sehr wichtiger, entscheidender Aspekt für die Gestaltung von Steuersystemen. Ich glaube, wo das deutlicher wird als bei uns, das ist der gesamte Bereich der Besteuerung in Entwicklungs- und Schwellenländern. Also dort ist es so, dass der Kern der Auseinandersetzung eigentlich um diese Frage kreist: Welche Gruppen der Bevölkerung kann man überhaupt sinnvoll mit den Mitteln der Administration, die dort eben zur Verfügung stehen, erreichen? Also viele Menschen haben in diesen Ländern kein Bankkonto z.B., und wenn viele Menschen, ein großer Teil der Bevölkerung kein Bankkonto hat, dann hat das fundamentale Konsequenzen für das Steuersystem und auch für die optimale Besteuerung. Man muss ein Steuersystem dann völlig anders aufziehen, und genau das ist eben im Gegenstand der steuerpolitischen Debatte dort, die eben völlig anders läuft als bei uns wegen dieser einzigen auf den ersten Blick geringfügig erscheinenden, institutionellen Besonderheit. Also ich stimme zu, die Vollziehbarkeit ist ein ganz wichtiger Aspekt der Effizienz der Besteuerung. Und dann zu Ihrem zweiten Punkt: Mir gefällt sehr gut die Analogie zwischen Steuervermeidung und dem Verhalten beim zivilrechtlichen Vertrag. Ich denke, beim zivilrechtlichen Vertrag könnte man sich das etwa so vorstellen, dass man eben im Geiste eines guten Zusammenarbeitens vielleicht nicht auf jeden Buchstaben des Vertrags schaut in einer Geschäftsbeziehung – ich glaube, das ist üblich –, sondern an die Interessen beider Seiten denkt, und im Bereich der Steuervermeidung ist es eben so, dass Unternehmen ja nichts Illegales tun, aber eben Lücken im Gesetz suchen, so wie man auch Lücken in einem zivilrechtlichen Vertrag suchen könnte. Nun denke ich, der Unterschied ist der, dass ja beim zivilrechtlichen Vertrag man an der Fortsetzung der Geschäftsbeziehung interessiert ist. Bei der Besteuerung muss man sich darum aber keine Sorgen machen, jedenfalls nicht von Seiten des Steuerpflichtigen. Also der Staat kommt immer wieder und deshalb funktioniert das Ganze, sagen wir mal, nicht von selbst. So wie ich es erlebt habe, ist der Umgang mit Steuervermeidung deshalb so schwierig, weil es eben sehr schwierig ist, die Grenze zu ziehen zwischen zulässiger Steuergestaltung und eben dem Bereich, in dem man sagt, das ist nun unzulässige Steuervermeidung. Also in Großbritannien hat man sehr stark versucht, mit dem Begriff der Artifizialität zu arbeiten. Ich vermute mal, in Deutschland auch, und man kann sich nun leicht ausdenken, dass das im Wesentlichen zu ziemlich wenig führt. Letzter Punkt: Ich bin ganz Ihrer Meinung, dass der Auftrag der Wissenschaft auch der ist, ich sage einmal unsere Parlamentarier und Leute im täglichen politischen Geschäft davon zu überzeugen, dass bestimmte Formen der Steuerpolitik eben gute Steuerpolitik sind und andere weniger. Ich bin auch überzeugt und weiß aus Erfahrung, dass es da sehr viele gibt, die gar nicht auf ihre kurzfristigen Interessen schauen, sondern wirklich guten Willens sind, aber es gibt eben auch viele und erstaunlich viele (oft äußert sich das in anonymen Mehrheiten), die das nicht sind. Also kürzlich habe ich einen Vortrag von Herrn *Eichel* gehört, der seine Versuche geschildert hat, in bestimmten Bereichen den reduzierten Mehrwertsteuersatz zurückzudrängen, z.B. bei Schnittblumen. Ich glaube, es gibt wenig Menschen, die überzeugend darlegen können, dass man bei Schnittblumen nun unbedingt einen reduzierten Mehrwertsteuersatz braucht, aber er hat gesagt, es ist politisch unmöglich. Da sollte die Einsicht eigentlich relativ leicht sein für jeden, der guten Willens ist. Politisch ist es aber offenbar selbstschädigend, so etwas zu unternehmen, und deshalb sind diese Versuche immer wieder gescheitert und das spricht eben dann schon dafür, dass es noch mehr gibt.

Prof. Dr. *Roman Seer*, Bochum

Ja, vielen Dank, wir sind ja hier noch in der allgemeinen Diskussion. Deswegen möchte ich keine Details ansprechen, nur einen Punkt noch vielleicht ergänzen, der sich der Frage der Umsetzung widmet: Wie komme ich von einem jetzigen, vielleicht defizitär empfundenen Zustand in einen besseren Zustand? Da hat mir ganz gut gefallen, dass *Klaus-Dieter Drüen* von einer Darlegungslast des Reformers gesprochen hat. Und dazu gehört m.E. auch noch, und das halte ich für ganz wichtig, das Übergangsproblem. Das Übergangsprinzip, das müsste m.E. auch noch herausgearbeitet werden, hier an der Stelle und da interessiert mich sowohl, an beide Referenten gerichtet, wie *Klaus-Dieter Drüen* das in seinen Prinzipienkatalog, unter welchem Punkt er das unterbringen würde, wäre das mehr in der Richtung Zurückhaltung auszuüben im Sinne eines evolutionären Ansatzes oder in einem zweiten Abschnitt im Gesetz ein ausgefeiltes Übergangsregime gleichzeitig mit vorzulegen, als ein gutes Gesetz, wenn man sich das so vorstellen will und wie Sie, lieber Herr *Fuest*, das Ganze für ökonomisch von Ihren beiden Ausgangspunkten dort einschätzen würden, wie wichtig das aus ökonomischer Sicht ist, die Übergangsgerechtigkeit so verstehe ich das, herzustellen.

Prof. *Klaus-Dieter Drüen*, Düsseldorf

Ich habe rechtstheoretisch versucht zu unterscheiden zwischen Prinzipien, die auf Optimierung angelegt sind und für die insbesondere der Verhältnismäßigkeitsmaßstab gilt, und sonstigen Leitlinien und Maximen für eine Reform. Ich sehe den Gesichtspunkt der Übergangsgerechtigkeit und der Ermöglichung des Übergangs als Maxime an, weil insoweit nicht rechtsdogmatisch nach Verhältnismäßigkeitskriterien abgewogen werden kann. Darum habe ich die pragmatische Sicht angesprochen. Man kann es auch

Prinzip nennen, das ist eine theoretische oder semantische Frage. In der Sache gilt es, ein Übergangsregime zu schaffen, dass politische Widerstände abmildert. Ich habe versucht, es plakativ auf die Formel zu bringen, es müsse „Geld für den Übergang in die Hand genommen werden". Ob man das Kind jetzt neudeutsch „phase in phase out" nennt, ist Geschmacksfrage. Inhaltlich geht es um die Frage der rechtstechnischen Umsetzung meiner zweiten pragmatischen Reformmaxime.

Prof. Dr. *Clemens Fuest*, Mannheim

Ja, ich kann mich da anschließen, also Übergangsgerechtigkeit und Regelungen für den Übergang sind natürlich sehr wichtig. Ein wichtiges ökonomisches Kriterium für Wohlfahrtsverbesserungen ist ja die Idee der Paretoverbesserung. Also Reformen sind nur dann eindeutig wünschenswert, wenn mindestens einer besser gestellt wird und niemand schlechter gestellt wird, und bei den meisten Reformen haben wir eben das Problem, dass doch einige Leute schlechter gestellt werden und insofern ist die Kompensation der Verlierer, etwa durch Übergangsregelungen, natürlich in vielen Kontexten wichtig. Ich sage einmal, auch die Kompensation des Fiskus kann ja wichtig sein, wenn wir etwa an Veränderungen beim Verlustvortrag denken, dann ist es ja so, dass die Politik in Deutschland viel Angst vor den aufgelaufenen Verlustvorträgen hat. Die Ökonomen betonen aber stärker die negativen Anreize der Einschränkungen des Ausgleichs bei künftigen Verlusten. Und die natürliche Übergangslösung wäre eben dann, für vergangene Verluste die alten Regeln beizubehalten und für neue die neuen. Es kann allerdings sein, dass Übergangsprobleme die Wünschbarkeit einer Steuerreform vollends zerstören. Das kann etwa passieren bei dem Übergang von der Einkommens- zur Konsumbesteuerung. Also das kann dazu führen, dass es zu einer Entlastung von Altkapital kommt, die dann dazu führt, dass das Ganze, jetzt aus der Sicht der volkswirtschaftlichen Theorie jedenfalls, nicht mehr wünschbar ist. Ein drastisches Bild in dem Zusammenhang ist der Versuch Stalins, Russland in einem Schlag ins Industriezeitalter zu erheben, um den Menschen so viel Konsumverzicht zur Kapitalbindung zuzumuten, dass eben viele verhungern. Es mag richtig sein, dauerhaft einen hohen Kapitalstock zu haben, aber die Kosten des Übergangs können so drastisch sein, dass man es lieber lässt.

Prof. Dr. Dr. h.c. *Wolfgang Schön*, München

Ich würde gerne beide Referenten fragen, und zwar im Hinblick auf die politökonomischen Aspekte, die bei Herrn *Fuest* ganz explizit, aber bei Herrn *Drüen* im Grunde auch implizit im Referat ständig vorhanden waren, nämlich: Wie reagiert die Politik auf die Vorschläge der Wissenschaft? Und meine Frage wäre, die ich etwas exemplifizieren will, wie soll die Wissenschaft dann auf den Zustand der Politik reagieren, wenn sie wiederum Erfolg mit ihren Vorstellungen haben will? Das Bild, das Sie gezeichnet haben, Herr

Fuest, Sie haben freundlich gesagt, die Wissenschaftler denken sich den benevolenten Diktator. Wir wollen doch unterstellen: Wissenschaftler sind alle benevolent, sind aber gegenüber gestellt einer politischen Realität, in der Interessengruppen herrschen, in der Macht maximiert wird, in der auch die beteiligten öffentlichen Institutionen, wie etwa die Ministerien, durchaus eigene Interessen zu verwalten haben. Das ist ein Gesichtspunkt, den die großen Arbeitsgruppen, die ja auch Herr *Drüen* präsentiert hat, ja durchaus gesehen haben und die Versuche, die es gegeben hat, waren immer, die Politik relativ früh an Bord zu nehmen. Die Arbeitsgruppe von Herrn *Kirchhof* hat in großem Umfang mit den Bundesländern kooperiert, die Stiftung Marktwirtschaft hatte, wenn ich richtig weiß, einen politischen Beirat, der sich parteiübergreifend eingerichtet hat. Der Sachverständigenrat hat mit einem förmlichen Auftrag von Bundeswirtschafts- und Bundesfinanzministerium gearbeitet. Man spürt, wenn es ernst wird, reißen diese Halterungen. Das ist nichts, was einen dauerhaft hineinträgt. Auch wenn natürlich dahinter ein gewisses Kalkül steckt, nämlich bei der Politik Reputationseffekte aufzubauen, bei der Politik auch Finanzen zu investieren, die dann hinterher ja nicht alle vergebens sein sollen. Dieser Umstand führt dann für mich zu drei Fragen, auf die ich gerne Antwort von den Referenten hätte. Die erste Frage ist die Einigkeit oder Uneinigkeit. Es hat in dieser Reformdiskussion immer wieder die Frage gegeben, soll sich nicht die ganze Wissenschaft hinter einem der Projekte versammeln, um wenigstens diesem Projekt, das die meisten dann auch immer für besser halten würden als den gegenwärtigen Gesamtzustand, zum Durchbruch zu verhelfen? Das ist natürlich mit dem Grundsatz der Wissenschaft auf Wahrheitsfindung, auf Objektivität, auch auf Diskussion angelegt zu sein, nicht ganz vereinbar. Es ist gewissermaßen schon ein erster Einstieg in strategisches Verhalten. Man wird dem Politiker ein Stück weit ähnlicher. Der zweite Schritt ist, und das ist meine zweite Frage: Wenn schon nicht diese Einigkeit zu erzielen wäre, wie weit soll man dann im Vorfeld der Politik entgegen kommen? Wie weit sollen diese Arbeitsgruppen dann sagen, na ja, wir hören mal rein, im Ministerium ist dieses oder jenes vielleicht zu verwirklichen. Nehmen wir es rein? Ist das ein Weg, der gangbar ist? Oder ist es im Grunde so nicht zu machen? Soll man versuchen, doch eher im Kämmerlein zu arbeiten in großer Unabhängigkeit, oder soll man den schwierigen, glatten Weg der Kooperation gehen, der vielleicht dann allzu viel hingibt von dem, das an Idealen dahinter steckt? Und das Dritte ist dann natürlich auch die Strategie bei der Präsentation der eigenen Modelle. *Max Weber* schreibt in „Wissenschaft als Beruf", das Wichtigste für den Wissenschaftler ist, überall die Gegenargumente zur eigenen Position vorzutragen. Gegenüber der Politik wirkt das eher verwirrend und deswegen ist die Neigung dazu auch nicht so groß ausgeprägt. Das wären die Fragen, die ich in dem Zusammenhang hätte. Vielleicht noch eine Bestätigung, Herr *Fuest*: Ich bin selber bei meinen Arbeiten, ich habe darüber beim Symposium für Herrn *Kirchhof* vortragen können, zu dem Schluss gekommen, dass die einzige Antwort auf die politökonomischen Aspekte wirklich ein stärkerer Zugriff der Verfassung ist. Wenn Ihre ökonomischen Argumente dazu beitragen könnten, dem beim Verfassungsgericht Gehör zu verschaffen, dann wäre das heute schon ein echter Erfolg.

Prof. Dr. *Clemens Fuest*, Mannheim

Ja, also ich bin sehr dankbar für die letzte Bemerkung und sehe das in der Tat so, dass dem Verfassungsgericht eine besondere Bedeutung zukommt. Ja, die Fragen, die Sie hier aufgeworfen haben, Herr *Schön*, sind ganz zentral, gleichzeitig nicht so ganz einfach zu beantworten. Ich glaube, es stellt sich noch eine vierte Frage, die man dieser vorschalten könnte, nämlich die Frage, warum – Sie haben es angedeutet – man eigentlich annehmen sollte, dass Wissenschaftler sich wie ein benevolenter Diktator verhalten. Also auch Wissenschaftler haben Interessen, und es spricht eigentlich nichts dafür, dass sie sich nun für das Gute einsetzen, also auch für die gilt ja, was für Politiker gilt. Sie sind auch nicht bessere Menschen. Nun ich denke, die Antwort darauf ist, dass es den wissenschaftlichen Wettbewerb gibt und einen sehr intensiven wissenschaftlichen Wettbewerb. Und wenn also jemand erkennbar eben die verzerrten Interessen vertritt, dann fällt das meistens auf. Insofern ist es nicht so einfach. Trotzdem sollte man diesen Aspekt im Hinterkopf behalten und der Wissenschaftler sollte hier nicht allzu sehr auf dem hohen Ross sitzen. Wie weit soll man der Politik entgegen kommen? Ich beginne mal mit Ihrer zweiten Frage. Ich würde sagen, man sollte der Politik schon entgegen kommen in dem Sinne, dass man sich nicht verschließen sollte, drittbeste Lösungen zu diskutieren. Also ich denke, auch wenn man sich eigentlich eine große Steuerreform wünscht, ist es hilfreich, auch als Wissenschaftler eben mit Ministerien, mit der Politik im Dialog zu sein, wenn es um vielleicht kleine Änderungen geht, Dinge, die nicht so ganz befriedigend sind. Aber ich denke, auch da kann man einiges erreichen. Einigkeit oder Uneinigkeit: Ich glaube nicht, dass es viel bringt, wenn die Wissenschaft einig wäre; also erst einmal ist es eine akademische Frage, wenn auch eine interessante. Also die Wissenschaftler werden sich nicht einigen und uns wird ja oft entgegen gehalten, ja wieso, die Ökonomen sind sich doch gar nicht einig. Ich sage dann immer, ich wäre beunruhigt, wenn sie es wären. Es gibt also nicht die eine Wahrheit, sondern ich denke, es gibt noch Argumente, und Pluralismus gehört einfach dazu. Ich muss sagen, wenn man die Politik überzeugen will, dann ist es nach meiner Erfahrung so, dass es relativ wenig bringt, auf Prinzipien, also auf große Prinzipien zu verweisen, dass es aber sehr viel bringt, wenn man überzeugend darlegen kann, dass bestimmte wirtschafts- oder steuerpolitische Maßnahmen bestimmte Konsequenzen haben. Wenn man also z.B. zeigen kann, wenn Ihr die Steuerreform macht, dann steigen die Investitionen um diesen oder jenen Betrag. Da hört die Politik zu. Und deshalb bin ich der Meinung, dass in der steuerpolitischen Diskussion empirische Forschung eine zentrale Rolle spielt. Ich muss sagen, gleichzeitig ist es so, dass mich manchmal beängstigt, dass den Ökonomen zugetraut wird, alles Mögliche zu berechnen. Meistens ist das Vertrauen in die Zahlen der Ökonomen größer als das Vertrauen in die Urteilskraft der Ökonomen. Ich würde mir manchmal wünschen, man würde die Zahlen auch etwas kritischer sehen. Das ist eine Bringschuld übrigens der Ökonomen. Ich habe ja auch gerade selbst von empirischen Untersuchungen gesprochen. Man muss schon immer den Kontext einer Untersuchung sehen. Das ist also alles nicht so in Stein gemeißelt, und ich würde gerne ein bisschen mehr Kritik auf dieser Seite sehen und etwas mehr Akzeptanz vielleicht für Urteile von Ökonomen. Und damit hat eben auch zu tun, dass ich es schon irritierend finde, wenn Wissenschaftler auftreten und ein Reformmodell nun sehr, sehr stark verteidigen und eben nicht das tun, was Sie beschreiben, Herr *Schön*, also das Ganze differenziert sehen und die Vor- und Nachteile darlegen. Also meine Vorstellung von der Rolle der Wissenschaftler ist eine andere. Das ist eben eher die, dass man tatsächlich offen ist und transparent ist und das Für und Wider der verschiedenen Lösungen darlegt. Mir ist auch klar, dass die Durchschlagskraft im politischen Raum, die man damit entwickelt, natürlich geringer ist. Aber ich glaube, das muss man in Kauf nehmen. Dass der Wissenschaftler, der eben sehr stark für ein Modell eintritt, eine größere Durchschlagskraft entwickelt, dieser Beweis muss erst noch angetreten werden. Also medial entwickelt man natürlich größere Durchschlagskraft, je radikaler man ist. Je mehr man differenziert, desto geringer ist die Durchschlagskraft, die man entwickelt. Aber dann wirklich das Ganze in Politik zu übersetzen ist, glaube ich, nicht so einfach. Also insofern bin ich für das Offensein und auch dafür, doch als Wissenschaftler auch so aufzutreten und sehr transparent Vor- und Nachteile vorzutragen.

Prof. Dr. *Klaus-Dieter Drüen*, Düsseldorf

Dazu nur ganz kurz: Die gemeinsame Hoffnung auf das Verfassungsgericht könnte dieses überfordern. Die Verfassung steckt nur den Rahmen ab und die steuerpolitischen Optionen gehen weit darüber hinaus. Bei der Zielwahl und -gewichtung für die Besteuerung auf das Verfassungsgericht zu hoffen, könnte zu einer Enttäuschung führen. Im zweiten Punkt der Politikberatung durch die Wissenschaft bin ich aber mit Herrn *Schön* und Herrn *Fuest* einer Meinung. Wissenschaft ist konstitutionell uneinheitlich und das ist das Proprium der Wissenschaft. Gleichwohl können Steuerwissenschaftler zum Zwecke der Politikberatung natürlich Konsensmodelle entwickeln, und ich sehe nach meiner Analyse der Reformentwürfe auch dafür durchaus eine gemeinsame Basis. Bei allen Divergenzen gibt es konzeptionelle Gemeinsamkeiten, die man bündeln und gemeinsam mit einer Stimme vertreten kann. Ob und inwieweit der akademische Diskurs in Fachzeitschriften, die vielfach das politische Parkett gar nicht erreichen, fortgeführt wird, ist eine andere Frage allein der Wissenschaft.

Prof. Dr. *Johanna Hey*, Köln

Ich habe ebenfalls eine Frage zur Strategie der Politikberatung. Wir haben von Herrn *Mellinghoff*, aber auch von Herrn *Drüen* gehört, dass wir uns in Kleinstreformen, das sind keine Reformen, sondern Kleinständerungen, verzetteln und daraus resultierte so ein bisschen die Überlegung, vielleicht nicht mehr den großen Entwurf, sondern lieber doch kleine, abgegrenzte Bereiche vorzuschlagen. Gleichzeitig haben sowohl Herr *Drüen* als auch Herr *Fuest* den Prinzipienmix, im Grunde heterogene Anforderungen dargestellt, und auch eben klar gemacht, wir diskutieren nicht über Laien-Steuern, wir diskutieren im Grunde genommen, wenn wir über größere Formen sprechen, eigentlich auch immer über das Gesamtbild. Meine Frage ist die: Wie soll man sich eigentlich verhalten? Herr *Fuest* hat das Thema Gewerbesteuer angesprochen. Aus meiner Sicht wird es niemals eine isolierte Gewerbesteuerreform geben können, wenn man nicht den Gesamtmix, der sich zusammensetzt aus Grundsteuer, die immobile Faktoren belastet, Gewerbesteuer, die möglicherweise dann ertragsabhängig gestaltet werden könnte, wenn man das eben nicht auch in Blick nimmt. Wenn man diesen Gesamtmix nicht immer mitdiskutiert, dann wird es nicht gelingen, einzelne Probleme zu lösen. Wie soll man damit umgehen? Wir sehen, wir kommen eigentlich überhaupt nicht über Kleinständerungen hinaus. Gleichzeitig stellen wir aber auch fest, manchmal ist es gar nicht möglich, über nur eine Steuer zu sprechen, weil dann eben sozusagen diese unterschiedlichen Anforderungen nicht abgebildet werden können.

Prof. Dr. *Klaus-Dieter Drüen*, Düsseldorf

Ich denke, dass gerade die Abschaffung der Gewerbesteuer ein gutes Beispiel für ein wissenschaftliches Konsensmodell ist. Mir ist kein Wissenschaftler bekannt, der die Vitalisierung und Ausdehnung der Gewerbesteuer ernsthaft vertritt, und auch die verfassungsrechtliche Würdigung fällt deutlich gegen die Gewerbesteuer aus. Zwar steht das Verfassungsgericht bislang zur Gewerbesteuerals solcher, misst sie aber am Gleichheitssatz. Wissenschaftlich sind dies nur noch Rückzugsgefechte, wenn man die Anrechnung der Gewerbesteuer miteinbezieht. Der Gesetzgeber hält an der Gewerbesteuer noch aus den bekannten Gründen fest, obwohldas Äquivalenz- und Objektsteuerprinzip die derzeitige Ausgestaltung der Gewerbesteuer kaum rechtfertigen können. Darum scheint der Punkt gekommen zu sein, ein Konsensmodell für den Ersatz der Gewerbesteuer vorzutragen. Zu dessen Verwirklichung kommt meine pragmatische Reformmaxime ins Spiel: Man muss die Verlierer unter den Kommunen für eine Übergangszeit schadlos stellen. Das ist der einzige Weg, um eine Reform trotz der beträchtlichen Widerstände zu realisieren.

Dr. *Elmar Krüger*, LL.M., Osnabrück

Ich habe eine Frage an Herrn *Fuest:* Und zwar hat er das Thema Prinzipien effizienter und gerechter Besteuerung aufgeworfen, und ich bin Jurist. Ich frage mich, ob man nicht vielleicht aus der Gerechtigkeit heraus automatisch eine effektive und auch effiziente Besteuerung hat. Und der zweite Punkt, der mich interessiert, ist die Denkfigur des benevolenten Diktators, der mir ein Oxymoron zu sein scheint. Denn der Diktator ist natürlich auch immer interessengeleitet, und insofern scheint mir doch die demokratische und parlamentarische Form des Interessenausgleiches die sinnvollste zu sein, auch als Denkfigur, um auf diese Weise auch die verschiedenen Aspekte der Interessen demokratisch vereinbaren zu können und auf diese Weise auch eine effektive Besteuerung zu erlangen.

Einkommensbegriffe und Einkunftsarten
Wie kann eine Reform gelingen?

Prof. Dr. *Marc Desens*
Universität Leipzig

Inhaltsübersicht

I. Problemstellung
II. Reform als Wertentscheidung
III. Konstitutionelle, politische und konzeptionelle Gelingensbedingungen
 1. Konstitutionelle Gelingensbedingungen
 2. Politische Gelingensbedingungen
 3. Konzeptionelle Gelingensbedingungen
IV. Überzeugung von den zugrunde gelegten Wertvorstellungen – zur Einführung einer konsumorientierten Einkommensteuer
 1. Grundkonzepte der Konsumorientierung und ihre Hybridformen
 2. Intertemporäre Neutralitätseffekte und Inflationsbereinigung
 3. Verfassungsrechtliche Rechtfertigung
 4. Überzeugung von den zugrunde gelegten Wertvorstellungen?
V. Überzeugung von der konkreten Umsetzung der Wertvorstellungen – zu den Folgen einer Abschaffung oder Reduzierung der Einkunftsarten
 1. Erwerbsgrundlagen statt Einkunftsarten (BStGB)
 2. Reduzierung auf vier Einkunftsarten (Stiftung Marktwirtschaft)
 3. Steuerpolitische Umsetzungsbarkeit
VI. Überzeugung von der materiellen Notwendigkeit – zur Verwirklichung der Markteinkommenstheorie
 1. Was ist Einkommen?
 2. Reformentwürfe, geltendes Recht und Reformbedarf
VII. Überzeugung von der praktischen Umsetzbarkeit – zur vollständigen Besteuerung privater Veräußerungsgewinne
 1. Gründe für eine Überwindung des Einkünftedualismus
 2. Praktische Umsetzungsschwierigkeiten
   a) Beschränkung auf überlassene Wirtschaftsgüter?
   b) Abgrenzung zur Selbstnutzung bei Nutzungswechseln
   c) Veranlassungszusammenhang und Gewinnerzielungsabsicht bei Trennung von Nutzungs- und Veräußerungstatbeständen

I. Problemstellung

Was käme aber dabei heraus, wenn die Steuerrechtswissenschaft mit ihren Idealen politischen Wahlkampf machen würde? Ein fiktives Szenario soll das veranschaulichen:

„Für ein gerechteres Steuerrecht müssen wir alle Steuerprivilegien abschaffen!" – Applaus, Applaus! – „Für ein gerechteres Steuerrecht müssen wir die steuerfreien Nachtzuschläge für die hart arbeitenden Krankenschwestern abschaffen!" – Entsetztes Schweigen, erste Pfiffe, laute Buhrufe. Sogar die selbständige Hebamme und der kleingewerbliche Ein-Fahrzeug-Taxifahrer solidarisieren sich, nachdem in Wolfsburg 15 000 Schichtarbeiter zur Montagsdemonstration erscheinen. Sie hatten zuvor von ihren Gesamtbetriebsratsvorsitzenden erfahren, dass sie durch diesen Federstrich mal eben 16,4 % ihres Nettogehaltes verlieren werden. Der Konzernvorstand unterstützt den Kampf der Protestler gegen diesen „Raubbau am Sozialstaat".[1] Von der Furcht vor Tagesordnungspunkt 7 bei den anstehenden Tarifverhandlungen – da geht es um die Höhe der Nachtzuschläge – steht natürlich nichts in der offiziellen Pressemitteilung. Ein Eigentor. Die Emotionen kochen. Wissenschaftler neigen dann dazu, zu versuchen, den Druck durch Rationalisierung aus dem Kessel zu nehmen:

Erstens: Die Hebamme und der Taxifahrer, die doch auch oft nachts raus müssten, seien doch als steuerrechtliche Nicht-Arbeitnehmer in der gleichheitswidrig benachteiligten Vergleichsgruppe.[2]

Zweitens: Das Privileg schwäche doch nur die Kampfbereitschaft der Arbeiter bei der Realisierung ihrer berechtigten Forderung nach höheren Nachtzuschlägen.[3] Im „Garten der Freiheit"[4] garantiere das die Tarifautonomie.

Drittens: Die Abschaffung der Vergünstigung folge aus einem rechtsethisch fundierten Prinzip.[5]

Viertens: Es ist nicht möglich, die zusätzliche Einbuße am Bedürfnisbefriedigungspotential, die im individuellen „Arbeitsleid" steckt, für alle Steuerpflichtigen gleichmäßig zu erfassen und damit gleichheitsgerecht in der Bemessungsgrundlage abzubilden.[6] Darum lassen wir das ganz.

Das alles wird im Wahlkampf natürlich nicht überzeugen. Aber das Kernthema des Beitrags dürfte deutlich geworden sein: Es geht also nicht nur um Einkommensbegriffe und Einkunftsarten als theoretische Größen oder ihre Umsetzungen im geltenden Recht. Es geht auch nicht nur um den hier bestehenden Reformbedarf und einer Bewertung vorliegender Alternativ-

---

1 Bei seiner Einführung wurde § 3b EStG mit „arbeitsmarktpolitischen und sozialpolitischen Erwägungen" begründet, s. BT-Drucks. V/2434, 57.
2 *K. Tipke* in Raupach/Tipke/Uelner (Hrsg.), Niedergang oder Neuordnung des deutschen Einkommensteuerrechts, Münsteraner Symposium, 1985, S. 150; BMF (Hrsg.), Thesen Einkommensteuer-Kommission zur Steuerfreistellung des Existenzminimums ab 1996 und zur Reform der Einkommensteuer („Bareis-Kommission"), Schriftenreihe Heft 55, 1995, S. 39 f.; *D. Birk* in DStJG 34 (2011), S. 11 (19) auch zu weiteren Ungleichbehandlungen durch § 3b EStG.
3 I.d.S. *K. Tipke* (Fn. 2), S. 150; BMF (Fn. 2), S. 39.
4 Als Sinnbild (auch) für ein von lenkungsnormen befreites Steuerrecht, vgl. *P. Kirchhof* in Isensee/Kirchhof (Hrsg.), HbStR V, 3. Aufl. 2007, § 118 Rz. 116.
5 Zur rechtsethischen Fundierung des Leistungsfähigkeitsprinzips (dem § 3b EStG widerspricht), s. *K. Tipke*, Die Steuerrechtsordnung, Bd. I, 2. Aufl. 2000, S. 481 ff.
6 Vgl. *K. Tipke* (Fn. 2), S. 150.

konzepte. Es geht vor allem darum, wie eine solche Reform gelingen kann, zumindest aber darum, woran es liegt, dass eine Reform trotz erkannter Defizite und Vorliegen von Alternativkonzepten nicht gelingt.

II. Reform als Wertentscheidung

Reformen sind Wertentscheidungen.[7] Steuerreformen unterscheiden sich von punktuellen Steueränderungen, an denen kein Mangel herrscht, vor allem dadurch, dass sie sich an grundlegenden Prinzipien und Wertvorstellungen orientieren, die dann in einem erneut wertenden Prozess mit mehr oder weniger Kompromissbereitschaft auf einen konkreten Gesetzestext heruntergebrochen werden.

Die Unterschiede in den Wertvorstellungen erklären, warum die meisten Steuerreformvorschläge umstritten sind.[8] Das gilt nicht nur in der Steuerpolitik, sondern beginnt schon in der Steuerwissenschaft.[9] Eine Reform kann und sollte daher auch nur gelingen, wenn die Wertvorstellungen in der Reformdiskussion vollständig *offengelegt* werden und die politische Mehrheit von den Wertvorstellungen und Folgewertungen *überzeugt* ist.

Der Reformer trägt dabei die Argumentationslast. Es gilt das *Perlemansche Prinzip der Trägheit*, das schlicht besagt, dass eine akzeptierte Auffassung nicht ohne hinreichenden Grund wieder aufgegeben wird.[10] Im Allgemeinen – so die Ausgangsthese – scheitern Steuerreformen zuvörderst daran, dass das Reformkonzept nicht politisch mehrheitsfähig ist, also die Mehrheit nicht hinreichend überzeugt ist.

III. Konstitutionelle, politische und konzeptionelle Gelingensbedingungen

Klaus Tipke hat diese Ausgangsthese jüngst auf den Kopf gestellt.[11] Er sieht die Ursache für das Scheitern in der fehlenden Konzeptfähigkeit der politi-

---

7 *P. Bareis* in Kube u.a. (Hrsg.), Leitgedanken des Rechts, Paul Kirchhof zum 70. Geburtstag, II, 2013, § 166 Rz. 1.
8 *P. Bareis* (Fn. 7), § 166 Rz. 12; *J. Thiel*, StuW 2005, 335 (341); zur Geschichte des Scheiterns von Steuerreformen anschaulich, *K. Tipke*, Die Steuerrechtsordnung, Bd. III, 2. Aufl. 2012, S. 1783 ff.; dazu *J. Hey*, StuW 2013, 107 ff.
9 Zur Diskussion von Reformvorschlägen *R. Seer*, BB 2004, 2272; *H. Kube*, BB 2005, 743; *J. Thiel*, StuW 2005, 335 (342 ff.); *K. Tipke* in FS Raupach, 2006, S. 177; *C. Fuest*, FR 2011, 9; *J. Pelka*, StuW 2013, 226; *K. Tipke* (Fn. 8), S. 1861 ff.; *C. Spengel*, Ubg 2012, 256; *F.W. Wagner*, FR 2012, 653 (658 ff.); *P. Kirchhof* (Hrsg.), Das Bundessteuergesetzbuch in der Diskussion, 2013.
10 *C. Perlemann*, Zeitschrift für philosophische Forschung 20 (1966), 210 (219).
11 *K. Tipke*, StuW 2013, 97 ff.

schen Mehrheit. Dafür stellt er zwei Welten[12] gegenüber: In der heiteren Welt *der* Steuerwissenschaft herrsche *die* Steuergerechtigkeit. In der trüben Welt der Steuerpolitik herrschten Wähler, deren Gerechtigkeitsvorstellungen in der Regel subjektiv-egoistisch und simpel seien.[13] Von diesen Wählern seien Politiker abhängig, die nur den Interessen ihrer Partei, ihrer Klientel und ihren Interessengruppen folgten. Gegen Prinzipien der Gerechtigkeitsrationalität bestünden Vorbehalte. Stattdessen werde nach dem Mehrheitsprinzip entschieden, was „steuergerecht" sei.[14]

Tipke bietet auch Lösungsvorschläge an, etwa ein Überwachungsgremium, das anhand eines Verhaltenskodexes Wahllügen oder unrealistische Forderungen der Opposition abstraft, eine Regulierung des Lobbyismus und schärfere Anti-Korruptionsregeln für Abgeordnete.[15] Das Problem, dass es schon in der Steuerwissenschaft keine einheitliche Vorstellung von Steuergerechtigkeit gibt, zumindest nicht, wenn man sie auf ein konkretes Reformkonzept herunterbricht, bleibt bei *Tipkes* leidenschaftlicher Analyse außer Acht.

1. Konstitutionelle Gelingensbedingungen

Gleichwohl ist es ein Verdienst von *Tipke*, einen Ansatz in die juristische Reformdebatte getragen zu haben, der in ähnlicher Weise in der politikökonomischen Finanzwissenschaft vertreten wird.[16] Dort bildet der Ansatz eine Erklärung für das Scheitern wohlfahrtsökonomischer Idealsteuersysteme. Nach der Grundthese sei es bereits eine strukturelle Schwäche des demokratischen Systems, dass es unter Einbeziehung der staatlichen Ausgabenseite kein ideales bzw. gerechtes Steuersystem auf den Weg bringen könne. Da Politiker sich innerhalb der vorgegebenen institutionellen Regeln (rational) strategisch zugunsten ihrer Wählergruppen verhielten, seien sie nicht dem Gemeinwohl verpflichtet, sondern zielten darauf ab, nur den „Medianwähler" auf ihre Seite bringen. Im Extremfall würden sie versuchen, 51 % der

---

12 Zum Konflikt zwischen Steuerwissenschaft und -politik s. bereits die (Diskussions-)Beiträge in *A. Raupach/K. Tipke/A. Uelner* (Hrsg.), Niedergang oder Neuordnung des deutschen Einkommensteuerrechts, Münsteraner Symposium, 1985; aus jüngerer Zeit auch *G. Juchum* in FS Lang, 2010, S. 391 ff.
13 *K. Tipke*, StuW 2013, 97 (101); hier die Komplexität, Technizität und Unkenntnis vom Steuerrecht als Problemursache ausmachend *J. Hey*, StuW 2013, 107 (108).
14 *K. Tipke*, StuW 2013, 97 (100).
15 *K. Tipke*, StuW 2013, 97 (105); vgl. auch *J. Hey*, StuW 2013, 107 (116), die das Defizit in der fehlenden Transparenz von Gesetzesfolgenabschätzungen sieht und in deren Verbesserung die wohl entscheidende Gelingensbedingung sieht.
16 Vgl. *G. Brennan/J. M. Buchanan*, Journal of Public Economics 8 (1977), 255 ff.; Journal of Public Economics 8 (1977), 301 ff.; *F. A. Hayek*, Law, Legislation and Liberty Vol. III: The Political Order of a Free People, 1979, S. 179 ff.; *A. H. Meltzer/S. F. Richard*, A Rational Theorie of the Size of Goverment, Journal of Political Economy 89 (1981), 914 ff.; *J. Stiglitz*, Economics of the Public Sector, 3. Aufl. 2000, S. 168 ff.; *A. L. Hillman*, Public Finance and Public Policy, 2. Aufl. 2009, S. 409 ff.

Wahlberechtigten für eine Steuer- und Ausgabenpolitik zu gewinnen, die den übrigen 49 % die gesamten Lasten auferlegt.[17] Als Lösungsansätze werden strengere verfassungsrechtliche Bindungen entweder beim Gesetzgebungsverfahren[18] oder materiell an Grundrechte vorgeschlagen.[19] Der Gegenentwurf zu wohlfahrtsökonomischen Reformansätzen mündet also in einer Veränderung der verfassungsrechtlichen Rahmenbedingungen. Diese sollen aber nach dem hier verfolgten Ansatz als konstant hingenommen werden. Innerhalb dieser Rahmenordnung ist dann zwischen politischen und konzeptionellen Gelingensbedingungen zu unterscheiden.

2. Politische Gelingensbedingungen

Die politischen Gelingensbedingungen hat der Politikwissenschaftler *Uwe Wagschal* 2005 herausgearbeitet.[20] Sie betreffen einerseits das gesamtgesellschaftliche Umfeld und anderseits die politischen Prozesse und ihre Akteure.

Im *gesamtgesellschaftlichen Umfeld* sind förderlich, Reformdruck erhöhende Krisen, größere soziale Umwälzungen, geringe „Pfadabhängigkeiten" und der Einfluss der Globalisierung und Europäisierung. Im *politisches Prozess* und bei seinen *Akteuren* sind es die Stärke einer parteiunabhängigen politischen Führungskraft, politische Machtwechsel (sog. „Honeymoon-Effekt"), eine geringe Anzahl von sog. Vetospielern und ein breiter Konsens in der Reformkoalition (Parteien, Medien, Thinks Tanks usw.).

In der Tat wird sich das Gelingen oder Scheitern einer Reform oftmals auf die aufgezeigten Bedingungen zurückführen lassen. Sie rechtfertigen auch, die konstitutionellen Gelingensbedingungen in den Fokus zu rücken (dazu III. 1.). Hier soll aber gerade in die andere Richtung geschritten werden. Auch die gesamtgesellschaftlichen Umstände, die politischen Prozesse und ihre Akteure sollen als vorgegeben akzeptiert werden. Das schärft den Blick auf die Inhalte konkreter Reformvorschläge und damit auf die konzeptionellen Gelingensbedingungen. Es soll also die Frage gestellt werden, ob es auch am Reformvorschlag selbst liegen kann, dass die politische Mehrheit unter den gegebenen konstitutionellen und politischen Rahmenbedingungen nicht vom Reformkonzept überzeugt ist.

---

17 *W. Schön*, StuW 2013, 289 (293).
18 Vgl. *C. B. Blankert*, Öffentliche Finanzen in der Demokratie, 8. Aufl. 2011, S. 25 ff. m.w.N.
19 *A. Steichen* in FS Tipke 1995, S. 365 (370); *W. Schön*, StuW 2013, 289 (295 ff.) mit Verweis auf *A. L. Hillman* (Fn. 16), S. 447 ff.
20 *U. Wagschal*, Steuerpolitik und Steuerreformen im internationalen Vergleich – Eine Analyse der Ursachen und Blockaden, 2005, S. 423 ff.; lesenwert auch die auf Deutschland bezogene Gegenwartsanalyse von *M. Eilfort* in FS Lang, 2010, S. 367 (379 ff.).

3. Konzeptionelle Gelingensbedingungen

Gemeinsamer Fluchtpunkt aller konzeptionellen Gelingensbedingungen ist, dass die politische Mehrheit vom Reformkonzept überzeugt werden muss und der Reformer hierfür die Argumentationslast trägt (dazu bereits II.). Die hier vertretene These lautet, dass die konzeptionelle Überzeugung mindestens auf vier Ebenen scheitern kann, also das Reformkonzept mindestens auf vier (nicht abschließend gemeinten) Ebenen überzeugen muss:

– Überzeugung von den zugrunde gelegten Wertvorstellungen (dazu IV.),
– Überzeugung von der konkreten Umsetzung der Wertvorstellungen (dazu V.),
– Überzeugung von der materiellen Notwendigkeit der Reform (dazu VI.),
– Überzeugung von der praktischen Umsetzbarkeit der Reform (dazu VII.).

Im Folgenden wird versucht, die einzelnen Ebenen anhand (noch) nicht umgesetzter Reformforderungen zu belegen, die den Einkommensbegriff[21] und die Einkunftsarten betreffen, nämlich

– die Einführung einer konsumorientierten Einkommensteuer (dazu IV.),
– die Abschaffung bzw. Reduzierung der Einkunftsarten (dazu V.),
– die Verwirklichung der sog. Markteinkommenstheorie (dazu VI.) und
– die vollständige Besteuerung der privaten Veräußerungsgewinne (dazu VII.).

IV. Überzeugung von den zugrunde gelegten Wertvorstellungen – zur Einführung einer konsumorientierten Einkommensteuer

Eine zentrale Frage des Einkommensbegriffs ist, *wann* die Einkommensteuer zu erfassen ist (zeitliche Komponente).[22] Traditionell ist die Einkommensteuer eine Steuer auf den *Erwerb (Vermögenszugang)* und damit das

---

21 Der Einkommensbegriff umfasst streng genommen neben der Qualifikation der Einkünfte (Steuerbarkeit) i.S. eines Grundtatbestandes (vgl. *H.W. Bayer*, Die Liebhaberei im Steuerrecht, 1981, S. 7 f.) auch ihre Quantifizierung (Ermittlung der Einkünfte nach Maßgabe des objektiven Nettoprinzips) unter anschließender Berücksichtigung der existenzsichernden Aufwendungen (zur Verwirklichung des subjektiven Nettoprinzips). Da sowohl dem objektivem als auch dem subjektiven Nettoprinzip separate Beiträge (*C. Staringer, J. Englisch*) gewidmet sind, beschränkt sich der Beitrag – trotz der Kritik an der Differenzierung zwischen Grund- und Höhentatbestand (vgl. nur *J. Lang*, StuW 1981, S. 223 [230]) – auf Fragen des Grundtatbestandes.
22 Anschaulich *J. Lang* in DStJG 24 (2001), S. 49 (79); *R. Seer*, BB 2004, 2272 (2274); vgl. auch *J. Hey* in Tipke/Lang, Steuerrecht, 21. Aufl. 2013, § 3 Rz. 57.

konsumierbare Einkommen der richtige Maßstab für die Leistungsfähigkeit.[23] Die Einkommensteuer greift also zu, bevor die Entscheidung darüber getroffen wird, ob konsumiert oder gespart bzw. investiert wird.

Eine Strömung in der Steuerökonomie folgt dagegen einer „Optimalsteuertheorie", nach der die allokativen Verzerrungen durch Steuern möglichst gering gehalten werden sollen.[24] Daraus soll sich u.a. ergeben, dass die Einkommensteuer erst auf das *konsumierte* Einkommen zugreifen darf (sog. konsumorientierte Besteuerung).[25] Da die endgültige Reallast einer Steuer immer ein Konsumopfer sei,[26] müsse das Sparen oder Investieren entweder durch eine *Spar- und Investitionsbereinigung* oder durch eine *Zinsbereinigung* befreit werden, um eine Gleichbelastung des Lebenseinkommens zu erreichen.[27]

1. Grundkonzepte der Konsumorientierung und ihre Hybridformen

Eine *Spar- und Investitionsbereinigung* lässt sich durch eine Umstellung der Gewinnermittlung auf eine *Cashflow*-Rechnung erreichen.[28] Da der Teil des Einkommens, der durch Arbeits*einsatz* erzielt wird, bereits nach

---

23 *K. Tipke*, Die Steuerrechtsordnung, Bd. II, 2. Aufl. 2003, S. 638; *D. Birk* in DStJG 34 (2011), 11 (14); vgl. auch *H. Haller*, Die Steuern, 3. Aufl. 1981, S. 42; FinArch NF 36 (1977), 22: „Bedürfnisbefriedigungspotential"; *A. Moxter*, Betriebswirtschaftliche Gewinnermittlung, 1982: „Konsummöglichkeit"; *W. Reiß* in DStJG 17 (1994), S. 3 (8): „verwendbare Einkommen".
24 *D. Pohmer* (Hrsg.). Zur optimalen Besteuerung, 1983, passim; *C. Fuest*, FR 2011, 9 (10); *F.W. Wagner*, FR 2012, 653 (656, 660 ff.); eingehend *J. Lang* in DStJG 24 (2001), S. 49 (77 f.) m.w.N. *R. Seer* in Tipke/Lang, Steuerrecht, 21. Aufl. 2013, § 1 Rz. 18 m.w.N.; *M. Jachmann* in FS Offerhaus, 1999, S. 1071 (1080 f.).
25 Grundlegend zu Konzepten einer konsumorientierten Einkommensteuer *I. Fisher*, Ecometrica 1937, 1 ff.; *N. Kaldor*, An Expenditure Tax, 1955; *W. D. Andrews*, Harvard Law Review 87 (1974) 1113 ff.; *J. Mitschke*, Über die Eignung von Einkommen, Konsum und Vermögen als Bemessungsgrundlage der direkten Besteuerung, 1976; *M. Rose*, StuW 1989, 191 ff.; *M. Rose* in Rose (Hrsg.), Konsumorientierte Neuordnung des Steuersystems, 1991, S. 345 (351 ff., 355); zur Diskussion in den USA *J. K. McNulty*, California Law Review 88 (2000), S. 2095 ff.
26 *M. Rose* in Rose (Hrsg.), Konsumbasierte Neuordnung des Steuersystems, 1991, S. 7 (14 ff.).
27 *F.W. Wagner* in FS Lang, 2010, S. 345 (354); *K. Tipke* (Fn. 23), S. 642; *J. Lang* in DStJG 24 (2001), S. 49 (66, 79); *J. Englisch*, Die Duale Einkommensteuer – Reformmodell für Deutschland, IFSt-Schrift Nr. 432, 2005, S. 99 ff. und S. 133 ff.; *C. Fuest*, FR 2011, 9 (10); vgl. *D. Kiesewetter*, StuW 1997, 24 mit Blick auf Kroatien, Österreich und Skandinavien.
28 *F.W. Wagner* in Hax/Kern/Schröder (Hrsg.), Zeitaspekte in betriebswirtschaftlicher Theorie und Praxis, 1989, S. 261 (270 ff.); *F.W. Wagner* in FS Lang, 2010, S. 345 (354); FR 2012, 653 (661 f.); *J. Lang* in DStJG 24 (2001), S. 49 (79 f.); *C. Dorenkamp*, Nachgelagerte Besteuerung von Einkommen, 2004, S. 146 f.; *M. Kaiser*, Konsumorientierte Reform der Unternehmensbesteuerung, 1992, S. 36 ff.; *C. Fuest*, FR 2011, 9 (9 f.).

Barwert-Zuflüssen erfasst wird,[29] ergibt sich eine Änderung nur für das Einkommen, das auf Kapital*einsatz* beruht. Alle Investitionen einschließlich Ersparnisse werden bei der Einkünfteermittlung sofort abgezogen (Sofortabschreibung);[30] dafür sind spätere Bezüge und der Kapitalrückfluss voll steuerbar, es sei denn, es wird reinvestiert oder erneut gespart. Die revolutionären Reformentwürfe von *Joachim Mitschke*[31] und von *Michael Elicker*[32] verfolgen dieses Konzept einer nachgelagerten Besteuerung bzw. Cashflow-Rechnung.[33]

Dagegen werden bei einer *Zinsbereinigung* das eingesetzte Kapital mit einer üblichen Kapitalrendite (etwa bei unternehmerisch gebundenen Kapital oder privaten Mietgrundstücken) und der tatsächliche Zinsertrag (etwa bei der Sparanlage) steuerfrei gestellt.[34]

Von beiden Grundkonzepten gibt es mittlerweile *Hybridformen*, die zumindest partiell bzw. typisierend dem Gedanken einer Konsumorientierung folgen. Das Konzept einer nachgelagerten Besteuerung wird etwa partiell bei Unternehmensbesteuerungsmodellen verwirklicht, die *thesaurierte bzw. einbehaltene Unternehmensgewinne* gegenüber ausgeschütteten bzw. entnommenen Gewinnen begünstigen, also im Falle einer Ausschüttung bzw. Entnahme eine Nachbelastung vornehmen.[35] Auch eine *nachgelagerte Besteuerung der Altersvorsorge* geht in diese Richtung.[36] Zu den hybriden Formen der Zinsbereinigung gehört etwa das Konzept einer sog. *Dualen Einkommensteuer*, die eine niedrigere proportionale Besteuerung des Unternehmens- und Kapitaleinkommens (etwa 15 %) gegenüber einer höheren progressiven Besteuerung des Arbeitseinkommens (einschließlich fik-

---

29 *F. W. Wagner*, FR 2012, 653 (656, 660); *J. Lang* in DStJG 24 (2001), S. 49 (83).
30 Aus dieser Perspektive führt im geltenden Recht etwa die Anwendung der AfA-Regeln im Rahmen von Überschusseinkünften (vgl. § 4 Abs. 3 Satz 3, § 9 Abs. 1 Nr. 7 EStG) zu Durchbrechungen der Konsumorientierung; vgl. *J. Lang* in DStJG 24 (2001), S. 49 (83). Gleiches gilt für die Untersagung des Sofortabzugs nach § 4 Abs. 3 Satz 4 EStG.
31 *J. Mitschke*, Erneuerung des deutschen Einkommensteuerrechts („Frankfurter Entwurf"), 2004, Rz. 14, 23, 59 ff., 116 ff.; dazu *C. Fuest*, FR 2011, 9.
32 *M. Elicker*, Entwurf einer proportionalen Netto-Einkommensteuer, 2004, S. 12 ff., 139 ff.
33 Ebenso bereits *J. Lang*, Entwurf eines Steuergesetzbuchs, BMF-Schriftenreihe, Heft 49, 1993, Rz. 454, 460 ff., 468, 583 f.
34 *E. Wenger*, FinArch NF 41 (1983), 207; *J. Lang* in DStJG 24 (2001), S. 49 (81); grundlegend *R. Broadway/N. Bruce*, Journal of Public Economics 24 (1984), 231.
35 *C. Dorenkamp*, StuW 2000, 121; *J. Lang* in DStJG 24 (2001), S. 49 (63, 80 f., 87 ff.); *J. Hey* (Fn. 22), § 3 Rz. 77.
36 *W. Fuest//R. Brügelmann*, StuW 2003, 338 ff.; *J. Lang* in DStJG 24 (2001), S. 49 (84 ff.); *F. W. Wagner* in FS Lang, 2010, S. 345 (355); *D. Birk*, StuW 1999, 321 (322); *D. Birk* in DStJG 34 (2011), S. 11 (14); *C. Gröpl*, FR 2001 568, (569 ff.).

tiver Unternehmerlöhne) vorsieht (etwa 15 bis 35 %).[37] Im geltenden Recht lässt sich auch die *Abgeltungsteuer* für Kapitaleinkünfte (§ 32d EStG) hier einordnen,[38] soweit sie zu einem niedrigeren Steuersatz auf Kapitalerträge (25 %) gegenüber dem Regeltarif (§ 32a EStG) führt.

2. Intertemporäre Neutralitätseffekte und Inflationsbereinigung

Für konsumorientierte Konzepte streiten zweifellos ihre intertemporären Neutralitätseffekte und ihre inflationsbereinigende Wirkung.[39] Im Falle einer Sparbereinigung (nachgelagerte Besteuerung) verbleibt nach Steuern allen Steuerpflichtigen das gleiche Lebenseinkommen unabhängig davon, ob und in welchem Umfang sie in ihren Leben konsumiert, gespart oder investiert haben. Der gleiche Neutralitätseffekt tritt auch – wieder bezogen auf das Lebenseinkommen – bei einer Zinsbereinigung ein. Da allein Kapital*einsatz*einkommen und nicht Arbeits*einsatz*einkommen inflationsabhängig sind,[40] wirkt das Konzept auch inflationsbereinigend. In *Tabelle 1* wird der intertemporäre Neutralitätseffekt aufgezeigt.

	Ohne Steuern	Steuer bei Erwerb	Sparbereinigung	Zinsbereinigung
Einkommen vor Steuern	10 000	10 000	10 000	10 000
Steuern auf Einkommen (30 %)	0	3000	0	3000
Einkommen nach Steuern	10 000	7000	10 000	7000
Nach 5 Jahren				
Lebenseinkommen nach Steuern	13 382	8599	9368	9368
Lebenseinkommen nach Steuern im Verhältnis zum Lebenseinkommen ohne Besteuerung (%)	100 %	64,3 %	70 %	70 %

---

37 Vgl. Sachverständigenrat (Hrsg.), Jahresgutachten 2003/2004, Staatsfinanzieren konsolidieren – Steuersystem reformieren, 2003, S. 333 ff., abrufbar unter http://www.sachverstaendigenrat-wirtschaft.de/fruehere_jahresgutachten.html; Reform der Einkommens- und Unternehmensbesteuerung durch die Duale Einkommensteuer, 2006, abrufbar unter http://www.sachverstaendigenrat-wirtschaft.de/expertisen.html; dazu *J. Englisch* (Fn. 27), passim; *R. Seer*, BB 2004, 2272 (2273 ff.); zur Dual Income Tax in skandinavischen Staaten s. *T. Viherkentä*, IStR 1994, 414; *T. Viherkentä* in Jacobs/Spengel (Hrsg.), Aspekte der Unternehmensbesteuerung in Europa, 1996, S. 117.
38 *F. W. Wagner* in FS Lang, 2010, S. 345 (351 ff.); *J. Hey* (Fn. 22), § 3 Rz. 78.
39 Vgl. *J. Lang* in DStJG 24 (2001), S. 49 (78): „intertemporal neutral, inflationsneutral und konsumneutral"; *R. Seer*, BB 2004, 2272 (2273 f.); *F.W. Wagner*, FR 2012, 653 (661); *G. Weber*, Inflationsberücksichtigung in der Einkommensteuer, 2011, S. 59 ff.
40 So zutreffend *F. W. Wagner*, FR 2012, 653 (661); a.A. *P. Kirchhof*, FR 2012, 701 (705). Dagegen betrifft die sog. „kalte Progression" alle Einkünfte gleichermaßen.

	Ohne Steuern	Steuer bei Erwerb	Sparbereinigung	Zinsbereinigung
Nach 10 Jahren				
Lebenseinkommen nach Steuern	17 908	10 563	12 535	12.535
Lebenseinkommen nach Steuern im Verhältnis zum Lebenseinkommen ohne Besteuerung (%)	100 %	59,0 %	70 %	70 %
Nach 20 Jahren				
Lebenseinkommen nach Steuern	32 071	15 939	22 445	22 445
Lebenseinkommen nach Steuern im Verhältnis zum Lebenseinkommen ohne Besteuerung (%)	100 %	49,7 %	70 %	70 %
Nach 40 Jahren				
Lebenseinkommen nach Steuern	102 857	36 292	72 000	72 000
Lebenseinkommen nach Steuern im Verhältnis zum Lebenseinkommen ohne Besteuerung (%)	100 %	35,3 %	70 %	70 %

Tabelle 1 (eigene Darstellung): Intertemporäre Neutralität bei der Besteuerung des Lebenseinkommens durch Spar- oder Zinsbereinigung; Annahmen: Kapitalrendite/Zins: 6 %, Steuersatz: 30 %; Erwerb und Sparen/Investition für 5, 10, 20 oder 40 Jahre und dann Konsum.

Die *Tabelle 1* zeigt, dass das verbleibende Lebenseinkommen sowohl im Falle einer Spar- und einer Zinsbereinigung gleich hoch ist und das Lebenseinkommen in der Gesamtperiode mit 30 % belastet wird. Die gleiche Belastung tritt ein, wenn das gesamte Einkommen sofort konsumiert, also nicht gespart oder investiert wird. Insoweit wirkt sowohl die Sparbereinigung als auch die Zinsbereinigung verhaltensneutral, weil die Entscheidung über Konsum oder Sparen bzw. Investieren nicht durch eine unterschiedliche steuerliche Belastung (bezogen auf das Lebenseinkommen) verzerrt wird. Greift die Einkommensteuer dagegen bereits beim Erwerb zu (klassisches Modell), wird das Lebenseinkommen umso höher belastet, je länger gespart bzw. investiert wird (hier bleiben nur 35,3 % statt 70 % bei 40 Jahren). Der Sofortkonsum ist insoweit günstiger, weil nach Steuern stets 70 % verbleibt. Bei den *Hybridformen* tritt der gezeigte Effekt nicht zielgenau ein, sondern nur tendenziell.

3. Verfassungsrechtliche Rechtfertigung

Konsumorientierte Besteuerungsmodelle stehen unter dem Verdacht der Verfassungswidrigkeit (insbesondere wegen eines Verstoßes gegen Art. 3

Abs. 1 GG), soweit sie Arbeitseinsatzeinkommen gegenüber Kapitaleinsatzeinkommen benachteiligen.[41] Ob die verfassungsrechtliche Kritik aber im Falle einer grundlegenden Reform, also bei einer Systemumstellung auf eine konsumorientierte Besteuerung durchgreifen wird, ist m.E. fraglich. Bei grundlegenden Systemwechseln und damit bei der Neujustierung der gesetzgeberischen Ausgangsentscheidung räumt das BVerfG dem Gesetzgeber grundsätzlich einen weiten Gestaltungsspielraum ein.[42] Und begreift man *Leistungsfähigkeit* im Einkommensteuerrecht nicht schon als Bedürfnisbefriedigungspotential,[43] sondern erst als Verwirklichung von Bedürfnisbefriedigung,[44] ist es zumindest nicht völlig abwegig, erst in der konsumtiven Verwendung den entscheidenden Indikator für Leistungsfähigkeit auch bei der Einkommensteuer zu sehen.[45] Würde man also die Grundkonzepte (Sparbereinigung oder Zinsbereinigung) schon im Ausgangstatbestand umsetzen, geht mit dieser Reform auch eine gesetzgeberische Neuausrichtung bei der Konkretisierung des Leistungsfähigkeitsprinzips für die Einkommensteuer einher. Bezugsgröße für die Leistungsfähigkeit wäre dann nicht das periodische Erwerbseinkommen, sondern das gesamte Lebenseinkommen, das nach den Grundkonzepten gleichbehandelt wird (s. *Tabelle 1*).[46] Geht man also von einer entsprechenden Ausgangsentscheidung des Reformgesetzgebers aus, würde das Leistungsfähigkeitsprinzip durch die Grundkonzepte nicht durchbrochen, sondern folgerichtig umgesetzt. Eine weitere verfassungsrechtliche Rechtfertigung wäre dann entbehrlich.

Für die *hybriden Formen*, mit denen die Grundkonzepte nur partiell bzw. typisierend umgesetzt werden, gilt dagegen ein strengerer Maßstab für die verfassungsrechtliche Rechtfertigung. Ohne einen grundlegenden Systemwechsel zu einer Konsumorientierung bleibt für die verfassungsrechtliche

---

41 So wohl etwa *P. Kirchhof*, in FS Lang, 2010, S. 451 (476): Lebenseinkommen als Besteuerungsgegenstand völlig ungeeignet; vgl. auch *P. Kirchhof*, BB 2006, 71 (73): Lebenseinkommensbesteuerung Verstoß gegen Freiheitsgrundrechte; *C. Wagner*, Steuergleichheit unter Standortvorbehalt, 2010, S. 206 ff.
42 Vgl. BVerfG v. 22.6.1995 – 2 BvL 37/91, BVerfGE 93, 121 (136); v. 5.2.2002 – 2 BvR 305/93 u.a., BVerfGE 105, 17 (46): v. 4.12.2002 – 2 BvR 400/98 u.a., BVerfGE 107, 27 (47); v. 7.11.2006 – 1 BvL 10/02, BVerfGE 117, 1 (30); v. 15.1.2008 – 1 BvL 2/04, BVerfGE 120, 1 (29); v. 4.2.2009, 1 BvL 8/05, BVerfGE 123, 1 (19), wonach der Gesetzgeber bei der „Auswahl des Steuergegenstandes, der Bestimmung des Steuersatzes und der Erschließung von Steuerquellen" weitgehend frei ist.
43 *H. Haller* (Fn. 23), 1981, S. 42; FinArch NF 36 (1978), 22.
44 Vgl. *D. Schneider*, FinArch NF 37 (1979), 26 ff.
45 Im Ergebnis auch *D. Birk* in Rose (Hrsg.), Konsumorientierte Neuordnung des Steuersystems, 1991, S. 351 (359, 361): phasenverschobene Beachtung der Leistungsfähigkeit; *J. Lang* in Rose (Hrsg.), Konsumorientierte Neuordnung des Steuersystems, 1991, S. 291 (312); *M. Elicker*, DStZ 2005, 564 (566).
46 *J. Hey* (Fn. 22), § 3 Rz. 81; *J. Lang* in DStJG 24 (2001), S. 49 (66); *J. Englisch* (Fn. 27), S. 133 ff.; *M. Elicker*, DStZ 2005, 564 (566); *R. Seer*, BB 2004, 2272 (2274).

Gleichheitsprüfung (Art. 3 Abs. 1 GG) im Bereich der Einkommensteuer ein erwerbsbezogenes Verständnis der Leistungsfähigkeit maßgeblich.⁴⁷ Die Privilegierungen der Kapital- bzw. Kapitaleinsatzeinkünfte rechtfertigen sich dann nicht *aus* dem Leistungsfähigkeitsprinzip, sondern sind stets als Durchbrechungen des Leistungsfähigkeitsprinzips zu rechtfertigen.⁴⁸

Bei der *Dualen Einkommensteuer* lässt sich die Ungleichbehandlung und Durchbrechung des Leistungsfähigkeitsprinzips grundsätzlich – zumindest wenn man den großzügigen Maßstab des BVerfG zugrunde legt⁴⁹ – mit Stärkung des Standorts Deutschland im internationalen Steuerwettbewerb verfassungsrechtlich rechtfertigen.⁵⁰ Die Begünstigung *thesaurierter bzw. einbehaltener Unternehmensgewinne* gegenüber ausgeschütteten bzw. entnommenen Gewinnen wird vornehmlich mit einer Investitionsförderung und der Eigenkapitalbildung gerechtfertigt.⁵¹ Auch der gegenüber dem Regeltarif (§ 32a EStG) niedrigere Steuersatz (25 %) der *Abgeltungsteuer* (§ 32d EStG) lässt sich – zumindest grundsätzlich⁵² – verfassungsrechtlich

---

47 Im Ergebnis auch *M. Lehner* in DStJG 30 (2007), S. 61 (64 f.); *H. Söhn* in DStJG 30 (2007), S. 13 (31, 35); a.A. (wohl) *J. Lang* in DStJG 24 (2001), S. 49 (83 ff.) für die punktuelle Umsetzung von Systemen der Investitionsbesteuerung (Alterseinkünfte, Unternehmensgewinne) nach dem Prinzip der nachgelagerten Besteuerung, einschränkend für die sog. Duale Einkommensteuer (115 f.).
48 Vgl. BVerfG v. 21.6.2006 – 2 BvL 2/99 – Rz. 71, BVerfGE 116, 164: „Wählt der Gesetzgeber für verschiedene Arten von Einkünften unterschiedliche Tarifverläufe, obwohl die Einkünfte nach der *gesetzgeberischen Ausgangsentscheidung* die gleiche Leistungsfähigkeit repräsentieren (sog. Schedulenbesteuerung), muss diese Ungleichbehandlung besonderen Rechtfertigungsanforderungen genügen." (Hervorhebung nur hier).
49 Vgl. BVerfG (Fn. 48), Rz. 110 f.: Verbesserung der Position des Wirtschaftsstandorts Deutschland im internationalen Steuerwettbewerb als Rechtfertigungsgrund, wobei dem Gesetzgeber bei der wirtschaftspolitischen Diagnose, Prognose, Instrumentenwahl und bei der Dringlichkeit des Handlungsbedarfs ein weiter Gestaltungsspielraum gewährt wird.
50 Ebenso in Bezug auf eine Duale Einkommensteuer *M. Lehner* in DStJG 30 (2007), S. 61 (69); a.A. *R. Seer*, BB 2004, 2272 (2273); *J. Lang/J. Englisch/T. Keß*, DStR 2005, Beihefter 1 zu Heft 25, 1 (4); *H. Kube*, BB 2005, 743 (749); *H. Söhn* in DStJG 30 (2007), S. 13 (31); *J. Englisch*, (Fn. 27), S. 112 ff.; grundsätzlich zur Problematik von Steuergleichheit und -wettbewerb *W. Schön* in DStJG 23 (2000), S. 193 (202).
51 *BMF* (Hrsg.), Brühler Empfehlung zur Reform der Unternehmensteuerung, Schriftreihe Heft Nr. 66, 1999. S. 36 f., 49; Entwurf zum StSenkG, BT-Drucks. 14/2683, 93; krit. dagegen *J. Lang* in DStJG 24 (2001), S. 49 (88); zur Problematik bereits *M. Desens*, Das Halbeinkünfteverfahren, 2004, S. 95 ff. m.w.N.; *H. Kube*, BB 2005, 743 (748 f.).
52 Verfassungsrechtlich problematisch sind aber die Gleichbehandlung von Dividenden und Zinsen, obwohl nur die Dividenden mit KSt vorbelastet sind (*M. Jachmann* in DStJG 34 [2011], S. 251 [261]), und das Abzugsverbot der tatsächlichen Werbungskosten nach § 20 Abs. 9 EStG (FG BW v. 17.12.2012 – 9 K 1637/10, EFG 2013, 1041 – Rev. VIII R 13/13; *N. Worgulla*, FR 2013, 2013, 921 [922 ff.] m.w.N.; a.A. *R. Eckhoff*, FR 2007, 989 [998]; *M. Jachmann*, a.a.O., S. 251 [258 f.]).

Wie kann eine Reform gelingen? 107

mit der Verhinderung einer Kapitalflucht[53] und der Stärkung des Standorts im internationalen Steuerwettbewerb[54] rechtfertigen.[55]

Bei der *nachgelagerten Besteuerung der Altersvorsorge* ist zu differenzieren. Beiträge zur Altersvorsorge, die durch eine Grundversorgung das Existenzminimum in der Versorgungsphase sichern sollen, sind in der Ansparphase als zukunftsexistenzsichernde Aufwendungen abziehbar (subjektives Nettoprinzip).[56] Die nachgelagerte Besteuerung einer *zusätzlichen* Vorsorge rechtfertigt sich dagegen aus dem lenkungspolitischen Ziel, die private Altersvorsorge zu fördern. Zur Zielverwirklichung muss dann sichergestellt sein, dass eine Auszahlung erst in der altersbedingten Versorgungsphase erfolgen kann.[57] Bei der Zusatzversorgung ist der Gesetzgeber auch frei, die nachgelagerte Besteuerung der Höhe nach zu deckeln und überschießende Beiträge in der Ansparphase nicht zum Abzug zu zulassen, wobei dann die Besteuerung in der Versorgungsphase auf den Ertragsanteil beschränkt ist (Verbot der Doppelbesteuerung).[58]

4. Überzeugung von den zugrunde gelegten Wertvorstellungen?

Die unterschiedlichen Rechtfertigungsebenen bei der verfassungsrechtlichen Würdigung spiegeln sich auch in den zugrunde gelegten Wertvorstellungen wider, von denen die politische Mehrheit im Reformprozess überzeugt werden muss, wenn etwa eines der Grundkonzepte oder eine hybride Form dort zur Diskussion steht.

Bei den *hybriden Formen* müssen gerade die außersteuerlichen Rechtfertigungsgründe überzeugen. Bei den Alterseinkünften, die – unter Berücksichtigung einer langen Übergangsfrist – ganz überwiegend nachgelagert be-

---

53 BT-Drucks. 16/4841, 30.
54 BT-Drucks. 16/4841, 30.
55 Im Ergebnis auch *H. Söhn* in DStJG 30 (2007), S. 13 (31); *D. Birk* in DStJG 34 (2011), S. 11 (23); *R. Eckhoff*, FR 2007, 989 (996); *M. Eilfort/J. Lang* in Lang/Eilfort (Hrsg.), Strukturreform der deutschen Ertragsteuern, Bericht über die Arbeit und Entwürfe der Kommission „Steuergesetzbuch" der Stiftung Marktwirtschaft 2013, S. 123 (154); a.A. *J. Englisch*, StuW 2007, 221; *J. Hey*, BB 2007, 1303 (1308); *P. Kirchhof* in FS Lang, 2010, S. 451 (471).
56 Im Ergebnis auch *R. Wernsmann*, StuW 1998, 317 (319, 328, 330); *C. Gröpl*, FR 2001, 620 (623); *S. Mittelsten Scheid*, Reform der Altersbesteuerung, 2004, S. 84 ff.; zudem den pflichtbestimmt auferlegten und auch faktisch zwangsläufigen Aufwand einbeziehend *H. Söhn*, StuW 1986, 324 (325); *H. Söhn/S. Müller-Franken*, StuW 1998, 317 (323).
57 So auch die Konzeption im BStGB, vgl. *P. Kirchhof*, Bundessteuergesetzbuch, 2011, S. 17; einschränkend *J. Lang* in DStJG 24 (2001), S. 49 (86): Mindestlaufzeit zwölf Jahre.
58 BVerfG v. 6.3.2002 – 2 BvL 17/99, BVerfGE 105, 73; *H. Weber-Grellet*, DStR 2012, 1253 (1257) m.w.N.; vgl. auch *J. Lang* in DStJG 24 (2001), S. 49 (87).

steuert werden,⁵⁹ ist das u.a. auch deshalb gelungen, weil die Mehrheit von einer Förderung der privaten Altersvorsorge überzeugt ist. Auch die Rechtfertigungsgründe für die Abgeltungsteuer (Kapitalflucht, Standortsicherung) wurden im politischen Prozess mehrheitlich akzeptiert. Die Einführung einer *Dualen Einkommensteuer* ist trotz ambitionierter Unterstützung bei der politischen Mehrheit bisher (wohl) auch deshalb durchgefallen, weil das Ziel der Standortsicherung im internationalen Wettbewerb hier als nicht hinreichend dringlich angesehen wurde.

Entscheidet man sich dagegen für eines der *Grundkonzepte der Konsumorientierung* (Spar- oder Zinsbereinigung), muss man hingegen von den steuerlichen Wertvorstellungen überzeugt sein, die einen solchen Systemwechsel tragen. Jedoch erscheint es schon im Ausgangspunkt zweifelhaft, warum bei der Einkommensteuer der Konsum ein besserer Indikator für Leistungsfähigkeit sein soll als die bereits durch den Erwerb entstandene Konsumierbarkeit. Wer 1000 Euro verdient und vollständig spart ist nicht ebenso leistungs(un)fähig wie jemand, der nichts verdient und daher auch nicht sparen kann. Gespartes Geld macht vielleicht nicht glücklich, aber es beruhigt. Schon im Sparen verwirklicht sich eine Bedürfnisbefriedigung eigener Art, nämlich ein „Besitzbedürfnis", ein „Vorsorgebedürfnis" oder ein „Einkommenssteigerungsbedürfnis".⁶⁰ Auch das Ziel des Wirtschaftens ist nicht allein der Konsum, sondern die Mehrung des Wohlstands, der sich auch in der Ansammlung von Vermögen ausdrückt.⁶¹ Nimmt man zudem das gesamte Steuersystem in den Blick, zielt bereits die Umsatzsteuer darauf ab, die im Konsum ausgedrückte Leistungsfähigkeit zu besteuern.⁶²

Ferner ist fraglich, ob das Einkommensteuerrecht am Realwertprinzip ausgerichtet werden muss,⁶³ obwohl es zumindest verfassungsrechtlich nicht zu beanstanden ist, wenn der Gesetzgeber aus Gründen der Klarheit und Handhabbarkeit des Rechts wie auch aus währungspolitischen Gründen vom Nominalwertprinzip ausgeht, das ein tragendes Ordnungsprinzip der geltenden Währungsordnung und Wirtschaftspolitik darstellt.⁶⁴

---

59 Überblick zum geltenden Recht nach dem Alterseinkünftegesetz v. 5.7.2004, BGBl. I 2004, 1427 bei *H. Weber-Grellet*, DStR 2012, 1253 ff.
60 So bereits *H. Haller* (Fn. 23), 1981, S. 54 ff.; dagegen *D. Schneider*, FinArch NF 37 (1979), S. 26 ff.; *J. Lang* in DStJG 24 (2001), S. 49 (66, 78).
61 *K. Tipke* (Fn. 23), S. 640; *R. Seer*, BB 2004, 2272 (2273).
62 *P. Kirchhof*, FR 2012, 701; vgl. bereits *W. Reiß* in DStJG 17 (1994), S. 3 (8).
63 So *M. Eilfort/J. Lang* (Fn. 55), S. 123 (152); *J. Lang/J. Englisch/T. Keß*, DStR 2005, Beihefter 1 zu Heft 25, 1 (7); *K. Tipke* (Fn. 5), S. 497 f.; *J. Hey* (Fn. 22), § 3 Rz. 63.
64 BVerfG v. 19.12.1978 – 1 BvR 335/76, 1 BvR 427/76, 1 BvR 811/76, BVerfGE 50, 57 (92 f.) – krit. dagegen *D. Birk*, JA 1979, 668 f.; v. 7.7.2010 – 2 BvL 14/02 u.a., BVerfGE 127, 1 (31); (Dreierausschuss) v. 1.3.1979 – 1 BvR 212/76, StB 1978, 138; v. 23.2.1979 – 1 BvR 222/77, juris; vgl. aber auch BVerfG v. 27.6.1991 – 2 BvL 3/89, BVerfGE 84, 239 (282): Berücksichtigung der Inflation möglich; BVerfG (3. Kammer des II. Senats) v. 15.12.1989 – 2 BvR 436/88, NVwZ 1990, 356: Abweichung von Nominalwertprinzip zulässig; vgl. auch *G. Weber* (Fn. 39), S. 83 ff.

Man kann auch daran zweifeln, ob es richtig ist, die Leistungsfähigkeit bei der Einkommensteuer ausschließlich auf das Lebenseinkommen zu beziehen. Die Frage, ob das Lebenseinkommen[65] oder das Periodeneinkommen[66] der entscheidende Indikator für die Leistungsfähigkeit bei der Einkommensteuer ist, ist bekanntlich in der Steuerwissenschaft höchst umstritten.[67] Eine eindeutige Antwort kann sie der Steuerpolitik daher nicht geben. Auch das BVerfG[68] und der BFH[69] geben keiner Sicht einen eindeutigen Vorzug. Gegen die konsumorientierte Sicht spricht aber unabhängig von einer modellhaften Neutralität einer einheitlichen Cashflow-Besteuerung[70] schon, dass der reale Mensch nicht ausschließlich langfristig in „Gesamtperioden" denkt.[71] Vielmehr erkennt er die kurzfristige Steuerersparnis des Sparens oder Investierens, blendet aber mehr oder weniger aus, dass die Zeche ir-

---

65 So etwa *J. Hackmann*, Besteuerung des Lebenseinkommens, 1979, S. 47 ff.; StuW 1980, 318; *J. Mitschke*, StuW 1980, 122 ff. und 252 ff.; *E. Wenger*, FinArch N.F. 41 (1983), 207 ff.; *J. Lang*, Die Bemessungsgrundlage der Einkommensteuer, 1988, S. 186 f.; *J. Lang* in DStJG 24 (2001), S. 49 (63 ff.); *J. Lang/J. Englisch*, StuW 2005, S. 3 (6); *K. H. Friauf* in DStJG 12 (1989), S. 3 (18); *C. Dorenkamp* (Fn. 28), S. 117 ff.; *E. Röder*, Das System der Verlustverrechnung im deutschen Einkommensteuerrecht, 2010, S. 247; *M. Wendt* in DStJG 28 (2005), S. 41 (68); *R. Seer*, Verständigungen in Steuerverfahren, 1996, S. 313; BB 2004, 2272 (2274); *R. Beiser*, ÖStZ 2000, 413 (417); *J. Hey* (Fn. 22), § 3 Rz. 80; vgl. bereits *W. Vickrey*, Journal of Political Economy 47 (1939), 379; krit. dagegen *D. Schneider*, StuW 1974, 369 (370).
66 So etwa *P. Kirchhof*, Gutachten F für den 57. DJT, 1988, S. 76; *P. Kirchhof* in K/S/M, § 2 EStG Rz. A 136, 362; *P. Kirchhof* (Fn. 57), S. 14; *P. Kirchhof* in FS Lang, 2010, S. 451 (475 f.); *P. Kirchhof*, BB 2006, 71 (73); *M. Lehner* in Lehner (Hrsg.), Verluste im nationalen und internationalen Steuerrecht, 2004, S. 1 (7, 15 ff.); *H. G. Ruppe* in H/H/R, Einf. ESt, Anm. 33; *R. Eckhoff* in DStJG 29 (2005), S. 11 (32 f.) m.w.N.; *C. Seiler* in DStJG 34 (2011), S. 61 (81); *H. Kube*, BB 2005, 743 (749); *A. Schmehl*, Allgemeine Verlustverrechnungsbeschränkungen mit Mindestbesteuerungseffekt, 2004, S. 20; vgl. bereits *G. von Schanz*, FinArch 13 (1896), 1 (7): „Das Einkommen stellt sich (…) als Zugang des Reinvermögens (…) während einer Periode dar."; *R. M. Haig* in Haig (Hrsg.), The Federal Income Tax, 1921, S. 7: „Income is the money value of the net accretion of one's economic power between two points of time."
67 Aufgearbeitet bei *R. Ismer* in DStJG 34 (2011), S. 91 (99 ff.) m.w.N.
68 Vgl. einerseits BVerfG v. 7.7.2010 – 2 BvL 14/02 u.a. – Rz. 71 f., BVerfGE 127, 1: „Dem EStG liegt als Ausgangsentscheidung die periodische Erfassung des Jahreseinkommens zugrunde, das Wertzuwächse innerhalb der Periode erfasst."; andererseits hat BVerfG (3. Kammer des Ersten Sentas) v. 22.7.1991 – 1 BvR 313/88, NJW 1992, 168 noch darauf abgestellt, dass sich der Grundsatz der Abschnittsbesteuerung allein aus dem Grundsatz der Rechtssicherheit ergebe und eine Beschränkung des Verlustabzugs, der das Nettoprinzip und das Leistungsfähigkeitsprinzip beeinträchtige, rechtfertige (Rechtfertigungsmaßstab: Willkürverbot).
69 Vgl. einerseits BFH v. 17.12.2007 – GrS 2/04, BStBl. II 2008, 608 (Lebenseinkommen); andererseits BFH v. 17.2.2005 – IX R 138/03, BFH/NV 2005, 1264 (Periodeneinkommen).
70 *F. W. Wagner/R. Schwinger* in Rose (Hrsg.), Konsumorientierte Neuordnung des Steuersystems, 1991, S. 496 ff.; *F. W. Wagner*, FR 2012, 653 (661).
71 I.d.S. bereits *D. Schneider*, StuW 1974, 369 (370): Bedürfnisbefriedigung als „kurzperiodische Erscheinung".

gendwann bezahlt werden muss. Bekanntlich lösen auch kurzfristige Steuervorteile erhebliche Verhaltenswirkungen aus. Am Zahltag sind die Vorteile aus der Vergangenheit dann schnell vergessen und Steuerwiderstand wird sich regen. Ob sich die Orientierung am Cashflow wirklich verhaltensneutral auswirkt, lässt sich daher bezweifeln. Ebenso könnte sie einen enormen Investitions- oder Sparanreiz setzen, der zu Fehlinvestitionen mit Totalverlusten und daher gerade zu Fehlallokationen führen wird.

Besteuerungspraktisch würde speziell eine Sparbereinigung das Problem der Wegzugsbesteuerung – vor allem innerhalb der EU[72] – erheblich ausweiten. Solche Schwierigkeiten in der Besteuerungspraxis[73] sind auch der Grund, warum einige Vertreter der Konsumorientierung eher zu einer Zinsbereinigung tendieren, die – wie aufgezeigt (IV. 2.) – bezogen auf das Lebenseinkommen ebenso neutral wirkt wie eine Sparbereinigung.[74] Bei dieser Fokussierung auf das Lebenseinkommen bleibt aber außen vor, dass – anders als bei der Sparbereinigung – das Steueraufkommen aus Kapitalrenditen deutlich sinkt, also das Steueraufkommen vornehmlich durch Arbeitseinkommen gespeist werden muss. In der *Tabelle 2* wird dieser Effekt aufgezeigt.

	Ohne Steuern	Steuer bei Erwerb	Sparbereinigung	Zinsbereinigung
Einkommen vor Steuern	10 000	10 000	10 000	10 000
Steuern auf Einkommen (30 %)	0	3000	0	3000
Einkommen nach Steuern	10 000	7000	10 000	7000
Nach 5 Jahren				
Verbleibendes Lebenseinkommen nach Steuern	13 382	8599	9368	9368

---

72 *C. Fuest*, FR 2011, 9 (14); grundlegend dazu *C. Fuest/J. Mitschke* (Hrsg.), Nachgelagerte Besteuerung und EU-Recht, 2008 mit Erörterungen von *M. Elicker* (S. 15 ff.) und *R. Wernsmann/M. Falkner* (S. 161 ff.), die eine europarechtskonforme Ausgestaltung der nachgelagerten Besteuerung für möglich halten; grds. auch *A. Linn/M. Raßhofer* (S. 53 ff.), die aber Grenzen in der Mutter-Tochterrichtlinie sehen; zur unionswerten Umsetzung s. *M. Elicker* (S. 223 ff.); *D. Kiesewetter/M. Dietrich/D. Rumpf* (S. 255 ff.); *D. Knirsch/R. Niemann* (S. 315 ff.).
73 So auch die Kritik von *R. Seer*, BB 2004, 2272 (2274); vgl. *J. Hey* (Fn. 22), § 3 Rz. 78.
74 *E. Wenger*, FinArch 41 (1983), 207; *R. Broadway/N. Bruce*, Journal of Public Economics 24 (1984), 231; *F. W. Wagner*, FR 2012, 2012, 653 (666); krit. dagegen *J. Hackmann* in Andel (Hrsg.), Probleme der Besteuerung II, 1999, S. 35; *S. Homburg* in Rose (Hrsg.), Standpunkte zur aktuellen Steuerreform, 1997, S. 107 (111 ff.); *D. Schneider*, StuW 2000, 421.

Wie kann eine Reform gelingen? 111

	Ohne Steuern	Steuer bei Erwerb	Sparbereinigung	Zinsbereinigung
Steuereinnahmen absolut	0	3685	4015	3000
Steueranteil (%)	0	30 %	30 %	24,4 %
Nach 10 Jahren				
Verbleibendes Lebenseinkommen nach Steuern	17 908	10 563	12 535	12 535
Steuereinnahmen absolut	0	4527	5372	3000
Steueranteil (%)	0	30 %	30 %	19,3 %
Nach 20 Jahren				
Verbleibendes Lebenseinkommen nach Steuern	32 071	15 939	22 445	22 445
Steuereinnahmen absolut	0	6831	9621	3000
Steueranteil (%)	0	30 %	30 %	11,8 %
Nach 40 Jahren				
Verbleibendes Lebenseinkommen nach Steuern	102 857	36 292	72 000	72 000
Steuereinnahmen absolut	0	15 554	30 857	3000
Steueranteil (%)	0	30 %	30 %	4 %

Tabelle 2 (eigene Darstellung): Steuereinnahmen und Steueranteil (%) beim klassischen System und bei einer Spar- oder Zinsbereinigung; Annahmen: Kapitalrendite/Zins: 6 %, Steuersatz: 30 %; Erwerb und Sparen/Investition für 5,10, 20 oder 40 Jahre und dann Konsum.

Tabelle 2 zeigt zunächst den absoluten Beitrag zum Steueraufkommen der Kapitaleinkommen. Am höchsten ist dieser bei der Sparbereinigung, dürfte aber inflationsbereinigend etwa dem klassischen System entsprechen. Dagegen fällt das Aufkommen bei der Zinsbereinigung weit zurück. Nimmt man als Basis das verbleibende Lebenseinkommen und die gezahlten Steuern, beträgt der Steueranteil im klassischen System und bei der Sparbereinigung konstant 30 %. Bei der Zinsbereinigung ist es – je nach Laufzeit – weitaus weniger (24,4 %, 19,3 %, 11,8 % bzw. 4 %). Anders als die Sparbereinigung bewirkt die Zinsbereinigung daher keine bloße Änderung des Besteuerungszeitpunkts, sondern führt zu einer Spaltung der Bemessungsgrundlage in Arbeits- und Kapitaleinsatzeinkommen, die bewirkt, dass das Steueraufkommen hauptsächlich von den Arbeitseinsatzeinkommen aufgebracht wird.

Dieter Schneider hat die sog. Ausgabensteuer – eine Variante einer Konsumeinkommensteuer – einmal als ein „ideologisches Stützkorsett für Vermögensmillionäre gegen die Gleichmäßigkeit der Besteuerung" bezeichnet.[75] Schaut man jenseits von Neutralitätsforderungen bei einer Zinsbereinigung auch darauf, wer das Steueraufkommen aufbringt, wird man einen vergleichbaren Schluss ziehen können.[76]

Scheitert ein Systemwechsel zu einer konsumorientierten Besteuerung, hat das nicht den Grund, dass die politische Mehrheit reformunwillig oder nicht konzeptfähig ist. Vielmehr ist die Mehrheit von den Wertvorstellungen, die dem Reformmodell zugrunde liegen, schlicht nicht überzeugt.[77] Selbst Staaten, die sich einst für eine konsumorientierte Einkommensteuer entschieden haben, haben sie nach relativ kurzer Zeit wieder abgeschafft.[78]

V. Überzeugung von der konkreten Umsetzung der Wertvorstellungen – zu den Folgen einer Abschaffung oder Reduzierung der Einkunftsarten

Das oben aufgezeigte Szenario (unter I.) hat bereits deutlich gemacht, dass die Umsetzungsbereitschaft geringer wird, desto konkretere Schlussfolgerungen aus den zugrunde gelegten Wertvorstellungen entnommen werden. Unverdächtig erscheint hier auf den ersten Blick die Forderung, die Einkunftsarten abzuschaffen bzw. deutlich zu reduzieren.

Das „Elend der Einkunftsarten" – wie es *Dieter Birk* genannt hat – ist bekannt:[79] Sie haben im pragmatischen Einkommensbegriff des geltenden Rechts zwar die Funktion, die steuerbare von der nicht-steuerbaren Sphäre

---

75 *D. Schneider* in Smekal/Sendlhofer/Winner (Hrsg.), Einkommen vs. Konsum, 1999, S. 1 (12).
76 Eine Zinsbereinigung ablehnend *D. Schneider* (Fn. 75), S. 1 (6); *S. Homburg* (Fn. 74), S. 107 (111 ff.); ein entsprechendes „Akzeptanzproblem" sehen auch *C. Dorenkamp* StuW 2000, 121 (128); *J. Lang* in DStJG 24 (2001), S. 49 (81); *J. Hey* (Fn. 22), § 3 Rz. 78.
77 Vgl. *J. Lang* in DStJG 24 (2001), S. 49 (76): Kein Scheitern wegen der „äußeren rechtspolitischen Rahmenbedingungen", sondern wegen des „Widerstreits dogmatisch unvereinbarer Grundpositionen"; *J. Thiel*, StuW 2005, 335 (344 f.) zur Dualen Einkommensteuer; zur tendenziell positiven Bewertung der Konsumbesteuerung im demokratischen Prozess vgl. *G. Brennan/J. M. Buchanan* in Rose (Hrsg.), Konsumorientierte Neuordnung des Steuersystems, 1991, S. 51 ff.
78 Die 1994 in Kroatien eingeführte zinsbereinigte Einkommensteuer wurde 2000 wieder abgeschafft, vgl. *K. Tipke* (Fn. 23), S. 643 u. 644 f. Eine bereits 1956 in Indien eingeführte Ausgabensteuer wurde ebenfalls nach einigen Jahren wieder abgeschafft; vgl. *H. G. Ruppe* in H/H/R, Einf. ESt, Anm. 45.
79 *D. Birk* in DStJG 34 (2011), S. 11 (20); krit. auch *J. Lang* in DStJG 24 (2001), S. 49 (73); *J. Lang/J. Englisch/T. Keß*, DStR 2005, Beihefter 1 zu Heft 25. 1 (4): „faktische Schedulisierung".

abzugrenzen (*Außengrenzen*).[80] Aber regelungstechnisch sind sie dafür nicht zwingend erforderlich.

Im geltenden Recht zeigt sich aber, dass die streitanfälligen Abgrenzungsschwierigkeiten erst durch die weiteren, gerade unterschiedlichen Rechtsfolgen entstehen, die an die Einkunftsarten anknüpfen.[81] Im geltenden Einkommensteuerrecht sind das etwa elf verschiedene Methoden der Einkünfteermittlung,[82] die (teilweise) Steuerfreistellung von Einnahmen,[83] Freibeträge und Freigrenzen,[84] Werbungskosten-Pauschbeträge,[85] die Erhebung von Quellensteuern,[86] Auswirkungen auf andere Steuern,[87] Anrechnung anderer Steuern[88] und Sondertarife.[89] Da in jeder Differenzierung zumindest das Potential einer ungleichen Belastung steckt, muss man sich in der Tat bei jeder einzelnen Differenzierung die Frage stellen, ob sie notwendig oder zumindest gerechtfertigt ist.[90]

1. Erwerbsgrundlagen statt Einkunftsarten (BStGB)

Das wirft die Frage auf, ob es nicht besser ist, gänzlich auf Einkunftsarten zu verzichten, wie dies im *Bundessteuergesetzbuch (BStGB)*[91] zumindest für den Grundtatbestand (§ 43) vorgeschlagen wird.[92]

---

80 I.d.S. bereits *E. Becker*, Grundlagen der Einkommensteuer, 1940, S. 219: Bei der Aufstellung der sieben Einkunftsarten gehe es nicht um „eine Zerschlagung der Einkommensteuer in Sondersteuern, sondern darum (...), auf sicheren Grundlagen die gesamte Leistungsfähigkeit des Pflichtigen zu erfassen."; ebenso *K. Tipke* (Fn. 23), S. 661 ff. m.w.N.: Enumeration aus Gründen der Rechtssicherheit vorzugswürdig.
81 Vgl. *D. Birk* in DStJG 34 (2011), S. 11 (22, 24 f.); monografisch *O. Zugmaier*, Einkünftequalifikation im Einkommensteuerrecht, 1998, S. 24 ff.; *J. Maitzen*, Der Grundsatz der Gleichbehandlung der Einkunftsarten, 2011, S. 35 ff.
82 §§ 2 Abs. 2 Nr. 2, § 4 Abs. 1, § 4 Abs. 1 i.V.m. § 5 Abs. 1, § 5a, § 13a, § 16 Abs. 2, § 17 Abs. 2, § 20 Abs. 4, § 22 Nr. 1 Satz 3 lit. a bb, § 23 Abs. 3 EStG; vgl. auch *T. Eisgruber* in Kube u.a. (Hrsg.), Leitgedanken des Rechts, Paul Kirchhof zum 70. Geburtstag, II, 2013, § 169 Rz. 19.
83 Z.B. § 3 Nr. 40 Satz 2, § 3 Nr. 45, § 3 Nr. 51, § 3b, § 13 Abs. 5 EStG.
84 Z.B. § 13 Abs. 3, § 22 Nr. 3 Satz 2 EStG.
85 § 9a EStG und – ohne sog. Günstigerprüfung § 20 Abs. 9 Satz 1 EStG.
86 Lohnsteuer (§§ 38 ff. EStG) und Kapitalertragsteuer (§§ 43 ff. EStG).
87 Einkünfte aus Gewerbebetrieb (§ 15 EStG) und Gewerbesteuer (§ 2 Abs. 1 Satz 2 GewStG).
88 Gewerbesteuer auf Einkünfte aus Gewerbebetrieb (§ 35 EStG).
89 Abgeltungsteuer nach § 32d EStG oder Thesaurierungsbegünstigung nach § 34a EStG.
90 Krit. *D. Birk* in DStJG 34 (2011), S. 11 (21).
91 *P. Kirchhof* (Fn. 57); zum Vorläufer EStGB s. *P. Kirchhof*, BB 2006, 71.
92 Neben dem Grundtatbestand (§ 43) enthält das BStGB drei weitere Einkunftsarten für Veräußerungsgewinne (§ 53 Abs. 1 [Anteilen an steuerjuristischen Personen]; § 53 Abs. 4 [Erwerbsgrundlagen im Allgemeinen]; § 8 Abs. 3 BilO [Grundstücke]). Grund für die Aussonderung aus dem Grundtatbestand (§ 43): Fehlen eines „Zustandstatbestandes", weil die Erwerbsgrundlage nicht genutzt, sondern selbst veräußert wird; begünstigte Gewinnermittlung (widerlegbare Vermutung eines Aufwandes von 90 %

Dagegen spricht aber, dass sich das Problem der Rechtsfolgendifferenzierungen im Binnenbereich aller steuerbaren Einkünfte nicht lösen lässt, indem man die Einkunftsarten abschafft. Der Veranlassungszusammenhang als Zuordnungskriterium für Aufwendungen zur Erwerbssphäre und die Gewinnerzielungsabsicht als subjektives Element vor allem zur Abgrenzung der privaten Konsumsphäre[93] können nämlich nicht an das „Einkommen" als solches anknüpfen, sondern benötigen als notwendigen Letztbezugspunkt eine konkrete „Einkünftequelle" oder – wie im BStGB – eine konkrete „Erwerbsgrundlage" (vgl. § 43 Abs. 2 und 3).[94]

Anhand von „Erwerbsgrundlagen" werden im BStGB durchaus gewichtige Differenzierungen vorgenommen,[95] was sich am deutlichsten im interperiodischen Verlustausgleich (§ 50 BStGB) zeigt. Dieser wird generell auf Einkünfte aus derselben Erwerbsgrundlage beschränkt, wie das etwa im geltenden Recht bei der liebhaberei- und verlustverdächtigen gewerblichen Tierzucht geschieht (§ 15 Abs. 5 Satz 2 EStG).[96] Wenn zudem für Zwecke der Quellensteuer der Arbeitslohn (§ 44, § 57 BStGB) herausgegriffen werden kann und in § 25 BStVO auch noch das Arbeitsverhältnis definiert wird, ist ohne weiteres ersichtlich, dass man auch ohne Einkunftsarten die Sonn-, Feiertags- oder Nachtzuschläge (§ 3b EStG) einseitig zugunsten von (bestimmten) Arbeitnehmern steuerfrei stellen könnte.

Das gut gemeinte Ziel des BStGB, durch die Abschaffung von Einkunftsarten die im geltenden Recht problematischen Rechtsfolgendifferenzierungen zu unterbinden,[97] kann daher durch eine Anknüpfung an bestimmte Erwerbsgrundlagen einfach unterlaufen werden. Einen konzeptionellen Vorteil gegenüber dem geltenden Recht enthält das BStGB insoweit nicht.

---

des Verkaufspreises, § 53 Abs. 2). Eine weitere Einkunftsart gilt für die Besteuerung der Alterseinkünfte (§§ 55, 56): Grund für die Aussonderung aus dem Grundtatbestand (§ 43): teilweises Fehlen von Markteinkommen (umlagefinanzierte Rente mit Bundeszuschuss) und Begünstigung durch nachgelagerte Besteuerung. Zur Differenzierung nach Einkunftsarten im sog. Karlsruher Entwurf s. *J. Maitzen* (Fn. 81), S. 180 ff.

93 Vgl. *H.-W. Bayer* (Fn. 21), S. 12 ff.; *J. Lang*, StuW 1981, 223; *R. Beiser*, ÖStZ 2000, 413 (419).
94 I.d.S. bereits *T. Eisgruber* (Fn. 82), § 169 Rz. 4, 8 f.
95 Unterscheidung zwischen Gewinn- und Überschussermittlung (§ 44 Abs. 1); bei der Gewinnermittlung: „Unternehmen" (Folge: Bilanzierung [§ 4 Abs. 1 i.V.m. § 1 Abs. 1 BilO); „Überlassung von Grundstücken" (Folge: unwiderlegbare Vermutung für den Aufwand auf 60 % der Erträge [§ 8 Abs. 1 Satz 3 BilO]: krit. *J. Pelka*, StuW 2013, 226 [233]). Krit. auch *C. Spengel*, Ubg 2012, 256 (257): „zunehmende Schedulisierung".
96 Zu Recht krit. *C. Spengel*, Ubg 2012, 256 (258); *J. Pelka*, StuW 2013, 226 (230).
97 Vgl. *P. Kirchhof* (Fn. 57), S. 14; vgl. bereits *P. Kirchhof*, BB 2006, 71 (72) zum Vorläufer EStGB.

Das richtige Anliegen könnte auch unter Beibehaltung der Einkunftsarten verwirklicht werden, indem schlicht nicht notwendige Rechtsfolgendifferenzierungen abgeschafft werden.

Es stellt sich zudem die Frage, ob ein Verzicht auf Einkunftsarten wirklich zu einer Vereinfachung führt oder sogar neue Fragen aufwirft, die die Rechtsanwendung sogar komplizierter machen.[98] Legt man das BStGB zugrunde, erscheint es zumindest zweifelhaft, ob dort etwa Abgeordnetendiäten steuerbar sind, was tatbestandlich nur der Fall wäre, wenn man die Ausübung des Mandats als die Nutzung einer Erwerbsgrundlage anzieht, um Einkünfte am Markt zu erzielen (vgl. § 43).[99]

Zweifelhaft ist auch, ob ein angestellter Klavierlehrer, der in seiner Freizeit Konzerte für eine kleine Gage und mit hohen Reisekosten gibt, zwei Erwerbsgrundlagen oder das „Klavier lehren und öffentlich spielen" nur eine Erwerbsgrundlage ist. Relevant wird die Frage für die Gewinnerzielungsabsicht, wenn die Konzerte bzw. Konzertreisen dauerhaft nur Verluste einbringen. Handelt es sich um eine Erwerbsgrundlage, sind die positiven Einkünfte aus dem Angestelltenverhältnis bei der Prüfung der Gewinnerzielungsabsicht positiv zu berücksichtigen, anderenfalls nicht. Im geltenden Recht ist der Fall dagegen eindeutig. Die Aufwendungen (Reisekosten) sind ebenso wie die geringeren Konzertgagen durch eine freiberufliche Tätigkeit (§ 18 EStG) veranlasst, die aber aufgrund der Liebhaberei nicht steuerbar ist, so dass die Verluste unberücksichtigt bleiben (müssten)[100].

Die Existenz von Einkunftsarten kann daher durchaus zur Verständlichkeit des Einkommensteuerrechts beitragen. Im geltenden Recht ist das jedoch nicht mehr hinreichend deutlich erkennbar, weil einerseits die tradierten Kategorien nicht mehr zeitgemäß sind und andererseits kaum zur Verständlichkeit beitragen.[101]

---

98 Krit. *J. Pelka*, StuW 2013, 226 (230): „unklarer Begriff der Erwerbsgrundlage".
99 Der Entwurf der Stiftung Marktwirtschaft ordnet die Abgeordnetentätigkeit ausdrücklich als selbständige, aber nicht unternehmerische Tätigkeit ein (§ 4 Abs. 1 Nr. 3); vgl. *M. Eilfort/J. Lang* (Fn. 55), S. 123 (160).
100 Gleichwohl ist der BFH (v. 22.7.1993 – VI R 122/92, BStBl. II 1994, 510) – m.E. unzutreffend (ebenso *T. Eisgruber* [Fn. 82], § 169 Rz. 40 ff.: „evident falsch") – davon ausgegangen, dass die Verluste (als Saldogröße!) dann bei den Einkünften aus nichtselbständiger Arbeit abziehbar sind, obwohl sie gar nicht durch das Beschäftigungsverhältnis veranlasst waren.
101 A.A. noch *E. Littmann*, DStR 1962, 94 (95): „unmittelbar der Lebenswirklichkeit entnommen" und: „Man wird kaum bestreiten können, dass sich eine bessere Ordnung der Einkunftsarten nur schwer vorstellen lässt".

2. Reduzierung auf vier Einkunftsarten (Stiftung Marktwirtschaft)

Im Entwurf der *Stiftung Marktwirtschaft*[102] ist es dagegen gelungen, durch vier Einkunftsarten (Selbständige und nichtselbständige Tätigkeit, Vermögensverwaltung, Zukunftssicherung), die durch den gemeinsamen Oberbegriff der „Erwerbstätigkeit" zusammengehalten werden (§ 2 Abs. 1), zur Verständlichkeit beizutragen. Dabei wird auch ganz bewusst anhand von Einkunftsarten bzw. ihren Untertatbeständen in einzelnen Rechtsfolgen differenziert, nämlich durch fünf Arten der Gewinnermittlung (§ 9), aus Zwecken der Abstimmung mit einer allgemeinen Unternehmensteuer (§ 19), durch unterschiedliche Erwerbsausgaben-Pauschalen (§ 50 Abs. 1), durch Vereinfachungsvorschriften (§ 49 Nr. 2 und Nr. 3) und bei der Steuererhebung (§ 35 Abs. 1, § 53 Abs. 1).

Trotz des Fortbestands gewichtiger Differenzierungen scheint im Entwurf der *Stiftung Marktwirtschaft* das Elend der Einkunftsarten verflogen. Das hat zwei Gründe: Einerseits wurden die drei Gewinneinkünfte (Gewerbebetrieb, freiberufliche Tätigkeit und Land- und Forstwirtschaft) in einer Einkunftsart für Kleinunternehmer (§ 4 Abs. 1 Nr. 1) bzw. in einer allgemeinen Unternehmensteuer zusammengefasst.[103] Damit sind die streitanfälligsten und absurdesten Abgrenzungsfragen vom Tisch.[104] Andererseits wurden alle Steuervergünstigungen einschließlich besonderer Freibeträge gestrichen.[105] Insoweit handelt es sich nicht um eine revolutionäre Neuordnung, sondern um eine bloße Sanierung des geltenden Rechts unter Zugrundelegung zeitgemäßer Kategorien für Einkunftsarten.[106]

---

102 *J. Lang/M. Eilfort* (Fn. 55), S. 123 (124, 159 ff.); vgl. bereits *J. Lang u.a.*, Kölner Entwurf des Einkommensteuergesetzes, 2005, Rz. 227 ff. (fünf Einkunftsarten); *J. Lang*, Reformentwurf zu Grundvorschriften des Einkommensteuergesetzes, Münsteraner Symposium II, 1985, S. 37 ff. (drei Einkunftsarten).
103 *J. Lang/M. Eilfort* (Fn. 55), S. 123 (124, 159 ff.); zusammenfassend bereits der sog. Kölner Entwurf, s. *J. Lang u.a.* (Fn. 102), 2005, Rz. 228 f.
104 Anschaulich *D. Birk* in DStJG 34 (2011), S. 11 (23) mit Verweis auf FG Köln, v. 16.5.1994 – 13 K 4196/89, EFG 1995, 26: „Eine wissenschaftliche Tätigkeit als beratender Betriebswirt übt nicht aus, wer nicht darlegen kann, auf welchen theoretischen Grundlagen seine Unternehmensberatungen beruhen, und weder einfache wirtschaftsmathematische Aufgaben lösen noch die Grundbegriffe der Finanzierung und des Rechnungswesens erläutern kann"; zur Komplexität der Abgrenzungen insgesamt *O. Zugmaier* (Fn. 81); *O. Zugmaier*, StuW 1998, 334 ff.; *J. Maitzen* (Fn. 81), S. 116 ff.
105 Ebenso bereits der sog. Kölner Entwurf, s. *J. Lang u.a.* (Fn. 102), 2005, Rz. 117 ff. sowie das BStGB s. *P. Kirchhof* (Fn. 57), S. 14.
106 Vgl. *J. Lang* in Lang/Eilfort (Hrsg.), Strukturreform der deutschen Ertragsteuern, Bericht über die Arbeit und Entwürfe der Kommission „Steuergesetzbuch" der Stiftung Marktwirtschaft, 2013, S. 113 (116); *J. Lang u.a.* (Fn. 102), 2005, Rz. 117 ff.; *J. Thiel*, StuW 2005, 335 (344).

3. Steuerpolitische Umsetzungsbarkeit

Die aufgezeigte Modernisierung der Einkunftsarten dürfte nicht nur in der Steuerrechtswissenschaft auf breite Zustimmung stoßen, sondern – zumindest abstrakt betrachtet – auch in der Steuerpolitik eine Überzeugungskraft entfalten können.

Verlässt man jedoch die abstrakte Ebene und betrachtet, welche Rechtsfolgendifferenzierungen konkret über Bord geworfen werden sollen, wird sich das Bild in der Steuerpolitik anders darstellen: Neben den Gewerkschaften (wegen der Abschaffung der Steuerfreiheit von Zuschlägen für die Sonntags-, Feiertags- oder Nachtarbeit in § 3b EStG) würden u.a. die Landwirte (wegen der Abschaffung ihrer Vergünstigungen in § 13 Abs. 3 und 5, § 13a EStG), die Reeder (wegen der Abschaffung der Tonnagebesteuerung nach § 5a EStG) und natürlich die Gemeinden (wegen des Wegfalls der tatbestandlichen Anknüpfung für die Gewerbesteuer) ihre Monita vorbringen.

In der Steuerwissenschaft wird man solche Gegenwehr als Kundgabe bloßer Partikularinteressen abtun, weil sie den steuerwissenschaftlichen Idealen und dem daraus abgeleiteten Gemeinwohlinteresse widersprechen. Will die Steuerwissenschaft jedoch mit ihren Idealen und Reformmodellen in der Steuerpolitik Erfolg haben, dann muss sie zunächst akzeptieren, dass ihre Ideale dort mit spezifischen Fiskalinteressen, Umverteilungs-, Lenkungs- und Förderzielen konkurrieren und kollidieren können. Denn im Feld der Steuerpolitik sind die Steuerpolitiker, die zuvörderst steuerpolitische Ideale verfolgen, nicht unter sich.[107] Sie treffen auf Haushälter und Fachpolitiker, die vor allem daran interessiert sind, hohe Einnahmen zu generieren,[108] um den Haushalt zu konsolidieren bzw. die jeweiligen Fachpolitiken zu finanzieren. Sie treffen auch auf Sozialpolitiker, die bereits mit Hilfe des Steuerrechts eine Umverteilung durchsetzen wollen.[109] Und schließlich treffen sie auf Fachpolitiker, die ihre Fachpolitik bereits mit dem Instrument des Steuerrechts durchsetzen wollen[110]: Umweltpolitiker wollen umweltbewusstes Verhalten fördern und Gegenteiliges abstrafen. Familienpolitiker wollen Familien entlasten und Wirtschaftspolitiker haben zuvörderst die Sicherung des Standorts Deutschland im Blick. Im steuerpolitischen Diskurs stellt dabei jeder Vertreter seine Ziele und Ideale als Gemeinwohlinteressen dar, vereinnahmt für sich das vage Meta-Ziel der

---

107 Vgl. auch *J. Hey*, StuW 2013, 107 (109).
108 *Vgl. J. Hey*, StuW 2013, 107 (108, 110 ff.); *dies.*, BB 2007, 1303 ff., die zu Recht darauf hinweist, dass zuweilen auch sog. „Gegenfinanzierungsmaßnahmen" mehr kaputt machen, als an anderer Stelle gewonnen wird.
109 Vgl. bereits *A. Wagner*, Finanzwissenschaft II, Theorie der Besteuerung, 2. Aufl. 1890, S. 207 ff.; krit. zu Verteilungsdebatte *J. Lang* (Fn. 106), S. 113 (115 f.); *J. Hey*, StuW 2013, 107 (109 f.).
110 Vgl. nur *D. Birk/M. Desens/H. Tappe*, Steuerrecht, 16. Aufl. 2013, Rz. 39 m.w.N.

"Steuergerechtigkeit"[111] und stempelt konkurrierende oder kollidierende Interessen als Partikularinteressen ab. Aus der jeweiligen Perspektive unter Zugrundelegung der jeweiligen Wertvorstellungen ist das sogar folgerichtig.

In der Steuerrechtswissenschaft neigt man dazu, die eigenen Ideale verfassungsrechtlich abzusichern[112] und damit gegenüber gegenläufigen Idealen zu immunisieren. Das ist ihr gutes Recht und im Verein mit der Staatsrechtswissenschaft auch einer ihrer vornehmsten Aufgaben. In der Steuerpolitik bildet das von der Steuerwissenschaft mühsam herausgearbeitete "Steuerverfassungsrecht" jedoch keine selbständige Grenze, wenn die Anforderungen über die vom BVerfG real gesetzten Grenzen hinausgehen.[113] Allein die reale Verfassungsgrenze bestimmt die steuerreformpolitischen Diskursregeln.

Innerhalb der realen verfassungsrechtlichen Grenzen erscheint es im politischen Diskurs nahezu utopisch, dass sich steuerwissenschaftliche Ideale gegenüber gegenläufigen Idealen kompromisslos durchsetzen werden,[114] wie sich auch anschaulich aus dem für die 18. Legislaturperiode geschlossenen Koalitionsvertrag ergibt.[115] Steuerwissenschaftliche Ideale und Reformmodelle werden sich daher nur durchsetzen können, wenn sie sich spezifischen Fiskalinteressen, Umverteilungs- und Lenkungszielen nicht gänzlich verschließen,[116] sondern diese in ihren Reformmodellen in einer Art und Weise aufnehmen können, dass die steuerwissenschaftlichen Ideale möglichst minimal beeinträchtigt werden.[117] Letzteres betrifft wegen der Gefahr der Mitnahmeeffekte bei mangelnder Feinsteuerung und der Defizite in der Haushaltskontrolle wegen der Ungewissheit über die Inspruchnahme

---

111 Krit. zum inflationären Gebrauch der "Steuergerechtigkeit" als politisches Schlagwort S. *Kempny*, Lexikon des Rechts, Stichwort: "Steuergerechtigkeit". LdR 148 (Juli 2013), S. 1 f.
112 Anschaulich hierzu die Herausarbeitung strenger Verfassungsmaßstäbe bei *P. Kirchhof* in DStJG 24 (2001), S. 9 ff.; *J. Lang* in DStJG 24 (2001), S. 49 ff.; *J. Hey* in DStJG 24 (2001), S. 155 ff.; *J. Englisch* (Fn. 27), S. 93 ff.; moderater dagegen *J. Wieland* in DStJG 24 (2001), S. 29 ff.; *L. Osterloh* in DStJG 24 (2001), S. 383 ff.; *H. Söhn* in DStJG 30 (2007), S. 13 (31 ff.).
113 Vgl. auch *Sachverständigenrat* (Fn. 37), 2006, S. 18, der (hoffentlich nur insoweit) vom "Instrument der verfassungsrechtlichen Drohkulissen" spricht.
114 Vgl. *J. Thiel*, StuW 2005, 335 (341) zur Unvermeidlichkeit von Kompromissen.
115 Vgl. den Koalitionsvertrag (CDU/CSU und SPD), 18. Legislaturperiode, v. 27.11.2013: „Die Tonnagesteuer bleibt erhalten." (S. 47); „An der steuerlichen Förderung von Baudenkmälern und Gebäuden in Sanierungsgebieten und städtebaulichen Entwicklungsbereichen halten wir fest" (S. 131).
116 Dagegen auf Direktsubventionen verweisend *P. Kirchhof*, FR 2012, 701 (703); *P. Kirchhof*, (Fn. 57), S. 14.
117 Grundlegend zum (verfassungsrechtlichen) Maßstab als Grenze *R. Wernsmann*, Verhaltenslenkung in einem rationalen Steuersystem, 2005, S. 170 ff.; vgl. auch *K. Tipke* (Fn. 23), S. 340 ff. mit teilweise strengerem Maßstab.

Wie kann eine Reform gelingen? 119

von Steuersubventionen[118] insbesondere die auch verfassungsrechtlich eingeforderte Erkennbarkeit der gesetzgeberischen Förder- und Lenkungsentscheidung[119] und ihre möglichst zielgenaue, nämlich gleichheitsgerechte Ausgestaltung.[120]

Der „dickste Brocken", der einer steuerwissenschaftlich erwünschten Modernisierung der Einkunftsarten entgegensteht, ist die Gewerbesteuer wegen ihrer enormen Bedeutung für die Kommunalfinanzen.[121] Erst wenn die politische Mehrheit von einer Neuordnung der Gemeindefinanzierung überzeugt ist, bei der die Gewerbesteuer durch eine andere Finanzierungsquelle ersetzt wird,[122] ist der Weg frei für eine Modernisierung der Einkunftsarten. Die Verwirklichung dieser Grundvoraussetzung ist aber steuerpolitisch in weite Ferne gerückt.[123]

VI. Überzeugung von der materiellen Notwendigkeit – zur Verwirklichung der Markteinkommenstheorie

Es ist eine Frage des *Einkommensbegriffs*, was als Einkommen im Ausgangspunkt überhaupt zu erfassen ist (sachliche Komponente). Dabei stellt sich insbesondere die Frage, ob und wie eine steuerbare Erwerbs- von einer nicht steuerbaren Konsumsphäre abzugrenzen ist. Um diese Fragen rangt bekanntlich ein alter Theorienstreit[124]: Ist Einkommen jede Vermögensmehrung bzw. der „Reinvermögenzugang eines bestimmten Zeitabschnitts

---

118 Insoweit zu Recht krit. *P. Kirchhof*, NJW 2001, 1332 (1333); *J. Lang/J. Englisch/T. Keß*, DStR 2005, Beihefter 1 zu Heft 25, 1 (5).
119 BVerfG v. 6.3.2002 – 2 BvL 17/99, BVerfGE 105, 73; v. 11.11.1998 – 2 BvL 10/95, BVerfGE 99, 280; v. 20.4.2004 – 1 BvR 905/00, BVerfGE 110, 274; v. 21.6.2006 – 2 BvL 2/99, BVerfGE 116, 164.
120 BVerfG v. 22.6.1995 – 2 BvL 37/91, BVerfGE 93, 121; v. 20.4.2004 – 1 BvR 905/00, BVerfGE 110, 274; v. 21.6.2006 – 2 BvL 2/99, BVerfGE 116, 164.
121 I.d.S. auch *F. Merz* in FS Lang, 2010, S. 367 (372 f.).
122 Daher sieht der Entwurf der Stiftung Marktwirtschaft ein „Vier-Säulen-Modell" mit der Grundsteuer, einen ESt-Zuschlag, einer kommunalen Unternehmensteuer sowie einer Beteiligung am örtlichen Lohnsteueraufkommen vor; vgl. dazu *M. Mössner* in Lang/Eilfort (Hrsg.), Strukturreform der deutschen Ertragsteuern, 2013, S. 417 (426 ff.); *M. Jachmann*, StuW 2006, 115 ff. Das BStGB (*P. Kirchhof* [Fn. 57]) setzt bei Abschaffung der Grundsteuer allein auf einen ESt-Zuschlag (§§ 65 ff.), der aber aufgrund einer Gesamtbelastungsobergrenze (§ 8) nicht mehr als 5 % betragen dürfte.
123 Vgl. den Koalitionsvertrag (CDU/CSU und SPD), 18. Legislaturperiode, v. 27.11.2013: „Die Gewerbesteuer ist eine wichtige steuerliche Einnahmequelle der Kommunen. Wir wollen, dass auf der Basis des geltenden Rechts für die kommenden Jahre Planungssicherheit besteht." (S. 93).
124 Ausführlich aufgearbeitet unter Berücksichtigung weiterer Theorien bei *P. Kirchhof* in K/S/M, EStG. § 2 Rz. A 285 ff.; zur Frühgeschichte *G. Schmoller*, ZgS 19 (1863), 1 ff.

inklusive der Nutzungen und geldwerten Leistungen Dritter"[125] (*Reinvermögenszugangstheorie*)[126], das Ergebnis wirtschaftlicher Betätigung am Markt bzw. das durch Erwerbstätigkeit erwirtschaftete Einkommen (*Markteinkommenstheorie*)[127] oder nur die laufenden Erträge aus dauernden Einkunftsquellen (*Quellentheorie*)[128]?

1. Was ist Einkommen?

Soll die Einkommensteuer am Leistungsfähigkeitsprinzip ausgerichtet sein, dann muss das Einkommen so erfasst werden, dass es seine Funktion, Maßgröße für Leistungsfähigkeit zu sein, erfüllen kann.[129] Der Einkommensbegriff muss daher nicht nur möglichst vollständig alle Umstände erfassen, die eine Leistungsfähigkeit begründen können, sondern auch eine messbare, vergleichbare und vor allem gleichmäßig erfassbare Größe sein. Die Findung des Einkommensbegriffs ist damit zugleich eine Konkretisierung des Leistungsfähigkeitsprinzips im Einkommensteuerrecht.[130]

Die Reinvermögens*zugangstheorie* erfasst nicht nur gegenständliche Vermögenszugänge und -abgänge, sondern auch (unrealisierte) Wertsteigerungen und Zuwendungen (Geschenke und Erbschaften) und darüber hinaus private Nutzungsvorteile und Wertschöpfungen (sog. *imputed income*).[131] Unberücksichtigt bleibt das bloße Reinvermögenspotential (Bedürfnisbefriedigungspotential), das einem *Freizeitnutzen* inne wohnt bzw. durch ein „*Arbeitsleid*" eingeschränkt wird.[132] Insoweit zielt die Reinvermögen-

---

125 *G. von Schanz*, FinArch 13 (1896), 1 ff.; *G. von Schanz*., FinArch 39 (1922), 107 ff.
126 Vgl. auch *R. M. Haig* in Haig (Hrsg.), The Federal Income Tax, 1921, S. 7, 21.; *H. Simons*, Personal Income Taxation, 1938, S. 50.
127 *H. G. Ruppe* in DStJG 1 (1979). S. 7 (16); *J. Lang* in DStJG 4 (1980), S. 45 (54 f.); *P. Kirchhof* in K/S/M, § 2 EStG Rz. A. 363 ff.; vgl. auch *J. Lang* in DStJG 24 (2001), S. 49 (62) m.w.N. aus Österreich und der Schweiz; vgl. bereits die finanzwissenschaftlichen Vorläufer und Ursprünge bei *F. Neumark*, Theorie und Praxis der modernen Einkommensbesteuerung, 1947, S. 41 ff.; *W. Lotz*, Finanzwissenschaft. 1. Aufl. 1917, S. 445 f.; *B. Moll*, Probleme der Finanzwissenschaft, 1930, S. 129; *W. Roscher*, Die Grundlagen der Nationalökonomie, 9. Aufl. 1877/78, S. 307; *M. Haushofer*, Grundzüge der Nationalökonomie, 1879, S. 55; *A. Bauckner*, Der privatwirtschaftliche Einkommensbegriff, 1920, S. 33 ff.; *H. Schober*, Die Volkswirtschaftslehre, 3. Aufl. 1882, S. 262; *W. Vocke*, Grundzüge der Finanzwissenschaft, 1923, S. 278.
128 *B. Fuisting*, Die preußischen direkten Steuern IV, 1902, S. 110.
129 *D. Birk*, DStJG 34 (2011), S. 1 (14).
130 I.d.S. *K. Tipke* (Fn. 23), S. 629; *J. Lang*, StuW 1981, 223 (226); *M. Elicker*, DStZ 2005, 564.
131 Vgl. *K. Tipke* (Fn. 23), S. 627; *J. Lang*, StuW 1981, 223 (227); vgl. bereits *G. von Schanz*, FinArch 13 (1896), 1 (7, 24).
132 Das erscheint zunächst leistungshemmend und ungerecht: Fleiß wird besteuert und Müßiggang bleibt verschont; Freizeitnutzen daher als reales Einkommenselement einbeziehend, *H. Haller* (Fn. 23), 1981, S. 47 f.; zur Diskussion und Rechtfertigung des Ausschlusses: *G. Stutz*, StuW 1925, 409 (411); *K. H. Ossenbühl*, Die gerechte Steuerlast, 1972, S. 86; *D. Birk*, Das Leistungsfähigkeitsprinzip als Maßstab der Steu-

zugangstheorie auf die vollständige Erfassung der Ist- (und nicht der Soll-)Leistungsfähigkeit durch Vermögenszuwächse ab.[133]

Gleichwohl besteht weitestgehend Einigkeit, dass die Reinvermögenszuwachstheorie immer noch zu weit geht[134] und daher eingegrenzt werden muss: Ihr entscheidendes Defizit als Einkommensbegriff ist, dass sie von einem *einheitlichen Vermögensbegriff* ausgeht und damit *keine erkennbare Grenze zur privaten Konsumsphäre* zieht.[135] Entweder gibt es überhaupt keine Grenze[136] oder konsumtive Vermögensabhänge (etwa ein Lotterielos), die im Zusammenhang mit zufällig-konsumtiven Vermögenzugängen („Konsumeinkommen") stehen (etwa der Lotteriegewinn), sind trotz der Steuerbarkeit der Zugänge nicht abziehbar.[137]

Dagegen ist der sog. *Quellentheorie* eine Grenzziehung zwischen einer steuerbaren und nicht steuerbaren Sphäre immanent. Steuerbar sind nur die laufenden „Erträge aus dauernden Quellen".[138] Problematisch daran ist neben der geforderten Dauerhaftigkeit[139] vor allem, warum Vermögenszuwächse, die durch eine realisierte Wertsteigerung der Quelle selbst entstehen, nicht steuerbar sein sollen, obwohl auch insoweit die individuelle Leistungsfähigkeit gesteigert wird.[140]

Die *Markteinkommenstheorie* überwindet dagegen wesentliche Schwächen der Reinvermögenszugangstheorie (keine taugliche Abgrenzung zur privaten Konsumsphäre) und der Quellentheorie (keine Besteuerung von Leistungsfähigkeit durch realisierte Wertsteigerungen des eingesetzten Ver-

---

ernormen, 1983, S. 167 m.w.N.; *P. Kirchhof*, Gutachten F zum 57. DJT, 1988, S. 13; *A. Steichen* in FS Tipke, 1995, S. 365 (388 f.); *D. Schneider* (Fn. 75), S. 1 (6); *K. Tipke* (Fn. 23), S. 631 ff. m.w.N.

133 Vgl. *K. Tipke* (Fn. 23), S. 631 ff. m.w.N.; *W. Reiß* in DStJG 17 (1994), S. 3 (8).
134 Ebenso *J. Lang*, StuW 1981, 223 (227); ausführlich *M. Elicker* (Fn. 32), S. 103 ff.
135 Vgl. bereits *J. Lang*, StuW 1981, 223 (227); *J. Lang* (Fn. 65), S. 41, 43, 45 ff.; *J. Lang u.a.* (Fn. 102), 2005, Rz. 13; *M. Elicker*, DStZ 2005, 564 (565); *A. Goetze*, Die Ersetzung der sieben Einkunftsarten des EStG durch eine einzige, 2009, S. 30 m.w.N.
136 Streng genommen erfasst sie nämlich auch solche Vermögensabgänge, die durch reinen Privatverbrauch veranlasst sind. Die Berücksichtigung der subjektiven Leistungsfähigkeit wäre dann nicht mehr auf den Abzug existenzsichernder bzw. pflichtbestimmter Privataufwendungen beschränkt, sondern müsste entgegen § 12 EStG den gesamten Privatkonsum umfassen; insoweit krit. bereits *M. Elicker*, DStZ 2005, 564 (565); *J. Lang/J. Englisch/T. Keß*, DStR 2005, Beihefter 1 zu Heft 25, 1 (3).
137 Zu Recht krit. *J. Lang*, StuW 1981, 223 (227); *J. Lang* (Fn. 65), S. 46.
138 *B. Fuisting* (Fn. 128), S. 110.
139 Anschaulich am Beispiel der Auslegung des Begriffs der „wiederkehrenden Bezüge" bei BFH v. 25.10.1994 – VIII R 79/91, BStBl. II 1995, 121; krit. bereits Amtliche Begründung zum EStG 1920, Verfassungsgebende Deutsche Nationalversammlung 1919, Drs. Nr. 1624, S. 20 ff.; *J. Lang* (Fn. 65), S. 37.
140 BMF (Hrsg.), Gutachten des Wissenschaftlichen Beirats zur Reform der direkten Steuern in der Bundesrepublik Deutschland, 1967, S. 23 ff.; *J. Lang*, StuW 1981, 223 (227 f.); *J. Lang* (Fn. 65), S. 43, 114 m.w.N.

mögens), indem sie maßgeblich auf das Ergebnis einer wirtschaftlichen Betätigung am Markt abstellt.[141] Sie trennt insoweit eine steuerbare Erwerbs- von einer nicht steuerbaren Konsumsphäre und erfasst innerhalb der Erwerbsphäre Vermögenszuwächse jeder Art, also auch am Markt realisierte Wertänderungen des (privaten) Erwerbsvermögens.[142]

Ausgehend vom einheitlichen Vermögensbegriff der Reinvermögenszugangstheorie werden bei der Markteinkommenstheorie zunächst private Nutzungsvorteile und Wertschöpfungen (sog. *imputed income*) von der Steuerbarkeit ausgenommen.[143] Solche Vermögenszuwächse lassen sich eindeutig der Konsumsphäre zuordnen. Selbst wenn man auf Grundlage der Reinvermögenszugangstheorie eine Steigerung der Leistungsfähigkeit bejahen sollte (s.o.), wird sich diese kaum in ihrer Gänze gleichheitsgerecht erfassen und bewerten lassen.[144] Insoweit rechtfertigt auch die praktische Durchführbarkeit eine Einschränkung.[145]

Auch unrealisierte Wertsteigerungen bleiben mangels erkennbarer Erwirtschaftung (am Markt) außer Betracht.[146] Die Markteinkommenstheorie konkretisiert die Ist-Leistungsfähigkeit daher vornehmlich im Sinne einer (messbaren) Zahlungsfähigkeit, schließt aber den Zugang von erwirtschafteten geldwerten Vorteilen (*fringe benefits*) mit ein.[147]

Erbschaften und *Schenkungen* steigern zwar die Leistungsfähigkeit des Empfängers, scheiden aber aus, weil es sich nicht um eine erwirtschaftete Leistungsfähigkeit bzw. nicht um Marktleistungen handelt.[148] Im geltenden

---

141 Vgl. *P. Kirchhof* in K/S/M, § 2 EStG Rz. A 363; *M. Elicker*, DStZ 2005, 564 (565); *R. Wendt*, DÖV 1988, 710 (717); *M. Mössner*, DStZ 1990, 132 (136); *W. Reiß* in DStJG 17 (1994), S. 3 (7).
142 *P. Kirchhof*, Gutachten F zum 57. DJT, 1988, S. 27, 29; *R. Wendt*, DÖV 1988, 710 (718); *M. Elicker*, DStZ 1995, 564 (565).
143 Vgl. *F. Neumark* (Fn. 127), S. 42; *P. Kirchhof* in K/S/M, § 2 EStG Rz. A 341; *P. Kirchhof* in FS Lang, 2010, S. 451 (466).
144 I.d.S. *J. K. McNulty*, Federal Income Taxation of Individuals, 6. Aufl. 1999, S. 45 f.; *B. Bittker*, Fundamentals of Federal Income Taxation, 1983, § 1-38; *K. Tipke* (Fn. 23), S. 647 ff. m.w.N.; *J. Lang*, StuW 1981, 223 (227); *J. Lang* (Fn. 102), 1985, S. 43 f.; *R. Beiser*, ÖStZ 2000, 413 (414); mit anderer Begründung auch *P. Kirchhof*, Gutachten F für den 57. DJT, 1988, S. 26. *A. Steichen* in FS Tipke 1995, S. 365 (384 ff.); *J. Giloy*, Der Nutzungswert der eigenen Wohnung, 1980, S. 69 ff.; teilweise a.A. *Steichen* in FS Tipke 1995, S. 365 (384 ff., 386) sowie *J. Mitschke* (Fn. 31), Rz. 71, 164: Erfassung des Nutzwerts der eigenen Wohnung.
145 Dazu *J. Lang* (Fn. 65), S. 40; *W. Reiß* in DStJG 17 (1994), S. 3 (7).
146 Vgl. *F. Neumark* (Fn. 127), S. 44; *P. Kirchhof* in K/S/M, § 2 EStG Rz. A 341; *J. Hey* (Fn. 22), § 3 Rz. 68; dazu *M. Lion* in FS von Schanz II, 1928, S. 273 (295 ff.).
147 Anschaulich bei *K. Tipke* (Fn. 23), S. 699 ff.; *F. W. Wagner* in FS Lang, 2010, S. 345 (347 ff.).
148 *G. Crezelius*, BB 1979, 1342 (1346); *C. Trzaskalik*, StuW 1979, 97 (112); *P. Kirchhof* in FS Lang, 2010, S. 451 (462); *P. Kirchhof* (Fn. 57), § 43 Rz. 25; *J. Lang* (Fn. 65), S. 50: „Vermögenstransfer in der Konsumsphäre" und keine „erwirtschaftete objektive Leistungsfähigkeit".

Recht rechtfertigt sich dieser Ausschluss jedoch bereits aus Gründen der Steuerkonkurrenz zum ErbStG.[149] Auch übrige *Transfereinkommen* (etwa Unterhaltsleistungen, Schadensersatz wegen privater Einbußen, Subventionen, Sozialhilfe) sollen nicht als Einkommen erfasst werden.[150] Hier zeigt sich m.E. die wesentliche Angriffsfläche gegen die Markteinkommenstheorie. Denn soweit die Transfers über das Maß hinaus gehen, das zur Sicherung des Existenzminimums bzw. zur Abdeckung existenzsichernder Aufwendungen erforderlich ist, wird eine individuelle Leistungsfähigkeit gesteigert,[151] die zumindest für diesen Teilbereich auch praktisch erfassbar erscheint.[152] Während bei staatlichen Transferleistungen auch jenseits einer Bedürftigkeitsschwelle (etwa bei Subventionen) noch die Widerspruchsfreiheit der Rechtsordnung als weiterer Ausschlussgrund angeführt werden kann,[153] bleibt bei den privaten Transfers der Ausschlussgrund – die erlangte Leistungsfähigkeit sei nicht am Markt erwirtschaftet – singulär und muss die Argumentationslast allein aus sich heraus tragen.

2. Reformentwürfe, geltendes Recht und Reformbedarf

Betrachtet man die jüngeren Reformentwürfe, orientieren sich alle an der *Markteinkommenstheorie* bzw. an der *Steuerbarkeit des Erwerbseinkommens*,[154] obwohl die Begründungen sehr unterschiedlich sind. Einerseits wird der Einkommensbegriff aus dem Leistungsfähigkeitsprinzip hergeleitet und in diesem Sinne als eine auf das Administrierbare zurückgenommene Vermögenszugangstheorie verstanden.[155] *Paul Kirchhof* begründet die konzeptionelle Beschränkung der Einkommensteuer auf die Marktteil-

---

149 *A. Steichen* in FS Tipke 1995, S. 365 (383); *J. Lang/J. Englisch/T. Keß*, DStR 2005, Beihefter 1 zu Heft 25, 1 (3).
150 Vgl. *F. Neumark* (Fn. 127), S. 41, 45; *P. Kirchhof* in K/S/M, § 2 EStG Rz. A 340; *P. Kirchhof* (Fn. 57), 2011, § 43 Rz. 25; *J. Lang/J. Englisch/T. Keß*, DStR 2005, Beihefter 1 zu Heft 25, 1 (3).
151 I.d.S. bereits *D. Birk*, ZRP 1979, 221 ff.; *J. Isensee*, Sitzungsbericht N zum 57. DJT, 1988, S. 42 ff.; *J. Lang* (Fn. 102), 1985, S. 98 f.; *J. Lang* (Fn. 33), § 106; *A. Steichen* in FS Tipke 1995, S. 365 (382 f.); a.A. *P. Kirchhof*, Gutachten F für den 57. DJT, 1988, S. 25; *K. Tipke* (Fn. 23), S. 656.
152 *J. Lang u.a.* (Fn. 102), 2005, Rz. 142.
153 I.d.S. *J. Lang* (Fn. 65), S. 26, der anführt, solche Leistungen würden einen Verdienst prämieren, der durch Steuerrecht nicht gekürzt werden sollte; a.A. *J. Isensee*, Sitzungsbericht N zum 57. DJT, 1988, S. 45 f.; *A. Steichen* in FS Tipke 1995, S. 365 (382 f.).
154 Vgl. *P. Kirchhof* (Fn. 57), S. 13 f., und § 43 Rz. 25 zum BStBG; *P. Kirchhof*, BB 2006, 71 zum Vorläufer EStGB; *M. Eilfort/J. Lang* (Fn. 55), S. 123 (152, 159) zum Entwurf der Stiftung Marktwirtschaft; *J. Lang u.a.* (Fn. 102), 2005, Rz. 133; zuvor bereits *J. Lang* (Fn. 102), 1985, S. 31 ff., 41; *J. Mitschke* (Fn. 31), Rz. 159.
155 Vgl. *J. Hey* (Fn. 22), § 3 Rz. 68; *R. Seer*, BB 2004, 2272 (2275); vgl. auch *J. Lang*, StuW 1981, 223 (229, 231); *J. Lang* (Fn. 65), S. 45 ff.; vgl. auch *K. Tipke* (Fn. 23), S. 629 ff., der zwar die Markteinkommenstheorie ablehnt, aber zu seiner Vermögenszugangstheorie faktisch keine großen Abweichungen sieht.

habe äquivalenztheoretisch[156] und leitet die Markteinkommenstheorie verfassungsrechtlich aus der Sozialpflichtigkeit des Eigentums (Art. 14 Abs. 2 GG) ab.[157]

Die früheren Finanzwissenschaftler hatten dagegen schlicht auf den Umstand abgestellt, dass das Einkommen des Einzelnen nur sein Beitragssplitter zur Bildung des Sozialprodukts sein kann.[158] Mit letzterer Begründung lässt sich durchaus hinreichender Bezug zur individuellen Leistungsfähigkeit herstellen: Was der Einzelne zur Leistungsfähigkeit der gesamten Volkswirtschaft beiträgt, ist zumindest auch ein tauglicher Indikator zur Ermittlung seiner individuellen Leistungsfähigkeit. In ihrem Kernbereich erfasst die Einkommensteuer die am Markt realisierte Leistungsfähigkeit, also das Nutzungspotential, das der Steuerpflichtige durch Leistungen am Markt umgesetzt hat.[159] Eine Orientierung an der Markteinkommenstheorie sichert damit auch eine Vergleichbarkeit bei der Indikation von Leistungsfähigkeit.[160] Daraus folgt aber nicht, dass die Steuerbarkeit absolut auf das Markteinkommen beschränkt ist,[161] wie sich auch aus der Rechtsprechung des BVerfG ergibt.[162] Auch realisiertes Einkommen, dessen Wert sich anderweitig als am Markt bestätigen lässt, kann eine mit Markteinkommen vergleichbare Leistungsfähigkeit indizieren.[163] In solchen Randbereichen besteht ein gesetzgeberischer Gestaltungsraum, ob und in welchem Umfang neben Markteinkommen weitere realisierte Reinvermögenzugänge (wie etwa bestimmte Transfereinkommen) erfasst werden, soweit die gesteigerte Leistungsfähigkeit gleichheitsgerecht erfasst und bewertet werden kann.

Der Gesetzgeber hat sich bekanntlich keiner Theorie ausdrücklich angeschlossen[164] und erfasst das Einkommen pragmatisch[165] in der Summe der in den Einkunftsarten aufgezählten Einkünftequellen. Das Einkommen des

---

156 Anschaulich *P. Kirchhof* in FS Lang, 2010, S. 451 (463 f.).
157 *P. Kirchhof*, Gutachten F zum 57. DJT, 1988, S. 16 ff.; *P. Kirchhof* in K/S/M, § 2 EStG Rz. A 365; folgend *A. Goetze* (Fn. 135), S. 35 ff.
158 Vgl. *F. Neumark* (Fn. 127), S. 41.
159 Vgl. bereits *R. Beiser*, ÖStZ 2000, 413 (414).
160 *M. Elicker*, DStZ 2005, 564 (565).
161 Ebenso *J. Isensee*, 57. DJT, Sitzungsberichte N, 1988, S. 32 ff.; *A. Steichen* in FS Tipke 1995, S. 365 (370 ff.); *H. Söhn* in FS Tipke, 1995. S. 343 (349 ff.) m.w.N.; *K. Tipke* (Fn. 23), S. 629.
162 BVerfG v. 6.3.2002 – BvL 17/99 – Rz. 213, BVerfG v. 6.3.2002 – 2 BvL 17/99, BVerfGE 105, 73 zur Rentenbesteuerung: „Auch insoweit, als es sich bei den Rentenbezügen um staatliche Transferleistungen handelt, liegt grundsätzlich einkommensteuerbares Einkommen vor"; vgl. bereits BVerfG v. 3.12.1958 – 1 BvR 488/57, BVerfGE 9, 3 – Besteuerung des Nutzwert der Wohnung im eigenen Haus verfassungsgemäß.
163 I.d.S. auch *M. Eilfort/J. Lang* (Fn. 55), S. 159 (159).
164 Vgl. die Begründung zum EStG 1934, RStBl. I 1935, 33 (34).
165 Anschaulich *D. Birk* in DStJG 34 (2011), S. 11 (15); *J. Lang*, StuW 1981, 223 (226); *J. Giloy*, FR 1978, 205; *T. Eisgruber* (Fn. 82), § 169 Rz. 11.

EStG entsteht daher nicht durch die Subsumtion unter eine Theorie, sondern durch die synthetische Zusammenführung von Einkünften,[166] die sich erst bei ihrer Ermittlung (§ 2 Abs. 2 EStG) an die Reinvermögenszugangs- oder Quellentheorie orientieren.[167] *Hans-Georg Ruppe* hat jedoch auf der ersten Jahrestagung der Deutschen Steuerjuristischen Gesellschaft 1977 in München entdeckt, dass dem Grunde nach „die entgeltliche Verwertung von Leistungen (Wirtschaftsgüter oder Dienstleistungen) am Markt" zumindest die meisten Einkunftsquellen verbinde.[168]

Diese Einschätzung ist mit ihrer Einschränkung („die meisten") und damit *cum grano salis* auch heute noch zutreffend.[169] Nach Abschaffung (1987) der Nutzungswertbesteuerung für die selbstgenutzte Wohnung im eigenen Haus (§ 21 Abs. 2, § 21a EStG a.F.) werden private Nutzungsvorteile lediglich bei Entnahmen (§ 4 Abs. 1 Satz 2 EStG) bzw. Betriebsaufgaben (§ 16 Abs. 3 EStG) steuerlich erfasst. Dort dient die Besteuerung aber nicht der Abschöpfung des privaten Vorteils, sondern soll verhindern, dass ein privat veranlasster Vermögensabgang (Sachentnahme) oder eine privat veranlasste Vermögensminderung (Nutzungsentnahme) den betrieblichen Gewinn mindern und stille Reserven unversteuert bleiben. Da so eine Verzerrung des Marktergebnisses gerade verhindert wird, widerspricht das nicht der Markteinkommenstheorie.[170] Bestätigt wird das durch den Umstand, dass lediglich die Überführung von steuerverstrickten Wirtschaftsgütern oder deren private Nutzung den betrieblichen Gewinn nicht mindern dürfen, aber privat ausgeführte Dienstleistungen (der Arzt behandelt sich und seine Familie selbst) sich nicht entsprechend auf den betrieblichen Gewinn auswirken.

Soweit dagegen im geltenden Recht *Transfereinkommen* ausdrücklich steuerbar sind, wird die Markteinkommenstheorie punktuell durchbrochen, etwa bei Unterhaltsleistungen geschiedener Ehegatten (sog. Realsplitting, § 22 Nr. 1a EStG)[171] oder bei der Besteuerung von umlagefinanzierten So-

---

166 Vgl. *T. Eisgruber* (Fn. 82), § 169 Rz. 12.
167 Vgl. zu den Anleihen an Theorien die Amtliche Begründung zum EStG 1920, Verfassungsgebende Deutsche Nationalversammlung 1919, Drs. Nr. 1624, S. 17 ff.; amtliche Begründung zum EStG 1925, Reichstag, III. Wahlperiode (1924/25), Nr. 795, S. 21 ff.; zur Geschichte *J. Lang* (Fn. 65), S. 36 ff.
168 *H. G. Ruppe* in DStJG 1 (1979), S. 7 (16).
169 In diesem Sinne *R. Wittmann*, Das Markteinkommen, 1992, S. 58 f.; *H. Söhn* in FS Tipke 1995, S. 343 (346 f., 359 ff.); *P. Brandis*, StuW 1987, 289 (292); *E. Bierganz/R. Stockinger*, FR 1982, 1 (5 f.); *M. Elicker*, DStZ 2005, 564.
170 Ähnlich auch *R. Wittmann* (Fn. 169), S. 56; a.A. *E. Bierganz/R. Stockinger*, FR 1982, 1 (6).
171 Ebenso bereits *J. Lang* in DStJG 4 (1980), S. 45 (55); *J. Lang*, StuW 1981, 223 (231); *J. Lang* (Fn. 65), S. 52, der davon auch die Bezüge systematisch auf Stufe der subjektiven Leistungsfähigkeit zu berücksichtigen. Dem folgt der Entwurf der Stiftung Marktwirtschaft s. *M. Eilfort/J. Lang* (Fn. 55), S. 136 ff., 169 f. und zuvor der sog. Kölner Entwurf, s. *J. Lang* u.a. (Fn. 102), 2005, Rz. 450.

zialversicherungsrenten (§ 22 Nr. 1 Satz 3 lit. a. aa EStG), zumindest soweit sie aus dem Bundeszuschuss gespeist werden.

Bei unbestimmt formulierten Einkunftsquellen („wiederkehrende Bezüge" [§ 22 Nr. 1 EStG][172] oder „Leistungen" [§ 22 Nr. 3 EStG])[173] ist es dagegen mit Hilfe der Markteinkommenstheorie gelungen, die Abgrenzung zur nicht-steuerbaren Konsumsphäre durch eine einschränkende Auslegung zu ziehen: Steuerbar ist nur die *erwirtschaftete* Leistungsfähigkeit bzw. erwerbswirtschaftliches Verhalten. Im Rahmen der Auslegung[174] – sowie für die Zurechnung von Einkünften[175] – hat die Markteinkommenstheorie so bereits ihren festen Platz gefunden.[176]

Allein um der Markteinkommenstheorie Wirkkraft zu verleihen, bedarf es daher – jenseits einer vollständigen Erfassung der privaten Veräußerungsgewinne (dazu noch VII.)[177] – keiner Reform mehr. Durch eine Strukturbereinigung könnte höchstens die Grenze zur nicht-steuerbaren Konsumsphäre noch schärfer herausgearbeitet werden. Dem Entwurf der *Stiftung Marktwirtschaft* und dem *BStGB* ist das gelungen, auch wenn beide in den Grenzbereichen zu den Transfereinkommen (Unterhaltsleistungen, umlagefinanzierte Sozialversicherungsrenten mit Bundeszuschuss) teilweise prag-

---

172 BFH v. 25.10.1994 – VIII R 79/91, BStBl. II 1995, 121 – keine Steuerbarkeit von Schadensersatzrenten zum Ausgleich vermehrter Bedürfnisse wegen Verletzung höchstpersönlicher Güter; *J. Lang* (Fn. 65), S. 51 f.; *R. Wendt*, DÖV 1988, 710 (716); *P. Fischer*, Wiederkehrende Bezüge und Leistungen, 1994, S. 11 f.; krit. dagegen *H. Söhn* in FS Tipke, 1995, S. 343 (353); anders noch BFH v. 19.10.1978 – VIII R 9/77, BStBl. II 1979, 133.
173 Vgl. BFH v. 24.8.2006 – IX R 32/04, BStBl. II 2007, 44; vgl. auch *R. Ismer*, FR 2012, 1057 (1061): Beschränkung auf ein „erwerbswirtschaftliches Verhalten", das durch eine ökonomische (und nicht nur soziale) Austauschbeziehung geprägt sein soll.
174 Im Ergebnis auch *H. Söhn* in FS Tipke 1995, S. 343 (345 f.).
175 Dies war der ursprüngliche Grund für die „Wiederentdeckung" der Markteinkommenstheorie; vgl. *H. G. Ruppe* in DStJG 1 (1979), S. 7 (39): Einkünfte sind demjenigen zuzurechnen, „der über die in der Einkunftsquelle entsprechenden Leistungen im Innenverhältnis disponieren kann, d.h. vor allem die Möglichkeit besitzt, Marktchancen auszunützen oder die Leistung zu verweigern."; dazu *H. Söhn* in FS Tipke 1995, S. 343 (345).
176 Ausführlich dazu *R. Wittmann* (Fn. 169), S. 59 ff.
177 Hier hilft auch eine Auslegung im Lichte der Markteinkommenstheorie nicht weiter. So wird etwa die Veräußerung eines im Privatvermögen gehaltenen Grundstücks außerhalb der Haltefristen (§ 23 Abs. 1 Nr. 1 EStG) nicht im Sinne der Markteinkommenstheorie als eine Leistung i.S.d. § 22 Nr. 3 EStG anzusehen sein können. Vielmehr werden Veräußerungen und veräußerungsähnliche Vorgänge aus dem Leistungsbegriff mit Blick auf die spezifische Wertung des § 23 EStG und dem quellentheoretischen Ansatz bei Überschusseinkünften gerade herausdefiniert; vgl. BFH v. 5.8.1976 – VIII R 117/75, BStBl. II 1977, 271; v. 19.12.2000 – IX R 96/97, BFH v. 19.12.2000 – IX R 96/97, BStBl. II 2001, 391 m.w.N.; v. 24.8.2006 – IX R 32/04, BStBl. II 2007, 44 m.w.N.; *D. Birk/M. Desens/H. Tappe* (Fn. 110), Rz. 797.

matisch und trickreich vorgehen, um im Ausgangstatbestand die klare Linie aufrecht zu erhalten.[178]

Im Entwurf der *Stiftung Marktwirtschaft* liest sich dieser Grundtatbestand ungefähr so, wie § 2 EStG im geltenden Recht unter Berücksichtigung von ständiger Rechtsprechung und herrschender Meinung verstanden wird.[179] Dort sind etwa aus den Einkünften aus Leistungen (§ 22 Nr. 3 EStG) die „Einkünfte aus gelegentlicher selbständiger mit Gewinnabsicht ausgeübte Tätigkeit" (§ 2 Abs. 1, § 4 Abs. 1 Nr. 3) geworden. So entscheiden sich aktuelle Problemfälle – der Gewinner aus dem *Big-Brother Haus*[180] oder der *Turnierpokerspieler*[181] – zwar nicht von selbst. Die Leitlinie für die Auslegung wird aber deutlicher.[182]

Solange Rechtsprechung und Wissenschaft aber grundsätzlich in der Lage sind, die Defizite im geschriebenen Recht selbst in den Griff zu bekommen, wird die Steuerpolitik hier keinen Reformbedarf sehen. Es fehlt dann die Überzeugung von der materiellen Notwendigkeit der Reform.

Um dagegen entsprechende Klarstellungen – wie etwa die *ausdrückliche* Normierung einer für alle Einkünfte geltende „Einküfteerzielungsabsicht"[183] – durch den Gesetzgeber zu „provozieren", bräuchte es wohl nicht mehr als eine BFH-Entscheidung, die einen dauerhaften Verlust aus

---

178 *BStGB* (*P. Kirchhof* [Fn. 57]): Staatliche Transferleistungen zur Sicherung des Existenzminimums werden zwar nicht als Einkommen qualifiziert, schließen aber die Gewährung des (übertragbaren) Grundfreibetrages aus (§ 47 Abs. 2). Gesetzliche Unterhaltsleistungen sind beim Empfänger nicht steuerbar und beim Geber nicht abziehbar, jedoch kann der Empfänger seinen Grundfreibetrag auf den Geber übertragen (§ 51 Abs. 1). Leistungen aus der persönlichen Zukunftssicherung bilden zwar keine Erwerbsgrundlage, sondern werden als Bezüge qualifiziert, die wie Erwerbseinnahmen zu versteuern sind (§ 56 Abs. 1). *Entwurf der Stiftung Marktwirtschaft* (s. *M. Eilfort/J. Lang* [Fn. 55], S. 136 ff., 169 f.): Berücksichtigung von Privateinnahmen auf Stufe der subjektiven Leistungsfähigkeit, so bereits der sog. Kölner Entwurf, s. *J. Lang* u.a. (Fn. 102), 2005, Rz. 450.
179 Das ist auch so intendiert, s. *M. Eilfort/J. Lang* (Fn. 55), S. 123 (157 f.).
180 BFH v. 24.4.2012 – IX R 6/10, BStBl. II 2012, 581 (Vb. BVerfG Az. 2 BvR 1503/12).
181 Dazu FG Köln v. 31.10.2012 – 12 K 1136/11, EFG 2013, 198 (Rev. BFH Az. X R 43/12); dazu *F. Schiefer/R. Quinten*, DStR 2013, 686.
182 Zur Abgrenzung auch *P. Kirchhof* in FS Lang, 2010, S. 451 (466); *A. Schmidt-Liebig*, StuW 1995, 162: *M. Rust*, Spielgewinne im Einkommensteuerrecht und Umsatzsteuerrecht, 2013.
183 Gegenwärtig ausdrücklich vorausgesetzt in § 15 Abs. 3 EStG (seit dem StBerG 1986, BGBl. I 1985, 2436); aus § 2 Abs. 1 Satz 1 („erzielt") und Abs. 2 EStG („Gewinn", „Überschuss") entnimmt *R. von Groll* in FS Raupach, 2006, S. 131 (134); ebenso bereits *J. Lang*, StuW 1981, 223 (231), der aber von einer „Rechtsfortbildung" ausgeht (225); im Entwurf der Stiftung Marktwirtschaft ausdrücklich im Grundtatbestand (§ 2) normiert, s. *M. Eilfort/J. Lang* (Fn. 55), S. 123 (157 f.).

Vermietung und Verpachtung mit dem Argument für steuerbar hält, eine Überschusserzielungsabsicht sei in § 21 EStG nicht ausdrücklich vorgesehen.

Tatsächlich gelungen ist solche „Provokation" etwa durch eine Entscheidung des IX. Senats des BFH, nach der unter den Veräußerungstatbestand für andere Wirtschaftsgüter in § 23 Abs. 1 Satz 1 Nr. 2 EStG auch *selbstgenutzte* Wirtschaftsgüter fallen sollten und eine entsprechende teleologische Reduktion abgelehnt wurde.[184] Die Steuerpolitik hat sofort reagiert: Mit dem JStG 2010 sind nun Gegenstände des täglichen Gebrauchs ausdrücklich vom Veräußerungstatbestand ausgenommen.[185] Das entspricht der Markteinkommenstheorie,[186] auch wenn die Reaktion schlicht fiskalisch motiviert war. Man wollte nicht, dass Verluste aus der Veräußerung selbstgenutzter Jahreswagen steuerbar sind.

VII. Überzeugung von der praktischen Umsetzbarkeit – zur vollständigen Besteuerung privater Veräußerungsgewinne

Das Problem der Überzeugung von der praktischen Umsetzbarkeit lässt sich anhand der Forderung veranschaulichen, Veräußerungsgewinne im Rahmen der privaten Vermögensverwaltung vollständig zu erfassen. Zwar wurde der *Dualismus der Einkünfte* vom BVerfG verfassungsrechtlich nicht bestandet.[187] Zugleich hat das Gericht aber betont, dass der Gesetzgeber nicht gehindert wäre, Gewinne aus jeder Veräußerung von Gegenständen des Privatvermögens zu besteuern.[188] Mittlerweile wird eine Überwindung des Dualismus von allen Reformkonzepten gefordert.[189]

---

184 BFH v. 22.4.2008 – IX R 29/09, BStBl. II 2009, 296.
185 § 23 Abs. 1 Satz 1 Nr. 2 Satz 2 EStG i.d.F. des JStG 2010 v. 8.12.2010, BGBl. I 2010, 1768 ausweislich der Gesetzesbegründung (BT-Drucks. 17/2249, 54) Reaktion auf BFH (Fn. 184), 296.
186 Vgl. auch *P. Kirchhof* in FS Lang, 2010, S. 451 (466).
187 BVerfG v. 9.7.1969 – 2 BvL 20/65, BVerfGE 26, 302 (310 ff.); v. 7.10.1969 – 2 BvL 3/66 u.a., BVerfGE 27, 111 (127 f.); v. 11.5.1970 – 1 BvR 17/67, BVerfGE 28, 227 (236 ff.); krit. *K. Tipke*, StuW 1971, 9 ff.; *K. Tipke* (Fn. 23), S. 718 ff.; *H. Söhn* in DStJG 30 (2007), S. 13 (24 f.); *P. Kirchhof* in K/S/M, § 2 EStG Rz. C 150; *J. Hey* (Fn. 22), § 8 Rz. 185.
188 BVerfG v. 9.7.1969 – 2 BvL 20/65, BVerfGE 26, 302 (312); v. 9.3.2004 – 2 BvL 17/02, BVerfGE 110, 94 (112); ebenso *H. Söhn* in DStJG 30 (2007), S. 13 (27); *R. Eckhoff*, FR 1997, 989 (994).
189 *M. Eilfort/J. Lang* (Fn. 55), S. 123 (152) zum Entwurf der Stiftung Marktwirtschaft; *J. Mitschke* (Fn. 31), Rz. 59, 127 f., 160, 164; ebenso bereits *J. Lang u.a.* (Fn. 102), 2005, Rz. 243, 245, 342; *J. Lang* (Fn. 33), § 109 I Nr. 2, Rz. 582; *BMF* (Fn. 140), S. 25; vgl. auch *P. Kirchhof* (Fn. 57), § 53.

Wie kann eine Reform gelingen? 129

1. Gründe für eine Überwindung des Einkünftedualismus

Begreift man das Problem zuvörderst als eine Abgrenzungsfrage der steuerbaren Sphäre von der nicht steuerbaren Konsumsphäre, gibt es eigentlich keinen Grund, zumindest bei Wirtschaftsgütern, die zur Fruchtziehung in der privaten Vermögensverwaltung eingesetzt werden, nicht auch Wertrealisierungen in der Substanz zu besteuern.

Fruchtziehung und Substanzwert sind wirtschaftlich untrennbar miteinander verbunden.[190] Vermögensumschichtungen entstehen nicht in der privaten Konsumsphäre und sind auch nicht als atypisch vernachlässigbar.[191] Veräußerungsgewinne sind keine „Konsumeinkommen" und Veräußerungsverluste kein Privatkonsum. Der alte, aus der Quellentheorie herrührende Gedanke, dass es bei Kapitalerträgen oder Vermietung und Verpachtung nicht auf „Wertänderungen des eingesetzten Vermögens" ankomme, war schon in der Gesetzesbegründung von 1925[192] falsch und hat sich auch nicht in der Zeit als richtig herausgestellt.[193] Denn der private Veräußerungsgewinn zeigt einen Zuwachs an wirtschaftlicher Leistungsfähigkeit.[194] Auch rechtfertigt es der „Schutz individueller Privatheit"[195] zumindest nicht, Wertrealisierungen im Privatvermögen, das zur Einkünfteerzielung eingesetzt wird, außer Acht zu lassen.[196]

Das Hauptargument gegen den Dualismus liegt jedoch im dann freigelegten Vereinfachungspotential.[197] Im Verein mit einer Reform der Gemeindefinanzierung (dazu bereits V.3.) könnte sich die Umqualifizierung von Einkünften (etwa beim gewerblichen Grundstücks-[198] oder Wertpapierhandel

---

190 Anschaulich C. *Trzaskalik* in FS Tipke, 1995, S. 321 (329): „Es gibt keinen Vermieter, der nicht auch die mutmaßliche Wertentwicklung des Mietobjekts bei seiner Investitionsentscheidung berücksichtigt."
191 *M. Jachmann* in DStJG (23) 2000, S. 9 (49) m.w.N.; *R.-M. Dechant*, Die Besteuerung privater Veräußerungsgeschäfte in systematischer und verfassungsrechtlicher Sicht, 2006, S. 120.
192 Begründung zu § 7 des Entwurfs eines EStG, RT-Drs., III. Wahlperiode 1924/25 Nr. 795, S. 40 f.
193 Ausführlich *H. Söhn* in DStJG 30 (2007), S. 13 (19 f.). Gleichwohl ist Dualismus bis Anfang der 1970er Jahre zwar beschrieben, aber weder in Frage gestellt noch kritisiert worden, vgl. *E. Becker* (Fn. 80), S. 214 ff.; *G. Strutz*, Handbuch des Reichssteuerrechts, 3. Aufl. 1927, S. 324 ff.; S. 391 ff.
194 So auch der BReg-Entwurf v. 2.12.2002, BT-Drucks. 15/119, 38 zur Abschaffung der Fristen in § 23 EStG; *K. Tipke* (Fn. 23), S. 732; *J. Lang* (Fn. 65), S. 56 m.w.N.; *M. Wendt*, FR 1999, 333 (350); *M. Jachmann* in DStJG (23) 2000, S. 9 (49); *Pezzer* in DStJG 34 (2011), S. 207 (214).
195 *P. Kirchhof* in K/S/M, § 2 EStG A 667.
196 *H. Söhn* in DStJG 31 (2007), S. 13 (23); *M. Jachmann* in DStJG (23) 2000, S. 9 (49).
197 Vgl. bereits *A. Raupach* in DStJG 21 (1998), S. 204 f.; *A. Raupach* in FS F. Klein, 1994, S. 309 (317); *K. Tipke* (Fn. 23), S. 731 f.
198 Zur sog. Drei Objekt-Formel, s. BFH v. 10.12.2001 – GrS 1/98, BStBl. II 2001, 291 m.w.N.

oder durch Abfärbe- und Geprägeregelungen [§ 15 Abs. 3 EStG]) erübrigen. Man bräuchte auch die Betriebsverpachtung und -aufspaltung nicht mehr. Zu Ende gedacht wäre sogar eine Abschaffung des Sonderbetriebsvermögens bei Mitunternehmerschaften möglich.

2. Praktische Umsetzungsschwierigkeiten

In der praktischen Umsetzung ist die gänzliche Abschaffung des Einkünftedualismus aber gar nicht so einfach. Die erste Frage ist, ob man nicht auch Einkünfte aus nichtselbständiger Arbeit mit einbezieht, also ein „Arbeitsvermögen" annimmt, wie das etwa die Entwürfe von *Michael Elicker* und *Joachim Mitschke* vorsehen.[199] Der beruflich eingesetzte, private Computer wäre dann im Falle einer Veräußerung steuerpflichtig. Der Entwurf der *Stiftung Marktwirtschaft* hat – m.E. zu Recht – aus Gründen der Vereinfachung und Praktikabilität darauf verzichtet.[200]

Beschränkt man sich auf die private Vermögensverwaltung und betrachtet man das geltende Recht, stellt sich die Frage bei den Kapitaleinkünften seit Einführung der Abgeltungsteuer nicht mehr. § 20 Abs. 2 EStG enthält nunmehr einen umfangreichen Katalog von Veräußerungstatbeständen, die die Steuerbarkeit weder von Haltefristen noch von Mindestbeteiligungshöhen abhängig machen.[201] In diesem System wirkt § 17 EStG[202] nicht originär steuerbegründend, sondern nur rechtsfolgendifferenzierend.[203]

Anders als beim Kapitalvermögen besteht aber bei Grundstücken und anderen Wirtschaftsgütern der privaten Vermögensverwaltung die Schwierigkeit, dass man danach unterscheiden muss, ob sie zur Nutzung fähig (*nutzungsfähige* Wirtschaftsgüter) oder nicht zur Nutzung fähig sind (*nicht nutzungsfähige* Wirtschaftsgüter). Unter letztere Kategorie fällt etwa Gold oder ein Fremdwährungsbestand. Bei den nutzungsfähigen Wirtschaftsgütern ist noch weiter zu unterscheiden, ob sie einem Dritten überlassen werden (*überlassene* Wirtschaftsgüter: die Mietwohnung), gar nicht genutzt werden (*ungenutzte* Wirtschaftsgüter: das brachliegende Grundstück) oder selbst genutzt werden (*selbstgenutzte* Wirtschaftsgüter: das selbstbewohnte Eigenheim).

---

199 *M. Elicker* (Fn. 32), S. 15, 256; *J. Mitschke* (Fn. 31), Rz. 58, 60.
200 *M. Eilfort/J. Lang* (Fn. 55), S. 123 (161). Es wurde nicht als zumutbar angesehen, dass Arbeitnehmer ein dann erforderliches Vermögensverzeichnis führen müssen.
201 Ebenso *Pezzer* in DStJG 34 (2011), S. 207 (211): „Einkünfte aus Kapitalvermögen (…) nicht mehr traditionell den Überschusseinkünften zuzurechnen."
202 Das gilt für die Einkünfteermittlung (Freibetrag [§ 17 Abs. 3 EStG], Anwendung des sog. Teileinkünfteverfahrens [§ 3 Nr. 40 Satz 1 lit. c i.V.m. § 3c Abs. 2 EStG]), bei den Verlustausgleichsmöglichkeiten (kein § 20 Abs. 6 EStG) und beim Tarif (stets Regeltarif [§ 32a EStG] statt 25 Prozent oder günstigeren Regeltarif [§ 32d Abs. 1 und Abs. 6 EStG]).
203 Ebenso *Pezzer* in DStJG 34 (2011), S. 207 (212).

a) Beschränkung auf überlassene Wirtschaftsgüter?

Weitestgehend Einigkeit besteht heute darin, dass die *selbst bzw. privat genutzten* Wirtschaftsgüter nicht zu erfassen sind (s. bereits unter VI. 1.).[204] Im geltenden Recht werden in den Veräußerungstatbeständen des § 23 EStG auch innerhalb der Haltefristen die selbstgenutzten Wirtschaftsgüter grundsätzlich nicht erfasst (vgl. § 23 Abs. 1 Nr. 1 Satz 3, Nr. 2 Satz 2 EStG). Alle anderen Wirtschaftsgüter werden dagegen erfasst, also neben den überlassenen Wirtschaftsgütern (etwa die Mietwohnung) auch die ungenutzten Wirtschaftsgüter (etwa das brachliegende Grundstück) und die nicht zur Nutzung fähigen Wirtschaftsgüter (etwa der Goldbestand). Würde man also einfach die Haltefristen in § 23 Abs. 1 Satz 1 Nr. 1 oder Nr. 2 EStG abschaffen, käme man zu einer durchaus weitreichenden Besteuerung der Veräußerungsgeschäfte im Rahmen der privaten Vermögensverwaltung.[205]

Die Entwürfe des *BStGB* und der *Stiftung Marktwirtschaft* beziehen und beschränken die Veräußerungstatbestände jedoch auf die jeweiligen Nutzungstatbestände und damit auf die *überlassenen* Wirtschaftsgüter.[206] Die Veräußerung von nicht zur Nutzung fähigen Wirtschaftsgütern (wie etwa der Goldbestand) oder ungenutzten Wirtschaftsgütern (wie etwa das brachliegende Grundstück) wären nach beiden Reformentwürfen nicht steuerbar.

Damit dürfte sich in den Reformentwürfen etwa das Problem des gewerblichen Grundstückshandels weiterhin stellen, soweit mit ungenutzten Grundstücken gehandelt wird. M.E. überzeugt hier die markteinkommenstheoretische Begründung für den Ausschluss (keine „dauernd verfestigte Verbundenheit zum Markt")[207] vor allem mit Blick auf die maßgebliche Abgrenzung zur nicht-steuerbaren Konsumsphäre nicht.[208] Denn eine konsumtive Nutzung der nicht zur Nutzung fähigen oder ungenutzten Wirtschaftsgüter ist ebenfalls ausgeschlossen. Die Veräußerung selbst bzw. eine Vermögens-

---

204 *J. Lang u.a.* (Fn. 102), 2005, Rz. 243, 245, 342; *J. Lang* (Fn. 65), S. 60; *K. Tipke* (Fn. 23), S. 733; *H. Söhn* in DStJG 30 (2007), S. 13 (27); grundsätzlich auch *J. Mitschke* (Fn. 31), Rz. 159, 164, mit der Ausnahme, dass die Veräußerung der selbstgenutzten Wohnung wie der Nutzungswert der eigenen Wohnung steuerbar sein soll (Rz. 71, 165); vgl. aber auch *M. Elicker* (Fn. 32), S. 13, 232 ff.: Veräußerung hochwertiger Sammelobjekte (Kunstgemälde, Antiquitäten) ab 10 000 Euro steuerbar.
205 Mit dem Steuervergünstigungsabbaugesetz 2002 ist das versucht worden (vgl. den Gesetzentwurf der Bundesregierung v. 2.12.2002, BT-Drucks. 15/119, 5 f.), aber die Streichung der Fristen ist im Bundesrat und schließlich im Vermittlungsausschuss gescheitert. Damals wären aber auch noch Aktiengeschäfte betroffen gewesen, die heute nach § 20 Abs. 2 EStG erfasst werden.
206 Ebenso, aber begrifflich auf die Veräußerung von Erwerbsgrundlagen abstellend *P. Kirchhof* in FS Lang, 2010, S. 451 (474); zustimmend *Pezzer* in DStJG 34 (2011), S. 207 (213 f.).
207 *P. Kirchhof*, Gutachten F zum 57. DJT, 1988, S. 27, 29; *S. Schneider*, Der Tatbestand der privaten Vermögensverwaltung im geltenden Recht, 1995, S. 38 f.; 108, 115 f.
208 Krit. bereits *A. Steichen* in FS Tipke 1995, S. 365 (378); *R.-M. Dechant* (Fn. 191); *H. Söhn* in DStJG 30 (2007), S. 13 (23).

umschichtung von nicht zur Nutzung fähigen oder ungenutzten Wirtschaftsgütern ist zweifellos eine Marktteilnahme. Auch die Gefahr eines erhöhten Vollzugsdefizits ist – im Vergleich zum geltenden Recht[209] – nicht erkennbar und dürfte daher keine Beschränkung der Steuerbarkeit auf die überlassenen Wirtschaftsgüter rechtfertigen. Insoweit wäre es besser und einfacher, bei § 23 EStG einfach die Fristen zu streichen[210] und die Abgrenzung zur nicht steuerbaren Selbstnutzung schärfer zu konturieren. Erforderlich wäre allerdings eine Vertrauensschutz wahrende Übergangsregelung.[211]

b) Abgrenzung zur Selbstnutzung bei Nutzungswechseln

Das zweite Problem wird erkennbar, wenn man in Betracht zieht, was passiert, wenn etwa ein Grundstück von derselben Person zunächst betrieblich und dann im Rahmen der privaten Vermögensverwaltung oder zunächst im Rahmen der privaten Vermögensverwaltung und dann selbst genutzt wird. Die Lösungen in den Reformentwürfen sind hier unterschiedlich:

Nach dem *BStGB* dürfte die Überführung des Grundstücks aus dem Unternehmen in die private Vermögensverwaltung eine steuerbare Entnahme sein (§ 10 BilO); der Übergang von der Fremdnutzung in die Selbstnutzung dagegen nicht. Die Veräußerung eines selbstgenutzten Grundstücks bleibt steuerbar, wobei allerdings der Veräußerungsgewinn um die zeitanteilige Eigennutzung gekürzt wird (§ 8 Abs. 5 BilO). Bei den übrigen Wirtschaftsgütern entfällt mit dem Übergang zur Selbstnutzung auch die Steuerbarkeit. Bei letzteren lässt sich die Steuerbarkeit dann mit einem kleinen Gesamtplan umgehen: erst kündigen, dann veräußern.

Dagegen sieht der Entwurf der *Stiftung Marktwirtschaft* vor, wie bei einem unternehmerischen Betriebsvermögen ein Anlageverzeichnis zu führen (§ 15 Abs. 1 i.V.m. § 7 Abs. 3). Die Überführung aus einem unternehmerischen Erwerbsvermögen in das „steuerverstrickte (Privat-)Vermögen" löst keine Besteuerung aus (§ 7 Abs. 3 Satz 2 i.V.m. § 5 Abs. 2 Nr. 1 [Umkehrschluss]). Der Übergang von der Fremd- zur Selbstnutzung im Rahmen der privaten

---

209 Vgl. *C. Trzaskalik* in FS Tipke, 1995, S. 321 (328), der zu Recht darauf hinweist, dass auch mit Fristen bei § 23 EStG eigentlich der gesamte Güterumsatz zu kontrollieren wäre.
210 So bereits *BMF* (Fn. 140), S. 25; *J. Lang* (Fn. 65), S. 57 ff.; *H. Söhn* in DStJG 30 (2007), S. 13 (26); vgl. auch *M. Jachmann* in DStJG (23) 2000, S. 9 (49); *M. Wendt*, FR 1999, 333 (350); dagegen *Pezzer* in DStJG 34 (2011), S. 207 (213).
211 Legt man den Maßstab des BVerfG (v. 7.7.2010 – 2 BvL 14/02 u.a. – 2 BvR 748/05 u.a., BVerfGE 127, 1 ff. und 61. ff.) zugrunde, dürften Wertsteigerungen, die bis zur Verkündung der Neuregelung steuerfrei hätten realisiert werden können, nicht steuerlich erfasst werden, so dass insoweit der Wert des Vermögensgegenstandes auf den Stichtag der Gesetzesverkündung bei der Ermittlung des Veräußerungsgewinns anstelle niedrigerer Anschaffungskosten treten müsste (dazu *Desens*, StuW 2011, 113 ff.). Zu Typisierungsmöglichkeiten aus Vereinfachungsgründen s. BMF v. 20.12.2012, BStBl. I 2011, 16.

Vermögensverwaltung ist dagegen grundsätzlich ein steuerbarer Vorgang (§ 7 Abs. 3 Satz 2 i.V.m. § 5 Abs. 2 Nr. 1), der nach Entnahmegrundsätzen zu besteuern ist (§ 22 Abs. 1, Abs. 2). Ob eine grundsätzlich vorgesehene Steuerstundungsklausel (§ 22 Abs. 3) greift, ist nach dem Wortlaut nicht ganz sicher. Sollte sie greifen, wird aber – anders als typisierend im BStGB bei Grundstücken (vgl. § 8 Abs. 5 BilO) – nicht sichergestellt, dass vom Veräußerungsgewinn die Wertsteigerungen freigestellt werden, die erst *nach* der Beendigung der Nutzungsüberlassung entstanden sind.

c) Veranlassungszusammenhang und Gewinnerzielungsabsicht bei Trennung von Nutzungs- und Veräußerungstatbeständen

Trennt man gesetzestechnisch den Nutzungs- vom Veräußerungstatbestand, was sowohl bei den Reformmodellen des BStGB (§ 43 und § 53 Abs. 1, Abs. 4) und der Stiftung Marktwirtschaft (§ 7 Abs. 1 und 3) als auch bei einer Streichung der Haltefristen in § 23 EStG der Fall wäre, entsteht noch kein steuerverstricktes Privatvermögen, das einem steuerverstrickten Betriebsvermögen entspricht. Letzteres ist alleiniges Zuordnungsobjekt für die Zuordnung von Betriebsausgaben und zwar unabhängig davon, ob sie eher durch die Nutzung oder Veräußerung veranlasst sind. Ebenso lässt sich die Gewinnerzielungsabsicht einheitlich auf den Vermögensgegenstand selbst (und nicht auf die Handlung: Nutzung oder Veräußerung) beziehen.

Bei einer gesetzestechnischen Trennung von Nutzungs- und Veräußerungstatbeständen (Nutzung und Veräußerung der Erwerbsgrundlage) müsste auch die Zuordnung von Werbungskosten (nach der Veranlassung) und der Bezugspunkt der Gewinnerzielungsabsicht getrennt betrachtet werden, also entweder auf den Nutzungs- oder den Veräußerungstatbestand bezogen werden.[212] Dabei lässt sich ein Bezug zum Veräußerungstatbestand sowohl für die Gewinnerzielungsabsicht als auch für die Zuordnungen von Aufwendungen, die nicht schon (nachträgliche) Anschaffungs- oder Veräußerungskosten sind, sowieso nur annehmen, wenn man die Veräußerungstatbestände nicht bloß als *punktuelle* Tatbestände (Verwirklichung allein im Zeitpunkt der Veräußerung),[213] sondern als *gestreckte* Tatbestände (Halten zwischen Anschaffung bis Veräußerung)[214] begreift.

---

212 Vgl. *T. Eisgruber* (Fn. 82), § 169 Rz. 35 ff.; vgl. auch *C. Trzaskalik* in FS Tipke, 1995, S. 321 (332).
213 *T. Eisgruber* (Fn. 82), § 169 Rz. 29.
214 So wohl *Pezzer* in DStJG 34 (2011), S. 207 (212), der nach der Verlängerung der Fristen in § 23 EStG von einem „Einkünfteerzielungsvermögen" ausgeht. I.d.S. auch BFH v. 20.6.2012 – IX R 67/10, BStBl. II 2013, 275: Durch Verlängerung der Fristen in § 23 EStG auf 10 Jahre strukturelle Gleichstellung mit Veräußerung eines Wirtschaftsgutes aus dem Betriebsvermögen; vgl. bereits BFH v. 16.12.2003 – IX R 46/02, BStBl. II 2004, 284; *C. Trzaskalik* in FS Tipke, 1995, S. 321 (331 f.).

Betrachtet man die Mühen der Rechtsprechung, die Unbilligkeiten zu überwinden, die auch die gegenwärtige formale Trennung von Nutzungs- und Veräußerungstatbeständen mit sich bringt,[215] spricht hier vieles dafür, das steuerverstrickte Vermögen der privaten Vermögensverwaltung schon im Gesetz wie ein steuerverstricktes Betriebsvermögen auszugestalten.

d) Inflationsbereinigung

Nicht ganz geklärt ist auch, ob und wie man – gerade bei einer langen Haltedauer – Scheingewinne durch die Inflation vermeiden will.[216] Der Entwurf der *Stiftung Marktwirtschaft* will bei nicht-abnutzbaren Wirtschaftsgütern eine inflationsindexierte Aufzinsung auf die Anschaffungskosten vornehmen (§ 22 Abs. 1 und 2); bei den abnutzbaren Wirtschaftsgütern sollen die laufenden Abschreibungen (§ 16 Abs. 2) genügen.[217] Das *BStGB* will dagegen die Veräußerungskosten mit 90 % des Kaufpreises widerleglich vermuten (§ 53 Abs. 2 Satz 3). Im gescheiterten Gesetzesentwurf (2002) zur Streichung der Haltefristen in § 23 EStG wurde dagegen vorgeschlagen, bei der Ermittlung des Veräußerungsgewinns die gegenzurechnenden Anschaffungskosten nicht mehr um die geltend gemachten AfA-Beträge zu mindern (Streichung des § 23 Abs. 3 Satz 4 EStG).[218] Auch wenn hier über den richtigen Weg keineswegs Konsens besteht, scheint mir der Entwurf der Stiftung Marktwirtschaft die sachgerechteste Lösung gefunden zu haben.

e) Zwischenergebnis

Die beispielhaft aufgezeigten Zweifelsfragen zeigen auf, dass eine vollständige Erfassung der privaten Vermögensgeschäfte in der praktischen Umsetzung durchaus Schwierigkeiten bereiten kann. Auch die Uneinigkeit über solche Detailfragen kann m.E. ein Reformhindernis begründen. Das Hin-

---

215 Vgl. etwa BFH v. 20.6.2012 – IX R 67/10, BStBl. II 2013, 275 zur Abziehbarkeit von nachträglichen Schuldzinsen aus V+V auch nach Veräußerung des Vermietungsobjekts (Rechtsprechungsänderung), dazu *H. Jochum*, DStZ 2012, 728; FG Köln v. 15.11.2011 – 10 K 3620/10, EFG 2013, 777 m. Anm. *T. Rosenke* (Rev. BFH Az. VIII R 5/13) zur Zuordnung einer einmaligen Vermögensverwaltungsgebühr vor Einführung der Abgeltungsteuer. Das FG bejaht sofort abziehbare WK zu laufenden Erträgen (§ 20 Abs. 1 EStG), auch wenn im Absicht mitursächlich war, steuerfreie Veräußerungsgewinne zu erzielen. Nach Einführung der Abgeltungsteuer werden Stpfl. bestrebt sein, den Aufwand wegen § 20 Abs. 4 Satz 1, Abs. 9 Satz 1 EStG als nachträgliche AK der Anteile zu qualifizieren. Weitere Beispiele bei *Pezzer* in DStJG 34 (2011), S. 207 (214 f.).
216 Zur Diskussion auch *K. Tipke* (Fn. 23), S. 736 f.
217 *M. Eilfort/J. Lang* (Fn. 55), S. 123 (168).
218 Vgl. Gesetzesentwurf der Bundesregierung v. 2.12.2002, BT-Drucks. 15/119, 39: Vermeidung einer „Übersteuerung". Zudem sollten die privaten Veräußerungsgewinne mit einem einheitlichen Steuersatz von 15 % besteuert werden (S. 6).

dernis lässt sich aber durch eine fortschreitende steuerwissenschaftliche Aufarbeitung der Probleme überwinden.

VIII. Schlussbetrachtung

Eine Reform des Einkommensbegriffs und der Einkunftsarten kann nur gelingen, wenn die Steuerpolitik auch konzeptionell vom Reformanliegen überzeugt wird. Auf die geschulte Wahrnehmung der Steuerrechtswissenschaft, die seit Jahren Chaos und Defizite beklagt,[219] kommt es im politischen Prozess nicht allein an. Solange die Einnahmen sprudeln[220] und der Steuerwiderstand keine quasi-revolutionären Ausmaße annimmt, werden die vorhandenen Ungerechtigkeiten daher keinen politischen Reformdruck durch eine Krise auslösen. Bis dahin sollte die Steuerrechtswissenschaft sich darauf beschränken, die konzeptionellen Gelingensbedingungen einer Steuerreform in den Blick zu nehmen. Hier sollten vier (nicht abschließend verstandene) Ebenen aufzeigt und am Beispiel der Einkommensbegriffe und Einkunftsarten veranschaulicht werden, auf denen eine Reform scheitern kann.

Vielleicht verhält es sich mit der (politischen) Überzeugungskraft von steuerwissenschaftlichen Idealen aber wie mit allen wissenschaftlichen Wahrheiten, die sich auch nicht immer sofort durchsetzen. *Max Planck* hat dieses Prinzip der Wissenschaftstheorie einmal so beschrieben[221]:

„Eine neue wissenschaftliche Wahrheit pflegt sich nicht in der Weise durchzusetzen, dass ihre Gegner überzeugt werden und sich als bekehrt erklären, sondern dadurch, dass die Gegner langsam aussterben und dass die heranwachsende Generation von vornherein mit der Wahrheit vertraut gemacht ist."

Vielleicht muss mit einer evolutionären Strukturbereinigung oder einer revolutionären Neuordnung einfach nur noch eine Generation abgewartet werden.

---

219 Etwa *A. Raupach* in Raupach/Tipke/Uelner (Hrsg.), Niedergang oder Neuordnung des deutschen Einkommensteuerrechts, Münsteraner Symposium, 1985, S. 15 ff.; *K. Tipke* (Fn. 2), S. 133 ff.; *K. Tipke* (Fn. 23), S. 612; *J. Lang* in DStJG 24 (2001), S. 49 (73 ff.); *J. Lang*, NJW 2006, 2209 ff.; *R. Seer*, BB 2004, 2272; *P. Kirchhof*, FR 2012, 701 ff.; *J. Pelka*, StuW 2013, 226 (226).
220 Vgl. auch *F. W. Wagner* in FS Lang, 2010, S. 345 (354), der darauf hinweist, dass die Einkünfte aus nichtselbständiger Arbeit (§ 19 EStG), die 87 % des ESt-Aufkommens ausmachen, nicht reformbedürftig sei.
221 *M. Planck*, Wissenschaftliche Selbstbiographie, Halle 1990 (Nachdruck der Erstausgabe Leipzig 1948), S. 15.

Einkommensermittlung, objektives Nettoprinzip und Verlustberücksichtigung

Prof. Dr. *Claus Staringer*, Wien
WU Wien

Inhaltsübersicht

I. Einleitung und Themenstellung
1. Ausgangspunkt: Leistungsfähigkeit, objektives Nettoprinzip und Schedulenbesteuerung
2. Bedeutung des Rechtsvergleichs
3. Abgrenzung des Themas

II. Abzugsverbote für Betriebsausgaben oder Werbungskosten bei bestimmten Einkunftsarten
1. Laufende Kapitaleinkünfte
   a) Deutschland
   b) Österreich
2. Veräußerungsgewinne aus Kapitalvermögen
   a) Deutschland
   b) Österreich
      (i) Abzugsverbot für Kosten
      (ii) Ansatzverbot für Anschaffungsnebenkosten

3. Veräußerungsgewinne aus Immobilien
   a) Österreich
      aa) Abzugsverbot für Kosten
      bb) Kein Ansatzverbot für Anschaffungsnebenkosten

III. Einschränkungen beim Verlustausgleich
   a) Deutschland
   b) Österreich
      aa) Kapitalvermögen
      bb) Immobilien

IV. Ausschluss des Verlustvortrages
   a) Deutschland
   b) Österreich

V. Ergebnis

I. Einleitung und Themenstellung

1. Ausgangspunkt: Leistungsfähigkeit, objektives Nettoprinzip und Schedulenbesteuerung

Das Leistungsfähigkeitsprinzip ist einer der traditionellen Leitgedanken der Einkommensteuer. Dies ist heute sowohl für das deutsche wie auch das österreichische Steuerrecht unbestritten. Allenfalls mag es eine Diskussion um die konkrete dogmatische „Leistungsfähigkeit" dieses allgemeinen Prinzips bei der Lösung konkreter Rechtsprobleme geben.[1] Dies ändert aber nichts daran, dass das Leistungsfähigkeitsprinzip – eben als allgemeiner Prinzipiengedanke – für die steuerrechtliche Dogmatik jedenfalls eine wichtige Rolle spielt. Ein Ausfluss des Leistungsfähigkeitsprinzips ist das objektive Nettoprinzip, wonach der Besteuerung das Nettoeinkommen, somit nach Berücksichtigung von Betriebsausgaben oder Werbungskosten, zugrunde zu legen ist. Der

---

1 Vgl. *Gassner/Lang*, Das Leistungsfähigkeitsprinzip im Einkommen- und Körperschaftsteuerrecht, Gutachten 14. ÖJT (2000).

ebenso einfache wie überzeugende Gedanke des objektiven Nettoprinzips liegt darin, dass die wirtschaftliche Leistungsfähigkeit des Steuerpflichtigen nicht am Brutto-, sondern am Nettoeinkommen zu messen ist.[2] Eine dem Gedanken der Leistungsfähigkeit verpflichtete Einkommensbesteuerung muss daher – jedenfalls im Grundsatz – den steuerlichen Abzug von Betriebsausgaben und Werbungskosten, die mit der Erzielung des Bruttoeinkommens in Zusammenhang stehen, zulassen.

Schon seit einiger Zeit ist aber in der Rechtsentwicklung festzustellen, dass das altehrwürdige Nettoprinzip immer mehr unter Druck gerät. Einer der wesentlichen Entwicklungstrends der Einkommensbesteuerung in jüngerer Zeit – jedenfalls in Deutschland und Österreich – entfernt sich nämlich immer mehr vom historischen Grundprinzip der synthetischen Einkommensteuer, nach der die steuerliche Belastung im Grundsatz unabhängig von der Art der Einkunftsquelle und damit der Einkunftsart sein soll. Gegenbegriff der synthetischen Einkommensteuer ist eine Schedulenbesteuerung, deren Kennzeichen es ist, für einzelne Einkunftstypen im Ergebnis u.U. deutlich abweichende Rechtsfolgen hinsichtlich der Ermittlung der Bemessungsgrundlage sowie auch des Steuersatzes vorzusehen.

In Deutschland war die Einführung einer Abgeltungssteuer für Kapitaleinkünfte unter Einschluss der Gewinne aus der Veräußerung von Kapitalvermögen[3] ein deutlich sichtbarer Schritt hin zu einer solchen Schedulenbesteuerung. Noch weiter vorangeschritten auf dem Weg zur Schedularisierung der Einkommensteuer ist die Rechtsentwicklung in Österreich: Hier wurde bereits ab dem Jahr 1992 durch das Endbesteuerungsgesetz[4] eine der deutschen Abgeltungssteuer nahekommende Sonderbesteuerung eingeführt, allerdings zunächst beschränkt auf laufende Kapitaleinkünfte. Diese Sonderbesteuerung wurde sodann – wenn auch erst fast 20 Jahre später – durch das Budgetbegleitgesetz 2011[5] auch auf Veräußerungsgewinne aus Kapitalvermögen sowie Derivateeinkünfte erstreckt. Den bisherigen Schlusspunkt dieser Entwicklung hat in Österreich das 1. Stabilitätsgesetz 2012[6] gesetzt, mit dem Veräußerungsgewinne aus Immobilien ebenfalls einen besonderen Steuerregime hinsichtlich Tarif und Bemessungsgrundlage unterworfen wurden.

Schon bei erster Durchsicht zeigt sich, dass all diese Modelle einer Schedulenbesteuerung einige strukturelle Gemeinsamkeiten aufweisen: So besteht durchwegs für die betroffenen Einkünfte ein aus dem progressiven Regeltarif der Einkommensteuer herausgelöster Sondertarif in Form eines linea-

---
2 Vgl. für viele nur *Hey* in Tipke/Lang, Steuerrecht, 21. Aufl. 2013, § 8 Rz. 54 ff.
3 Durch das Unternehmenssteuerreformgesetz 2008.
4 ÖBGBl. 1993/11.
5 ÖBGBl. I 2010/111.
6 ÖBGBl. I 2012/22.

ren Steuersatzes. Die Höhe dieses Sondertarifs ist in allen genannten Fällen rund um einen Satz von 25 % angesiedelt. Ein weiteres Merkmal liegt darin, dass die Schedulenbesteuerung regelmäßig nicht im Wege der Steuerveranlagung, sondern durch einen Steuerabzug an der Quelle erhoben wird, nämlich bei den Kapitaleinkünften bzw. Veräußerungsgewinnen aus Kapitalvermögen in Form der Kapitalertragsteuer (in Deutschland wie in Österreich) bzw. bei Gewinnen aus Veräußerungen von Immobilien durch die dieser nachgebildete Immobilienertragsteuer (in Österreich).

Ein weiterer gemeinsamer Wesenszug der genannten Sondersteuersysteme – und damit sind wir beim hier zu behandelnden Thema – sind die von diesen Systemen vorgesehenen, zum Teil gravierenden Einschränkungen des objektiven Nettoprinzips. Diesen Einschränkungen des objektiven Nettoprinzips, die somit mittelbar auch Einschränkungen des Grundsatzes der Besteuerung nach der wirtschaftlichen Leistungsfähigkeit darstellen, soll im folgenden Beitrag nachgegangen werden. Dabei soll danach unterschieden werden, an welcher Stelle der Ermittlung der Steuerbemessungsgrundlage diese Einschränkungen konkret eingreifen, nämlich

- auf der Ebene der Ermittlung der Einkünfte aus der jeweiligen Einkunftsquelle (somit unmittelbar beim Betriebsausgaben- bzw. Werbungskostenabzug),[7]
- beim Ergebnisausgleich zwischen verschiedenen Einkunftsquellen (somit beim horizontalen und vertikalen Verlustausgleich, je nachdem ob dieser innerhalb der konkreten Einkunftsart oder einkunftsartübergreifend stattfinden soll),[8] sowie
- bei der periodenübergreifenden Verrechnung von Jahresverlusten auf zukünftige Perioden (somit beim Verlustvortrag).[9]

2. Bedeutung des Rechtsvergleichs

Die Analyse des bestehenden Rechtszustandes soll aber dabei kein reiner Selbstzweck sein. Vielmehr soll sie zur Aufbereitung der rechtspolitischen Frage dienen, ob die sich in der geschilderten Rechtsentwicklung als zumindest mögliche Option zukünftiger Gesetzgebung zeigende Schedularisierung der Einkommensteuer unter weitgehender Aufgabe des objektiven Nettoprinzips als Modell für die Weiterentwicklung der Einkommensteuer in der Zukunft eignet.

Jedenfalls für Österreich scheint die jüngste Rechtsentwicklung darauf hinzudeuten, dass dies keine rechtspolitische Frage mehr ist bzw. der österreichische Gesetzgeber sie bereits bejaht hat. Denn in Österreich haben in

---

7 Dazu unten Abschnitt II.
8 Dazu unten Abschnitt III.
9 Dazu unten Abschnitt IV.

jüngster Zeit (namentlich durch das Budgetbegleitgesetz 2011 sowie das 1. Stabilitätsgesetz 2012) weitreichende Reformen stattgefunden, bei denen eine solche Schedularisierung unter bewusster Aufgabe des Nettoprinzips geradezu im Kern gestanden hat. Insbesondere das nur kurze Zeit nach Einführung einer Schedulenbesteuerung für Veräußerungsgewinne aus Kapitalvermögen (im Wesentlichen mit Inkrafttreten 1.4.2012) verabschiedete Schedulensystem für Veräußerungsgewinne aus Immobilien, das in vielen Teilaspekten klar erkennbar Anleihen bei der Besteuerung von Kapitalveräußerungsgewinnen nimmt,[10] legt den Eindruck nahe, dass der österreichische Gesetzgeber an solchen Systemen Gefallen gefunden hat. Bis jetzt sind auch keine Anzeichen erkennbar, dass der Gesetzgeber den eingeschlagenen Weg der Schedularisierung wieder verlassen möchte. Im Gegenteil könnte die mit dem Regierungsprogramm vom Dezember 2013 in Österreich angekündigte Totalrevision des Einkommensteuergesetzes („EStG-Neu")[11] Gelegenheit bieten, die verschiedenen über die Jahre entstandenen Schedulensysteme in dieses EStG-Neu zu übernehmen und den eingeschlagenen Weg damit zu bestätigen. Dieser doch großen Bedeutung der Schedulenbesteuerung in Österreich Rechnung tragend, soll sich der folgende Beitrag vorrangig mit dem österreichischen Recht befassen.

Zugleich kann aber auch für den deutschen Steuerjuristen der internationale Rechtsvergleich mit Österreich lohnend sein. Dabei geht es nicht so sehr um die Frage, ob bzw. unter welchen Voraussetzungen für bestimmte Einkünfte auch in Deutschland rechtspolitisch eine Erweiterung der Schedulenbesteuerung nach österreichischem Vorbild erwogen werden soll. Aber gerade weil in Österreich mehrere Schedulen für unterschiedliche Einkunftstypen in verschiedenen Rechtsentwicklungsperioden geschaffen wurden, kann die Analyse der verschiedenen Schedulen Einblicke in verschiedene historische „Schichten" der Schedulenbesteuerung verschaffen. Wer sich vertieft mit Schedulensystemen befassen will, findet in Österreich mittlerweile einen durchaus reichen Erfahrungsschatz.

3. Abgrenzung des Themas

Im Rahmen des vorliegenden Beitrags soll jedoch keineswegs eine vollständige Analyse der genannten Schedulensysteme erfolgen. Dies würde den vorgegebenen Rahmen bei Weitem sprengen. Deshalb soll der Blick auf das Kernthema der Prüfung der inneren Rechtfertigung von Einschränkungen des objektiven Nettoprinzips fokussiert bleiben. Letztlich sind viele der dabei auftretenden Fragen vor allem verfassungsrechtliche Probleme. Solche Verfassungsfragen eignen sich schlecht für den Rechtsvergleich, sind sie

---

10 Ganz deutlich z.B. *Mayr*, Grundstücksbesteuerung im betrieblichen Bereich, RdW 2013, 42 (45 f.).
11 Vgl. S. 110 des Arbeitsprogramms der österreichischen Bundesregierung 2013–2018 „Erfolgreich. Österreich."

doch angesichts des jeweiligen verfassungsrechtlichen Rahmens für jede Rechtsordnung gesondert zu beurteilen. Sie können aber dennoch der Veranschaulichung der Rechtfertigungsprüfung dienen.

Grundfrage aller Schedulensysteme – auch und vor allem im Verfassungsrecht – ist aber weniger die Einschränkung des objektiven Nettoprinzips, sondern die Frage nach der Rechtfertigung der für solche Systeme typischen Ausnahme vom allgemeinen progressiven Regelsteuertarif. Zu dieser Rechtfertigung liegen – ohne auf ihre Stichhaltigkeit hier eingehen zu müssen – eine ganze Reihe von Argumenten auf dem Tisch: Bei der Besteuerung des Kapitalvermögens wird regelmäßig das Ziel der Vermeidung der Kapitalflucht ins Ausland genannt[12] bzw. – wenn Kapital bereits ins Ausland abgeflossen war – soll durch den Sondertarif ein Anreiz zur Repatriierung von Vermögen geschaffen werden. Generell wird häufig auch auf die mit einem niedrigen Sondertarif vermutete höhere Akzeptanz der Steuerbelastung in der Bevölkerung verwiesen.[13] Mitunter taucht auch der Hinweis auf entsprechende internationale Entwicklungen auf.[14] Daneben wird insbesondere bei Neueinführung von Schedulen die Ausnahme vom allgemeinen Tarif von manchen als „Trost" für eine gleichzeitig stattfindende Verbreiterung der Bemessungsgrundlage gegenüber den früheren Rechtszustand verstanden.[15] Ein anderer Aspekt könnte auch eine bewusst angestrebte Differenzierung der Belastung zwischen „Haupt"- und „Neben"-Einkünften sein, dies nicht verstanden als Haupt- und Neben-Einkunftsarten im klassischen Sinn, sondern vielmehr danach, ob eine bestimmte Einkunftsquelle den Schwerpunkt der Erwerbstätigkeit des Steuerpflichtigen bildet oder Einkünfte bloß „nebenbei" anfallen.[16] Rasch zeigt sich, dass die Diskussion rund um die Rechtfertigung von Sondersteuertarifen für bestimmte Einkünfte ein weites Feld ist, das im Rahmen dieses Beitrags aber nicht aufgearbeitet werden muss.[17] Es soll eben

---

12 In diese Richtung etwa die Gesetzesbegründung zur deutschen Abgeltungssteuer BR-Drucks. 220/07, 52.
13 Vgl. zu all dem kritisch z.B. *Englisch*, Verfassungsrechtliche und steuersystematische Kritik der Abgeltungssteuer, StuW 2007, 221 (224 ff.).
14 So etwa in Österreich VfGH 16.6.2011, G 18/11 zum Budgetbegleitgesetz 2011.
15 Dies war etwa bei der Einführung der Immobilienertragsteuer in Österreich der Fall, da nunmehr auch die Veräußerung langfristig gehaltener Immobilien Steuerpflicht auslöst.
16 Vgl. § 27a Abs. 6 öEStG zu Kapitalveräußerungen sowie § 30a Abs. 3 Z 2 öEStG zu Immobilienveräußerungen.
17 In Österreich zuletzt etwa *Kofler*, Verfassungsrechtliche Fragen im Zusammenhang mit der Neuordnung der Besteuerung von Kapitalvermögen, in Lechner/Mayr/Tumpel (Hrsg.), Handbuch der Besteuerung von Kapitalvermögen (2012), 33 (42 ff.); in Deutschland zuletzt *Worgulla*, Bruttobesteuerung der Einkünfte aus Kapitalvermögen und der allgemeine Gleichheitsgrundsatz, FR 2013, 921 (924 ff.); *Weber-Grellet*, die Funktion der Kapitalertragsteuer im System der Abgeltungssteuer, DStR 2013, 1357 (1358).

nicht um die Rechtfertigung von Schedulensteuersätzen an sich gehen, sondern um das Schicksal des objektiven Nettoprinzips in solchen Systemen.

II. Abzugsverbote für Betriebsausgaben oder Werbungskosten bei bestimmten Einkunftsarten

1. Laufende Kapitaleinkünfte

a) Deutschland

In Deutschland unterliegen laufende Kapitaleinkünfte seit dem Unternehmenssteuerreformgesetz 2008 einer Abgeltungssteuer. Mit dieser Abgeltungssteuer einher geht ein Abzugsverbot für mit den Kapitaleinkünften in Zusammenhang stehenden Kosten.[18]

Zur Rechtfertigung dieses Abzugsverbotes werden verschiedene Überlegungen herangezogen: So soll für Bezieher niedriger Einkommen der Sparer-Pauschbetrag eine Rechtfertigung bieten, da damit der fehlende Abzug der tatsächlichen Kosten durch einen solchen pauschalen Betrag ersetzt wird.[19] Da die Wirkung des Pausch-Betrages aber mit steigendem Einkommen (und damit steigender Regeltarifbelastung) relativ sinkt, da die Abzugswirkung von Ausgaben entsprechend steigen würde, versagt diese Rechtfertigung bei Beziehern hoher Einkommen. In diesen Fällen wird daher zur Rechtfertigung des Abzugsverbotes darauf verwiesen, dass dieses Verbot einen Ausgleich für den bei solchen hohen Einkommen begünstigenden niedrigen Sondertarif darstellt.[20] Erkennbar liegt die Schwierigkeit bei diesen Rechtfertigungsüberlegungen aber darin, dass sie nur in sehr stark generalisierender Weise angewendet werden können. Es wird zahlreiche Einzelfälle geben, in denen solche typisierenden Rechtfertigungsüberlegungen gerade nicht zutreffen, etwa wenn Kosten in signifikanter Höhe bestehen, die durch das Abzugsverbot von der steuerlichen Berücksichtigung ausgeschlossen bleiben. Nicht zuletzt wegen dieser Schwäche wird daher häufig eine andere Rechtfertigung in den Vordergrund gerückt, nämlich jene der durch das Abzugsverbot eintretenden Vereinfachung beim Steuerabzug. Da die Abgeltungssteuer gerade im Abzugswege erhoben werden soll, stellt das Verbot des Kostenabzugs erst sicher, dass die „richtige" Bemessungsgrundlage der Abzugssteuer mit Abgeltungswirkung unterworfen ist. Eine Berücksichtigung von Kosten durch den Abzugsverpflichteten bei der Bemessung der Abzugssteuer würde nämlich erheblichen administrativen Aufwand bedeuten, der dem Vereinfachungsgedanken der Abzugssteuer entgegen stehen würde.

---

18 § 20 Abs. 9 Satz 1 EStG.
19 Vgl. BR-Drucks. 220/07, 92. Kritisch dazu zuletzt *Worgulla*, FR 2013, 922 ff.
20 Vgl. BR-Drucks. 220/07, 92.

b) Österreich

In Österreich ist eine intensivere Diskussion um die innere Rechtfertigung des Abzugsverbots für Kosten im Zusammenhang mit laufenden Kapitaleinkünften kaum vorzufinden. Dies wird seinen Grund darin haben, dass das Abzugsverbot in diesem Fall bereits seit langer Zeit (konkret dem im Jahr 1993 erlassenen Endbesteuerungsgesetz) verfassungsrechtlich vorgegeben ist. Der Verfassungsgesetzgeber hat mit dem Endbesteuerungsgesetz nämlich nicht bloß den Sondertarif samt Abgeltungswirkung für die betroffenen Kapitaleinkünfte verfassungsrechtlich abgesichert, sondern zugleich auch dem einfachen Gesetzgeber auferlegt, für die sonderbesteuerten Kapitaleinkünfte keinen Kostenabzug zuzulassen.[21] Dieser verfassungsrechtlichen Vorgabe ist der einfache Gesetzgeber in Österreich auch gefolgt.[22] Angesichts dieser Verankerung im Verfassungsrecht ist die innere Rechtfertigung des Abzugsverbotes in der Praxis oft nicht weiter hinterfragt worden.[23] Die Gesetzesmaterialien zum Endbesteuerungsgesetz begründen das Abzugsverbot sinngemäß damit, dass von der Endbesteuerung primär Hocheinkommensbezieher profitieren würden, die somit durch den für sie niedrigen Abgeltungssatz i.H.v. 25 % ohnedies begünstigt wären.[24] Auch würden bei Geldeinlagen und Wertpapieren – dem damaligen Anwendungsbereich der Endbesteuerung – Kosten oder Schulden kaum eine Rolle spielen.[25]

Bemerkenswert ist jedoch, dass das Kostenabzugsverbot auch dann unverändert fortbestehen soll, wenn die Abgeltungswirkung des Steuerabzugs gar nicht zum Tragen kommt, weil der Steuerpflichtige eine Veranlagung der Kapitaleinkünfte zum Regeltarif vornimmt.[26] Worin die Rechtfertigung dieser erkennbar strengen Rechtslage liegt, erscheint unklar, zumal die üblichen Rechtfertigungsüberlegungen zum Kostenabzugsverbot im Fall der Regeltarifveranlagung gerade nicht greifen.[27] In Österreich hat sich mittelbar mit dieser Frage auch bereits die verfassungsgerichtliche Rechtspre-

---

21 § 2 Abs. 1 und 2 EndbesteuerungsG.
22 Heute in § 20 Abs. 2 öEStG.
23 Vgl. aber zuletzt ausführlich *Prunbauer*, Das Abzugsverbot des § 20 Abs. 2 EStG im Zusammenhang mit Kapitaleinkünften, in Lechner/Mayr/Tumpel (Hrsg), Handbuch der Besteuerung von Kapitalvermögen (2012), 185 (193 ff.); weiters *Pülzl*, Endbesteuerung: Bruttobesteuerung bei tarifmäßiger Veranlagung verfassungskonform?, SWK 2008, 921 (921 f.).
24 AB 881 BlgNR 18. GP 2. Ähnlich bereits *Nolz*, Die geplante Kapitalertragsteuer von 22 % als Endbesteuerung bei den Einkünften aus Kapitalvermögen, ÖStZ 1992, 293 (293 ff.).
25 ErlRV 810 BlgNR 18. GP 8.
26 So insbesondere die Finanzverwaltung in EStR Rz. 4853.
27 Vgl. dazu oben im vorigen Abschnitt. Kritisch zum Abzugsverbot auch bei Regelveranlagung schon z.B. *Gassner*, Die neue Endbesteuerung: Grundkonzept und Mängel, JBl 1993, 4 (7); *Achatz*, Kapitalertragsteuer und Endbesteuerung, in Lechner/Staringer/Tumpel (Hrsg), Kapitalertragsteuer (2003), 71 (76 f.).

chung beschäftigt. In einem im Jahr 2009 vom VfGH entschiedenen Fall[28] ging es um die Verfassungskonformität der in den Streitjahren für Auslandsdividenden angeordneten Bruttobesteuerung (für diese bestand unabhängig vom verfassungsrechtlichen Auftrag des Endbesteuerungsgesetzes ebenfalls ein Kostenabzugsverbot). Der Gerichtshof bejahte die Zulässigkeit dieses Kostenabzugsverbotes bei Auslandsdividenden, weil ansonsten im Ergebnis eine Besserstellung der Auslandsdividende gegenüber Inlandsdividenden bestanden hätte, für die – wie geschildert – aus verfassungsrechtlichen Gründen ein Abzugsverbot vorgesehen war. Dies hätte im Ergebnis zu einer Diskriminierung des Inlandsfalls geführt, die der VfGH dadurch vermied, dass er für sämtliche Dividenden ein Kostenabzugsverbot annahm. Zwingend erscheint diese Lösung aber nicht:[29] Alternativ hätte der VfGH nämlich für beide Arten von Einkünften (Auslandsdividenden wie Inlandsdividenden) Gleichbehandlung herstellen können, wenn er einen Kostenabzug im Rahmen der Regeltarifveranlagung generell zugelassen hätte. Dass der VfGH dies nicht in Erwägung gezogen hat, deutet aber implizit darauf hin, dass er den Verfassungsauftrag des Endbesteuerungsgesetzes tatsächlich so versteht, dass durch der Kostenabzug auch bei Regeltarifveranlagung ausgeschlossen sein soll.

2. Veräußerungsgewinne aus Kapitalvermögen

a) Deutschland

Für Veräußerungsgewinne aus Kapitalvermögen gilt im deutschen Recht das Abzugsverbot im Rahmen der Abgeltungssteuer analog zu laufenden Kapitaleinkünften. Freilich besteht hier insoweit eine wesentliche Einschränkung, als der Begriff des Veräußerungsgewinns dabei so zu verstehen ist, dass er jene Größe darstellt, die sich nach Abzug von Veräußerungskosten ergibt.[30] Somit besteht schon auf Ebene der Veräußerungsgewinnermittlung die Möglichkeit zur Berücksichtigung von Veräußerungskosten.

b) Österreich

(i) Abzugsverbot für Kosten

Deutlich strenger zeigt sich hier die Rechtslage in Österreich. Hier wurde mit der Einführung der „KESt-Neu" für Veräußerungsgewinne aus Kapitalvermögen durch das Budgetbegleitgesetz 2011 (in der Regel mit Inkrafttreten 1.4.2012) ein Abzugsverbot für mit Veräußerungsgewinnen in Zusammenhang stehende Kosten vorgesehen.[31] Die Verankerung dieses Abzugsverbots

---

28 VfGH 17.6.2009, B 53/08.
29 Vgl. umfassend *Haslehner/Kofler*, Werbungskosten bei der KESt-Veranlagung, SWK 2009, 929 (936 f.).
30 § 20 Abs. 4 Satz 1 EStG.
31 § 20 Abs. 2 öEStG.

bei Veräußerungsgewinnen ist deshalb spannend, weil das Budgetbegleitgesetz 2011 für die neue Rechtslage bei Veräußerungsgewinnen keinen Verfassungsrang erhalten konnte, da die dafür notwendigen parlamentarischen Mehrheiten nicht erreichbar waren. Anders als beim Abzugsverbot bei laufenden Kapitaleinkünften fehlt damit die verfassungsrechtliche Absicherung (und damit Immunisierung) des Kostenabzugsverbots, wenn die Kosten im Zusammenhang mit Gewinnen aus der Veräußerung von Kapitalvermögen stehen.[32] Insoweit geht der Gesetzgeber des Budgetbegleitgesetzes 2011 offenkundig davon aus, dass für dieses Kostenabzugsverbot eine tragfähige verfassungsrechtliche Rechtfertigung besteht, die dieses Kostenabzugsverbot auch ohne eigene verfassungsrechtliche Absicherung verfassungskonform erscheinen lässt.

Die Finanzverwaltung führt hier als tragendes Rechtfertigungsargument ins Treffen, dass mit der „Hälftebesteuerung" zum Sondersteuersatz von 25 % (der für die Kapitalveräußerungsgewinne durchgängig zur Anwendung gelangt) eine Mitberücksichtigung von Ausgaben bzw. Kosten, die im Zusammenhang mit dem Veräußerungsgewinn angefallen sind, implizit erfolgt.[33] Offenkundig soll der Sondersteuersatz von 25 % (der als „Hälftesteuersatz" verstanden wird, da der Gesetzgeber offenbar von einem „Regelsteuersatz" in Höhe des Höchsttarifes von 50 % ausgeht) einen typisierenden Ausgleich für die Nichtverfügbarkeit eines Kostenabzugs darstellen (die gewissermaßen den „Preis" darstellt, den Hocheinkommensbezieher für den Vorteile des niedrigen Sondertarifs aufbringen müssen). Insoweit stellt sich die Argumentation nicht anders dar als jene, die schon bei den laufenden Kapitaleinkünften vorgebracht wurde.[34] Ob diese Rechtfertigung letztlich trägt, wird aber vom Schrifttum kritisch gesehen.[35]

Aber auch wenn man einen Ausgleichs-Effekt von Sondertarif und Kostenabzugsverbot für grundsätzlich möglich hält, stellt sich die Frage ob laufende Kapitaleinkünfte und Veräußerungsgewinn hier tatsächlich hinsichtlich des Kostenabzugs vergleichbare Fälle sind. Es könnte nämlich durchaus bezweifelt werden, ob die bei laufenden Kapitaleinkünften wohl zutreffende Annahme, dass solche Einkünfte typischerweise nur in geringem Ausmaß Kostenaufwand des Steuerpflichtigen erfordern (insbesondere weil der laufende Einkünftebezug als Gegenleistung für die bloße Kapitalüberlassung stattfindet, ohne dass der Steuerpflichtige sich besonders um die Vereinnah-

---

32 Vgl. *Kofler* in Lechner/Mayr/Tumpel, Handbuch der Besteuerung von Kapitalvermögen, 48.
33 Explizit *Schlager/Mayr*, in Kirchmayr/Schlager/Mayr, (Hrsg.) Besteuerung von Kapitalvermögen (2012), 24.
34 Vgl. oben Abschnitt II.1.
35 Zu möglichen Angriffspunkten ausführlich *Prunbauer* in Lechner/Mayr/Tumpel, Handbuch der Besteuerung von Kapitalvermögen, 201 f.; skeptisch auch *Peyerl*, Verlustverwertung bei Kapitaleinkünften, SWK 2010, 1042 (1045).

mung kümmern muss), bei Veräußerungsgewinnen (die jedenfalls ein Aktivwerden des Steuerpflichtigen durch den Verkauf erfordern) in gleicher Weise zutrifft.[36] In der Tat sind bei den Kapitalveräußerungsgewinnen viele Fälle denkbar, in denen durchaus ernsthafte Kosten i.Z.m. der Veräußerung entstehen können, zumal es dabei auch um die Veräußerung (sowohl wertmäßig als auch prozentuell) großer Unternehmensbeteiligungen durch natürliche Personen gehen kann (und zwar auch im Betriebsvermögen).[37] Nicht ohne Grund bestand nach altem Recht – vor dem Budgetbegleitgesetz 2011 – für solche „großen" Beteiligungsverkäufe (Beteiligung ab 1 %) gerade kein Kostenabzugsverbot, obwohl der Veräußerungsgewinn ebenfalls steuerlich ermäßigt besteuert wurde (mit dem halben Durchschnittssteuersatz). Insoweit wäre daher der Grundgedanke des Gesetzgebers, hinsichtlich des Kostenabzugs für Gleichbehandlung zwischen laufenden Einkünften und Veräußerungsgewinnen zu sorgen, dann verfehlt, wenn die Fälle eben in Wahrheit gar nicht gleich liegen.

Jedenfalls problematisch ist es aber, dass das Kostenabzugsverbot auch dann angeordnet ist, wenn die Veräußerungsgewinne der Regeltarifveranlagung unterworfen werden.[38] Hier sind die Verfassungsbedenken so stark, dass zum Teil sogar *de lege lata* die Möglichkeit zum Kostenabzug eingefordert wird.[39] In diesem Fall besteht offenkundig ein erhebliches verfassungsrechtliches Problem.

(ii) Ansatzverbot für Anschaffungsnebenkosten

Wie ernst es dem Gesetzgeber in Österreich aber mit dem Kostenabzugsverbot bei Veräußerungsgewinnen offenbar ist, zeigt sich beim im österreichischen Recht bestehenden Ansatzverbot für Anschaffungsnebenkosten. Solche Anschaffungsnebenkosten würden an sich die eigentlichen Anschaffungskosten erhöhen und damit im zukünftigen Veräußerungsfall den steuerpflichtigen Veräußerungsgewinn entsprechend mindern. Der Gesetzgeber sieht darin die Gefahr einer Umgehung des Kostenabzugsverbotes, weshalb auch Anschaffungsnebenkosten vom Ansatz als Teil der steuerlichen Anschaffungskosten ausgeschlossen bleiben sollen.[40]

---

36 Skeptisch *Prunbauer* in Lechner/Mayr/Tumpel, Handbuch der Besteuerung von Kapitalvermögen, 201 f.
37 Z.B. Finanzierungskosten i.Z.m. dem Beteiligungserwerb, Beratungskosten etc.
38 Vgl. ebenso *Kofler* in Lechner/Mayr/Tumpel, Handbuch der Besteuerung von Kapitalvermögen 51.
39 *Papst*, Regelbesteuerungsoption bei Immobilien und Kapitalvermögen: Ungleichbehandlung verfassungsrechtlich geboten, ÖStZ 2013, 387 (390); ebenso *Beiser*, Mehr Gleichheit durch einfachere Gesetze: Ein Vorschlag zur Vereinfachung der ImmoESt und KESt, in Fitz/Kalss/Kautz/Kucsko/Lukas/Torggler U. (Hrsg.), FS Torggler (2013), 63 (70).
40 § 27a Abs. 4 Z 2 erster Satz öEStG. Ausdrücklich auf die Umgehungsgefahr hinweisend ErlRV 981 BlgNR 24. GP 123.

Dieses Ansatzverbot für Anschaffungsnebenkosten führt zwangsläufig zu zahlreichen Problemen. So ist schon der Begriff der Anschaffungsnebenkosten unklar, da es sich hierbei um keinen klar definierten Rechtsbegriff handelt.[41] Üblicherweise werden als solche Anschaffungsnebenkosten jene Kosten verstanden, die im Zuge der Anschaffung von Wirtschaftsgütern entstehen, aber nicht Teil des eigentlichen Anschaffungspreises sind (wie etwa Bankspesen beim Wertpapierkauf).[42] Die Finanzverwaltung betrachtet aber teilweise auch u.U. ganz erhebliche Positionen als solche Anschaffungsnebenkosten, wie etwa den Ausgabeaufschlag bei Investmentfonds (der häufig 5 % beträgt, was bei Wertsteigerung von 10 % den Veräußerungsgewinn um die Hälfte reduziert).[43] Werden solche Anschaffungsnebenkosten vom Verkäufer in Rechnung gestellt (z.B. beim Ankauf von Wertpapieren aus dem Eigenbestand einer Bank), stellt sich die Frage nach einer Abgrenzung von Anschaffungskosten und Anschaffungsnebenkosten noch schärfer, wenn Anschaffungsnebenkosten gar nicht gesondert verrechnet werden, sondern unmittelbar im Kaufpreis mit eingepreist werden. In diesen Fällen will die Finanzverwaltung die entsprechenden Kaufpreiskomponenten in Anschaffungsnebenkosten umqualifizieren,[44] was problematisch erscheint, zumal in solchen Fällen nicht ersichtlich ist, warum bei einem einheitlichen Kaufpreis überhaupt Nebenkosten vorliegen sollen.[45]

Eine weitere nur schwer erklärbare Differenzierung ergibt sich, wenn man mehrere Wertpapiertransaktionen in der Kette betrachtet: Hat der Ersterwerber eines Wertpapiers Anschaffungsnebenkosten aufzuwenden (die bei ihm dem Ansatzverbot unterliegen), wird er versuchen müssen, diese über einen entsprechend höheren Weiterverkaufspreis des Wertpapiers wieder hereinzubringen (was möglich ist, wenn kein Börsepreis besteht). Für den Folgeerwerber entstehen daher entsprechend erhöhte Anschaffungskosten, Anschaffungsnebenkosten sind von ihm nicht mehr zu leisten. Damit geht der Charakter der Anschaffungsnebenkosten bei Einpreisung in der Kette für Folgeerwerber verloren, so dass nur der Ersterwerber in der Kette vom Ansatzverbot betroffen ist, Folgeerwerber jedoch nicht.

Aus all diesen Problemfällen zeigt sich die grundsätzliche Problematik eines Ansatzverbotes für Anschaffungsnebenkosten: Diese besteht nämlich darin, dass damit im Ergebnis eine Bruttobesteuerung bei solchen Einkünften angeordnet werden soll, die ihrer Natur als Veräußerungsgewinne nach

---

41 Ebenso *Prunbauer* in Lechner/Mayr/Tumpel, Handbuch der Besteuerung von Kapitalvermögen, 206.
42 Vgl. die Liste von Beispielen in EStR Rz. 2186.
43 So *Schlager/Mayr* in Kirchmayr/Schlager/Mayr, Besteuerung von Kapitalvermögen, 24.
44 *Schlager/Mayr* in Kirchmayr/Schlager/Mayr, Besteuerung von Kapitalvermögen, 24.
45 Kritisch auch *Marschner*, Vermögenszuwachssteuer – erste Gedanken zum beschlossenen Gesetz, SWK 2011 S 37 (40).

Nettoeinkünfte sind. Es muss zwangsläufig zu Verwerfungen führen, aus der Bemessungsgrundlage solcher Nettoeinkünfte bestimmte Teile der Gesamtanschaffungskosten – bloß wegen eines pauschalen Verdachts der Umgehung des Kostenabzugsverbots – herauszuschälen, weil damit implizit der Nettocharakter des Veräußerungsgewinns untergraben wird. Dass daraus bedenklich Konsequenzen entstehen können, darf nicht überraschen.

Das in Österreich bestehende Ansatzverbot für Anschaffungsnebenkosten erscheint im Übrigen umso problematischer, als es nur für Veräußerungsgewinne im Privatvermögen gilt. Für im Betriebsvermögen gehaltene Wertpapiere bzw. deren Anschaffungsnebenkosten gilt dieses Ansatzverbot nämlich nicht,[46] lediglich für Zwecke des Kapitalertragsteuerabzugs werden im Bezug auf das Ansatzverbot für Anschaffungsnebenkosten sämtliche Wertpapiere als solche des Privatvermögens fingiert, um der abzugsverpflichteten Bank die Berücksichtigung solcher Anschaffungsnebenkosten bei der Bemessungsgrundlage des Steuerabzuges zu ersparen.[47] Der Umstand, dass der Gesetzgeber somit den Gedanken des Ansatzverbotes für Anschaffungsnebenkosten gar nicht durchgängig anwendet, entzieht diesem Ansatzverbot noch weiter die Rechtfertigung.[48]

3. Veräußerungsgewinne aus Immobilien

a) Österreich

aa) Abzugsverbot für Kosten

Seit dem 1. Stabilitätsgesetz 2012 besteht in Österreich eine umfassende Steuerpflicht für die Veräußerung von Immobilien. Insbesondere wurde damit die bis dahin bestehende Sonderstellung der Veräußerungsgewinne in Privatvermögen (die grundsätzlich nur bei Veräußerung innerhalb einer zehnjährigen Spekulationsfrist steuerbar sein konnten) zugunsten einer allgemeinen Steuerpflicht von Immobilienveräußerungsgewinnen aufgegeben.[49] Gleichzeitig wurde in Form der Immobilienertragsteuer (Immo-ESt) eine Abzugssteuer mit einem Sondersteuersatz von 25 % eingeführt.[50] Erkennbar nach dem Vorbild des Kostenabzugsverbots bei Veräußerungsgewinnen aus Kapitalvermögen besteht nach nunmehr neuer Rechtslage für Immobilien ebenfalls ein Abzugsverbot für Kosten, die im Zusammenhang mit dem Gewinn aus der Veräußerung der Immobilie stehen.[51]

---

46 § 27a Abs. 4 Z 2 letzter Satz öEStG.
47 § 93 Abs. 5 erster TS öEStG.
48 Kritisch *Prunbauer* in Lechner/Mayr/Tumpel, Handbuch der Besteuerung von Kapitalvermögen, 206 f.
49 § 30 Abs. 1 öEStG erfasst nunmehr seit 1.4.2012 im Grundsatz sämtliche „Private Grundstücksveräußerungen", für im Betriebsvermögen veräußerte Grundstücke bestand seit jeher Steuerpflicht.
50 § 30b Abs. 1 öEStG.
51 § 20 Abs. 2 öEStG.

Analog zum Kapitalvermögen besteht auch bei Veräußerungsgewinnen aus Immobilien keine verfassungsrechtliche Absicherung des Kostenabzugsverbotes, so dass der Gesetzgeber hierfür einer verfassungsrechtlichen Rechtfertigung bedarf. Diese Rechtfertigung ist schon auf den ersten Blick bei den Veräußerungsgewinnen aus Immobilien schwieriger zu finden als bei der Veräußerung von Kapitalvermögen. Denn bei Immobilien liegt, anders als beim Kapitalvermögen, gerade kein Gleichklang der Besteuerung von Veräußerungsgewinnen mit jener von laufenden Einkünften aus dem jeweiligen Vermögen vor.[52] Damit steht eines der tragenden Argumente zur Rechtfertigung des Kostenabzugsverbots bei Immobilienveräußerungsgewinnen nicht zur Verfügung, nämlich die Gleichbehandlung von laufenden Einkünften und Veräußerungsgewinnen.

Notwendigerweise muss es der Gesetzgeber daher – anders als beim Kapitalvermögen – beim Kostenabzug berücksichtigen, dass die Kosten (auch) i.Z.m. der Vermietung der Immobilie stehen konnten. Dies ist in der Weise gelöst, dass bei Immobilienveräußerungsgewinnen ein Kostenabzug – ausnahmsweise – dann möglich ist, wenn die Immobilie zur Erzielung laufender Mieteinkünfte verwendet worden war, und zwar diesfalls für die auf den Zeitraum der Einkünfteerzielung entfallenden Kosten (insbesondere Finanzierungszinsen).[53] Ein vollständiges Kostenabzugsverbot besteht somit nur dann, wenn eine ausschließlich für private (eigene) Zwecke genutzte Immobilie veräußert wird. Ob diese Differenzierung je nach Art der Nutzung der Immobilie tatsächlich eine tragfertige Rechtfertigung dafür abgibt, das Kostenabzugsverbot einmal anzuwenden und einmal nicht, erscheint durchaus zweifelhaft.[54] Insbesondere würde es dann nämlich einen Unterschied machen, ob allenfalls geringfügige (oder sogar negative) Vermietungseinkünfte angefallen sind, oder gar keine Vermietung stattgefunden hat, da der Zusammenhang der Kosten mit der Vermietung zeitraumbezogen zu verstehen ist, die Höhe der Mieteinkünfte aber keine Rolle spielt.[55] Aus ähnlichen Überlegungen heraus hatte die Rechtsprechung des VfGH unter der früheren Rechtslage den Zinsabzug bei Spekulationsgewinnen auch bei Veräußerung nicht vermieteter Objekte zugelassen.[56] In Wahrheit dürfte das Kriterium des Bezugs der Kosten zu Vermietungszeit-

---

52 Laufende Mieteinkünfte werden weiterhin stets zum vollen Regeltarif (bis zu 50 %) besteuert.
53 So die Gesetzesmaterialien ErlRV 1680 BlgNR 24. GP 9 und 21; gl.A. die Finanzverwaltung EStR Rz. 4873 und Rz. 6421a. Die dahinter stehende Überlegung ist, dass die spätere sondertarifierte Veräußerung nichts daran ändern kann, dass die Kosten zuvor noch im Zusammenhang mit regelbesteuerten Mieteinkünften gestanden hatten. Ausführlich dazu *Marchgraber*, Schuldzinsenabzug bei der Veräußerung fremdfinanzierter Immobilien, ÖStZ 2013, 383 (384 ff.).
54 Vgl. die überzeugende Kritik bei *Marchgraber*, ÖStZ 2013, 385 f.
55 Vgl. EStR Rz. 4873. Anders wohl nur bei Vorliegen von Liebhaberei.
56 Vgl. die Nachweise bei *Marchgraber*, ÖStZ 2013, 385 f.

räumen für sich einschränkend wirken sollen, da damit überhaupt nur solche Kosten abzugsfähig werden können, die eben auf bestimmte Zeiträume bezogen sind (wie Finanzierungszinsen). Nicht zeitraumbezogene Kosten (wie z.b. Maklerkosten) scheinen nach der Finanzverwaltung hingegen offenbar niemals abzugsfähig werden zu können,[57] und zwar wohl ungeachtet dessen, dass auch solche Kosten durchaus mit der Vermietung in Zusammenhang stehen können. Durch diese enge Sicht scheint die Finanzverwaltung das Problem der Kostenzuordnung zu laufender Vermietung oder Veräußerung lösen zu wollen. Dieses Problem ist freilich schon im Gesetz angelegt: Man darf sich über solche Zuordnungsprobleme nicht wundern, wenn eine Schedulenbesteuerung (mit Kostenabzugsverbot) nur für Veräußerungsgewinne vorgesehen ist, für laufende Vermietungseinkünfte aber nicht.

Somit kann die die Rechtfertigung des Kostenabzugsverbots bei Veräußerungsgewinnen aus Immobilien wohl nur noch in der Begünstigung durch den Sondersteuersatz von 25 % liegen.[58] Dass dieser Sondertarif in nicht wenigen Fällen in Wahrheit gegenüber dem früheren Recht – nach dem Veräußerungsgewinne außerhalb der Spekulationsfrist überhaupt nicht steuerbar waren – gar keine Begünstigung, sondern eine Steuerverschärfung darstellt, spricht nicht gegen die Rechtfertigungskraft dieses Sondersteuersatzes. Denn ob eine „Begünstigung" (d.h. relative Besserstellung gegenüber anderen Steuerpflichtigen oder Fällen) vorliegt oder nicht, wird sich nur am aktuellen Rechtszustand messen lassen, nicht aber an anderen theoretischen Rechtslagen, einschließlich der früher bestehenden. Auch mag es gerade bei Grundstücksverkäufen angesichts der dabei bewegten Summen durchaus häufig zutreffen, dass ein Regelsteuersatz von über 25 % zur Anwendung kommen würde.[59] Insoweit mag daher tatsächlich eine „Begünstigung" vorliegen. Die verbleibende Frage wird daher sein, ob dieser Begünstigungseffekt stark genug ist, um die doch gerade bei Immobilienverkäufen oft signifikanten Kosten (Rechts- und Vertragskosten, Maklerkosten etc., insbesondere aber Finanzierungskosten des Verkäufers) im Regelfall aufzuwiegen.[60] Keine Rechtfertigung ist aber jedenfalls dafür ersichtlich, dass das Kostenabzugsverbot sogar dann zur Anwendung gelangen soll, wenn der Sondersteuersatz gar nicht eingreift, nämlich im Fall der Regelveranlagung.[61]

Anders als bei der Veräußerung von Kapitalvermögen gilt das Kostenabzugsverbot bei der Veräußerung von Immobilien allerdings nicht für sämtliche Kosten. So sind z.B. Kosten der Berechnung der Immo-ESt (ins-

---

57 EStR Rz. 4872.
58 Vgl. *Urtz* in Urtz, Die neue Immobiliensteuer, 2. Aufl. 2013, 493.
59 In diese Richtung auch *Urtz* in Urtz, Die neue Immobiliensteuer, 494.
60 Kritisch *Beiser*, Die Ertragsbesteuerung von Immobilien im Licht des Gleichheitssatzes, SWK 2012, 826 (827).
61 So die ErlRV 1680 BlgNR 24. GP 10.

besondere Notarkosten) vom Abzugsverbot ausdrücklich ausgenommen.[62] Die Ratio dieser Ausnahme dürfte in einer teilweisen Übernahme der Erhebungskosten der Immo-ESt durch den Fiskus (bzw. die Allgemeinheit) liegen, dies als Abmilderung der durch die Einführung der Immo-ESt bewirkten Kostensteigerung für Immobilientransaktionen. Freilich schwächt dies die Rechtfertigung des Kostenabzugsverbots, das in solchen Fällen offenbar doch nicht als erforderlich erachtet wird.[63]

bb) Kein Ansatzverbot für Anschaffungsnebenkosten

Bei Immobilien ist auch – im Unterschied zu Kapitalvermögen – kein Ansatzverbot für Anschaffungsnebenkosten vorgesehen.[64] Dies dürfte seinen Hintergrund darin haben, dass solche Anschaffungsnebenkosten bei Immobilien geradezu typischerweise vorkommen, etwa in Form von Maklerprovisionen und – vor allem – der Grunderwerbsteuer.

Die bloße höhere Relevanz kann diese Unterscheidung zwischen Immobilien und Kapitalvermögen aber nicht sachlich begründen, in Wahrheit entzieht der zulässige Ansatz von Anschaffungsnebenkosten bei Immobilien dem gleichzeitigen Ansatzverbot beim Kapitalvermögen die Rechtfertigung.[65] Dies zeigt sich ganz plastisch bei der Grunderwerbsteuer: Hier ist das fragwürdige Ergebnis, dass die beim seinerzeitigen Erwerb eines Grundstücks bezahlte Grunderwerbsteuer bei dessen Weiterveräußerung den Veräußerungsgewinn reduziert. Wurde jedoch dasselbe Grundstück nicht als solches, sondern im Wege aller Anteile an einer das Grundstück haltenden Gesellschaft erworben, kann die Grunderwerbsteuer den Gewinn aus der späteren Veräußerung dieses Anteils nicht mindern, da sie diesfalls als Anschaffungsnebenkosten für den Erwerb des Kapitalanteils gilt.

III. Einschränkungen beim Verlustausgleich

a) Deutschland

In Deutschland ist für den Verlustausgleich für negative Kapitaleinkünfte, die dem Regime der Abgeltungssteuer unterliegen, folgende Rechtslage vorgesehen: Hier ist ein horizontaler Verlustausgleich innerhalb der Kapitaleinkünfte (somit innerhalb der Schedule) grundsätzlich möglich.[66] Es besteht jedoch ein gesonderter „Topf" für Verluste aus Aktienverkäufen, diese sind vom allgemeinen horizontalen Verlustausgleich ausgeschlossen und

---

62 § 30 Abs. 3 letzter Unterabsatz erster TS öEStG.
63 *Urtz* in Urtz, Die neue Immobiliensteuer, 494.
64 Vgl. oben Abschnitt II.2.
65 *Kofler* in Lechner/Mayr/Tumpel, Handbuch der Besteuerung von Kapitalvermögen, 52.
66 § 20 Abs. 6 EStG.

nur mit anderen Aktiengewinnern verrechenbar.[67] Ein vertikaler Verlustausgleich über die Einkünfte aus Kapitalvermögen hinaus ist hingegen ausgeschlossen.[68]

b) Österreich

aa) Kapitalvermögen

Komplexer stellt sich die Rechtslage in Österreich dar: Hier ist für negative Kapitaleinkünfte (und zwar für laufende Einkünfte wie auch für Veräußerungsgewinne) ein horizontaler Verlustausgleich ähnlich wie nach deutschem Recht zwar grundsätzlich möglich, aber auch hier bestehen Verrechnungsbeschränkungen in Gestalt getrennt zu führender Verrechnungs-Töpfe.[69] Diese Töpfe werden danach unterschieden, ob für die betreffenden Einkünfte der besondere Steuersatz von 25 % oder – was den Ausnahmefall darstellt – der allgemeine Regelsteuertarif zur Anwendung gelangt. Auf diese Weise soll verhindert werden, dass eine Mischverrechnung von verschiedenen Steuersätzen unterliegenden Einkünften stattfindet.[70] Dieser Gedanke scheint grundsätzlich nachvollziehbar.[71] Rein fiskalisch motiviert dürfte hingegen eine noch weitergehende Verrechnungsbeschränkung innerhalb des Topfes der dem Sondersteuersatz von 25 % unterliegenden Einkünfte sein. Hier ist nämlich die Verrechnung von Substanzverlusten aus Wertpapierveräußerungen mit laufenden Bankzinsen ausgeschlossen.[72] Der Gesetzgeber versucht dies zwar mit dem Hinweis auf die verschiedenen Risikokategorien zu begründen, in denen sich etwa Aktien und Sparbücher befinden und die zur klaren Risikotrennung nicht vermischt werden sollen.[73] In Wahrheit dient die Verrechnungsbeschränkung aber keiner Trennung von Risken (was für sich auch keine Rechtfertigung der Verlustverrechnungsbeschränkung wäre), sondern der Sicherung des Steueraufkommens auf Zinsen für den Fiskus, der eine Minderung dieses Steueraufkommens durch Aktienverluste schlicht nicht hinnehmen will.[74]

Ein vertikaler Verlustausgleich über die Schedule der Kapitaleinkünfte hinaus ist im österreichischen Recht nicht zulässig. Dies mag grundsätzlich

---

67 § 20 Abs. 6 Satz 5 EStG.
68 Zur Kritik insb *Englisch*, StuW 2007, 235 ff.
69 Der Verlustausgleich ist auch bereits bei der Berechnung des Kapitalertragsteuerabzugs möglich, vgl. dazu im Detail § 93 Abs. 6 öEStG.
70 § 27 Abs. 8 Z 3 öEStG.
71 So auch *Prechtl-Aigner*, Verlustausgleich bei Kapitaleinkünften, in Lechner/Mayr/Tumpel (Hrsg.), Handbuch der Besteuerung von Kapitalvermögen (2012), 209 (259).
72 § 27 Abs. 8 Z 1 öEStG.
73 § 27 Abs. 8 Z 4 öEStG.
74 Richtig *Vaishor*, Verlustausgleich im Privatvermögen, Regelbesteuerungsoption und Veranlagungsoption, in Mühlehner/Cserny/Petritz/Plott (Hrsg.), Die Besteuerung von Kapitalvermögen nach dem BBG 2011–2014 (2011), 61 (71); ebenso *Kofler* in Lechner/Mayr/Tumpel, Handbuch der Besteuerung von Kapitalvermögen, 59.

folgerichtig erscheinen, da auf diese Weise die dem Sondersteuerregime unterliegenden Scheduleneinkünfte vom restlichen Einkommen isoliert werden.[75] Freilich wird diese Rechtfertigung dadurch geschwächt, dass in bestimmten Fällen ein vertikaler Verlustausgleich vom Gesetz aber dennoch zugelassen wird. So ist im Betriebsvermögen (für das die Schedulenbesteuerung grundsätzlich in gleicher Weise wie für Privatvermögen gilt) ein Überhang an sonderbesteuerten Substanzverlusten (etwa aus der Veräußerung von Aktien) zur Hälfte im Wege eines vertikalen Verlustausgleichs mit anderen Einkunftsarten verrechenbar.[76] Dies läuft schon auf den ersten Blick der Grundzielsetzung der Schedulenbesteuerung von Kapitaleinkünften entgegen, Einkünfte des Betriebsvermögens und den Privatvermögens grundsätzlich einheitlich in einer Schedule zu erfassen.[77]

bb) Immobilien

Für Veräußerungsverluste aus Immobilien wiederum ist eine andere Rechtslage vorgesehen. Hier ist der horizontale Verlustausgleich innerhalb der Schedule mit anderen Immobilienveräußerungsgewinnen möglich, ohne dass dafür eine gesonderte Topf-Beschränkung (wie beim Kapitalvermögen) bestünde.[78] Freilich wird in vielen Fällen diese Möglichkeit des horizontalen Verlustausgleichs nur theoretischer Natur sein. Ein solcher Verlustausgleichs-Fall setzt nämlich voraus, dass der Steuerpflichtige zwei Immobilien im selben Veranlagungszeitraum veräußert, davon eine mit Gewinn und die andere mit Verlust. Praktisch bedeutender wäre daher ein vertikaler Verlustausgleich, der ein Verrechnung des Immobilien-Veräußerungsverlustes mit anderen Einkünften zulässt. Allerdings ist ein solcher vertikaler Verlustausgleich lediglich mit laufenden Einkünften aus Vermietung und Verpachtung zugelassen, dies auch nur zur Hälfte.[79] Eine darüber hinausgehende (dh mit anderen Einkünften) Verwertung des Veräußerungsverlustes ist – wie beim Kapitalvermögen – nur im Betriebsvermögen – möglich, auch hier begrenzt mit der Hälfte des Verlustes.[80]

Der Gedanke der hälftigen Verwertung des Verlustes mit anderen Einkünften unterstellt implizit, dass für diese anderen Einkünfte eine Regelsteuertarifbelastung i.H.v. 50 % (also dem Spitzensteuersatz) besteht. Denn nur dann wäre es konsequent, die Verlustwirkung des Schedulen-Verlustes genau seine Hälfte zu reduzieren, da dann eine Entlastung i.H.v. 25 % ein-

---

75 Vgl. *Prechtl-Aigner* in Lechner/Mayr/Tumpel, Handbuch der Besteuerung von Kapitalvermögen, 260.
76 § 6Z 2 lit. c EStG.
77 Vgl. auch *Beiser* in FS Torggler, 68.
78 § 30 Abs. 7 erster Halbsatz öEStG. Ebenso *Hammerl/Mayr*, StabG 2012: Die neue Grundstücksbesteuerung, RdW 2012, 167 (169).
79 § 30 Abs. 7 dritter Halbsatz öEStG.
80 Vgl. § 6Z 2 lit. d öEStG.

greifen würde. In der Realität führt die bloß hälftige Berücksichtigung des Schedulenverlustes aber gerade dazu, dass er seinen Schedulencharakter verliert, da die Verluste dann dem allgemeinen Regeltarif unterliegen (im Ausmaß ihrer Hälfte). Dies kann nur zum Nachteil des Steuerpflichtigen wirken, der wegen der Überführung des Schedulenverlustes in den Regeltarif diesem im Ergebnis immer dann zu einem unter 25 % liegenden Satz verwertet, wenn sein Durchschnittssteuersatz unter 50 % liegt (was bei einem progressivem Tarif mit Höchststeuersatz 50 % rein rechnerisch immer der Fall ist). Diese unpräzise Umsetzung des Schedulengedankens wird als verfassungsrechtlich noch haltbar angesehen,[81] dies wohl in erster Linie deshalb, weil die theoretisch besser fundierte Alternative, die Entlastungswirkung des Schedulenverlusts durch eine Steuergutschrift i.H.v. für 25 % dieses Verlusts bei gleichzeitiger Nichtverrechenbarkeit mit anderen Einkünften herbeizuführen, in der Umsetzung technisch komplexer wäre.

All diese Beschränkungen des Verlustausgleichs gelten im Übrigen in gleicher Weise auch dann, wenn für die Schedulenkünfte eine Regelbesteuerung zum progressiven Tarif durchgeführt wird.[82] Auch hierfür ist – analog zum Kostenabzugsverbot bei der Einkünfteermittlung – eine Rechtfertigung kaum zu finden.[83]

IV. Ausschluss des Verlustvortrages

a) Deutschland

Wird innerhalb der Schedule ein negatives Jahresergebnis erzielt und ist auch kein vertikaler Verlustausgleich möglich, stellt sich die Frage nach der Möglichkeit zur periodenübergreifenden Vortrag der Verluste. Nach deutschem Recht ist ein solcher Vortrag von Verlusten aus Kapitaleinkünften innerhalb der Schedule (dh auf zukünftige positive Kapitaleinkünfte) möglich.[84]

b) Österreich

Dem gegenüber ist in Österreich ein solcher besonderer Schedulen-Verlustvortrag nicht vorgesehen. Lediglich für betriebliche Einkünfte besteht – unter den allgemeinen Voraussetzungen – eine Berechtigung zum allgemeinen

---

81 Vgl. zu betrieblichen Veräußerungsverlusten aus Kapitalvermögen, wo die gleiche Problematik besteht, *Kofler* in Lechner/Mayr/Tumpel, Handbuch der Besteuerung von Kapitalvermögen, 54.
82 § 27 Abs. 8 letzter Unterabsatz öEStG für Kapitalvermögen, § 30 Abs. 7 letzter Satz öEStG für Immobilien.
83 Vgl. oben Abschn II. Weiter s, z.B. *Prechtl-Aigner* in Lechner/Mayr/Tumpel, Handbuch der Besteuerung von Kapitalvermögen, 262.
84 § 20 Abs. 6 EStG.

Verlustvortrag, wobei diese Bevorzugung der betrieblichen Einkünfte gesetzestechnisch durch die Voraussetzung der Ermittlung der Verluste durch ordnungsmäßige Buchführung geschaffen wird.[85] Allerdings ist auch im Betriebsvermögen ein Vortrag von Schedulen-Einkünften nur in Höhe des halben Verlusts möglich. Dies setzt dem schon beim vertikalen Verlustausgleich im Betriebsvermögen beschriebenen Gedanken auch für den periodenübergreifenden Verlustvortrag fort. Da innerhalb der Schedule entstandene Verluste grundsätzlich nur im Ausmaß des Sondersteuersatzes von 25 % verwertet werden können sollen, ist eine vollständige Berücksichtigung dieser Verluste beim Verlustvortrag, der auch mit anderen Einkunftsarten zukünftiger Jahre verrechnet werden könnte, ausgeschlossen. Stattdessen ist nur eine hälftige Berücksichtigung als Verlustvortrag möglich. Damit wechselt der vorgetragene Verlust den Charakter als Schedulenverlust und wird zu einem normalen Verlust, der aber im Ergebnis – wie für den vertikalen Verlustausgleich beschrieben – im Ergebnis nie zu den vollen 25 % wirksam werden kann, da der Durchschnittssteuersatz des zukünftigen Verrechnungsjahres immer unter 50 % liegen wird.

Für außerbetriebliche Verluste aber ist nach wie vor ein Verlustvortrag in Österreich ausgeschlossen. Dies ist insofern bemerkenswert, als dieser Ausschluss außerbetrieblicher Verluste vom Vortrag bereits vor einiger Zeit vom Verfassungsgerichtshof als verfassungswidrig festgestellt wurde.[86] Der Gesetzgeber hat diese höchstgerichtliche Entscheidung aber bislang nicht zum Anlass genommen, den allgemeinen Verlustvortrag auch auf außerbetriebliche Einkünfte zu erstrecken. Stattdessen wurde lediglich punktuell eine Ersatzregelung geschaffen, die eine Zehn-Jahres-Verteilung von außergewöhnlichen Aufwendungen bei den Einkünften aus Vermietung und Verpachtung geschaffen hat.[87] Dies soll bei den laufenden Einkünften aus Vermietung und Verpachtung das Entstehen von Jahresverlusten verhindern, da diese – nach wie vor – nicht vortragsfähig wären.

Diese punktuelle Sanierung durch den Gesetzgeber mag das Verfassungsproblem des fehlenden Verlustvortrags für außerbetriebliche Verluste im Bereich der laufenden Vermietungseinkünfte lindern. Nach wie vor ist aber für den fehlenden Verlustvortrag für Verluste aus Kapitalvermögen oder der Veräußerung von Immobilien eine Entschärfung des Problems nicht in Sicht. In Wahrheit besteht dort aber das gleiche Problem wie bei den laufenden Vermietungseinkünften, ohne dass sich der Gesetzgeber dieser Fälle bislang angenommen hätte.[88] Die Begründung für die Zurückhaltung des Gesetzgebers soll gerade im Schedulen-Charakter solcher negativer Ein-

---

85 Vgl. § 18 Abs. 6 öEStG.
86 VfGH 30.9.2010, G 35/10.
87 § 28 Abs. 2 erster Unterabsatz öEStG.
88 Dies im Bewusstsein der Problematik, vgl. *Atzmüller*, Verlustvortrag: Der VfGH und eine rasche Gesetzesreparatur, RdW 2010, 797 (797 ff.).

künfte liegen, der ihre Isolierung von anderen vollbesteuerten positiven Einkünften verlange.[89] Ob dies aber tatsächlich die Verfassungsbedenken ausräumt, erscheint zweifelhaft, zumal dann dennoch ein Verlustvortrag immerhin innerhalb einer Schedule denkbar wäre.[90]

V. Ergebnis

Ausgangspunkt des vorliegenden Beitrags war die empirische Feststellung, dass die die in Österreich und Deutschland vorgefundenen Schedulensysteme für einzelne Arten von Einkünften typischerweise mit Einschränkungen des objektiven Nettoprinzips verbunden sind.

Ins Auge stechen hier zunächst die weitreichenden Abzugsverbote für mit den betroffenen Einkünften in Zusammenhang stehende Ausgaben. Die nähere Analyse hat gezeigt, dass der Hauptteil der Rechtfertigungslast für diese Einschränkungen des objektiven Nettoprinzips vom Sondersteuersatz zu tragen ist, der für die Scheduleneinkünfte festgesetzt ist. Vereinfacht gesagt darf sich – so die Logik dieser Rechtfertigung im Kern – der Steuerpflichtige über das Kostenabzugsverbot nicht beschweren, da er ohnedies in den Genuss eines begünstigenden Sondersteuersatzes kommt. Liegt tatsächlich eine solche Satzbegünstigung vor (was eine Frage des sonstigen allgemeinen Tarifgefüges ist), scheint dieser Gedanke grundsätzlich nachvollziehbar. Ohne Zweifel liegt zwar eine Beschränkung des Nettoprinzips vor, letztlich wird dadurch aber lediglich der Steuervorteil der Scheduleneinkünfte gegenüber den übrigen, normalbesteuerten Einkünften geschmälert. Bei solcher Sicht ist die Schedulenbesteuerung eben nur „im Paket" mit einer Bruttobesteuerung erhältlich. Freilich wird diese Rechtfertigung umso schwächer, je gewichtiger – zumindest im Regelfall – der Kostenaufwand im Vergleich zu den Bruttoeinkünften wird. Daher kann es hier durchaus unterschiedliche Rechtfertigungslagen bei verschiedenen Einkünfteschedulen geben, so können etwa bei Immobilienveräußerungen Kosten (z.B. Finanzierungskosten) eine bedeutende Rolle spielen.

Jedenfalls wird der „Paketgedanke" aber nicht ausreichen, um das Kostenabzugsverbot auch im Fall der Regeltarifveranlagung zu rechtfertigen. Insoweit kann der Sondersteuersatz schon allein deshalb keine Rechtfertigungskraft mehr haben, weil er in solchen Fällen gar nicht eingreift. So weitreichende Kostenabzugsverbote erscheinen daher unverhältnismäßig.

---

89 So *Hammerl*, Kein Verlustvortrag bei außerbetrieblichen Einkünften – ein VfGH-Erkenntnis und seine Folgen, FJ 2010, 367 (368).
90 So der Vorschlag von *Beiser* in FS Torggler, 72; ebenso *Perthold/Vaishor*, Private Grundstücksveräußerungen durch natürliche Personen, in Perthold/Plott (Hrsg.), Stabilitätsgesetz 2012 – Die neue Immobilienbesteuerung und mehr (2012), 9 (18); vgl. auch die Optionen bei *Prechtl-Aigner* in Lechner/Mayr/Tumpel, Handbuch der Besteuerung von Kapitalvermögen, 267.

Noch weiter angespannt wird die Rechtfertigungskraft des Schedulensteuersatzes, wenn dieser auch den Ausschluss eines vertikalen (oder sogar horizontalen) Verlustausgleiches mit anderen Einkunftsarten rechtfertigen muss. Denn es mag zwar in der Logik der Schedule konsequent erscheinen, die Verlustwirkung negativer Einkünfte einer Schedule von anderen regelbesteuerten Einkünften zu isolieren. Dies ist letztlich die Natur der Schedulenbesteuerung. Kritisch wird dies aber jedenfalls dann, wenn diese Verlustisolierung gar nicht vollständig durchgehalten wird, weil in bestimmten Fällen eben doch ein Verlustausgleich zugelassen wird. Solche Ausnahmen schwächen nicht nur die Rechtfertigung der sonstigen Verlustisolierung. Sie können auch Indizien dafür sein, dass die innere Rechtfertigung der Schedulenbesteuerung möglicherweise doch nicht allzu stark ist.

Dies könnte auch generell gelten: Es scheint so, dass die Rechtfertigung einer Schedulenbesteuerung immer dann zu schwächeln beginnt, wenn diese Besteuerung nur lückenhaft umgesetzt ist. Aus genau diesem Grund können auch nebeneinanderliegende, aber im Einzelnen unterschiedlich geregelte Schedulen, zu Rechtfertigungsschwächen führen, da sich rasch die Frage stellt, warum die Rechtslage in einer Schedule strenger bzw. liberaler ist als in der anderen. Hier muss das „Allheilmittel" Sondersteuersatz jedenfalls versagen, weil er Unterschiede innerhalb einer Schedule oder zwischen verschiedenen Schedulen, die dem gleichen Steuersatz unterliegen, nicht mehr erklären kann.

Subjektives Nettoprinzip und Familienbesteuerung

Prof. Dr. *Joachim Englisch*
Universität Münster

Inhaltsübersicht

I. Einleitung
II. Verfassungsrechtlicher Geltungsgrund des subjektiven Nettoprinzips
   1. Konkretisierung der im Leistungsfähigkeitsprinzip angelegten Verpflichtung zu solidarischer Lastentragung
   2. Notwendigkeit einer Zurücknahme der Lehre vom indisponiblen Einkommen
III. Reformbedarf bei der Verwirklichung des subjektiven Nettoprinzips
   1. Neuordnung des äußeren Systems der Abzugstatbestände
   2. Erfassung der mit Abzugspositionen korrespondierenden „Privatbezüge"
   3. Bereinigung unzureichender oder überschießender Abzugsregelungen
   4. Wahrung der Grenzen gesetzgeberischer Typisierung
5. Überperiodische Entfaltung des subjektiven Nettoprinzips
IV. Familienbesteuerung
   1. Kein im subjektiven Nettoprinzip wurzelndes Gebot steuerlicher Abziehbarkeit zivilrechtlich zwingender Unterhaltsleistungen
   2. Kein verfassungsrechtliches Gebot der Qualifizierung zivilrechtlich zwingender Unterhaltsleistungen als Transfer steuerlicher Leistungsfähigkeit
   3. Kein verfassungsrechtliches Gebot steuerlicher Berücksichtigung nichtmonetärer Unterhaltsleistungen
   4. Geschiedenen-Realsplitting abschaffen oder zu Familien-Realsplitting ausbauen
   5. Familien-Divisorensplitting ebenfalls vertretbar
V. Zusammenfassung

I. Einleitung

Wenn in einem Band zur Erneuerung der Einkommensbesteuerung die Themenstellung „Verwirklichung des subjektiven Nettoprinzips" zu behandeln ist, so impliziert dies, dass im Einkommensteuerrecht ein subjektives Nettoprinzip zu beachten ist. In der Tat hat sich spätestens mit den Beschlüssen des 57. Deutschen Juristentages 1988[1] und den Existenzminimum-Beschlüssen des BVerfG aus den Jahren 1990[2] und 1992[3] in der Steu-

---

[1] 57. DJT, Verhandlungen der steuerrechtlichen Abteilung, Sitzungsbericht N, 1988, S. N207 ff.
[2] BVerfGE 82, 85; s. zur vorherigen Entwicklung der verfassungsgerichtlichen Judikatur in dieser Frage eingehend *H.-J. Pezzer* in FS Zeidler, 1987, S. 757 ff.; *H.-W. Arndt/A. Schumacher*, AöR 118 (1993), 513 (526 ff.); *A. Uelner* in FS Schmidt, 1993, S. 21 (27 ff.).
[3] BVerfGE 87, 153.

errechtswissenschaft ein breiter Konsens zu Mindestvorgaben an „private" Abzüge herausgebildet, die der Gesetzgeber auf dem Gebiet der Einkommensteuer von Verfassungs wegen zu beachten hat: Einkommensbestandteile, die zur Abdeckung eines nach Maßgabe sozialhilferechtlicher Standards existenznotwendigen Bedarfs des Steuerpflichtigen benötigt und verwendet werden, sind aus der einkommensteuerlichen Bemessungsgrundlage auszuscheiden.[4] Dasselbe gilt für Einkommensbestandteile, die darauf verwendet werden, für die Kosten eines sich zukünftig möglicherweise realisierenden existenziellen Bedarfs vorzusorgen.[5] Darüber hinaus sind durch einen Abzug von der Bemessungsgrundlage auch solche Einkommensbestandteile steuerlich zu verschonen, die zur Abdeckung des entsprechend definierten Existenzminimums von unterhaltsberechtigten Familienmitgliedern benötigt werden.[6]

Die vorstehend skizzierten Kernaussagen des subjektiven Nettoprinzips werden vom BVerfG und im Schrifttum hinsichtlich des Gebotes steuerlicher Verschonung des sozialrechtlich präformierten Existenzminimums primär anhand der Menschenwürdegarantie in Verbindung mit dem Sozialstaatsprinzip begründet,[7] wobei hinsichtlich des familiären Existenzminimums zusätzlich auf Art. 6 Abs. 1 GG rekurriert wird.[8] Im Schrifttum finden sich darüber hinaus zu Recht auch freiheitsrechtliche Begründungs-

---

4 S. BVerfGE 82, 60 (85 f.); 82, 198 (206 f.); 99, 216 (233); 120, 125 (154 ff.); 124, 282 (294). S. dazu in der Literatur statt aller *K. Tipke*, StuW 1971, 2 (16 f.); *J. Lang*, StuW 1983, 119 (121 f.); *H.-J. Pezzer* in FS Zeidler, 1987, S. 757 (764 f.); *H. Söhn*, FinArch 46 (1988), 154 ff.; *P. Kirchhof*, JZ 1982, 305 (309 f.); *W. Traxel*, Die Freibeträge des Einkommensteuergesetzes, 1986, S. 44 ff.; *M. Lehner*, Einkommensteuerrecht und Sozialhilferecht, 1993, S. 410; zur älteren Literatur s. auch *J. Lang*, Die Bemessungsgrundlage der Einkommensteuer, 1988, S. 193.
5 S. BVerfGE 120, 125 (157); so zuvor schon BVerfG (K), HFR 1998, 397 (397). S. auch schon *H. Söhn*, StuW 1985, 395 (404); *M. Lehner* (Fn. 4), S. 186; *W. Lingemann*, Das rechtliche Konzept der Familienbesteuerung, 1994, S. 193 f.; *K. Tipke*, StRO II, 2. Aufl. 2003, S. 828; *P. Fischer*, FR 2003, 770 (773); s. ferner *J. Englisch*, NJW 2006, 1025 (1026 f.).
6 S. BVerfGE 82, 60 (85 f.); 89, 346 (353); 99, 216 (233); 112, 268 (281); 124, 282 (294). S. dazu auch Art. 123 Abs. 1 BayerVerf, Art. 47 HessVerf. S. in der Literatur insb. *M. Moderegger*, Der verfassungsrechtliche Familienschutz und das System des Einkommensteuerrechts, 1991, S. 68; *J. Ipsen*, HdBStR VII, 3. Aufl. 2009, § 154 Rz. 108; *J. Lang*, StuW 1990, 331 (346 f.); *J. Hey*, StJB 2007/2008, S. 19 (31 f.); *D. Dziadkowski*, BB 1991, 805 (814 ff.); *H. Jochum*, Grundfragen des Steuerrechts, 2012, S. 26.
7 S. BVerfGE 82, 60 (85); 99, 216 (233); 124, 282 (288); sowie aus der Literatur stellv. *J. Lang*, StuW 1983, 103 (119 ff.); *J. Lang* (Fn. 4), 1988, S. 193 ff.; *W. Lingemann* (Fn. 5), S. 70 ff. m.w.N.
8 S. BVerfGE 82, 60 (85); 87, 153 (169); 99, 216 (233); sowie aus der Literatur stellv. *M. Moderegger* (Fn. 6), S. 86 f.; *M. Jachmann*, Nachhaltige Entwicklung und Steuern, 2003, S. 222; relativierend *M. Pechstein*, Familiengerechtigkeit als Gestaltungsgebot für die staatliche Ordnung, 1994, S. 307.

und Familienbesteuerung 161

ansätze,⁹ die zumindest in einigen verfassungsgerichtlichen Entscheidungen ebenfalls angeklungen sind.¹⁰ Insbesondere für die Notwendigkeit einer Berücksichtigung des existenziellen Bedarfs schon im Steuerrecht und nicht erst im Wege sozialstaatlicher Transfersysteme hat das BVerfG im Beschluss zu Krankenversicherungskosten zu Recht und klarstellend das freiheitsrechtlich fundierte Subsidiaritätsprinzip angeführt.¹¹ Mit dem Existenzminimum-Beschluss hat sich das BVerfG zudem der Forderung des ganz überwiegenden Teils der Steuerrechtswissenschaft¹² angeschlossen, wonach entsprechende Abzüge von der Bemessungsgrundlage allen Steuerpflichtigen ohne Rücksicht auf die Höhe ihres Einkommens gleichermaßen zukommen müssen.¹³ Jedenfalls dieser Kerngehalt des subjektiven Nettoprinzips genießt in Deutschland seit nunmehr mehr als zwei Jahrzehnten den Rang einer verfassungsfesten, gleichheits- wie freiheitsrechtlich begründeten Ausprägung des Leistungsfähigkeitsprinzips.

Mit diesem grundlegenden Befund kann sich eine Abhandlung zur „Erneuerung des Steuerrechts" allerdings noch nicht zufriedengeben. Erstens

---

9 Vgl. *M. Lehner* (Fn. 4), S. 312 ff.; *H.-W. Arndt/A. Schumacher*, AöR 118 (1993), 513 (585 f.); *P. Kirchhof*, StuW 1985, 319 (321 f.); HdBStR Bd. V, 3. Aufl. 2007, § 118 Rz. 135 u. 147; *J. Englisch*, StuW 2003, 237 (247 f.); *A. Liesenfeld*, Das steuerfreie Existenzminimum und der progressive Tarif als Bausteine eines freiheitsrechtlichen Verständnisses des Leistungsfähigkeitsprinzips, 2005, S. 139 ff.; *D. Fehling*, Die Einkommensbesteuerung von Ehe und Familie in Deutschland und Großbritannien im Rechtsvergleich, 2006, S. 50.
10 S. BVerfGE 87, 153 (169); 99, 216 (231, 234); BVerfG (K) HFR 1998, 397.
11 S. BVerfGE 120, 125 (154 ff.). S. dazu in der Literatur grundlegend *D. Birk*, Das Leistungsfähigkeitsprinzip als Maßstab der Steuernormen, 1983, S. 135 ff.; *W. Zeidler*, StuW 1985, 1 (5). Ebenso *P. Kirchhof*, JZ 1982, 305 (309); *P. Kirchhof* in Kirchhof/Söhn/Mellinghoff, § 2 EStG Rz. A 129; *W. Lingemann* (Fn. 5), S. 72; *H.-J. Pezzer* in FS Zeidler, 1987, S. 757 (765); *M. Zärban*, Diskussionsbeitrag zum 57. DJT, Sitzungsbericht Teil N, S. N171; *R. Wendt*, DÖV 1988, 710 (720 f.); *W. Löwer*, StVj 1991, 97 (101 ff.); *J. Lang* in FS Klein, 1994, 437 (449); *M. Moderegger* (Fn. 6), S. 81 ff.; *M. Lehner* (Fn. 4), S. 136 f.; *R. Seer*, StuW 1996, 323 (333); *V. Kulmsee*, Die Berücksichtigung von Kindern im Einkommensteuergesetz, 2002, S. 32 f. m.w.N.; *M. Jachmann*, DStR 2010, 2009 (2012); *L. H. Haverkamp*, Familienbesteuerung aus verfassungsrechtlicher und rechtsvergleichender Sicht, 2010, S. 128 f.; *O. Schilling*, Zwangsläufiger, pflichtbestimmter Aufwand in Ehe und Familie, 2013, S. 49. Skeptisch hingegen *R. Herzog*, DStZ 1988, 287 (291); dagegen überzeugend *H. Söhn*, FinArchiv 51 (1994), 372 (382 f.). Aus ökonomischer Sicht a.A. *D. Schneider*, StuW 1984, 356 (363), der jedoch die maßgeblichen verfassungsrechtlichen Wertungen ignoriert; relativierend *P. Bareis*, StuW 1991, 38 (48 f.).
12 S. 57. DJT, Verhandlungen der steuerrechtlichen Abteilung, Sitzungsbericht N, 1988, S. N214; sowie stellv. *E.W. Böckenförde*, StuW 1986, 335 (337); *F. Klein* in FS Zeidler, 1987, S. 773 (787 f.); *H. J. Pezzer*, StuW 1989, 219 (223 f.); *R. Wendt* in FS Tipke, 1995, S. 47 (54 f.). Kritisch im deutschen steuerjuristischen Schrifttum im Wesentlichen nur *W. Wolff*, Die Rechtsgestaltung des Kinderlastenausgleichs, 1995, S. 122 ff.; *C. Moes*, Die Steuerfreiheit des Existenzminimums, 2011, S. 155 ff.
13 S. BVerfGE 82, 60 (85, 89 f.).

ist es notwendig, sich der Grenzen des subjektiven Nettoprinzips jenseits seiner Kernaussagen zu vergewissern. Diese Grenzen werden auch innerhalb des steuerrechtswissenschaftlichen Diskurses unterschiedlich gezogen und sie werden in der verfassungsgerichtlichen Judikatur vielfach nicht widerspruchsfrei gehandhabt. Eine zumindest konzeptionell klare Trennlinie ist jedoch für die Reformdiskussion unerlässlich. Denn wo Abzüge von der Bemessungsgrundlage nicht mehr vom objektiven oder subjektiven Nettoprinzip getragen werden, beginnt regelmäßig[14] die sozial- oder gesellschaftspolitisch motivierte Subvention,[15] die vor allem mit Blick auf den umgekehrten Progressionseffekt besonderen Rechtfertigungsmaßstäben unterliegt. Die insoweit relevanten Wertungsmaßstäbe lassen sich nur unter Rückbesinnung auf die rechtsethischen, verfassungsfundierten Grundlagen des subjektiven Nettoprinzips gewinnen. Das Bemühen um die Konturierung der für das subjektive Nettoprinzip relevanten Grundwertungen darf ferner auch deshalb nicht nachlassen, weil dieses Prinzip unter modernen Ökonomen in weitaus geringerem Maße auf Akzeptanz stößt als in der Steuerrechtswissenschaft.[16] Die Erfahrungen der jüngeren Vergangenheit lehren jedoch, dass eine grundlegende Steuerreform unter den heutigen wirtschaftlichen und sozialen Rahmenbedingungen zwingend auf den interdisziplinären Dialog von Ökonomen und Steuerrechtswissenschaft angewiesen ist; dies ist zwar keine hinreichende, aber eine notwendige Vorbedingung für ihr Gelingen:[17] Finanzwissenschaft und betriebliche Steuerlehre leisten die Abschätzung der verteilungspolitischen und fiskalischen Auswirkungen einer Steuerreform sowie eine Untersuchung ihrer ökonomischen Anreizwirkungen und ihrer Konsequenzen für die gesamtgesellschaftliche Wohlfahrt. Derartige Erkenntnisse sind für die politischen Erfolgsaussichten einer Reform meist relevanter als Aspekte juristisch verstandener Steuergerechtigkeit und Systemkonsequenz.[18] Sollen letztere gleichwohl in einem ergebnisorientierten Zusammenwirken[19] von Steuer-

---

14 Ausnahmen sind denkbar, vor allem bei Abzugstatbeständen zwecks Verwirklichung einer nachgelagerten Besteuerung, soweit diese nicht selbst wegen nur punktueller Umsetzung als Steuersubvention einzustufen ist.
15 S. *J. Lang*, StuW 1983, 103 (109); *J. E. Stiglitz*, Economics of the Public Sector, 3. Aufl. 2000, S. 628 f.
16 Kritisch im deutschen Schrifttum insb. *T. Siegel*, Strukturen der Besteuerung: Arbeitsbuch Steuerrecht, 2. Aufl. 1988, S. 72; *R. Elschen*, Institutionale oder personale Besteuerung von Unternehmungsgewinnen, 1989, S. 395; *P. Bareis*, StuW 1991, 38 (41); *D. Schneider*, StuW 1984, 356 (359); s. aber bspw. auch pragmatischer *J. E. Stiglitz* (Fn. 15), S. 629.
17 S. zum interdisziplinären Dialog grundlegend *M. Lamb/A. Lymer* in Lamb u.a. (Hrsg.), Taxation – an interdisciplinary approach to research, 2005, S. 275 (281 ff.).
18 Exemplarisch sind die Empfehlungen von *B. Brys*, „Making fundamental tax reform happen", in OECD (Hrsg.), Making Reform Happen, 2010, S. 101 ff.
19 Zu dessen Wünschbarkeit und institutionellen Hindernissen s. *C. J. Wales/C. P. Wales*, Structures, processes and governance in tax policy making: an initial report, 2012, S. 70 ff.

rechtswissenschaften und dem (gelegentlich) reformwilligen Gesetzgeber zur Geltung kommen, so bedarf es daher der Überzeugungsarbeit bei den finanzwissenschaftlichen Kollegen, wie auch die Bereitschaft, tradierte Positionen im Lichte von deren Erkenntnissen zu überdenken, um letztlich beiderseits vertretbare Handlungsempfehlungen kommunizieren zu können. Drittens schließlich können auch Reformbedarf und -vorschläge auf dem Gebiet der Familienbesteuerung, die ebenfalls Gegenstand dieses Beitrags ist, nicht ohne eine Klärung der verfassungsrechtlichen Dimension des subjektiven Nettoprinzips und seiner Grenzen beurteilt werden: Gegenstand kontroverser Erörterung ist hier vornehmlich die sachgerechte Berücksichtigung von Unterhaltsleistungen. Soweit deren Abziehbarkeit von der Bemessungsgrundlage in Rede steht, kommt eine fundierte steuerrechtswisssenschaftliche Würdigung ebenfalls nicht ohne Rückkoppelung an das subjektive Nettoprinzip aus.

Der vorliegende Beitrag wird sich daher zunächst noch einmal der verfassungsrechtlichen Grundlagen des subjektiven Nettoprinzips vergewissern und wird sich davon ausgehend für eine Präzisierung der herrschenden Lehre von der gebotenen steuerlichen Verschonung indisponibler Einkommensbestandteile aussprechen. Auf dieser Grundlage wird sodann untersucht werden, inwieweit die Verwirklichung des subjektiven Nettoprinzips im geltenden Recht noch Defizite aufweist und welche Lösungsansätze sich diesbezüglich empfehlen. Abschließend wird auch das gegenwärtige System der Familienbesteuerung unter diesem Blickwinkel analysiert. Nicht gesondert Stellung genommen wird hingegen zum umstrittenen Themenkomplex einer angemessenen Ehegattenbesteuerung. Zwar bestehen auch insoweit Bezüge zu den familienrechtlichen Unterhaltspflichten, die daher auch in diesem Beitrag gestreift werden. Dieser unterhaltsrechtliche Aspekt wird jedoch von der Diskussion überlagert, inwieweit zwischen Ehegatten eine auch steuerlich beachtliche Erwerbsgemeinschaft besteht und welche Folgerungen hieraus ggf. zu ziehen sind; zudem sind besondere verfassungsrechtliche Bestimmungen zu beachten (Art. 3 Abs. 2 u. 3 GG, Art. 6 Abs. 1 GG). Der Problemkreis der Besteuerung von Eheleuten weist damit Besonderheiten auf, deren Behandlung den Rahmen dieses Beitrags übersteigen würde.

II. Verfassungsrechtlicher Geltungsgrund des subjektiven Nettoprinzips

1. Konkretisierung der im Leistungsfähigkeitsprinzip angelegten Verpflichtung zu solidarischer Lastentragung

Nach hier vertretener Auffassung fußt das subjektive Nettoprinzip maßgeblich auf dem Ideal der solidarischen Lastentragung in einer durch das staatliche Gemeinwesen konstituierten Verantwortungsgemeinschaft freier

Bürger. Dieses Ideal der Steuer als eines nach dem sozialstaatlich unterlegten Solidarprinzip erhobenen Finanzierungsbeitrages für das Gemeinwohl wiederum ist der voraussetzungslos bzw. gegenleistungslos erhobenen Steuer jedenfalls in einem freiheitlich verfassten Sozialstaat moderner Prägung, wie er für die Bundesrepublik Deutschland im Grundgesetz in den Art. 1 bis 20 vorgegeben und in der Verfassungsrealität auch verwirklicht ist, immanent. Jede der finanzverfassungsrechtlich vorgesehenen Steuern fragt jedenfalls mit Blick auf die Belastungshöhe nicht danach, was der Zensit vom Staat erhält, sondern danach, was er zu den Kosten der Bereitstellung öffentlicher Güter und Dienste sowie sonstiger staatlicher Leistungen in solidarischer Mitverantwortung beitragen kann.[20] Die sozialstaatliche Dimension der Besteuerung, ihre Ausrichtung auf solidarische Lastentragung hin, setzt folglich nicht erst beim Tarif durch Elemente der Steuerprogression o.Ä. ein.[21]

Demgegenüber bieten nutzen- oder äquivalenztheoretische Ansätze, wie sie in den Steuerwissenschaften nach wie vor gelegentlich artikuliert werden,[22] keine überzeugende, gleichheitsrechtlich und steuerpolitisch brauchbare Richtschnur für Art und Ausmaß der individuellen Steuerbelastung.[23] Denn sie stützen sich auf einen tatsächlich nicht messbaren Zusammenhang von individuellem Einkommen, Vermögen oder Konsumaufwand einerseits und individuellem Nutzen aus öffentlichen Gütern und staatlichen Leistungen andererseits. Schon der Nationalökonom *John Stuart Mill* hat nachgewiesen, dass ein solcher Zusammenhang selbst bei einem liberalistischen Staatsverständnis nicht plausibel in einer steuerlichen Bemessungsgrundlage oder Steuerschuld zählbar gemacht werden kann.[24] Erst recht gelten muss dies in der Realität moderner Sozialstaaten, die auf die Schaffung institutioneller Rahmenbedingungen für gesellschaftliche Teilhabe und auf soziale Absiche-

---

20 S. dazu auch *M. Jachmann* (Fn. 8), S. 51 f.
21 So auch *D. Birk* (Fn. 11), S. 140 f.; *K. Tipke* (Fn. 5), S. 401 ff.; *W. Schön*, StuW 2004, 62 (67); *J. Hey* in Tipke/Lang, Steuerrecht, 21. Aufl. 2013, § 3 Rz. 211.
22 Zur historischen Entwicklung aus den Assekuranztheorien s. *F. K. Mann*, Steuerpolitische Ideale, 1937, S. 105 ff.; *R. A. Musgrave*, The Theory of Public Finance, 1959, S. 61 ff.; *B. Hansjürgens*, Äquivalenzprinzip und Staatsfinanzierung, 2001, S. 44 ff.; *J. M. Dodge*, 58 Tax Law Review 2004/2005, 399 (402 ff.); *C. M. Sánchez*, La Aplicación del Principio de Equivalencia en el Sistema Tributario Español, Diss. Madrid 2013, n.n.v., Kap. 1, Abschn. 1.1.5. Einen modernen, nutzentheoretisch fundierten Ansatz vertritt in Deutschland gegenwärtig insb. *P. Kirchhof*, Gutachten F für den 57. DJT, 1988, S. F16 ff. (insb. F23 ff.); HdBStR Bd. V, 3. Aufl. 2007, § 118 Rz. 185 f.; ähnlich aus finanzwissenschaftlicher Warte *B. Hansjürgens*, a.a.O., S. 208 ff. Differenzierend *J. Lang* in FS Schaumburg, 2009, S. 45 (47 f. u. 52 f.); *J. Hey* (Fn. 21), § 3 Rz. 44 ff.; *J. Hey* in FS Lang, 2010, S. 133 (146 ff.).
23 Ablehnend etwa auch *J. Isensee*, Referat zum 57. DJT, Sitzungsbericht Teil N, 1988, S. N32 (N36); *K. Tipke*, StuW 1993, 8 (9); ebenfalls skeptisch *D. Birk/R. Eckhoff* in Sacksofsky/Wieland (Hrsg.), Vom Steuerstaat zum Gebührenstaat, 2000, S. 54 (61).
24 S. *J. S. Mill*, Principles of Political Economy, 1848, Book V, Chapter II, § 2.

rung für alle Bürger verpflichtet sind und die hierfür einen Großteil ihres steuerfinanzierten Budgets verausgaben.[25]

Die vorstehend beschriebene grundlegende Funktion der Steuer als ein im Solidarprinzip wurzelndes Finanzierungsinstrument blendet aus, wer dafür plädiert, die systemtragenden Prinzipien der Einkommensteuer „steuerarttypologisch" zu begründen und nicht sozialpolitisch, weshalb entsprechend dem Steuerobjekt „Markteinkommen" nur die Einkommensentstehung, nicht auch die Einkommensverwendung im Steuertatbestand Berücksichtigung finden dürfe.[26] Eine solche Argumentation aus der Binnenperspektive des konkreten Steuerobjekts heraus ignoriert die Charakteristika des übergeordneten Abgabentyps der Steuer und die daraus abzuleitenden Schlussfolgerungen für den sie legitimierenden Belastungsgrund. Richtigerweise wohnt schon der Staatsfinanzierung durch Steuern *als solcher* ein Aspekt sozialstaatlichen Ausgleichs inne, was beim Blick auf mögliche Alternativen – insbesondere auf den am Äquivalenzprinzip orientierten Gebührenstaat – besonders deutlich wird.

Besteuerung nach der individuellen Leistungsfähigkeit[27] heißt darum letztlich nichts anderes als Besteuerung entsprechend der individuellen Befähigung zur solidarischen Lastentragung.[28] Auch wenn die Einkommensteuer an den individuellen (Rein-)Vermögenszuwachs durch Erwerbstätigkeit anknüpft, so muss sie infolgedessen doch *steuertypologisch* – und nicht erst „steuer*art*typologisch" – berücksichtigen, dass dieser Vermögenszuwachs nicht vollumfänglich als Maßgröße der Fähigkeit zur solidarischen Lastentragung herangezogen werden kann: Die Verpflichtung und Befähigung zur Leistung eines Solidarbeitrags für die Gemeinschaft kann im Lichte der vorerwähnten Verfassungsgrundsätze, namentlich der Freiheitsrechte und des Sozialstaatsprinzips, nur nach denjenigen Einkommensbestandteilen bemessen werden, die nicht für die existenziellen Bedürfnisse des Betroffenen

---

25 S. dazu die eingehende Kritik bei *J. M. Dodge*, 58 Tax Law Review 2004/2005, 399 (412 ff. u. 438 ff.); s. ferner *J. C. Tonius*, Der Progressionsvorbehalt für Sozialleistungen, Diss. Münster 2013, n.n.v., Teil 3, Abschnitt 2, unter A.I.2.a.bb.(3), m.w.N.
26 So *C. Moes* (Fn. 12), S. 155; vgl. auch *D. Schneider*, StuW 1984, 356 (364 f.).
27 Zur gegenwärtigen verfassungsrechtlichen Relevanz des Leistungsfähigkeitsprinzips als Maßstab für die gleichmäßig-sachgerechte Austeilung von Steuerlasten s. statt aller *J. Hey* (Fn. 21), § 3 Rz. 40 ff. (befürwortend) einerseits; *K.-D. Drüen* in Tipke/Kruse, § 3 AO Rz. 50 ff. (skeptisch) andererseits, jeweils mit zahlreichen Nachweisen. Das BVerfG hat das Leistungsfähigkeitsprinzip jedenfalls im Einkommensteuerrecht als Art. 3 Abs. 1 GG bereichsspezifisch konkretisierendes und insofern verfassungskräftiges Fundamentalprinzip der Besteuerung anerkannt; s. insb. BVerfGE 61, 319 (343 f.); 82, 60 (86); 121, 108 (119 f.); 132, 179 (189); sowie zur Entwicklung seiner diesbzgl. Rspr. *K. Vogel*, StuW 1984, 197 (198 ff.).
28 S. dazu auch schon *F. Klein*, Gleichheitssatz und Steuerrecht, 1966, S. 191. Ähnlich *M. Jachmann*, DStZ 2001, 225 f.

selbst sowie ggf. diejenigen abhängiger Familienmitglieder[29] benötigt werden.[30] Hinsichtlich der auf die Existenzsicherung verwendeten Einkommensbestandteile geht das Recht auf Befriedigung des Eigenbedarfs bzw. die Verantwortung für die Abdeckung des familiären Bedarfs der Gemeinwohlverantwortung uneingeschränkt vor;[31] das dafür verwendete Einkommen unterliegt in diesem Kernbereich privatnütziger Erwerbsbetätigung also ausnahmsweise keiner Sozialbindung i.S.d. Art. 14 Abs. 2 GG.[32] Dies entspricht auch dem Bild des Grundgesetzes vom Menschen als einer „eigenverantwortlichen Persönlichkeit innerhalb der sozialen Gemeinschaft".[33]

Nur hinsichtlich der den existenziellen Grundbedarf übersteigenden Einkommensbestandteile, nicht aber schon für das Markteinkommen insgesamt stellt sich somit nach verfassungsrechtlicher Wertung die Frage nach einer angemessenen Teilung zwischen privater und öffentlicher Hand, die für jeden Steuerpflichtigen prinzipiell gleichmäßig, namentlich durch Anwendung eines grundsätzlich einheitlichen Steuertarifs, entschieden werden muss. Horizontale und vertikale Steuergerechtigkeit im Sinne eines gleichheitsrechtlich geforderten suum cuique tribuere beziehen sich mithin auf eine sozialpflichtige, der Partizipation durch die Solidargemeinschaft zugängliche Residualgröße des Markteinkommens;[34] Zielgröße der Vergleichbarkeit in der Belastungswürdigkeit ist nicht der ungeschmälerte Erwerbserfolg, sondern ein nach Berücksichtigung je unterschiedlicher persönlicher Lebensumstände der einzelnen Steuerpflichtigen verbleibender Teil davon. Es wäre dem steuerpolitischen Zusammenwirken zwischen Ökonomen und Juristen gewiss förderlich, wenn erstere diese Wertungen ungeachtet einer etwaigen Abweichung von der Neutralitätspostulaten der Optimalsteuertheorie für die Arbeit an konkreten Reformvorschlägen als verfassungsrechtlich vorgegeben akzeptieren könnten.[35] Umgekehrt sind Steuerjuristen dazu aufgerufen, auch im Lichte betriebs- und finanzwissenschaftlicher

---

29 In diesem Sinne geht „Familienpflicht vor Steuerpflicht", vgl. dazu *P. Kirchhof* (Fn. 22), S. F53; s. ferner *M. Jachmann* (Fn. 8), S. 222. A.A. aus ökonomischer Sicht – verfassungsrechtliche Vorgaben ausblendend – *P. Bareis*, StuW 1991, 38 (49): Eltern sollen „die Folgekosten ihrer höchst subjektiven Entscheidung für Kinder auch selbst tragen"; ähnlich *Bareis*, StuW 2000, 81 (83).
30 Ähnlich *M. Jachmann* in DWI (Hrsg.), Zukunft der Familienbesteuerung, 2008, S. 28 (35); *M. Jachmann* in Kirchhof/Söhn/Mellinghoff, EStG, § 31 Rz. A45 ff.
31 S. *P. Kirchhof* (Fn. 22), S. F52 f. Anders wertet *P. Bareis*, StuW 2000, 81 (83).
32 S. *H. Söhn*, FinArch 46 (1988), 154 (166).
33 Vgl. BVerfGE 24, 119 (144) m.w.N.; BVerfGE 121, 69 (92).
34 So auch *M. Jachmann* (Fn. 8), S. 56 f.
35 Entgegen *D. Schneider*, StuW 1984, 356 (358 f.) leitet sich das subjektive Nettoprinzip nicht aus bloßem Begriffsessentialismus ab („Besteuerung nach der subjektiven Leistungsfähigkeit" als nicht näher begründetes Axiom), sondern es ist nachvollziehbar in verfassungsrechtlichen Wertungen begründet. S. auch – insoweit zutreffend – *K. Vogel*, StuW 2000, 90.

und Familienbesteuerung 167

Steuerwirkungslehren zu prüfen, welche Vorrangrelationen und Schlussfolgerungen sie den je einschlägigen verfassungsrechtlichen Vorgaben mit dem Ziel eines angemessenen Interessenausgleichs entnehmen.[36]

Aus den vorstehenden Ausführungen ergibt sich, dass der gebundenen Einkommensverwendung jedenfalls für existenziell notwendigen Bedarf des Steuerpflichtigen und unterhaltsberechtigter Familienmitglieder grundsätzlich durch einen Abzug von der Bemessungsgrundlage Rechnung zu tragen ist. Denn deren Messfunktion hat sich am legitimierenden Belastungsgrund – Leistungsfähigkeit im soeben dargelegten Sinne – und an der dahingehenden Indikationswirkung des zu versteuernden Einkommens auszurichten. In diesem Sinne bedeutet Besteuerung nach der Leistungsfähigkeit prinzipiell Besteuerung unter Wahrung eines subjektiven – die entsprechende Einkommensverwendung abbildenden – *Netto*prinzips. Unverzichtbar ist der durchgängige Abzug von der Bemessungsgrundlage über alle Einkommensstufen hinweg jedenfalls hinsichtlich all derjenigen existenznotwendigen Aufwendungen, die selbst bei typisierender Betrachtung nicht allen Steuerpflichtigen gleichermaßen erwachsen,[37] weil ansonsten das gleichheitsrechtlich unterlegte Gebot horizontaler Steuergerechtigkeit nicht gewahrt würde. Der daraus resultierende sog. umgekehrte Progressionseffekt ist nicht zu beanstanden.[38] Denn bei wertender Betrachtung handelt es sich nicht um eine zugunsten besser verdienender Steuerpflichtiger progressiv ansteigende Steuer*ent*lastung, sondern um die Gewährleistung von *Belastungs*gerechtigkeit durch Aussonderung derjenigen Teile des Markteinkommens aus der Bemessungsgrundlage, die nach für alle Steuerpflichtigen einheitlich geltenden Maßstäben nicht sozialpflichtig bzw. belastungswürdig sind und darum von vornherein keine für die Höhe der progressiv ansteigenden Steuerbelastung maßstäbliche Leistungsfähigkeit vermitteln.[39]

---

36 Einer Abschottung der Disziplinen vor den Erkenntnissen der je anderen, wie sie etwa von *K. Vogel*, StuW 2000, 90, tendenziell befürwortet wurde, wird jedenfalls den Herausforderungen steuerwissenschaftlicher Begleitung von steuerpolitischen Reformvorhaben nicht gerecht und ist auch wissenschaftstheoretisch verfehlt; insoweit zutreffend *T. Siegel/D. Schneider*, DStR 1994, 597 (604).

37 S. statt aller *M. Jachmann* (Fn. 8), S. 237 f. S. hingegen zum allen gleichermaßen zuerkannten Grundfreibetrag statt aller *M. Jachmann*, a.a.O., S. 63 f.; *K. Tipke* (Fn. 5), S. 799 ff. m.w.N.; StuW 1993, 8 (18 f.); BVerfGE 87, 153 (170). S. zur Intransparenz der Belastungswirkungen eines Abschmelzens des Grundfreibetrages aber auch *K. Tipke*, a.a.O., S. 801; Institute for Fiscal Studies (Hrsg.), Tax by Design: The Mirrlees Review, 2011, S. 105 ff. Insoweit a.A. allerdings *M. Lehner*, StuW 1986, 59 (62 f.): Die Verortung im Tarif sei umgekehrt aus Gründen vertikaler Steuergerechtigkeit gerade geboten.

38 So insb. auch die ganz überwiegende Ansicht der steuerrechtlichen Abteilung des 57. DJT, Sitzungsbericht N, 1988, S. N207 f. A.A. *D. Schneider*, StuW 1984, 356 (363); *C. Moes* (Fn. 12), S. 177 f.

39 S. dazu schon *A. Hensel*, System des Familiensteuerrechts, 1922, abgedruckt in Reimer/Waldhoff (Hrsg.), A. Hensel: System des Familiensteuerrechts und andere Schriften, 2000, S. 125, (174); s. ferner eingehend *K. Tipke*, ZRP 1983, 25 (26); *J. Lang*, StuW

2. Notwendigkeit einer Zurücknahme der Lehre vom indisponiblen Einkommen

Aufbauend auf diesen Erkenntnissen lassen sich auch klare Grenzen verfassungsrechtlicher Bindungen des Gesetzgebers an das subjektive Nettoprinzip ziehen. Einer am Belastungsgrund der Steuer orientierten und verfassungsrechtlich angeleiteten Einhegung und Präzisierung bedarf insbesondere die tradierte Lehre vom „indisponiblen Einkommen", das nach verbreiteter Auffassung gemäß dem subjektiven Nettoprinzip zwingend aus der steuerlichen Bemessungsgrundlage auszuscheiden ist.[40] Im Lichte der obigen Ausführungen kann der Umstand, dass dem Steuerpflichtigen bestimmte Aufwendungen rechtlich zwingend oder sonst – tatsächlich – zwangsläufig erwachsen sind, nicht schon für sich genommen von Verfassungs wegen ihre Abziehbarkeit auch über die Abdeckung des existenziellen Bedarfs bzw. über dahingehende Vorsorgeaufwendungen hinaus gebieten.[41] Ausschlaggebend für die Zuordnung zum subjektiven Nettoprinzip muss vielmehr in einem ersten Schritt sein, ob die entsprechenden Aufwendungen nach den Maßstäben des Grundgesetzes indisponibel sind bzw. unter dem besonderen Schutz des Grundgesetzes stehen. Das kann regelmäßig nur angenommen werden, soweit sie nach Grund und Höhe unabdingbare Voraussetzung oder Folge einer Grundrechtswahrnehmung durch den Steuerpflichtigen sind.[42] Für gemischt veranlasste Aufwendungen hat auch das BVerfG die Notwendigkeit einer solchen verfassungsrechtlichen Perspektive bereits mehrfach herausgestellt.[43] Dies ist freilich nur ein erster Grobfilter, denn letztlich lassen sich die meisten Aufwendungen mit einem Verhalten des Steuerpflichtigen in Verbindung bringen, das grundrechtlich – und sei es nur über die allgemeine

---

1983, 103 (121); *D. Birk* (Fn. 11), S. 171 f. (dort Fußnote 70); *E.-W. Böckenförde*, StuW 1986, 335 (337 f.); *P. Kirchhof* (Fn. 22), S. F57 f.; *H.-J. Pezzer* in FS Zeidler, 1987, S. 757 (768 f.); *M. Moderegger* (Fn. 6), S. 93 f.; *N. Andel*, Finanzwissenschaft, 4. Aufl. 1998, S. 330 f.; *K. Vogel* in FS Offerhaus, 1999, S. 47 (47 f.); *H. Weber-Grellet*, Steuern im modernen Verfassungsstaat, 2001, S. 298; *C. Gröpl*, StuW 2001, 150 (162); *K. Tipke* (Fn. 5), S. 810 u. 821 f.; *M. Jachmann* (Fn. 8), S. 238; *R. Wendt* in FS Käfer, 2009, S. 457 (469).

40 S. stellv. *J. Lang* (Fn. 4) 1988, S. 71 ff.; *J. Lang*, StuW 1983, 103 (106); *J. Isensee* (Fn. 21), S. N32 (N54 f.); *H. Söhn*, FinArch 46 (1988), 154 (157); StuW 1985, 395 (400); *R. Seer*, StuW 1996, 323 (332); *D. Birk*, DStZ 1998, 74 (75); *K. Tipke* (Fn. 5), S. 795; *D. Birk/M. Desens/H. Tappe*, Steuerrecht, 16. Aufl. 2013, § 2 Rz. 197.

41 Wie hier *E. Kulosa* in Herrmann/Heuer/Raupach, EStG/KStG, § 10 EStG Anm. 9. Insoweit zutreffend auch die pointierte Kritik von *P. Bareis*, StuW 1991, 38 (41); *U. Sacksofsky*, NJW 2000, 1896 (1901); *U. Sacksofsky* in Seel (Hrsg.), Ehegattensplitting und Familienpolitik, 2008, S. 333 (347 f.).

42 So auch *O. Schilling* (Fn. 11), S. 50 m.w.N.; *C. P. Steger*, Die außergewöhnliche Belastung im Steuerrecht, 2008, S. 112 f. u. 123.

43 S. BVerfGE 107, 27 (49); 112, 268 (280); 122, 210 (234 f.). S. dazu eingehend *O. Schilling* (Fn. 11), S. 56 ff. sowie – konkretisierend – S. 94 ff. u. 148 ff.

Handlungsfreiheit – geschützt ist.[44] Ergänzend muss zudem in einem zweiten Schritt auch noch wertend festgestellt werden, ob der konkrete Verwendungszweck *in einer dem Existenzminimum vergleichbaren Weise* indiziert, dass der Steuerpflichtige insoweit stets einen *absoluten* Vorrang der Eigenbedarfsdeckung reklamieren kann. Nur dann unterliegen die hierauf verwendeten Einkommensbestandteile schon bei abstrakt-genereller Betrachtung dem Kernbereich privatnützigen Erwerbs, so dass der Steuerpflichtige insoweit nicht auf eine zugleich (vgl. Art. 14 Abs. 2 S. 2 GG) bestehende solidarische Verantwortung zur Finanzierung von Gemeinwohlbelangen verwiesen werden darf.[45] Nur unter dieser Voraussetzung wiederum müssen die Aufwendungen einen Abzug von der auf die Messung solidarischer Lastentragungsfähigkeit ausgerichteten Bemessungsgrundlage der Einkommensteuer zur Folge haben.

Ansonsten hingegen greift nur ein freiheitsrechtlich fundierter Schutz vor einem Steuerzugriff, der dem Steuerpflichtigen die finanziellen Mittel für einen Kerngehalt erstrebter Grundrechtsausübung entziehen würde, der sich zwar jenseits der Abdeckung existenzieller oder im obigen Sinne vergleichbar essentieller – die Sozialpflichtigkeit darauf verwendeten Einkommens generell ausschließender – Bedarfe bewegt, der sich aber *im konkreten Einzelfall* in der Abwägung mit dem Gemeinwohlinteresse an der Finanzierung der Staatsaufgaben als so gewichtig erweist, dass letzteres zurückzustehen hat. Unter derartigen Umständen kann sich die nach Maßgabe des Steuertarifs vorgesehene Partizipation des Staates am grundsätzlich sozialpflichtigen Anteil des Markteinkommens, die für den Regelfall als angemessen zu beurteilen ist,[46] im Ausnahmefall als unverhältnismäßige Beeinträchtigung des jeweils betroffenen Grundrechts (etwa bei Reisekosten zu politischen Demonstrationen die Versammlungsfreiheit des Art. 8 GG) erweisen.[47] Zur angemessenen Berücksichtigung derartiger, vornehmlich bei Geringverdienern denkbarer Ausnahmekonstellationen wäre indes eine Zuordnung der betreffenden Aufwandskategorie zum subjektiven Nettoprinzip verfehlt, weil und soweit es den Steuerpflichtigen im Regelfall zuzumuten ist, entsprechende Aufwendungen aus ihrem versteuerten Einkommen zu bestreiten. Es bietet sich stattdessen eine Berücksichtigung im Rahmen von Härtefallregelungen im allgemeinen Steuerschuldrecht an. In Grenzfäl-

---

44 Zutreffend und mit zahlreichen Bsp. *R. Wernsmann*, StuW 1998, 317 (327); tendenziell kritisch auch *W. Schön*, DStZ 1997, 385 (390).
45 Die Notwendigkeit einer solchen zusätzlichen Wertung vernachlässigen BVerfGE 107, 27 (49); 112, 268 (280); 122, 210 (235). Insoweit mit Recht kritisch *C. Moes* (Fn. 12), S. 157 ff.
46 S. zu den freiheitsrechtlich gezogenen absoluten Grenzen des Steuerzugriffs BVerfGE 115, 97 (117): die prinzipielle Privatnützigkeit des Erwerbseinkommens muss noch angemessen zum Ausdruck kommen.
47 S. zu vergleichbaren Erwägungen betreffend die gesetzliche Festlegung von Inhalt und Schranken des Privateigentums BVerfGE 58, 137 (Pflichtexemplarentscheidung).

len schließlich wird man dem Gesetzgeber einen Wertungsspielraum zugestehen müssen mit der Folge, dass die Versagung eines Aufwandsabzugs verfassungsrechtlich nicht zu beanstanden ist, die Gewährung aber gleichwohl auch nicht den Rechtfertigungsanforderungen an sozialstaatlich motivierte Verschonungssubventionen unterliegt.[48]

Zur Veranschaulichung der vorstehenden Thesen sei ein kurzes Beispiel genannt: Setzt die Mitgliedschaft in einer bestimmten Religionsgemeinschaft nach deren Statuten zwingend voraus, dass jedes Mitglied die Hälfte seines den existenziellen Bedarf übersteigenden Nettoeinkommens an diese Gemeinschaft abführt, so ist die entsprechende Zahlung für die dieser Gemeinschaft angehörigen Gläubigen rechtlich oder mindestens tatsächlich zwangsläufig. Sie ist zudem auch nach Grund und Höhe unabdingbare Voraussetzung für die Ausübung ihres in Art. 4 Abs. 1 GG verankerten Grundrechts der Religionsfreiheit und in diesem Sinne nach verfassungsrechtlicher Wertung „indisponibel". Gleichwohl ist ein Abzug der an die Religionsgemeinschaft abzuführenden Einkommensteile von der steuerlichen Bemessungsgrundlage nach dem subjektiven Nettoprinzip nicht angezeigt oder doch zumindest nicht verfassungsrechtlich zwingend herzuleiten. Denn hierfür müsste sich der Religionsfreiheit zusätzlich in einem zweiten Schritt die Wertung entnehmen lassen, dass sich der Grundrechtsberechtigte hinsichtlich der Zahlungen an seine Religionsgemeinschaft auf einen absoluten, zudem auch der Höhe nach unbegrenzten Vorrang vor seiner sozialstaatlichen Verpflichtung auf finanzielle Solidarität mit dem staatlich verfassten Gemeinwesen berufen kann. Ein solcher Vorrang lässt sich Art. 4 Abs. 1 GG jedoch nicht entnehmen, weil er den Gläubigen nicht von seiner Mitgliedschaft in der durch das staatliche Gemeinwesen konstituierten säkularen Solidargemeinschaft und der damit einhergehenden Verpflichtung zur Beteiligung auch an den Lasten dieser staatlichen Gemeinschaft dispensiert.[49] Auch in den für die Zahlungen an die Religionsgemeinschaft verwendeten Einkommensbestandteilen kommt folglich bei wertender Betrachtung noch die Befähigung zu solidarischer Lastentragung, d.h. steuerliche Leistungsfähigkeit zum Ausdruck. Für einen Steuererlass im Einzelfall wiederum ist im hier gewählten Beispiel schon deshalb kein Raum, weil die Beitragspflicht der Religionsgemeinschaft erst bei demjenigen Teil des Nachsteuereinkommens einsetzt, der nicht existenziell gebunden ist, so dass die Grundrechtsausübung durch die Besteuerung nicht vereitelt wird.

Die hier befürwortete Zurücknahme der Lehre vom indisponiblen Einkommen auf das im verfassungsrechtlichen Sinne „Wesentliche" wird jedenfalls im Ergebnis auch in der Rechtsprechung des BVerfG regelmäßig praktiziert, obschon dies nie ganz konsistent begründet wurde. Paradigmatisch

---

48 S. dazu auch *R. Wernsmann*, StuW 1998, 317 (329).
49 S. dazu auch *B. Plum*, StuW 2004, 283 (286 f.).

ist die Entscheidung zur Abziehbarkeit von Beiträgen zur Kranken- und Pflegeversorgung: Entgegen dem Vorlagebeschluss[50] hielt es das BVerfG nicht für geboten, sämtliche diesbezügliche Pflichtsozialversicherungsbeiträge zum Abzug zuzulassen, obschon diese für Arbeitnehmer nach einfachgesetzlichen Maßstäben indisponibel sind. Das subjektive Nettoprinzip wurde vielmehr als „Prinzip der Steuerfreiheit des Existenzminimums" interpretiert und es wurden daher die Beitragsaufwendungen nur in dem Umfang für berücksichtigungspflichtig erklärt, der zur Erlangung von Versicherungsschutz entsprechend einem sozialhilferechtlich gewährleisteten Leistungsniveau erforderlich war.[51] Es bestehe kein Anspruch auf steuerliche Verschonung von weitergehenden Aufwendungen zwecks Gewährleistung einer Versorgung auf Sozialversicherungsniveau. Dem ist beizupflichten, denn die Verwendung von Einkommen für die Absicherung eines Lebensstandards oberhalb des Existenzminimums kann keinen absoluten Vorrang vor dem solidarischen Eintreten für Gemeinwohlbelange beanspruchen.[52] Die Maßgröße steuerlicher Leistungsfähigkeit als Ausdruck der Befähigung zu solidarischer Lastentragung ist damit jedenfalls nicht nach Maßgabe des subjektiven Nettoprinzips zu reduzieren.[53]

In ähnlicher Weise lässt sich auf Grundlage der hier vertretenen Auffassung der argumentative Bruch kitten, der die Rechtsprechung des BVerfG zur Abziehbarkeit von Unterhaltsaufwendungen kennzeichnet. Im Grundsatz soll es dem Gesetzgeber untersagt sein, dem Abzug familienrechtlich „zwangsläufiger" Unterhaltsaufwendungen von der Bemessungsgrundlage „realitätsfremde Grenzen" zu ziehen.[54] Im Ergebnis soll daraus aber grundsätzlich nur ein Gebot der Abziehbarkeit von Unterhaltsaufwendungen im Umfang des zur Gewährleistung des Existenzminimums notwendigen Unterhalts folgen, obwohl sich etwa bei Kindern der Unterhaltsbedarf regelmäßig am Lebensstandard der Eltern orientiert[55] und damit in einer Vielzahl von Fällen wesentlich über dem Existenzminimum liegt. Diese Unschlüssigkeit lässt sich nicht als richterliches Zugeständnis an die Typisierungsbefugnis des Gesetzgebers rechtfertigen;[56] denn dann läge dem Gesetz unzulässiger Weise

---

50 S. BFH v. 14.12.2005 – X R 20/04, BFHE 211, 351 (383).
51 BVerfGE 120, 125 (156 f.).
52 A.A. wohl *J. Isensee* (Fn. 22), S. N56: „Sicherung von Leistungsfähigkeit gegen künftige Gefahr".
53 Nicht ausgeschlossen ist es hingegen, dass ein genereller, der Höhe nach unbegrenzter bzw. über dem existenziellen Bedarf angesiedelter Abzug von bestimmten Vorsorgeaufwendungen unter anderen Aspekten – etwa in einem System nachgelagerter Besteuerung – als leistungsfähigkeitskonform anzusehen ist; dazu statt aller *C. Dorenkamp*, Nachgelagerte Besteuerung von Einkommen, 2004, S. 117.
54 S. BVerfGE 66, 214 (223); 68, 143 (153); 82, 60 (88).
55 *W. Born* in MünchKomm/BGB, § 1610 BGB Rz. 19 m.w.N.
56 So aber *P. Kirchhof*, NJW 2000, 2792 (2795); HdBStR Bd. V, 3. Aufl. 2007, § 118 Rz. 161; relativierend *D. Birk/R. Wernsmann*, JZ 2001, 218 (220); wie hier ablehnend *C. Moes* (Fn. 12), S. 160; *H. Weber-Grellet* in Schmidt, § 2 EStG Rz. 11.

ein atypisches Leitbild zugrunde. Das Ergebnis fügt sich aber stimmig ein in eine Ausrichtung der Bemessungsgrundlage an einer als solidarische Lastentragungsfähigkeit verstandenen steuerlichen Leistungsfähigkeit. Denn der Unterhaltsverpflichtete kann auch unter Berufung auf Art. 6 Abs. 1 GG nicht geltend machen, der Teilhabe seiner Familie an seinem gehobenen Lebensstandard komme absoluter Vorrang vor seiner solidarischen Verantwortung für die Finanzierung von Gemeinwohlbelangen zu. Hierauf wird im Kontext der Ausführungen zur Familienbesteuerung nachfolgend noch näher einzugehen sein.[57]

III. Reformbedarf bei der Verwirklichung des subjektiven Nettoprinzips

Auf der Basis der bisherigen rechtsethischen Fundierung der verfassungsrechtlichen Dimension des subjektiven Nettoprinzips kann nunmehr der Reformbedarf des geltenden Einkommensteuerrechts im Hinblick auf seine Verwirklichung analysiert werden. Angesprochen werden im Folgenden entsprechend dem Anliegen, Reformperspektiven und nicht lediglich Reparaturbedarf im Detail aufzuzeigen, nur grundsätzliche Unzulänglichkeiten des geltenden Rechts.

1. Neuordnung des äußeren Systems der Abzugstatbestände

Es ist allgemein anerkannt, dass das Einkommensteuergesetz bereits in begrifflicher sowie in systematischer Hinsicht Mängel in der Umsetzung des subjektiven Nettoprinzips aufweist.[58] Es fehlt an einem einheitlichen Rechtsbegriff, der den Abzug existenzsichernder Aufwendungen von sonstigen Abzugstatbeständen unterscheidet[59] und der damit auch zur Selbstvergewisserung des Gesetzgebers über die Legitimationsgrundlage der Verminderung der Bemessungsgrundlage angetan wäre. Keiner der gegenwärtig genutzten Termini – Freibetrag, Entlastungsbetrag, Sonderausgabe, außergewöhnliche Belastung – fungiert als definitorisch klar abgegrenzter Oberbegriff für dem subjektiven Nettoprinzip geschuldete Abzüge. Der Begriff der Sonderausgaben ist überdies schillernd und umfasst auch Verschonungssubventionen, gemischt veranlasste bzw. (zumindest auch) dem objektiven

---

57 S. unten bei IV.1.
58 Statt aller *P. Kirchhof*, (Fn. 22), S. F56: „... empfiehlt es sich, die Tatbestände der existenzsichernden Aufwendungen systematisch zusammenzufassen"; *J. Lang* in Tipke/Lang, Steuerrecht, 20. Aufl. 2010, § 9 Rz. 87: „Das bestehende Konglomerat der privaten Abzüge schreit nach einer Fundamental-Reform, die das Recht ordnet und zugleich durchgreifend vereinfacht."; *K. Tipke* (Fn. 5), S. 809: „Die Regelung der steuerrechtlichen Folgen des Unterhalts ist konzeptionslos, unsystematisch-inkonsequent, verworren und unübersichtlich."
59 Näher zur Kritik *P. Kirchhof*, Bundessteuergesetzbuch, 2011, Begründung zu § 43 Rz. 15.

Nettoprinzip zuzurechnende Abzugsposten wie insbesondere Betreuungsaufwendungen i.S.d. § 10 Abs. 1 Nr. 5 EStG, sowie Abzüge im Rahmen der nachgelagerten Besteuerung der Altersvorsorgeeinkünfte. Unter dem Aspekt der äußeren Gesetzessystematik ist zu monieren, dass sich die einschlägigen Abzugstatbestände auf ein Konglomerat von über das Gesetz verstreuten Bestimmungen verteilen. Der überwiegende Teil befindet sich zudem im Abschnitt über den Tarif; der allen Steuerpflichtigen gleichermaßen zuerkannte Grundfreibetrag ist sogar unmittelbar in den Tarif selbst integriert worden.[60] Die Verortung bei den Regelungen zum Steuertarif erklärt sich aus vorkonstitutionellem Billigkeitsdenken,[61] widerspricht aber nach heutigen verfassungsrechtlichen Maßstäben der Messfunktion des subjektiven Nettoprinzips.[62] Sie erweckt die Fehlvorstellung, es könnte sich um Vorschriften handeln, deren Fortbestand und Ausgestaltung nicht anders als der Tarifverlauf für Erwägungen steuerpolitischer und fiskalischer Opportunität offen sind. Insgesamt ist damit ein Mangel an Normenklarheit und -wahrheit zu beklagen. Die wissenschaftlich ausgearbeiteten Reformentwürfe der vergangenen Jahre würden im Falle ihrer Umsetzung insoweit sämtlich zu Verbesserungen führen.[63]

2. Erfassung der mit Abzugspositionen korrespondierenden „Privatbezüge"

Im geltenden Recht fehlt es an einer durchgängigen und einheitlichen gesetzlichen Regelung derjenigen nicht erwerbswirtschaftlich veranlassten Einnahmen des Steuerpflichtigen („Privatbezüge"),[64] die ihn von existenznotwendigen Aufwendungen entlasten bzw. anhand derer er entsprechende Aufwendungen bestreiten soll.[65] Dies betrifft Versicherungsleistungen oder staatliche Transferleistungen, aber etwa auch Unterhaltsleistungen. Derartige Einnahmen begründen zwar keine Erwerbseinkünfte und dürften daher jedenfalls unter der Prämisse eines markteinkommenstheoretisch verstandenen Einkommenskonzepts – vorbehaltlich der unten noch zu erörternden Rechtsfigur des Transfers steuerlicher Leistungsfähigkeit – als solche nicht

---

60 Zur Äquivalenz von Grundfreibetrag und Tarif unter der Prämisse je aufkommensneutraler Ausgestaltung des Tarifs s. *C. Seidl*, StuW 1997, 142 ff.; *S. Homburg*, FinArch 52 (1995), 182 (187 ff.). Anders – bei abweichenden Prämissen – *M. Lehner* (Fn. 4), S. 176; *W.G. Leisner*, Existenzsicherung im Öffentlichen Recht, 2007, S. 354; dazu kritisch *S. Homburg*, a.a.O., 182 (184).
61 Dazu statt aller ausführlich *J. Lang* (Fn. 4), 1988, S. 581 ff.
62 Vgl. auch *J. Lang/M. Eilfort* (Hrsg.), Strukturreform der deutschen Ertragsteuern, 2013, S. 169.
63 Vgl. *P. Kirchhof* (Fn. 59), § 43 Abs. 2 BStGB: „existenzsichernder Aufwendungen"; *J. Lang/M. Eilfort* (Fn. 62), Entwurf Einkommensteuergesetz mit Begründung, § 2 Abs. 2 EStG: „Privatausgaben".
64 Der Begriff der „Privatbezüge" ist geprägt worden von *J. Lang*, Entwurf eines Steuergesetzbuchs, 1993, S. 273 (§ 106).
65 S. dazu grundlegend *J. Lang*, StuW 1983, 103 (112); *J. Lang* (Fn. 4), S. 80 ff.

steuerbar sein.⁶⁶ Sie müssen aber zumindest eine Korrektur des damit korrespondierenden Aufwendungsabzugs zur Folge haben; dieser ist im Umfang der erhaltenen Leistungen bis maximal auf Null abzuschmelzen.⁶⁷ Denn soweit dem Steuerpflichtigen entsprechende nicht erwirtschaftete Bezüge zufließen, müssen die an sich vom Abzugstatbestand erfassten erwirtschafteten Einkommensbestandteile nicht mehr für Existenzsicherung verwendet werden. Letztere befähigen mithin zu solidarischer Lastentragung und müssen folglich in die Bemessungsgrundlage einbezogen werden.

Dies kommt letztlich auch de lege lata schon rudimentär in den Vorschriften des § 10 Abs. 4b EStG (Zuschüsse zu Vorsorgeaufwendungen) sowie in dem von Rechtsprechung und Lehre entwickelten ungeschriebenen Belastungsprinzip⁶⁸ zum Ausdruck. Gravierende, zur Steuergestaltung geradezu einladende Defizite bestehen insoweit aber noch in Bezug auf die mangelnde Anrechnung von existenzsicherndem Kindesunterhalt auf den Grundfreibetrag der unterhaltsberechtigten Kinder. Insbesondere ist nach der Wertung des § 32 Abs. 3 EStG unwiderlegbar zu vermuten, dass minderjährige haushaltsangehörige Kinder Unterhaltsleistungen in Höhe ihres existenziellen Bedarfs erhalten;⁶⁹ dies müsste sich im Wegfall des Grundfreibetrags für eigene Einkünfte des Kindes widerspiegeln.⁷⁰ Konzeptionell äquivalent wäre die Übertragung des für Kinder vorgesehenen Grundfreibetrages auf den unterhaltsverpflichteten Steuerpflichtigen (anstelle eines Kinderfreibetrages).⁷¹

Im Übrigen ließe sich die hier geforderte steuerliche Berücksichtigung von zur Existenzsicherung bestimmten Leistungen bei deren Empfänger besteuerungstechnisch auch durch einen unverminderten Fortbestand des je einschlägigen, den damit korrespondierenden existenznotwendigen Auf-

---

66 Vgl. dazu auch BFH v. 25.10.1994 – VIII R 79/91, BStBl. II 1995, 121 (124 f.); sowie zu Sozialtransfers auch *K. Tipke* (Fn. 5), S. 750 f. Anders evtl. BVerfGE 105, 73 (131); *P. Fischer*, FR 2002, 410 (411). Differenzierend je nach einkommenstheoretischem Ansatz *J.C. Tonius* (Fn. 25), Teil 3, Abschnitt 2, unter A.I.2.b.bb.(2) einerseits und Teil 3, Abschnitt 2, unter B.I.1.b. andererseits; *J. Hey* (Fn. 21), § 8 Rz. 52.
67 So auch *M. Elicker*, Entwurf einer proportionalen Netto-Einkommensteuer, 2004, S. 234 (§ 8 III); ansatzweise auch in *P. Kirchhof* (Fn. 59), § 47 Abs. 1 S. 2 u. 3 BStGB.
68 S. dazu grundlegend *J. Lang* (Fn. 4), 1988, S. 518 ff.; s. ferner BFH v. 30.7.1982 – VI R 67/79, BStBl. II 1982, 744 (745); v. 25.10.1994 – VIII R 79/91, BStBl. II 1995, 121; sowie in der Literatur stellv. *W. Jakob*, Einkommensteuer, 4. Aufl. 2008, Rz. 993; *J. Hey* (Fn. 21), § 8 Rz. 703.
69 S. *J. Selder* in Blümich, EStG/KStG/GewStG, § 32 EStG Rz. 5.
70 So konsequent *P. Kirchhof* (Fn. 59), § 47 I 2, wobei dieser allerdings technisch so verfährt, dass den Eltern anstelle eines steuerlichen Abzugs der Unterhaltsleistungen ein – bei proportionalem Steuersatz stets gleichwertiges – Kindergeld gewährt werden soll. Diese Zusammenhänge ergeben sich nicht ohne weiteres beim Studium des Gesetzestextes und geben daher zu Missverständnissen Anlass, vgl. *J. Pelka*, StuW 2013, 226 (232).
71 S. *P. Kirchhof*, Einkommensteuergesetzbuch, 2003, Begründung zu § 6 Rz. 12.

wand berücksichtigenden Abzugstatbestandes erreichen, wenn stattdessen die einkommensteuerliche Bemessungsgrundlage des Zahlungsempfängers um die erhaltenen Leistungen erhöht würde.[72] Es wäre dann bei Orientierung des Einkommenskonzeptes an der Markteinkommenstheorie aber zu gewährleisten, dass die Hinzurechnung zur Bemessungsgrundlage auf die Höhe des mit der Zahlung korrespondierenden, gesetzlich zugelassenen Aufwendungsabzugs gedeckelt wird. Denn die genannten Zuwendungen begründen keine Einkommensleistungsfähigkeit im Sinne des am Erwerbs- bzw. Markteinkommen ausgerichteten EStG.

Speziell bei Unterhaltsleistungen stünde es hingegen grundsätzlich nicht im Einklang mit zivilrechtlichen Wertungen, im Falle eigener Erwerbseinkünfte des Unterhaltsberechtigten der Unterhaltszahlung die existenzsichernde Bedeutung abzusprechen und im Hinblick darauf schon die Abziehbarkeit beim Unterhaltsverpflichteten entfallen zu lassen.[73] Denn das Familienrecht ordnet Unterhaltspflichten nur im Falle der Bedürftigkeit des Unterhaltsempfängers an, vgl. §§ 1577, 1602 BGB. Soweit dieser gleichwohl zusätzlich zum Unterhaltsbezug eigene Einkünfte erzielt hat, ist also davon auszugehen, dass er seine Einkünfte entsprechend den obigen Darlegungen im Umfang der erhaltenen Unterhaltszahlungen nicht für seinen existenziellen Bedarf verwenden muss; dem ist durch eine Kürzung bzw. den Wegfall des je einschlägigen Aufwendungsabzugs (Grundfreibetrag, Abzug als außergewöhnliche Belastung, etc.) beim Unterhaltsempfänger Rechnung zu tragen. Anders verhält es sich lediglich bei steuergesetzlich typisierend vermuteten Unterhaltsleistungen bzw. bei typisierend vermuteter unterhaltsrechtlicher Bedürftigkeit insb. auf dem Gebiet des Kindesunterhaltes; hier kann die Existenz eigener Einkünfte des Kindes die Vermutung elterlicher Unterhaltspflichten widerlegen.[74]

3. Bereinigung unzureichender oder überschießender Abzugsregelungen

Nicht zuletzt auch aufgrund der vorerwähnten konzeptionellen Mängel sind im geltenden Recht trotz der jahrzehntelangen Rechtsprechung des BVerfG auch erhebliche inhaltliche Defizite bei der einfachgesetzlichen Verwirklichung des subjektiven Nettoprinzips zu monieren.

Allerdings werden inzwischen Grundfreibetrag und Kinderfreibetrag regelmäßig anhand der Existenzminimumberichte der Bundesregierung[75] auf ih-

---
72 So *J. Lang u.a.*, Kölner Entwurf eines Einkommensteuergesetzes, 2005, §§ 2 II, 35 III Nr. 1, 36 V.
73 So aber der Einfachsteuerentwurf von M. Rose, vgl. *M. Rose* in M. Rose (Hrsg.), Reform der Einkommensbesteuerung in Deutschland, 2002, S. 164 f. (§ 24 Abs. 3 S. 2).
74 S. *H.-J. Kanzler*, DStJG 24 (2001), 417 (449 f.).
75 S. zuletzt BT-Drucks. 17/5550.

re realitätsgerechte, mit dem Sozialhilferecht übereinstimmende Höhe hin überprüft und erforderlichenfalls angepasst.[76] Ich sehe ferner keine tragfähige verfassungsrechtliche Begründung für ein zwingendes Abstandsgebot betreffend staatliche Transferleistungen an Bedürftige einerseits und dem Erwerbstätigen verbleibendes Nachsteuereinkommen andererseits.[77] Insbesondere muss der Staat unter freiheitsrechtlichen Gesichtspunkten die Erwerbstätigkeit nicht prämieren, weder um ihrer selbst noch um ihrer volkswirtschaftlichen Bedeutung willen.[78] Denn der Eigenwert wie auch die wirtschafts- und gesellschaftspolitische Bedeutung einer gemeinwohlverträglichen Berufsausübung (Art. 12 Abs. 1 GG) und eines sozialverträglichen Eigentumseinsatzes (Art. 14 Abs. 1 und 2 GG) liegen den Grundrechtsgewährleistungen der Art. 12 Abs. 1 und 14 Abs. 1 GG voraus. Sie müssen staatlicherseits nach dem Menschenbild des Grundgesetzes, das den mündigen, selbstverantwortlichen und zugleich gemeinschaftsbezogenen Grundrechtsträger vor Augen hat,[79] nicht besonders garantiert oder anerkannt werden. Aus ähnlichen Erwägungen heraus lässt sich den genannten Grundrechtsbestimmungen auch keine Verpflichtung entnehmen, durch einen erhöhten Grundfreibetrag Anreize zur Befreiung aus der Abhängigkeit von staatlichen Hilfsleistungen zu schaffen.[80] Denn die individuelle Wertschätzung wirtschaftlicher Unabhängigkeit und Freiheit von staatlicher Bevormundung, die privatnützige Berufstätigkeit und Eigentumsverwendung ermöglichen, wird in den Garantien der Art. 12 und 14 GG bereits als der grundrechtlich geschützten Erwerbstätigkeit immanent vorausgesetzt und muss daher nach den Wertungen des Grundgesetzes nicht erst staatlicherseits inzentiviert werden. Auch das Subsidiaritätsprinzip ist durch einen Gleichlauf von sozialhilferechtlichem und steuerrechtlichem Existenzminimum nicht tangiert.[81] Und selbst wenn man sich der – angesichts der gegenwärtigen wirtschafts- und gesellschaftspolitischen Verhältnisse vertretbaren, aber verfassungsrechtlich nicht zwingenden – Forderung nach steuerlichen Anreizen für die Aufnahme einer Erwerbstätigkeit anschließen

---

76 Zur Kritik an der praktischen Umsetzung s. *L. H. Haverkamp* (Fn. 11), S. 289 f. Es ist allerdings jüngst versäumt worden, das in § 33a Abs. 1 S. 1 EStG zugrunde gelegte Existenzminimum an die Erhöhung des Grundfreibetrages anzupassen.
77 I.E. wie hier *S. Schmal*, Der Abzug von Vorsorgeaufwendungen im Einkommensteuerrecht, 2013, S. 107: „kein Verfassungsgebot". A.A. *H. Söhn* in FS Klein, 1994, S. 421 (431); *P. Kirchhof* (Fn. 22), S. F51; *A. Uelner*, Referat zum 57. DJT, Sitzungsbericht Teil N, 1988, S. N9 (N23); *J. Isensee* (Fn. 23), S. N56; *K.-H. Friauf*, DStJG 12 (1989), S. 3 (31). Anders als hier auch der Beschluss des 57. DJT, Abteilung Steuerrecht Nr. VII.1.
78 So aber *P. Kirchhof* (Fn. 22), S. F51 u. F59.
79 Vgl. BVerfGE 4, 7 (15 f.); 33, 303 (334); 50, 166 (175); *P. Häberle*, Das Menschenbild im Verfassungsstaat, 2005, S. 47 ff.
80 So *W. Lingemann* (Fn. 5), S. 185; wohl auch *P. Kirchhof* (Fn. 22), S. F60; *M. Moderegger* (Fn. 6), S. 90; *M. Lehner* (Fn. 4), S. 57 f.
81 A.A. *L. H. Haverkamp* (Fn. 11), S. 291 f.; *R. Mellinghoff* in FS Kirchhof, 2013, § 174 Rz. 12.

wollte, wäre das subjektive Nettoprinzip hiervon nicht tangiert. Denn ein Abstandsgebot zum Sozialhilferecht betrifft nur Geringverdiener, nicht aber generell den für das Nettoprinzip relevanten Gesichtspunkt der Befähigung zur solidarischen Lastentragung im Verhältnis sämtlicher Steuerpflichtiger – auch der Besserverdienenden – zueinander. Es würde darum keine Erhöhung des Grundfreibetrags für sämtliche Steuerpflichtigen rechtfertigen. De lege lata wird diesem Anliegen stattdessen folgerichtig durch die limitierte Einkommensanrechnung auf Sozialhilfe nach § 82 Abs. 3 SGB XII Rechnung getragen.

Verstöße gegen das subjektive Nettoprinzip sind aber noch im Recht der außergewöhnlichen Belastungen anzutreffen. Evident fehlsam ist hier insbesondere[82] die in § 33 Abs. 1 und 3 EStG vorgesehene Kürzung des Aufwendungsabzugs um die sog. „zumutbare Belastung", die noch in vorkonstitutionellem Billigkeitsdenken verhaftet ist. Soweit es sich um existenznotwendige oder sonst dem subjektiven Nettoprinzip unterfallende Aufwendungen handelt – und nur insoweit kommt bei verfassungskonformer Auslegung des § 33 EStG ein Abzug von „zwangsläufigen" Aufwendungen überhaupt in Betracht[83] – mindern diese Aufwendungen die in der Bemessungsgrundlage zu erfassende steuerliche Leistungsfähigkeit grundsätzlich vom ersten Euro an vollumfänglich und unabhängig von Familienstand und Einkommenshöhe.[84] Der gegenteilige Standpunkt, wie ihn das BVerfG in einer Kammerentscheidung[85] sowie in einem obiter dictum in seiner Entscheidung zum Kinderleistungsausgleich[86] zum Ausdruck gebracht hat, zeugt von einer grundsätzlichen Verkennung des verfassungsrechtlichen Gehaltes des subjektiven Nettoprinzips bzw. der ihm zugrunde liegenden Wertungen zur mangelnden Sozialpflichtigkeit jeglicher auf die Bestreitung

---

82 S. zu weiteren Unzulänglichkeiten, die bereits durch eine teleologische Auslegung de lege lata überwunden werden könnten, stellv. *M. Lehner* (Fn. 4), S. 206 ff. (Gegenwerttheorie); *J. Hey* (Fn. 21), § 8 Rz. 727 (Verweis auf Versicherbarkeit von Schäden an existenznotwendigen Gütern).
83 Wie hier *R. Mellinghoff* in Kirchhof, EStG, § 33 Rz. 48; tendenziell ebenso *M. Lehner* (Fn. 4), S. 222 ff.; *C. P. Steger* (Fn. 42), S. 53 u. 134. S. nunmehr auch den verallgemeinerungsfähigen Rechtsgedanken des § 33 Abs. 2 S. 4 EStG. Tendenziell weitergehend *P. Kirchhof* (Fn. 22), S. F63 f.; zustimmend *R. Mellinghoff*, StVj 1989, 130 (148): Aufwendungen des Steuerpflichtigen für die Rückkehr in seine Normalität; allerdings relativierend *P. Kirchhof*, a.a.O., S. F64 f. u. F67: Entlastung durch einen Abzug von der Bemessungsgrundlage nur hinsichtlich der Erhaltung existenzieller Normalität.
84 S. *J. Lang* (Fn. 4), S. 617 ff.; *K. Tipke* (Fn. 5), S. 831; *M. Lehner* (Fn. 4), S. 203; *J. Mitschke*, Erneuerung des deutschen Einkommensteuerrechts, 2004, S. 66; *H.-W. Arndt* in Kirchhof/Söhn/Mellinghoff, EStG, § 33 Rz. D 1; *K. Lindberg* in Frotscher, EStG, § 2 Rz. 18; *J. Hey* (Fn. 21), § 8 Rz. 20 m.w.N. Nicht eindeutig *R. Mellinghoff* in Kirchhof, EStG, 12. Aufl. 2013, § 33 Rz. 48. A.A. *H.-J. Kanzler*, FR 1993, 691 (695).
85 S. BVerfG (K), HFR 1989, 152 (153); zustimmend BFH v. 15.11.1991 – III R 30/88, BStBl. II 1992, 179.
86 S. BVerfGE 99, 216 (237).

des Existenzminimums verwendeter Aufwendungen.[87] Im Übrigen spielt es keine Rolle, ob die entsprechenden existenznotwendigen Aufwendungen einmalig oder regelmäßig anfallen, weil die darauf entfallende privatnützige Verwendung des Erwerbseinkommens auch ersterenfalls einen absoluten Vorrang vor der Leistung von Solidarbeiträgen an die Gemeinschaft beanspruchen kann.[88] Der Steuerpflichtige muss sich diesbezüglich auch nicht auf den Einsatz von Vermögensrücklagen verweisen lassen; zum einen darf deren Vorliegen (mindestens) in Höhe der zumutbaren Belastung nicht unterstellt werden, zum anderen und vor allem müsste dann konsequenterweise die Rücklagenbildung nachträglich als existenzieller Vorsorgeaufwand entlastet werden, womit aber im Ergebnis kein Unterschied zu einem Abzug der gegenwärtigen Aufwendungen mehr bestünde. Hinzu kommt, dass durch die überkommene Kürzung des Abzugs existenznotwendiger Aufwendungen die Gefahr eines Verstoßes gegen das Subsidiaritätsprinzip in Gestalt einer erst durch die Besteuerung hervorgerufenen sozialhilferechtlichen Bedürftigkeit des Steuerpflichtigen besteht.[89] Rechtfertigungsfähig wäre es allenfalls, Aufwendungen bis zu einem einheitlich geltenden Bagatellbetrag aus Gründen der Praktikabilität der Besteuerung vom Abzug auszunehmen,[90] weil die horizontale Steuergerechtigkeit unter diesen Umständen kaum beeinträchtigt wäre und bei Geringverdienern ein Verweis auf staatliche Transferleistungen dann ausnahmsweise als verhältnismäßig erschiene.[91]

Im Bereich der Sonderausgaben mangelt es insbesondere den Regelungen betreffend den Abzug von Vorsorgeaufwendungen an hinreichender Engführung mit dem subjektiven Nettoprinzip. Zwar sind inzwischen Kranken- und Pflegeversicherungsbeiträge entsprechend den Vorgaben des BVerfG gem. § 10 Abs. 1 Nr. 3 i.V.m. § 10 Abs. 4 S. 4 EStG vollumfänglich abziehbar, soweit sie für eine existenzsichernde Grundversorgung geleistet werden. Aus rein fiskalischen Gründen schmilzt der Abzug dieser Krankenversicherungskosten jedoch den Höchstbetrag für sonstige Vorsorgeaufwendungen ab. Steuerpflichtige, die für die private Krankenversicherung auch ihrer Kinder aufkommen müssen, werden dadurch unter Verstoß gegen Art. 6 Abs. 1 GG

---

87 Insoweit widersprüchlich ist die Würdigung der Entscheidungen durch *C. P. Steger* (Fn. 40), S. 191.
88 A.A. *C. P. Steger* (Fn. 42), S. 192.
89 Es gilt aber nach dem hier vertretenen Geltungsgrund des subjektiven Nettoprinzips (s. oben bei II.1.) nicht auch umgekehrt, dass Erwerbseinkommen danach nur insoweit steuerlich zu verschonen wäre, als dem Steuerpflichtigen ansonsten nach Steuerzahlung keine (hinreichenden) Mittel zur Bestreitung des Existenzminimums mehr verblieben. Nur unter dieser – abzulehnenden – Prämisse könnte der Abzug einer zumutbaren Belastung in allen übrigen Fällen gerechtfertigt werden; so in der Tat *W. G. Leisner* (Fn. 60), S. 359.
90 So *J. Lang* (Fn. 4), S. 207.
91 Hingegen lässt sich der gegenwärtige, hohe und nach Einkommensverhältnissen sowie Familienstand ausdifferenzierte Selbstbehalt unter diesem Aspekt nicht rechtfertigen; a.A. *C. P. Steger* (Fn. 42), S. 191.

diskriminiert, weil sie bei ansonsten vergleichbaren Verhältnissen in geringerem Maße als kinderlose Steuerpflichtige sonstige Vorsorgeaufwendungen abziehen können. Eine verfassungsrechtlich tragfähige Rechtfertigung hierfür ist nicht ersichtlich.[92] Vor allem aber hat der Gesetzgeber verkannt,[93] dass auch die übrigen Vorsorgeaufwendungen – namentlich die Aufwendungen für Arbeitslosenversicherung, Erwerbs- und Berufsunfähigkeitsversicherung, Unfallversicherung und unter Umständen auch für Risikolebensversicherung – zumindest teilweise die Kosten eines sich zukünftig möglicherweise realisierenden existenziellen Bedarfs des Steuerpflichtigen oder seiner Familie abdecken sollen.[94] Im entsprechenden Umfang müssen daher auch diese Beitragsleistungen unbegrenzt abziehbar sein.[95] Ihre unzureichende Berücksichtigung wird auch nicht dadurch geheilt, dass – ebenfalls systemwidrig[96] – spätere Auszahlungen im Leistungsfall mit Ausnahme von Arbeitslosengeld[97] nicht auf den Grundfreibetrag des Begünstigten angerechnet werden. Dies kompensiert den Verstoß gegen das Nettoprinzip schon deshalb nicht, weil die spätere individuelle Realisierung des versicherten biometrischen Risikos naturgemäß ungewiss ist. Hingegen stellen die Abzugsfähigkeit auch der übrigen Beitragsanteile sowie generell die Abziehbarkeit von Beiträgen zu Haftpflichtversicherungen[98] eine Verschonungssubvention dar, die wegen des damit einhergehenden umgekehrten Progressionseffekts verfassungsrechtlichen Bedenken unterliegt.[99] Darüber hinaus hat das BVerfG

---

92 S. dazu eingehend *S. Schmal* (Fn. 77), S. 186 ff. u. S. 261 f.
93 Vgl. den Bericht des Finanzausschusses zum Entwurf des sog. Bürgerentlastungsgesetzes Krankenversicherung, BT-Drucks. 16/13429, 44: „Die Abziehbarkeit weiterer sonstiger Vorsorgeaufwendungen ist ... verfassungsrechtlich nicht geboten ...".
94 Insoweit wie hier *S. Schmal* (Fn. 77), S. 122 ff.; tendenziell ebenso, aber noch weitergehend *J. Hey*, DRV 2004, 1 (11 f.).
95 Wie hier *R. Wernsmann*, StuW 1998, 317 (330); tendenziell ebenso *H.-J. Pezzer* in DWS (Hrsg.), Nettoprinzip, 2008, S. 11 (24 f.). Vgl. dazu auch BVerfG (K), HFR 1998, 397 (398). Tendenziell a.A. *H. Söhn* in FS Lang, 2010, S. 549 (559 f.).
96 Anders und systematisch überzeugend *J. Lang/M. Eilfort* (Fn. 62), Entwurf Einkommensteuergesetz mit Begründung, § 29 Abs. 4 u. 5.
97 Vgl. § 32b Abs. 1 Nr. 1 Buchst. a, Abs. 2 S. 1 Nr. 1 EStG (Progressionsvorbehalt).
98 Vgl. *C. Moes* (Fn. 12), S. 168: Haftpflichtversicherungsbeiträge dürften nicht abziehbar sein, weil der Gläubiger wegen Pfändungsschutzvorschriften nicht auf das Existenzminimum zugreifen kann. A.A. – terminologisch nicht stringent und letztlich widersprüchlich – *S. Schmal* (Fn. 77), S. 124: Haftpflichtversicherungen seien zwar nicht dem Existenzminimum zuzuordnen, würden aber vor existenziellen Risiken schützen.
99 S. dazu generell *P. Kirchhof*, HdBStR Bd. V, 3. Aufl. 2007, § 118 Rz. 188. Anders zu den Vorsorgeaufwendungen *J. Lang* (Fn. 4), 1988, S. 209, der den vollen Abzug unter der Prämisse für ausreichend hält, dass spätere Versicherungsleistungen als Privatbezüge besteuert werden, soweit sie über die Abdeckung eines existenziellen Bedarfs hinausgehen. Soweit im Übrigen der Gesetzgeber, *J. Lang* (Fn. 4), S. 212 f. auf die Kompensation des Progressionsvorteils bei Krankenversicherungen durch mit der Einkommenshöhe steigende Beitragspflichten in der gesetzlichen Krankenversicherung verweist, vermag dies die Bedenken schon wegen der nicht unerheblichen Anzahl Privatversicherter nicht zu entkräften, deren Versicherungsprämien nicht einkommensabhängig steigen.

in ähnlich gelagerten Konstellationen eine tatbestandliche Verquickung von Subventionszwecken und sonstigen Gesetzeszwecken auch als Verstoß gegen verfassungsrechtliche Anforderungen an Subventionsklarheit im Steuerrecht gerügt.[100]

Die von Vertretern der Steuerwissenschaften entwickelten Reformentwürfe der letzten Jahre sprechen sich ebenfalls für eine radikale Neuordnung des derzeitigen Dickichts von Sonderausgaben und außergewöhnlichen Belastungen aus.[101]

4. Wahrung der Grenzen gesetzgeberischer Typisierung

Sehr unterschiedliche Wege schlagen besagte Reformentwürfe allerdings bei der Frage der Typisierung entsprechender Aufwandspositionen ein.[102] So soll beispielsweise der einheitliche Grundfreibetrag in dem von *Paul Kirchhof* vorgelegten Bundessteuergesetzbuch pauschal auch die herkömmlichen Abzugsbeträge für außergewöhnliche Belastungen sowie die Aufwendungen für Kranken- und Pflegeversicherung abgelten. Ein etwaiger Zusatzbedarf bei Krankheit und Behinderung soll durch Transferzahlungen ausgeglichen werden.[103] Demgegenüber sieht etwa der unter Federführung von *Joachim Lang* erarbeitete Entwurf der Stiftung Marktwirtschaft neben dem Grundfreibetrag noch Mehrbedarfpauschalen insbesondere bei Behinderung und Pflegebedürftigkeit sowie den unbegrenzten Abzug sog. „Sonderbedarfsausgaben" etwa im Krankheitsfall vor. Abziehbar sind hier ferner auch Beiträge für die Versicherung solcher Sonderbedarfausgaben.[104] Der Entwurf von *Joachim Mitschke* wiederum schlägt einen Mittelweg ein und lässt als außergewöhnliche Belastungen typisierend nur noch bestimmte Aufwendungskategorien zum Abzug zu.[105] Die Grundfrage, inwieweit dem Gesetzgeber eine Typisierungsbefugnis zukommt und inwieweit er von seinem diesbezüglichen Ermessen auch Gebrauch machen sollte, stellt sich in vergleichbarer Schärfe auch im Bereich des objektiven Nettoprinzips und ist generell eines der Hauptunterscheidungsmerkmale der derzeit vorliegenden wissenschaft-

---

100 Vgl. BVerfGE 99, 280 (297): Vereinfachungszwecke und Subventionszwecke. Bedenken äußert diesbzgl. auch *W.G. Leisner* (Fn. 60), S. 361 f.
101 S. die §§ 35 bis 37 des Kölner Entwurfs eines Einkommensteuergesetzes (Fn. 72); *J. Lang/M. Eilfort* (Fn. 62), Entwurf Einkommensteuergesetz mit Begründung, §§ 28 bis 30; *J. Mitschke* (Fn. 84), §§ 21 bis 24 EStG von; *M. Elicker* (Fn. 67), § 9 EStG; *P. Kirchhof* (Fn. 59), § 43 Abs. 2 sowie §§ 47 und 48.
102 S. speziell zu den außergewöhnlichen Belastungen auch den eingehenden Überblick bei *C. P. Steger* (Fn. 42), S. 54 ff.
103 S. *P. Kirchhof* (Fn. 59), § 47 BStGB Rz. 6; so auch bereits *P. Kirchhof* (Fn. 71), Begründung zu § 6 EStG Rz. 5 u. 7; anders noch *P. Kirchhof* (Fn. 22), S. F60 f. Ebenso hinsichtlich des Zusatzbedarfs in Situationen außergewöhnlicher Belastungen der „Einfachsteuer"-Entwurf von *M. Rose* (Fn. 73), S. 22.
104 S. § 29 Abs. 1 S. 2 Nr. 4 und 5 EStG-E.
105 S. *J. Mitschke* (Fn. 84), Rz. 76 u. 175.

lichen Reformentwürfe. Der vorliegende Beitrag wird sich seinem Untersuchungsgegenstand entsprechend auf die Analyse der verfassungsrechtlichen Grenzen des Typisierungsspielraums beim subjektiven Nettoprinzip beschränken.

Das BVerfG verlangt eine „realitätsgerechte" Bemessung des zur Sicherung des Existenzminimums erforderlichen tatsächlichen Bedarfs.[106] Es gesteht dem Gesetzgeber zwar zu, dem Spannungsverhältnis zur effizienten Ordnung des steuerlichen Massenverfahrens durch typisierende Regelungen Rechnung zu tragen.[107] Im Bereich der Steuerfreiheit des Existenzminimums müssten diese jedoch „in möglichst allen Fällen den entsprechenden Bedarf abdecken."[108] Insbesondere wenn der entsprechende Bedarf regional unterschiedlich hoch ausfalle, dürfe sich der Gesetzgeber nicht an einem bloßen Durchschnittswert oder gar an einem unteren Grenzwert orientieren.[109] Zulässig sei allenfalls die Benachteiligung nur einer kleinen Zahl von Personen, wobei der Verstoß gegen den Gleichheitssatz zudem auch bei ihnen nicht sehr intensiv sein dürfe.[110] Diese vergleichsweise strengen Anforderungen an die Typisierung tragen dem Umstand Rechnung, dass individuell unzureichende Abzugspauschalen nicht nur Einbußen an horizontaler und vertikaler Steuergerechtigkeit bewirken können, sondern dass sie über diese gleichheitsrechtliche Dimension hinaus bei Geringverdienern oder bei hohem außergewöhnlichem Bedarf auch eine Verletzung des Subsidiaritätsgrundsatzes zur Folge haben können. Entsprechend dieser Herleitung müssen dieselben strengen Maßstäbe daher auch an Pauschalierungen der nicht jedem Steuerpflichtigen gleichermaßen erwachsenden existenzsichernden Aufwendungen angelegt werden, d.h. auch bei entsprechenden Sonderausgaben und außergewöhnlichen Belastungen. Dies hat auch das BVerfG im Beschluss zu den Krankenversicherungsaufwendungen anerkannt.[111]

Im Übrigen lassen sich zwar ähnliche Feststellungen auch für die Folgen von Typisierungen im Bereich des objektiven Nettoprinzips treffen. Anders als in dessen Anwendungsbereich ist der Abzug nach dem subjektiven Nettoprinzip aber auf existenz*notwendige* und in diesem Sinne zwangsläufige Aufwendungen begrenzt. Der Steuerpflichtige hat demnach kaum Einfluss auf deren Höhe, was es nahelegt, gesetzlichen Typisierungen tendenziell engere Grenzen zu ziehen als beim objektiven Nettoprinzip. Hinzu kommt, dass die steuerliche Verschonung existenzsichernder Aufwendungen im Gegensatz

---

106 S. BVerfGE 66, 214 (223); 68, 143 (153); 82, 60 (88); 99, 246 (260); 112, 268 (280 f.); 120, 125 (155); 124, 282 (294).
107 S. dazu BVerfGE 87, 153 (172); 112, 268 (280); 120, 125 (155); sowie generell zum Nettoprinzip BVerfGE 101, 297 (310).
108 BVerfGE 82, 60 (91); 87, 153 (172); 120, 125 (155); 124, 282 (294).
109 S. BVerfGE 82, 60 (91) – Kinderexistenzminimum; s. dazu auch mit kritischem Befund der geltenden Rechtslage *L. H. Haverkamp* (Fn. 11), S. 290 f.
110 S. BVerfGE 63, 119 (128); 82, 60 (97).
111 S. BVerfGE 120, 125 (160 f.).

zu den erwerbssichernden Aufwendungen im Kontext der indirekten Steuern auf den Konsum systemimmanent nur in sehr begrenztem Umfang gewährleistet werden kann. Auch deshalb kommt der Wahrung individueller Belastungsgerechtigkeit wenigstens in der Einkommensteuer durch einen Verzicht auf weitgehende Typisierung beim subjektiven Nettoprinzip in der Abwägung mit Aspekten der Verwaltungspraktikabilität ein besonderes Gewicht zu.[112] Anzumerken ist schließlich noch, dass das Augenmerk des BVerfG zwar zu Recht auf der Absicherung des subjektiven Nettoprinzips vor betragsmäßig unzureichenden Typisierungen liegt. Es darf aber nicht übersehen werden, dass der Gleichheitssatz selbstverständlich auch keine allzu großzügigen Typisierungen nach oben hin zulässt, weil auch dies – jedenfalls jenseits des allgemeinen Grundfreibetrags – zu Verzerrungen im Bereich der horizontalen und vertikalen Steuergerechtigkeit führen kann.

Vor diesem Hintergrund unterliegen Reformansätze, die im Bereich des subjektiven Nettoprinzips nur auf pauschale und dafür womöglich eher großzügig bemessene Abzugstatbestände setzen, nicht unerheblichen verfassungsrechtlichen Bedenken.[113] Auch der Verweis auf die Kompensation durch Transferleistungen dürfte sich nicht als tragfähig erweisen. Zwar wurde dem Gesetzgeber in den Kinderfreibetrags-Beschlüssen des BVerfG zugestanden, dass die notwendige steuerliche Freistellung auch durch staatliche Transferleistungen außerhalb des Steuersystems bewirkt werden könne.[114] Erstens bedarf dieser Standpunkt aber mit Blick auf das verfassungskräftige Subsidiaritätsprinzip der Relativierung;[115] akzeptabel kann zur Vermeidung auch nur temporärer Bedürftigkeit des Bürgers allenfalls ein Verweis auf unbürokratisch und zeitnah zur steuerlichen Mehrbelastung ausgezahlte – und insofern dem Kindergeld vergleichbare – Transferleistungen sein. Vor allem aber verlangt das BVerfG eine Gleichwertigkeit der betragsmäßigen Entlastung durch Steuerverschonung und Transferleistung.[116] Das lässt sich bei existenziellen Aufwendungen, die nicht stets in mehr oder weniger gleicher Höhe anfallen, unter der Prämisse eines – von den ein-

---

112 S. generell zur Notwendigkeit, systemimmanente Defizite der USt bei der Verwirklichung individueller Belastungsgerechtigkeit durch die stärkere Berücksichtigung der persönlichen Leistungsfähigkeit in der ESt zu kompensieren auch *A. Hensel*, StVj 1930, 441 (465 f. u. 470); *K. H. Ossenbühl*, Die gerechte Steuerlast, 1972, S. 122; *F. Neumark*, Grundsätze gerechter und ökonomisch rationaler Steuerpolitik, 1970, S. 173 ff.
113 S. *C. P. Steger* (Fn. 42), S. 138 f. u. 196 f. S. auch die einhellige Ansicht der steuerrechtlichen Abteilung des 57. DJT zur Notwendigkeit des steuerlichen Abzugs außergewöhnlicher Aufwendungen zur privaten Existenzsicherung, Sitzungsbericht N, 1988, S. N208. Kritisch auch *K. Tipke*, Ein Ende dem Einkommensteuerwirrwarr!?, 2006, S. 158.
114 S. BVerfGE 82, 60 (84); 99, 246 (265); 110, 412 (434).
115 Zur Kritik stellv. *H.-J. Kanzler*, DStJG 24 (2001), 417 (448 f.) m.w.N.; *M. Jachmann/K. Liebl*, DStR 2010, 2009 (2012).
116 S. BVerfGE 99, 246 (265); 110, 412 (434).

schlägigen Reformentwürfen ja gerade erstrebten – Verzichts auf Komplexität nur durch die Zuwendung eines „aus fiskalischer Sicht illusorisch hohen Betrags" erreichen – so zutreffend das BVerfG selbst.[117]

5. Überperiodische Entfaltung des subjektiven Nettoprinzips

Das geltende Einkommensteuerrecht sieht grundsätzlich keine überperiodische Berücksichtigung von dem subjektiven Nettoprinzip unterfallenden, insb. existenzsichernden Aufwendungen vor. Während § 10d EStG für negative Einkünfte, d.h. im Anwendungsbereich des objektiven Nettoprinzips einen Abzug von der Bemessungsgrundlage späterer Veranlagungszeiträume sowie in engen Grenzen auch einen Verlustrücktrag anordnet, fehlt es an einer vergleichbaren Regelung für mangels hinreichender positiver Summe der Erwerbseinkünfte nicht bzw. nicht vollständig abziehbarer Sonderausgaben, außergewöhnlicher Belastungen oder Kinderfreibeträge. Nur ganz ausnahmsweise und wohl auch nur bei außergewöhnlichen Belastungen gesteht die Rechtsprechung im Billigkeitswege einen Vortrag in künftige Besteuerungsperioden zu.[118] Aufwendungen für das allgemeine Existenzminimum sind zudem infolge der Verortung des Grundfreibetrags im Tarif schon besteuerungstechnisch nicht vor- oder rücktragsfähig.

Diese Gesetzeslage führt zu einer ungerechtfertigten Verkürzung der temporalen Dimension des verfassungskräftig gewährleisteten subjektiven Nettoprinzips.[119] Allerdings hat das BVerfG vor zwanzig Jahren noch die Auffassung geäußert, die Steuerfreiheit des Existenzminimums diene der Befriedigung eines gegenwärtigen Bedarfs, weshalb diesbezügliche steuerliche Entlastungen ihren Zweck verfehlten, wenn sie nicht zeitnah gewährt würden.[120] Diese Argumentation übersieht jedoch, dass sich der Geltungsgrund des subjektiven Nettoprinzips nicht darin erschöpft, dem Steuerpflichtigen die zur Bestreitung seines gegenwärtigen Existenzminimums erforderlichen Mittel zu belassen. Dazu bedürfte es keines durchgängigen Abzugs von der Bemessungsgrundlage, unabhängig von der Einkommens- und Vermögenssituation des Steuerpflichtigen. Wie oben unter II.1. dargelegt wurde, bezieht das subjektive Nettoprinzip seine Legitimation vielmehr vornehmlich aus der verfassungsrechtlich fundierten Wertung, dass auf einen existenziellen Bedarf verwendete Einkommensbestandteile nicht sozialpflichtig und darum aus dem zu versteuernden Einkommen als steuerlicher Maßgröße der Befähigung des Steuerpflichtigen zur solidarischen Lastentragung auszuscheiden sind.

---

117 S. BVerfGE 120, 125 (165).
118 S. BFH v. 22.10.2009 – VI R 7/09, BStBl. 2010, 280 (282); FG Saarl. v. 6.8.2013 – 1 K 1308/12, n.v.
119 S. *M. Elicker* (Fn. 67), S. 247 f.; *J. Lang u.a.* (Fn. 69), Rz. 451.
120 S. BVerfGE 87, 153 (179 f.); zustimmend *U. Palm*, DStR 2002, 152 (160). Ähnlich *P. Kirchhof* (Fn. 59), Begründung zu § 47 BStGB Rz. 9.

Vor diesem Hintergrund aber stellt sich die Problematik anders gelagert dar: Genügt das in einer bestimmten Periode erzielte Markteinkommen nicht für die Abdeckung existenzieller Bedürfnisse des Steuerpflichtigen und seiner Familie, so wird er – vorbehaltlich einer sogleich noch zu erörternden Unterstützung von dritter Seite – regelmäßig entweder auf sein Vermögen als gespeichertes, bereits versteuertes Einkommen[121] zurückgreifen oder aber einen Kredit aufnehmen müssen. Ersterenfalls erweist sich die Steuerbelastung früherer Veranlagungszeiträume ex post betrachtet als zu hoch, da sich nachträglich herausstellt, dass größere Teile des (gespeicherten) Einkommens als in der Vergangenheit angenommen für das Existenzminimum des Steuerpflichtigen und seiner Familie benötigt werden. Letzterenfalls muss der Steuerpflichtige das Einkommen künftiger Perioden für die Kredittilgung und folglich mittelbar für die Abdeckung eines existenziellen Bedarfs verwenden. Folgerichtig müsste in der ersten Variante ein Rücktrag, in der zweiten Variante ein Vortrag der je einschlägigen Aufwandspositionen ermöglicht werden, wobei aus Gründen der Verwaltungsvereinfachung und im Hinblick auf Erwägungen der Budgetstabilität auch ein einheitlicher Aufwendungsvortrag verfassungsrechtlichen Anforderungen noch entsprechen dürfte.[122] Hieraus folgt zugleich, dass der allgemeine Grundfreibetrag in die Bemessungsgrundlage zu integrieren wäre, um seine Vortragsfähigkeit zu gewährleisten.[123]

Im Übrigen müssen selbstverständlich Zuwendungen, die dem Steuerpflichtigen in einkommensschwachen Perioden im Rahmen staatlicher Grundsicherung, als gesetzliche Unterhaltsleistungen oder in Form von Unterhaltsbeihilfen oder Versicherungsleistungen, oder generell als nicht zurückzuzahlender Zuschuss jeweils mit der Zweckbindung zufließen, davon existenznotwendige Aufwendungen zu bestreiten, die rück- oder vortragsfähigen Aufwendungen in entsprechendem Umfang vermindern. Insofern trifft es zu, dass im Falle der Gewährleistung einer existenziellen Grundsicherung von dritter Seite eine vortragsfähige Last des Steuerpflichtigen nicht entsteht.[124] Anzurechnen sind ferner hinsichtlich des existenziellen Bedarfs unterhaltsberechtigter Kinder die staatlichen Kindergeldleistungen sowie gegebenenfalls in der Vergangenheit gewährte erb-

---

121 S. dazu auch *C. Dorenkamp*, StuW 2000, 121 (126); *M. Jachmann* (Fn. 8), S. 144.
122 So wohl auch *K. Tipke* (Fn. 5), S. 831; i.E. ebenso *C. P. Steger* (Fn. 42), S. 195. Insoweit zutreffend auch *U. Palm*, DStR 2002, 152 (160). Die überzeugende Distanzierung des BFH v. 6.3.2003 – XI B 7/02, BStBl. II 2003, 516 (517); v. 6.3.2003 – XI B 76/02, BStBl. II 2003, 523 (525), von dem von *Palm* vertretenen Standpunkt bezieht sich nur auf dessen Schlussfolgerung, ein Aufwendungsvortrag dürfe dann auch an die Stelle einer sofortigen Steuerverschonung des existenziell gebundenen Erwerbseinkommens treten.
123 S. *Homburg*, FinArch 52 (1995), 182 (193); ihm zustimmend *K. Tipke* (Fn. 5), S. 805 f.
124 S. *P. Kirchhof* (Fn. 59), Begründung zu § 47 BStGB Rz. 9; i.E. ebenso *S. Homburg*, FinArch 52 (1995), 182 (193).

schaftsteuerliche Versorgungsfreibeträge i.S.d. § 17 ErbStG. Die hiernach verbleibenden Konstellationen vortragsfähiger existenzieller Aufwendungen sind aber schon wegen der Zunahme erwerbsbiographischer Brüche in der modernen Wirtschafts- und Gesellschaftsordnung zahlenmäßig absehbar immer noch so bedeutsam, dass über sie nicht im Sinne der geltenden Gesetzeslage unter Verweisung allein auf den Billigkeitsweg hinwegtypisiert werden darf.[125]

IV. Familienbesteuerung

Blendet man die Ehegattenbesteuerung als Spezialmaterie aus, muss die Erörterung einer leistungsfähigkeitsgerechten Familienbesteuerung in erster Linie bei der sachgerechten steuerlichen Berücksichtigung von Unterhaltsleistungen im Familienverbund ansetzen. Die in den letzten Jahrzehnten geleistete wissenschaftliche Analyse dieser vielfach auch im Fokus der Steuerpolitik stehenden Problematik konzentriert sich dabei ganz überwiegend auf die Frage, inwieweit Unterhaltszahlungen nach dem subjektiven Nettoprinzip zum Abzug von der Bemessungsgrundlage zuzulassen sind, und ob im entsprechenden Umfang eine korrespondierende steuerliche Erfassung beim Unterhaltsempfänger vorzusehen ist.

1. Kein im subjektiven Nettoprinzip wurzelndes Gebot steuerlicher Abziehbarkeit zivilrechtlich zwingender Unterhaltsleistungen

In den letzten Jahrzehnten hat sich im steuerrechtswissenschaftlichen Schrifttum zunehmend die Ansicht durchgesetzt, zivilrechtlich zwingende Unterhaltslasten seien als indisponible Einkommensverwendung vollumfänglich dem subjektiven Nettoprinzip zuzuordnen. Dementsprechend wird inzwischen ganz überwiegend ein Abzug des vom Steuerpflichtigen zu leistenden gesetzlichen Unterhalts von der Bemessungsgrundlage in voller – wenn auch ggf. typisierter – Höhe für geboten erachtet.[126] Auch die

---

125 S. zu den tiefgreifenden Veränderungen im Berufsleben, Bildungswesen und auf dem Arbeitsmarkt und der Notwendigkeit, überkommene steuerrechtliche Wertungen im Kontext des Nettoprinzips an diese Entwicklungen anzupassen, auch BFH v. 4.12.2002 – VI R 120/01, BStBl. II 2003, 403 (406 f.).
126 S. *K. Vogel*, DStR 1977, 31 (41); StuW 1984, 197 (203); StuW 1999, 201 (221); *J. Lang* (Fn. 4), 1988, S. 200 f.; StuW 1983, 103 (110); Referat für den 60. DJT, 1994, S. O61 (O80); *H. J. Pezzer* in FS Zeidler, 1987, S. 757 (766 f.); *H. J. Pezzer* (Fn. 95), S. 25; *F. Klein* in FS Zeidler, 1987, S. 773 (779 f., 787 f. u. 794 f.); *J. Isensee* (Fn. 23), S. N32 (N56 u. N58); *B. Knobbe-Keuk* in Verhandlungen zum 57. DJT, Sitzungsbericht N, 1988, S. N183 u. N187; *R. Jüptner*, StVj 1990, 307 (313 f.); *M. Moderegger* (Fn. 6), S. 87 ff. u. 154; *W. Lingemann* (Fn. 5), S. 66; *H. Söhn*, FinArchiv 51 (1994), 372 (385); *H. Söhn* in FS Klein, 1994, S. 421 (427); *D. Dziadkowski*, DStR 1999, 273 (278); *H.-J. Kanzler*, FR 2001, 921 (926 f.); DStJG 24 (2001), 417 (450 f.); *H. Fehling*; *J. Hey* in Tipke/Lang (Fn. 21), § 8 Rz. 101 ff. Unklar *K. Tipke* (Fn. 5), S. 818 einerseits (Ehegatten), S. 824 andererseits (Kinder; s. dazu auch *K. Tipke*, StuW 1993, 8

steuerrechtliche Abteilung des 57. Deutschen Juristentags hat dies mit großer Mehrheit gefordert.[127] Das BVerfG hat dieses Ansinnen allerdings bislang stets zurückgewiesen. Es könne nicht gefordert werden, im Wege eines vollumfänglichen Abzugs von gesetzlich geschuldeten Unterhaltsleistungen „die Kosten eines über dem Sozialhilfeniveau liegenden Lebensstandards über die Einkommensteuer auf die Allgemeinheit zu verteilen, [selbst] wenn der Steuerpflichtige faktisch oder rechtlich zu [entsprechenden] Aufwendungen verpflichtet ist."[128] Demnach widerspräche vor allem die größere Steuerverschonung höherer Einkommen, wie sie aus erhöhten Abzügen entsprechend der mit dem Einkommen ansteigenden gesetzlichen Unterhaltspflicht resultieren würde, dem Leistungsfähigkeitsprinzip.

In der Tat genügt es entsprechend den Darlegungen unter II.2. für eine Zuordnung der gesetzlichen Unterhaltsleistungen zum subjektiven Nettoprinzip nicht, dass selbige nach verfassungsrechtlichen oder gar nur nach zivilrechtlichen Maßstäben indisponibel sind.[129] Andererseits kann es auch nicht darauf ankommen, ob die Unterhaltsleistungen beim Empfänger der Besteuerung unterliegen.[130] Vielmehr müsste die Einkommensverwendung für den seitens des Empfängers nicht existenziell benötigten, aber vom Steuerpflichtigen gesetzlich geschuldeten Familienunterhalt im Lichte verfassungsrechtlicher Wertungen eine auf dem Solidarprinzip gründende Inanspruchnahme des Steuerpflichtigen für Gemeinwohlzwecke insoweit von vornherein ausschließen. Nur dann wären die entsprechend verwendeten Einkommensteile aus der den Steuerzugriff legitimierenden Sozialpflichtigkeit entlassen, und das gleichheitsrechtliche Gebot gleichmäßiger Heranziehung des besteuerungswürdigen – da sozialpflichtigen – Erwerbseinkom-

---

[16]); *M. Jachmann* (Fn. 8), S. 229 einerseits (Ehegatten), S. 239 andererseits (Kinder). A.A. *U. Sacksofsky*, NJW 2000, 1896 (1901); *P. Kirchhof*, Besteuerung im Verfassungsstaat, 2000, S. 66 (anders noch der Diskussionsbeitrag in den Verhandlungen des 57. DJT, Sitzungsbericht N, 1988, S. N98); *D. Birk/R. Wernsmann*, JZ 2001, 218 (220); *C. Maurer*, Verfassungsrechtliche Anforderungen an die Besteuerung von Ehegatten und Familien, 2004, S. 40; *F. Vollmer* in Althammer/Klammer, Ehe und Familie in der Steuerrechts- und Sozialordnung, 2006, S. 73 (76); *L. H. Haverkamp* (Fn. 11), S. 127, 199 u. 295 f.; wohl auch *J. M. Mössner* in DWI, Zukunft der Familienbesteuerung, 2008, S. 11 (22). Einschränkend – und inkonsistent – *J. Mitschke* (Fn. 84), Rz. 75 u. 173: nur bei gerichtlich festgesetzten oder vereinbarten Unterhaltsansprüchen von Geschiedenen und Kindern.

127 S. Verhandlungen zum 57. DJT, Sitzungsbericht N, 1988, S. N209.
128 BVerfGE 120, 125 (164); ablehnend auch BVerfGE 82, 60 (91); 124, 282 (298 f.). Dem BVerfG zustimmend *C. Gröpl*, StuW 2001, 150 (163 f.); *G. Robbers* in v. Mangoldt/Klein/Starck, GG Bd. 1, 6. Aufl. 2010, Art. 6 Rz. 106.
129 A.A. speziell im Kontext des Unterhaltsabzugs unter Verweis auf die Verfassungspflicht des Art. 6 Abs. 2 GG *D. Fehling* (Fn. 9), S. 56 f.; *L. H. Haverkamp* (Fn. 11), S. 296; insoweit kritisch hingegen i.E. wie hier *M. Pechstein* (Fn. 8), S. 313 f.
130 Insoweit wie hier *H. Söhn* in FS Klein, 1994, S. 421 (433); FinArchiv 51 (1994), 372 (385); *H.-J. Kanzler*, DStJG 24 (2001), 417 (452); a.A. BVerfGE 82, 60 (91).

mens für die Zwecke staatlicher Aufgabenfinanzierung entsprechend dem für alle Steuerpflichtigen grundsätzlich einheitlich geltenden Tarif wäre nurmehr auf das nach der Erfüllung von Unterhaltspflichten verbleibende Einkommen des Steuerpflichtigen zu beziehen.

Eine solche Wertung ist jedoch schon dem geltenden Unterhaltsrecht fremd, d.h. sie wird schon in den maßgeblichen außersteuerlichen Zusammenhängen des einfachen Gesetzesrechts nicht anerkannt. Nach ständiger höchstrichterlicher Rechtsprechung des BGH bestimmt sich beim Verwandtenunterhalt der maßgebliche Unterhaltsbedarf i.S.d. § 1610 BGB speziell bei Kindern regelmäßig nach den Vermögens- und Einkommensverhältnissen der Eltern, wobei jedoch Einkommen nur in Höhe der *nach Steuern* (und Sozialabgaben) zur Verfügung stehenden Nettobeträge zu berücksichtigen ist.[131] Entsprechendes gilt auch für den Unterhaltsanspruch des getrennt lebenden Ehegatten nach § 1361 BGB sowie für den nachehelichen Unterhalt gem. § 1578 Abs. 1 BGB.[132] Das Familienrecht geht also gerade davon aus, dass der Unterhaltsberechtigte nur an einem durch das Nettoerwerbseinkommen des Unterhaltsverpflichteten geprägten Lebensstandard partizipiert.[133] Es ist daher aus der Perspektive des Unterhaltsrechts nur folgerichtig, wenn bei der vorgelagerten steuerrechtlichen Determinierung dieses Nettoeinkommens auf familienrechtliche Unterhaltspflichten – vorbehaltlich des eigenständig begründeten Abzugs existenzsichernder Unterhaltsleistungen – keine Rücksicht genommen wird.[134] Die Rechtsordnung ist nach alledem nicht „mit dem Makel eines massiven inneren Widerspruchs behaftet, wenn sie einerseits rechtliche Unterhaltspflichten statuiert und diesen Unterhaltspflichten andererseits die steuerrechtliche Beachtlichkeit versagt."[135]

---

131 S. BGH v. 23.1.1980 – IV ZR 2/78, NJW 1980, 934 (935) m.w.N.; v. 25.6.1980 – IVb ZR 530/80, FamRZ 1980, 984 (985); 1985, 471 (472); 2003, 741 (744); s. auch *H. Engler/D. Kaiser* in Staudinger, 2000, § 1603 BGB Rz. 11, 24; *E. Hammermann* in Erman, 13. Aufl. 2011, § 1603 BGB Rz. 9, 13 u. 73 ff. („Steuern sind von den Einnahmen abzuziehen").
132 S. z.B. *R. Voppel* in Staudinger, § 1361 BGB Rz. 48 m.w.N.; *B. Weber-Monecke* in MünchKomm/BGB, 6. Aufl. 2013, § 1361 BGB Rz. 17 f. (zum Unterhaltsanspruch des getrennt lebenden Ehegatten) sowie *C. Berger/H.P. Mansel* in Jauernig, 14. Aufl. 2011, § 1578 BGB Rz. 2 m.w.N.; *H. U. Maurer* in MünchKomm/BGB, 6. Aufl. 2013, § 1578 Rz. 115 m.w.N. (zum nachehelichen Unterhalt).
133 Dies übersieht *L. H. Haverkamp* (Fn. 11), S. 295, wenn er einen Gleichlauf von steuerlicher und unterhaltsrechtlicher Leistungsfähigkeit konstatiert.
134 A.A. ohne nähere Reflektion der Implikationen einer Bestimmung von Unterhaltspflichten nach dem Nettoeinkommen des Unterhaltspflichtigen *M. Moderegger* (Fn. 6), S. 90 f.
135 So *W. Zeidler* in Benda u.a., Handbuch des Verfassungsrechts der BRD, 1983, S. 555 (604). Dem folgend *W. Lingemann* (Fn. 5), S. 159; *F. Vollmer*, Das Ehegattensplitting, 1998, S. 77. Im Ergebnis wie *Zeidler* auch *V. Kulmsee* (Fn. 11), S. 269 u. 273, m.w.N., die – im Ansatz zutreffend – ergänzend auf die grundrechtliche Fundierung der Unterhaltspflichten verweist.

Es ist sodann auch nicht ersichtlich, dass sich aus grundgesetzlichen Vorgaben und namentlich aus Art. 6 GG weitergehende Anforderungen an die steuerliche Freistellung von für die Leistung gesetzlichen Unterhalts benötigten Einkommensteilen ergeben, als sie im Familienrecht vorausgesetzt werden und im derzeit geltenden Steuerrecht prinzipiell vorgesehen sind. Die in Art. 6 Abs. 1 u. 2 GG verankerte Institutsgarantie des Kindesunterhalts[136] geht nicht so weit, dass der Partizipation der unterhaltsberechtigten Kinder am gehobenen Lebensstandard der erwerbstätigen Familienmitglieder ein absoluter Vorrang vor deren staatsbürgerlicher Verantwortung für die solidarische Finanzierung von Gemeinwohlbelangen zuerkannt würde;[137] dies wäre aber Voraussetzung für einen Abzug von der Bemessungsgrundlage als der Maßgröße der Befähigung zu solidarischer Lastentragung. Stattdessen ist ein angemessener Ausgleich anzustreben zwischen der durch Art. 12 und 14 GG i.V.m. Art. 6 GG geschützten privatnützigen Verwendung des nicht existenziell gebundenen Erwerbseinkommens für eine gehobene Lebensführung von Eltern und Kindern einerseits und der im steuerlichen Eingriff verwirklichten Teilhabe der staatlich verfassten Gemeinschaft am Vermögenszuwachs des erwerbstätigen Elternteils andererseits.[138] Diesem Anliegen kann nur im Steuertarif adäquat Rechnung getragen werden, der über das Ausmaß dieser Teilung entscheidet. Davon abgesehen wäre es auch wertungswidersprüchlich, wenn dem Steuerpflichtigen als unterhaltspflichtigem Familienmitglied ein Abzug von der Bemessungsgrundlage wegen des eigenen Lebensbedarfs – des „Selbstunterhalts" – von Verfassungs wegen nur im Umfang existenzieller Aufwendungen zwingend zuzuerkennen wäre, wohingegen der Unterhalt für die unterhaltsberechtigten Familienmitglieder auch darüber hinaus dem steuerlichen Zugriff entzogen wäre.[139]

2. Kein verfassungsrechtliches Gebot der Qualifizierung zivilrechtlich zwingender Unterhaltsleistungen als Transfer steuerlicher Leistungsfähigkeit

Den letztgenannten Einwand unzureichender Besteuerung von Unterhaltsleistungen im Falle vollumfänglicher Abziehbarkeit berücksichtigt allerdings das Modell eines sog. Familienrealsplittings, das sich für die einkommensteuerliche Erfassung der gesamten beim Unterhaltsverpflichteten abziehbaren

---

136 Dazu ausführlich *M. Pechstein* (Fn. 3), S. 114 ff.
137 I.E. wie hier *D. Birk/R. Wernsmann*, JZ 2001, 218 (220); *U. Sacksofsky* in Seel (Hrsg.), Ehegattensplitting und Familienpolitik, 2008, S. 333 (349). A.A. offenbar *M. Moderegger* (Fn. 6), S. 94 f.; *M. Pechstein* (Fn. 8), S. 314; *L. H. Haverkamp* (Fn. 11), S. 296, die allerdings die Möglichkeit eines angemessenen Ausgleichs der gegenläufigen privaten und staatlichen Belange gar nicht erst in Betracht ziehen.
138 S. grundlegend zu den absoluten Grenzen des Besteuerungszugriffs BVerfGE 115, 97 (113 ff.), obschon ohne besondere Bezugnahme auf Steuerpflichtige mit Familie.
139 Überzeugend *M. Jachmann* (Fn. 28), § 32 Rz. EStG A 87a m.w.N.; s. dazu auch – in anderem Zusammenhang – *W. Wolff* (Fn. 12), S. 111. A.A. *D. Fehling* (Fn. 9), S. 59.

und Familienbesteuerung 189

Unterhaltszahlungen bei ihrem Empfänger ausspricht.[140] Hier wird jedes unterhaltsberechtigte Familienmitglied entsprechend dem ihm unterhaltsrechtlich zustehenden, über einen existenziellen Bedarf hinausgehenden Anteil am „Familieneinkommen" besteuert. Es ist ferner überzeugend dargelegt worden, dass sich insbesondere auch das derzeitige Ehegattensplitting als eine Form typisierten Unterhalts-Realsplittings in der intakten Ehe begreifen ließe.[141] Auf das subjektive Nettoprinzip bzw. auf eine entsprechend den Darlegungen unter II.2. verfassungskonform zurückgenommene Lehre vom indisponiblen Einkommen kann sich indes auch diese Variante der Familienbesteuerung nicht stützen, denn ein Abzug gesetzlich vorgegebener Unterhaltsleistungen von der Bemessungsgrundlage des Zahlenden (als Voraussetzung für die Erfassung beim Empfänger) ist unter diesem Blickwinkel aus den oben erörterten Gründen nicht angezeigt. Verfassungsrechtlich zwingend wäre ein Familienrealsplitting daher nur dann, wenn der Gesetzgeber eingedenk der Wertungen des Art. 6 GG einen Transfer wirtschaftlicher Leistungsfähigkeit vom Unterhaltsverpflichteten auf den Unterhaltsberechtigten einkommensteuerlich nachvollziehen müsste.[142]

Es ist jedoch nicht ersichtlich, woraus sich eine verfassungsrechtliche Verpflichtung zur Annahme eines Transfers einkommensteuerlicher Leistungsfähigkeit auf den Unterhaltsberechtigten ergeben sollte. Das gleichheitsrechtliche Gebot gleichmäßiger und folgerichtiger Besteuerung nach der je individuellen[143] Leistungsfähigkeit kann dafür nicht bemüht werden: Einkommensteuersubjekt ist nach dem System des geltenden EStG ausweislich des § 2 Abs. 1 S. 1 EStG derjenige, der das Einkommen erzielt bzw. erwirtschaftet hat. Das ist regelmäßig diejenige natürliche Person, die über die Einkunftsquelle disponiert.[144] Grundsätzlich ist folglich allein dieser Person die sich im Markteinkommen manifestierende steuerliche Leistungs-

---

140 S. dazu grundlegend *J. Lang*, StuW 1983, 103 (106); StuW 1984, 129 (132); *J. Lang* (Fn. 4), S. 67 ff., 545 ff., 560, 650 ff.; Reformentwurf zu Grundvorschriften des Einkommensteuergesetzes, 1985, S. 75 f.; Referat für den 60. DJT, 1994, S. O61 (O80); *J. Lang* in FS Klein, 1994, 437 (451 f.). S. ferner *J. Martens*, StVj 1989, 214; *M. Moderegger* (Fn. 6), S. 176 ff.; *G. Vorwold*, FR 1992, 789 ff.; *H.-W. Arndt/A. Schumacher*, AöR 118 (1993), 576 ff.; *W. Lingemann* (Fn. 5), S. 156 ff.; *H. Söhn* in FS Klein, 1994, S. 421 (433 f.); *R. Wendt* in FS Tipke, 1995, S. 47 (67 f.); *H.-J. Kanzler*, DStJG 24 (2001), 417 (459 ff.); *J. Hey* (Fn. 21), § 8 Rz. 100 ff. m.w.N.
141 S. *P. Kirchhof* (Fn. 22), S. F55; *H. Söhn* in FS Vogel, 2000, S. 639 (658); *R. Seer* in FS Kruse, 2001, 357 (366 ff.); *R. Seer* in Verhandlungen der steuerrechtlichen Abteilung des 66. DJT, Sitzungsbericht Q, 2006, S. Q268; *M. Jachmann* (Fn. 8), S. 227 f. A.A. *K. Vogel*, StuW 1999, 201 (206); *A. Pfab*, ZRP 2006, 212 (214).
142 S. grundlegend zur Annahme eines solchen Transfers von Leistungsfähigkeit *K. Tipke*, Steuerrecht, 1973, S. 212.
143 Zum Grundsatz der Individualbesteuerung s. BVerfGE 61, 319 (344) sowie eingehend *R. W. Könemann*, Der Grundsatz der Individualbesteuerung im Einkommensteuerrecht, 2001, S. 27 ff.
144 Grundlegend *H. G. Ruppe*, DStJG 1 (1978), S. 7 ff.; dazu eingehend *J. Hey* (Fn. 21), § 8 Rz. 150 ff. m.w.N.

fähigkeit zuzurechnen, und nur sie unterliegt damit konsequenterweise der Einkommensteuerpflicht. Das für den Unterhalt verwendete Einkommen erzielen nach diesem Regelmaßstab der Einkommenszurechnung nur die unterhaltsverpflichteten Familienmitglieder, nicht auch die unterhaltsberechtigten. Die Rechtsfigur eines Transfers von Einkommensleistungsfähigkeit zielt vor diesem Hintergrund auf ein vom Regelmaßstab abweichendes Zurechnungskriterium ab. Dies lässt sich systemkonform aber nur vertreten, wenn im Lichte einfachgesetzlicher oder grundrechtlicher Wertungen neben der Disposition über die Einkunftsquelle noch weitere, in der Person des Transferempfängers verwirklichte Faktoren maßgeblich zur Einkünfteerzielung beigetragen haben.[145] Bestehen insoweit gesetzgeberische Wertungsspielräume, lässt sich die steuerrechtliche Berücksichtigung dieser Faktoren zudem verfassungsrechtlich nicht erzwingen, sondern nur gleichheitsrechtlich legitimieren. Nicht ausreichend ist jedenfalls die bloße Partizipation an der Einkommensverwendung, weil diese eben nichts darüber aussagt, wer in eigener Person zur solidarischen Lastentragung gemessen am Indikator eines individuellen, erwerbswirtschaftlich veranlassten Vermögenszuwachses befähigt ist. Es kommt in diesem Kontext nicht darauf an, für wen, sondern durch wen Einkommen erwirtschaftet wird.[146] Die Einkommensverwendung kann nach dem Belastungsgrund der Einkommensteuer nur für die Frage der Steuererheblichkeit von Vermögensabflüssen – nach dem subjektiven Nettoprinzip – nicht aber für die Zurechnung von Vermögenszuflüssen eine Rolle spielen.[147]

Nicht zu beanstanden sind im Lichte dieser Vorgaben daher beispielsweise die einkommensteuerlichen Regelungen zum Transfer von Leistungsfähigkeit beim Betriebsübergang gegen Versorgungsleistungen gemäß den §§ 10 Abs. 1 Nr. 1a, 22 Nr. 1b EStG. Möglicherweise zu rechtfertigen ist unter diesem Aspekt ferner auch das Ehegattensplitting, wenn man für die intakte Ehe (oder auch für die intakte eingetragene Lebenspartnerschaft)[148] typisierend annehmen mag,[149] dass die Ehepartner eine Erwerbsgemeinschaft bilden, die steuerlich durch die Annahme eines Transfers steuerlicher Leis-

---

145 Insoweit wie hier *C. Seiler*, Grundzüge eines öffentlichen Familienrechts, 2008, S. 94.
146 Insoweit wie hier *C. Seiler*, Gutachten F für den 66. DJT, 2006, S. F35. Dies verkennt *H. Haller*, Besteuerung der Familieneinkommen und Familienlastenausgleich, 1981, S. 29 f.
147 A.A. seinerzeit noch *J. Lang*, StuW 1983, 103 (114 f.); sowie auch *L.H. Haverkamp* (Fn. 11), S. 340 ff., unter Verweis auf die „Steuereinheit Familie".
148 Das BVerfG hat am 7.5.2013 (2 BvR 909/06 u.a., FR 2013, 712) die Verfassungswidrigkeit des Ausschlusses eingetragener Lebenspartnerschaften vom Ehegattensplitting festgestellt. Als Konsequenz daraus wurde § 2 EStG um einen Abs. 8 erweitert, wonach die „Regelungen (…) zu Ehegatten und Ehen (…) auch auf Lebenspartner und Lebenspartnerschaften anzuwenden" sind.
149 S. dazu BVerfGE 61, 319 (345 f.); sowie stellv. *J. Lang*, Referat für den 60. DJT, 1994, S. O61 (O74 f.).

tungsfähigkeit vom Ehegatten mit dem höheren Erwerbseinkommen zu demjenigen mit dem geringeren Erwerbseinkommen nachvollzogen wird. Anders verhält es sich jedoch bei der Familie. Denn sie stellt keine Erwerbsgemeinschaft dar,[150] in der das Familieneinkommen gemeinschaftlich erwirtschaftet wird und in der es dementsprechend auf sämtliche Familienmitglieder aufzuteilen wäre, bevor es in deren Person jeweils als originäre Einkommensleistungsfähigkeit zu erfassen wäre. Es handelt sich bei der Familie vielmehr um eine bloße Unterhaltsgemeinschaft.[151] Insbesondere minderjährige Kinder tragen schon wegen der Beanspruchung durch Schul- und Berufsausbildung in aller Regel nicht gemeinschaftlich mit den Eltern zum Familienunterhalt bei.[152] Eltern übernehmen die Erwerbslast auch nicht „stellvertretend" für ihre Kinder, so dass diesen die Erträge der Erwerbstätigkeit anteilig zuzurechnen wären,[153] denn sie sind zwar typischerweise (auch) in deren Interesse, aber gerade nicht an deren Stelle erwerbstätig. Dies gilt umso mehr, als jedenfalls noch in der Ausbildung befindliche Kinder im Regelfall gerade keiner eigenen Erwerbsobliegenheit unterliegen.[154] In der bloßen Partizipation der Kinder am Erwerbseinkommen der Eltern schließlich liegt offensichtlich kein maßgeblicher Beitrag zu dessen Erwirtschaftung. Er wird auch zivilrechtlich nicht fingiert, schon weil das Familienrecht bei der Bemessung des Unterhaltsanspruchs an Nachsteuergrößen anknüpft und damit deutlich macht, dass den Unterhaltsberechtigten nicht schon ein Teil des Bruttoeinkommens originär zusteht. Das gleichheitsrechtlich fundierte Folgerichtigkeitsgebot gebietet es daher gerade nicht, die gesetzlichen Unterhaltspflichten und Unterhaltsberechtigungen im Wege des Familienrealsplittings der Höhe nach vollumfänglich auch steuerlich durch Abzüge bzw. Hinzurechnungen in der Bemessungsgrundlage abzubilden.[155]

---

150 S. BVerfGE 61, 319 (348); *M. Moderegger* (Fn. 6), S. 166; *P. Kirchhof*, StuW 2006, 3 (20); *R. Wendt* in FS Käfer, 2009, S. 457 (472); *M. Jachmann*, DStR 2010, 2009 (2013); *R. Mellinghoff* in FS Kirchhof, 2013, § 174 Rz. 19.
151 Wie hier BVerfGE 61, 319 (348); *J. Lang*, (Fn. 4), S. 651; *A. Uelner*, Referat zum 57. DJT, Sitzungsbericht Teil N, 1988, S. N9 (N23); *P. Kirchhof*, Gutachten F für den 57. DJT, 1988, S. F71; *P. Kirchhof* (Fn. 122), 2000, S. 65; *R. Mellinghoff*, StVj 1989, 130 (150); *W. Lingemann* (Fn. 5), S. 191; *V. Kulmsee* (Fn. 11), S. 278 m.w.N. Vgl. auch *P. Gottwald*, DStR 1987, 17 (19); *O. Schulemann*, Familienbesteuerung und Splitting, 2007, S. 33; *F. Funk*, Rechtsvergleich der Familienbesteuerung in Spanien und Deutschland, 2008, S. 145; *M. Jachmann* (Fn. 30), § 31 Rz. A 55; *U. Steiner*, Handbuch der Grundrechte Bd. IV, 2011, § 108 Rz. 53. S. auch die Einwände von *M. Pechstein* (Fn. 8), S. 303 f. (kein Transfer von Leistungsfähigkeit, da Kinder i.d.R. nur nicht [mehr] marktgängige Sachzuwendungen erhalten).
152 Überzeugend *P. Kirchhof*, NJW 2000, 2792 (2794).
153 So aber *C. Seiler* (Fn. 142), S. 96; *ders.*, FR 2010, 113 (118), allerdings als Argument für ein Familien-Divisorensplitting; *A. Merkt*, DStR 2009, 2221 (2224).
154 Vgl. BGH v. 29.6.2011 – XII ZR 127/09, NJW 2011, 2884; OLG Brandenburg v. 23.8.2004 – 9 WF 157/04, MDR 2005, 340.
155 A.A. *J. Lang*, StuW 1983, 103 (110 ff.); *K. Tipke/J. Lang*, StuW 1984, 127 (132); *J. Martens*, StVj 1989, 199 (214); *M. Moderegger* (Fn. 6), S. 164; *B. Lieber*, DStZ 1997, 207 (212); *V. Kulmsee* (Fn. 11), S. 308 f. m.w.N.

3. Kein verfassungsrechtliches Gebot steuerlicher Berücksichtigung nichtmonetärer Unterhaltsleistungen

Reformbedarf besteht im gegenwärtigen System der Familienbesteuerung aber insofern, als neben dem Kinderfreibetrag für die elterlichen Kosten der Bestreitung des sog. „sächlichen" Existenzminimums ihrer Kinder gem. § 32 Abs. 6 S. 1 EStG auch nicht zu Mittelabflüssen führende Unterhaltsleistungen in Gestalt der Betreuung und Erziehung des Kindes zu einem Abzug von der einkommensteuerlichen Bemessungsgrundlage berechtigen. Diese Regelung geht zurück auf die Kinderfreibetrags-Entscheidung des BVerfG, wonach auch nichtmonetärer Aufwand bzw. sog. Opportunitätskosten in den Anwendungsbereich des subjektiven Nettoprinzips fallen können. Dabei hat das BVerfG eine bemerkenswerte Kehrtwende vollzogen: In der Haushaltsgehilfinnenentscheidung des Jahres 1977 meinte das BVerfG noch, der Abzug von erwerbsbedingten Kosten einer Haushaltshilfe dürfe berufstätigen Eltern versagt werden, weil Hausfrauen auch keinen Ausgleich für entgehende Erwerbseinnahmen, d.h. für die Opportunitätskosten ihrer nicht vergüteten hauswirtschaftlichen Beschäftigung erhielten.[156] Damals wurde also unter Hinweis auf die mangelnde steuerliche Erfassung der im eigenen Haushalt geleisteten Wertschöpfung selbst betreuender Eltern den berufstätigen Eltern – nicht überzeugend[157] – der Abzug realer Kosten für die erwerbsbedingte Kinderbetreuung versagt. Zwanzig Jahre später hielt es das BVerfG umgekehrt für geboten, den Betreuungsbedarf als „Bestandteil des kindbedingten Existenzminimums" bei allen Eltern steuerlich zu verschonen, unabhängig davon ob er bei den Eltern zu einer Kostenbelastung wegen Fremdbetreuung führt oder durch Eigenbetreuung gedeckt wird.[158] Bei nicht berufstätigen Elternteilen soll nunmehr der Geldwert der für die Eigenbetreuung eingesetzten „Arbeitskraft" den entsprechenden Abzug rechtfertigen. In der Literatur ist alternativ auch auf den damit einhergehenden Einnahmeverzicht, also erneut auf den Opportunitätskostengedanken verwiesen worden.[159] Teilweise ist auch das Gebot staatlicher Neutralität gegenüber der innerfamiliären Entscheidung für Eigen- oder Fremdbetreuung angeführt worden.[160]

Mit der überwiegenden Ansicht im Schrifttum[161] sind beide Rechtfertigungsansätze für die Berücksichtigung nichtmonetärer Unterhaltsleistungen, d.h.

---

156 S. BVerfGE 47, 1 (30).
157 S. die Kritik von *F. Klein* in FS Zeidler, 1987, S. 773 (792).
158 S. BVerfGE 99, 216 (233 f.); i.E. ebenso bereits *C. Seiler* (Fn. 145), S. F39.
159 S. *P. Kirchhof*, NJW 2000, 2792 (2795); HdBStR Bd. V, 3. Aufl. 2007, § 118 Rz. 162; *C. Gröpl*, StuW 2001, 150 (161); *A. Leisner-Egensperger*, FR 2010, 865 (868 f.).
160 S. *L.H. Haverkamp* (Fn. 11), S. 294; so auch – ergänzend – *C. Gröpl*, StuW 2001, 150 (161); *C. Seiler* (Fn. 145), S. 102.
161 S. *W. Schön*, DStR 1999, 1677 (1680); *R. Seer/V. Wendt*, NJW 2000, 1904 (1907); *U. Sacksofsky*, NJW 2000, 1896 (1902); *K. Lange*, ZRP 2000, 415 (417 f.); *H.-J. Kanzler*, DStJG 24 (2001), 417 (453 ff.); *D. Birk/R. Wernsmann*, JZ 2001, 218 (221); *B. Sang-*

konkret der von den Eltern selbst geleisteten Betreuung und Erziehung ihrer Kinder abzulehnen. Die einkommensteuerliche Bemessungsgrundlage ist auf die Erfassung von realen, durch Erwerbstätigkeit – und im Umfang des subjektiven Nettoprinzips auch durch Existenzsicherung – veranlassten Reinvermögensveränderungen angelegt. Bloße Erwerbspotentiale werden aus pragmatischen wie aus freiheitsrechtlichen Erwägungen heraus nicht besteuert; das impliziert jedoch, dass auch Opportunitätskosten bzw. ein Einkommensverzicht keine Berücksichtigung finden können: Wer um der Kinderbetreuung willen auf Erwerbseinkommen verzichtet, ist zwar gemessen an diesem Indikator steuerlicher Leistungsfähigkeit weniger leistungsfähig; dem wird aber schon dadurch Rechnung getragen, dass auf das nur potentielle Erwerbseinkommen – anders auf das real erzielte Erwerbseinkommen berufstätiger Eltern – keine Einkommensteuer erhoben wird.[162] Eine Parallelwertung greift hinsichtlich des Arguments der von selbst betreuenden Eltern eingesetzten „Arbeitskraft": Da die Einkommensteuer sich auf die Erfassung von Markteinkommen beschränkt und mit guten Gründen[163] auf die Erfassung privater Wertschöpfung (sog. „Schatteneinkommen" bzw. „imputed income") verzichtet, kann der Verbrauch dieser privaten Wertschöpfung auch keinen Abzug von der Bemessungsgrundlage zur Folge haben.[164] Anders gewendet: Wer den Gegenwert privater Arbeitskraft von betreuenden Eltern zum Abzug zulassen will, der müsste auch die damit verbundene Wertschöpfung erfassen, nicht anders als das Erwerbseinkommen berufstätiger Elternteile.

Hinter dem Verweis auf Opportunitätskosten verbirgt sich bei genauer Analyse im Kern denn auch stets der Wunsch, der Honorierung von Erwerbstätigkeit durch den Markt eine „Honorierung" der Eigenbetreuung durch den Staat zwecks Abmilderung von deren nachteiligen ökonomischen Konsequenzen gegenüberzustellen.[165] Das aber läuft auf die staatliche Intervention zugunsten eines bestimmten Familienmodells hinaus, die jedenfalls von der Verfassung nicht gefordert wird. Ein Abzug für nichtmonetäre Betreuungsleistungen verfehlt daher auch die nach Art. 6 Abs. 1 GG prinzipiell gebotene[166] Neutralität staatlicher Maßnahmen – hier: der Besteuerung – im Verhältnis zu den verschiedenen Familienmodellen.

---

meister, StuW 2001, 168 (175 f.); *K. Tipke* (Fn. 5), S. 824 f.; *V. Kulmsee* (Fn. 11), S. 37 f., 99 ff., 136 ff.; *J. Hey* (Fn. 65), § 8 Rz. 94; *D. Birk/M. Desens/H. Tappe*, Steuerrecht, 16. Aufl. 2013, § 2 Rz. 198. Sehr kritisch *C. Moes* (Fn. 12), S. 209 m.w.N. („grundrechtsdogmatischem Sündenfall ersten Ranges). A.A. – zustimmend – *H.B. Brockmeyer*, DStZ 1999, 666 (671 f.); *C. Gröpl*, StuW 2001, 150 (161 ff.); *M. Jachmann* (Fn. 136), § 32 Rz. A 81 ff.; im Ergebnis auch *D. Fehling* (Fn. 9), S. 211 ff.
162 S. *D. Birk/R. Wernsmann*, JZ 2001, 218 (221); *D. Fehling* (Fn. 9), S. 211.
163 S. *K. Tipke* (Fn. 5), S. 647 ff.
164 S. *W. Schön*, DStR 1999, 1677 (1680).
165 Kaum verhohlen etwa *C. Gröpl*, StuW 2001, 150 (161 f.).
166 S. dazu eingehend *F. Brosius-Gersdorf*, Demografischer Wandel und Familienförderung, 2011, S. 292 ff.; s. ferner *J. Lang*, Referat für den 60. DJT, S. O61 (O71 f.).

Ein Beispiel möge dies veranschaulichen:

Die zusammenveranlagten Eheleute A und B mit dem zweijährigen Sohn C haben folgende Optionen: (1) Nur A ist erwerbstätig mit Einkünften vor Steuern von 120 000 Euro, deren marginale Steuerbelastung in einer bei 100 000 Euro einsetzenden oberen Proportionalzone 45 % betrage; B betreut C. (2) Auch B ist in der zweiten Jahreshälfte – in Teilzeit – erwerbstätig und verdient 8000 Euro vor Steuern, denen 5000 Euro Fremdbetreuungskosten gegenüberstehen. Gemessen allein am verfügbaren Einkommen ist die Familie in Variante (2) ökonomisch bessergestellt, und zwar bei einem steuerlichen Abzug nur von monetärem Betreuungsaufwand auch ungeachtet der Einkommensbesteuerung (wenn auch nur noch um 1650 Euro statt um 3000 Euro). Wenn es ihr allein auf durch Einkommen ermöglichte Konsumvorteile ankommt, wird sie sich folglich stets für Variante (2) entscheiden; die Steuer verändert die familiären Entscheidungspräferenzen also nicht. Wird hingegen auch ein steuerlicher Abzug für Eigenbetreuungsleistungen i.H.v. 5000 Euro zugelassen, stehen den 1650 Euro höherem Nachsteueraufkommen der Variante (2) nunmehr 2250 Euro Steuerersparnis in Variante (1) gegenüber. Die Familie wird sich somit infolge der Einkommensteuererhebung für Variante (1) entscheiden. Wie sogleich zu zeigen sein wird, kann es zudem auch noch bei wesentlich größeren Zuverdienstmöglichkeiten des Ehegatten B zu steuerlichen Lenkungswirkungen in Richtung Eigenbetreuung kommen.

Dies gilt umso mehr, als das geltende Steuerrecht durch seine Beschränkung auf die Besteuerung von am Markt generierter Wertschöpfung systemimmanent ohnehin schon vielfach die je individuellen Präferenzen zwischen (mehr) Erwerbstätigkeit unter Inkaufnahme von (mehr) Fremdbetreuung einerseits und (mehr) Eigenbetreuung unter (teilweisem) Verzicht auf Erwerbstätigkeit andererseits zugunsten der letztgenannten Option beeinflusst.

Kann beispielsweise ein Ehegatte bei Inkaufnahme von 10 Euro Fremdbetreuungskosten je Stunde zusätzliche Einkünfte i.H.v. 15 Euro je geleisteter Arbeitsstunde erwirtschaften, so würde er sich bzw. seiner Familie in einer Welt ohne Steuern zusätzliche Konsummöglichkeiten im Wert von 5 Euro für jede Stunde zusätzlicher Erwerbstätigkeit erschließen, deren Nutzen gegen die jeweilige Einbuße an Befriedigung der familiären Bedürfnisses an Eigenbetreuung der Kinder abzuwägen ist. Dabei ist zu berücksichtigen, dass die zumindest jenseits eines gewissen „Sockelumfangs" an Fremdbetreuung – bei Kleinkindern meist ohnehin generell – höhere Wertschätzung der (verbleibenden) Eigenbetreuung im Vergleich zur Fremdbetreuung typischerweise mit der Reduzierung ihres Umfangs stetig ansteigt. Werden wie im geltenden Recht Einkünfte besteuert, Eigenbetreuungsleistungen hingegen nicht, so stehen derselben familiären Bedürfnisbefriedigungseinbuße durch Fremd- statt Eigenbetreuung nur noch um den jeweiligen Marginalsteuersatz reduzierte Konsumvorteile gegenüber (z.B. nur noch 3 Euro statt 5 Euro bei 40 % Marginalsteuersatz), womit die Eigenbetreuung in der Relation zur (Ausweitung von) Erwerbstätigkeit mit Fremdbetreuung, d.h. relativ gesehen attraktiver wird als in einer Welt ohne steuerlichen Eingriff.

Ein alternativer Begründungsansatz für die steuerliche Berücksichtigung der Eigenbetreuung hebt darauf ab, dass der elterliche Erziehungsauftrag des Art. 6 Abs. 2 GG das Potential des betreuenden Elternteils zur steuerlichen Übernahme von Gemeinwohlverantwortung binde. Eltern würden in Gestalt ihrer Betreuungsleistung dieser Gemeinwohlverantwortung auf andere Weise als durch einen finanziellen Solidarbeitrag gerecht. In Höhe des Betreuungsbedarfs bestehe demnach eine durch Steuerzahlung wahrzunehmende Gemeinwohlverantwortung von vornherein nicht, was durch einen Abzug von der Bemessungsgrundlage zum Ausdruck kommen müsse.[167] Über die Prämisse dieser Argumentationslinie lässt sich womöglich noch streiten:[168] Man mag die Auffassung vertreten können, dass die Betreuung und Erziehung nachwachsender Generationen im Lichte des Art. 6 GG dem Gemeinwesen als „Zukunftsinvestition" im Ergebnis ebenso nützt wie eine Beteiligung an der Deckung des gegenwärtigen Finanzbedarfs.[169] Ähnliches hat immerhin auch das BVerfG in seiner Entscheidung zum Ausbildungskostenabzug propagiert.[170] Wollte man daraus aber ableiten, die Betreuungsleistung sei im Umfang des Betreuungsaufwandes einer Steuerzahlung äquivalent zu achten, müsste man allerdings wohl konsequenterweise zu folgendem Ergebnis kommen: Auch die Pflege älterer Angehöriger, das persönliche Engagement in Kirche, Gewerkschaft oder gemeinnützigem Ehrenamt, die politische Betätigung usw. bindet unter Würdigung der je einschlägigen Grundrechte und Staatszielbestimmungen das Einkommenspotential des jeweiligen Steuerpflichtigen in verfassungsrechtlich erheblicher, gemeinwohlorientierter Weise und muss darum als Alternative zu dem an sich zu entrichtenden finanziellen Solidarbeitrag zwingend eine Ermäßigung der Einkommensteuerlast zur Folge haben.[171] Die Basis einer solcherart nicht mehr allein an finanzieller Leistungsfähigkeit orientierten Einkommensteuer wäre in ganz erheblichem Maße ausgehöhlt; der Gesetzgeber hat wohlweislich einen solchen Besteuerungsansatz bislang nicht erkennbar verfolgt. Davon abgesehen ist auch nicht ersichtlich, weshalb der durch Kinderbetreuung bewirkte Gemeinwohlbeitrag gutverdienender Eltern von Verfassungs wegen höher zu bewerten wäre als derjenige eines geringverdienenden Elternpaares. Eben diese Bewertung wäre aber die logische Konsequenz eines mit der anderweitigen Wahrnehmung von Gemeinwohlverantwortung begründeten Abzugs von der Bemessungsgrundlage. Dagegen ist vielmehr einzuwenden: Nach dem genannten Begründungsansatz wirkt sich die Betreuungsleistung nicht auf die Befähigung zu solidarischer Lastentragung aus, sondern stellt selbst einen bereits anderweitig erbrachten Solidarbeitrag dar – zivilrechtlich gesprochen: eine Leistung an Erfüllung statt. Dies berührt aber nicht die Messfunktion der einkommensteuerlichen Bemessungsgrundlage, sondern müsste über einen Abzug von der Steuerschuld berücksichtigt werden.

Richtigerweise darf und muss einem Betreuungs- und Erziehungsbedarf minderjähriger Kinder einkommensteuerlich nur insoweit durch einen Ab-

---

167 S. *M. Jachmann* (Fn. 8), S. 231 f.; *M. Jachmann* (Fn. 30), § 32 Rz. A81a.
168 Ablehnend etwa *J. Lang*, Referat für den 60. DJT, 1994, S. O61 (O84).
169 So etwa *A. Leisner-Egensperger*, FR 2010, 865 (870 ff.).
170 S. BVerfGE 89, 346 (354).
171 So auch konsequent *M. Jachmann*, DStZ 2001, 225 (227). Auf die Notwendigkeit einer entsprechenden Folge(richtigkeits)betrachtung weist auch *J. Hey* (Fn. 65), § 8 Rz. 94, hin.

zug von der Bemessungsgrundlage Rechnung getragen werden, als kumulativ drei Voraussetzungen erfüllt sind: Erstens muss die entsprechende Bedarfslage bei den Eltern einen realen Mittelabfluss bewirkt haben. Zweitens muss der entsprechende Betreuungs(mehr)aufwand entweder wesentlich durch eine Erwerbstätigkeit veranlasst sein, so dass ein Abzug schon nach dem objektiven Nettoprinzip geboten ist,[172] oder aber deshalb entstehen, weil die Eltern den existenziellen Betreuungsbedarf ihres Kindes aus von ihnen nicht zu beeinflussenden Gründen nicht selbst abdecken können. Der dann nach dem subjektiven Nettoprinzip gebotene Abzug kommt etwa in Betracht bei Behinderung des Kinds oder bei Erkrankung des nichterwerbstätigen Elternteils. Drittens dürfen die Aufwendungen der Höhe nach einen essentiellen Grundbedarf an Betreuungsleistungen nicht übersteigen.[173] Es wäre zu wünschen, dass das BVerfG durch eine Rechtsprechungsänderung den steuerreformpolitischen Weg für eine dahingehende, sachgerechte Regelung freimacht.

Ergänzend ist anzumerken, dass sich auch die persönliche Zurechnung von Abzugstatbeständen, welche den kindbedingten Unterhaltslasten von Steuerpflichtigen Rechnung tragen sollen, entsprechend den obigen Ausführungen einzig daran orientieren darf, welcher Steuerpflichtige Teile seines Erwerbseinkommens hierauf verwendet und dementsprechend mit den jeweiligen Aufwendungen belastet ist. Im Lichte des Geltungsgrundes des subjektiven Nettoprinzips, das der mangelnden Sozialpflichtigkeit von für den existenziellen Bedarf eines Unterhaltsberechtigten verwendetem Erwerbseinkommen Rechnung trägt, ist nur dieser Steuerpflichtige in seiner steuerlichen Leistungsfähigkeit gemindert und kann darum einen Abzug von der Bemessungsgrundlage verlangen.[174] Verfehlt ist damit insbesondere die Abzugsberechtigung eines Elternteils, der gem. § 1606 Abs. 3 S. 2 BGB Naturalunterhalt leistet.[175] Das geltende Recht genügt diesen Anforderungen nicht, weil es in § 32 Abs. 6 EStG einerseits einem Elternteil (insb. dem sprichwörtlichen „Zahlvater") auch dann lediglich einen hälftigen Kinderfreibetrag einräumt, wenn dieser Elternteil durch gesetzlich angeordnete

---

172 S. etwa *J. Lang*, StuW 1983, 103 (107); StuW 1984, 129 (131); *J. Lang*, Referat für den 60. DJT, 1994, S. O61 (O82 f.); *W. Schön*, DStR 1999, 1677 (1680); *R. Seer/V. Wendt*, NJW 2000, 1904 (1907); *H.-J. Kanzler*, DStJG 24 (2001), 417 (453); *M. Jachmann* (Fn. 8), S. 244 f.; *J. Hey* (Fn. 21), § 8 Rz. 94. A.A. *C. Gröpl*, StuW 2001, 150 (161); anders auch *H. G. Ruppe*, DStJG 3 (1980), S. 103 (123 f.), der Maßnahmen zur Haushaltsorganisation auch dann, wenn sie Erwerbstätigkeit ermöglichen sollen, generell der steuerlich unbeachtlichen Privatsphäre zuweist. Indes darf sich das private Element bei Kinderbetreuungsaufwand im Hinblick auf die Art. 3 Abs. 2, 6 Abs. 1 u. 2 GG anders als bei sonstigen Formen dieser Kategorie von gemischten Aufwendungen nicht abzugsschädlich auswirken.
173 Insoweit zutreffend *C. Gröpl*, StuW 2001, 150 (163).
174 A.A. – von ihrem Standpunkt (s.o.) aus konsequent – *M. Jachmann* (Fn. 30), § 32 Rz. D23.
175 Anders aber BVerfGE 45, 104 (126 u. 131).

Unterhaltszahlungen vollumfänglich für das sächliche Existenzminimum des Kindes aufkommt, und andererseits dem anderen bloß Naturalunterhalt leistenden Elternteil ebenfalls einen hälftigen Kinderfreibetrag zuerkennt.

4. Geschiedenen-Realsplitting abschaffen oder zu Familien-Realsplitting ausbauen

Das derzeit geltende System der einkommensteuerlichen Berücksichtigung zivilrechtlich zwingender Unterhaltspflichten leidet an einem gravierenden Wertungswiderspruch.[176] Während im Regelfall Unterhaltsleistungen an Familienmitglieder nur in Höhe des – realen oder typisierend vermuteten – existenziellen Bedarfs des Unterhaltsberechtigten in Abzug gebracht werden können, sehen die §§ 10 Abs. 1 Nr. 1, 22 Nr. 1a EStG bei geschiedenen oder dauernd getrennt lebenden Ehegatten ein darüber hinaus gehendes Realsplitting für Unterhaltsleistungen vor. Selbiges wird erst bei knapp 14 000 Euro und damit weit jenseits des Existenzminimums gedeckelt. Die gescheiterte Ehe bildet jedoch nicht anders als die Familie keine Erwerbsgemeinschaft, sondern eine bloße Unterhaltsgemeinschaft. Die Abziehbarkeit von Unterhaltsleistungen über den existenzsichernden Bedarf des Unterhaltsberechtigten hinaus erweist sich damit als Verschonungssubvention. Der Gesetzgeber hat dies auch so anerkannt und diese Steuervergünstigung auf drei vermeintliche Rechtfertigungsgründe gestützt: Erstens komme es bei Auflösung einer Ehe im Gegensatz zur Situation bei anderen Unterhaltstatbeständen „zu einem tiefgreifenden Wechsel der gesamten Lebensverhältnisse" zwischen den Ehegatten, zweitens fiele die Belastung durch Unterhaltsleistungen meist höher aus als in anderen Fällen und drittens sei der Wegfall des Splitting zu verkraften.[177] Der Wegfall des Splitting und die veränderten Lebensumstände rechtfertigen eine Begünstigung jedoch allenfalls für einen kurzen Übergangs- bzw. Anpassungszeitraum, wie schon der Wertung des Gesetzgebers selbst im Kontext des hinsichtlich dieser Umstände vergleichbaren „Gnadensplitting" nach dem Tod eines Ehepartners gem. § 32a Abs. 6 S. 1 Nr. 1 EStG zu entnehmen ist. Das Ziel einer dauerhaften steuerlichen Abmilderung der Belastung durch höhere Unterhaltszahlungen wiederum ist kein verfassungsrechtlich tragfähiger Differenzierungsgrund im Verhältnis zum Verwandtenunterhalt.[178] Es ist nicht einsichtig, warum den ehemaligen Partnern einer gescheiterten Ehe, die nur noch mittelbar am staatlichen Schutzauftrag des Art. 6 Abs. 1 GG teilhat,[179] ein gehobener Lebensstandard eher erhalten bleiben soll als den Eltern im Fall der unmittelbar

---

176 S. auch die kritische Stellungnahme des Bundesrates zur Einführung des nachfolgend erörterten Geschiedenen-Realsplittings, BT-Drucks. 8/2118 (Anlage 2), S. 68 f.
177 Vgl. BT-Drucks. 8/2100, 60.
178 Verschonungssubventionen müssen ein Mindestmaß an Folgerichtigkeit aufweisen müssen, s. BVerfGE 122, 210 (232 f.) m.w.N.; sowie *J. Englisch* in FS Lang, 2010, S. 167 (215 ff.) m.w.N.
179 S. *v. Coelln* in Sachs, GG, 6. Aufl. 2011, Art. 6 Rz. 51.

von Art. 6 Abs. 1 GG erfassten Geburt eines (weiteren) Kindes. Diese Wertungsschieflage ist gleichheitsrechtlich nicht akzeptabel, unabhängig von der Höhe des zu leistenden Unterhalts.[180]

Dem infolgedessen verfassungsrechtlich zwingenden Reformbedarf könnte zum einen durch die Abschaffung des Geschiedenen-Realsplittings Rechnung getragen werden, womit nur noch der allgemeine Unterhaltsabzug des § 33a EStG Anwendung fände. Alternativ könnte der Gesetzgeber sich aber auch dazu entschließen, ein Familienrealsplitting einzuführen. Das BVerfG hat dies dem Gesetzgeber ausdrücklich freigestellt.[181] Es würde sich dabei allerdings nicht um eine Konkretisierung des Leistungsfähigkeitsprinzips, sondern um eine steuerliche Maßnahme zur Familienförderung handeln, soweit die danach abziehbaren Unterhaltsleistungen über das für die Bestreitung des existenziellen Bedarfs der unterhaltsberechtigten Familienangehörigen Notwendige hinausgingen. Der dem Familien-Realsplitting innewohnende umgekehrte Progressionseffekt wäre gleichwohl auch insoweit angesichts der empirisch belegten[182] Geburtenarmut insbesondere von Mittelschichtsfamilien als bevölkerungspolitische Maßnahme zu rechtfertigen.[183] Dies gilt umso mehr, als vermögende Familien vielfach schon gegenwärtig über Gestaltungen zur Verlagerung von Einkünften faktisch ein Familien-Realsplitting praktizieren und dabei auch noch sachwidrig den Grundfreibetrag des Kindes mit dem eigenen Kinderfreibetrag kumulieren können.[184] Nicht zuletzt beurteilen auch ökonomische Studien das Familien-Realsplitting positiver als die Alternative eines Familien-Divisorensplittings nach französischem Vorbild, insbesondere unter den Aspek-

---

180 Ebenso *J. Lang*, StuW 1983, 103 (111); *R. Roennefahrt* in Verhandlungen zum 57. DJT, Sitzungsbericht Teil N, 1988, S. N187.
181 S. BVerfGE 61, 319 (355). S. ferner *R. Mellinghoff* in Lang (Hrsg.), Grundrechtsschutz im Steuerrecht, 2001, S. 39 (65 f.) m.w.N. A.A. *U. Sacksofsky*, FR 2010, 119 (122).
182 Vgl. Statistisches Bundesamt, Geburtentrends und Familiensituation in Deutschland, 2012, abrufbar unter www.destatis.de. S. auch *F.-X. Kaufmann*, Schrumpfende Gesellschaft, 2005, S. 128 f.
183 Die Kritik von *H.-J. Kanzler*, DStJG 24 (2001), 417 (434) m.w.N., an bevölkerungspolitischen Zielsetzungen im Steuerrecht greift mit dem bloßen Verweis auf deren Pervertierung im nationalsozialistischen Unrechtsregime zu kurz. Differenzierter, obschon ebenfalls nicht vertieft *U. Sacksofsky* (Fn. 137), S. 345 f. Kritisch auch *A. Hensel* (Fn. 39), S. 155 f., freilich vor dem Hintergrund andersartiger historischer Rahmenbedingungen. S. demgegenüber zu vergleichbaren bevölkerungspolitischen Zielsetzungen des Elterngeldes BVerfG (K) NJW 2012, 214: „hinreichend gewichtige Sachgründe".
184 Kritisch auch *F. Klein*, DStR 1987, 779 (783); *P. Kirchhof* (Fn. 20), S. F72; *J. Lang*, Referat für den 60. DJT, 1994, S. O61 (O76 f.); *V. Kulmsee* (Fn. 11), S. 275; *W. Lingemann* (Fn. 5), S. 160; *C. Seiler* (Fn. 143), S. F39 f.; *J. Hey* (Fn. 65), § 8 Rz. 94 f. Nicht nachvollziehbar *M. Jachmann*, DStR 2010, 2009 (2012 f.), wonach diesen legalen Gestaltungen schon durch einen „konsequenten Gesetzesvollzug" begegnet werden könnte.

und Familienbesteuerung

ten vertikaler Gerechtigkeit und Fiskalverträglichkeit.[185] Der mit dem Familien-Realsplitting erzeugte zusätzliche Verwaltungsaufwand ist allerdings in die Abwägung einzustellen,[186] ebenso wie die möglicherweise höhere Effizienz alternativer Maßnahmen zur Erreichung demographischer Zielsetzungen.

5. Familien-Divisorensplitting ebenfalls vertretbar

Teilweise wird im Schrifttum allerdings auch der Standpunkt vertreten, ein Familien-Divisorensplitting (auch als tarifliches Familiensplitting bezeichnet) nach französischem Vorbild sei die verfassungsrechtlich einzig oder doch jedenfalls am besten vertretbare Variante einer leistungsfähigkeitsgerechten Besteuerung der intakten Familie.[187] Es lassen sich diesbezüglich im Wesentlichen zwei unterschiedliche Argumentationslinien ausmachen.

Ein Ansatz postuliert eine Betrachtung jedenfalls der in Haushaltsgemeinschaft lebenden Kernfamilie als „Wirtschaftsgemeinschaft", in welcher das Markteinkommen jedes erwerbstätigen Elternteils von vornherein zugunsten sämtlicher Familienmitglieder „ökonomisch gebunden" sei.[188] Da auch Art. 6 GG die Familie als Einheit respektiere und ihr Binnengefüge staatlicher Regelung entziehe, sei im Einkommensteuerrecht realitätsgerecht und folgerichtig auf eine individualisierende Zuordnung des von den Eltern für die gesamte Familie erwirtschafteten Verdienstes abzusehen.[189] Zu erfassen sei stattdessen die „Gesamtleistungsfähigkeit" der Familie.[190] Nur falls ein Steuerpflichtiger Unterhaltslasten für nicht mir ihm gemeinsam in seinem Haushalt lebende Familienangehörige zu tragen habe, sei dem durch ein Familien-Realsplitting Rechnung zu tragen.[191]

Diese Sichtweise der Familie als materiell-steuerrechtlich impermeabler Einheit wird jedoch insofern nicht stringent durchgehalten, als auch das Familien-Divisorensplitting nicht auf eine individualisierende Zuordnung der „Gesamtleistungsfähigkeit" der Familie verzichtet: Ihm liegt nämlich implizit die Vorstellung zugrunde, dass jedes Familienmitglied im Verhältnis zu den übrigen entsprechend dem ihm zugewiesenen Divisor an dem „Famili-

---

185 Kritisch zum Familien-Divisorensplitting auch *W. Oepen*, FR 1992, 149 (152); *V. Kulmsee* (Fn. 11), S. 275 f.
186 Sehr kritisch bspw. *L. H. Haverkamp* (Fn. 11), S. 335 f.; s. aber. *J. Lang*, StuW 1983, 103 (124 f.).
187 S. neben den nachfolgend genannten Verfechtern eines Familien-Divisorensplitting auch *F. Klein* in FS Zeidler, 1987, S. 773 (796 ff.).
188 S. *C. Seiler* (Fn. 145), S. F36 ff.; ähnlich *A. Merkt*, DStR 2009, 2221 (2224).
189 S. *C. Seiler* (Fn. 145), S. F36 ff.
190 S. *C. Seiler* (Fn. 145), S. F39; zustimmend *G. Axer* in Verhandlungen der steuerrechtlichen Abteilung des 66. DJT, Sitzungsbericht Q, 2006, S. Q276 f. S. dazu auch *A. Prinz*, FR 2010, 105 (111).
191 S. *C. Seiler* (Fn. 145), S. F43 f.

eneinkommen" partizipiert.[192] Dies steht in einem gewissen Widerspruch zur vermeintlich gebotenen steuerlichen Einheitsbetrachtung der Familie. Die Widersprüchlichkeit dieses Ansatzes wird auch nicht überwunden, sondern lediglich rhetorisch kaschiert, wenn gefordert wird das „verfassungsrechtliche Einheitsbild von Familie mit dem Grundsatz der Individualbesteuerung in Einklang zu bringen", indem das „Gesamteinkommen" der Familie zwischen Eltern und Kindern entsprechend dem (mutmaßlichen) Umfang der Partizipation letzterer am elterlichen Einkommen fiktiv aufzuteilen sei.[193] Davon abgesehen liefert die Annahme einer Gesamtleistungsfähigkeit der als Wirtschaftsgemeinschaft verstandenen Familie auch keinen Anhaltspunkt für die Bestimmung der anzuwendenden Divisoren. Insbesondere wäre vor diesem Hintergrund nicht zwingend eine Gleichstellung mit dem Ehegattensplitting geboten.[194] Denn selbiges beruht jedenfalls *auch* auf dem – freilich nicht unumstrittenen und jedenfalls in der kinderlosen Ehe realitätsfernen – gedanklichen Konstrukt einer echten Erwerbsgemeinschaft, in der jeder Ehegatte bei typisierender Betrachtung einen je individuellen – hälftigen – Beitrag zur Erwirtschaftung des gemeinsamen Einkommens leistet.[195] Ebenso folgerichtig wäre es vielmehr auf der gedanklichen Grundlage einer Familiengesamtleistungsfähigkeit, das diesbezügliche Haushaltseinkommen zumindest in der Einverdienerfamilie grundsätzlich ungeteilt der tarifären Besteuerung zu unterwerfen und lediglich einen mehrfachen Ansatz des Grundfreibetrages entsprechend der Zahl der Familienmitglieder vorzusehen.[196]

Teilweise wird auch vorgebracht, einzig das Familien-Divisorensplitting trage der Verteilung der von den Eltern erwirtschafteten wirtschaftlichen Leistungsfähigkeit innerhalb der Familie gebührend Rechnung.[197] Zu dem hierfür angeführten Argument, Kinder seien als Teil einer „familiären Ver-

---

192 S. auch *M. Moderegger* (Fn. 6), S. 165 m.w.N.; *M. Pechstein* (Fn. 8), S. 298.
193 S. *L. H. Haverkamp* (Fn. 11), S. 337 u. 341.
194 So aber *C. Seiler* (Fn. 145), S. F38; *A. Leisner-Egensperger*, FR 2010, 865 (872). Wie hier *J. Isensee* (Fn. 23), S. N58; *H.-L. Dornbusch*, Zur Struktur familienpolitischer Maßnahmen in Deutschland, 2010, S. 58.
195 S. dazu BVerfGE 61, 319 (345 f.); BVerfG, HFR 2013, 640 (642), „Erwerbs- und Verbrauchsgemeinschaft"; *P. Kirchhof* in Verhandlungen zum 57. DJT, Sitzungsbericht Teil N, 1988, S. N185. A.A. zum Grundgedanken des Splitting *K. Vogel*, StuW 1999, 201 (203 f.): das Splitting bilde lediglich die faktische Verteilung des Ehegatten je individuell erzielten Erwerbseinkommens in der intakten Durchschnittsehe ab. Wird die Ehe als bloße Verbrauchsgemeinschaft eingestuft, so hat dies freilich ebenso wie bei der Familie zur Folge, dass ein Real- oder Tarifsplitting auch unter Berücksichtigung von Art. 6 Abs. 1 GG allenfalls als verfassungsrechtlich vertretbar, aber nicht als zwingend erscheint, sofern man nicht auf zusätzliche – im Eltern-Kind-Verhältnis nicht relevante – Aspekte wie insb. die steuerliche Neutralität gegenüber der Aufgabenverteilung in der Ehe abstellt, die hier nicht diskutiert werden können.
196 Vgl. *F. Klein* (Fn. 28), S. 179.
197 *L. H. Haverkamp* (Fn. 11), S. 342.

brauchsgemeinschaft" auch „Teilhaber" an dem von den Eltern erwirtschafteten Einkommen, und jedenfalls müsse wegen Art. 6 Abs. 1 und 2 GG von Verfassungs wegen ein Transfer wirtschaftlicher Leistungsfähigkeit innerhalb der Familie steuerlich nachvollzogen werden,[198] ist aber bereits abschlägig Stellung genommen worden: Nach dem Belastungsgrund der Einkommensteuer spielt das Bestehen einer Verbrauchsgemeinschaft für die Zurechnung von Einkommen keine Rolle, und Art. 6 Abs. 2 GG verlangt nach hier vertretener Ansicht nicht, der Partizipation von Kindern an einer gehobenen wirtschaftlichen Leistungsfähigkeit der Eltern durch Ansatz eines Abzugspostens[199] für Transferzahlungen einen uneingeschränkten Vorrang vor staatlichen Finanzierungsinteressen einzuräumen.

Nach einer weiteren Ansicht muss sich die staatliche Gemeinschaft um der Gemeinwohlbedeutung der Art. 6 Abs. 2 GG niedergelegten Verfassungspflicht der Eltern zur Pflege und Erziehung ihrer Kinder willen an den Kosten dieser Pflichterfüllung beteiligen.[200] Dabei sei realitätsgerecht davon auszugehen, dass Eltern ihre in Haushaltsgemeinschaft lebenden Kinder voll an ihrem durch ihre Einkommenssituation bestimmten Lebensstandard teilhaben ließen, auch über die gesetzlich vorgesehenen Unterhaltspflichten hinaus. Dementsprechend sei es verfassungsrechtlich mindestens naheliegend, das System der Familienbesteuerung so auszugestalten, dass die Familie den ceteris paribus erreichbaren ökonomischen Lebensstandard von nicht familiär gebundenen Paaren zumindest näherungsweise halten kann.[201] Dies sei durch ein Familien-Divisorensplitting am besten gewährleistet, sofern die Bestimmung der Divisoren an diesem Ziel ausgerichtet würde.

Es trifft allerdings zu, dass sich aus der in Art. 6 Abs. 1 GG besonders hervorgehobenen Schutz- und Förderpflicht des Staates für die Familie in Verbindung mit den speziellen Vorgaben des Art. 6 Abs. 2 GG ein verfassungskräftiger Auftrag an den Gesetzgeber ableiten lässt, die Pflege- und Erziehungstätigkeit der Eltern durch geeignete wirtschaftliche Maßnahmen zu unterstützen.[202] Wie das BVerfG wiederholt plausibel dargelegt hat, kommt dem Staat bei der Verwirklichung dieses Verfassungsgebotes aber ein weites Gestaltungsermessen betreffend das Ausmaß und die Art und

---

198 S. *L. H. Haverkamp* (Fn. 11), S. 339 ff.
199 Nach – in sich schlüssiger – Ansicht von *L. H. Haverkamp* (Fn. 11), S. 341 u. 343, symbolisieren die Divisoren der Kinder einen Abzugsposten bei den erwerbenden Eltern; dies sei ein typisiertes Realsplitting.
200 S. *A. Leisner-Egensperger*, FR 2010, 865 (871).
201 S. *A. Leisner-Egensperger* in FS Kirchhof, 2013, § 175 Rz. 20 ff.; FR 2010, 865 (871 f.).
202 S. BVerfGE 55, 114 (126 f.); 130, 240 (252) m.w.N.; *M. Jestaedt*, BK GG, Art. 6 Abs. 2 und 3 Rz. 21; *P. Badura* in Maunz/Dürig, GG, Art. 6 Abs. 1 Rz. 75 u. 87, unter Inbezugnahme auch des Sozialstaatszieles; *G. Robbers* (Fn. 125), Art. 6 Rz. 93 f.; *L. H. Haverkamp* (Fn. 11), S. 191 ff.

Weise der Unterstützung zu, nicht zuletzt auch um deren finanzielle wie inhaltliche Kompatibilität mit sonstigen sozial- und gesellschaftspolitischen Anliegen sicherzustellen.[203] Darin liegt auch ein entscheidender Unterschied zu dem vom BVerfG aufgestellten Gebot der zusätzlichen Alimentierung von Beamten mit Familie zwecks näherungsweiser Wahrung ihres Lebensstandards,[204] das sich auf die Garantie der Beachtung hergebrachter Grundsätze des Berufsbeamtentums in Art. 33 Abs. 5 GG und mithin auf die Existenz eines besonderen staatlichen Treueverhältnisses zur anspruchsberechtigten Personengruppe stützen kann.[205] Ein steuerliches Familien-Divisorensplitting kann nach alledem auch mit Blick auf die Schutzpflicht des Art. 6 Abs. 1 GG nicht vom Gesetzgeber eingefordert werden.

Dessen ungeachtet wäre er aber auch nicht daran gehindert, sich für dieses Modell der Familienbesteuerung zu entscheiden,[206] für das sich auch die steuerrechtliche Abteilung des 66. Deutschen Juristentages mehrheitlich ausgesprochen hat,[207] anders als noch diejenige des 57. Deutschen Juristentages.[208] Wie bereits oben erwähnt wurde, obliegt es dem Gesetzgeber, bei der Ausgestaltung des Einkommensteuertarifs die schutzwürdigen privaten Interessen des erwerbstätigen Steuerpflichtigen einerseits und den Finanzbedarf der staatlich verfassten Gemeinschaft andererseits in einen gerechten Ausgleich und ein ausgewogenes Verhältnis zu bringen.[209] Zu den beachtlichen, grundrechtlich geschützten privaten Interessen des Steuerpflichtigen gehört im Lichte des Art. 6 Abs. 1 und 2 GG auch dessen typisches Bestreben, haushaltsangehörige Familienmitglieder an dem ihm selbst durch sein Erwerbseinkommen vermittelten, ggf. gehobenen Lebensstandard teilhaben zu lassen.[210] Der Gesetzgeber kann dem infolgedessen erhöhten Bedarf an

---

203 S. BVerfGE 87, 1 (36); 103, 242 (259); 107, 205 (213); 111, 160 (172); 130, 240 (252). S. auch *W. Lingemann* (Fn. 5), S. 202 f.; *G. Robbers* (Fn. 128), Art. 6 Rz. 100; *P. Badura* (Fn. 202), Art. 6 Abs. 1 Rz. 77 u. 87; *F. Brosius-Gersdorf* in Dreier, GG Bd. 1, 3. Aufl. 2013, Art. 6 Rz. 130.
204 S. BVerfGE 99, 300 (314 f.). Skeptisch zum verfassungsrechtlichen Gebot einer Steuerverschonung zwecks näherungsweiser Aufrechterhaltung des Lebensstandards von Kinderlosen selbst vor dem Hintergrund der noch konkreteren Vorgaben der WRV auch schon *A. Hensel* (Fn. 39), S. 157 f.
205 A.A. *J. Lang* (Fn. 4), S. 199 f.: Familiensteuergerechtigkeit sei an den gleichen Maßstäben zu messen.
206 So i.E. auch *M. Jachmann* (Fn. 8), § 31 Rz. A55; a.A. *U. Sacksofsky* in Seel (Hrsg.), Ehegattensplitting und Familienpolitik, 2008, S. 333 (348 f.); zurückhaltender auch *K. Vogel*, StuW 1999, 201 (225).
207 S. den Sitzungsbericht über die Verhandlungen der steuerrechtlichen Abteilung des 66. DJT, 2006, S. Q304.
208 S. den Sitzungsbericht über die Verhandlungen der steuerrechtlichen Abteilung des 57. DJT, 1988, S. N216. S. aber auch *P. Kirchhof* (Fn. 22), S. F71: vom weiten Gestaltungsspielraum des Gesetzgebers gedeckt.
209 So auch BVerfGE 115, 97 (114 f.).
210 S. *N. Rieger*, Ehe, Familie und die (Verfassungs-)Widrigkeiten des Einkommensteuerrechts, 1992, S. 299.

netto verfügbaren Mitteln nicht zuletzt auch unter dem – angesichts der demographischen Entwicklung vertretbaren[211] – Aspekt der Förderung auch von Mittelschichtsfamilien durch eine hierauf zugeschnittene Ermäßigung der tarifären Belastung Rechnung tragen.[212] Er darf bei der Entscheidung hierüber aber auch die Verteilungs- und Anreizwirkungen im Vergleich zum verfassungsrechtlich gebotenen Minimum leistungsfähigkeitsgerechter Familienbesteuerung sowie außersteuerliche Alternativen der Familienförderung berücksichtigen.

V. Zusammenfassung

Das subjektive Nettoprinzip bezieht seinen rechtsethischen, verfassungskräftigen Gehalt im Kern aus dem sozialstaatlich fundierten und eigentumsrechtlich reflektierten Prinzip der Besteuerung gemäß der individuellen Befähigung zur solidarischen Lastentragung im staatlich verfassten Gemeinwesen, wie es im Leistungsfähigkeitsprinzip seinen Ausdruck findet. Da nach verfassungsrechtlicher Wertung das Recht auf Befriedigung des Eigenbedarfs bzw. die Verantwortung für die Abdeckung des familiären Bedarfs hinsichtlich der auf die Existenzsicherung verwendeten Einkommensbestandteile der Gemeinwohlverantwortung uneingeschränkt vorgeht, unterliegt das dafür verwendete Einkommen in diesem Kernbereich privatnütziger Erwerbsbetätigung ausnahmsweise keiner Sozialbindung i.S.d. Art. 14 Abs. 2 GG. Folglich muss es durch einen Abzug von der Bemessungsgrundlage aus der darin abgebildeten Maßgröße der Befähigung zur solidarischen Lastentragung ausgeschieden werden. Jenseits der Abdeckung und Absicherung eines existenziellen Bedarfs ist indes Zurückhaltung hinsichtlich der Zuordnung weitergehender Aufwendungskategorien zum subjektiven Nettoprinzip angezeigt. Insbesondere der bloße Umstand, dass Aufwendungen nach verfassungsrechtlicher oder gar nur einfachgesetzlicher Wertung indisponibel sind, genügt hierfür nicht.

Legt man diese Maßstäbe an das geltende Einkommensteuerrecht an, so erweist sich dieses unbeschadet einiger in den letzten zwanzig Jahren erzielter – ganz überwiegend vom BVerfG erzwungener – Fortschritte unverändert als in Teilen reformbedürftig. Verfassungsrechtlich zu beanstandende Abweichungen vom subjektiven Nettoprinzip sind insbesondere im Recht der Sonderausgaben und außergewöhnlichen Belastungen einschließlich der damit zusammenhängenden Privatbezüge, ferner auf dem Gebiet der Familienbesteuerung vornehmlich bei der steuerlichen Berücksichtigung des Betreuungsaufwands für Kinder zu verzeichnen. Im Übrigen hat der Ge-

---
211 S. dazu oben bei Fn. 179.
212 Ein Familien-Divisorensplitting für zulässig erachtet hat auch BVerfGE 61, 319 (355). Kritisch hingegen *K. Vogel*, StuW 1999, 201 (225).

setzgeber zwar bei der Berücksichtigung familiärer Bindungen des Steuerpflichtigen nach hier in Übereinstimmung mit dem BVerfG vertretener Ansicht im Ausgangspunkt ein weitergehendes Gestaltungsermessen, als ihm dies das überwiegende steuerrechtswissenschaftliche Schrifttum zugestehen will. Bei der Wahrnehmung dieses Ermessens sind aber verfassungsrechtliche Vorgaben und namentlich der allgemeine Gleichheitssatz und das ihm zu entnehmende Folgerichtigkeitsgebot zu beachten. Das geltende, wertungswidersprüchliche Konglomerat unterschiedlicher Abzugsfähigkeit von Unterhaltsaufwendungen genügt diesen Anforderungen nicht. Insofern besteht auch auf diesem Feld steuerpolitischer Handlungsbedarf; besonders naheliegend erscheint insofern ein Übergang zu einem allgemeinen, typisierenden Familien-Realsplitting.

Diskussion

zu den Referaten von Prof. Dr. *Marc Desens*,
Prof. Dr. *Claus Staringer* und Prof. Dr. *Joachim Englisch*

Leitung:
Prof. Dr. *Claus Lambrecht*, LL.M.

Prof. Dr. *Heike Jochum*, Osnabrück

Lieber Herr Kollege *Staringer*, meine Bemerkung bezieht sich auf Ihren Vortrag. Ich teile Ihre Bedenken gegen das Verbot des Werbungskostenabzugs, und ich glaube, man kann in der Tat Zweifel daran haben, dass dann, wenn der Sondersteuersatz von 25 % gar keine Anwendung findet, wir also eine Regelbesteuerung zu einem niedrigeren individuellen Tarif haben, dieses Verbot am Platze ist. Die typische Unterstellung, es würden dann gar keine höheren Kosten anfallen, scheint mir durchaus fragwürdig. Aber selbst dann, und das ist jetzt eigentlich meine Frage und Anmerkung, selbst dann, wenn dieser Steuersatz von 25 % Anwendung findet, habe ich große Bedenken gegenüber dem Verbot des Werbungskostenabzugs, denn schließlich führt der Gesetzgeber diesen ach so schönen Steuersatz von 25 % doch schon an, um die Einschränkung der Verlustverrechnung zu rechtfertigen; und dann führt er ihn noch einmal an, um zu rechtfertigen, dass das Teileinkünfteverfahren in diesem Bereich keine Anwendung findet, also keine Entlastung für die körperschaftsteuerliche Vorbelastung stattfindet. Das alles zusammen scheint mir doch das Argument dieses schönen Steuersatzes von 25 % etwas überzustrapazieren, und vor allem weiß ich nicht, ob der Gesetzgeber weiß, ob diese Rechnung unterm Strich auch wirklich aufgeht. Empirische Nachweise oder wirkliche Berechnungen finden sich jedenfalls in den deutschen Gesetzesmaterialien dazu nicht. Es würde mich interessieren, ob es auch in Österreich diese Überlegung gibt, dass ein solches Zusammenballen von verschiedenen Aspekten am Ende vielleicht dazu führt, dass diese Argumentation verfassungsrechtlich nicht haltbar ist.

Prof. Dr. *Claus Staringer*, Wien

Vielen Dank, erwarten Sie nicht zu viel davon. Es gibt, und so habe ich einen Teil Ihrer Frage verstanden, auch in der österreichischen Rechtsgeschichte keinen besseren Nachweis dafür, ob dieser 25 %-Satz mit Kostenabzugsverbot tatsächlich rechtssicher ist. Ich glaube, aus deutscher und aus österreichischer Sicht geht's im Grunde um genau die gleiche Frage, ob diese Balance zwischen diesen beiden, wenn man so will Waagschalen, tatsächlich hergestellt ist oder nicht. Es gibt eine ganze Reihe von möglichen Verwerfungen dabei. Die eine Verwerfung ist: Leben wir tatsächlich alle im

Spitzensteuersatz? Da kann ich sagen: In Österreich ist der allgemeine Tarif so ausgestaltet, dass wir eine auffällig niedrige Eintrittsgrenze in den Spitzensteuertarif haben. Also vereinfacht gesagt, glaube ich, gibt es in Österreich sehr viele Steuerpflichtige, bei denen 25 % tatsächlich in die Nähe einer hälftigen Besteuerung kommt. Das dürfte die Logik hinter dem Satz sein. In der Tat ist es so, dass es denkbar ist, dass hier mehrere Umstände in ihrer Gesamtwirkung zusammenkommen, die dieses Rechtfertigungsgebäude des Gesetzgebers in den Zweifel stellen. Das ist ohne weiteres denkbar. Nach der österreichischen verfassungsrechtlichen Doktrin wäre das eine Typisierung, die so lange zulässig ist, solange sie nicht der Lebenserfahrung widerspricht. Es wäre durchaus interessant festzustellen, wo denn hier die Lebenserfahrung tatsächlich liegt. Ich glaube, da gibt es insbesondere bei den neueren Schedulensteuern in Österreich, die ja noch im jugendlichen Alter sind, die zum Teil erst in diesem Jahr zu greifen begonnen haben, noch kaum echte Erfahrungen. Ich glaube, in bestimmten Bereichen ist aber klar erkennbar, dass hier diese Typisierung einfach nicht dem Regelfall entspricht. Z.B. die Annahme des Gesetzes, die ausdrücklich in der Gesetzesbegründung steht als Erklärung für die Verlustverrechnungsbeschränkungen bei Immobilienveräußerungen, dass in Immobilienvermögen ja ohnedies nur Wertsteigerungen stattfinden können. Und dass es so etwas wie Wertverluste dort gar nicht gibt, das kann natürlich nicht stimmen. Wir sind derzeit in einer Phase, wo wir das alle glauben, aber das stimmt natürlich nicht. Und umgekehrt, beim Kapitalvermögen, haben wir jetzt über die letzten 15 Jahre schon eine Entwicklung hinter uns, die uns beides zeigt, dass es sowohl Phasen steigender wie auch sinkender Kurse gibt. Also diese Typisierung ist in der Tat sehr stark vergröbernd. Und ich glaube, das ist in der österreichischen Situation nicht anders.

Prof. Dr. *Monika Jachmann*, München

Erlauben Sie mir einen bestätigenden Satz zu Herrn *Englisch* und eine Frage an Herrn *Desens*. Ich meine, Herr *Englisch* hat uns mit dem Grundkonzept der solidarischen Lastentragung ein Konzept vorgestellt, in dem wir unsere Einkommensbesteuerung für die Familie nur noch zu entwickeln brauchen. Nehmen wir zur Kenntnis, dass die Familie eine Verbrauchsgemeinschaft ist, dann gilt es dies nur noch auszuarbeiten. An Herrn *Desens* habe ich eine Frage: Sie haben damit begonnen, dass die Reform von Wertvorstellungen lebt und dass sich die Reform deswegen an gemeinsame Wertvorstellungen in der politischen Gemeinschaft anschließen muss. Nun sind in unserem Verfassungsstaat Wertvorstellungen, wenn auch nur sehr grundsätzlich, im Grundgesetz kodifiziert vorgegeben. Müssen wir, wenn wir die Besteuerung von Einkommen als Grundrechtseingriff begreifen – wir haben es ja doch mit einem intensiven Grundrechtseingriff zu tun – nicht dahin kommen, dass sich auch der Einkommensbegriff aus dieser

Qualität des Grundrechtseingriffs ergibt und hätte das ggf. auch Folgen für die Antwort auf die Frage, inwieweit wir Einkunftsarten brauchen?

Prof. Dr. *Joachim Englisch*, Münster

Ich habe die Ausführungen von Frau Kollegin *Jachmann* nicht als Frage, sondern als Zuspruch verstanden. Mir ist bewusst, dass Frau Kollegin *Jachmann* einen ähnlichen Ansatz vertritt, den ich durchaus auch sehr überzeugend fand. Ich glaube, insoweit haben wir da sehr weitgehend übereinstimmende Vorstellungen, jedenfalls hinsichtlich der Grundlagen unserer Einkommensteuer.

Prof. Dr. *Marc Desens*, Leipzig

Es ist die Frage nach Wertvorstellungen und Verfassungsrecht. Wenn wir die Frage stellen, nach einer Steuerreform (und das haben wir heute Morgen gehört) gilt, ich habe das genannt, das *Perleman*sche Prinzip der Trägheit. Wer etwas ändern will, der hat die Argumentationslast. D.h. der Reformer müsste jetzt eigentlich in diesem Reformprozess darlegen, dass das geltende Recht, wie wir es haben, verfassungswidrig ist. Man wird diesem Reformer relativ schnell sagen können, ja dann zeig' mir das, was hat denn das Bundesverfassungsgericht dazu gesagt? Der Dualismus der Einkunftsarten ist etwa nach dem Bundesverfassungsgericht mehrmals gebilligt worden. Das ist also eine ganz schwierige Frage, wie man damit umgeht. Ich meine, dass verfassungsrechtliche Argumente, die wir auch juristisch bringen, einfach Argumentationsmöglichkeiten sind, die das aber auch verschärfen können. Die dürfen wir in der Reformdiskussion auch hinterfragen. Wir können die Markteinkommenstheorie sicherlich auch verfassungsrechtlich begründen, aus Art. 14 GG herleiten, aber in der Reformdiskussion müssen wir dann auch mit diesen Argumenten überzeugen. Solange das Bundesverfassungsgericht nicht sagt: Tatsächlich, das stimmt mit der Markteinkommenstheorie, ist das ein normales Argument. Das können wir gerne nutzen. Also bei der Markteinkommenstheorie ist es so nach der Rentenentscheidung des Bundesverfassungsgerichts. Da ging es eben ja auch um diesen Bundeszuschuss. Da steht klipp und klar drin: Dass man Transfereinkommen besteuert, das verstößt nicht gegen das Grundgesetz. Also ich wollte gerade diese Ebene davon trennen, diese verfassungsrechtliche Ebene. Der äußere Rahmen gibt das vor, aber in der Diskussion ist das ein Argument, vielleicht ein gewichtiges Argument, aber nicht das zwingende.

Prof. Dr. *Johanna Hey*, Köln

Ich habe eine Frage an Herrn *Desens*, aber auch an Herrn *Staringer*. Herr *Desens*, Sie haben uns ja noch einmal sehr plastisch die Differenzen zwischen den verschiedenen Einkommensbegriffen vorgeführt, und man sieht eigentlich auch in allen Reformentwürfen ja doch, dass das aufscheint, d.h. sie folgen ja doch immer dem ein oder anderen Konzept. Der Vorschlag der dualen Einkommensteuer vom Sachverständigenrat vom ZEW und MPI hat ja im Grunde genommen auch hier so eine sehr konsequente Position, d.h. also wir wollen wirklich alle kapitalbasierten Einkünfte gleich behandeln. Meine Frage an Sie wäre jetzt: Sie haben ja, dem würde ich zustimmen, dem Gesetzgeber Gestaltungsfreiheit eingeräumt. Ich wende mich eher entweder einem kapitalorientierten – ich sehe das nicht despektierlich – einem kapitalorientieren Einkommensbegriff oder einem konsumorientierten zu. Meine Frage ist dann: Wo endet man? Bedeutet das, dass man sich auch was rauspicken kann, und das geht dann auch so ein bisschen in Richtung von Herrn *Staringer*, wir sehen ja, dass die Immobilien eigentlich hier ganz herausgenommen sind aus dieser Überlegung einer begünstigten Besteuerung von Kapitaleinkommen. Ich weiß nicht, Herr *Staringer*, inwieweit Ihre neueste Reform da auch einen solchen konzeptionellen Ansatz hat, dass man gesagt hat, wir müssen die Immobilie da mit hinein nehmen aus konzeptionellen Gründen.

Prof. Dr. *Marc Desens*, Leipzig

Dann fange ich an. Das ist genau der spannende Punkt, auch bei der dualen Einkommensteuer. Ich habe ja die Position vertreten, dass bei der dualen Einkommensteuer konzeptionell der Kapitaleinsatz ermäßigt besteuert wird. Und es gibt zwei Möglichkeiten, wie wir jetzt grundsätzlich damit umgehen können. Wenn wir wirklich von einer Konsumorientierung ausgehen, und das war auch mein Gedanke, dann gehen wir von einer anderen Leistungsfähigkeit aus und dann würden wir im nächsten Schritt also sagen, das entspricht vielleicht sogar mit dem Leistungsfähigkeitsprinzip. Aber ganz am Schluss bei dieser dualen Einkommensteuer haben wir ziemlich stark typisiert. Also bei der reinen Cashflowbesteuerung würde ich sagen, ist das Leistungsfähigkeitsprinzip noch umgesetzt. Also ich habe die Position klar vertreten, es befreit davon nicht, wenn wir es typisierend umsetzen. Ich sehe ein grundsätzliches Problem an diesen Teilelementen. Nehmen wir mal wieder das Beispiel mit diesem Arbeitsleid. Wir sagen ganz klar, das geht nicht, wir können das nicht bemessen. Aber, wenn ein Zuschlag gegeben wird für Sonn-, Feiertags- oder Nachtarbeit – natürlich nur für Arbeitnehmer –, ist das eigentlich ein Ausnahmefall, bei dem man sagen kann, da wird das sogar quantifiziert. Jetzt wäre es gut, wenn dies trotzdem nicht berücksichtigt würde. Denn es kehrt sich ja in der Wirklichkeit um: Dieser Zuschlag wird ja quasi fast wegen der Steuerfreiheit gewährt. Aber da sind wir auch konsequent. Nein, dann bleiben wir bei dem anderen Rechtfertigungsgedanken, also Arbeitsleid usw. berücksichtigen wir gar nicht bei der Konkretisierung des Leistungsfähigkeitsprinzips, und so müssten wir das m.E. bei der Unternehmensbesteuerung auch machen. Wir können das rechtfertigen, duale Einkommensteuer, aber die Argumente habe ich genannt oder wir müssen uns überlegen, ob wir das dann rechtfertigen wollen mit Gründen wie die Mobilität des Kapitalstandorts Deutschland, internationale Steuerwettbewerbe. Das sind ja auch scharfe Schwerte, aber die müssen eben dann gegen das Leistungsfähigkeitsprinzip abgewogen werden.

Prof. Dr. *Claus Staringer*, Wien

Ich glaube, Sie haben einen ganz wichtigen Punkt getroffen. Wohin wird das eigentlich führen? Vielleicht ein kurzer Abriss über die jüngere Rechtsentwicklung in Österreich: Vor einigen Jahren, als es darum ging, die Aktienkursgewinne in eine solche Schedule aufzunehmen, das war nur ein ganz kleiner Schritt, den in etwa die deutsche Abgeltungssteuer ja von Anfang an auch so gemacht hatte. Und da stand sehr stark die Gleichbehandlung von Früchten und Stamm auf der Kapitalanlage im Vordergrund. Die Brücke zu schlagen zu Immobilienveräußerungsgewinnen, ist ungleich schwierig geworden. Es ist für viele verblüffend, dass der Gesetzgeber dieses Modell der Veräußerungsgewinnbesteuerung beim Kapitalvermögen regelrecht abkopiert hat. Es sind Textpassagen übernommen und bei der Immobilienveräußerung verwendet worden, weil er das als Erfolgsmodell sozusagen verstanden hat. Es ist ein oft gesagtes Wort: Es ist ein Prototyp, der in Serie geht, bevor er noch getestet worden ist. Das hat eine Reihe von Folgen. Die erste Folge ist, ich habe es im Vortrag versucht herauszuarbeiten, dass durch dieses Nebeneinanderliegen von zwei Systemen Abweichungen, Unterschiede sehr deutlich herausspringen, die wechselseitig die Rechtfertigung dieser Systeme untergraben. Warum hier, warum nicht dort? Ich müsste dafür zumindest einen plausiblen Grund finden, warum hier Abzugsverbote für Kosten bestehen und dort nicht. Hier Verlustausgleichsausschlüsse und dort nicht. Das ist der eine Effekt. Der zweite Effekt, dass damit die Grundsatzdebatte zu kurz gekommen ist, ob es tatsächlich so ist, dass hier aus dem Kapitalvermögen und aus der Immobilie exakt gleiche Leistungsfähigkeiten erwachsen, die in der gleichen Art und Weise dann besteuert werden können, oder ob es hier nicht Unterschiede gibt. Das Gesetz hat sich mit dieser Frage punktuell beschäftigt. Es ist z.B. bei Immobilien so, dass es unter Berücksichtigung von langer Haltedauer Inflationsabschläge gibt. Also der Satz ist nicht einheitlich 25 %, sondern kann über einen langen Zeitraum gekürzt werden. Also das ist ein deutliches Indiz dafür, dass nicht alles über einen Kamm geschoren werden kann und soll. Aber vom grundsätzlichen Zutritt her hat man hier ein Modell eigentlich sehr schnell für eine ganz andere Einkunftsquelle übernommen. Und was z.B. ein Effekt davon ist, ist, dass es diese Gleichbehandlung von Früchten und Stamm, die die Besteuerung des Kapitalvermögens regelrecht trägt, beim Immobilienvermögen heute nicht mehr gibt, weil die Vermietungseinkünfte dem allgemeinen Tarif unterliegen und die Veräußerungsgewinne dem Sondertarif. Vielleicht noch ein letzter Punkt zur Frage, wie weit kann diese Schedularisierung sinnvollerweise gehen. Es ist auch ein Kennzeichen des österreichischen Rechts, dass diese Schedulenerfassung sowohl im Privatwie auch im Betriebsvermögen gilt. Also etwa die Grundstücksveräußerung auch im Betriebsvermögen ist diesem Sondersteuersatz unterworfen, ebenso wie die Kapitalvermögensveräußerung im Betriebsvermögen. Das führt dazu, dass der Gesetzgeber an einigen Stellen dann erkannt hat, dass die Folgen im Betriebsvermögen dann noch strenger oder noch weiter gehen können, gerade bei der Verlustverwertung. Wo der betrieblich erzielte Verluste die Teilwertabschreibung auf die Beteiligung, auf das Betriebsgrundstück z.B. plötzlich nicht mehr verlustwirksam werden kann, und hat aus genau diesen Gründen beim Betriebsvermögen dann Verlustverwertungsmöglichkeiten geschaffen. Auch das zeigt, dass es schwer ist, hier alles über eine Kamm zu scheren, aber weil das Gesetz den grundsätzlichen Anspruch hat, hier für eine Gleichheit dieser Fälle des Betriebs- oder Privatvermögens zu sorgen, springen auch hier wieder die Unterschiede besonders stark hervor. Daher glaube ich, insgesamt ist die Frage nicht nur oder gar nicht so sehr, ob Schedule oder nicht. Grundsatzfragen sind immer schwierig, aber wenn man das einmal macht, sich in einem solchen System tatsächlich folgerichtig zu bewegen, ist das nicht einfach.

Dr. *Christoph Moes*, Augsburg

Ich habe eine Frage an den Herrn *Englisch*. Herr *Englisch*, Sie hatten ausführlich die Haltung der Steuerrechtswissenschaft und des Bundesverfassungsgerichts zum subjektiven Nettoprinzip erläutert, wonach existenzrelevante Aufwendungen zwingend in der Bemessungsgrundlage zu berücksichtigen sind. Dazu ein kleiner Einwand: In der Entscheidung von 2008, die Sie auch ausführlich zitiert haben, zu den Kranken- und Pflegeversicherungsbeiträgen, ist dieser Punkt in einem kleinen Satz vom Bundesverfassungsgericht ausdrücklich offen gehalten worden. Meine Frage hierzu: Die Verortung existenzsichernder Aufwendungen zwingend in der Bemessungsgrundlage von Verfassungs wegen wird von der ganz überwiegenden Literatur in der Ökonomie nicht so gesehen bzw. als allenfalls ein steuertechnisches Gestaltungsmodell betrachtet. Wir haben außerdem eine politische Landschaft, in der ungefähr die Hälfte der Parteien sehr stark und nachhaltig artikuliert, dass sie diesen Zwang zur Berücksichtigung in der Bemessungsgrundlage nicht nachvollziehen kann wegen der damit verbundenen progressiven Entlastungseffekte höherer Einkommen. Es steht gerade demnächst ein potenzieller Bundeskanzler zur Wahl, der sich in Bezug auf die Kinderfreibeträge schriftlich dahingehend eingelassen hat, dass er diese Verfassungsrechtsprechung für so unnachvollziehbar hält, dass man es in Karlsruhe noch einmal versuchen sollte. Glauben Sie nicht, dass das sehr starke Indizien dafür sind, dass die Steuerrechtswissenschaft es mit der Verfassungsverrechtlichung des subjektiven Nettoprinzips etwas zu weit getrieben hat und sie mit einer solchen steuerpolitisch rigiden und ökonomisch kaum begründbaren Herangehensweise ihre Einflussmöglichkeiten auf die Steuerpolitik eher schwächt als stärkt?

Prof. Dr. *Joachim Englisch*, Münster

Ich bin in der Tat der Ansicht, und ich glaube, das ist in meinem Vortrag auch angeklungen, dass sich die Steuerrechtswissenschaft bei einigen Konkretisierungen des subjektiven Nettoprinzips teilweise etwas weit vorgewagt hat. Dementsprechend war es mir auch in meinem Vortrag ein besonderes Anliegen, das subjektive Nettoprinzip auf einen gewissen Kernbereich zurückzuführen und deutlich zu machen, welche Anliegen m.E. nicht mehr vom subjektiven Nettoprinzip erfasst sind. Um es etwas konkreter zu sagen – und ich meine, in dem Punkt stimmen wir jedenfalls überein – die tradierte Lehre vom indisponiblen Einkommen ist in ihrer weiten, in der Steuerrechtswissenschaft nicht unpopulären Fassung m.E. überschießend, sprich: Nicht alles was indisponibel ist kann auch dem subjektiven Nettoprinzip unterfallen. Ihre Frage zielt allerdings vielleicht etwas weitergehend darauf ab, ob man das subjektive Nettoprinzip nicht insgesamt preisgeben soll. Das vertreten Sie ja auch in Ihrer, so finde ich, sehr erfrischenden Dissertation, die ich wirklich sehr anregend und bereichernd fand. Ich habe das durchaus auch überlegt, meine aber gut begründen zu können, dass wir als verfassungsrechtlich gebundene Steuerjuristen diesen Schritt nicht gehen sollten und dürfen. Dies deshalb nicht, weil ich glaube, dass wir Steuern im Sozialstaat eben als eine Maßnahme des solidarischen Ausgleichs verstehen müssen, also nicht nur beim reinen Einkommensteuerobjekt ansetzen können. Wir müssen auch sehen, wozu wird dieses Erwirtschaftete verwendet, und soweit es für existenziell Notwendiges verwendet wird, müssen wir es aus der Bemessungsgrundlage herausnehmen aus gewissen verfassungsrechtlichen Wertungen heraus, die ich ja dargelegt habe. Die sind für den Ökonomen im Ausgangspunkt natürlich bei seinen ökonomischen Theorien nicht bindend. Deswegen mag der Ökonom zu anderen Auffassungen gelangen, wobei mein Eindruck war, ohne dass ich jetzt in Anspruch nehmen könnte, alles relevante Schrifttum gelesen zu haben – dies sicherlich nicht – aber mein Eindruck war doch, dass es gar nicht so viele sind, die sich überhaupt mit dieser Frage befassen. Und im englischsprachigen finanzwissenschaftlichen Schrifttum etwa soweit ich das in Gestalt einiger weniger Beiträge auswerten konnte, hält es sich durchaus die Waage wie ability to pay sich auswirken muss und ob es nicht gerade Kennzeichen einer ability to pay-Besteuerung ist – die durchaus auch unter Ökonomen, wie Herr *Fuest* es gesagt hat, mehrheitsfähig ist – dass es diese Abzüge von der Bemessungsgrundlage gibt. Also ich glaube, wir sind da gar nicht so weit vom ökonomischen mainstream entfernt, und wir sollten das gegenüber der Politik selbstbewusst einfordern. Aber das ist sicherlich richtig, dass nicht alles, was wir für steuerpolitisch richtig oder wünschenswert halten, tatsächlich auch immer gleich verfassungsrechtlich eingefordert werden kann. Insofern gebe ich Ihnen teilweise Recht.

Prof. Dr. *Anna Leisner-Egensperger*, Jena

Ich hätte eine Frage an Sie, lieber Herr *Englisch*, und zwar zu dem Begriff des indisponiblen Einkommens. Ich bin Ihnen sehr dankbar dafür, dass Sie diesen Begriff, der ja zunehmend schlagwortartig verwendet wird, zurückgeführt haben auf die Verfassung. D.h. Einkommen ist indisponibel, wenn es in Ausübung grundrechtlicher Freiheiten erzielt wurde, und mir leuchtet auch Ihr Beispiel zu Art. 4 GG in vollem Umfang ein. Jetzt frage ich mich aber, wie soll diese Begrenzung, die Sie durchgeführt haben, bei Art. 4 GG vonstattengehen im Rahmen des Art. 6 GG? Denn nach Art. 6 Abs. 2 GG ist ja die Erziehung von Kindern das natürliche Recht der Eltern, und dieses natürliche Recht ist nicht eingeschränkt, wie etwa im Rahmen der Eigentumsfreiheit durch die Sozialpflichtigkeit des Eigentums. Das natürliche Recht besteht unbegrenzt und es ist auch eine vernünftige Entscheidung der Väter des Grundgesetzes, dieses als unbegrenzt vorzusehen, weil es eben ein höchstpersönlich auszuübendes Recht ist. Jetzt stellt sich aber die Frage, wenn beispielsweise Eltern ihre Kinder in einen der ganz teuren Kindergärten schicken mit Gebühren von 1500 Euro monatlich, Little Giants oder ähnliches, wie soll hier de lege ferenda eine Begrenzung erfolgen? Frau Kollegin *Jachmann* hatte in einem neueren Aufsatz vorgeschlagen, hier den Rechtsgedanken des § 4 Abs. 5 Nr. 7 EStG zu bemühen, was mir im Grundsatz einleuchtet, aber natürlich ist es ein Gedanke, der sich nicht in der Verfassung unmittelbar verorten lässt. Daher meine Frage: Wie soll hier auf verfassungsrechtlicher Ebene de lege ferenda eine Begrenzung erfolgen?

Prof. Dr. *Joachim Englisch*, Münster

Vielen Dank Frau *Leisner-Egensperger*. Das kommt natürlich darauf an, welche Wertung Sie Art. 6 GG entnehmen. Das ist die Ausgangsfrage. Wenn Sie der Auffassung sind, Art. 6 GG lässt sich gerade vor dem Hintergrund der demografischen Entwicklung, die wir gegenwärtig beobachten, die Wertung entnehmen, dass Kinder im Wesentlichen auch an einem gehobenen Lebensstandard der Eltern, jedenfalls in angemessenem Umfang partizipieren müssten, und dass dies insbesondere auch steuerlich zu gewährleisten sei, wenn Sie also diese Wertung dem Art. 6 entnehmen, dann kommen Sie zu anderen Ergebnissen, als ich gekommen bin. Wenn Sie diese Wertung dem Art. 6 GG so nicht entnehmen oder ihr jedenfalls nicht die Wirkung beimessen, dass dies zur Folge haben müsste, dass darauf verwendetes Einkommen zunächst einmal vollumfänglich vom Steuerzugriff beim Unterhaltsverpflichteten abzuschirmen wäre, dann sind Sie letztlich verfassungsrechtlich zurückgenommen auf ein Gebot der Verschonung des existenziellen Bedarfs. Denn weitergehende, unmittelbar aus den Verfassungsvorgaben abzuleitende Kriterien gibt es, wie Sie zu Recht bemerken, dann im Grunde nicht. D.h., alles, was jenseits des existenziellen Bedarfs zum Abzug zugelassen würde, wäre unter Umständen eine durchaus vernünftige, zu rechtfertigende Maßnahme der

objektives/subjektives Nettoprinzip

Steuerpolitik, bzw. der Familienförderung im Wege steuerrechtlicher Regelungen. Und über deren Sinnhaftigkeit ließe sich dann eben trefflich streiten und in diesen Streit sollten wir in der Tat vor allem auch die Ökonomen und ihre Erkenntnisse mit einbeziehen. Um dann letztlich in einer Gesamtwertung, die natürlich letzten Endes dem Gesetzgeber zusteht, zu einer Lösung zu kommen, die allen relevanten Gesichtspunkten (also verteilungspolitischen ebenso wie Familienförderungsgesichtspunkten, Arbeitsanreize für Ehefrauen etc.) möglichst optimal Rechnung trägt oder eben den jeweiligen politischen Präferenzen möglichst optimal Rechnung trägt. Die entscheidende Frage ist: Was wollen wir von Verfassungs wegen dem Gesetzgeber schon zwingend vorgeben? Da plädiere ich für einen etwas zurückhaltenderen Ansatz. Wenn man aber, wie gesagt, dem Art. 6 GG weitergehende Wertungen entnimmt, wird man dem Gesetzgeber auch weitergehende Vorgaben machen, die dann durchaus an einer von ihm zu konkretisierenden Angemessenheitsgröße festmachen könnten.

Prof. Dr. *Michael Schmitt*, Stuttgart

Ich leite die Steuerabteilung des Ministeriums für Finanzen und Wirtschaft des Landes Baden-Württemberg, und ich möchte mich so zu erkennen geben als ein Anhänger der Abgeltungsteuer, und es ist immer noch so, es hat sich nicht geändert, obwohl wir viele Schwierigkeiten in der Praxis mit dieser Abgeltungsteuer haben. Das liegt aber nicht daran, dass die Abgeltungsteuer möglicherweise das objektive Nettoprinzip, ich möchte mal sagen, berührt, möchte nicht sagen verletzt, sondern im Gegenteil: Es liegt daran, dass das Effizienzprinzip hier nicht konsequent genug durchgehalten wird. Die Abgeltungsteuer ist durch vielfache Ausnahmen zur Berücksichtigung der individuellen Situation des Kapitalanlegers durchbrochen. Das müssen zum einen die Banken lösen und zum anderen die Finanzämter und daher kommt der Ärger. Denn, erinnern wir uns doch an das, was heute Morgen Herr Prof. *Fuest* gesagt hat: Es gibt verschiedene Prinzipien. Das objektive Nettoprinzip ist ja ein sehr stark steuerjuristisch und verfassungsrechtliches Prinzip. Es gibt aber auch eher ökonomisch fundierte Prinzipien wie eben das Effizienzprinzip. Überlegen wir uns doch mal den Idealfall einer Abgeltungsteuer. Die Bank erledigt alles zusammen mit dem Finanzamt. Der Steuerbürger ist nicht bemüht und nicht berührt. Natürlich geht das nur, wenn Sie hier eine Art Bruttobesteuerung mit einem niedrigen Satz durchführen. Das hat der Gesetzgeber hier weitgehend gemacht. Was ist die Konsequenz? Er wird gezielt der Verletzung des objektiven Nettoprinzips. So geht es immer hin und her. Denken Sie mal, was passieren würde, wenn wir das Bundessteuergesetzbuch von Herrn Prof. *Kirchhof* verwirklichen würden. Das Prinzip ist so ähnlich. Weitgehendes Zurückdrängen von Aufwandsberücksichtigung, breite Bemessungsgrundlage, Satz von 25 %. Da würde in manchen Fällen – und wir haben darüber ja auch oft diskutiert, wo da die Grenzen sein mögen – das Nettoprinzip berührt. Was ist der positive Nutzen? Der positive Nutzen ist eine größere Einfachheit, eine größere Effizienz, weniger Quälerei, denn jeder Aufwandsabzug bedeutet Belastung in der Administration. Ich spreche ja jetzt nicht nur vom Finanzamt, ich spreche auch vom Steuerbürger, von dessen Berater, von den Gerichten. Das bitte ich einfach auch einmal zu bedenken. Die Mühen der Ebenen, die Mühen der Praxis müssen vielleicht auch gleichgewichtig in der Diskussion erscheinen neben der individuellen Gerechtigkeit des Steuerbürgers und weil der Herr *Staringer* ja gesagt hat zum Schluss, er könnte es vielleicht doch noch gerade ertragen mit der Abgeltungsteuer. Sie haben das natürlich sehr viel feiner formuliert. Ich möchte ich ihn doch bitten, vielleicht auch noch mal unter Berücksichtigung dieser Aspekte zu dem Thema Stellung zu nehmen.

Prof. Dr. *Claus Staringer*, Wien

Ich glaube, das habe ich in dem Vortrag in der Tat schon gesagt. Also, die Vereinfachung, Effizienzprinzip, Sicherheit, Durchgängigkeit, Flächendeckung bei der Erhebung ist natürlich das allerstärkste Argument wahrscheinlich für eine Abgeltungsteuer, die dann natürlich auf Bruttobasis im Abzugswege erfolgen muss. Ich glaube, das ist auch ganz unbestritten. Die Frage ist halt nur: Was ist dann, wenn ich jetzt zum Regeltarif mich veranlage und vor allem, und da bin ich schon am Ende, das stimmt bei anderen Arten von Einkünften nicht. Bei den Grundstücken und deren Veräußerungen hat es noch nie ein Erhebungsdefizit gegeben, das durch Steuerabzug geschlossen werden müsste. Also ich glaube, das stimmt bei der großen Gruppe der Kapitalvermögenseinkünfte natürlich, aber man muss vorsichtig sein, den Gedanken zu verallgemeinern.

Prof. Dr. *Hanno Kube*, Mainz

Ich fasse mich ganz kurz, möchte aber in der Kürze der Zeit eine grundsätzliche Frage nach dem Verhältnis des subjektiven Nettoprinzips zu den Grundrechten stellen. *Joachim*, Du hattest Dich in dem sehr schönen klaren Vortrag dafür stark gemacht, das subjektive Nettoprinzip auf das Bedürfnisprinzip zu konzentrieren, Unterhaltsleistungen insofern noch gedanklich einzubeziehen, dies fundiert auf Art. 1 Abs. 1 in Verbindung mit Art. 20 Abs. 1 und auch Art. 6 Abs. 1 GG. Ich möchte aber doch fragen, ob und inwieweit unser Einkommensteuerrecht unter dem begrifflichen Schirm des subjektiven Leistungsfähigkeitsprinzips offen dafür ist, über die Berücksichtigung des sozialstaatlich Zwingenden hinauszugehen, also offen ist für weitergreifende grundrechtliche Wertungen und für die gesetzgeberische Umsetzung grundrechtlicher Wertungen in anderen Bereichen? Das Beispiel, das Du genannt hattest zu den Abgaben, die der Gläubiger an seine Religionsgemeinschaft abführt, spricht meines Erachtens eher dafür, über eine Öffnung des Leistungsfähigkeitsgedankens für weitergehende Grundrechtswertungen nachzudenken.

Prof. Dr. *Joachim Englisch*, Münster

Danke *Hanno*. Ich bin auch der Auffassung, dass das subjektive Nettoprinzip durchaus eine freiheitsrechtliche Wurzel hat, die zum einen im Subsidiaritätsgrundsatz zu finden ist, aber darüber hinausgehend auch in der Erwägung, dass Erwerbseinkommen privatnützig ist, also insofern eine aus Art. 12 GG und insbesondere aus Art. 14 GG hergeleitete Wertung. Man könnte durchaus bei dieser Wertung ansetzen und sagen, dem Gesetzgeber muss es dann jedenfalls freigestellt sein, diese Privatnützigkeit des Erwerbs so zu verstehen, dass möglicherweise eine Abstufung vorgenommen werden kann: Je näher sozusagen der betreffende Erwerb an tatsächlich hochrangiger – im Sinne von grundrechtsrelevanter – privatnütziger Verwendung angesiedelt ist, umso eher kommt es in Betracht, ihn steuerlich zu verschonen. Da mag man beispielsweise dann eben durchaus im Bereich der Religionsfreiheit vertretbar zu unterschiedlichen Ergebnissen jedenfalls dann kommen, wenn wir nicht über die Hälfte des Nettoeinkommens reden, das hier abzuführen ist, sondern etwa über die Kirchensteuer mit den dort geltenden Prozentsätzen. Also insoweit sehe ich da einen Ansatzpunkt für einen Bereich gesetzgeberischer Wertungsspielräume, die dann eben zur Folge hätten, das war mir wichtig zu betonen, dass wir nicht über die besonderen Anforderungen an steuerliche Verschonungssubventionen sprechen. Sondern wir gestehen dem Gesetzgeber zu, dass sich dies im Rahmen des Systems noch folgerichtig einfügen kann und dementsprechend auch der Degressionseffekt keiner besonderen Rechtfertigungen bedarf.

Die Funktion des Unternehmenssteuerrechts im Einkommensteuerrecht

Prof. Dr. Dr. h.c. *Wolfgang Schön*
Max-Planck-Institut für Steuerrecht und Öffentliche Finanzen, München

Inhaltsübersicht

I. Konturen des Themas
II. Unternehmer, Unternehmen und Unternehmensträger
III. Zielsetzung der Besteuerung von Unternehmen
IV. Besteuerung des Unternehmers
  1. Rechtsfolgen des Tatbestands gewerblicher Einkünfte
  2. Unternehmer und Kaufmann in Steuerrecht und Privatrecht
  3. Der Tatbestand des § 15 Abs. 2 EStG als Regeltatbestand des Einkommensteuerrechts
  4. Gewinneinkünfte vs. Überschusseinkünfte
  5. Zwischenergebnis
V. Besteuerung des Unternehmens
  1. Unternehmen und Kapitaleinsatz
  2. Unternehmen und staatliche Infrastruktur
VI. Besteuerung von Unternehmensträgern
  1. Integration oder Sonderbelastung
  2. Das Realisationsprinzip als Ausgangspunkt der Besteuerung selbständiger Rechtsträger
  3. Exkurs: Wegfall der Besteuerung selbständiger Unternehmensträger als Option?
  4. Regelungsalternativen und legislatorische Grenzziehungen zur Erfassung von thesaurierten Gewinnen
  5. Zur Differenzierung zwischen steuerpflichtigen und nicht steuerpflichtigen Einheiten
    a) Das Kriterium: Beschränkbarkeit von Entnahmen
    b) Anwendung auf Rechtsformen
    c) Einheitliche Unternehmenssteuer?
  6. Zur Differenzierung zwischen einbehaltenen und ausgeschütteten Gewinnen
  7. Differenzierung zwischen Eigenkapital(entgelten) und Fremdkapital(entgelten)
  8. Differenzierung zwischen Dividenden und Veräußerungsgewinnen
  9. Verrechnung von Verlusten
    a) Geltendes Recht
    b) Reformmodelle
    c) Organschaft
VII. Zukunft der Gewerbesteuer?
VIII. Schluss

I. Konturen des Themas

Der Versuch, im Rahmen einer Tagung über die „Erneuerung des Steuerrechts" auch eine Reform des Unternehmenssteuerrechts in den Blick zu nehmen, ist von vornherein der Problematik ausgesetzt, dass weder über die Reichweite des Gegenstandes noch über die Zielsetzung der Gesetzgebung Klarheit herrscht. Es gibt kein „Unternehmenssteuergesetz" mit eigener Teleologie und Systematik, das zum Ausgangspunkt von Reformüberlegungen erklärt werden könnte. Steuerliche Regelungen mit Bezug zu Unternehmen finden sich im Einkommensteuergesetz und im Körperschaftsteuergesetz, aber auch im Gewerbesteuergesetz und im Umwandlungssteuergesetz. Diese Neben- und Überlagerung von Gesetzen wird verschärft durch die Vielfalt der in Deutschland für unternehmerische Tätigkeit verfügbaren und breit genutzten Rechtsformen: die traditionellen Kapitalgesellschaften (GmbH und AG), die Personenhandelsgesellschaften mit ihren Mischformen (OHG, KG, GmbH & Co. KG, atypische stille Gesellschaft), ausländische Gesellschaften (Private Limited Company, LLP) und neue Kreationen des Gesetzgebers (zuletzt die Partnerschaftsgesellschaft mit beschränkter Berufshaftung). Während in vielen Staaten Europas und der Welt die Frage nach der Gestaltung der Unternehmenssteuern schlicht auf die *corporate tax* zugeschnitten wird,[1] sieht sich der Gesetzgeber in Deutschland mit einem Vielsteuersystem konfrontiert, das namentlich wegen seiner föderalen Implikationen (Aufkommensberechtigung von Bund, Ländern und Gemeinden) nicht einfach neu zugeschnitten werden kann.

II. Unternehmer, Unternehmen und Unternehmensträger

Die definitorische Schwierigkeit setzt sich fort, wenn man versucht, die für eine Reform rechtstechnisch richtigen Anknüpfungspunkte im gegenwärtigen System zu verorten. Unser Gesetz bietet drei Tatbestände, von denen eine Gesetzgebung im Unternehmenssteuerrecht ihren Ausgang nehmen kann:[2]

– den *subjektiven* Begriff des „Unternehmers"; das ist der Steuerpflichtige (§ 1 Abs. 1 EStG), der Einkünfte nach § 15 EStG „erzielt" (§ 2 Abs. 1 EStG); er „betätigt" sich in „Gewinnerzielungsabsicht" und auch – wie das gesetzliche Merkmal der Nachhaltigkeit impliziert – in „Wiederholungsabsicht" selbständig im allgemeinen wirtschaftlichen Verkehr. Dieser personale Charakter des Unternehmerbegriffs wird z.B. auch im Strafrecht verwendet, wo das Verbum „Unternehmen" sowohl den zielgerichteten Versuch als auch die Vollendung einer Straftat bezeichnet (z.B. § 81 Abs. 1 StGB).

– den *objektiven* Begriff des „Unternehmens"; dieses Verständnis liegt namentlich dem Gewerbesteuerrecht zugrunde, das in § 2 Abs. 1 S. 1 GewStG den „stehenden Gewerbebetrieb" zum Objekt des Steuerzugriffs erklärt. Personale Elemente werden dafür (nicht zuletzt im Bereich der Hinzurechnungen und Kürzungen) in bestimmtem Umfang zurückgestellt. Hier steht die lokal gebundene Zusammenführung von

---

[1] *Harris*, Corporate Tax Law, 2013; *Shaviro*, Decoding the U.S. Corporate Tax, 2009.
[2] Siehe bereits: *Hennrichs*, StuW 2002, 201 (201); *Hey* in Schön/Osterloh-Konrad (Hrsg.), Kernfragen des Unternehmenssteuerrechts, 2010, 1 (15 ff., 20 ff.).

Produktionsfaktoren eher im Vordergrund als der Bezug von Einkommen durch eine bestimmte Person.
- den vom Charakter einer Tätigkeit abgehobenen Begriff des „Unternehmensträgers";[3] dies zielt auf eine Besteuerung nach der Rechtsform, wie sie im Einkommensteuerrecht in § 15 Abs. 1 Nr. 1, 2 und 3 EStG mit der Differenzierung zwischen Einzelunternehmer und Personengesellschaft angelegt und in §§ 1, 3 KStG für rechtsfähige Körperschaften und vergleichbare Einheiten fortentwickelt ist. Dabei wird wichtigen Rechtsformen wie der GmbH, der AG und der GmbH & Co KG im Grundsatz ein unternehmerischer Charakter ihres Tuns unterstellt (§ 15 Abs. 3 Nr. 2 EStG, § 8 Abs. 2 KStG). Wenn von einer Reform des Unternehmenssteuerrechts die Rede ist, dann geht es vor diesem Hintergrund vielfach darum, die steuergesetzlichen Unterschiede zwischen diesen Rechtsformen einzuebnen und auf diese Weise für Unternehmen aller Art ein einheitliches *level playing field* zu schaffen (Rechtsformneutralität).[4]

Die Ausführungen in den Abschnitten IV – VI sind darauf gerichtet, für diese unterschiedlichen Kategorien (Unternehmer, Unternehmen, Unternehmensträger) jeweils Maßstäbe einer (künftigen) Gesetzgebung zu formulieren.

III. Zielsetzung der Besteuerung von Unternehmen

Auf der Grundlage einer Differenzierung zwischen den Normbereichen der „Unternehmensbesteuerung" und der „allgemeinen Einkommensbesteuerung" muss die weitere Frage gestellt werden, welchem Ziel eine (Reform-)Gesetzgebung im Unternehmenssteuerrecht zu dienen hat. Hier kommen im Grundsatz zwei Alternativen in den Blick:
- die Integration unternehmerischer Einkünfte in das Einkommensteuerrecht; diese Integration steht unter dem Zeichen der Gleichbehandlung: ein optimales Unternehmenssteuerrecht würde eine Gleichbehandlung der Steuerpflichtigen, eine Gleichbehandlung der Einkunftsarten und eine Gleichbehandlung der Rechtsformen verwirklichen. Es wird sich zeigen, dass eine solche vollständige Gleichbehandlung Utopie bleiben muss, dass man vielmehr legislatorisch festlegen muss, an welchen Bruchlinien Differenzierungen möglich oder gar erwünscht sind und an welchen Bruchlinien eine weitgehende Identität der Rechtsfolgen angestrebt werden sollte.

---

3 *K. Schmidt*, Handelsrecht: Unternehmensrecht I, 6. Aufl. 2014, § 3 Rz. 44 ff.
4 Grundlegend: *Knobbe-Keuk*, Empfiehlt sich eine rechtsformunabhängige Besteuerung der Unternehmen?, Verhandlungen des 53. DJT, Bd. II, 1980, O 9 ff.; *Knobbe-Keuk*, DB 1989, 1303 ff.

– die Legitimation besonderer Belastungen und Entlastungen von Einkünften in Abhängigkeit von Einkunftsarten und Rechtsformen. Bei dem Ziel der „Belastung" zeigt schon ein Blick auf die historische Entwicklung der Körperschaftsteuer und der Gewerbesteuer, dass der Gesetzgeber ursprünglich bestimmten Rechtsformen und Tätigkeiten eine höhere Belastung zumuten wollte – teils auf der Grundlage einer höheren vermuteten Leistungsfähigkeit, teils auf der Grundlage einer spezifischen Teilhabe an öffentlichen Gütern. In jüngerer Zeit wurde eher eine Entlastung von unternehmerischen Einkünften in den Blick genommen, nicht zuletzt mit Blick auf die Mobilität des eingesetzten Kapitals und die Förderung der Schaffung von Arbeitsplätzen.[5] Es wird daher zu diskutieren sein, ob die jeweiligen Tatbestände des „Unternehmers", des „Unternehmens" oder des „Unternehmensträgers" eine spezifische Belastung oder Entlastung rechtfertigen.

IV. Besteuerung des Unternehmers

1. Rechtsfolgen des Tatbestands gewerblicher Einkünfte

Zunächst soll die Frage geklärt werden, ob der Steuerpflichtige, der gewerbliche (§ 2 Abs. 1 Nr. 2 EStG, § 15 Abs. 1 Nr. 1, Abs. 2 EStG) Einkünfte bezieht, im System des Einkommensteuerrechts eine Sonderbehandlung gegenüber anderen Steuerpflichtigen verdient. Dies setzt zunächst einmal eine Klärung der Frage voraus, welche spezifischen rechtlichen Konsequenzen die Qualifikation von Einkünften als gewerblich nach geltendem Recht besitzt. Schaut man näher hin, ergeben sich drei unterschiedliche Rechtsfolgen:

– Zunächst kann die Qualifikation von Einkünften als „gewerblich" die Steuerpflicht als solche begründen; insbesondere das Merkmal der „Beteiligung am allgemeinen wirtschaftlichen Verkehr" dient der Abgrenzung gegenüber gänzlich steuerfreien Tätigkeiten wie der Subsistenzwirtschaft oder der hoheitlichen Tätigkeit.[6]

– In einem zweiten Schritt kann die Qualifikation von Einkünften als „gewerblich" die Ermittlung dieser Einkünfte als „Gewinn" nach § 2 Abs. 2 EStG begründen; hier steht im Zentrum die Abgrenzung von der bloßen „Vermögensverwaltung" im Rahmen der §§ 20, 21 EStG.

– In einem dritten Schritt führt die Qualifikation von Einkünften als „gewerblich" zum Eingreifen des Gewerbesteuerrechts; dies hat besondere

---

5 Zur Wettbewerbsbedeutung des Unternehmenssteuerrechts s.: *Seer*, Die Entwicklung der GmbH-Besteuerung, 2005, 120 ff.; *Spengel* in Schön/Osterloh-Konrad (Hrsg.), Kernfragen des Unternehmenssteuerrechts, 2010, 59 ff.
6 *Schön*, FS Offerhaus, 1999, 385 (391 ff.).

Bedeutung in der Grenzziehung zu den anderen betrieblichen Einkünften: der Land- und Forstwirtschaft sowie der selbständigen Arbeit (§§ 13, 18 EStG).

2. Unternehmer und Kaufmann in Steuerrecht und Privatrecht

Kommt in diesen Regelungen ein legitimes Verständnis von einer Sonderstellung des Unternehmers zum Ausdruck? Wer den Begriff des Unternehmers oder des Gewerbetreibenden mit einem privatrechtlichen Vorverständnis betrachtet, wird dazu neigen. Denn die Qualifikation als Inhaber eines Unternehmens oder Gewerbebetriebes ist nicht weit entfernt von dem Status eines Kaufmanns (§§ 1, 2 HGB), dessen Person sich nach der traditionellen Teleologie des Handelsrechts von den übrigen Subjekten des Privatrechtsverkehrs abhebt. Im Handelsrecht herrscht ein erweiterter Spielraum der Privatautonomie, der gegenüber einem gesteigerten Verkehrs- und Vertrauensschutz ausbalanciert werden muss. Im kaufmännischen Verkehr wird auf Schnelligkeit und Reibungslosigkeit der Transaktionen hoher Wert gelegt.[7]

Für die Ausgestaltung des Steuerrechts ist der privatrechtliche Kaufmannsbegriff weitgehend ohne Konsequenz: Nicht nur steht auch im Privatrecht die „Geringfügigkeit des legitimen Restbestandes an Handelsrecht"[8] in der Kritik; vor allem besitzt die Teleologie dieser Normen keinen sachlichen Zusammenhang mit dem Einkommensteuerrecht, etwa im Sinne der Indikation einer erhöhten Leistungsfähigkeit kaufmännischer Personen. Zwar mag kaufmännisches Handeln höhere Risiken bergen als das Handeln von Nichtkaufleuten und diese Risiken mögen sich in einer erhöhten Volatilität der erzielten Gewinne und Verluste niederschlagen; dies ändert aber nichts daran, dass – wie bei anderen Steuerpflichtigen auch – letztlich eben das tatsächlich erzielte Einkommen, nicht mehr und nicht weniger, dem Steuerzugriff unterliegt. Dieses Urteil ändert sich auch nicht, wenn man einen Blick auf die im Bürgerlichen Gesetzbuch seit einigen Jahren angelegte Komplementarität des „Unternehmers" und des „Verbrauchers" in §§ 13, 14 BGB in den Blick nimmt. Die in dieser Differenzierung abgebildete unterschiedliche Schutzwürdigkeit der Geschäftspartner im vertraglichen Verkehr für Zwecke des Vertragsschlusses und der Vertragsfolgen[9] lässt sich aus der Sicht des Steuerrechts nicht fruchtbar machen.

---

7 *K. Schmidt* (Fn. 3) § 1 Rz. 72 ff.
8 *Canaris*, Handelsrecht, 24. Aufl. 2006, § 1 Rz. 38; dagegen *K. Schmidt* (Fn. 3) § 1 Rz. 9 ff.
9 Zur Entwicklung: *Habermann* in Staudinger (Hrsg.), Kommentar z. BGB, 2013, § 14 BGB Rz. 2 ff.

3. Der Tatbestand des § 15 Abs. 2 EStG als Regeltatbestand des Einkommensteuerrechts

Eine genaue Analyse des zentralen steuerlichen Tatbestandes des § 15 Abs. 2 EStG bestätigt den Eindruck, dass der „Unternehmer" unter den Einkunftsbeziehern des EStG keine Sonderrolle genießt (und auch nicht genießen sollte). Man kann vielmehr sagen, dass die gewerblichen Einkünfte gleichsam das Paradigma, den beispielhaften Regelfall der objektiven Steuerpflicht nach dem EStG bilden. Dafür reicht ein kurzer Blick auf die gesetzlichen Tatbestandsmerkmale in § 15 Abs. 2 EStG:

- Die „Selbständigkeit" dient der Abgrenzung von den Arbeitnehmereinkünften nach § 19 Abs. 1 KStG; hierbei geht es wesentlich um die Definition des Kreises lohnsteuerpflichtiger Personen und damit um die tatbestandlichen Voraussetzungen für ein verfahrensrechtliches Spezifikum abhängig beschäftigter Steuerpflichtiger. Der Lohnempfänger ist der prozedurale „Sonderfall", nicht der Gewerbetreibende.

- Die „Beteiligung am allgemeinen wirtschaftlichen Verkehr" ist bei nahezu allen Steuerpflichtigen gegeben: Arbeitnehmer beteiligen sich am Arbeitsmarkt, Kapitalanleger am Kapitalmarkt oder Wohnungsmarkt. Vertreter der „Markteinkommenstheorie"[10] würden sogar behaupten, dass ohne eine solche Teilnahme am Wirtschaftsleben der Grundtatbestand der Einkommensbesteuerung verfehlt wird.

- Das Merkmal der „Nachhaltigkeit" dient der Abgrenzung von gelegentlichen oder einmaligen Tätigkeiten und verlangt dabei ein (sehr geringes) Mindestmaß an Dauerhaftigkeit,[11] die im übrigen Einkommensteuerrecht weithin vorausgesetzt wird und allenfalls im Anwendungsbereich der Auffangtatbestände der §§ 22 Nr. 2 und 3 sowie des § 23 EStG fehlen kann.

- Die „Gewinnerzielungsabsicht" wurde ursprünglich als Spezifikum der Kaufmannschaft begriffen; heute ist man sich einig, dass es sich bei diesem Merkmal lediglich um eine Ausprägung des allgemein bei allen Einkunftsarten vorausgesetzten Tatbestands der „Einkünfteerzielungsabsicht" handelt.[12] Auch in der Realität ist die Vorstellung, dass der Gewinnabsicht vergleichbare subjektive Zielsetzungen bei anderen Steuerpflichtigen fehlen, nicht zu begründen. Das Bild eines Anwalts, dem es auf das Honorar nicht ankommt, wäre ebenso realitätsfremd wie der Typus des Hauseigentümers, der keine Realisierung von Wertsteigerungen für denkbar hält.

---

10 Beispielhaft *J. Lang*, DStJG 24 (2001) 49 (61 ff.); kritisch *Schön* in FS Offerhaus, 1999, 385 (394 ff.).
11 *Wacker* in Schmidt (Hrsg.), EStG, 33. Aufl. 2014, § 15 EStG Rz. 18 („eher schwaches Merkmal").
12 *Hey* in Tipke/Lang (Hrsg.), Steuerrecht, 21. Aufl. 2013, § 8 Rz. 125 („Ausdruck eines allgemeinen, alle erwirtschafteten Einkünfte beherrschenden Prinzips").

Treffend schrieb schon der Begründer des modernen Handelsrechts, *Levin Goldschmidt*, im Jahre 1875:

„Die Erwerbs- oder Gewinnabsicht, genannt *Speculation*, ist dem Handel wesentlich, aber nicht dem Handel eigenthümlich, sondern Kriterium jeder Erwerbstätigkeit. Der Grundeigenthümer, der eine Haide urbar macht, ja auch nur seinen Acker baut, speculirt; wer ein Landgut pachtet, speculirt, und in der Regel auch der Eigenthümer, der es verpachtet, weil er von der Verpachtung einen höhern Ertrag erwartet als von der eigenen Bewirthschaftung. Wer Vieh kauft, um mit dem Dünger das Feld zu befruchten und das Futter seines Grundstücks zweckmäßig zu verwenden, speculirt. Der Fabrikant, der Handwerker, welcher den Arbeiter oder Gesellen um Lohn dingt, speculirt, wie der Arbeiter oder Geselle, welcher sich verdingt. Der Schriftsteller, Künstler, Lehrer, Arzt, Geistliche, Beamte, ein Jeder, welche die Bethätigung seiner geistigen Fähigkeit zum Gegenstand des Erwerbs macht, speculirt".[13]

– Dass die expliziten Ausschlusstatbestände in § 15 Abs. 2 EStG, nämlich die Herausnahme von Land- und Forstwirtschaft sowie die Exemtion der freien Berufe, nicht auf eine besondere Belastungswürdigkeit des Gewerbetreibenden hindeuten, sondern vielmehr gerade für die dort erwähnten Berufsgruppen ein – vielfach als unsystematisches „Privileg" kritisiertes[14] – Sonderrecht begründen, ist hinreichend erkennbar. Namentlich die existierenden Sonderregeln zur Gewinnermittlung (§ 4 Abs. 3 EStG, §§ 13, 13a EStG), die positiv verankerte Gewerbesteuerfreiheit nichtgewerblicher Unternehmen, sowie die enorm schwierigen praktischen Abgrenzungsfragen zwischen den drei betrieblichen Einkunftsarten[15] lassen erkennen, dass wir in § 15 Abs. 2 EStG eher den Grundtatbestand als den Sondertatbestand finden (zumal alle positiven Tatbestandsmerkmale dieser Norm auch für die objektive Steuerpflicht nach §§ 13, 18 EStG erfüllt werden müssen).

– In gleicher Weise ist der in Wissenschaft und Praxis anerkannte implizite Ausschluss der bloßen Vermögensverwaltung vom Gewerbebetrieb im Rahmen des Einkommensteuerrechts nicht leicht zu legitimieren.[16] Die tradierte Vorstellung, dass es dem Inhaber von Vermögensanlagen nach §§ 20, 21 EStG in aller Regel an einer „bedingten Veräußerungsabsicht" im Hinblick auf die verwalteten Gegenstände fehle, ist eine bare Fiktion. Die „Drei-Objekt-Grenze" als rein quantitatives Abgrenzungsmerkmal mag verwaltungspraktisch und zur Förderung des Immobilienbaus wün-

---

13 *Levin Goldschmidt*, Handbuch des Handelsrechts, Teil B (Einleitung, Grundlehren), 2. Aufl. 1875 (Neudruck 1973), § 40, 408 ff.
14 *Roser*, DStJG 35 (2012), 189 (204 ff.).
15 *Caspers*, Die Besteuerung freiberuflicher Einkünfte, 1999, 49 ff.
16 BFH v. 3.7.1995 – GrS 1/93, BStBl. II 1995, 617 (619); v. 10.12.2001 – GrS 1/98, BStBl. II 2002, 291 (293).

schenswert sein; ihre fehlende Verankerung im Gesetz belegt ein weiteres Mal, dass der Bezieher gewerblicher Einkünfte nicht den Sonderfall, sondern den Regelfall des Steuerpflichtigen nach dem Einkommensteuergesetz bildet. Eine spezifische Be- oder Entlastung gewerblicher Einkünfte ist in den Merkmalen des Gewerbebetriebes nicht angelegt.

4. Gewinneinkünfte vs. Überschusseinkünfte

Die wesentliche Rechtsfolge der Qualifikation von steuerpflichtigen Einkünften als gewerblich im Einkommensteuerrecht liegt in der Anwendung der Regeln über den Betriebsvermögensvergleich nach §§ 4 Abs. 1, 5 Abs. 1 EStG.[17] Dies hat eine „kleine" und eine „große" Konsequenz. Die geringere Folge liegt in dem Umstand, dass – anders als z.B. bei freiberuflichen Steuerpflichtigen – der volle Betriebsvermögensvergleich nach § 4 Abs. 1 EStG bei buchführenden Gewerbetreibenden nicht durch eine Überschussrechnung nach § 4 Abs. 3 EStG ersetzt werden kann, sondern auf der Grundlage der Handelsbilanz sämtliche Vorgänge im Betriebsvermögen in die Gewinnermittlung eingehen. Die bedeutsamere Folge liegt – gerade im Verhältnis zu den Einkünften aus Vermietung und Verpachtung sowie (bis 2009) den Einkünften aus Kapitalvermögen – darin, dass auch Veräußerungsgewinne und Veräußerungsverluste (gegebenenfalls einschließlich Teilwertabschreibungen) steuerlich voll zu Buche schlagen.

Die Heranziehung der bilanziellen Betrachtungsweise bei der Gewinnermittlung lässt sich bei Gewerbetreibenden auf die Verpflichtung der Kaufleute zur Buchführung und Bilanzierung (§§ 238 ff. HGB) zurückführen.[18] Daraus legitimiert sich namentlich die Grenzziehung gegenüber Freiberuflern sowie Land- und Forstwirten, denen es aber unbenommen bleibt, freiwillig Bücher zu führen und Bilanzen aufzustellen und damit in den Anwendungsbereich des Betriebsvermögensvergleichs zu gelangen (§ 4 Abs. 3 S. 1 EStG). Trotz der engen Verknüpfung mit der kaufmännischen Rechnungslegung sollte man den Betriebsvermögensvergleich daher nicht als Ausdruck eines Sonderstatus des Gewerbetreibenden im Einkommensteuerrecht begreifen. Der Betriebsvermögensvergleich nimmt vielmehr in exemplarischer Weise das Anliegen der „Reinvermögenszugangstheorie" auf, sämtliche Mehrungen und Minderungen des Vermögens des Steuerpflichtigen steuerlich zu erfassen.[19] Die Überschussrechnung besitzt demgegenüber nur einen Vereinfachungscharakter; sie führt zu gewissen Ver-

---

17 *Eisgruber*, Einkommensteuerobjekt und Bemessungsgrundlage, in *Kube u.a.* (Hrsg.), Leitgedanken des Rechts. Bd. 2, 2013, § 169 Rz. 15 ff.
18 Zur geschichtlichen Entwicklung zuletzt: *Hüttemann*, StuW 2014, 58 (60 f.) m.w.N.; ausführlich *Hennrichs*, DStJG 24 (2001), 301 ff.
19 *Bode*, Gewinn in *Kube u.a.* (Fn. 17), § 172 Rz. 6 ff.; *Hey* in Tipke/Lang (Fn. 12), § 8 Rz. 188.

änderungen bei der Periodisierung der Einkünfte – der „Totalgewinn" bleibt jedoch gleich.[20]

Wesentlich bedeutsamer ist die Abgrenzung zwischen den Gewinneinkünften und den Überschusseinkünften. Der „Dualismus der Einkunftsarten" ist traditionell dadurch gekennzeichnet, dass bei den Einkünften aus Kapitalvermögen (§ 20 EStG) sowie den Einkünften aus Vermietung und Verpachtung (§ 21 EStG) Veräußerungsgewinne steuerfrei sind, aber auch Veräußerungsverluste und andere Wertminderungen (Teilwertabschreibungen) keine Rolle spielen.[21] Erneut erweist sich allerdings die im Gesetz für die Besteuerung von Unternehmern vorgesehene Lösung als systematisch überlegen: Bereits im theoretischen Ausgangspunkt bietet die Besteuerung des vollen Gewinns (einschließlich von Veräußerungsgewinnen und -verlusten) die weitgehende Verwirklichung des von *v. Schanz* geprägten Einkommensbegriffs; die formale Trennung zwischen laufenden Einkünften und Veräußerungsgewinnen bei den Überschusseinkünften erweist sich demgegenüber nicht nur als konzeptionell nicht überzeugend, sondern auch als praktisch schwer durchführbar. Daher findet sich in den meisten ausländischen Rechtsordnungen seit langem eine Besteuerung von *capital gains*, die unabhängig von der Zugehörigkeit der veräußerten Wirtschaftsgüter zum Betriebsvermögen oder zum „Privatvermögen" stattfindet.[22] Auch im deutschen Recht bricht sich diese Tendenz immer mehr Bahn – beispielhaft in der Verlängerung der „Spekulationsfristen" in § 23 EStG, in der Absenkung der Schwellenwerte für die Veräußerungsgewinnbesteuerung nach § 17 EStG und schließlich in der Einführung einer vollen Abgeltungssteuer auf Gewinne aus der Veräußerung von Kapitalvermögen nach § 20 Abs. 2 EStG.

Das systematisch überzeugende Modell für die Besteuerung von Einkommen ist die volle Erfassung von Veräußerungsgewinnen und -verlusten für sämtliche Wirtschaftsgüter (zumindest) des zur Erzielung von Einkünften genutzten Vermögens.[23] Die Einführung einer allgemeinen Besteuerung von Veräußerungsgewinnen besäße zugleich den Vereinfachungseffekt, dass – jedenfalls aus der Sicht des Einkommensteuerrechts – *praeter legem* entwickelte „Rechtsinstitute" wie die „3-Objekt-Grenze", das Sonderbetriebsvermögen bei Personengesellschaften oder die Betriebsaufspaltung und die Betriebsverpachtung schlicht entfallen könnten.[24] Im Gegenzug müssten al-

---

20 BFH v. 2.10.2003 – IV R 13/03, BStBl. II 2004, 985 ff.; *Hennrichs* in Tipke/Lang (Fn. 12), § 9 Rz. 552; ausführlich *Eisgruber*, DStJG 34 (2011), 185 ff.
21 Kritisch *Birk* in DStJG 34 (2011), 11 (25 ff.); *Hey* in Tipke/Lang (Fn. 12), § 8 Rz. 185.
22 *Ault/Arnold*, Comparative Income Taxation, 3. Aufl. 2010, 237 ff.
23 Ebenso die Reformentwürfe der Stiftung Marktwirtschaft (*J. Lang/Eilfort*, Strukturreform der deutschen Ertragsteuern, 2013, 102 f.; *Kirchhof*, Bundessteuergesetzbuch, 2011, 384 ff.).
24 *Tipke*, Die Steuerrechtsordnung, Bd. 2, 2. Aufl. 2003, 729 ff.

lerdings diejenigen Besonderheiten von Veräußerungsgewinnen berücksichtigt werden, die aus der Funktion der veräußerten Anlagegüter sowie den langen Haltedauern resultieren:[25] Benötigt werden Sonderregeln zum Steuersatz (im Hinblick auf die „Zusammenballung" von Einkünften), ein angemessener Abzug für Inflations-(schein)gewinne[26] sowie – zur Vermeidung von *lock-in*-Effekten – eine Übertragung stiller Reserven im Fall von Ersatzbeschaffungen.[27]

5. Zwischenergebnis

Die systematische Stellung des § 15 Abs. 2 EStG im Gefüge der Einkunftsarten und der Vergleich zwischen den Gewinneinkünften und den Überschusseinkünften machen deutlich, dass der Besteuerung unternehmerischer Einkünfte aus der Sicht des Einkommensteuerrechts kein Sonderstatus zugewiesen kann. Der gewerbliche Unternehmer bildet vielmehr das Paradigma des „Steuerpflichtigen" i.S.v. §§ 1 Abs. 1, 2 Abs. 1 EStG. Der „Gewinn" ist zugleich das Paradigma der „Einkünfte" i.S.v. § 2 Abs. 1 und 2 EStG. Die Besteuerung des Unternehmers besitzt insofern keine Funktion außerhalb der Regelbesteuerung natürlicher Personen.

V. Besteuerung des Unternehmens

1. Unternehmen und Kapitaleinsatz

Eine ganz andere Frage ist darauf gerichtet, ob das „Unternehmen" als Objekt, namentlich der „stehende Gewerbebetrieb", tatsächliche Besonderheiten außerhalb des gesetzlichen Tatbestands des § 15 Abs. 2 EStG aufweist, die eine Sonderbehandlung rechtfertigen – sei es eine Entlastung, sei es eine Mehrbelastung im Verhältnis zu anderen Einkünften.[28]

Dafür muss man sich in typologischer Weise bestimmter Eigenschaften gewerblicher Unternehmen vergewissern. Ein Unternehmen – so wird angenommen – verbindet unterschiedliche Produktionsfaktoren zur gemeinsamen Wertschöpfung in der Produktion von Gütern. Dabei stehen die Kombination von „Kapital" und „Arbeit"[29] ebenso im Vordergrund wie die Zusammenführung einer Vielzahl von Arbeitnehmern, bei welcher das Spezifikum der freien Berufe – die „Prägung" des Unternehmens durch eine einzelne Person[30] – nicht mehr im Vordergrund steht. Auf diese Weise entstehen auch Größenvorteile (*economies of scale*), die bei den meisten

---

25 Rechtsvergleichend: *Ault/Arnold* (Fn. 22), 237 ff.
26 *Tipke* (Fn. 24), 732 ff.
27 Vgl. § 6b EStG.
28 *Hey* in Schön/Osterloh-Konrad (Fn. 2), 19 ff.
29 *Loritz* in Schön/Osterloh-Konrad (Fn. 2), 31 ff.
30 *Hey* in Tipke/Lang (Fn. 12), § 3 Rz. 429.

Einkunftsarten nicht existieren. Was bedeutet dies aber für die Rolle der Unternehmensbesteuerung im Gefüge des Einkommensteuersystems?

Eine erste Erkenntnis mag darin liegen, dass sich gewerbliche Einkünfte in besonderer Weise als das Ergebnis des Einsatzes von Kapital darstellen. Daher können diejenigen Argumente, die in der steuerpolitischen Diskussion für eine Entlastung von Kapitaleinkommen angeführt werden, auch auf gewerbliche Einkünfte übertragen werden: der internationale Staatenwettbewerb um die Ansiedlung gewerblicher Investitionen, die Abgrenzung zum Einsatz von Humankapital, dessen Aufbau ohnehin steuerlich begünstigt wird, schließlich die breite Tendenz zur Konsumbesteuerung, die darauf abzielt, den risikolosen Ertrag aus einer Kapitalanlage generell steuerfrei zu stellen. Die *Dual Income Tax* ist vor diesem Hintergrund darauf gerichtet, unternehmerische Einkünfte in begrenztem Umfang steuerlich zu begünstigen oder gar freizustellen.[31] Das Beispiel der *Dual Income Tax* zeigt aber zugleich, dass eine Entlastung „unternehmerischer Einkünfte" als solche den systematisch begründeten Begünstigungstatbestand nicht trifft: Man wird einerseits innerhalb der unternehmerischen Einkünfte das reduziert besteuerte Kapitaleinkommen von der Vergütung des Faktors „Arbeit" trennen müssen; man wird andererseits die Begünstigung des Kapitaleinkommens auch auf Investitionen außerhalb des gewerblichen Bereichs – etwa auf die Einkünfte aus Land- und Forstwirtschaft oder auf Immobilien- und Zinserträge – erstrecken müssen. Es ist zumindest konzeptionell unsauber, wenn man die „Unternehmen" als Gegenstand der Förderung in den Blick nimmt – es ist vielmehr die Kapitalinvestition, auf die es ankommt.

Vor allem im 19. Jahrhundert ist der starke Konnex zwischen Gewerbebetrieb und Kapitaleinsatz jedoch auch als Grundlage einer Mehrbelastung von gewerblichen Einkünften herangezogen worden. Maßgeblich war die „Fundustheorie",[32] die aus der Stabilität des eingesetzten Kapitals auf eine größere Dauerhaftigkeit der erzielten Einkünfte und daraus wiederum auf eine erhöhte finanzielle Leistungsfähigkeit des Steuerpflichtigen schloss. Demgegenüber wurden Einkünfte, die mit Hilfe des Einsatzes menschlicher Arbeitskraft erzielt werden, als riskant und instabil eingeschätzt. Schaut man näher hin, so zeigt sich, dass die Fundustheorie in typisierender Weise versucht, eine realistische Besteuerung nach dem „Lebenseinkommen"[33] zu begründen, bei welchem die Langlebigkeit des Finanz- oder Realkapitals im Vergleich zum „verletzbaren" Humankapital eine maßgebliche Rolle spielt.

---

31 *SVR/MPI/ZEW*, Reform der Einkommens- und Unternehmensbesteuerung durch die Duale Einkommensteuer, BMF-Schriftenreihe Bd. 79, 2006. *Spengel*, Besteuerung von Einkommen – Aufgaben, Wirkungen und europäische Herausforderungen, Gutachten G zum 66. DJT 2006, G 52 ff.
32 Zur historischen Entwicklung: *Zitzelsberger*, Grundlagen der Gewerbesteuer, 1990, 164; kritisch: *Tipke* (Fn. 24), § 19, 1140 f.
33 *J. Lang*, DStJG 24 (2001) 49 (63 ff.).

Es spricht daher vieles dafür, dem Anliegen der Fundustheorie weniger mit einer Sonderbelastung gewerblicher Einkünfte als vielmehr mit einer moderneren Konzeption der Besteuerung von Lebenseinkommen zu entsprechen. Schließlich müsste man wie im Konzept der *Dual Income Tax* auch für die Zielsetzung der Fundustheorie die gewerblichen Einkünfte in Kapitaleinkommen und Arbeitseinkommen aufteilen müssen – allerdings mit gegenläufiger Belastungswirkung. Die Rechtspolitik muss dann bewerten, ob sie den oben geschilderten wettbewerblichen Argumenten für eine Entlastung von Kapitaleinkommen eine höhere Bedeutung beimisst als dem Konzept der „Fundustheorie".

2. Unternehmen und staatliche Infrastruktur

Die Gewerbesteuer als Sondersteuer auf Gewerbebetriebe wurde traditionell mit der Überlegung legitimiert, dass der Betrieb eines gewerblichen Unternehmens den aufkommensberechtigten Gemeinden spezifische hohe Kosten – etwa bei der Einrichtung und Aufrechterhaltung der öffentlichen Infrastruktur – verursacht, für welche im Gegenzug den Gewerbebetrieben eine Sonderbesteuerung zugunsten der kommunalen Haushalte auferlegt werden könne.[34] Diese Rechtfertigung der Gewerbesteuer ist in den vergangenen Jahren zunehmend in Zweifel gezogen worden. Richtig ist natürlich, dass alle Steuern – auf Bundesebene, auf Länderebene und auf kommunaler Ebene – im Ganzen (auch) dazu dienen, öffentliche Güter bereitzustellen. Insoweit kann – bei weitgespannter Betrachtung – von einer „Globaläquivalenz" der Besteuerung gesprochen werden.[35] Demgegenüber ist zweifelhaft, speziell den Gemeinden ein Sonderzugriffsrecht gerade auf die Erträge von Gewerbebetrieben zu gewähren.[36] Anders als vor 100 Jahren werden die gemeindlichen öffentlichen Leistungen zunehmend über spezifische Vorzugslasten (Gebühren, Beiträge) entgolten: bei den übrigen kommunalen Angeboten (Bildung, Kultur, Fürsorge) lässt sich nicht sagen, dass ein großer Teil dieser Leistungen in besonderem Maße oder gar exklusiv den gewerblichen Unternehmen zu Gute kommt.

Daher kann die Rechtfertigung der existierenden Gewerbesteuer heute aus steuerpolitischer Sicht nicht mehr in der Legitimität einer Sonderbelastung gewerblicher Unternehmen gefunden werden; im Vordergrund steht nur noch die Aufteilung der Aufkommensberechtigung an den Steuern auf das unternehmerische Einkommen zwischen Bund, Ländern und Gemeinden im Interesse kommunaler Finanzautonomie.[37] Dem entspricht schon heute der gesetzliche Rahmen der Gewerbesteuer insoweit, als einerseits § 35

---

34 *Montag* in Tipke/Lang (Fn. 12), § 12 Rz. 1.
35 *Tipke*, Die Steuerrechtsordnung, Bd. 1, 2. Aufl. 2000, § 9, 476 ff.
36 *Tipke* (Fn. 24), § 19, 1141 f.; zur historischen Kritik *Hüttemann*, StuW 2014, 58 (58 ff.).
37 *Jachmann*, DStJG 25 (2002), 195 (201 ff.).

EStG eine weitgehende Verrechnung der Gewerbesteuerschuld mit der Einkommensteuerschuld natürlicher Personen zulässt und bei Körperschaftsteuersubjekten eine Gesamtbelastung aus Körperschaftsteuer und Gewerbesteuer herbeigeführt wird, die typisierend der Gesamtbelastung einer natürlichen Person im Rahmen der Einkommensbesteuerung entsprechen soll. Die Gewerbesteuer wird offensichtlich vom Gesetzgeber selbst nicht mehr als legitime „Mehrbelastung" von Gewerbebetrieben verstanden und praktiziert.

VI. Besteuerung von Unternehmensträgern

1. Integration oder Sonderbelastung

Die dritte Thematik, die unter den Begriff des „Unternehmenssteuerrechts" gefasst werden kann, liegt in der steuerlichen Erfassung von Unternehmensträgern.[38] Es geht um die Frage, in welcher Weise die Besteuerung von Einkommen deshalb modifiziert werden muss, weil die Erzielung von (nicht notwendig gewerblichen) Einkünften in unterschiedlichen Rechtsformen ausgeübt wird. Die Bandbreite reicht vom Einzelunternehmer über die Personengesellschaften des Zivil- und Handelsrechts bis in den Bereich der Kapitalgesellschaften (AG und GmbH). Erfasst werden müssen aber auch die bunte Vielfalt ausländischer Rechtsträger,[39] neuartige Rechtsformen wie z.B. die „Partnerschaftsgesellschaft mit beschränkter Berufshaftung" oder Mischgebilde wie die GmbH & Co KG.

Die Frage nach dem Ort der Besteuerung von Unternehmensträgern innerhalb der Einkommensbesteuerung ist wiederum auf zwei verschiedene Fragen gerichtet:

– die angemessene „Integration" der Unternehmensbesteuerung in das allgemeine Einkommensteuerrecht; dies zielt auf eine möglichst weitgehende Gleichbehandlung von Unternehmensträgern i.S. einer „Rechtsformneutralität";

– die Legitimation von steuerlichen Sonderlasten in Abhängigkeit von der Rechtsform.

Die Differenzierung zwischen diesen beiden Fragestellungen zeigt sich in besonderem Maße bei der Besteuerung von Körperschaften.[40] Es macht für die Ausgestaltung des Ertragssteuerrechts einen Unterschied, ob man die Erhebung einer Körperschaftsteuer mit besonderen Vorteilen der besteuer-

---

38 *Hey* in Schön/Osterloh-Konrad (Fn. 2) 16 ff.
39 *Harris* (Fn. 1) 19 ff.; *Lüdicke* in Dötsch u.a., Die Besteuerung der Personengesellschaft: Gedächtnissymposion für Brigitte Knobbe-Keuk, 2011, 95 (109 ff.).
40 Treffend *Hey* in Herrmann/Heuer/Raupach (Hrsg.), EStG und KStG, Loseblatt, Einf. KSt (Stand 1999) Rz. 16.

ten Rechtsformen legitimiert – dann lässt sich sogar eine Doppelbelastung des erzielten Gewinns auf der Ebene des Unternehmensträgers und des Anteilseigners rechtfertigen – oder ob man die Körperschaftsteuer faktisch als „Vorauszahlung" auf die Einkommensteuer des Anteilseigners einordnet – dann muss das Steuersystem darauf angelegt werden, dieser Vorbelastung auf den nachfolgenden Stufen Rechnung zu tragen.

Keine Legitimation ist mit der Leerformel verbunden, dass die Körperschaft über eine „eigene wirtschaftliche Leistungsfähigkeit" verfüge.[41] Damit wird lediglich gesagt, dass das Gesellschaftsvermögen durch erfolgreiche Geschäftsführungsmaßnahmen gemehrt wird, ohne dass darauf eine normative Aussage über die richtige Allokation des Gewinns (Gesellschaft oder Gesellschafter) oder über die doppelte Belastung dieses Gewinns getroffen werden könnte. Aus heutiger Sicht besteht auch keine Legitimation, die Körperschaftsteuer als besondere „Gebühr" für die Inanspruchnahme einer bestimmten Rechtsform zu erheben.[42] Die Ansicht des Gesetzgebers des KStG 1920, dass die Gewährung der beschränkten Haftung und die Fähigkeit zur Sammlung großer Kapitalien für Aktiengesellschaften eine besondere Steuerwürdigkeit der Kapitalgesellschaften begründe,[43] wird heute nicht mehr akzeptiert. Wenn und soweit sich herausstellt, dass eine Kapitalgesellschaft aufgrund ihres Zugangs zu bestimmten Kapitalmärkten oder bestimmter Größenvorteile überdurchschnittliche Gewinne erzielt, führt diese Erhöhung der Bemessungsgrundlage ohnehin automatisch zu einer Erhöhung des Steuerbetrages. Die Attraktivität der Rechtsform ist dann nur einer von mehreren Faktoren, die zum Unternehmenserfolg beitragen, und dieser Erfolg wird in seiner jeweiligen Höhe erfasst. Die Kapitalgesellschaft ist dabei ebenso wie die Personengesellschaft lediglich eine juristische Konstruktion zur Organisation des Zusammenwirkens von Investoren und Management einerseits sowie zur Zusammenführung von Eigenkapital und Fremdkapital andererseits.[44] Sie ist ein „Vertragsbündel",[45] das Effizienzvorteile heben kann – und soweit die Nutzung dieser Synergien einen Gewinn erzeugt, mag dieser auch besteuert werden. Ein Anlass für eine Mehrfachbelastung besteht jedoch nicht. Dies schließt nicht aus, konkrete „Gebühren" für die Bereitstellung eines rechtlichen Rahmens zu erheben,

---

41 Siehe aber BVerfG v. 12.10.2010 – 1 BvL 12/07, BVerfGE 127, 224 (250); *Gosch*, Körperschaftsteuer, in *Kube* u.a. (Fn. 17), § 178 Rz. 1 ff.; *Hennrichs*, StuW 2002, 201 (205); a.A. *Harris* (Fn. 1) 17; bereits im 19. Jahrhundert war die Erkenntnis verbreitet, dass die eigenständige Besteuerung der Aktiengesellschaft nicht mit ihrer „Rechtspersönlichkeit", sondern mit steuerpolitischen Zweckmäßigkeitserwägungen zu rechtfertigen war (*Hüttemann*, StuW 2014, 58 (61 ff.).
42 *Harris* (Fn. 1), 241 ff.; *Hennrichs*, StuW 2002, 201 (209 ff.); *Hey* (Fn. 40) Rz. 20.
43 Begr. KStG 1920, abgedr. bei *Evers*, KStG 1920/22, § 1 KStG Anm. 10; näher *Seer*, Die Entwicklung der GmbH-Besteuerung: Analysen und Perspektiven, 2005, 11.
44 *Kraakman* u.a., The Anatomy of Corporate Law, 2009, 6 ff.; *Harris* (Fn. 1) 8 ff.; a.A. *Hennrichs*, StuW 2002, 201 (205); vermittelnd *Hey* (Fn. 40) Rz. 19.
45 *Easterbrook/Fischel*, The Economic Structure of Corporate Law, 1991, 8 ff.

im Einkommensteuerrecht 231

z.B. für die erforderlichen Eintragungen im Handelsregister. Ob eine weiter gehende *franchise tax*, wie sie in Delaware für die Eintragung von *corporations* erhoben wird,[46] nach der Gesellschaftsteuer-RL der Europäischen Union überhaupt rechtmäßig wäre,[47] sei hier dahin gestellt. Sie würde jedenfalls nicht sinnvoll mit der jeweiligen Höhe des Jahresgewinns einer Kapitalgesellschaft korrelieren.

Die Körperschaftsteuer ist daher nicht als „Entgelt" für die Nutzung einer Rechtsform zu sehen, sondern aus ihrer Funktion innerhalb des regulären Einkommensteuersystems zu legitimieren und auszugestalten.

2. Das Realisationsprinzip als Ausgangspunkt der Besteuerung selbständiger Rechtsträger

Die Frage nach der Funktion der Körperschaftsteuer im System der Einkommensteuer lässt sich beantworten, wenn man untersucht, welche Lücken das Einkommensteuerrecht ohne deren Existenz aufweisen würde.[48] Dafür ist zu erörtern, in welcher Weise die in Körperschaften erzielten Gewinne nach den allgemeinen Regeln des Einkommensteuerrechts auf der Ebene der Anteilseigner erfasst werden können. Würde man in jedem Veranlagungszeitraum den vollen „ökonomischen Gewinn"[49] einer steuerpflichtigen natürlichen Person erfassen, müssten sich alle Wertveränderungen des Gesellschaftsvermögens ohnehin in Wertveränderungen der jeweiligen Gesellschaftsanteile niederschlagen und daher in der Hand der Gesellschafter Einkommen bilden. Anders formuliert: die Gesamtsumme der auf die Anteilseigner von der Gründung der Gesellschaft bis zu ihrer Liquidation entfallenden Vermögensmehrungen und Vermögensminderungen entspricht exakt dem auf der Ebene der Gesellschaft erzielten Gewinn.

Es steht außer Frage, dass diese Gesamtgewinngleichheit dazu führt, dass eine Besteuerung der Ausschüttungen und Liquidationsüberschüsse in ihrer Gesamtheit die volle steuerliche Erfassung des Unternehmensgewinns sicherstellt. Das eigentliche Problem besteht jedoch darin, dass auf der Ebene der Gesellschaft Gewinne realisiert und thesauriert werden können, die sich beim Gesellschafter vorläufig nur als nichtrealisierte Wertsteigerungen darstellen, wenn der Teilhaber seinen Anteil nicht entgeltlich an einen Dritten veräußert. Hier greift nun das Realisationsprinzip[50] ein: Da die auf dem Gesellschaftsgewinn beruhende nichtrealisierte Wertsteigerung des Anteils

---

46 *Kahan/Kamar*, 86 Cornell Law Review (2001), 1205 ff.
47 *Schön*, 42 Common Market Law Review (2005), 331 (337 f.).
48 Dazu ausführlich *Schön* in Dötsch u.a. (Fn. 39), 141 ff.; *Schön* in Schön (Hrsg.), Eigenkapital und Fremdkapital: Steuerrecht – Gesellschaftsrecht – Rechtsvergleich – Rechtspolitik 2013, 1 (22 ff.).
49 Zuletzt *Hemmerich/Kiesewetter*, zfbf 66 (2014), 98 ff.
50 Zum Grundsatzcharakter des Realisationsprinzips s.: *Hennrichs*, DStJG 24 (2001), 301 (315 ff.); *Schenk*, 57 Tax Law Review (2003), 355 ff.

einerseits nur schwer zu bemessen ist (sie ist insbesondere nicht identisch mit dem auf das jeweilige Wirtschaftsjahr entfallende anteiligen Gesellschaftsergebnis) und außerdem der Gesellschafter in der Regel keinen unbeschränkten Zugriff auf das Gesellschaftsvermögen besitzt, um die auf die Wertsteigerung anfallenden Steuern zu bezahlen, verbietet sich im Grundsatz eine sofortige steuerliche Erfassung beim Anteilseigner.[51] Dies hätte allerdings zur Folge, dass der in Gesellschaften „thesaurierte" Gewinn vorläufig unversteuert bliebe. Auf diese Weise würde eine „Steuerlücke" entstehen, mit deren Hilfe gesellschaftsrechtlich verfasste Unternehmen gegenüber Einzelsteuerpflichtigen einen gravierenden Vorteil erlangen würden. Das Postulat einer Wettbewerbsgleichheit von Unternehmen verlangt daher eine Erfassung von unternehmerischen Gewinnen im „Entstehungsjahr" unabhängig davon, ob diese Gewinne an Anteilseigner ausgeschüttet werden oder im Gesellschaftsvermögen verbleiben.[52]

Es ist wichtig, darauf hinzuweisen, dass diese Argumentation für Kapitalgesellschaften und Personengesellschaften gleichermaßen Überzeugungskraft beanspruchen kann.[53] Insbesondere lässt sich bei gesamthänderischen Personengesellschaften nicht sagen, dass thesaurierte Gewinne dem Teilhaber im Entstehungsjahr bereits unmittelbar zufließen.[54] Einerseits steht fest, dass der Gesamthänder weder über seinen Anteil am Gesellschaftsvermögen im Ganzen noch über gedankliche Anteile an den einzelnen Gegenständen des Gesamthandvermögens verfügen kann (§ 719 Abs. 1 BGB). Der Zugriff ist ihm auf Grund der Trennung der Vermögenssphären ebenso unmöglich wie dem Teilhaber einer Kapitalgesellschaft. Andererseits ist akzeptiert, dass die in den §§ 122, 169 HGB vorgesehenen Zugriffsrechte von Personengesellschaften auf den Jahresgewinn in der Praxis weitgehend abbedungen werden können: ebenso wie bei Kapitalgesellschaften setzt heute auch bei Personengesellschaften der konkrete Auszahlungsanspruch des Gesellschafters einen entsprechenden Gewinnfeststellungs- und Gewinnverwendungsbeschluss voraus. Dabei ist sowohl kraft Gesellschaftsvertrages als auch im Beschlusswege die Bildung von nicht entnahmefähigen Rücklagen möglich. Der Umstand, dass die Gesellschafter gemeinsam Werte aus dem Gesellschaftsvermögen abziehen können,[55] reicht nicht aus, um

---

51 *Hey* in Schön/Osterloh-Konrad (Fn. 2), 13; *Palm*, Person im Ertragsteuerrecht, 2013, 492 ff.; *Schön* in Dötsch u.a. (Fn. 39), 141 ff.
52 *Harris* (Fn. 1), 144 ff.; zur historischen Entwicklung bei Körperschaften *Hüttemann*, Das Steuerrecht der Aktiengesellschaft, in Bayer/Habersack, Aktienrecht im Wandel, Bd. 2, 2007, 1212 (1217); ebenso für Personengesellschaften *Schön*, StuW 1988, 253 (257 f.); *Dötsch* in Dötsch u.a. (Fn. 39), 7 (11).
53 *Dötsch* in Dötsch u.a. (Fn. 39), 8 f.; *Hennrichs*, StuW 2002, 201 (207 ff.); *Hennrichs*, FR 2010, 721 (723 ff.); *Palm* (Fn. 51), 485 ff.; *Schön* in Dötsch u.a. (Fn. 39), 141 ff.
54 A.A. *Reiß*, Personengesellschaften, in *Kube* u.a. (Fn. 17), § 177 Rz. 20 ff.
55 *Drüen*, GmbHR 2008, 393 (398 f.); *Jachmann*, DStJG 23 (2000), 9 (25); *Harris* (Fn. 1), 148 ff.

dem einzelnen Gesellschafter bereits einen Zuwachs an Leistungsfähigkeit zurechnen zu können.[56] Die Rechtsprechung[57] gestattet dem Personengesellschafter noch nicht einmal den Zugriff auf den auf seinen Gewinnanteil entfallenden Einkommensteuerbetrag ohne „Steuerklausel" im Gesellschaftsvertrag der Personengesellschaft.[58]

Der wesentliche Unterschied zwischen Personengesellschaften und Kapitalgesellschaften kann heute nur noch darin gesehen werden, dass eine einvernehmliche Rückzahlung der eingezahlten Kapitalbeträge in GbR, OHG und KG in der Regel keinen gesetzlichen Schranken unterliegt (und bei Kommanditisten lediglich die Haftung nach § 172 Abs. 5 HGB wieder aufleben kann), während in der GmbH und in der AG die Schranken des Kapitalerhaltungsrechts eingehalten und namentlich die formalen Voraussetzungen der Kapitalherabsetzung beachtet werden müssen.[59] Für den steuerlichen Regeltatbestand des gewinnträchtigen Unternehmens hat dieses kapitalgesellschaftsrechtliche Element des Kapitalschutzes jedoch keine spezifische Bedeutung.

3. Exkurs: Wegfall der Besteuerung selbständiger Unternehmensträger als Option?

Vor allem im ökonomischen Schrifttum wird in jüngerer Zeit die Frage gestellt, ob nicht trotz einer dadurch ermöglichten Begünstigung des thesaurierten Gewinns auf die eigenständige Existenz einer Körperschaftsteuer zur Gänze verzichtet werden könnte.[60] Die verbreitete Sympathie für einen solchen Vorschlag gründet sich vor allem auf die damit eintretende Verschiebung der Unternehmensbesteuerung in Richtung einer Konsumsteuer. Eine „sparbereinigte" Einkommensteuer, bei der Reinvestitionen im Anschaffungs- oder Herstellungszeitpunkt bereits voll abgeschrieben werden können, würde in einem Wegfall der Körperschaftsteuer auf thesaurierte Gewinne eine gedankliche Entsprechung finden. Mit dieser Aufhebung der inländischen Körperschaftsteuer würde zugleich eine enorme Attraktivität für Investitionen ausländischer Kapitalinhaber einhergehen, von der drastischen Vereinfachung des Unternehmenssteuerrechts ganz abgesehen. Schließlich erweckt der Umstand, dass in Deutschland lediglich 2 % des Steueraufkommens der Gebietskörperschaften aus der Körperschaftsteuer stammt, den Eindruck, dass die Abschaffung der Körperschaftsteuer auch budgetär ohne weiteres verkraftet werden könnte.

---

56 *Schön*, StuW 1996, 275 ff.
57 BGH v. 29.3.1996 – II ZR 263/94, BGHZ 132, 263 (277).
58 Zum „Steuerentnahmerecht" des Personengesellschafters nunmehr ausführlich *Meyer*, Steuerliches Leistungsfähigkeitsprinzip und zivilrechtliches Ausgleichssystem, 2013, 509 ff.
59 *Hennrichs*, StuW 2002, 201 (207 ff.).
60 Zuletzt *Gordon*, 32 Fiscal Studies (2011), 395 (407 ff.).

Alle diese Argumente treffen jedoch auf gewichtige Gegenargumente. Im konzeptionellen Ausgangspunkt ist zu sagen, dass eine Grundentscheidung zugunsten einer „Konsumorientierung" des Einkommensteuerrechts in Deutschland noch nicht gefallen ist und wegen der damit einhergehenden relativen Begünstigung von Erträgen aus Kapitalvermögen mit erheblichem politischem Widerstand rechnen müsste.[61] Sollte sich jedoch das Konzept der Konsumsteuer auf mittlere Frist durchsetzen, dürfte es nicht bei der Körperschaftsteuer stehenbleiben, sondern müsste aus Gleichheitsgesichtspunkten einerseits sämtliche Rechtsformen erfassen (mithin auch Personenunternehmen) und auch die Begünstigung von steuerbefreiten Reinvestitionen in anderen Anlageformen ermöglichen (z.b. durch Entnahme von Gewinnen und Erwerb von privatem Kapitalvermögen oder Immobilien durch den Gesellschafter). Diese Erstreckung auf andere Rechtsformen und Einkunftsarten würde zugleich den Effekt auf das Steueraufkommen deutlich über den Ansatz von 2 % des Gesamtvolumens erhöhen. Beschränkt man hingegen die Thesaurierungsbegünstigung auf die Körperschaftsteuer, ist mit dynamischen Effekten zu rechnen: Personenunternehmer und sonstige Vermögensinhaber werden ihre *assets* verstärkt auf Körperschaften verlagern, um dort von der Nullbesteuerung thesaurierter Erträge zu profitieren. Dies wird nicht nur erhebliche Verzerrungen und Transaktionskosten hervorrufen, sondern zugleich aufkommensschmälernde Wirkungen erzeugen. Bleibt es aber – wie zu erwarten – auf mittlere Frist bei der klassischen Einkommensbesteuerung, muss auch die besondere Erfassung thesaurierter Unternehmensgewinne gewährleistet bleiben.[62]

Neben den unmittelbaren steuerlichen Belastungs- und Aufkommenseffekten würde ein Verzicht auf jede Körperschaftsbesteuerung zugleich problematische Verhaltenseffekte zeitigen – und zwar sowohl bei kleinen und mittleren Unternehmen als auch bei großen Publikumsgesellschaften. Bei inhabergeführten Unternehmen wäre die Neigung groß, durch unangemessene Ausgestaltung vertraglicher Beziehungen zwischen Gesellschafter und Gesellschaft (Darlehen, Arbeits- und Mietverträge) Einkommen von dem Gesellschafter auf die Gesellschaft zu verlagern und je nach Konsumneigung von der Freistellung auf Ebene der Körperschaft Gebrauch zu machen.[63] Dies führt dann letztlich in die Notwendigkeit einer Kontrolle „umgekehrter verdeckter Gewinnausschüttungen". Bei großen Gesellschaften würde der Verzicht auf eine Körperschaftsteuer die unter dem Gesichtspunkt der *Corporate Governance* problematische Neigung des Top-Managements zur Reinvestition von Mitteln verstärken.[64] Die Herrschaft der Aktionäre würde ein Stück mehr zurückgefahren und dem *empire building*

---

61 Ausführlich *J. Lang*, DStJG 24 (2001), 49 (73 ff.).
62 *Harris* (Fn. 1), 142 ff.; *Shaviro* (Fn. 1), 13 f.
63 Zum Parallelproblem bei der *Dual Income Tax* s.: SVR/MPI/ZEW (Fn. 31), 37 f.
64 *Avi-Yonah*, 90 Virginia Law Review (2004), 1193.

Vorschub geleistet. Dass dies auch einen gewaltigen Wettbewerbsvorteil von Großunternehmen gegenüber kleinen und mittleren Unternehmen (bei denen die Inhaber auf Ausschüttungen für den Konsum angewiesen sind) begründen würde, steht außer Frage.

4. Regelungsalternativen und legislatorische Grenzziehungen zur Erfassung von thesaurierten Gewinnen

Wenn man – wie hier vorgeschlagen – nicht bereit ist, auf die zeitnahe Besteuerung von thesaurierten Gewinnen zu verzichten, bietet sich nicht nur das Modell einer eigenständigen Körperschaftsteuer an. Vielmehr stellt bereits das geltende deutsche Recht insgesamt vier verschiedene Regelwerke bereit, die – je nach Gegenstand und Rechtsform des Unternehmens – zum Einsatz gelangen:[65]

– die selbständige Steuerpflicht des Unternehmensträgers. Das ist das Modell der Körperschaftsteuer; an deren systematischen Grundzügen ändert sich nichts, wenn man – wie im Entwurf eines „Bundessteuergesetzbuchs"[66] – die steuerpflichtigen Rechtsträger gesetzestechnisch – wie schon in den einzelstaatlichen Gesetzen des Kaiserreichs, z.B. im PrEStG 1891/1906[67] – der Einkommensteuerpflicht unterwirft;

– die transparente Besteuerung i.S. einer unmittelbaren anteiligen Zurechnung des Gesellschaftsgewinns bei den Gesellschaftern. Das ist das Modell des § 15 Abs. 1 S. 1 Nr. 2 EStG für Personengesellschaften, das in ähnlicher Weise auch in vielen anderen Staaten praktiziert wird;

– die Anordnung eines Ausschüttungszwangs zur faktischen Vermeidung nicht besteuerter Erträge. Das ist das Modell der REIT-Gesetzgebung;[68]

– die Fiktion der Ausschüttung unter gleichzeitiger Besteuerung des Vermögensträgers zu einem Nullsatz; das ist das Modell der Investmentfonds-Besteuerung.[69]

Es ist unschwer erkennbar, dass die beiden letzten Konzepte für das allgemeine Unternehmenssteuerrecht nicht geeignet sind. Das Modell der REIT-Gesetzgebung ist auf Kapitalanlagen zugeschnitten, deren „Geschäftsmodell" auf laufende Dividendenzahlungen aus den Erträgen von Vermögensanlagen, nicht jedoch auf deren Reinvestition angelegt ist. Für gewerbliche Unternehmen, deren Markterfolg sich zu einem wesentlichen Teil auf die zukunftssichernde Reinvestition von Gewinnen gründet, passt ein

---

65 Siehe bereits *Schön* in Dötsch u.a. (Fn. 39), 142.
66 *Kirchhof* (Fn. 23), 364 ff. (Einkommensteuer, § 42 BStGB-E).
67 *Hüttemann* in Bayer/Habersack (Fn. 52), 1216 ff.; *Seer* (Fn. 43), 6 ff.
68 Rechtsvergleichend: *Wagner*, Die Besteuerung des Deutschen REIT, 2010.
69 Rechtsvergleichend: *Oestreicher/Hammer*, Taxation of Income from Domestic and Cross-Border Collective Investment: A Qualitative and Quantitative Comparison, 2013.

Ausschüttungszwang nicht. Das Investmentfondsmodell hingegen ist auf die Gleichstellung von mittelbar und unmittelbar gehaltenen Kapitalanlagen (namentlich Wertpapiere) ausgerichtet und vermag die besondere Geschäftspolitik von gewerblichen Unternehmen ebenfalls nicht zu erfassen.

Es bleiben daher die beiden bereits im geltenden Recht für Personengesellschaften und Kapitalgesellschaften vorgesehenen Besteuerungstechniken: die eigenständige Steuerpflicht des Unternehmensträgers oder die unmittelbare anteilige Zurechnung des Gesellschaftsgewinns an die Teilhaber.

Entscheidet man sich vor diesem Hintergrund dafür, eine eigenständige Steuerpflicht von Unternehmensträgern anzuordnen, muss man konsequent vier interdependente Differenzierungen in den gesetzlichen Vorschriften ausbilden:[70]

- die Differenzierung zwischen steuerpflichtigen und nicht steuerpflichtigen Einheiten;
- die Differenzierung zwischen der Besteuerung thesaurierter und ausgeschütteter Gewinne;
- die Differenzierung zwischen Eigen- und Fremdkapital (und deren Entgelten);
- die Differenzierung zwischen Ausschüttungen und Veräußerungsgewinnen.

Die wesentlichen rechtspolitischen Entscheidungen bei der Gestaltung des Unternehmenssteuerrechts sind daher auf diese vier Punkte gerichtet, die im Folgenden einzeln entfaltet werden sollen.

5. Zur Differenzierung zwischen steuerpflichtigen und nicht steuerpflichtigen Einheiten

a) Das Kriterium: Beschränkbarkeit von Entnahmen

Die erste Frage betrifft die Differenzierung zwischen solchen Unternehmensträgern, die einer selbständigen Steuerpflicht unterworfen werden sollen, und solchen Einheiten, deren Gewinn unmittelbar und anteilig den Teilhabern zugerechnet werden soll.

Das Kriterium der zivilrechtlichen Rechtsfähigkeit erweist sich hier als von vornherein ungeeignet.[71] Bereits das geltende Recht folgt dem nicht, in dem es z.B. den nicht rechtsfähigen Verein als körperschaftsteuerpflichtig einordnet, die als eigenständige Rechtssubjekte schon lange akzeptierten Per-

---

70 *Shaviro* (Fn. 1), 27 ff.
71 Siehe oben VI.2.

sonenhandelsgesellschaften (OHG und KG; vgl. § 124 HGB) hingegen der transparenten Besteuerung unterwirft. Keine eindeutige Abgrenzung bietet auch eine Differenzierung nach Art und Umfang der persönlichen Haftung.[72] Nicht nur kennen wir schon jetzt einige Rechtsformen, die je nach Ausgestaltung eine weitgehende Haftungsbeschränkung mit transparenter Besteuerung verbinden (GmbH & Co KG, LLP, LLC, Partnerschaftsgesellschaft mit beschränkter Berufshaftung). Vor allem muss gesehen werden, dass die Haftungsbeschränkung zwar in eine sinnvolle Korrelation zur Zurechnung von Verlusten gebracht werden muss, um ungedeckte Verlustnutzungen zu vermeiden (s. § 15a EStG),[73] dass aber andererseits in der Regelsituation der gewinnträchtigen Gesellschaft die persönliche Haftung keine steuerlich relevante Rolle spielt. Es geht ja in erster Linie um die Zurechnung von gemeinschaftlich erzielten Gewinnen ohne Rücksicht auf die Haftungssituation im Verlustfall. Schließlich würde ein Abstellen auf die Haftung komplizierte Folgefragen nach einer Aufspaltung der einkommensteuerlichen und körperschaftsteuerlichen Erfassung zwischen vollhaftenden und beschränkt haftenden Gesellschaftern desselben Unternehmens mit sich führen.[74]

Ebenso wenig hat es sich als hilfreich erwiesen, in „typisierender Betrachtungsweise" die Grenzziehung zwischen steuerpflichtigen und nicht steuerpflichtigen Einheiten anhand der Gesamtschau bestimmter Merkmale (Zahl der Teilhaber, körperschaftliche Entscheidungsstruktur, Übertragbarkeit der Anteile etc.) zu treffen. Der Große Senat des BFH hat dies bereits im Jahre 1984 in seinem Grundsatzbeschluss zur „Gepräge-Rechtsprechung" am Beispiel des schwer handhabbaren Begriffs der „Publikums-Personengesellschaft" abgelehnt.[75] In den Vereinigten Staaten ist eine solche typologische Betrachtung lange Zeit herrschend gewesen; sie hat sich allerdings als so problematisch erwiesen, dass der Gesetzgeber letztlich zu einem Wahlrecht („check-the-box") für bestimmte Gesellschaftstypen übergegangen ist.[76]

Eine konsequente Ausgestaltung des Körperschaftsteuerrechts sollte die Teleologie der Körperschaftsteuer auch für die Abgrenzung der körperschaftsteuerpflichtigen Subjekte in den Blick nehmen.[77] Ausgangspunkt ist – wie bereits gesagt – das Realisationsprinzip, das bei fehlenden Zugriffsrechten der Gesellschafter auf den Gesellschaftsgewinn dessen selbständige Erfas-

---

72 A.A. *Drüen*, GmbHR 2008, 393 (398 ff.); *Hüttemann*, DStJG 25 (2002), 123 (139 f.).
73 *Hennrichs*, StuW 2002, 201 (210 f.); *Hennrichs*, FR 2010, 721 (727); *Hennrichs* in Tipke/Lang (Fn. 12), § 10 Rz. 5; *Schön* in Dötsch u.a. (Fn. 39), 147.
74 Siehe etwa § 15 Abs. 1 Nr. 3 EStG (zur KGaA) sowie zur komplexen Besteuerung der *Société en commandit* und der stillen Gesellschaft in Frankreich: *Osterloh-Konrad/Lagdali* in Schön (Fn. 48), 373 (396 ff.).
75 BFH v. 25.6.1984 – GrS 4/82, BStBl. II 1984, 751 (758 ff.).
76 Title 26 Code of Federal Regulations (US) § 301.7701-1; *Harris* (Fn. 1), 26.
77 *Schön* in Dötsch u.a. (Fn. 39), 147 f.

sung bei der Gesellschaft erforderlich macht. Das bedeutet umgekehrt, dass man den Gesellschaftern keine „unmittelbare Zurechnung" des Gesellschaftsgewinns i.S.v. § 15 Abs. 1 S. 1 Nr. 2 EStG zumuten sollte, wenn sie nach der konkreten Ausgestaltung des Gesellschaftsvertrags im Rahmen des auf diese Rechtsform anwendbaren Gesetzesrechts nicht die Möglichkeit haben, die Entnahme der auf sie entfallenden Gewinne durchzusetzen. Andernfalls bringt die Anwendung der Regeln über die unmittelbare Zurechnung von Einkünften den Teilhaber in eben die problematische Liquiditätsklemme, die durch die Erhebung einer eigenständigen Ertragsteuer auf der Ebene der Körperschaft gerade vermieden werden soll.

Daher sollte man alle diejenigen Gesellschaften für körperschaftsteuerpflichtig erklären, in denen der einzelne Gesellschafter kraft Gesetzes oder Vertrages von der Entscheidung der Gesellschaftergesamtheit oder der Entscheidung der Geschäftsleitung abhängig ist, wenn er anstrebt, Gewinnanteile zu entnehmen.

b) Anwendung auf Rechtsformen

Dies schafft zunächst Klarheit für das Einzelunternehmen, bei dem eine Differenz zwischen Unternehmensvermögen und Teilhabervermögen nicht existiert, so dass eine selbständige Besteuerung des „Unternehmensträgers" neben der Einkommensteuerpflicht des Betriebsinhabers nicht angezeigt ist.[78] Es schafft ebenfalls Klarheit für die Aktiengesellschaft, bei der kraft Gesetzes entweder bestimmte Gewinnanteile gar nicht ausgeschüttet werden dürfen (gesetzliche Rücklagen) oder die Entscheidung über die Ausschüttung den Unternehmensorganen (Vorstand, Aufsichtsrat, Hauptversammlung) zwingend zugeordnet ist.

Näher zu würdigen ist demgegenüber die Lage bei der GmbH sowie bei den gesamthänderischen Personengesellschaften. Hier wird im konkreten Fall unabhängig von der jeweiligen Rechtsform das Zugriffsrecht des Teilhabers besonders stark ausgeprägt sein (man vergleiche nur den Alleininhaber und Alleingeschäftsführer einer GmbH mit dem Treuhand-Kommanditisten einer geschlossenen Invest-KG). Für diese Fallgruppe wäre es schwierig, in jedem Einzelfall anhand von Gesetz und Gesellschaftsvertrag die Entnahmerechte der Anteilseigner zu prüfen. Daher bietet es sich an, für geschlossene Kapitalgesellschaften (GmbH, ausländische Limited Companies, SARL etc.) und gesamthänderische Personengesellschaften (OHG, KG, GbR, PartG, ausländische LLP und LLC) ein Wahlrecht einzuführen.[79] Die Teilhaber mögen (mit satzungsändernder Mehrheit) entscheiden, ob für ihre konkrete Gesellschaft von dem gesetzlichen Regelstatut abge-

---

78 *Hey*, DStJG 24 (2001), 155 (212 f.).
79 *Hüttemann*, DStJG 25 (2002), 123 (140 f.); *Schön* in Dötsch u.a. (Fn. 39), 148; s. auch bereits *Becker/Lion*, Verhandlungen des 33. DJT 1925, 17 (41).

wichen werden soll.[80] Dieses wiederum kann wie bisher zwischen Personengesellschaften und Kapitalgesellschaften differenzieren. Damit würde sich das deutsche Recht einer internationalen Tendenz anschließen, wie sie schon jetzt in Frankreich für die OHG oder in den Vereinigten Staaten für die *S-Corporation* praktiziert wird.[81] Es wäre Aufgabe der Gesellschafter, ihre gesellschaftsrechtlichen Regelungen (zur Gewinnentnahme) mit dem steuerlichen Regime abzustimmen, ohne dass die Finanzbehörden die Ausübung des Wahlrechts inhaltlich kontrollieren müssten.

c) Einheitliche Unternehmenssteuer?

Diese Differenzierungen – einschließlich der Einführung eines Wahlrechts – wären verzichtbar, wenn die besseren Gründe für die Einführung einer einheitlichen Unternehmenssteuer unabhängig von der Rechtsform sprechen würden.[82] Für eine solche einheitliche Unternehmenssteuer hat sich insbesondere die Arbeitsgruppe „Steuergesetzbuch" der Stiftung Marktwirtschaft ausgesprochen.[83] In ähnlicher Weise versucht auch der Entwurf eines „Bundessteuergesetzbuchs"[84] mit Hilfe der selbständigen Steuerpflicht von Unternehmen eine strenge Gleichbehandlung durchzusetzen.[85]

Ein zwingendes Einheitskonzept sieht sich jedoch mehreren Problemen ausgesetzt. Dies beginnt mit der Frage, ob lediglich „unternehmerische" Einkunftsarten im engeren Sinne oder auch andere Einkünfte (wenn sie in gesellschaftsrechtlich verfasster Form erzielt werden) einbezogen werden sollen. Es setzt sich fort bei der Frage, ob Unterschieden in Größe, Ertrag, Tätigkeitsfeld, körperschaftlicher Struktur etc. im Einzelfall doch spezifisch

---

80 Kritisch aus steuerpolitischer Sicht: *Hey*, DStJG 24 (2001), 155 (215 ff.); *Lang*, DStJG 24 (2001), 49 (104 ff.), dessen Argumentation zu Personenunternehmen (fehlende zivilrechtliche Rechtsfähigkeit) allerdings nur den Einzelunternehmer trifft; vermittelnd *Hennrichs*, FR 2010, 721 (728 f.).
81 *Ault/Arnold* (Fn. 22,) 402 ff. (*Closely Held* Corporations), 416 ff. (*Partnerships*).
82 Zu der – in diesem Vortrag nicht behandelten – Frage nach einem verfassungsrechtlichen Zwang zur Rechtsformneutralität oder Rechtsformadäquanz s.: *Drüen*, GmbHR 2008, 393 (396 ff.); *Hey* in Tipke/Lang (Fn. 12), § 13 Rz. 69 ff.; *Hüttemann*, DStJG 23 (2000), 127 ff.; Einigkeit besteht jedenfalls darin, dass die vom BVerfG (BVerfG v. 21.6.2006 – 2 BvL 2/99, BVerfGE 116, 164 (198); v. 12.10.2010 – 1 BvL 12/07, BVerfGE 127, 224 [249 f.]) hervorgehobene Trennung der Vermögenssphären bei den Körperschaften in gleicher Weise bei den Personengesellschaften existiert (*Hennrichs/Lehmann*, StuW 2007, 7 [16 ff.]; *Hey*, FS J. Lang, 2010, 7 [14 ff.]; *Kirchhof*, FS Reiß, 2008, 359 [369 ff.]).
83 *J. Lang/Eilfort* (Fn. 23), 65 ff., 227 ff.
84 *Kirchhof* (Fn. 23); *Seiler*, Besteuerung von Einkommen – Aufgaben, Wirkungen und europäische Herausforderungen, Gutachten F zum 66. DJT 2006, F 46 ff.; kritisch *Spengel* (Fn. 31) G 43 ff.
85 Siehe bereits die Forderungen nach einer „Betriebsteuer" bei *Flume*, DB 1971, 400 ff.; *Knobbe-Keuk* (Fn. 4).

Rechnung getragen werden muss.[86] Die beiden gegenwärtig vorgeschlagenen Einheitsmodelle versuchen vor diesem Hintergrund, auch im Rahmen der selbständigen Unternehmenssteuer den verfassungsrechtlichen Anforderungen an ein steuerfreies Existenzminimum[87] und den politischen Vorgaben einer steuerlichen Progression Rechnung zu tragen und müssen dafür schließlich doch einen begrenzten Durchgriff vom Unternehmen auf den Anteilseigner ermöglichen. In dem hier vorgeschlagenen Optionsmodell ist hingegen eine quantitative Grenzziehung zum „Kleinunternehmer" überflüssig.

Gleiches gilt für die wechselseitige Verrechnung von Verlusten zwischen Teilhaberebene und Unternehmensebene: eine strenge Einheitsbesteuerung würde einer solchen Verrechnung im Grundsatz entgegenstehen; dennoch wird in den aktuellen Reformvorschlägen einer begrenzten Zurechnung von Unternehmensverlusten zum Anteilseigner oder gar einer wechselseitigen „Übergabe" oder „Übernahme" von Verlusten das Wort geredet.[88] Das wiederum bringt schließlich doch wieder die Frage nach der Bedeutung der persönlichen Einstandspflicht des Gesellschafters für die Unternehmensschulden in den Vordergrund, der spätestens im Zeitpunkt der tatsächlichen finanziellen Inanspruchnahme der haftenden Personen auch steuerlich Rechnung getragen werden muss. Ein Optionsmodell bringt auch hier den Vorteil mit sich, dass die Anteilseigner durch Ausübung des Optionsrechts selbst entscheiden, ob sie die – im „transparenten" System mögliche – Verrechnung von Unternehmensverlusten mit positiven Teilhabereinkünften in Anspruch nehmen möchten. Der jeweiligen Haftungsgrenze muss i.S. eines verbesserten und auf die geschlossene Kapitalgesellschaft erstreckten § 15a EStG Rechnung getragen werden.

6. Zur Differenzierung zwischen einbehaltenen und ausgeschütteten Gewinnen

Wenn feststeht, dass auf der Ebene des Unternehmensträgers sämtliche Gewinne einer eigenständigen Besteuerung unterzogen werden sollen, stellt sich die zwingende Folgefrage, ob und in welcher Weise zwischen thesaurierten und ausgeschütteten Gewinnen differenziert werden muss. Dies hängt mit dem Umstand zusammen, dass ausgezahlte Dividenden beim Anteilseigner den Tatbestand der Einkünfte aus Kapitalvermögen erfüllen und damit eine Doppelbelastung im Raum steht. Sieht man die Funktion der Körperschaftsteuer in der einer „Vorauszahlung" auf die Einkommensteuerlast des Anteilseigners, so erweist es sich als zwingend, eine Mehrfachbelastung zu vermeiden und dafür auf der Ebene des Körperschaftsteuersub-

---

86 *Seer* (Fn. 43), 126 ff.
87 *Kirchhof*, FS Reiß, 2008, 359 (372 ff.).
88 Siehe unten VI.9.

jekts oder auf der Ebene des Einkommensteuersubjekts gesetzliche Maßnahmen zu treffen.[89]

Eine Durchsicht der historischen Entwicklung, aber auch der aktuellen Reformvorschläge, zeigt im Grundsatz vier verschiedene Methoden zur Vermeidung der Doppelbelastung körperschaftsteuerpflichtiger Gewinne. Einer älteren Tradition gehört das Dividendenabzugsverfahren an, das ausgeschüttete Dividenden auf der Ebene der Körperschaft steuerfrei stellt (oder als Betriebsausgaben zum Abzug zulässt), so dass die materielle Steuerlast nur auf der Ebene des Anteilseigners hergestellt wird. In Griechenland wurde dieses System noch bis vor einigen Jahren praktiziert; in Deutschland neigten sowohl das klassische KSt-System (bis 1976)[90] als auch das Anrechnungsverfahren (ab 1977)[91] in diese Richtung, denn beide Systeme sahen einen ermäßigten Steuersatz für ausgeschüttete Gewinne vor. Rechtspolitisch ist es in jüngerer Zeit von *Reuven Avi-Yonah* für die US-Gesetzgebung wiederbelebt worden.[92] Auch wenn dieses Modell im Inlandsfall auf elegante Weise eine stete Einmalbelastung des Unternehmensgewinns sicherstellt, zeitigt es doch in der grenzüberschreitenden Situation erhebliche Nachteile. Wenn es nämlich möglich ist, durch Ausschüttung von Gewinnen einer inländischen Gesellschaft an ihre ausländischen Gesellschafter die Körperschaftsteuerlast zu minimieren, bleibt aus Sicht des inländischen Fiskus nur noch die Erhebung einer substantiellen Kapitalertragsteuer übrig, um den Zugriff auf das Steuersubstrat zu wahren. Dies jedoch steht nicht nur im Widerspruch zur Mutter-Tochter-RL der Europäischen Union;[93] es bereitet auch erhebliche Schwierigkeiten, wenn es um die Technik der Anrechnung dieser (hohen) Quellensteuern im Sitzstaat des Anteilseigners geht. Man muss auch berücksichtigen, dass ein Dividendenabzugsverfahren den Gesellschaften und ihren Anteilseignern die Möglichkeit geben würde, über Ausschüttungsbeschlüsse die Allokation des bei der Gesellschaft und beim Gesellschafter im jeweiligen Veranlagungszeitraum steuerpflichtigen Gewinns zu beeinflussen; dies würde für die Nutzung von Verlustverrechnungspotential auf Gesellschafts- und Gesellschafterebene erhebliche strategische Effekte zeitigen.[94]

Bis heute gilt das Anrechnungsverfahren – wie es im KStG 1977 in Deutschland eingeführt wurde – als „Goldstandard" für eine gelungene Integration

---

89 *Harris* (Fn. 1), 251 ff.; *Hey* (Fn. 40), Rz. 9 ff.; *Hey* in Tipke/Lang (Fn. 12), § 11 Rz. 6 ff.; *Shaviro* (Fn. 1), 151 ff.
90 *Hüttemann* in Bayer/Habersack (Fn. 52), 1221; *Seer* (Fn. 43), 67 ff.
91 *Hüttemann* in Bayer/Habersack (Fn. 52), 1222 ff.; *Seer* (Fn. 43), 80 ff.
92 *Avi-Yonah/Chenchinski*, The Case for Dividend Deduction, Michigan Law, Empirical Legal Studies Center, Working Paper No. 10-028.
93 EuGH v. 4.10.2011 – Rs. C-294/99 – Athinaiki Zithopiia, FR 2001, 1119.
94 *Harris* (Fn. 1), 263 ff.; *Schön* in Schön (Fn. 48), 44 f.

der Körperschaftsteuer in das allgemeine Einkommensteuerrecht.[95] Vor allem bei der Ausschüttung von Dividenden inländischer Gesellschaften an inländische Anteilseigner führte das Anrechnungsverfahren zu einer punktgenauen steuerlichen Belastung beim Empfänger der Dividende in Höhe seines persönlichen Steuersatzes. Durch den Anspruch auf Vergütung der vorausgezahlten Körperschaftsteuer an den Anteilseigner bei niedrigem persönlichem Grenzsteuersatz oder in einer Verlustsituation konnten verzerrende Effekte, die sich aus der Trennung der Besteuerungsebenen resultieren, weitgehend beseitigt werden.

Gescheitert ist das Anrechnungsverfahren denn auch an der mangelnden Tauglichkeit in der grenzüberschreitenden Situation.[96] Für die Anrechnung der Körperschaftsteuer verlangt der Europäische Gerichtshof eine weitgehende Gleichstellung ausländischer Anlagen mit inländischen Anlagen und damit eine Anrechnung (wenn auch nicht Vergütung) ausländischer Körperschaftsteuer auf die inländische Einkommensteuerlast.[97] Die daraus resultierenden Haushaltsrisiken wollte der deutsche Gesetzgeber nicht eingehen. Eine vergleichbare Problematik stellte sich bei Inlandsanlagen ausländischer Steuerpflichtiger. Zwar waren weder der deutsche Gesetzgeber noch der Europäische Gerichtshof[98] (aus Gründen der „ausgewogenen Aufteilung der Besteuerungsgrundlagen") bereit, ausländischen Anteilseignern einen Anspruch auf Vergütung der inländischen Körperschaftsteuer zu verschaffen; doch wurde dieses Hindernis vielfach im Wege des „Dividenden-Stripping" umgangen. Die Konsequenz war die Abschaffung des Anrechnungsverfahrens zum 1.1.2001.

Während sowohl das Dividendenabzugsverfahren als auch das Anrechnungsverfahren die Körperschaftsteuer konsequent wie eine „Vorauszahlung" auf die Einkommensteuer behandeln und die abschließende Belastung der Gewinne nach ihrer Ausschüttung auf der Ebene des Anteilseigners im Rahmen des Einkommensteuerrechts gewährleisten, ist das gedankliche Gegenmodell darauf angelegt, den Unternehmensgewinn ausschließlich auf der Ebene der Körperschaft zu besteuern und sämtliche Ausschüttungen auf der Ebene des Anteilseigners von der sachlichen Steuerpflicht auszunehmen. Eine solche Freistellung von Dividenden wird im Entwurf eines „Bundessteuergesetzbuchs" auch dem deutschen Gesetzgeber vorgeschlagen.[99] Der Ein-

---

95 *Hey* in Schön/Osterloh-Konrad (Fn. 2), 14; *Hüttemann* in Bayer/Habersack (Fn. 52) 1238 ff.
96 Grundlegend: *Knobbe-Keuk*, FS Klein, 1994, 347 ff.
97 EuGH v. 6.6.2000 – Rs. C-35/98 – Verkooijen, FR 2000, 720; v. 7.9.2004 – Rs. C-319/02 – Manninen, GmbHR 2004, 1346; v. 6.3.2007 – Rs. C-292/04 – Meilicke, GmbHR 2007, 378; v. 10.2.2011 – Verb. Rs. C-436/08 und C-437/08 – Haribo, Slg. 2011, I-305.
98 EuGH v. 26.6.2008 – Rs. C-284/06 – Burda, GmbHR 2008, 824.
99 *Kirchhof* (Fn. 23), 461 ff. (§ 52 Abs. 1 BStGB-E, S. 469 ff.); differenzierend *Seiler* (Fn. 84), F 50 ff.

fachheit und Eleganz des Modells stehen jedoch auch Nachteile gegenüber. Ein erstes Problem kann sich ergeben, wenn der Körperschaftsteuersatz deutlich unter dem Einkommensteuersatz liegt; eine Freistellung von Dividenden im Rahmen der Einkommensbesteuerung führt dann zu einer dauerhaften Minderbelastung des Unternehmensgewinns. Dies wirft die bereits oben geschilderten Nachfragen zur Differenzierung zwischen Arbeits- und Kapitaleinkommen auf. Das zweite Problem betrifft die Besteuerung von Auslandsbeteiligungen. Eine Freistellung inländischer Dividenden muss – jedenfalls auf dem Gebiet der Europäischen Union und im Europäischen Wirtschaftsraum, gegebenenfalls (auf der Grundlage der *erga-omnes*-Wirkung der Kapitalverkehrsfreiheit) aber auch gegenüber Drittstaaten – zu einer gleichsinnigen Freistellung von ausländischen Dividenden führen.[100] Inländische Aktionäre könnten dann ausländische Dividenden ohne jeden Zugriff des deutschen Fiskus vereinnahmen. Das mag man hinnehmen, wenn im Ausland eine substantielle Vorbelastung existiert. Besonders schmerzlich wirkt die Freistellung von Auslandsdividenden jedoch dann, wenn die Körperschaftsteuerlast im Quellenstaat hinter der im Sitzstaat des Empfängers zurückbleibt. Es verwundert daher nicht, dass Brasilien die breitflächige Einführung einer Dividendenfreistellung mit einer extensiven Hinzurechnungsbesteuerung kombiniert hat.[101] Diese erweiterte Hinzurechnungsbesteuerung stellte sich jedoch nach einem Urteil des brasilianischen Verfassungsgerichts im Ergebnis als rechtswidrig heraus und muss nunmehr auf Fälle kontrollierender Beteiligungen und missbräuchlicher Nutzung von Steueroasen reduziert werden.[102] In der Europäischen Union müsste dabei vor allem der restriktiven Sicht des Europäischen Gerichtshofs auf die Hinzurechnungsbesteuerung Rechnung getragen werden.[103]

Es bleiben die pragmatischen, wenn auch systematisch nicht voll überzeugenden Teileinkünfteverfahren und Teilsteuersatzverfahren,[104] zu denen sämtliche in Deutschland seit 2001 praktizierten Modelle gehören: das ursprüngliche „Halbeinkünfteverfahren" sowie das seit 2008 geltende „Teileinkünfteverfahren" für betrieblich gehaltene Beteiligungen und letztlich auch das Regime der Abgeltungssteuer. Diese Verfahren kombinieren eine (eher niedrige) definitive Belastung mit Körperschaftsteuer mit einer reduzierten Einkommensteuerlast auf Dividenden. Im Idealfall soll die Gesamtlast aus Körperschaftsteuer und (reduzierter) Einkommensteuer der Regelbelastung von Einkünften aller Art im System des Einkommensteuerrechts entsprechen. Natürlich ist auch dieses System nicht frei von Defiziten. Aus ökonomischer Sicht ist der *lock-in*-Effekt zu bemängeln, der aus der struk-

---

100 Siehe die in Fn. 97 zitierten Urteile des EuGH.
101 *Castelon* in Schön (Fn. 48), 214 ff.
102 Zur gerichtlichen Prüfung: *Castelon/Rothmann*, RIW 2012, 746 ff.
103 *Schön*, IStR 2013, Beihefter zu Heft 6.
104 *Hüttemann* in Bayer/Habersack (Fn. 52), 1243 ff.; *Seer* (Fn. 43), 99 ff.

turellen Mehrbelastung ausgeschütteter Gewinne im Vergleich zu thesaurierten Gewinnen stammt. Aus juristischer Sicht sind die Schwierigkeiten zu konstatieren, die sich bei einem reduzierten Steuersatz oder einer Abgeltungssteuer ergeben, wenn es um die Anwendung des progressiven Steuertarifs (mit steuerfreiem Existenzminimum) oder um den Abzug von Werbungskosten oder die Verlustverrechnung des Anteilseigners geht. Wenn sich dieses Verfahren dennoch durchgesetzt hat, dann hat dies seinen Grund vor allem darin, dass es sowohl auf der Ebene der Gesellschaft als auch auf der Ebene des Gesellschafters eine anteilige Steuerbelastung herstellt, somit im grenzüberschreitenden Fall immer eine „Mindestbeteiligung" des inländischen Fiskus sichert und zugleich in der Gesamtlast nicht an das „klassische System" der vollen Doppelbelastung heranreicht.

7. Differenzierung zwischen Eigenkapital(entgelten) und Fremdkapital(entgelten)

Die Etablierung einer eigenständigen Besteuerung von Gewinnen auf der Ebene des Unternehmensträgers (Körperschaftsteuer) führt mit Notwendigkeit in die Frage der Grenzziehung zwischen solchen Unternehmenserträgen, die zum Gewinn des Unternehmens gerechnet werden können (und dann dem im vorausgehenden Abschnitt geschilderten Körperschaftsteuerregime unterworfen sind) und solchen Unternehmenserträgen, die steuerlich Drittbeteiligten zustehen und daher als Betriebsausgaben den Gewinn mindern müssen.[105] Der Umstand, dass eine Gesellschaft durch die Mitgliedschaft ihrer Anteilseigner konstituiert wird und für diese Gewinne erwirtschaftet und ausschüttet, zwingt dazu, zwischen *insidern* und *outsidern* der Gesellschaft zu differenzieren. Während dies für Arbeitnehmer, Lieferanten und andere Geschäftspartner des Unternehmens regelmäßig unproblematisch ist, bereitet bei der Bereitstellung von Finanzkapital die Differenzierung zwischen Eigenkapitalgebern und Fremdkapitalgebern regelmäßig erhebliche Probleme. Weltweit haben sich unterschiedliche Kriterien zur Abgrenzung von Eigenkapital und Fremdkapital herausgebildet, deren fehlende Kongruenz im grenzüberschreitenden Fall auch zu Doppelbesteuerung oder doppelter Nichtbesteuerung führen kann.[106]

Die Notwendigkeit einer rechtlichen Differenzierung zwischen Eigenkapitalentgelten und Fremdkapitalentgelten führt nicht notwendig zu einer materiell unterschiedlichen Belastung. Wenn es gelingt, sowohl für Dividenden als auch für Zinsen eine reguläre Einmalbelastung durchzusetzen, kann die

---

105 Ausführlich *Schön* in Schön (Fn. 48), 41 ff.; *Harris* (Fn. 1), 181 ff.; *Shaviro* (Fn. 1), 33 ff.; grundlegend *Warren*, 83 Yale Law Journal (1974), 1585 ff.
106 Rechtsvergleichend die Beiträge in *Schön* (Fn. 48), zu *Brasilien, Deutschland, Frankreich, Griechenland, Niederlande, Österreich, Schweiz, Vereinigtes Königreich, Vereinigte Staaten*.

Alternative zwischen Eigen- und Fremdkapital auf ein steuertechnisches Detail heruntergefahren werden. In der Realität ist dies jedoch nicht der Fall. Das geltende deutsche Recht schafft zwar auf der Ebene der Investoren von Fremd- und Eigenkapital insoweit eine Gleichbehandlung, als der Einheitssatz der Abgeltungssteuer (25 %) sowohl für Dividenden als auch für Zinsen gilt. Bedenkt man jedoch, dass Dividenden auf der Ebene der Gesellschaft nicht abzugsfähig sind (§ 8 Abs. 3 S. 1 KStG), während Zinsen im Grundsatz als Betriebsausgaben gelten, so wird deutlich, dass Eigenkapitalentgelte im deutschen Recht massiv höher belastet werden als Fremdkapitalentgelte.

Diese Differenz zu beseitigen ist jedoch nicht einfach. Der geltende Abgeltungssteuersatz von 25 % ist dem Druck des internationalen Steuerwettbewerbs geschuldet; er dient der Bekämpfung der Steuerflucht und zugleich dem Ausgleich der Inflationsanfälligkeit von Zinserträgen. Eine dramatische Anhebung des Abgeltungssteuersatzes nur für Zinsen wäre steuerpolitisch daher kontraproduktiv. Umgekehrt wäre es fiskalisch nicht leicht zu verkraften, bei Dividenden ebenfalls eine Gesamtlast von nur 25 % zu erzeugen; bei dem gegenwärtigen Körperschaftsteuersatz von 15 % dürfte der Abgeltungssatz beim Anteilseigner dann nämlich nicht über 10 % liegen. Hinzu treten weitere Verzerrungen zwischen Eigenkapital und Fremdkapital auf dem Gebiet der Gewerbesteuer, wo der gewerbliche Gewinn zwar voll belastet, abgezogene Fremdkapitalentgelte aber nur anteilig hinzurechnet werden.

International werden zwei grundsätzliche Konzepte diskutiert, um bereits auf der Ebene der Gesellschaft eine Differenzierung zwischen Eigen- und Fremdkapital in rechtlicher oder zumindest in praktischer Hinsicht für irrelevant zu erklären. Im Vordringen befindlich ist das Konzept der *allowance for corporate equity* (ACE), welches bei Kapitalgesellschaften den steuerfreien Abzug einer „fiktiven Verzinsung"[107] auf das Eigenkapital erlaubt, auf diese Weise zu Eigenkapitalinvestitionen anregt und den „Steuerkeil" zwischen Eigen- und Fremdkapital einschränkt.[108] Staaten wie Belgien, Brasilien oder Italien haben mit diesem Konzept bereits Erfahrungen gemacht; man muss allerdings berücksichtigen, dass eine solche Steuerfreiheit der „Normalverzinsung" des Eigenkapitals zunächst einmal die inländische Steuerbasis verkürzt und daher den Ruf nach einer Erhöhung der Körperschaftsteuersätze hervorruft. Eine aufkommensneutrale Einführung der ACE bringt daher unweigerlich eine Erhöhung des nominalen Körper-

---

107 Zur Steuerfreiheit einer „Normalrendite" auf das Eigenkapital von Körperschaften in den Einkommensteuergesetzen vor 1918 s.: *Hüttemann* in Bayer/Habersack (Fn. 51), 1218 f., 1237; *Seer* (Fn. 43), 13 f.
108 Grundlegend: *Institute for Fiscal Studies*, Equity for Companies: a Corporation Tax for the 1990s, 1991.

schaftsteuersatzes mit sich.[109] Auch ist deren Umsetzung in der Praxis nicht leicht, wie die europarechtlichen Fragen zur Erstreckung der ACE auf steuerlich freigestellte Auslandsbetriebsstätten beweisen.[110]

Das gedankliche Gegenmodell bildet die *Comprehensive Business Income Tax* (CBIT), welche die Gleichbehandlung von Eigen- und Fremdkapital durch den Ausschluss der steuerlichen Abzugsfähigkeit von Fremdkapitalentgelten sichert.[111] Die CBIT wird vielfach vor allem im Hinblick auf die Finanzierung inländischer Unternehmen durch ausländische Kreditgeber empfohlen, weil sie ein substantielles Quellensteuerrecht des Ansässigkeitsstaates des zahlungspflichtigen Unternehmens garantiert. Dennoch hat sich die CBIT international noch nicht durchgesetzt: auf der Ebene des einzelnen Steuerzahlers führt sie zu einem Verstoß gegen das objektive Nettoprinzip (der Steuerpflichtige zahlt Steuern auf Erträge, die ihm nicht zustehen);[112] auf gesamtwirtschaftlicher Ebene führt sie zu einer Erhöhung der Kreditkosten für inländische Kapitalempfänger, denen es nicht gelingen dürfte, ihre gestiegenen Kosten auf den ausländischer Kreditgeber (in Gestalt einer Zinsminderung) zu überwälzen. Rechtstechnisch steht der Einführung einer CBIT vor allem entgegen, dass der steuerlichen Mehrbelastung beim Kapitalnehmer eine korrespondierende Entlastung beim Kapitalnehmer zur Seite gestellt werden muss. Das ist schon im innerstaatlichen Fall nicht einfach zu sichern; bei grenzüberschreitenden Fällen würde dies eine erhebliche Koordination der steuerlichen Behandlung von Zinsen im jeweiligen nationalen Recht voraussetzen.[113]

Wenn es (vorläufig) dabei bleibt, dass Fremdkapitalentgelte und Eigenkapitalentgelte bei der Gesellschaft im Hinblick auf ihre Abzugsfähigkeit unterschiedlich behandelt werden, bedarf es einer überzeugenden Grenzziehung zwischen den beiden Finanzierungsformen. Diese Thematik war Gegenstand eines umfassenden Forschungsprojekts am Max-Planck-Institut für Steuerrecht und Öffentliche Finanzen. Im Ergebnis wird der gegenwärtigen Gesetzeslage in Deutschland, die einerseits formal an den Status des Aktionärs anknüpft, andererseits bestimmte schuldrechtliche Genussrechte wegen der materiellen Ähnlichkeit zur Aktie ebenfalls dem steuerlichen Eigenkapital zuschlägt, ein teleologischer Ansatz gegenübergestellt. Dieser

---

109 *Spengel* u.a., Konsequenzen einer zinsbereinigten Bemessungsgrundlage für die Steuerbelastung deutscher Unternehmen und das Steueraufkommen, ASU/ZEW 2012, 14 f.
110 EuGH v. 4.7.2013 – Rs. C-350/11 – Argenta Spaarbank, ISR 2013, 288.
111 Grundlegend: *U.S. Treasury Department*, Report on integration of the individual and the corporate tax systems, 1992, Chapter 4, 39 ff.
112 *Schön* in Schön (Fn. 48), 87 ff.
113 Zu den Wohlfahrtsimplikationen bei koordinierter oder separater Einführung von ACE oder CBIT s.: *de Mooij/Devereux*, 18 International Tax and Public Finance (2011), 93 ff.

Ansatz kann in diesem Vortrag nicht umfassend präsentiert werden.[114] Er nimmt seinen Ausgang bei der Erkenntnis, dass die Existenz der Körperschaftsteuer im Wesentlichen damit begründet wird, dass der einzelne Anteilseigner kein unmittelbares Recht besitzt, für seine Beteiligung am Jahresgewinn die Auszahlung durchzusetzen.[115] Daher muss dieser Jahresgewinn auf der Ebene der Gesellschaft gesondert erfasst und der Körperschaftsteuer unterworfen werden. Eigenkapitalentgelte sind daher solche Gewinnanteile und andere Vermögensmehrungen, die nicht unmittelbar beim Anteilseigner als Einkommen erfasst werden können. Dann aber liegt es umgekehrt nahe, als „Fremdkapital" all jene Finanzinstrumente zu bezeichnen, die ihrem Inhaber – dem Gläubiger – einen Individualanspruch auf Auszahlung des jeweiligen Kapitalentgelts gewähren. Diese Ansprüche bzw. Zahlungen bilden Betriebsausgaben, denn sie mindern von vornherein die Leistungsfähigkeit der Gesellschaft und steigern unmittelbar die Leistungsfähigkeit des Kapitalgebers. Einklagbare zinsbringende Darlehen oder typische stille Beteiligungen sind daher als Fremdkapital zu bezeichnen, nicht aber Genussrechte, wenn die Auszahlung eines Gewinnanteils für den Genussberechtigten von einer Beschlussfassung der Unternehmensorgane (etwa über die reguläre Dividende) abhängt.

Aus der Sicht des internationalen Steuerrechts muss bei der Grenzziehung zwischen Eigen- und Fremdkapital auch die Sondersituation von Konzernunternehmen beachtet werden. Traditionell im Fokus stehen dabei Darlehen, die zwischen verbundenen Unternehmen gewährt werden. Hier zeigt sich in besonderer Weise die Austauschbarkeit von Eigen- und Fremdkapitalpositionen, der man in der Vergangenheit bereits durch eine begrenzte Umqualifikation von Entgelten für Gesellschafter-Fremdfinanzierungen (thin capitalization) in verdeckte Gewinnausschüttungen entsprochen hatte. Hier würde sich im Grundsatz eine Quellensteuer auf abfließende Zinsen anbieten – diese ist aber derzeit durch die europäische Zins-Lizenzgebühren-RL untersagt. Bedenkt man, dass auch in der gesellschaftsrechtlichen Diskussion Gesellschafterdarlehen einer formalen Eigenkapitalzufuhr weitgehend gleichgestellt werden, so kommt alternativ in Betracht, für Gesellschafterdarlehen (ab einer substanziellen Beteiligungsschwelle) generell die steuerliche Behandlung wie Eigenkapital vorzusehen und die Abzugsfähigkeit der jeweiligen Zinsen auszuschließen.[116]

Schwieriger ist die Lage, wenn es nicht um unmittelbare Darlehen zwischen Konzernunternehmen geht, sondern die Verlagerung von Zinslasten innerhalb des Konzerns mit Hilfe von Drittdarlehen geschieht, die dafür sorgen, dass Zinslasten typischerweise dort anfallen, wo die Steuersätze hoch sind, während Eigenkapitalerträge tendenziell in Niedrigsteuerländern alloziert

---

114 Näher: *Schön* in Schön (Fn. 48), 63 ff.
115 Siehe oben VI.5.
116 *Schön* in Schön (Fn. 48), 82 ff.

werden. Das betrifft vor allem Fälle der *fat capitalization*, bei der die Ausstattung einer ausländischen Tochtergesellschaft mit Eigenkapital durch eine Kreditaufnahme des Mutterunternehmens finanziert wird. Die Zinsschranke besitzt hier ihren wichtigsten Anwendungsbereich.[117] Sie ist jedoch mehrfach problematisch, z.B. im Hinblick auf die exorbitante Relevanz der (zufälligen) aktuellen Gewinnsituation des steuerpflichtigen Unternehmens für die Abzugsfähigkeit der Zinsen, aber auch im Hinblick auf die Fallstricke der *escape*-Klauseln des § 4h Abs. 2 EStG. Weniger aufwendig, aber natürlich auch liberaler im Ansatz, ist der *worldwide debt cap* des Vereinigten Königreichs, der einen Zinsabzug dann untersagt, wenn die Höhe der Verschuldung der zahlungspflichtigen Gesellschaft die Höhe der Gesamtverschuldung des Konzerns übersteigt, wenn also – mit anderen Worten – Eigenkapital innerhalb des Konzerns durch Kreditvergaben in Fremdkapital umgewandelt worden ist.[118] Eine „globale" Lösung würde schließlich darin bestehen, auf der Grundlage einer *asset-based allocation* Zinsabzüge konzernweit den Gliedgesellschaften zuzuordnen, die über das korrespondierende Aktivvermögen verfügen;[119] dies bedarf jedoch einer multilateralen Vereinbarung.

8. Differenzierung zwischen Dividenden und Veräußerungsgewinnen

Der Anteilseigner einer körperschaftsteuerpflichtigen Einheit vermag persönliche Einkünfte sowohl in der Gestalt von Dividendenzahlungen als auch in Form von Gewinnen aus der Veräußerung von Gesellschaftsanteilen erzielen. Während Dividenden einen auf der Ebene der Gesellschaft bereits erzielten und ausgeschütteten Gewinn repräsentieren, gründen sich Veräußerungsgewinne sowohl auf thesaurierte offene Rücklagen der Gesellschaft als auch auf verdeckte Wertsteigerungen (stille Reserven) und schließlich nicht selten lediglich auf optimistische Markteinschätzungen zur künftigen Gewinnentwicklung des Unternehmens.[120] Das rechtspolitische Ziel, Entscheidungsneutralität zwischen der Distribution und der Retention von Gewinnen herzustellen, sollte den Gesetzgeber dazu veranlassen, Dividenden und Veräußerungsgewinne einer gleichartigen steuerlichen Belastung zu unterziehen.[121] Dass im Bereich der Veräußerungsgewinne von Aktien dabei auch

---

117 Aus jüngerer Zeit monographisch dazu: *Jehlin*, Die Zinsschranke als Instrument zur Missbrauchsvermeidung und Steigerung der Eigenkapitalausstattung: Entstehung, Konzeption und verfassungsrechtliche Prüfung, 2013; *Marquart*, Zinsabzug und steuerliche Gewinnallokation: Rechtsvergleichende Untersuchung und rechtspolitischer Vorschlag, 2013.
118 Näher: *Marquart* (Fn. 117), 304 ff.
119 *Graetz*, 62 Bulletin for International Taxation (2008), 486 ff.; *Hey*, 68 Bulletin for International Taxation (im Erscheinen).
120 *Maisto/Malherbe* in Maisto (Hrsg.), Taxation of Companies on Capital Gains on Shares under Domestic Law, EU Law and Tax Treaties, 2013, 3 ff.
121 *Harris* (Fn. 1), 420 ff.

bloße spekulative „Hoffnungswerte" steuerlich erfasst werden, ist unschädlich, denn wenn diese Hoffnungen sich aktuell in geldwerte Erlöse ummünzen lassen, ist der allgemeine Tatbestand der Erzielung von Einkommen sicher erfüllt.

Das deutsche Recht hat traditionell diese Gleichbehandlung von Dividenden und Veräußerungsgewinnen gerade nicht verwirklicht. Getreu dem „Dualismus der Einkunftsarten" wurden Gewinne aus der Veräußerung von Anteilen an Kapitalgesellschaften bis zur Unternehmenssteuerreform 2001 nur dann erfasst, wenn entweder den zugrunde liegenden Gesellschaftsanteilen als „wesentlichen Beteiligungen" mit mehr als 25 % bzw. 10 % der Stimmrechte ein mitunternehmerischer Charakter beigemessen wurde (§ 17 EStG), wenn die Beteiligungen in einem Betriebsvermögen verstrickt waren (§§ 4, 5 EStG) oder wenn die Kurzfristigkeit des Umschlags auf einen spekulativen Hintergrund deutete (§ 23 EStG). Inzwischen werden Veräußerungsgewinne bei Beteiligungen generell steuerlich erfasst, allerdings hat sich dazu „von den Rändern her" einerseits die Besteuerung „betrieblicher Beteiligungen" erweitert und andererseits für private Beteiligungen ein Sonderrecht im Rahmen der Abgeltungssteuer entwickelt.[122]
Das hat dazu geführt, dass drei Regimes nebeneinander bestehen:
– die Besteuerung wesentlicher Beteiligungen nach § 17 EStG (mit einer Beteiligungsschwelle von 1 %);
– die Besteuerung von in Betriebsvermögen gehaltenen Beteiligungen im Rahmen des „Teileinkünfteverfahrens", zu denen auch „mitunternehmerische Beteiligungen" aktiver Anteilseigner gehören (§ 32d Abs. 1 Nr. 3 EStG);
– die Besteuerung privater Veräußerungsgewinne nach § 20 Abs. 2 EStG.

Diese Differenzierung führt zu massiven Verwerfungen, namentlich bei der Anwendung des Steuersatzes, der Verrechenbarkeit von Verlusten und bei der Abzugsfähigkeit von Erwerbsaufwendungen. Es wird Zeit, dass dies bereinigt und durch eine allgemeine *capital gains taxation* ersetzt wird. Allerdings sind dabei zwei wesentliche Nebenbedingungen zu beachten:
– die Besteuerung von privaten Veräußerungsgewinnen muss mit einem realistischen Inflationsausgleich versehen werden; andernfalls drohen Scheingewinn- und Substanzbesteuerung;[123]
– die Verrechnung von Verlusten aus Veräußerungen mit positiven Einkünften aus anderen Quellen muss generell gestattet werden; Einschrän-

---

122 Kritisch: *Hey*, DStJG 24 (2001), 155, 199 ff.; *Hey* in Tipke/Lang (Fn. 12), § 8 Rz. 546 ff.; namentlich zur Zwitterstellung des „unternehmerischen Kapitalgesellschafters" *Seer* in Schön/Osterloh-Konrad (Fn. 2), 97 ff.
123 *Maisto/Malherbe* in Maisto (Fn. 120), 5 zu den empirischen Grundlagen jüngst *Djanani/Krenzin/Grossmann*, StuW 2014, 145.

kungen des horizontalen oder vertikalen Verlustausgleichs lassen sich nur in engen Grenzen aus dem Gedanken der Missbrauchsbekämpfung legitimieren. Sie dürfen jedenfalls nicht von der Höhe der Beteiligungsquote oder dem „betrieblichen" Charakter einer Beteiligung abhängig gemacht werden.

9. Verrechnung von Verlusten

a) Geltendes Recht

Die Verrechenbarkeit von Verlusten wird zu einem Grundsatzproblem, wenn eine Steuerrechtsordnung zwischen zwei getrennten Ebenen der subjektiven Steuerpflicht – Gesellschaft und Anteilseigner – unterscheidet. Denn die horizontale und vertikale Ausgleichung von Verlusten ist eng mit der personalen Struktur der Einkommensteuer verbunden: in der Person eines Steuersubjekts (Individuum oder Körperschaft) werden sämtliche positiven und negativen Einkünfte aus verschiedenen Einkunftsquellen zusammengefasst. Eine intersubjektive „Übertragung" von Verlusten ist demgegenüber im geltenden Recht nicht angelegt und ist inzwischen auch im Erbfall nicht mehr akzeptiert.[124] Versteht man allerdings, dass es sich bei der Körperschaftsteuer bei wirtschaftlicher Betrachtung um eine „Vorauszahlung" für die Einkommensteuer des Anteilseigners handelt, sprechen gute Gründe für eine wechselseitige Verrechnungsfähigkeit, soweit nicht die zugrunde liegenden zivilrechtlichen Eigenheiten des Unternehmens (Haftungsbeschränkung) dem entgegenstehen. Betrachtet man das geltende Recht, so zeigen sich bestimmte Differenzierungen:

– Verluste des Anteilseigners aus anderen Einkunftsquellen können mit den Gewinnen der Gesellschaft nicht verrechnet werden. Dies ist nicht zwingend. Zwar ist die Körperschaft als gesondertes Steuersubjekt in keinem Fall in der Lage, unmittelbar auf Verlustpositionen des Gesellschafters zuzugreifen. Jedoch ermöglichte das frühere körperschaftsteuerliche Anrechnungsverfahren nicht nur, dass der Anteilseigner bei der Entrichtung von Einkommensteuer auf seine Dividende die vorausgezahlte Körperschaftsteuer anrechnen konnte. Vielmehr galt, dass der Anteilseigner den ausgeschütteten Gesellschaftsgewinn mit sonstigen Verlusten aus anderen Quellen verrechnen konnte, ohne dass er die volle Körperschaftsteuergutschrift verlor. Im Ausschüttungsfall ergab sich daraus eine weitgehende steuerwirksame Verrechnungsoption. Mit der gesetzgeberischen Umwandlung der Körperschaftsteuer auf der Ebene der Gesellschaft in eine „Definitivbelastung" im Rahmen des Halbeinkünfteverfahrens, des Teileinkünfteverfahrens und des Abgeltungssteuersystems ist diese Verrechnungstechnik jedoch verschwunden.

---

124 *Röder*, Das System der Verlustverrechnung im deutschen Steuerrecht, 2010, 285 ff.

- Verluste der Gesellschaft können dem Anteilseigner ebenfalls nicht ohne weiteres zugewiesen werden. Rechtstechnisch beruht dies auf der selbständigen Steuerpflicht der Gesellschaft. Rechtspolitisch ist dies nicht überzeugend, denn wenn die Körperschaftsteuer bei wirtschaftlicher Betrachtung eine Vorauszahlung der Einkommensteuer darstellt, ist dies ja gerade damit begründet, dass sowohl die Gewinne als auch die Verluste der Gesellschaft letztlich den Anteilseigner treffen. Darüber hinaus wird der Ausschluss der Verlustverrechnung mit der (gerade bei Kapitalgesellschaften) beschränkten Haftung der Anteilseigner begründet. Gerade der letztgenannte Gedanke hat aber nur begrenzte Durchschlagskraft, denn auch bei Personengesellschaften gibt es in ihrer persönlichen Haftung begrenzte Teilhaber (Kommanditisten, atypisch stille Gesellschafter), die bis zur Grenze ihrer Einlage/Haftsumme dennoch unmittelbar von den Verlusten der Gesellschaft profitieren können. Der Unterschied zwischen einem GmbH-Gesellschafter und einem Kommanditisten ist gerade in der Frage der persönlichen Haftung und des Zugriffs auf Gesellschaftsverluste daher nicht leicht zu rechtfertigen. Dass unser Recht darüber hinaus für verbundene Unternehmen das Rechtsinstitut der „Organschaft" bereitstellt, um eine Durchrechnung von Gesellschaftsverlusten auf die Ebene der Muttergesellschaft als Anteilseigner zu ermöglichen, ist ebenfalls ein Zeichen dafür, dass der Ausschluss der Verlustverrechnung zwischen den Besteuerungsebenen kein Naturgesetz bildet.

- Schließlich besteht die Möglichkeit, Verluste auf der Ebene einer Gesellschaft im Rahmen von Abschreibungen auf den Gesellschaftsanteil oder im Rahmen von Veräußerungsverlusten des Anteilseigners mittelbar geltend zu machen. Doch ist dies kein voller Ausgleich für die unmittelbare Verrechnung von Gesellschaftsverlusten. Zum einen tritt der Wertverlust beim Anteil oft nur verzögert ein (wenn sich nämlich auf Grund einer dauerhaften Verlustlage der Teilwert des Anteils dauerhaft vermindert hat). Zum anderen bestehen je nach Zugehörigkeit des Anteils zum Betriebs- oder Privatvermögen erhebliche Einschränkungen der Abzugsfähigkeit. Bei Anteilen im Vermögen von anderen Kapitalgesellschaften verhindert § 8b Abs. 3 KStG weitgehend die Geltendmachung von Wertverlusten, bei Anteilen im Vermögen von Personenunternehmen verhindert § 3c Abs. 2 EStG dies zu einem erheblichen Teil. Bei Anteilen im Privatvermögen spielen Teilwertabschreibungen ohnehin keine Rolle und auch Veräußerungsverluste sind lediglich im Rahmen von § 17 EStG weitgehend verrechenbar, während § 20 Abs. 6 EStG diese Verluste in großem Umfang „einsperrt".

b) Reformmodelle

Wie gehen die großen Reformmodelle der letzten Jahre mit diesem Befund um?
- Eine kreative Lösung bietet der Heidelberger Entwurf eines „Bundessteuergesetzbuchs", in dem sowohl eine „Verlustübergabe" als auch eine „Verlustübernahme" zwischen Gesellschaft und Gesellschafter ermöglicht wird.[125] Die wesentliche Grenze für diese privatautonome intersubjektive Verlustnutzung bietet das Prinzip, dass eine fehlende persönliche Haftung des Teilhabers nicht durch eine solche Übertragung von Verlustverrechnungspotential überspielt werden soll. Das Konzept ähnelt von fern dem britischen *group relief*, der innerhalb von Konzernverbünden die privatautonome Verschiebung von Verlustbeträgen ermöglicht.[126]
- Stärker dem geltenden System verhaftet sind die Vorschläge der „Kommission Steuergesetzbuch" der Stiftung Marktwirtschaft.[127] Deren Konzept betont sehr stark die Eigenständigkeit der Unternehmensbesteuerung unabhängig von der Rechtsform (d.h. auch für die Personenunternehmen). Dennoch wird mit Hilfe von Sonderregeln für Kleinunternehmer sowie für Anlaufverluste diese Sphärentrennung durchbrochen, um dem Anliegen einer Nutzung von Verlusten gerade bei personenorientierten Gesellschaften Rechnung zu tragen.[128] Eine Feinsteuerung des Umfangs der Verlustverrechnung soll schließlich über den Tatbestand der persönlichen Haftung sowie über die tatsächliche Leistung von werthaltigen Einlagen erfolgen.[129]

Nach dem hier favorisierten Modell einer wechselseitigen „Option" von Personen- und Kapitalgesellschaften für und gegen die gesonderte Körperschaftsbesteuerung erledigen sich diese Anliegen weitgehend durch eine sinnvolle privatautonome Nutzung des Optionsmodells. Danach kann sowohl bei Personen- als auch bei geschlossenen Kapitalgesellschaften in einer (verlustträchtigen) Anlaufphase die transparente Besteuerung gewählt werden, wobei der verrechnungsfähige Betrag auf den Umfang des haftenden Kapitalanteils beschränkt werden muss. Wenn hingegen für die Körperschaftsbesteuerung der unternehmerischen Einheit optiert wird, können Gesellschaftsverluste nur noch über Teilwertabschreibungen oder Veräußerungsverluste bezogen auf den Gesellschaftsanteil geltend gemacht werden. Hier ist eine Erweiterung erforderlich – z.B. sollten in jedem Fall Liquidationsverluste durchgerechnet und bei privaten Verlusten die Bandbreite der Verrechnungsmöglichkeiten erhöht werden.

---

125 *Kirchhof* (Fn. 23), 438 ff. (§ 49 Abs. 2 und Abs. 3 BStGB-E).
126 *Ault/Arnold* (Fn. 22), 400.
127 *J. Lang/Eilfort* (Fn. 23), 237 ff. (§ 3).
128 § 3 Allgemeines Unternehmenssteuergesetz-E.
129 § 11 Abs. 3–5, § 12 Allgemeines Unternehmenssteuergesetz-E; s. auch *Hennrichs*, FR 2010, 721 (730 f.).

Schließlich sprechen gute Gründe dafür, § 8c KStG zur Gänze abzuschaffen.[130] Diese Vorschrift kombiniert die steuerlichen Nachteile des Trennungsprinzips (keine Durchrechnung des Gesellschaftsverlusts auf die Gesellschafter) mit den steuerlichen Nachteilen des Transparenzprinzips (keine Fortführung des Verlustes beim Rechtsnachfolger) und verhindert damit wirtschaftlich sinnvolle Transaktionen. Daher wird im Schrifttum überwiegend befürwortet, im gesetzlichen Tatbestand zu einer auf den als missbräuchlich angesehenen Fall des „Mantelkaufs" (§ 8 Abs. 4 KStG a.F.) zurückzukehren. Bei grundsätzlicher Betrachtung kann man sogar noch weiter gehen und die Kritik an der Nutzung von Verlustverrechnungspotential auch durch „Mantelkäufe" vollständig zurückweisen. Denn die Aussicht auf einen späteren „Mantelverkauf" ermöglicht es insbesondere den Inhabern kleiner und mittlerer Unternehmen, den Verlust aus riskanten Investitionen ihrer eingesetzten Eigenmittel steuerlich zum Teil aufzufangen.[131] Dies stellt Symmetrie zu dem Umstand her, dass das Steuerrecht nicht zögert, einen Gewinn aus derselben riskanten Investition zur Gänze zu besteuern – dann sollte man den Teilhabern die Chance geben, bei einem Scheitern der Investition den Fiskus zum Teil daran zu beteiligen.

c) Organschaft

Eine Neuordnung des Organschaftsrechts[132] war – vor dem Hintergrund optimistischer Formulierungen im Koalitionsvertrag von Union und FDP – in der vergangenen Legislaturperiode Gegenstand sachkundiger und maßvoller Reformvorschläge.[133] Leider hat sich der Gesetzgeber nur zu Korrekturen an den formalen Rändern des Organschaftsrechts durchringen können. Namentlich wurde entschieden, am Konzernvertrag als zivilrechtlicher Grundlage festzuhalten.[134] Dies entspricht der generellen Konzeption des Unternehmenssteuerrechts (vgl. § 15a EStG), keine Verlustverrechnung dort zuzulassen, wo keine zivilrechtliche Einstandspflicht besteht.[135] Die Schwierigkeit besteht allerdings darin, dass der Abschluss und die ordnungsmäßige Durchführung des zur Verlustübernahme erforderlichen Ge-

---

130 Grundsatzkritik bei: *Drüen*, Ubg. 2010, 543 (545 ff.); *Hey* in Tipke/Lang (Fn. 12), § 11 Rz. 57 f. m.w.N.; ausführlich zur Verfassungswidrigkeit: *Röder*, StuW 2012, 18 (28 ff.).
131 Zu ökonomischen Rationalität der Verlustverrechnung s. *Röder* (Fn. 124), 400 ff.
132 Ausführlich zu den Grundlagen der Konzernbesteuerung: *Hüttemann* in Schön/Osterloh-Konrad (Fn. 2) 127 ff.; *Hüttemann* in Bayer/Habersack (Fn. 51), 1248 ff.; *Montag* in Tipke/Lang (Fn. 12), § 14 Rz. 28 ff.; rechtsvergleichend: *Dörr* in Schön (Hrsg.), Steuerliche Maßgeblichkeit in Deutschland und Europa, 2005, 727 ff.
133 *Haas u.a.*, Einführung einer modernen Gruppenbesteuerung, IFSt-Schriften Nr. 471, 2011.
134 Zur Realitätsgerechtheit der fiskalischen Bedenken s.: *Oestreicher/Vorndamme/Hohls*, Aufkommensauswirkungen einer Abschaffung des Ergebnisabführungsvertrages bei der ertragsteuerlichen Organschaft, IFSt-Schrift Nr. 482, 2012.
135 *Hüttemann* in Schön/Osterloh-Konrad (Fn. 2), 132 ff.

winnabführungsvertrages eine Fülle von formalen Fußangeln aufweisen, die auch durch die jüngste Vereinfachungsnovelle nicht wirklich behoben worden sind.[136]

Ein ebenfalls am Zivilrecht orientiertes, aber in seiner Durchführung erheblich schlankeres Verlustverrechnungssystem für Unternehmensgruppen bieten die skandinavischen Rechtsordnungen mit ihrem „Verlustbeitragsmodell".[137] Dieses Modell erlaubt es gruppenangehörigen Gesellschaften, Zahlungen an andere Konzernglieder, die zum Ausgleich von Verlusten gewährt werden, schlicht als Betriebsausgaben abzuziehen. Im Gegenzug muss die empfangende Gesellschaft den Wert der Zuwendung als Betriebseinnahme verbuchen. Im bilanziellen Ergebnis wird damit der ausgeglichene Verlustbetrag auf die zuwendende Gesellschaft transferiert. Vergleicht man dies mit der steuerlichen Behandlung von verlorenen Zuschüssen an sanierungsbedürftige Konzerngesellschaften nach deutschem Recht, so besteht der wesentliche Nachteil unserer Bilanzregeln darin, dass die Verlustausgleichszahlung als „nachträgliche Anschaffungskosten" beim Zahlenden aktiviert und beim Empfänger als „verdeckte Einlage" gewinnneutral verbucht wird. Eine schlichte Umstellung von einer ergebnisneutralen Buchung zu einer ergebnisrelevanten Buchung ist demgegenüber alles, was man benötigt, um hier zu einer zivilrechtlich unterlegten Verlustverrechnung zu kommen. Dies überzeugt als kluger Kompromiss aus steuerlicher Flexibilität und gesellschaftsrechtlicher Realität (zumal der Verlustbeitrag auch in einem schuldrechtlichen Zahlungsversprechen ohne aktuelle Liquiditätszufuhr bestehen darf).

Allerdings spricht vieles dafür, die Abzugsfähigkeit solcher Verlustbeiträge dann auch außerhalb des Konzernrechts und sogar außerhalb des Kapitalgesellschaftsrechts zuzulassen. Vielmehr könnte man in einem ersten Schritt Nachschüsse von haftungsbeschränkten Gesellschaftern an ihre GmbH für sofort abzugsfähig erklären (und auf diese Weise problematische Abgrenzungen im Bereich der nachträglichen Anschaffungskosten und Teilwertabschreibungen vermeiden). Es spricht auch nichts dagegen, entgegen § 15a Abs. 1a EStG Kommanditisten zu gestatten, Verluste durch Einzahlungen in bestehende Verlustkonten bei der Gesellschaft sofort gewinnwirksam auszugleichen.[138] Schließlich müsste man bei Kapitalgesellschaften akzeptieren, dass spätestens im Zeitpunkt ihrer Liquidation der Verlust des ursprünglich vom Gesellschafter eingelegten Kapitals bei diesem ergebniswirksam verrechnet werden kann.

---

136 *von Wolfersdorff*, Die „kleine Organschaftsreform": Erleichterungen bei Abschluss und Durchführung des Gewinnabführungsvertrages, IFSt-Schrift Nr. 481, 2012.
137 *Ault/Arnold* (Fn. 22), 399 f.; *Lampert/Grave*, DStZ 2012, 463.
138 Ebenso *Röder* (Fn. 124), 326 ff.

Dieses „Verlustbeitragsmodell" ist scharf zu unterscheiden vom britischen Konzept des *group relief*.[139] In diesem Regelwerk können Verlustbeiträge als solche nach Belieben zwischen Konzerngesellschaften verlagert werden, ohne dass dies von einer zivilrechtlichen Ausgleichsleistung begleitet werden oder auf einer allgemeinen Verlustübernahmepflicht beruhen müsste. Hier ist – wie der Fall „Marks & Spencer"[140] deutlich gemacht hat, mit strategischen Verlustnutzungen sehr viel mehr zu rechnen als in einer Situation persönlichen Einstehen-Müssens.

Wieder anders sind diejenigen Konzernbesteuerungsmodelle, die eine gruppenweite Verlustverrechnung ganz ohne gesellschafts- oder zivilrechtlichen Durchgriff ermöglichen. Dazu rechnet einerseits die österreichische Gruppenbesteuerung,[141] welche auf der Ebene der Muttergesellschaft alle Tochterergebnisse zusammenführt, allerdings auf den bis zum Jahre 2004 auch in Österreich erforderlichen Konzernvertrag verzichtet. Noch weiter gehen das niederländische Recht der „fiskalischen Einheit" oder das US-Modell des *consolidated tax return*, die sämtliche Ergebnisse der Konzerngesellschaften konsolidieren und dabei auch alle Geschäfte zwischen Gruppenmitgliedern neutralisieren.[142] Diese Vorschläge verlassen zur Gänze die zivilrechtlichen Vorgaben und erscheinen daher weniger überzeugend als das skandinavische „Verlustbeitragsmodell". Sie wären allerdings dann zu favorisieren, wenn es darum geht – wie in Österreich – Deutschland als Standort für Holding-Strukturen im Wettbewerb zu positionieren.[143]

VII. Zukunft der Gewerbesteuer?

Ein Vortrag über die Besteuerung von Unternehmen kann nicht ohne ein Wort zur Gewerbesteuer auskommen. Es ist bereits ausgeführt worden, dass das Konzept einer gezielten Mehrbelastung von Gewerbeerträgen einerseits nicht überzeugt und andererseits – wie namentlich in § 35 EStG deutlich wird – als legislatorischer Zweck auch gar nicht mehr gewollt ist. Die Gewerbesteuergesetzgebung dient vor allem dazu, aus dem Aufkommensvolumen der Unternehmensbesteuerung einen Teil den Gemeinden zuzuweisen und diesen zugleich über ein Hebesatzrecht eine gewisse fiskalische Autonomie (einschließlich eines begrenzten Steuerwettbewerbs) zu ermöglichen. Diese Elemente müssen auch im Zuge einer Reform oder Ersetzung der Gewerbesteuer erhalten bleiben.

---

139 Siehe Fn. 126.
140 EuGH v. 13.12.2005 – Rs. C-446/03 – Marks & Spencer, FR 2006, 177.
141 § 9 öKStG; Zur Entwicklung s. ausführlich *Urtz* in Achatz/Kirchmayr (Hrsg.), Körperschaftsteuergesetz, 2011, § 9 Rz. 1 ff.
142 *Ault/Arnold* (Fn. 22), 397 ff., 400 ff.
143 Zu den politischen Zielsetzungen einer Konzernbesteuerung zwischen Missbrauchsabwehr, Neutralität und Förderung siehe *Schön*, ZHR 171 (2007) 409 (414 ff.).

Zwei der großen Reformkonzepte der vergangenen Jahre haben sich eingehend mit der Zukunft der Unternehmensbesteuerung im Recht der Kommunalfinanzen befasst. Besonders ausdifferenziert ist das Modell der *Stiftung Marktwirtschaft* für eine „kommunale Unternehmenssteuer" als Sondersteuer auf die Bemessungsgrundlage einer allgemeinen Unternehmenssteuer.[144] Diese bildet dann „Säule 3" der Kommunalfinanzierung neben Anteilen der Gemeinden an der Lohnsteuer, der Umsatzsteuer und einem weiteren Zuschuss der Länder. Stärker im Rahmen des klassischen Einkommensteuerrechts verankert ist der Regelungsentwurf im Bundessteuergesetzbuch, das eine kommunale Zuschlagsteuer zur Einkommensteuer vorsieht und damit natürlich auch Zuschläge auf unternehmerische Einkünfte vorprogrammiert.[145]

Beiden Modellvorschlägen ist gemeinsam, dass sie im Gegensatz zum geltenden Recht die Bemessungsgrundlage des (unternehmerischen) Einkommens voraussetzen und auf Hinzurechnungen, Kürzungen oder andere Züge einer „Objektsteuer" verzichten. Dies führt den großen Vorteil mit sich, dass für die allgemeine Unternehmensbesteuerung und für die kommunale Unternehmensbesteuerung keine verschiedenen Bemessungsgrundlagen gewählt werden müssen. Auch im geltenden Recht ist dies – z.B. bei der Anwendung der Anrechnung nach § 35 EStG – eine ständige Quelle von Streit und Komplikationen. Das Fehlen der Hinzurechnungen ist aber systematisch gesehen genau der Stein des Anstoßes: Wenn nämlich die Gewerbesteuer in irgendeiner Weise die lokale Steuerkraft des Unternehmens aufgreifen soll, erweisen sich Hinzurechnungen als erforderlich, um das „Objekt" Gewerbebetrieb neutral zu belasten und zugleich auch Verlagerungen von Steuergut zwischen verschiedenen Gemeinden zu vermeiden. Eine wirkliche „Revitalisierung" der Gewerbesteuer müsste daher die Hinzurechnungen eher ausbauen als zurückführen. Das wiederum würde von den betroffenen Unternehmen nicht nur als leistungsfähigkeitswidrige „Mehrbelastung" empfunden, sondern es würde zugleich die Gefahr von Doppelbesteuerung mit sich führen, wenn diese Beträge beim Empfänger (wie bisher) ebenfalls steuerpflichtig bleiben.

Im Kern der Diskussion stehen dabei die Behandlung von Entgelten für Fremdkapital – Zinsen auf Dauerschulden ebenso wie Gewinnanteile auf stille Beteiligungen oder Ertragsanteile von Rentenzahlungen. Das GewStG 1936 schloss die gesamten Fremdkapitalentgelte noch mit Selbstverständlichkeit in den Gewerbeertrag ein. Über die Jahrzehnte hinweg wurden diese Hinzurechnungen immer weiter reduziert, so dass heute lediglich noch ein Regelbetrag von 25 % der Fremdkapitalentgelte hinzugerechnet wird (§ 8 Nr. 1 GewStG). Insgesamt steht damit einer Vollbelastung der Eigen-

---

144 *J. Lang/Eilfort* (Fn. 23), 417 ff., 428 f.
145 *Kirchhof* (Fn. 23), 552 ff. (§ 65 BStGB-E).

kapitalerträge eine Teilbelastung der Fremdkapitalerträge im Gewerbesteuerrecht gegenüber. Dabei bleibt zu beachten, dass die wirkliche Gesamtlast auf die Fremdkapitalvergabe natürlich auch davon abhängt, ob der Kreditgeber eine Privatperson (keine Gewerbesteuerpflicht der Einnahmen), ein Gewerbetreibender (volle Gewerbesteuerpflicht der Einnahmen) oder ein Kreditinstitut (Gewerbesteuerpflicht des Überschusses der vereinnahmten über den verausgabten Zinsen) ist.

Eine ausgewogene steuerliche Erfassung könnte darauf hinauslaufen, dass die Gewerbesteuerpflicht der Fremdkapitalaufwendungen ausgeweitet wird, zugleich aber die Belastung der Gewerbebetriebe aus Einkommensteuer, Körperschaftsteuer und Gewerbesteuer nicht erhöht wird. Namentlich muss verhindert werden, dass mittelständische Unternehmen, denen häufig nicht die Möglichkeit zur Verfügung steht, Bankdarlehen durch Eigenkapital zu ersetzen, nicht einer Substanzbesteuerung ausgesetzt werden. Ein Weg in diese Richtung könnte darin bestehen, bei der Körperschaftsteuer (sowie der Einkommensteuer bei Personenunternehmen und anderen transparent besteuerten Einheiten) eine maßvolle *allowance for corporate equity* einzuführen und im Gegenzug bei der Gewerbesteuer eine maßvolle Hinzurechnung der Fremdkapitalentgelte anzuordnen. Dies würde

– im Körperschaftsteuer- und Einkommensteuerrecht eine stärkere Gleichbehandlung von Eigen- und Fremdkapital bewirken;

– zugleich im internationalen Wettbewerb die Attraktivität des Standort Deutschlands für Eigenkapitalinvestitionen erhöhen;

– die Gewerbesteuereinnahmen stabilisieren;

– den Gemeinden Gelegenheit geben, im Rahmen der Ausgestaltung der gewerbesteuerlichen Hebesätze auch für Fremdkapitalentgelte eine Art Steuerwettbewerb zu begründen. Diese Hinzurechnung bei der Gewerbesteuer würde zugleich die Funktion einer „Mindestbesteuerung" von ins Ausland abfließenden Fremdkapitalentgelten übernehmen und könnte damit die Zinsschranke oder mögliche *thin cap*-Regelungen zumindest in Teilen überflüssig machen.

Voraussetzung wäre allerdings auch, dass wirtschaftliche Doppelbesteuerungen ausgeschlossen sind, insbesondere die Vereinnahmung von Zinsen beim Kreditgeber als solche durch eine Kürzung des Gewerbeertrages freigestellt wird. Es hängt sehr von der Wahl des Umfangs der jeweils freigestellten oder hinzugerechneten Kapitalentgelte ab, welche Verhaltensmuster und Belastungen sich bei den Unternehmen einstellen. Dies bedarf weiterer Überlegungen.

VIII. Schluss

So wenig es die Unternehmensbesteuerung „als solche" gibt, so wenig gibt es das ideale System einer Besteuerung unternehmerischer Erträge. Die vorstehenden Ausführungen dienten daher nicht dem Zweck, dem Leser ein geschlossenes und perfektes System für die Integration der Unternehmensbesteuerung in das allgemeine Einkommensteuerrecht vorzustellen. Wichtiger erscheint mir, dass sich der Gesetzgeber (und seine Begleiter) nicht nur der legislatorischen Freiräume, sondern auch der logisch miteinander verknüpften Strukturentscheidungen bewusst sind, die eine Neuordnung des Unternehmenssteuerrechts im Kern prägen. Nur wer erkennt, dass es kein Regelwerk geben wird, das innerhalb der klassischen Einkommensteuerrechts eine Gleichbehandlung sowohl der Unternehmer als auch der Unternehmen und schließlich auch der Unternehmensträger garantiert, wird die einzelnen gesetzgeberischen Optionen mit Maß und Ziel nutzen können.

Internationale Aspekte einer Reform der Unternehmensbesteuerung

Prof. Dr. *Heinz-Klaus Kroppen*,
LL.M., Düsseldorf

Inhaltsübersicht

I. Rückblick auf Unternehmenssteuerreformvorschläge der letzten Jahre
II. Relevanz im jetzigen politischen Umfeld
III. Aktuelle Vorschläge zur Sicherung des deutschen Besteuerungssubstrats
  1. BEPS und Google Tax als Ausgangspunkt der Diskussion
  2. Verrechnungspreise als Ursache von Gewinnverlagerungen
    a) Alternativen zur Gewinnaufteilung
    b) Verbesserung des bestehenden Systems
  3. Besteuerung digitaler Wirtschaft
    a) Französische Vorschläge
    b) Marktzugang vs. Wertschöpfung
  4. Aufgabe der Betriebsstätte als Anknüpfungspunkt für Besteuerung
    a) Feste Geschäftseinrichtung
    b) Vertreterbetriebsstätte
  5. Quellensteuern als Allheilmittel
  6. Lizenzschranke
  7. Korrespondenzprinzip
  8. Übergang vom Wohnsitzprinzip zu Staatsbürgerschaftsprinzip
  9. Neue Transparenzregeln als Abschreckungsmittel
IV. Zusammenfassung

I. Rückblick auf Unternehmenssteuerreformvorschläge der letzten Jahre

In den letzten knapp 25 Jahren hat sich die Unternehmensbesteuerung in Deutschland wesentlich verändert. Wie die Studie des ZEW für die *Stiftung Familienunternehmen* herausgearbeitet hat, war dieser Zeitraum von einer deutlichen Verbesserung der Standortbedingungen geprägt.[1] Dies lag zum einen an dem umfassenden Abbau der direkten Substanzbesteuerung durch Abschaffung der Vermögensteuer und der Gewerbekapitalsteuer und zum anderen an der deutlichen Absenkung des Körperschaftsteuersatzes von ehemals 50 % für thesaurierte Gewinne auf den heute geltenden 15 % Körperschaftsteuersatz.[2] Insbesondere diese letzte Absenkung musste aber mit verschiedenen Gegenfinanzierungsmaßnahmen, die auch gerade für international operierende Unternehmen besonders problematisch sind, teuer erkauft werden. Zu nennen sind hier nur die Zinsschranke, Regelungen zu

---
1 *Stiftung Familienunternehmen*, Unternehmensbesteuerung in Deutschland, 2012, V.
2 *Stiftung Familienunternehmen* (Fn. 1), 5, Punkt 2.2.1.

Funktionsverlagerungen und die Verschärfung der Mantelkaufregelung.[3] Es besteht aber nach wie vor ein erheblicher Reformbedarf, um den Standort Deutschland international wettbewerbsfähig zu erhalten.[4] Die Wissenschaft hat hierzu in den letzten Jahren sehr bemerkenswerte, umfassende Reformkonzepte vorgelegt, die bei ihrer Umsetzung die Wettbewerbsfähigkeit Deutschlands wesentlich verbessern würden.[5] Mit Unterschieden im Einzelnen gilt dies sowohl für den gemeinsamen Vorschlag des *Sachverständigenrates* mit dem *ZEW* und dem *MPI* für eine duale Einkommensteuer[6] als auch für das Konzept der *Stiftung Marktwirtschaft*[7] und insbesondere aus meiner Sicht für das imposante Werk eines Bundessteuergesetzbuches der Expertengruppe unter Führung von *Paul Kirchhof*.[8]

II. Relevanz im jetzigen politischen Umfeld

Leider wird jedoch keiner dieser Reformvorschläge in der nächsten Legislaturperiode eine Chance auf vollständige oder teilweise Umsetzung haben. Der Reformeifer der politischen Parteien ist, was eine grundlegende Unternehmenssteuerreform betrifft, leider völlig erlahmt, wie eine Befassung mit den Wahlprogrammen der verschiedenen Parteien zeigt. Einzig die FDP propagiert in ihrem Bürgerprogramm 2013 das Ziel einer grundlegenden Reform des Einkommen- und Unternehmenssteuerrechts.[9] In allen anderen Parteiprogrammen ist eine solche Reform nicht einmal erwähnt. Die grundlegenden Reformvorschläge des *Sachverständigenrats*, der *Stiftung Marktwirtschaft* und von *Paul Kirchhof* und damit auch ihre internationalen Aspekte, werden deshalb auf absehbare Zeit in der politischen Wirklichkeit keine Rolle spielen.

---

3 Einfügen von § 4h EStG, Streichung von § 8 Abs. 4 KStG, Einfügen von § 8c KStG, Einfügen von § 1 Abs. 3 AStG, jeweils durch Unternehmensteuerreformgesetz 2008, BGBl. I 2007, 1912; ausführlich hierzu *Höreth/Stelzer/Welter*, Unternehmenssteuerreform 2008, BB 2006, 2665.
4 *Endres/Stellbrink*, Wo steht Deutschland im internationalen Steuerwettbewerb?, StuW 2012, 96 (104).
5 *Stiftung Familienunternehmen* (Fn. 1), 27, Punkt 3.3.
6 *Sachverständigenrat/Zentrum für Europäische Wirtschaftsforschung/Max-Planck-Institut für Geistiges Eigentum, Wettbewerbs- und Steuerrecht*, Reform der Einkommens- und Unternehmensbesteuerung durch die Duale Einkommensteuer, 2006, ftp://ftp.zew.de/pub/zew-docs/gutachten/Duale_ESt_erstes_kapitel.pdf, abgerufen am 3.9.2013.
7 *Stiftung Marktwirtschaft*, Kommission Steuergesetzbuch, Steuerpolitisches Programm, 2006, http://www.stiftung-marktwirtschaft.de/fileadmin/user_upload/Dokumente/Steuerpolitisches-Programm-Druckfassung.pdf; Gesetzesentwürfe unter http://www.stiftung-marktwirtschaft.de/wirtschaft/kommission-steuergesetzbuch/gesetzestexte.html, abgerufen am 3.9.2013.
8 *Kirchhof*, Bundessteuergesetzbuch, 2011.
9 Freie Demokratischen Partei, Bürgerprogramm 2013: Programm zur Bundestagswahl 2013, beschlossen auf dem Bundesparteitag vom 4. bis 5.5.2013 in Nürnberg, 11.

Ganz anders ist dies jedoch mit dem unter den Schlagworten BEPS (Base Erosion and Profit Shifting), Apple Tax oder Google Tax bekannt gewordenen Phänomen der Erodierung der steuerlichen Bemessungsgrundlage und den möglichen Gegenmaßnahmen zu ihrer Eindämmung. Zahlreiche Politiker und alle politischen Parteien haben sich kritisch zu der Thematik geäußert und Maßnahmen des Gesetzgebers gefordert.[10] Die OECD hat einen Bericht[11] und einen Aktionsplan[12] zu BEPS vorgelegt. Die Finanzminister der G-20-Staaten haben sich auf mehreren Sitzungen kritisch mit BEPS und der aggressiven Steuerplanung multinationaler Konzerne befasst.[13] Auch die EU-Kommission hat einen Aktionsplan hierzu vorgelegt.[14] Es ist deshalb sehr wahrscheinlich, dass es in der nächsten Legislaturperiode zu erheblichen Eingriffen in das bestehende internationale Steuerrecht Deutschlands kommen wird. Ich werde deshalb in diesem Vortrag zunächst exemplarisch den Google Steuerfall als Ausgangspunkt der Diskussion analysieren und untersuchen, ob ähnliche Ergebnisse bei einer vergleichbaren deutschen Muttergesellschaft möglich wären. Danach werde ich mich kritisch mit einigen Reformvorschlägen zur Eindämmung angeblich aggressiver Steuerplanungen multinationaler Unternehmen auseinandersetzen.

III. Aktuelle Vorschläge zur Sicherung des deutschen Besteuerungssubstrats

1. BEPS und Google Tax als Ausgangspunkt der Diskussion

Ausgangspunkt der gesamten BEPS Diskussion waren die Steuerstrukturierungspraktiken einiger US Technologiekonzerne,[15] die dazu geführt haben, dass diese auf ihre außerhalb der USA generierten Gewinne nur sehr geringe Steuern gezahlt haben. So lag etwa der Steuersatz von Google auf diese Einkünfte bei ungefähr 3 %,[16] allerdings bei einer Gesamtkonzernsteuer-

---

10 So z.B. die SPD in BT-Drucks. 17/12819 und 17/13716; die SPD und Bündnis 90/Die Grünen in BT-Drucks. 17/13717; die CDU/CSU und FDP in BT-Drucks. 17/12827.
11 OECD, Addressing Base Erosion and Profit Shifting vom 12.2.2013, OECD Publishing, 2013.
12 OECD, Action Plan on Base Erosion and Profit Shifting vom 19.7.2013, OECD Publishing, 2013.
13 G20-Treffen der Finanzminister am 5. und 6.11.2012 in Mexiko-Stadt sowie am 15. und 16.2.2013 und am 19. und 20.7.2013 in Moskau; ebenso G20-Treffen der Staats- und Regierungschefs in Mexiko am 18. und 19.6.2012.
14 Empfehlung der EU-Kommission vom 6.12.2012 betreffend aggressive Steuerplanung, Empf. 2012/772/EU.
15 Z.B. Google, Apple und Microsoft: *Kocieniewski*, Companies Push for Tax Break on Foreign Cash, New York Times, 19.6.2011, http://www.nytimes.com/2011/06/20/business/20tax.html?pagewanted=all, abgerufen am 28.5.2013.
16 *Drucker*, Google 2.4 % Rate Shows How $60 Billion Lost to Tax Loopholes, Bloomberg, 21.10.2010.

quote von 20 %,[17] was an den im Vergleich relativ hohen US Steuersätzen liegt.[18] Wie hat Google diesen sehr geringen Steuersatz auf die ausländischen Gewinne erreicht?[19] Dazu hat Google Inc., die US Muttergesellschaft, zunächst eine Gesellschaft, Google Ireland Holdings, gegründet, die ihren Satzungssitz in Irland, ihren Ort der Geschäftsleitung aber auf den Bermudas hat. Auf diese Gesellschaft wurden wesentliche immaterielle Wirtschaftsgüter für die Regionen außerhalb der USA übertragen. Der Wert wurde in einem APA (Advance Pricing Agreement) festgelegt. Die Google Ireland Holdings erteilte eine Lizenz zur Nutzung der immateriellen Wirtschaftsgüter an eine Gesellschaft in Holland, die Google Netherlands Holding BV, gegen Zahlung einer Lizenzgebühr. Diese Gesellschaft wiederum vergab eine weitere Lizenz an eine zweite operativ tätige irische Gesellschaft mit Substanz, die Google Ireland Ltd. Die Werbekunden aus Deutschland zahlen ein Entgelt an diese irische Gesellschaft und machen dafür in Deutschland einen Betriebsausgabenabzug geltend. Eine beschränkte Steuerpflicht der Google Ireland Ltd. in Deutschland besteht mangels einer Betriebsstätte nicht. Die irische Gesellschaft zahlt aus ihren hohen Einnahmen eine hohe Lizenzgebühr an die niederländische Gesellschaft, so dass der steuerpflichtige Gewinn in Irland gering ist. Eine Lizenzquellensteuer fällt wegen der EU-Lizenzrichtlinie in Irland nicht an. Die niederländische Gesellschaft ihrerseits zahlt Lizenzgebühren an die doppelansässige Irland/Bermuda Gesellschaft, etwa in Höhe ihrer Lizenzeinnahmen, so dass auch in den Niederlanden kein steuerpflichtiger Gewinn entsteht. Die Niederlande erheben bereits nach nationalem Recht keine Quellensteuer auf Lizenzzahlungen. Irland betrachtet die doppelansässige Gesellschaft wegen des Ortes der Geschäftsleitung als eine Bermuda Gesellschaft und erhebt keine Steuern, so dass die Gewinne im Ergebnis fast unbesteuert auf den Bermudas ankommen, wo ebenfalls keine Steuern anfallen. Überraschend an dem Fall ist, dass auch die US Hinzurechnungsbesteuerung vorliegend nicht eingreift, weil aus US Sicht die Google Ireland Holdings wegen ihres irischen Satzungssitzes als irische und nicht als Bermuda Gesellschaft gilt. Gleichzeitig haben die holländische und die irische Tochtergesellschaft der Google Ireland Holdings zur transparenten Besteuerung optiert und gelten aus US Sicht als Betriebsstätten der Google Ireland Holdings. Aus US Sicht gibt es daher keine Lizenzzahlungen von Irland in die Niederlande und von den Niederlanden an die Holding. Gleichzeitig wird die Holding wegen ihrer aktiven irischen opera-

---

17 *Pinkernell*, Das Steueroasen-Dilemma der amerikanischen IT-Konzerne, IStR 2013, 180 (183).
18 *Pinkernell*, IStR 2013, 180; Bundessteuersatz z.B. Section 11 (b) (1) (D) US IRC: Spitzensteuersatz 35 % ab einem zu versteuernden Einkommen von $ 10 Millionen.
19 Der Fall und die Lösung sind entnommen aus: *Pinkernell*, Ein Musterfall zur internationalen Steuerminimierung durch US-Konzerne, StuW 2012, 369 ff., m.w.N.

tiven Betriebsstätte in Form der transparenten Google Ireland Ltd. als aktiv angesehen, so dass eine Hinzurechnungsbesteuerung nicht stattfinden kann.

Zusammenfassend kann man daher sagen, dass das Google Ergebnis insbesondere deshalb möglich ist, weil die USA es offensichtlich ermöglicht haben, dass immaterielle Wirtschaftsgüter aus den USA günstig an die irische Tochter übertragen wurden und weil die US Hinzurechnungsbesteuerung trotz niedriger Besteuerung im Ausland nicht eingreift.[20] Wäre Google ein deutscher Konzern, wäre ein vergleichbares Ergebnis nicht denkbar.[21] Schon die steuergünstige Übertragung der immateriellen Wirtschaftsgüter von Deutschland auf eine Irland/Bermuda Gesellschaft wäre zweifelhaft, weil § 1 Abs. 3 AStG zunächst eine Bepreisung zum Fremdpreis vorsieht und im Übrigen bei wesentlichen immateriellen Wirtschaftsgütern ein Anpassungsmechanismus vorgesehen ist, der die spätere Gewinnentwicklung aus den immateriellen Wirtschaftsgütern berücksichtigt. Zusätzlich würde vorliegend die Hinzurechnungsbesteuerung im Hinblick auf die Lizenzeinnahmen der doppelt ansässigen, niedrig besteuerten irischen Gesellschaft eingreifen. Nach § 8 Abs. 1 Nr. 6 AStG sind diese Lizenzeinnahmen passiv, weil sie nicht aus selbst geschaffenen immateriellen Wirtschaftsgütern stammen, so dass sie in Deutschland einer Hinzurechnungsbesteuerung unterliegen.[22] Aus deutscher Sicht würde deshalb in dem viel diskutierten Google Fall, der auch als Beispiel 1 in den BEPS Bericht eingeflossen ist, kein Handlungsbedarf bestehen.[23]

Trotzdem muss man davon ausgehen, dass wegen des enormen politischen Drucks, den die gesamte Diskussion erzeugt hat, auch in Deutschland eine Verschärfung des nationalen Rechts und Veränderungen von internationalen Besteuerungsgrundsätzen erwogen werden.

2. Verrechnungspreise als Ursache von Gewinnverlagerungen

In diesem Zusammenhang wird geltend gemacht, dass die Manipulation von konzerninternen Verrechnungspreisen die Ursache von Gewinnverlagerungen von Hochsteuer- in Niedrigsteuerländer sei. Allein zwei Entschließungsanträge der SPD in der laufenden Legislaturperiode gehen davon aus, dass

---

20 *Pohl*, 64. Steuerrechtliche Jahresarbeitstagung Wiesbaden 2013, Base Erosion and Profit Shifting, 382 (392); Subpart F des US IRC; Ein grundsätzliches Besteuerungsproblem hat auch die Obama-Regierung erkannt und will dieses aufgreifen, vgl. hierzu *Wolff*, USA: Reformpläne der Regierung Obama bei der Unternehmensbesteuerung und im internationalen US-Steuerrecht, IStR-LB 2013, 55 ff.
21 Finanzausschuss des Deutschen Bundestags, Sitzung vom 20.3.2013, Protokoll Nr. 17/132, Stellungnahmen *Bomm* (Deutsche Bank AG)/*Baumhoff* (Flick Glocke Schaumburg), 9 f.
22 *Sell*, DB 2013, Standpunkte: Kampf gegen aggressive Steuerplanung und -hinterziehung, 23.
23 *Pohl* (Fn. 20), 390, bezeichnet Deutschland diesbezüglich als „Musterschüler".

durch unangemessene Verrechnungspreise Gewinne abgesaugt werden.[24] Auch in der Anhörung des Finanzausschusses aus dem Frühjahr dieses Jahres wurde von verschiedenen Experten vertreten, dass die Manipulation von Verrechnungspreisen zu erheblichen Gewinnverlagerungen führe.[25] Diese Sicht ist allerdings nicht unumstritten, wie die differenzierte Diskussion dieser Thematik anlässlich des von *Wolfgang Schön* mit veranstalteten Symposiums zu „Fundamentals of International Transfer Pricing in Law and Economics" im Dezember 2010 eindrucksvoll gezeigt hat.[26] Die Kontroverse beginnt schon damit, was Verlagerung eigentlich bedeutet. Führt z.B. ein niedriger Steuersatz in einem Land dazu, dass sich ein Steuerpflichtiger entschließt, eine Fabrik statt in seinem Hochsteuerheimatland in dem Niedrigsteuerland zu bauen, muss und wird dies zu einer Verlagerung des Steueraufkommens führen. Es wäre eher problematisch, wenn die Investition in dem Niedrigsteuerland nicht zu einer Verschiebung des Steueraufkommens führen würde, weil das Hochsteuerland nationale Vorschriften hätte, die seine Steuerbasis gegen nachteilige Investitionsentscheidungen schützen würden.[27] Bedenklich können deshalb allenfalls Situationen sein, in denen es zu einer Verlagerung von Steuersubstrat ohne jede ökonomische Rechtfertigung käme. Dies ist aber nicht der Sinn und Zweck des Fremdvergleichs, der ja gerade versucht, eine ökonomische Rechtfertigung des Ergebnisses durch den Vergleich mit dem Verhalten Dritter auf Märkten zu erreichen.[28]

a) Alternativen zur Gewinnaufteilung

Bevor man also eine Lanze über die Ermittlung von Verrechnungspreisen auf Basis des Fremdvergleichs bricht, muss man sich mit den möglichen Alterna-

---

24 BT-Drucks. 17/12819; BT-Drucks. 17/13716.
25 Finanzausschuss des Deutschen Bundestags (Fn. 21) Stellungnahmen *Liebert* (Tax Justice Network), 8, *Pross* (OECD), 9; ebenso auch *Becker/Fuest*, Unternehmensteuerbelastung – ein Standortnachteil?, Wirtschaftsdienst 2005, 211 (213) sowie *Heber*, Rechnungslegung nach Ländern als Möglichkeit zur Verbesserung der Informationsbeschaffung für Abgabenbehörden, IStR 2013, 522 (523).
26 Die Beiträge sind veröffentlicht in *Schön/Konrad (Hrsg.)*: Fundamentals of International Transfer Pricing in Law and Economics, 2012.
27 *Hey*, Warum brauchen wir die Unternehmensteuerreform?, Standpunkt 2.4.2008, http://www.insm.de/insm/Publikationen/Dossiers/Steuern-und-Finanzen/INSM-Dossier-Unternehmenssteuerreform/Warum-brauchen-wir-die-Unternehmensteuerreform.html, 2, abgerufen am 3.7.2013; innerhalb der EU läge ein Verstoß gegen die Niederlassungsfreiheit vor, für Tochtergesellschaften: EuGH v. 12.9.2006 – C-196/04 – Cadbury Schweppes, FR 2006, 987 zur Übertragbarkeit auf Betriebsstätten: *Köhler/Eicker*, Wichtige EuGH-Entscheidungen zur Hinzurechnungs- und Wegzugsbesteuerung, DStR 2006, 1871 (1874); auch aktienrechtlich wären deutsche Konzerne zu einer Steueroptimierung wohl verpflichtet, *Rödder/Pinkernell*, Zum Seminar F: 20 Thesen zur BEPS-Diskussion, IStR 2013, 619 und *Pinkernell*, OECD-Aktionsplan gegen internationale Gewinnverlagerung und Aushöhlung der Bemessungsgrundlage, FR 2013, 737.
28 *Wassermeyer* in Wassermeyer, DBA, 122. Aufl. 2013, OECD-Musterabkommen, Art. 9, Rz. 102.

tiven auseinandersetzen. Die einzige Alternative, die hier nach meiner Meinung in Betracht kommt, ist die globale, formelbasierte Gewinnaufteilung, wie sie etwa in den USA von einigen Bundesstaaten praktiziert wird. Dieser Ansatz geht bekanntlich in zwei Schritten vor. Zunächst ist der globale Gesamtgewinn einer Unternehmung zu ermitteln, wie es etwa der Vorschlag der EU Kommission zur GKKB tut.[29] Danach ist dieser Gesamtgewinn auf Basis einer Formel zwischen den Unternehmensteilen bzw. den Steuerjurisdiktionen aufzuteilen. Ich meine, dass ein solcher Ansatz global keinerlei Chance auf Umsetzung hat. Schon die Diskussionen innerhalb der EU in Bezug auf den Richtlinienvorschlag zur GKKB haben gezeigt, wie schwierig es ist, einen Konsens zu finden.[30] Einen solchen Konsens auf weltweiter Basis anzustreben ist schlicht unrealistisch. Das gilt erst recht für die auch in der EU noch gar nicht geführte Diskussion, wie denn die ermittelte gemeinsame Bemessungsgrundlage zwischen den Staaten aufzuteilen ist. Einen so massiven Eingriff in ihre Steuerhoheit werden viele Staaten nicht mittragen.

Im Übrigen hätte der Übergang vom jetzigen Fremdvergleich zu einer globalen Gewinnaufteilung weitere gewichtige Nachteile. Der Fremdvergleich ist zurzeit der einzige Ansatz, der praktisch weltweit Akzeptanz genießt und damit zumindest eine gewisse Basis für die Vermeidung von Doppelbesteuerung bietet. Er ist durch die OECD-Verrechnungspreisrichtlinie[31] im Detail erläutert, die eine gute Grundlage für eine vergleichbare Anwendung in verschiedenen Ländern bietet. Darüber hinaus ist der Fremdvergleich in hunderten von Doppelbesteuerungsabkommen verankert.[32] Einen ähnlichen Zustand für einen anderen Ansatz zu erreichen, wird, wenn überhaupt möglich, Jahrzehnte dauern und wird immense Befolgungskosten in der Umsetzung auslösen.[33] Man wird sich deshalb die Frage stellen müssen, ob die Vorteile eines alternativen Ansatzes einen solchen Aufwand rechtfertigen. Dies darf wohl eher bezweifelt werden. Oberflächlich betrachtet hat zwar die globale, formelbasierte Gewinnaufteilung den Charme einer einfachen Regelung mit geringen Befolgungskosten. Die OECD geht jedoch

---

29 Vorschlag der EU-Kommission für eine Richtlinie des Rates über eine Gemeinsame konsolidierte Körperschaftsteuer-Bemessungsgrundlage (GKKB) vom 16.3.2011, KOM(2011) 121/4.
30 *Rödder/Pinkernell*, IStR 2013, 619 (620).
31 OECD, OECD-Verrechnungspreisrichtlinie für multinationale Unternehmen und Steuerverwaltungen vom 22.7.2010, OECD Publishing, 2011.
32 S. auch die neue Verhandlungsgrundlage DBA Deutschland, Art. 9 Abs. 1, BMF vom 17.4.2013 – IV B 2 - S 1301/10/10022-32 und das OECD-Musterabkommen 2010, Art. 9 Abs. 1.
33 Finanzausschuss des Deutschen Bundestages (Fn. 21), Stellungnahme *Pross* (OECD), 20, geht von mindestens 20 Jahren aus, da 3000 DBA verhandelt werden müssten; so auch schon *Hey*, Unternehmensteuerreform 2008, StuB 2006, 267 (272) und *Kroppen/Dawid/Schmidtke*, Profit Split, the Future of Transfer Pricing? in Schön/Konrad (Hrsg.), Fundamentals of International Transfer Pricing in Law and Economics, 2012, 267 (285 f.).

dem gegenüber davon aus, dass auch bei einer globalen Gewinnaufteilung die Befolgungskosten erheblich sind.[34] Dies liegt daran, dass für die Aufteilung zwischen zwei Staaten nicht nur die Daten dieser beiden Staaten, sondern der gesamte globale Gewinn zu ermitteln ist. Da es selbst bei einer globalen Akzeptanz der Gewinnaufteilung unrealistisch ist davon auszugehen, dass es keine Unterschiede zwischen den Ländern im Detail gäbe, müssen die globalen Daten jeweils auf Basis der nationalen Anforderungen aufbereitet werden. Schließlich ist auch zweifelhaft, dass ein globales Gewinnaufteilungssystem das Problem der Gewinnverlagerung beseitigt. Genauso, wie es im bestehenden System möglich ist, die Wertschöpfungsbeiträge zu verlagern, könnte es in dem neuen System zu einer Verlagerung der für die Formel relevanten Faktoren kommen, es sei denn, man wendet einen reinen Umsatzschlüssel an, der aber für viele forschungsintensive Industrieländer schlicht inakzeptabel sein dürfte.[35] Die Politik, der Gesetzgeber und die Finanzverwaltung sind deshalb gut beraten, an dem bestehenden System zur Bestimmung von Verrechnungspreisen festzuhalten.

b) Verbesserung des bestehenden Systems

Dies bedeutet aber nicht, dass das bestehende System nicht verbessert werden könnte. Hier wäre zum einen an eine größere internationale Akzeptanz der Profit Split Methode zu denken, die gerade bei komplexen Sachverhalten oft zu gerechteren Ergebnissen führt.[36] Im Übrigen gibt es eine ganze Reihe von Maßnahmen zur Vermeidung der relativ hohen Befolgungskosten, deren Detailvorstellung den heutigen Rahmen sprengen würde.[37]

Es ist jedoch zweifelhaft, ob die gegenwärtigen Arbeiten der OECD im Hinblick auf immaterielle Wirtschaftsgüter wirklich zu einer Verbesserung führen. Die bisherigen Vorschläge bestätigen einen Trend, der sich schon in den Ergebnissen zu „Business Restructuring"[38] und zum AOA für die Gewinnaufteilung zwischen Stammhaus und Betriebsstätte erkennen ließ. Die OECD will vorrangig auf das Vorhandensein von natürlichen Personen in einem Land für die Zuordnung eines Gewinns abstellen. Nur wenn in einem Land natürliche Personen vorhanden sind, die wesentliche Funktionen hinsichtlich der Entwicklung, der Erhaltung und des Schutzes der immateriellen Wirtschaftsgüter ausüben, kann der entsprechende Gewinn dort

---

34 OECD (Fn. 31), Rz. 1.22.
35 OECD (Fn. 31), Rz. 1.23.
36 Hierzu ausführlich OECD (Fn. 31), Rz. 2.108 ff.; *Kroppen/Dawid/Schmidtke* (Fn. 33), 268.
37 Dazu *Kroppen/Dawid/Schmidtke* (Fn. 33), 277 ff.
38 OECD, Report on the Transfer Pricing Aspects of Business Restructurings vom 22.7.2010, Chapter IX of the Transfer Pricing Guidelines, www.oecd.org/dataoecd/22/54/45690216.pdf, abgerufen am 1.10.2013.

dem Steuerpflichtigen zugerechnet werden.[39] Mit diesem einseitigen Abstellen auf Personen wird der wesentliche ökonomische Vorteil, der ein multinationales Unternehmen gerade ausmacht, in Frage gestellt.[40] Der Vorteil der Gruppe gegenüber dem Einzelunternehmen besteht gerade in dem arbeitsteiligen Handeln, welches zu Synergie- und Effizienzvorteilen führt. Es ist nicht verständlich, dass die OECD diese Existenzbasis einer multinationalen Unternehmung in Frage stellt und arbeitsteiliges Handeln und Outsourcing, welches es auch unter fremden Dritten umfangreich gibt, schlicht negiert.[41]

Die Entwicklung bei der OECD liegt auch nicht im deutschen Interesse.[42] Deutschland als Land ohne wesentliche Rohstoffe ist für seinen zukünftigen wirtschaftlichen Erfolg stark auf die Weiterentwicklung seiner bestehenden und die Neuentwicklung von zukünftigen immateriellen Wirtschaftsgütern angewiesen.[43] Aus Kostengründen wird jedoch in Zukunft ein immer größerer Teil der physischen Aktivitäten der Forschung nicht in Deutschland stattfinden, aber im Namen und auf Rechnung der deutschen Muttergesellschaft durchgeführt werden. Setzt sich die OECD mit ihrem Ansatz wirklich durch, werden die immateriellen Wirtschaftsgüter in Zukunft steuerlich nicht mehr in Deutschland, sondern in Indien oder China liegen.

3. Besteuerung digitaler Wirtschaft

Die Bedeutung des Internets, der elektronischen Medien und des Internethandels ist in den letzten Jahren exponentiell gestiegen. Die Gewinne von Firmen wie Google, Apple und Facebook sind explodiert. Mit dieser Entwicklung haben die tradierten Steuersysteme der Staaten nicht Schritt gehalten.[44] Das hat dazu geführt, dass der Eindruck entstanden ist, dass die

---

39 OECD, Report on the Attributions of Profits to Permanent Establishments vom 17.8.2008, Rz. 24 und 97, http://www.oecd.org/tax/transfer-pricing/41031455.pdf, abgerufen am 5.9.2013; OECD (Fn. 38), Rz. 9.23 ff.; OECD, Discussion Draft – Revision of the Special Considerations for Intangibles in Chapter VI of the OECD Transfer Pricing Guidelines and Related Provisions vom 6.6. – 14.9.2012, Rz. 37 ff.
40 Kritisch bereits *Kroppen*, „Authorized OECD Approach" zur Gewinnaufteilung zwischen Stammhaus und Betriebsstätte, FS Herzig 2010, 1071 (1089).
41 *Kroppen* (Fn. 40), 1089.
42 Ablehnend dem AOA gegenüber *Wassermeyer*, Die abkommensrechtliche Aufteilung von Unternehmensgewinnen zwischen beteiligten Vertragsstaaten, IStR 2012, 277 (282), der dem Gesetzgeber rät, die Umsetzung des AOA nochmal gründlich zu überdenken.
43 Zum Rohstoffvorkommen in Deutschland und den Importmengen aus dem Ausland http://www.swr.de/swr2/programm/sendungen/wissen/-/id=660374/nid=660374/did=11191272/dcsog2/index.html, abgerufen am 5.9.2013.
44 Am Beispiel Deutschland: *Hey* spricht von einem „Arsenal von Einzelmaßnahmen" in DB 2013, Standpunkte: Kampf gegen aggressive Steuerplanung und -hinterziehung, 21; *Haas* spricht aufgrund dieser diversen Einzelmaßnahmen von einer „signifikanten Verschlechterung der Rahmenbedingungen für international tätige Unternehmen" in

großen Internetkonzerne nicht gerecht zum Steueraufkommen in den Ländern beitragen, in denen sie tätig sind.[45] Als Reaktion hat es diverse Vorschläge zur Besteuerung der Aktivitäten im Internet gegeben. In Deutschland z.b. wurden Überlegungen angestellt, die Nutzung des Internets in der Weise zu besteuern, dass ein gewisser Geldbetrag pro genutztem Datenvolumen (sog. „Bit Tax") an den Staat abgeführt werden sollte.[46] Eine solche Steuer wäre aber keine Ertragsteuer und würde letztlich den Verbraucher treffen, der die Steuer über seine Abrechnung mit dem Provider zahlen müsste.

a) Französische Vorschläge

In Frankreich werden verschiedene Maßnahmen diskutiert. Zum einen wird eine Steuer auf den Verkauf internetfähiger Produkte wie Smartphones und Tablets vorgeschlagen.[47] Dies wäre ebenfalls keine Einkommensteuer, sondern wohl eher der deutschen Urheberrechtsabgabe vergleichbar. Darüber hinaus wird eine Steuer von 1 % auf den Umsatz von Firmen wie Google in Frankreich erwogen.[48] Die Steuer soll wohl vom Leistungsempfänger in Frankreich abgeführt werden. Der Charakter dieser Steuer ist unklar. Unabhängig von der Einordnung erscheint diese Steuer jedoch problematisch. Versteht man die Steuer als eine reine auf den Umsatz bezogene Steuer, würde sie im Wohnsitzstaat des Unternehmens kaum anrechenbar sein, weil eine Steueranrechnung regelmäßig nur für eine der Einkommensteuer vergleichbare Steuer gewährt wird.

Es könnte sich aber bei der Steuer auch um eine neue Form der Quellenbesteuerung im Rahmen der beschränkten Steuerpflicht handeln. Dann sollte eine Steueranrechnung im Wohnsitzstaat zwar grundsätzlich einfacher möglich sein. Jedoch verstößt eine solche Steuer regelmäßig gegen die abgeschlossenen DBA, soweit diese dem OECD-Musterabkommen folgen.[49] Ein neuerer französischer Vorschlag will nun eine Steuer auf die persönli-

---

Reformbedarf im deutschen internationalen Steuerrecht, IStR 2011, 353; Für das Beispiel Apple macht *Marshall* in seinem CNN-Bericht nicht Apple, sondern die Steuergesetze verantwortlich, Don't blame Apple, blame the tax code vom 23.5.2013, http://edition.cnn.com/2013/05/23/opinion/marshall-apple-taxes, abgerufen am 28.5.2013.

45 *Zourek*, DB 2013, Standpunkte: Kampf gegen aggressive Steuerplanung und -hinterziehung, 17.

46 Zum gesamten Thema „Bit-Tax" *Leibrandt*, Cyber World – Ende der Besteuerung?, MMR 2000, 579 (583 ff.).

47 Wall-Street-Journal Online, Frankreich plant eine Smartphone-Steuer, 14.5.2013, http://www.wsj.de/article/SB10001424127887323716304578482100003341548.html?mg=reno64-wsjde, abgerufen am 18.9.2013.

48 Zeit-Online, Frankreich plant Google-Steuer, 24.11.2010, www.zeit.de/digital/internet/2010-11/google-steuer-frankreich/komplettansicht, abgerufen am 19.7.2013.

49 Eine Quellensteuer ist grundsätzlich nur für Dividenden und Zinsen in Art. 10 und 11 OECD-MA vorgesehen.

chen Daten erheben, die die Nutzer des Internets einem Provider wie Google automatisch durch die Nutzung überlassen. Die Überlassung dieser Daten soll angeblich zu inländischen Einkünften im Rahmen der beschränkten Steuerpflicht führen.[50] Selbst die OECD erwägt in ihrem Aktionsplan zu BEPS in Maßnahme 1 die Zurechnung eines Werts zum Quellenstaat, der durch die Erzeugung von marktfähigen, standortbezogenen Daten in Folge der Nutzung digitaler Produkte und Dienstleistungen entsteht.[51] Auch diese Idee kann nicht zum Erfolg führen. Zunächst ist völlig unklar, wie denn der Wert der vom Nutzer zur Verfügung gestellten Daten ermittelt werden kann und soll. Zur Besteuerung im Rahmen der Körperschaftsteuer bedürfte es aber einer Umrechnung in Einkünfte als Basis für die Besteuerung.[52] Wer in Deutschland die großen Probleme kennt, die bereits die Bewertung materieller Güter mit sich bringt, kann nur von dem Versuch der Bewertung von Daten abraten. Darüber hinaus stellt sich auch für diesen Ansatz das Problem, dass er wahrscheinlich allen abgeschlossenen DBA zuwiderlaufen wird. Man kann deshalb nur hoffen, dass, bevor populistischen Forderungen nach neuen Steuern nachgegeben wird, deren Effekte und rechtliche Implikationen genau untersucht werden.

b) Marktzugang vs. Wertschöpfung

Auch in Deutschland wird immer wieder kritisiert, dass die Bedeutung des deutschen Marktes, des größten innerhalb Europas mit seinen 80 Mio. Verbrauchern, einer exzellenten Infrastruktur und relativ hoher Kaufkraft, im Rahmen der Besteuerung nicht ausreichend zur Geltung komme. Oft wird hier das Beispiel des Unternehmens IKEA bemüht, das zwar in Deutschland viele Möbel in seinen zahlreichen Märkten verkauft, aber angeblich geringe Steuern bezahlt, weil die Bemessungsgrundlage durch hohe Lizenzgebühren für die Überlassung von immateriellen Wirtschaftsgütern aus dem Ausland stark gemindert wird.[53] Diese Art der Argumentation birgt große Gefahren. Sie scheint eine Abkehr von den traditionellen Grundsätzen der Besteuerung hin zu einer neuen Marktzugangsbesteuerung zu propagieren. Zurzeit basiert die Aufteilung des Besteuerungssubstrats zwischen den

---

50 *Worstall*, France, Google and the Internet Tax: It's Just Not Going to Fly, www.forbes.com/sites/timworstall/2013/01/22/france-google-and-the-internet-tax-its-just-not-going-to-fly/, abgerufen am 23.9.2013.
51 OECD (Fn. 12), 14 f., Maßnahme 1.
52 § 7 Abs. 1 KStG nennt als Bemessungsgrundlage das zu versteuernde Einkommen, welches aus den Einkünften entwickelt wird.
53 Dazu *Gamillscheg*, Milliarden im Steuerparadies, Frankfurter Rundschau vom 27.1.2011, http://www.fr-online.de/wirtschaft/ikea-gruender-des-steuerbetrugs-bezichtigt-milliarden-im-steuerparadies,1472780,7128416.html, abgerufen am 28.5.2013; Das komplexe Netzwerk der Kamprads, ORF-News vom 27.1.2011, http://.orf.at/stories/2038814/2038809/, abgerufen am 28.5.2013; Was dir Ikea verschweigt, Le monde diplomatique vom 15.12.2006, www.monde-diplomatique.de/pm/2006/12/15.mondeText.artikel,a001.idx,14, abgerufen am 28.5.2013.

Staaten sehr stark darauf, welche Wertschöpfung zur Erzielung des Gesamterfolges, also in der Regel Umsätzen, in dem jeweiligen Staat stattgefunden hat.[54] Wenn also ein iPhone hier im Laden für 600 € verkauft wird, ist es zwar richtig, dass der Umsatz hier mit einem deutschen Kunden generiert wird. Es ist aber genauso richtig, dass die Idee zu dem einzigartigen Produkt iPhone, das innovative Design, die Technologie und das einzigartige Marketingkonzept usw. nicht aus Deutschland stammen und das iPhone auch nicht hier hergestellt wird. Wenn man sich noch einmal in Erinnerung ruft, dass Kunden auf der Straße vor den Läden kampiert haben, um ein neues iPhone zu ergattern,[55] es also quasi verkauft wurde wie geschnitten Brot, wird deutlich, dass trotz des hohen Umsatzes in Deutschland die deutsche Wertschöpfung in der Wertschöpfungskette eher gering ist. Würde sich Deutschland trotzdem für eine andere Aufteilung als nach Wertschöpfungsbeiträgen stark machen, würden die deutsche Wirtschaft und das deutsche Steueraufkommen nachhaltig beschädigt. Staaten wie China und Indien warten nur darauf, dass sich ein großes Industrieland den von ihnen propagierten Ideen einer „Market Premium" oder der Anerkennung eines lokalen Marktes als immaterielles Wirtschaftsgut anschließt.[56] Der Erfolg der deutschen Industrie basiert, wie gerade die Krise der letzten Jahre deutlich gezeigt hat, auf dem Export. Viele exzellente deutsche Produkte werden hier erdacht, aber unter Umständen in Vietnam produziert und nach China verkauft. Eine Verschiebung der Gewichtung von Wertschöpfungsbeiträgen, weg vom Wert der Erfindung hin zum Wert des Marktes, kann nur zum Nachteil von Deutschland und der deutschen Wirtschaft sein.[57]

4. Aufgabe der Betriebsstätte als Anknüpfungspunkt für Besteuerung

Die Erbringung von Dienstleistungen, der elektronische Handel und neue Vertriebsmodelle haben heute in der Wirtschaft einen weit größeren Umfang als noch vor zwanzig Jahren. Es wird deshalb immer wieder geltend

---

54 Eine angemessene Zuordnung nach Wertschöpfung fordernd auch OECD (Fn. 12), 20, Maßnahme 8.
55 Vgl. z.B. Frankfurter Rundschau vom 20.9.2012, http://www.fr-online.de/wirtschaft/ fans-warten-vor-apple-stores-campen-fuer-das-iphone-5,1472780,17372804.html, abgerufen am 11.9.2013, wo in Hamburg Kunden für das iPhone 5 im September 2012 4–5 Tage vor dem Apple Store warteten; besonders ausgeprägt aktuell zum neuen iPhone 5S z.B. http://www.macnotes.de/2013/09/06/kampieren-wegen-iphone-5s-apple-store-5th-avenue/, abgerufen am 11.9.2013, wonach Leute bereits am 6.9.2013 vor dem Apple Store in New York kampieren, obwohl dieses erst am 20.9.2013 auf den Markt kommt.
56 *Rödder/Pinkernell*, IStR 2013, 619 (620); hierzu auch UN Practical Manual on Transfer Pricing for Developing Countries, New York, 2013: Eingaben von China (Chapter 10.3.3, 10.3.8.4) und Indien (Chapter 10.4.7.2, 10.4.8.12).
57 So auch *Kaeser*, Standortentscheidungen und Steuern, FR 2013, 788 (791).

gemacht, dass das Betriebsstättenprinzip zur Abgrenzung des Besteuerungsrechts zwischen Wohnsitzstaat und Quellenstaat nicht mehr sachgerecht sei.[58] Auch die OECD schlägt in ihrem Aktionsplan vor, sich mit der Frage zu beschäftigen, ob das Betriebsstättenkonzept einer Anpassung bedarf.[59] Bekanntlich gibt es bei dem zurzeit bestehenden Betriebsstättenkonzept zwei Anknüpfungspunkte für die Besteuerung im Quellenstaat, die feste Geschäftseinrichtung und die Vertreterbetriebsstätte.

a) Feste Geschäftseinrichtung

Durch die Möglichkeiten des Internets können in einem Staat erhebliche Umsätze sowohl durch den Verkauf von Waren als auch von elektronischen Produkten wie Software oder Musik generiert werden, ohne dass im Quellenstaat eine Betriebsstätte durch eine feste Geschäftseinrichtung begründet wird.[60] Damit besteht für den Quellenstaat nach jetziger Rechtslage kein Besteuerungsrecht. Ähnliches gilt für die Erbringung von Dienstleistungen. Deshalb schlägt die OECD in ihrem Aktionsplan vor zu prüfen, ob das bestehende Betriebsstättenkonzept einer Anpassung bedarf. Allerdings sind die beschriebenen Phänomene nicht neu. Den grenzüberschreitenden Versandhandel per Telefon gab es z.B. auch schon vor dem Internet. Auch andere Formen sog. Direktgeschäfte waren durchaus üblich. Durch das Internet hat sich nur das Volumen der getätigten Geschäfte verändert. Ob aber ein steigendes Volumen eine gute Basis dafür ist, bewährte Abgrenzungskriterien aufzugeben, muss bezweifelt werden.

Ziel der Entwicklung des Betriebsstättenprinzips war die Vereinfachung des grenzüberschreitenden Handels vor dem Hintergrund, dass ein Wachstum der Weltwirtschaft insgesamt zu einem Zugewinn an Wohlstand für die Menschheit führt. Vor diesem Hintergrund war das letzte Jahrhundert dadurch geprägt, die Quellenbesteuerung zu begrenzen, um grenzüberschreitende Wirtschaftstätigkeit zu fördern.[61] Die Idee war, dass nicht jeder Umsatz im Quellenstaat zu einer Besteuerung dort führen sollte, sondern nur, wenn die Infrastruktur im Quellenstaat in einer bestimmten Weise in Anspruch genommen wurde, um den Umsatz zu generieren.[62] Diese Infrastrukturnutzung wurde am Bestehen einer festen Geschäftseinrichtung festgemacht. Heute wird überlegt, ob es nicht ausreichend ist, dass eine digitale

---

58 Finanzausschuss des deutschen Bundestags (Fn. 21), *Baumhoff* (Flicke Glocke Schaumburg), 19.
59 OECD (Fn. 12), 19, Maßnahme 7.
60 OECD-Musterkommentar zu Art. 5, Rz. 42.2.
61 *Kroppen*, Betriebsstätte – Quo vadis?, IWB 2005, 727 (728).
62 *Cockfield*, The Law and Economics of Digital Taxation: Challenges to Traditional Tax Laws and Principles, Berkeley-Keio-Seminar Tokio, International Bureau of Fiscal Documentation, 2002, Rz. 3.1.

Präsenz im Quellenstaat besteht,[63] oder sich jemand für einen bestimmten Zeitraum im Quellenstaat aufgehalten hat[64] bzw. ob nicht einfach eine bestimmte Höhe von Umsätzen zu einer fiktiven Betriebsstätte führen soll.[65] Alle diese Ideen würden dazu führen, dass sich die Zahl der Betriebsstätten gegenüber heute massiv erhöhen würde, mit den daraus folgenden Verpflichtungen der Ermittlung von Einkünften und der Abgabe von Steuererklärungen. Die Zahl streitiger Betriebsprüfungen und nachfolgender Gerichtsverfahren würde deutlich zunehmen.[66] Der freie Handel und damit die Vergrößerung des allgemeinen Wohlstands würden behindert. Auch aus steuerlicher Sicht wäre die Entwicklung kontraproduktiv, weil sie zumindest aus makroökonomischer Sicht zu einer Verringerung des Besteuerungssubstrats führen würde. Es kann wohl davon ausgegangen werden, dass die erheblichen steuerlichen Befolgungskosten eines neuen Ansatzes im Quellenstaat die Bemessungsgrundlage mindern. Damit ist die Summe der Bemessungsgrundlagen im Wohnsitz- und Quellenstaat geringer als sie es bei der jetzigen Besteuerung ausschließlich im Wohnsitzstaat wäre.[67]

Auch aus deutscher Haushaltssicht kann vor einer Ausweitung des bestehenden Betriebsstättenbegriffs nur gewarnt werden. Deutschland generiert im Jahr einen Handelsbilanzüberschuss zwischen 150 und 200 Mrd. Euro.[68] Eine Ausweitung der Quellenbesteuerung von Unternehmensgewinnen würde zwar dazu führen, dass ausländische Unternehmen mit Umsätzen in Deutschland hier öfter Steuern zahlen müssten. Im Lichte des erheblichen Handelsbilanzüberschusses ist es aber sehr wahrscheinlich, dass dieser Zuwachs durch den Verlust an deutscher Wohnsitzsteuer durch die Quellenbesteuerung deutscher Unternehmen im Ausland deutlich überkompensiert würde.

b) Vertreterbetriebsstätte

Als Maßnahme 7 schlägt der OECD Aktionsplan Schritte zur Verhinderung der künstlichen Umgehung des Status als Betriebsstätte vor.[69] Dies soll sich insbesondere gegen den Einsatz von Kommissionären wenden, also gegen das sog. Kommissionärsmodell. Nach diesem Modell wird die Ak-

---

63 Überzeugend für eine Cloud ablehnend und einzig auf die physisch vorhandenen Computersysteme abstellend *Tappe*, Steuerliche Betriebsstätten in der „Cloud", IStR 2011, 870 (874).
64 Ablehnend bereits *Kroppen*, FS Wassermeyer 2005, 691 (696).
65 *Cockfield* (Fn. 62), Rz. 4.2.1.
66 Hiervor warnend Finanzausschuss des deutschen Bundestags (Fn. 21), Stellungnahme *Pross* (OECD), 34.
67 *Kroppen* (Fn. 64), 697.
68 In 2011: 158,7 Mrd. Euro, in 2012: 188,2 Mrd. Euro, Statistisches Bundesamt, https://www.destatis.de/DE/ZahlenFakten/Indikatoren/LangeReihen/Aussenhandel/lrahl01.html, abgerufen am 5.9.2013.
69 OECD (Fn. 12), 19, Maßnahme 7.

tivität einer Konzernvertriebsgesellschaft dahingehend geändert, dass sie die Konzernwaren nicht mehr als Eigenhändler im eigenen Namen für eigene Rechnung verkauft, sondern als Kommissionär im eigenen Namen, aber für Rechnung einer Konzernprinzipalgesellschaft.[70] Obwohl das Geschäft ökonomisch für und gegen den Prinzipal wirkt, wird keine Vertreterbetriebsstätte des Prinzipals begründet, weil der Kommissionär nicht als Vertreter im fremden Namen, wie von Art. 5 Abs. 5 OECD-MA gefordert, sondern im eigenen Namen auftritt.[71]

Fraglich ist, ob der von der OECD unterstellte Handlungsbedarf überhaupt besteht. Zunächst ist darauf hinzuweisen, dass in der Praxis das Kommissionärsmodell weitgehend durch die Nutzung eines sog. Vertriebers mit beschränkten Risiken (Limited Risk Distributor) abgelöst worden ist.[72] In diesen Fällen verkauft die Konzerntochtergesellschaft im Quellenstaat zwar die Produkte im eigenen Namen und auf eigene Rechnung. Allerdings hat die Mutter- oder Prinzipalgesellschaft die wesentlichen Risiken, wie das Marktrisiko, das Volumenrisiko, das Gewährleistungsrisiko, das Forderungsausfallrisiko usw. übernommen.[73] Die Tochtergesellschaft betreibt damit wirtschaftlich kein Verkaufsgeschäft, sondern erbringt eher eine Vermarktungsdienstleistung.[74] Die Voraussetzungen für eine Vertreterbetriebsstätte nach Abkommensrecht sind aber in den Fällen eines Limited Risk Distributors mangels Vertretungsvollmacht noch weniger erfüllt als bei einem Kommissionär.

Im Übrigen sollte nicht vergessen werden, dass der Quellenstaat auch beim Kommissionär nicht leer ausgeht. Der Kommissionär selber ist dort unbeschränkt steuerpflichtig und erhält ein fremdvergleichskonformes Entgelt, welches der Steuer im Quellenstaat unterliegt. Der Quellenstaat erhält also nur ein zusätzliches Besteuerungssubstrat, wenn daneben eine beschränkte Steuerpflicht des Prinzipals durch eine Betriebsstätte im Quellenstaat besteht und dieser auch ein Gewinn zugerechnet werden kann. Letzteres wird ja von der sog. Nullsummentheorie[75] bestritten, die auch der Regelung zur Vertreterbetriebsstätte im DBA Deutschland-Österreich zugrunde liegt.[76] Es ist ja definitiv so, dass der angenommenen Vertreterbetriebsstätte nicht

---

70 Vgl. hierzu das Beispiel bei *Kroppen* (Fn. 64), 698.
71 *Kroppen* (Fn. 64), 702.
72 *Engler* in Vögele/Borstell/Engler (Hrsg.), Verrechnungspreise 2011, Kapitel M, Rz. 476.
73 Ausführlich hierzu *Engler* (Fn. 72), Rz. 487 ff.
74 Generell für den Vertreter bejahend und dies auch auf Tochtergesellschaften anwendend *Ditz/Bärsch*, Gewinnabgrenzung bei Vertreterbetriebsstätten nach dem AOA – ein Plädoyer für die Nullsummentheorie, IStR 2013, 411 (414, 416).
75 *Sieker*, Ist der Vertreterbetriebsstätte ein Gewinn zuzurechnen, BB 1996, 981; zusammenfassend *Wassermeyer* (Fn. 28), OECD-Musterabkommen Art. 5 Rz. 217.
76 Absatz (2) zu Art. 5 im Protokoll zum DBA Deutschland-Österreich vom 24.8.2000, BGBl. II 2002, 745.

mehr Funktionen zugewiesen werden können als sie der Vertreter, der sie begründet hat, ausübt.[77] Folglich kann es nur zu einem Gewinn in der Betriebsstätte kommen, wenn dieser entweder mehr immaterielle Wirtschaftsgüter oder mehr Risiken zugewiesen werden als sie der Vertreter besitzt oder trägt. Der Verkauf eines Produktes ist oft mit einem Warenzeichen verbunden. Es erscheint aber äußerst zweifelhaft, ob man das Warenzeichen des Unternehmens nunmehr für den Verkauf in einem bestimmten Land der Betriebsstätte zuordnen kann.[78] Im Übrigen müsste man dafür wohl außerdem nach dem AOA als Dealing eine fremdvergleichskonforme Lizenz ansetzen, so dass es kaum zu einem zusätzlichen Gewinn in der Betriebsstätte käme. Es bliebe dann nur der Bereich der Zuordnung von Risiken mit entsprechendem Ertragspotential zur Betriebsstätte. Dann müssten aber nach dem AOA auch die Personen, die die Risiken managen und überwachen, in der Betriebsstätte physisch tätig sein, was oft nicht der Fall sein wird.[79] Insgesamt scheint es bei dieser Diskussion so zu sein, dass ein großer Aufwand zur Erzielung einer kleinen Wirkung betrieben wird.

5. Quellensteuern als Allheilmittel

Spätestens seit Bekanntwerden des IKEA Steuerfalles durch Presse und Fernsehen wird auch in Deutschland vermehrt das Thema der Besteuerung von Lizenzeinnahmen für beschränkt Steuerpflichtige diskutiert, weil IKEA angeblich die inländische Steuerbasis durch hohe Lizenzzahlungen ins Ausland reduziert.[80] Seit vielen Jahren bestand der Trend darin, Quellensteuern, insbesondere auch auf Lizenzen, ganz abzuschaffen oder zu reduzieren. Innerhalb der EU ist durch die Lizenzrichtlinie[81] der Nullsatz für Lizenzen die Regel und auch in vielen deutschen Doppelbesteuerungsabkommen gilt dieser mittlerweile. Nunmehr wird auch wegen des bereits erwähnten IKEA-Falls darüber nachgedacht, diese Entwicklung umzukehren und wieder vermehrt Quellensteuern auf Lizenzen zu erheben. Davor kann nur nachdrücklich gewarnt werden. Ein Erfolgsfaktor Deutschlands ist die Innovationskraft[82] seiner Wirtschaft, die dazu führt, dass deutsche

---

77 *Kroppen* (Fn. 64), 704.
78 Für die Zuordnung dorthin, wo über deren Schutzstrategie und Entwicklung gewacht wird und damit gegen die Zuordnung zu den einzelnen Verkaufsorten auch *Baldamus*, Neues zur Betriebsstättengewinnermittlung, IStR 2012, 317 (318).
79 *Ditz/Bärsch*, IStR 2013, 411 (412 f.).
80 Finanzausschuss des Deutschen Bundestags (Fn. 21), Stellungnahme *Liebert* (Tax Justice Network), 7; s. hierzu auch bereits Fn. 53.
81 ABl. Nr. L 157 vom 26.6.2003, 49 ff.; umgesetzt in nationales Recht durch § 50g EStG.
82 Deutschland belegte 2012 im „Innovationsindikator" Platz 6 der wichtigsten Industrieländer, in 2011 Platz 4, http://www.innovationsindikator.de/innovationsindikator-2012/gesamtindikator/deutschland/, abgerufen am 18.9.2013, Indikatoren sind hier wirtschaftliche Innovation, Bildung, staatliche Rahmenbedingungen, Wissenschaft und Einstellung der Gesellschaft zu Innovation.

Unternehmen, insbesondere deutsche Mittelständler, erhebliche Lizenzzahlungen aus dem Ausland von Dritten und verbundenen Unternehmen erhalten. Da die vermehrte Erhebung von Quellensteuern für Lizenzzahlungen aus Deutschland zu entsprechenden Maßnahmen im Ausland führen würde, wäre der Effekt insgesamt negativ. Im Übrigen würden ausländische Quellensteuern zu einer empfindlichen Schwächung der deutschen Wirtschaft führen. Angesichts eines Körperschaftsteuersatzes von 15 % auf die Nettolizenzeinnahmen würden Quellensteuern auf die Bruttolizenzzahlungen im Ausland oft nicht vollständig in Deutschland anrechenbar sein, so dass den Unternehmen Liquidität entzogen würde. Im Übrigen müssten zur Einführung umfangreicher Quellensteuern zunächst die Lizenzrichtlinie und diverse Doppelbesteuerungsabkommen geändert werden.[83]

6. Lizenzschranke

Als Alternative zu Lizenzquellensteuern wird die Beschränkung der Abzugsfähigkeit von Lizenzzahlungen, also etwa eine Lizenzschranke ähnlich der bestehenden Zinsschranke vorgeschlagen.[84] Die Erfahrungen mit der enormen Komplexität der Zinsschranke[85] lassen die Aussicht auf eine weitere Abkehr vom Nettoprinzip eher als Horrorvision erscheinen. Darüber hinaus wäre die konkrete Ausgestaltung problematisch.[86] Anders als bei Finanzierungen besteht bei Lizenzen in der Regel keine gangbare Alternative. Während die Finanzierung über Gesellschafter- oder Bankdarlehen oft auch durch die Finanzierung mit Eigenkapital von dem Gesellschafter ersetzt werden kann, ist die lizenzpflichtige Nutzung des Wissens eines anderen für den eigenen geschäftlichen Erfolg in der Regel nicht durch andere Maßnahmen substituierbar. Im Übrigen greift die Zinsschranke ihrer Idee nach durch die „Escape-Klausel" nur bei exzessiver Finanzierung.[87] Diesen richtigen Ansatz auf eine Lizenzschranke zu übertragen erscheint unmöglich, so dass einer Lizenzschrankenregelung die Rechtfertigung fehlen würde.[88]

7. Korrespondenzprinzip

Die OECD schlägt in ihrem Aktionsplan zu BEPS als Maßnahme 2 die Neutralisierung der Effekte von „Hybrid Mismatch Arrangements" durch nationale Regelungen vor, die die Befreiung einer Zahlung davon abhängig

---

83 S. Fn. 49 und 81.
84 Finanzausschuss des Deutschen Bundestags (Fn. 21), Stellungnahmen *Troost* (Die Linke), 35, *Pross* (OECD), 39; *Hey*, DB 2013, Standpunkte, 21 (22).
85 § 4h EStG, § 8a KStG; vgl. hierzu nur *Kußmaul/Pfirmann/Meyering/Schäfer*, Ausgewählte Anwendungsprobleme der Zinsschranke, BB 2008, 135; a.A. jedoch Finanzausschuss des Deutschen Bundestags (Fn. 21), Stellungnahme *Baumhoff* (Flicke Glocke Schaumburg), 24.
86 *Rödder/Pinkernell*, IStR 2013, 619 (622).
87 § 4h Abs. 2 EStG.
88 So auch *Pohl* (Fn. 20), 393.

machen, dass diese Zahlung im anderen Land nicht abzugsfähig ist.[89] Hier erweist sich Deutschland durch die neue Regelung in § 8b Abs. 1 Satz 2 KStG als gelehriger Musterschüler. Dass die OECD eine solche Vorschrift vorschlägt, bedeutet aber nicht automatisch, dass sie auch sinnvoll ist. In Deutschland gilt seit jeher mit guten Argumenten der Grundsatz, dass das deutsche Steuerrecht eigenständig aus deutscher Sicht auszulegen ist. Dadurch wird vermieden, dass inländische Rechtswirkungen positiv wie negativ von Entscheidungen eines ausländischen Steuersouveräns abhängig gemacht werden.[90] Das jetzt eingeführte Korrespondenzprinzip wird deshalb zu Recht als Fremdkörper im deutschen Steuerrecht bezeichnet, welcher erhebliche systematische und Anwendungsprobleme auslöst.[91] Problematisch ist zunächst, dass die Vorschrift nicht danach unterscheidet, warum es im Ausland zu einem Abzug kommt.[92] Mag die Versagung einer Beteiligungsertragsfreistellung noch bei einem echten Qualifikationskonflikt sachgerecht sein, ist dies bei einer bewussten Entscheidung des ausländischen Steuergesetzgebers eher zweifelhaft. Im Ausland wird oft eine Werteentscheidung getroffen, Eigen- und Fremdkapitalfinanzierung in der Form gleich zu behandeln, dass in beiden Fällen ein Betriebsausgabenabzug möglich ist.[93] In anderen Ländern soll der Betriebsausgabenabzug inflationsbedingte Nachteile ausgleichen.[94] Deutschland greift mit seinem Korrespondenzprinzip im wirtschaftlichen Ergebnis in die Steuersouveränität des anderen Staates ein und maßt sich einen Steuerzugriff an, der Deutschland nicht zusteht.[95] Im umgekehrten Fall würde in Deutschland sicher niemand auf die Idee kommen, eine Freistellung für Zahlungen zu gewähren, die im Ausland aus deutscher Sicht zu Unrecht nicht als Abzug von der Bemessungsgrundlage zugelassen wurden. Einem Korrespondenzprinzip, welches nur einseitig zu Lasten des Steuerbürgers wirkt, fehlt aber die moralische Rechtfertigung. Im Übrigen steht ein Korrespondenzprinzip immer in einem Wertungswiderspruch zu den Fällen, in denen der ausländische Staat gar keine Ertragsbesteuerung kennt oder aus wirtschaftspolitischen Gründen Tax Holidays gewährt.[96] In beiden Fällen wirkt die Nichtbesteuerung im ökonomischen Ergebnis bezogen auf die Dividendenzahlung wie ein

---

89 OECD (Fn. 12), 15 f., Maßnahme 2.
90 *Lüdicke*, Maßgeblichkeit ausländischer Besteuerung für Nichtbesteuerung und Verlustberücksichtigung im Inland, in FS Frotscher 2013, 403 (406).
91 *Becker/Loose*, Zur geplanten Ausdehnung des materiellen Korrespondenzprinzips auf hybride Finanzierungen, IStR 2012, 758 (760).
92 *Lüdicke* (Fn. 90), 410.
93 So in Belgien, Einkommensteuergesetz 1992, Abschnitt IV, Unterabschnitt IIIbis, Art. 205bis – 205novies, eingefügt durch Gesetz vom 22.6.2005, BS vom 30.6.2005.
94 Zum Beispiel Brasilien: *Becker/Loose*, IStR 2012, 758 (760).
95 *Becker/Loose*, IStR 2012, 758 (761); *Lüdicke* (Fn. 90), 411.
96 *Lüdicke* (Fn. 90), 410 f.; ein Tax Holiday ist derzeit auch in den USA wieder im Gespräch, *Kocieniewski* (Fn. 15).

Abzug, ohne dass es in Deutschland zu einer Versagung der Freistellung käme.[97]

Die Bezugnahme auf das ausländische Steuerrecht führt auch zu kaum lösbaren praktischen Problemen. Sowohl der Steuerpflichtige als auch die Verwaltung müssen sich tiefgreifend mit den sehr komplexen steuerlichen Vorschriften im Ausland befassen.[98] Dadurch werden Kosten verursacht, die oft in keinem Verhältnis zu der Höhe des Beteiligungsertrages stehen. Darüber hinaus ist die Ermittlung der genauen steuerlichen Behandlung im Ausland für einen Minderheitsgesellschafter oft gar nicht möglich.[99] Die Vielschichtigkeit und Komplexität des ausländischen Steuerrechts führt auch dazu, dass der § 8b Abs. 1 Satz 2 KStG in der Praxis in prominenten Fällen eines Steuerabzugs im Ausland gar nicht greift. Weder die bekannten Repro-Transaktionen mit den USA noch die „Notional Interest Deduction" in Belgien werden von der Vorschrift erfasst, weil entweder der Steuerabzug nicht beim Dividendenzahler erfolgt oder der Abzug unabhängig von der Zahlung einer Dividende gewährt wird.[100] Wollte man aber sämtliche im Ausland vorstellbaren steuerlichen Vorteile neutralisieren, müsste man eine inländische Vorschrift schaffen und wahrscheinlich ständig anpassen, die in ihrer Komplexität kaum noch zu handhaben wäre. Schließlich ist noch darauf hinzuweisen, dass die Beteiligungsertragsfreistellung einer deutschen Werteentscheidung entspricht, Kapitalimportneutralität herzustellen.[101] Mit der einseitigen Einführung des Korrespondenzprinzips schadet Deutschland, wie in vielen anderen Fällen, erneut den deutschen Investitionen im Ausland und mindert die Konkurrenzfähigkeit seiner Industrie gegenüber Investoren aus Ländern, die ein solches Korrespondenzprinzip nicht kennen.[102] Die Einführung eines umfassenden Korrespondenzprinzips über Fälle eines echten Qualifikationskonflikts hinaus war deshalb ein Fehler.

8. Übergang vom Wohnsitzprinzip zu Staatsbürgerschaftsprinzip

Die derzeitige politische Diskussion ist insbesondere auf Seiten der Opposition durch verschiedene Steuererhöhungsvorschläge geprägt. Diese Vorschläge bergen die Gefahr, dass vermögende Inländer, insbesondere auch vermögende Mittelständler, ihren Wohnsitz ins Ausland verlagern werden. Dem wollen DIE GRÜNEN dadurch beggenen, dass die unbeschränkte

---

97 *Lüdicke* (Fn. 90), 418.
98 *Becker/Loose*, IStR 2012, 758 (760).
99 *Becker/Loose*, IStR 2012, 758 (760).
100 *Desens*, Kritische Bestandsaufnahme zu den geplanten Änderungen in § 8b KStG, DStR-Beihefter 04/2013, 13 (20).
101 Hierzu *Jacobs/Endres/Spengel* in Jacobs (Hrsg.), Internationale Unternehmensbesteuerung, 2011, 19.
102 *Becker/Loose*, IStR 2012, 758 (761).

Steuerpflicht nicht mehr nur an den Wohnsitz oder gewöhnlichen Aufenthalt anknüpfen soll, sondern an die deutsche Staatsbürgerschaft.[103] Dieser Vorschlag ist wenig durchdacht. Zunächst entspricht er nicht dem weit überwiegenden internationalen Konsens der Besteuerung nach dem Wohnsitz. Die einzig prominente Ausnahme sind hier die USA.[104] Die Besteuerung nach dem Wohnsitz ist im Übrigen sachlich gerechtfertigt. Steuern sollen dort primär erhoben werden, wo Menschen leben und arbeiten und die staatliche Infrastruktur und staatliche Leistung in Anspruch nehmen. Eine Staatsbürgerbesteuerung verursacht zudem immense praktische Probleme in der Einkommensermittlung und der Durchsetzung des Steueranspruchs, wie das amerikanische Beispiel eindrucksvoll belegt. Die Gefahr eines strukturellen Vollzugsdefizits im Rahmen einer unbeschränkten Steuerpflicht anknüpfend an Wohnsitz und Staatsbürgerschaft ist damit hoch und könnte gewichtige verfassungsrechtliche Fragen aufwerfen. Letztlich basieren auch alle von Deutschland abgeschlossenen Doppelbesteuerungsabkommen auf dem Wohnsitzprinzip. Diese neu zu verhandeln und zu ändern würde viele Jahre in Anspruch nehmen.[105]

9. Neue Transparenzregeln als Abschreckungsmittel

Die große Aufmerksamkeit, die die BEPS Diskussion zurzeit erfährt, lässt es unmöglich erscheinen, dass es nicht zu tiefgreifenden Änderungen in den Befolgungspflichten international tätiger Unternehmen kommen wird. In diesem Zusammenhang schlägt die OECD die Verpflichtung von Steuerpflichtigen zur Offenlegung aggressiver Steuerplanungsmodelle vor.[106] Ein anderer Vorschlag geht dahin, die Rechnungslegung der Konzerne um ein „Country by Country" Reporting zu erweitern, welches Umsätze, Kosten und gezahlte Steuern nach Ländern aufschlüsselt.[107] Beiden Vorschlägen ist gemein, dass die Transparenz der Vorgänge im Konzern erhöht werden soll. Trotz der damit verbundenen zusätzlichen Compliance Kosten werden sich Konzerne zusätzlichen neuen Transparenzanforderungen nicht vollständig entziehen können. Gegen eine Veröffentlichungspflicht für aggressive Steuerplanungsmodelle spricht, dass diese eine schwer zu treffende Entscheidung voraussetzen, was aggressive und was noch moderate Steuerplanung

---

103 BT-Drucks. 17/14133; Bündnis 90/Die Grünen, 35. Ordentliche Bundesdelegiertenkonferenz Berlin, 26.–28.4.2013, Bundestagswahlprogramm Kapitel D: Besser Haushalten, 5.
104 Sec. 1, 7703, 7701 (a)(30) IRC.
105 *Wissing*, Doppelte Staatsbürger = doppelte Steuerbürger?, www.volker-wissing.de/print/25249, abgerufen am 14.8.2013.
106 OECD (Fn. 12), 22 f., Maßnahme 12.
107 BT-Drucks. 17/13717, wo SPD und Bündnis 90/DIE GRÜNEN eine deutsche Regelung als „Vorreiterrolle" fordern; für einen internationalen Konsens dagegen *Rödder/Pinkernell*, IStR 2013, 619 (623).

ist.[108] Diese Abgrenzung ist äußerst schwierig und im Übrigen international kaum konsensfähig. Darüber hinaus müssten Konzerne ein völlig neues Reporting aufsetzen, weil solche Informationen zurzeit nicht erfasst werden.

Deshalb scheint ein „Country by Country" Reporting in einem vernünftigen Rahmen eine sachgerechtere Maßnahme zur Erhöhung der Transparenz zu sein.[109] Zwar wird auch ein solches Reporting zusätzliche Kosten verursachen. Allerdings sind viele der notwendigen Daten in Konzernen verfügbar, entweder im Rahmen der Einzelabschlüsse oder zur Ermittlung der jeweiligen Steuerrückstellungen pro Land.[110] Es sollte deshalb möglich sein, den entstehenden Zusatzaufwand in Grenzen zu halten. Entscheidend ist aber auch hier, maßvoll zu handeln und keine völlig überzogenen Veröffentlichungspflichten einzuführen.

IV. Zusammenfassung

Ich hoffe, mein Vortrag hat deutlich gemacht, dass dem deutschen internationalen Steuerrecht verschiedene Veränderungen durch die zurzeit stattfindenden Diskussionen um BEPS und Steuervermeidung drohen, die mit einer massiven negativen Veränderung der Standortbedingungen und der Wettbewerbsfähigkeit der deutschen Industrie verbunden wären. Ich kann mich deshalb nur der Analyse von *Johanna Hey* anschließen.[111] Deutschland ist gut beraten, den politischen Forderungen nach einer einseitigen Verschärfung des deutschen internationalen Steuerrechts nicht vorschnell nachzugeben und sollte stattdessen die angeblichen Defizite genau untersuchen und danach gebotene Änderungen nur im internationalen Konsens umsetzen.[112] Nur so kann ein Schaden für den Standort vermieden werden.

---

108 Hierzu auch *Hey*, DB 2013, Standpunkte, 21 (22).
109 Vgl. hierzu aber auch *Jonas*, Die schleichende Erhöhung der Steuerquoten, BB 2013, 1111 (1116), der dennoch vor möglichen Doppelbesteuerungen warnt, da jeder Staat eine andere Vorstellung davon hat, welche Steuern ihm fairerweise hiernach zustehen.
110 Zu den einzelnen zu meldenden Daten *Heber*, IStR 2013, 522 (524).
111 *Hey*, DB 2013, Standpunkte, 21.
112 *Hey*, DB 2013, Standpunkte, 21 (22).

Diskussion

zu den Referaten von Prof. Dr. Dr. h.c. *Wolfgang Schön*
und Prof. Dr. *Heinz-Klaus Kroppen*

Leitung:
Prof. Dr. *Claus Lambrecht*, LL.M.

Prof. Dr. *Heribert Anzinger*, Ulm

Eine Frage an Herrn Prof. *Schön*. Sie plädieren für ein Optionsrecht von Personengesellschaften zur Körperschaftsbesteuerung und von GmbHs zur transparenten Besteuerung. Haben wir dieses Optionsrecht angesichts des geltenden Umwandlungssteuerrechts nicht bereits weitgehend, oder inwiefern würde sozusagen ein Optionsrecht, das Sie sich vorstellen, noch sehr viel weiter gehen als das, was über das Umwandlungsrecht und das Umwandlungssteuerrecht ohnehin bereits längst ermöglicht ist?

Prof. Dr. Dr. h.c. *Wolfgang Schön*, München

Also, darauf kann ich schnell antworten. Dahinter steckt eigentlich die Frage: Ersetzt die Rechtsformwahl die Rechtsformneutralität? Nun muss man eben sehen, die Wahl einer Rechtsform hat auch eine Fülle zivilrechtlicher, bilanzrechtlicher, jeweils nach der Gesellschaftsform unterschiedlich ausgeprägter Themen, und was das Optionsmodell ermöglicht, ist, dass man die Wahl der passenden Rechtsform von der BGB-Gesellschaft über die KG, über die Partnerschaftsgesellschaft mit beschränkter Haftung bis hin zur GmbH unabhängig davon treffen kann, wie die steuerlichen Auswirkungen sind. Insofern sehe ich eigentlich keinen Grund für eine Zwangsverheiratung zwischen bestimmten zivilrechtlichen Konstellationen und bestimmten steuerlichen Folgen.

Prof. Dr. *Heribert Anzinger*, Ulm

Meine Fragen richten sich ebenfalls an Herrn *Schön*. Mit Ihren einleitenden Worten, Sie hätten den Titel Ihres Vortrags geändert, haben Sie uns im positiven Sinne bewogen, unsere Schutzschilde herunterzufahren und eine Fülle großartiger Gedanken offen aufzunehmen. In den Mittelpunkt gerückt hatten Sie die Funktion der Unternehmensbesteuerung, nicht deren Perspektiven, die Sie gleichwohl umfassend vorgetragen haben. Unter der neuen Überschrift „Funktionen der Unternehmensbesteuerung" bin ich Ihren folgernden Thesen weitgehend erlegen, habe mich dann aber doch an Ihre Wortmeldung von heute Vormittag erinnert, wo Sie *Max Weber* zitiert haben und meinten, die Wissenschaft müsse immer auch ihre Gegner benennen, und ich habe mir überlegt, was sind denn jetzt eigentlich die Haken an den

Vorschlägen von *Wolfgang Schön*? Ist der Betriebsvermögensvergleich wirklich die einzig wahre Methode der Gewinnermittlung? Als leidenschaftlicher Fan der Maßgeblichkeit folge ich Ihnen gerne. Dann sind mir doch Zweifel gekommen: Kämen wir auch mit einer zahlungsstromorientierten Einnahmen-Überschuss-Rechnung zu funktionsgerechten Ergebnissen, vielleicht mit einer anderen Periodenabgrenzung? Auch Ihren Gedanken zur vollständige Besteuerung aller Veräußerungsgewinne mag ich uneingeschränkt folgen. Mit einem rechtsvergleichenden Blick in die Schweiz, nach Großbritannien und in die USA kommen mir aber wieder Zweifel. Warum machen die das eigentlich alle anders? Warum haben diese Staaten Sonderregime für private Veräußerungsgewinne? Mit Ihren Gedanken zur Rechtfertigung der Körperschaftsteuer haben Sie die internationale Perspektive einbezogen und das Problem diskutiert, wie wir gewährleisten, dass Unternehmensgewinne „funktionsgerecht" im Inland besteuert werden. Dabei haben sie das Entnahmerecht in den Mittelpunkt gestellt und ich habe mich gefragt, warum Sie die beschränkte Haftung ausschließen wollen. Was bedeutet das für die Konzernbesteuerung? Die Finanzverwaltung befürchtet meiner Ansicht nach zurecht, dass bei einer transparenten Besteuerung haftungsbeschränkter Gesellschaften im Konzern Verluste zugerechnet werden, die wirtschaftlich gar nicht von den Zurechnungsadressaten getragen werden. Meine letzte Frage bezieht sich auf Ihren Vorschlag zur Gewerbesteuer: Ist das nicht letztendlich das, was Herr *Fuest* heute Morgen auch als Wertschöpfungssteuer beschrieben hat, nur dass Sie die Lohnsumme weglassen und statt dessen an die Zinsen und andere Fremdkapitalvergütungen anknüpfen?

Prof. Dr. Dr. h.c. *Wolfgang Schön*, München

Ja, wenn ich auch direkt antworten soll. Zunächst einmal, dem *Max Weber*-Gedanken bin ich hoffentlich insoweit treu geblieben, als ich erst einmal versucht habe, Alternativen aufzuzeigen, aber was noch viel wichtiger ist zu sagen: Es gibt kein optimales System. Es hat keinen Sinn, danach zu suchen. Es gibt vier oder fünf Grundentscheidungen, die man fällen muss. Man wird immer an diesen Grenzen Schwierigkeiten haben, immer Ineffizienzen, immer Ungleichheiten, und die Frage ist, welche man bereit ist, in Kauf zu nehmen. Das ist dann aber schon die politische Entscheidung im Grunde. Betriebsvermögensvergleich: Ich wollte nicht sagen, das ist die einzig wahre Methode. Ich wollte nur sagen, wenn es darum geht, wie steht der gewerbliche Unternehmer im Einkommensteuerrecht, dass er mit seiner Gewinnermittlung eigentlich am nächsten dran ist an dem, was wir nach der Vermögenzugangstheorie als das Einkommen im Sinne von *Haig Simons Tschanz* ansehen würden, und das ist gewissermaßen der Betriebsvermögensvergleich und dass auch die handelsrechtliche Bilanzierung nicht die Ausnahme ist, sondern ein sinnvoller Regeltatbestand, und ich sehe die anderen mehr als Vereinfachungsmöglichkeiten im § 4 Abs. 3 EStG oder auch in den §§ 9 ff. EStG. Veräußerungsgewinne im Ausland: Da haben sich die

Dinge sehr, sehr kreuz und quer entwickelt. England hatte bis 1965 überhaupt keine Veräußerungsgewinnbesteuerung und zwar auch nicht im betrieblichen Bereich. Und dann hat man eine eingeführt für beides. Amerika hatte die schon immer im betrieblichen und auch im privaten Bereich und sah sich dann immer mit der Frage konfrontiert: Brauchen wir Sonderregeln für den Steuersatz? Es hat sich alles dahin entwickelt, man hat's besteuert, zum Teil nicht das selbstgenutzte Vermögen, darauf bin ich jetzt nicht eingegangen. Aber man hat immer Niedrigsteuersätze und man hat auch immer eine Art Inflationsausgleich. Da sehe ich ein Riesen-Problem drin. Wir haben seit 2009 die Vollerfassung der neu erworbenen Aktien. Jetzt wollen wir uns nur mal vorstellen, wir haben in 10 Jahren eine Inflationszeit zwischen 2 und 5 %. Wer dann nach 10 Jahren veräußert, wieviel Prozent ist dann überhaupt realer Gewinn und ist das nicht im Grunde eine Art Vermögensteuer, die wir da in gewisser Maßen einer Niedriginflationsphase fasst naiv eingeführt haben? Die Fragestellung ist nicht ganz ohne. Log in-Effekt: Da stimme ich Ihnen auch ganz zu. Das Thema der beschränkten Haftung. Wir reden immer über Gewinne und Verluste. Bei der Frage der Zurechnung von Gewinnen an den Gesellschafter ist für mich die Frage des Entnahmerechts, des Zugriffsrechts wichtig. Ich darf nur verpflichtet werden, Steuern zu zahlen auf Gewinne, die ich auch habe, auf die ich Zugriff nehmen kann. Und das ist je nach Gesellschaft wirklich, nicht nur nach Gesellschaftsform, sondern nach individueller Gesellschaft unterschiedlich. Da gibt es den Ein-Mann-GmbH-Betreiber, der hat ständig den Zugriff, der kann dann auch locker für die transparente Besteuerung optieren, und Sie haben woanders eine Familien-KG, da werden die Gewinne in einer Weise eingemauert, dass die beteiligten Gesellschafter froh sind, wenn man ihnen wenigstens noch das Geld für Steuerzahlungen gibt, das der BGH ihnen übrigens unrichtigerweise nicht schon kraft Gesetzes zugesteht. Bei der Gewerbesteuer, Sie haben ganz Recht mit dem Verweis auf Herrn *Fuest*, als eine Erweiterung der Bemessungsgrundlagen der Gewerbesteuer. Ich würde nicht so weit gehen. Wertschöpfung: Sie sagen ganz richtig: die Löhne bleiben draußen. Natürlich immer, wie sagt man so schön: Es werden Hoffnungen geweckt bei den Gemeinden, um es dann auszuweiten. Für mich ist die entscheidende Frage: Entwickelt sich dann ein kommunaler Wettbewerb um die Steuern, der gewissermaßen dann wenigstens den Unternehmen noch eine gewisse Möglichkeit lässt, dass wir nicht in eine reine Steuererhöhungsdiskussion hineinlaufen? Ich würde das ggf. auch kombinieren mit einer Senkung der Steuermesszahl, um jedenfalls den Einstieg zunächst einmal aufkommensneutral zu halten.

Prof. Dr. Dres. h.c. *Paul Kirchhof*, Heidelberg

Herr *Schön*, Sie haben uns eindrucksvoll und überzeugend dargestellt, dass Unternehmen und Unternehmer keinen Sonderfall im Ertragsteuerrecht bilden, sondern den Regelfall, den Typus darstellen. Dann aber wäre es konsequent, den Tatbestand des Gewerbebetriebs, der hier Verwirrung verursacht, aus dem Recht herauszunehmen. Dann haben wir das Problem der Tatbestandlichkeit gelöst. Dann entfällt selbstverständlich die Gewerbesteuer, weil hier der Anknüpfungspunkt fehlt. Nach Art. 28 Abs. 2 GG brauchen wir dann eine kommunale wirtschaftskraftbezogene Ertragsquelle mit einem Hebesatzrecht der Gemeinde. Möglich wäre auch – das sieht das Grundgesetz seit Jahrzehnten vor – eine bundesgesetzlich geregelte Zuschlagsteuer zur Einkommensteuer, bei der die Gemeinden die Hebesätze für den Gemeindeanteil bestimmen. Und wenn dieser Zuschlag dann auf alle sieben Einkunftsarten erhoben wird, weil es nur noch eine Einkunftsart gibt, dann ereignet sich vor Ort mehr Demokratie. Der Unternehmer, der eine bessere Infrastruktur für seinen Betrieb und bessere Schulen für seine Kinder fordert, muss dafür mehr bezahlen. Gleiches gilt für den Arbeitnehmer, der bessere Straßen oder mehr Sicherheit in der Gemeinde verlangt. Jedem wird bewusst, dass das öffentliche Geld nicht vom Himmel fällt; auch nicht durch Staatsverschuldung beschafft werden kann, dass der Staat vielmehr nur das geben kann, was er vorher steuerlich genommen hat. Der Fundustheorie fehlt damit ihr Tatbestand. Doch die Frage an Sie ist, ob wir hier – bei der Einkommensteuer – das Produktivkapital steuerlich entlasten dürfen, weil es schon durch das Arbeitsrecht, das Wirtschafts- und Verwaltungsrecht stärker sozialpflichtig ist. Dieser Frage würde ich bei der Erbschaftsteuer, nicht bei den Ertragsteuern nachgehen. Hier geht es nur um die Frage, wieviel der Steuerpflichtige verdient hat, nicht, unter welchen Bedingungen er es verdienen konnte.

Meine zweite Frage betrifft die unternehmerischen Personenmehrheiten, deren Besteuerung grundsätzlich durch die Einkommen- und die Körperschaftsteuer unterschieden ist. Doch die Tendenz geht seit mehr als hundert Jahren dahin, den vom Unternehmen erzielten und den dann an den Kapitalgeber weitergegebenen Gewinn möglichst nur einmal zu besteuern. Anfangs hatten wir die Doppelbelastung, dann die Tarifspreizung, dann das Anrechnungsverfahren, dann das Halbeinkünfteverfahren, nun das Teileinkünfteverfahren. Der jetzt naheliegende Gedanke ist der, den Gewinn dort zu besteuern, wo er erwirtschaftet wird, wo er vom Vorstand und vom Aufsichtsrat zu verantworten ist, von den Steuerberatern und Wirtschaftsprüfern begleitet und kontrolliert wird. Bei einem derart ersichtlichen Tatbestand, an dem viele durch Produktiv-, Verbuchungs- und Kontrollvorgänge beteiligt sind, ist eine Fehlinformation der Finanzbehörden kaum noch möglich. Die Ersichtlichkeit des Vorgangs offenbart den materiellen Steuertatbestand, die Bemessungsgrundlage. Damit entscheiden wir unter zwei Methoden: Entweder wir besteuern individuell beim Empfänger, dann ist der ausgeschüttete Gewinn und der bezahlte Lohn betrieblicher Aufwand beim Unternehmer. Oder man besteuert den Gewinn beim Unternehmen, dann ist die Weitergabe des Gewinns versteuertes Einkommen – Vermögen –, also steuerlich unerheblich.

Bei der zweiten Methode hätten wir insbesondere für den Finanzmarkt Deutschland einen bemerkenswerten Effekt. Der Gewinn wird bei den Finanzinstituten versteuert, die weiteren Transfers würden ohne direkte Steuern abgewickelt. Die Banken könnten wieder Verträge anbieten, in denen sie den Anlegern Dividenden und andere Erträge versprechen, aber keinen Steuervorteil. Die Frage, ob Gewinne thesauriert oder ausgeschüttet werden, ist unerheblich. Das Problem, wer die Gewinnrealisierung ermöglicht hat, bleibt unbedeutend. Natürlich müssen wir ein solches Unternehmen für persönliche Abzugsbeträge – beim subjektiven Nettoprinzip – oder für Verluste durchlässig machen. Wenn ein Handwerker – wegen der Haftungsbeschränkung – eine Ein-Mann-GmbH gründet, dann muss er die Unterhaltsverpflichtungen gegenüber Frau und Kind geltend machen, Verluste in die GmbH hinein- oder aus der GmbH herausnehmen können, die steuerliche Entlastung der Anfangseinkünfte auch in der GmbH zur Wirkung bringen. Hier bietet sich für Gesellschaft und Gesellschafter das Wahlrecht an, übereinstimmend zu erklären, ob sie transparent sein wollen. Die GbR wird diese Erklärung abgeben, die anonyme Aktiengesellschaft nicht. Vielleicht können Sie gegenüber diesem Vorschlag ihr grundsätzliches Konzept zum Verhältnis Unternehmensträger und dahinter stehende Anteilseigner nochmals verdeutlichen.

Prof. Dr. Dr. h.c. *Wolfgang Schön*, München

Vielen Dank, Herr *Kirchhof*. Das sind wirklich zwei Grundsatzfragen, weil es einmal die Frage nach der Bedeutung des Begriffs des Gewerbebetriebes im gesetzlichen Tatbestand, aber auch in der teleologischen Konzeption des Gesetzes in den Blick nimmt und dann die Frage des Unternehmensträgers im Verhältnis zum dahinter stehenden Anteilseigner und – das war mir auch ein wichtiges Anliegen, diese beiden Diskussionen zu trennen. Ich bin ganz auf Ihrer Seite, wenn es darum geht, den Begriff des Gewerbebetriebes möglichst für irrelevant zu erklären. Das ist in der Funktionalität des Einkommensteuergesetzes überhaupt nicht vorgesehen. Es hängt daran die Gewerbesteuer. Da sind wir uns auch einig. Das ist so unbefriedigend und der abschließende Vorschlag, den ich zur Reform gemacht habe, ist dann auch das, was Herr *Fuest* heute Morgen einen third-best-Vorschlag genannt hätte, nämlich einer der letztlich darauf aufbaut, dass es weiter die Gewerbesteuer als eine unternehmensbezogene Steuer gibt. Ich bin aber sofort bei Ihnen, übrigens auch bei der Stiftung Marktwirtschaft in dem Punkt, wenn es darum geht, das Ganze auf mehr Säulen zu stellen und eine solche Unternehmensteuer zu integrieren in eine allgemeine Steuer auf in der Gemeinde erzielte oder von Gemeindeangehörigen erzielten Einkommen, das geht schon ganz gut. Die Differenzierung zwischen Gewerbebetrieben und Nicht-Gewerbetreibenden ist natürlich eine andere als die zwischen etwa Kapitaleinkommen und Nicht-Kapitaleinkommen. Das ist eine Frage, die da diskutiert werden muss bei der dual income tax. Da sind Sie und ich unterschiedlicher Auffassung, was die Perspektiven, auch die Möglichkeiten angeht. Sie haben dann am Schluss bei der Erbschaftsteuer den Begriff des Produktivkapitals verwendet. Da bin ich sehr vorsichtig. Wir haben in der gegenwärtigen Diskussion oder auch gerade in der Diskussion zur Erbschaft- und Vermögensteuer so eine Neigung zur Differenzierung zwischen Betriebsvermögen, das ist dann immer etwas Gutes, und Nicht-Betriebsvermögen. Nehmen wir die Abgrenzung zwischen Großaktionär und Kleinaktionär, die Abgrenzung zwischen dem Unternehmer und dem, der ihm ein Darlehen gibt oder ihm ein Objekt vermietet. Da irgendwelche Differenzierungen einzulegen: Was ist nützlicher, der Unternehmer, der in der Münchner Innenstadt ein Juweliergeschäft im eigenen Haus betreibt oder der, der es an seinen Nachfolger vermietet und plötzlich nur noch Privatvermögen hat, bevor er Produktivvermögen hat?, das hält man nicht durch. Also ich bin insofern ganz Ihrer Meinung. Auf den Begriff des Gewerbebetriebs kann man verzichten, ob damit alle Differenzierungen überflüssig sind, weiß man nicht. Zum Unternehmen: Ich halte Ihren Vorschlag für bestechend und überzeugend, wenn er sich abstimmen lässt mit einer 25 % Besteuerung des allgemeinen Einkommens. Und daran hängt es halt. Und in dem Umfang, in dem das – jetzt spreche ich wieder second und third best – nicht gelingt, wird sich die Frage einer Nachbelastung stellen. Und es stellt sich die Frage der Belastung von Auslandsdividenden. Man könnte sich natürlich eine Rechtsordnung vorstellen, in der der deutsche Fiskus darauf verzichtet, hineinfließende Dividenden zu besteuern. So schnell wird es aber nicht passieren, und wir müssen uns auch die ernsthafte Frage stellen, ob wir, auch wenn der EuGH uns dazu zwingt, wirklich jegliche Vorbelastung aus dem Ausland als schlichten Ersatz, als Komplement für die inländische Besteuerung nach dem Welteinkommensprinzip ausreichen lassen. Das hängt dann auch daran. Die Frage der Verluste und des Progressionsvorbehalts, die zeigen mir nun doch immer wieder auf, dass eben auch eine strenge Einheitsbetrachtung Grenzen hat. Dass man mit Hin- und Herverlagerungen arbeiten muss, mit Zurechnungen, mit Verlagerungen von Freibeträgen und alledem. Eine gewisse Komplexität kommt dadurch natürlich auch wieder zustande.

Prof. Dr. *Ekkehart Reimer*, Heidelberg

Herr *Schön*, auch ich habe Fragen, Rückfragen und vielleicht auch ein bisschen was von dem erbetenen Disput, die ich an Sie herantragen möchte. Sie betreffen die Kommunalfinanzierung, also den letzten Teil Ihres Vortrags und dieses im Grunde ja zweigliedrige Konzept einer Körperschaftsteuer, die unter Verzicht auf Zinsschranken, Lizenzgebührenschranke unter Einschluss einer allowance for corporate equity ausgestaltet sein könnte und dann aber korrespondierend sozusagen die Verschärfung im Bereich der

Gewerbesteuer ein weitgehender Verzicht auf die Abziehbarkeit derartiger Fremdkapitalvergütungen. Wozu würde das führen? Ein erster Reflex wäre, die Gemeinden haben es dann durch die Ausgestaltung ihres kommunalen Hebesatzes in der Hand, ob der Unternehmer sich überwiegend mit Eigenkapital oder mit Fremdkapital ausstattet. Gemeinden mit hohem Hebesatz werden, weil die Gewerbesteuer das dann bestraft, also den Abzug von Fremdkapitalvergütungen bestraft, sich nicht mehr in der Großstadt ansiedeln. Die Großstädte werden, im Gegenteil, die Unternehmen attrahieren, die überwiegend eigenkapitalfinanziert sind. Finanzierungsgesellschaften werden sich noch stärker als heute auf der grünen Wiese ansiedeln, also in diesen kleinen Gemeinden und wir kennen sie alle: Grünwald, Eschborn, Monheim, in denen im Umfeld der Großstädte kompetitiv niedrige Hebesätze gelten. Dieser Trend dürfte sich verschärfen und die Frage lautet, ob das erstens einmal richtig gesehen ist oder ob die allowance for corporate equity daran substanziell etwas ändert? Zum anderen: Wenn es richtig gesehen ist, ob Sie dann den Großstadtgemeinden, also den Gemeinden mit hohen Hebesätzen zusätzlich das Instrument einer Hinzurechnungsbesteuerung geben, ob man in irgendeiner Weise andere Instrumente findet, um die Abwanderung der Fremdfinanzierung in die Umlandgemeinden zu stoppen. Dazu könnte gehören, dass man statt eines kommunalen Hebesatzes mehrere kommunale Hebesätze zulässt. Und das würde dann wiederum, und damit schließe ich auch, vielleicht besser passen zu dem, was Sie im ersten Teil Ihres Vortrags vorgetragen haben, nämlich eine gewisse Privilegierung der Kapitalvergütung und zwar jetzt bezogen speziell auf Fremdkapitalvergütungen. Die Großstadtgemeinden könnten doch auf den Gedanken kommen, zu fordern, dass sie für die Gewerbesteuer genau diese dual income tax bekommen sollen, die Sie für die Körperschaftsteuer vorgeschlagen haben, und dann hätten wir vielleicht ein Instrument, wie man im Grunde diese windfall profits in den Umlandgemeinden, die ich genannt habe, reduziert und in stärkerem Maße als bisher die Großstadtgemeinden profitieren lässt.

Prof. Dr. Dr. h.c. *Wolfgang Schön*, München

Ja, will ich aus Zeitgründen nur kurz darauf antworten. Herr *Reimer*, diese Verlagerungskonsequenzen muss man sich überlegen. Aber ich will auf einen Punkt hinweisen: Wer eine Finanzierungsgesellschaft auf die grüne Wiese setzt, nach Norderfriedrichskoog, wohin auch immer, hat in meinem System keinen großen Vorteil davon. Denn das Geld wird ja dort nicht investiert. Er muss es ja irgendwo wieder hinschicken. Und wenn er dann aus der Finanzierungsgesellschaft heraus den Kredit an einen blühenden Gewerbestandort gibt, dann ist dort natürlich die entsprechende Zahlung nicht mehr abzugsfähig in meinem System, d.h. es wird wirklich der Kapitalertrag dort besteuert, wo er real verwertet wird. Wenn es Eigenkapital ist, haben wir keine Veränderung bei der Gewerbesteuer, nur die Erleichterung bei der Körperschaftsteuer. Die ist aber eben standortunabhängig.

Prof. Dr. *Arndt Raupach*, München

Ich habe eine Frage zur Option. Es würde ja eine Option sein, in der man die Transparenz abwählt und dafür die Körperschaftsteuerpflicht wählt. Und nachdem die Transparenz dazu führt, dass die steuerlichen Verhältnisse der Personengesellschaft sozusagen auf den Gesellschafter eben transparent abfärben, ist das Interesse der Gesellschafter unter Umständen ganz unterschiedlich. D.h. ich könnte mir denken, es gibt einen Gesellschafter, der hat Verluste und möchte dann ganz gerne Gewinne zugerechnet haben von der Gesellschaft, aber um Gottes Willen keine Verluste. Oder umgekehrt: Jemand möchte vermeiden, dass Verluste ihm zugerechnet werden, weil er ohnehin schon so viele Verluste hat, und möchte lieber einen Verlustvortrag bei der Gesellschaft haben. Das führt dazu, dass die Frage sich stellt: Sollte man dafür einen einstimmigen Beschluss oder einen Mehrheitsbeschluss verlangen? Bei einem einstimmigen Beschluss wäre die Gefahr, dass natürlich jemand das blockieren könnte, und wenn er den Nachweis führen müsste – den muss er ja nicht führen – dass es nicht missbräuchlich ist, sondern es müsste ihm ein Missbrauch nachgewiesen werden, das ist also schwierig. Andererseits ist natürlich ein Mehrheitsbeschluss unter Umständen auch ungünstig, je nach Gesellschaftsverhältnis. Haben Sie schon eine Vorstellung, was man da vernünftigerweise machen sollte?

Prof. Dr. Dr. h.c. *Wolfgang Schön*, München

Ein kurzer Satz dazu: Die Mehrheit, die dazu reicht, nach dem Umwandlungsgesetz die volle Umwandlung in die entsprechende Rechtsform vorzunehmen, typischerweise die satzungsändernde Mehrheit, das kann bei Personengesellschaften Einstimmigkeit sein, die muss auch ausreichen, um a maiore ad minus die steuerlichen Konsequenzen dieser anderen Rechtsform herbeizuführen.

Prof. Dr. *Joachim Englisch*, Münster

Ich möchte zunächst an Herrn *Raupach* anschließen und vielleicht noch etwas grundsätzlicher fragen, Herr *Schön*. Sie schlagen ja das Optionsmodell im Gegensatz zum Einheitsmodell insbesondere deshalb vor, weil es einen Vereinfachungseffekt hätte, wenn ich es richtig verstanden habe, d.h. weil zahlreiche Sonderregelungen der Entwürfe, die ein Einheitsmodell vorschlagen, damit entbehrlich würden. Das ist sicherlich ein wesentlicher Gesichtspunkt. Aber die Frage stellt sich doch, ob er nicht gegen gewisse Nachteile abzuwägen ist, das kam mir ein bisschen zu kurz. Einen davon hat Herr *Raupach* angesprochen. Man kann natürlich pragmatische Lösungen dafür finden. Ihre hat sicherlich einiges für sich, aber es bleibt doch der Punkt, es trägt einen gewissen Konflikt, einen weiteren Konfliktpunkt in den Gesellschafterkreis hinein. Man hat beim Optionsmodell darüber hinaus auch immer ein höheres Maß an Beratungsintensität. Das sehen wir derzeit ganz klar beim § 34a EStG, und es bleibt natürlich der grundsätzliche Einwand, dass Sie sich damit wieder etwas entfernen von dem eigentlichen Anliegen, dass es eben auf die konkreten Entnahmerechte oder deren Beschränkung ankommen soll bei der Frage, wähle ich Trennungs- oder Transparenzprinzip. Ein Optionsmodell verhindert eben nicht, dass der Ein-Mann-GmbH-Gesellschafter, der letztlich völlig frei entscheiden kann über sein Entnahmerecht, sich für die Trennung entscheidet, um von einem niedrigen Satz zu profitieren; oder umgekehrt, dass möglicherweise die Familienpersonengesellschaft trotz erheblicher Beschränkung der Entnahmerechte sich im bestimmtem Veranlagungszeitraum für die Transparenz mit Blick auf die Verlustzurechnung entscheidet. Ich will nicht sagen, dass das alles Gesichtspunkte sind, die letztlich entscheidend gegen das Optionsmodell sprechen müssten, aber es sind vielleicht doch Gesichtspunkte, die in einer Abwägung zu berücksichtigen sind. Ich versuche, es kurz zu machen in den weiteren Punkten, aber ich wollte noch ein, zwei Punkte anbringen. Zu der Idee, die Gewerbesteuer sozusagen komplementär zur Einkommensteuer auszugestalten, hätte ich eine Anmerkung: Die Verbreiterung der Bemessungsgrundlage in der Gewerbesteuer wird nur dann den Fiskalappetit der Gemeinden nicht allzu sehr steigern wenn man auf den Wettbewerb vertrauen kann, was Sie ja auch deutlich gemacht haben, Herr *Schön*. Da muss man vielleicht sehen, es gibt Tendenzen, wie wir sie jetzt etwa in NRW beobachten, diesen Wettbewerb zu untergraben über Regelungen im kommunalen Finanzausgleich. Insofern muss vielleicht eine gewisse Vorsicht walten bei der Hoffnung auf den Wettbewerb zwischen den Kommunen. Ansonsten finde ich das sehr gut nachvollziehbar, was Sie da vorschlagen. Auf der diesjährigen IFA-Tagung wurde ja, und das wäre jetzt vielleicht eine Frage an beide Referenten eine mögliche Alternative vorgeschlagen, um einer Verlagerung von Besteuerungssubstrat gerade in Niedrigsteuerländern entgegenzuwirken. Das ist ein Korrespondenzmodell – von dem ich jetzt fast vermuten würde, dass Herr *Kroppen* sich dazu kritisch äußert – dergestalt, dass man sagt: Grundsätzlich gibt es keinen Abzug mehr für Fremdkapitalzinsen auf Ebene der mit Fremdkapital ausgestalteten Gesellschaft, aber es gibt eine Anrechnung von Steuern, die der Empfänger dieser Zinszahlungen entrichtet. Möglicherweise auch im Verhältnis 1:2, um wirklich nur die Niedrigsteuergebiete zu treffen und das würde natürlich im Wesentlichen dann diesen Effekt haben, dass man Besteuerungssubstrat nicht in Niedrigsteuergebiete abwandern lässt. Was halten Sie davon?

Prof. Dr. Dr. h.c. *Wolfgang Schön*, München

Ich sage nur etwas zu den ersten zwei Punkten. Zum dritten ist sicherlich Herr *Kroppen* berufener. Erstens: Ich kann natürlich im Optionsmodell nicht garantieren, dass die individuell vereinbarten Gewinnverwendungsregeln der Gesellschaft immer genau passen zu dem optierten Modell. Aber ich kann den Gesellschaftern die Möglichkeit geben, das gewissermaßen passend zu machen, denn wenn sie für die transparente Besteuerung optieren, müssen sie auch sicherstellen, dass sie jedenfalls jährlich Zugriff auf die Besteuerungsbeträge haben und da wird sich schon gewissermaßen, das wäre einfach mal meine Vermutung, eine sinnvoll abgestimmte Handhabung einstellen. Zum Thema Gewerbesteuer und Wettbewerb: Das, was mich auch interessiert an der Sache ist, die Gemeinden werden in dieser Situation, wenn die Körperschaftsteuer stark ermäßigt wird, voll getroffen auch vom internationalen Standortwettbewerb. Das ist dann nicht Münster gegen Bochum, das ist dann auch Münster gegen Einthoven und das ist dann auch Münster gegen Reims, und wenn das passiert, dann hätte ich die Hoffnung, dass die Gemeinden nicht über alle Stränge schlagen was die Nutzung dieses etwas vergrößerten Steuerkuchens angeht. Im Übrigen muss man sich ja nur mal unsere Gemeindefinanzen ansehen, um zu sehen, dass da ein echter Bedarf besteht.

Prof. Dr. *Heinz-Klaus Kroppen*, LL.M., Düsseldorf

Ich habe mich kritisch in meinem Vortrag zum Korrespondenzprinzip geäußert, weil ich der Meinung bin, dass die Probleme deutlich überwiegen. Selbstverständlich muss ich aber auch anerkennen, Herr *Englisch*, dass die Problematik der Steueroasen einer Lösung zugeführt werden muss und dass insbesondere das Problem der Fremdfinanzierung dabei herausragende Bedeutung hat. Deshalb glaube ich, dass die Zinsschranke, wie wir sie in Deutschland haben, eine gewisse Berechtigung hat. Ich war ursprünglich anderer Auffassung, habe mich aber durch eine kürzlich vorgelegte Dissertation eines Besseren belehren lassen. Die Zinsschranke kommt ja in ihren Wirkungen durchaus zu einem ähnlichen Effekt wie ein Korrespondenzprinzip. Insofern könnte ich mir vorstellen, dass ein solches Korrespondenzprinzip für reine Finanzierungsaspekte sinnvoll sein kann, weil dann natürlich die Attraktivität einer Finanzierungsgesellschaft im Niedrigsteuerland, in dem unter Umständen eine Null-Besteuerung vorliegt, deutlich gemindert oder aufgehoben ist, wenn in dem Staat, in dem die hohen Steuern zu zahlen sind, kein Abzug mehr möglich ist. Dafür kann man durchaus eine Rechtfertigung sehen. Ich hatte mich ja ganz generell gegen eine andere Form des Korrespondenzprinzips ausgesprochen, nämlich die umgekehrte Situation, und hatte der Befürchtung Ausdruck verliehen, dass wir in Deutschland für unsere Besteuerung im Inland zu stark auf Fragen des ausländischen Steuerrechts abheben. Da sehe ich eine ganze Reihe praktischer Probleme, und ich hatte ja versucht auszuführen, dass die praktischen Probleme auch darin bestehen, dass bei gängigen Steuerplanungen unsere neue Vorschrift überhaupt nicht greift, weil das ausländische Recht so vielgestaltig und komplex ist. Diese Komplexität ins deutsche Recht zu transportieren, ist aus meiner Sicht sinnlos.

Dr. *Benedikt Rüchardt*, München

Zur Einigung der bayerischen Wirtschaft, Herr *Schön*, gerade eine zu der vorherigen Gewerbesteuerdiskussion noch zugehörige Frage: Wir haben ja bei uns mehrfach berechnet, was, wenn umfassend Fremdkapitalfinanzierung in die Bemessungsgrundlage bei der Gewerbesteuer hineingenommen wird, an Resultaten auf den Ertrag herauskommt. Das halten schwächere Unternehmen einfach nicht aus. Deswegen kann ich dem Modell, was Sie hier skizziert haben, eigentlich überhaupt nur etwas abgewinnen, ohne weiter auszuschweifen, wenn die Steuern nicht aus dem Ertrag, sondern aus der Kapitalbedienungsschuld, aus der Zinsschuld bedient wird, also zu Lasten des Zinsempfängers. Dann ist es auch richtig, wenn dieser dann wiederum keine Steuern zahlen muss. Was halten Sie von diesem Gedanken?

Prof. Dr. Dr. h.c. *Wolfgang Schön*, München

Ich meine, das hätte auf der Folie draufgestanden. Ich habe es aber nicht vorgelesen, weil dann schon der Vortrag zu Ende ging. In der Tat: Einer der Hauptpunkte, die gegen die gegenseitige Zinsschranke und gegen Hinzurechnungen im Gewerbesteuerbereich sprechen, ist ja, dass das alles noch einmal beim Empfänger besteuert wird. Das muss dann natürlich wirklich entfallen, wobei auch das den Charme hätte, dass es eine Entlastung des inländischen Kapitalgebers wäre, während das Geld, das ins Ausland abfließt, na ja, ob das im Ausland entlastet wird, ist dann gewissermaßen das Problem des ausländischen Fiskus und des ausländischen Kapitalgebers. Insoweit kann sich wieder das Interesse an einer Eigenkapitalfinanzierung ergeben. Aber die dahinter stehende Problematik, ob das zu stark die schwächeren Unternehmen trifft, können wir bei einer phasenweisen Einführung – Herr *Drüen* hat ja auch heute Morgen über langfristiges, gewissermaßen Einschleichen von Steuerreformen gesprochen – können sich die Unternehmen auf eine, sagen wir einmal 50:50 Eigenfremdkapitalfinanzierung, hinbewegen oder noch eine größere Eigenkapitalfinanzierung, wenn wirklich die allowance for corporate equity ihnen große Thesaurierungen ermöglicht etc. Das müsste man dann einmal schauen.

Dr. *Elmar Krüger*, LL.M., Osnabrück

Meine Frage richtet sich an Herrn *Schön* und betrifft die Weiterentwicklung oder die Möglichkeit der Weiterentwicklung der Organschaft unter europäischen Aspekten im Hinblick auf den ja doch sehr stark zivilrechtlich geprägten Gewinnabführungsvertrag in Deutschland.

Prof. Dr. Dr. h.c. *Wolfgang Schön*, München

Ja, das habe ich mehr oder weniger ausgelassen. Ich selber habe eine gewisse Sympathie dafür, wenn Verlustübernahmen in irgendeiner Weise auch zivilrechtlich unterlegt sind. Der Gewinnabführungsvertrag ist da nicht mein Liebling, allein schon deshalb, weil er sich in der Praxis als so extrem fehleranfällig herausgestellt hat und immer wieder, auch jetzt wieder, in der kleinsten Organschaftsreform aller Zeiten diese Dinge nur sehr wenig nachgebessert worden sind. Ich habe selber eine gewisse Sympathie für das Verlustbeitragssystem, bei dem man gewissermaßen mit Pauschalzahlungen an andere Gruppenmitglieder sein Opfer bringt, aber dann auch die Gewinne und die Verluste zurechnen kann, wie das in Skandinavien der Fall ist. Interessanterweise hat für diese skandinavischen Systeme der europäische Gerichtshof nicht verlangt, dass sie grenzüberschreitend angewandt werden müssen. Das ist etwas, was uns da vielleicht auch den Weg erleichtern könnte, aber das BMF schreckt ja vor viel kleineren Reformen noch zurück.

Dr. *Philipp Lambrecht*, Berlin/Freiburg

Ich habe eine Frage an Sie, Herr Prof. *Kroppen*. Herr *Kroppen*, Sie haben die problematischen Aspekte der derzeitigen Reformdiskussion im internationalen Steuerrecht hier umfassend dargestellt. Dafür ganz herzlichen Dank. Allerdings war Ihr Vortrag auch lediglich apologetischer Natur zu Gunsten des derzeitigen Zustands. Das veranlasst mich zu zwei Fragen. Die erste Frage schließt an den letzten Punkt Ihrer Gliederung an. Muss nicht der Umstand, dass das Problem der internationalen Keinmalbesteuerung international überall inzwischen drängend diskutiert wird, dazu führen, dass wir zumindest neue Transparenzvorschriften im internationalen Steuerrecht benötigen? Als solche Transparenzvorschriften werden insbesondere diskutiert, dass in der internationalen Konzernrechnungslegung die Tätigkeiten und die steuerlichen Lasten der Konzerne auf die einzelnen Staaten aufgegliedert werden, was zumindest mal die Diskussion ermöglicht, ob die Steuerlast im Verhältnis zu der Tätigkeit angemessen ist. Eine zweite Möglichkeit ist, die übrigens gerade auch in den angelsächsischen Staaten schon genutzt wird, dass Steuergestaltung und Steuergestaltungsmodelle in gewissem Umfang die besonders neuralgisch sind, meldepflichtig werden. Meine Frage, das ist die erste Frage: Wie stehen Sie dazu? Und meine zweite Frage ist: Sie diskutieren diese neuen Transparenzregeln in Ihrer Gliederung als Abschreckungsmittel lediglich. Meine zweite Frage ist: Muss sich eigentlich die Steuerwissenschaft, aber auch die Steuergestaltung, wenn sie nun auf solche Transparenzregeln nun ablehnt, eigentlich noch wundern, wenn am Ende die Steuerpolitik zu völlig überschießenden materiell-rechtlichen Regelungen kommt?

Prof. Dr. *Heinz-Klaus Kroppen*, LL.M., Düsseldorf

Ich bin Ihnen sehr dankbar für die Frage, denn ich hatte dazu natürlich in meinem Vortrag Ausführungen geplant, habe sie aus Zeitgründen jedoch schlicht ausgelassen. Deshalb gibt mir Ihre Frage Gelegenheit, dazu noch kurz Stellung zu nehmen. Es ist aus meiner Sicht absolut zwingend, und darauf wird sich die Industrie auch einstellen müssen, dass es zu neuen Transparenzregeln kommen wird. Auch die berechtigte Kritik zusätzlicher Kostenbelastung wird aus meiner Sicht neue Regeln nicht verhindern können. Es stellt sich deshalb nur noch die Frage, in welcher Form. Sie hatten die beiden Möglichkeiten, die ich in meinem Vortrag ansprechen wollte, erwähnt. Einmal, eine Verpflichtung zur Publizierung aggressiver Steuermodelle einzuführen. Ich habe mich in meinem Vortrag dagegen ausgesprochen. Warum? Nicht weil ich das grundsätzlich für schlecht halte, aber weil ich glaube, dass es extrem schwierig ist, eine Werteentscheidung zu treffen – was ist aggressive Steuerplanung und was ist vielleicht noch mögliche moderate Steuerplanung? Diese Grenzziehung halte ich für sehr schwierig. Im Übrigen meine ich auch, dass aus Wettbewerbsgründen eine solche Pflicht flächendeckend eingeführt werden müsste und sich darüber in verschiedenen Staaten zu einigen, was aggressiv und was moderat ist, halte ich für fast unmöglich. Ich meine deshalb, dass ein moderates country by country-reporting die bessere Lösung wäre, weil ich glaube, dass die Unternehmen sich darauf einstellen müssen, transparenter zu werden und weil ich denke, dass die Kosten einigermaßen beherrschbar sind, abhängig natürlich von der Form des Reporting. Bei den aggressiven Steuersparmodellen müsste man neue, bisher im Konzern nicht gesammelte Daten erheben, während es bei dem country by country-reporting um Umsätze, Betriebsausgaben und in dem betreffenden Land gezahlte Steuern geht. Diese Informationen sollten in vielen Konzernen, wenn auch nicht in der Konsolidierung, so doch in den Einzelabschlüssen und zumindest bei der Vorbereitung der Steuerrückstellung, erhoben werden, so dass ich glaube, dass sich die zusätzliche Belastung eher in Grenzen hält.

Kann eine Vereinfachung der Einkommensbesteuerung gelingen?

Prof. Dr. *Ekkehart Reimer*
Universität Heidelberg[*]

Inhaltsübersicht

I. Vorbemerkung
II. Fokussierungen
  1. Steuervereinfachung in der Außenperspektive: Die Zunahme von Komplexität als Naturgesetz?
  2. Steuervereinfachung in der Demokratie
  3. Steuervereinfachung in der Informationsgesellschaft
  4. Steuervereinfachung als notwendige Utopie?
  5. Dimensionen der Vereinfachung
  6. Begriff des „Gelingens"
  7. Weiteres Vorgehen
III. Materielles Recht
  1. Weniger Steuerarten
  2. Weniger Einkunftsarten
    a) Zusammenführung der Gewinneinkünfte
    b) Wegfall der Einkünfte aus Land- und Forstwirtschaft, Vermietung und Verpachtung
    c) Veräußerungsgewinne
    d) Straffung der „sonstigen Einkünfte"
  3. Wegfall innerperiodischer Abzugstatbestände und weitere Schedularisierung
    a) Zusammenführung der Freibeträge, Freigrenzen und Nichtaufgriffsgrenzen auf Ebene der Einkunftsermittlung
    b) Vollständiger Ausschluss des Werbungskostenabzugs
    c) Revision des Abzugs von Sonderausgaben und außergewöhnlichen Belastungen?
  4. Vereinfachungen in Raum und Zeit
    a) Zusammenführung unterschiedlicher Arten der persönlichen Steuerpflicht
    b) Stärkung des Jährlichkeitsprinzips
    c) Insbesondere: Wegfall des Verlustabzugs
  5. Veränderungen des Tarifs
IV. Verfahrensrecht
  1. Vorausgefüllte Steuererklärung
  2. Umsatzscharfe elektronische Erfassung der inländischen Leistungsfähigkeit
  3. Selbstveranlagung?
  4. Prämierung des Veranlagungsverzichts
V. Ansätze zur Lösung außersteuerrechtlicher Probleme
  1. Institutionelle Lösungen
  2. Reduktion der Bestimmtheitsanforderungen
  3. Schärfung der Folgerichtigkeitsrechtsprechung
  4. Referendumsvorbehalte
VI. Fazit

---

[*] Für wertvolle Hinweise und Recherchen zu diesem Beitrag danke ich Herrn akad. Mitarbeiter *Leonhard Kornwachs*, Heidelberg.

I. Vorbemerkung

In dem kleinteilig bestellten Feld der Einkommensteuer stoßen alle punktuellen Vereinfachungen schnell an die Grenzen des kleinen Karos. Noch heikler ist die heute zu erörternde Frage angesichts ihres Singulars: ob *eine* Vereinfachung der Einkommensbesteuerung gelingen kann.

„Der [...] Referent sollte bey der Wichtigkeit dieses allerhöchsten Auftrages den Muth verlieren, eine Feder anzusetzen, wenn er bedenkt, daß die größten Männer beynahe aller Staaten, und in den verschiedensten Zeitepochen, über die Theorie des Steuerwesens geschrieben haben, und an dieser Klippe der verschiedenen Meinungen und Leidenschaften – vorzüglich des Eigennutzes – gescheitert sind; daß man über Mängel und Gebrechen bestehender Steuern beynahe nicht schreiben kann, ohne Männer vom größten Ansehen, und auch bey der vollkommensten Verehrung, die man gegen sie heget, und die sie im vollen Maße verdienen, zu nahe zu treten – allein der allerhöchste Auftrag, mächtiger als jede Bedenklichkeit, macht dem Unterzeichneten zur Pflicht, was ohne selbem Verwegenheit seyn würde".[1]

Ob sich der anonyme Verwaltungsbeamte, der im Auftrag *Maria Theresias* 1808 eine „Theorie des Steuerwesens" verfasst hat, die Grundlage eines einfachen Steuerrechts für die Bukowina werden sollte, in der Gegenwart heimisch fühlen würde? Auch heute hat das Ziel einer durchgreifenden Steuervereinfachung zwar in Gesetzgebung, Verwaltung und Rechtsprechung, in Wissenschaft und Beraterschaft gleichermaßen bedeutende Anhänger,[2] aber niemand trägt mehr als Gesetzgebung, Verwaltung und Rechtsprechung, Wissenschaft und Beraterschaft stetig zu dessen Misslingen bei.

II. Fokussierungen

1. Steuervereinfachung in der Außenperspektive: Die Zunahme von Komplexität als Naturgesetz?

In der Außenperspektive erscheint die Steuervereinfachung keineswegs als ein rein juristisches Thema. Ob Reformen faktisch gelingen können, können möglicherweise die dogmatisch arbeitenden Juristen deutscher Provenienz weniger gut beurteilen als Vertreter eines empirisch arbeitenden „legal realism", als Historiker oder Politikwissenschaftler.

In erster Schärfung zielt der Blicks deshalb auf die Abgrenzung der Disziplinen, die zu der Debatte über die Steuervereinfachung beitragen. Vertreter evolutionstheoretischer Erklärungen von Recht und Rechtsordnungen wei-

---

[1] *N.N.*, Die Theorie des Steuerwesens, in Schremmer (Hrsg.), Steuern und Staatsverfassung. Zur Reform der Habsburger Landessteuern im frühen 19. Jahrhundert, vorzüglich in Galizien und der Bukowina (2004), S. 5.
[2] Statt aller die Beiträge bei *P. Fischer* (Hrsg.), Steuervereinfachung. DStJG 21 (1998).

sen darauf hin, dass mit der Ausdifferenzierung des Wirtschaftslebens und der Expansion des Wissens insgesamt zwangsläufig auch das Rechtswissen zunimmt – und mit ihm notwendigerweise die Komplexität der Rechtsregeln.[3] Die historisch-empirische Perspektive hat *Andreas Thier* in seinem großen Vortrag auf der historischen Tagung unserer Gesellschaft im Juni in Frankfurt vorgestellt, als er die Bedingungen für die Durchsetzung von Steuerreformen analysiert hat.[4] Politikwissenschaftliche Forschungen hat in Deutschland v.a. *Uwe Wagschal* unternommen.[5]

Die dogmatische Rechtswissenschaft beansprucht einen zentralen Platz in der Vereinfachungsdebatte erstens deshalb, weil sie am besten mit dem Rechtsstoff vertraut ist. Sie sieht, wo das geltende Recht nicht einfach ist, obwohl es einfacher sein könnte. Zweitens kann sie Auskunft über Verwerfungen geben, die Vereinfachungen an anderer Stelle hervorrufen – etwa in der Abstimmung auf ausländische Rechtsordnungen. Drittens erkennt und markiert die Rechtswissenschaft die äußersten Grenzen der Vereinfachung im Verfassungsrecht und im Unionsrecht.

Insofern spielt die Jurisprudenz eine dialektische Doppelrolle: Erst unterbreitet sie Vereinfachungsvorschläge, nur um dann zu erklären, diese seien nicht leistungsfähigkeitsgerecht, verfassungswidrig, unionsrechtlich problematisch oder praktisch nicht durchsetzbar.

2. Steuervereinfachung in der Demokratie

Bei Anwendung der juristischen Erkenntnismöglichkeiten fällt zunächst auf, dass dem demokratischen Verfassungsstaat Vereinfachungen des Steuerrechts offenbar besonders schwer fallen. Das ist einem dreifachen Zug des Gesetzesrechts in die Ausdifferenzierung geschuldet:

– Erstens ist der Detailreichtum des Steuerrechts insofern kulturell bedingt, als die Verfassung[6] und die Bürger[7] schon auf der Obersatzebene hohe Ansprüche an das Maß an sog. Einzelfallgerechtigkeit stellen, die das Steuerrecht zu erfüllen hat.

– Zweitens besteht eine fiskalisch begründete Komplexität. Sie ist – wie angedeutet – eine Folge der Privatautonomie und der evolutionären

---

3 Vgl. *Evans/Tran-Nam*, Towards the Development of a Tax System Complexity Index (working draft 2013), Internet: http://ssrn.com/abstract=2216322 (30.3.2014).
4 *Thier*, StuW 2014, 77.
5 *Wagschal*, Steuerpolitik und Steuerreformen im internationalen Vergleich. Eine Analyse der Ursachen und Blockaden (2005). Vgl. auch die Diskussionsbeiträge *Wagschals* in diesem Band, 419 ff.
6 *Papier*, Die finanzrechtlichen Gesetzesvorbehalte und das grundgesetzliche Demokratieprinzip, S. 27 ff.; *Papier*, DStJG 12 (1989), 61 ff.; *Osterloh*, Gesetzesbindung und Typisierungsspielräume bei der Anwendung der Steuergesetze (1992), S. 139 ff.
7 Zur Schwierigkeit der politischen Durchsetzung eines „tax cut cum base broading" *Barbaro/Suedekum*, European Journal of Political Economy (2006), 41 ff.

Ausdifferenzierung der wirtschaftlichen Wirklichkeit. Neue Vertragstypen haben etwa den § 20 EStG wachsen lassen.[8] Die berechtigte Zurückhaltung der Rechtsprechung bei der Anwendung von § 42 AO[9] erhöht den Druck auf den Gesetzgeber, auf die von ihm als missbräuchlich angesehenen Gestaltungen durch eine ergänzende Ausdifferenzierung der speziellen Belastungsnormen zu reagieren.

– Der dritte Komplexitätsfaktor betrifft die Entlastungsseite. Die repräsentative Demokratie lebt von der Interessenvertretung. Der Verbändestaat hat seine eigenen Beharrungskräfte und Fliehkräfte; der Rechtsstoff strebt zentrifugal auseinander.[10] Der einzelne Abgeordnete ohne herausgehobenes Fraktionsamt oder eine besondere Parlamentsfunktion leistet in der Regel nur einen sehr begrenzten Beitrag zur Integration der politischen Willensbildung im Sinne *Rudolf Smends*.[11] Vereinfachung ist aber Integration.

3. Steuervereinfachung in der Informationsgesellschaft

Eine Gesellschaft mit Lebensmitteln im Überfluss, Automation, einer hochproduktiven Industrie und erklecklichen Leistungsbilanzüberschüssen will sich nicht zu Tode amüsieren, sondern neigt offenbar in hohem Maße zur Selbstbeschäftigung. Ebenso wie die Überbürokratisierung in anderen Bereichen ist auch das hochregulierte Steuerrecht Teil eines großen Gemäldes gesellschaftlicher Selbstbeschäftigung. Solange die Steuerpflichtigen am Ende immer noch genug Ressourcen für die Compliance, die Finanzverwaltung immer noch genug Ressourcen für die Veranlagungs- und Betriebsprüfungsarbeit haben, ist der Leidensdruck nicht groß genug. Und so lange wird die unsichtbare Hand, der Markt unserer Rechtsanwendungsressourcen, keine umfassende Vereinfachung der Einkommensteuer erkämpfen. So wie hier und da der Leidensdruck doch einmal steigt, kommt es zunächst dort zu Vereinfachungen, wo deren Grenznutzen am höchsten ist – und das scheinen die Reformen zu sein, die nicht mit Erhöhungen der materiellen Zahllast einhergehen, sondern die verfahrensrechtlichen Effizienzreserven heben. Je mehr Gesetzgeber und Verwaltung – richtigerweise – auf informationelle Automation setzen, desto geringer ist der Vereinfachungsdruck, der auf dem materiellen Recht lastet.[12]

---

8 *von Beckerath* in Kirchhof, EStG, 13. Aufl. (2014), § 20 EStG Rz. 41.
9 Hierzu *Wendt*, DStJG 33 (2010), 117, 120 ff.; *Drüen* in Tipke/Kruse, AO (Stand 12/2013), Vor § 42 AO Rz. 13 ff.
10 *M. Schmidt*, Das politische System Deutschlands, 2. Aufl. 2011, S. 108 ff.; *Eschenburg*, Herrschaft der Verbände? (1955); ders., Das Jahrhundert der Verbände (1989), S. 125 f.
11 *Smend*, Verfassung und Verfassungsrecht, 1928.
12 Vgl. als aktuelles Beispiel die vorausgefüllte Steuererklärung, BMF, Schr. v. 10.10.2013 – IV A 3 - S 0202/11/10001 – DOK 2013/0841868, BStBl. I 2013, 1258.

4. Steuervereinfachung als notwendige Utopie?

Für das materielle Einkommensteuerrecht ist also die Großwetterlage außerordentlich ernüchternd.[13] Vielleicht kultivieren aber Steuerjuristen, die über eine Vereinfachung nachdenken, notwendige Utopien. Die Utopie fällt aus der Zeit. Das Streben nach einer Vereinfachung des materiellen Rechts hat in seinen Reinformen etwas Ahistorisches.

Zugleich ist aber die Utopie Triebfeder für inkrementelle Verbesserungen des Diesseits.[14] Als literarische Gattung hat die Utopie in der Geschichte der Staatsphilosophie aus zwei Gründen einen festen Platz: Erstens hat sie eine kognitive Funktion. Sie ist die Vergleichsfolie für die Realität der Macht und für das geltende Recht, das allein die Macht widerspiegelt. Die Leitgedanken eines einfachen Steuerrechts lassen uns das komplexe Recht besser verstehen, und sie liefern zugleich die Maßstäbe für die normative Beurteilung dieses komplexen Rechts. Die Utopie schärft den Blick.

Die Kürze des Bundessteuergesetzbuches[15] ist am Ende nicht darauf zurückzuführen, dass in nennenswertem Umfang Text – etwa zur Gewinnermittlung – aus dem Gesetz in eine Rechtsverordnung verschoben würde. Die textliche Kürze ist primär Folge stringenter Kodifikation und einer echten Reduktion von Komplexität, namentlich durch die rechtsformübergreifende Figur der steuerjuristischen Person, durch die Bereitschaft zu einer Fair-value-Bewertung mit starken Pauschalierungen, durch die Verwendung eines einheitlichen Steuersatzes und durch die zeitliche Stabilisierung, d.h. eine erhöhte Änderungsfestigkeit und den dadurch möglichen Verzicht auf breite intertemporale Regelungen.

Zweitens ist die literarische Utopie ein Ideenreservoir. Wie das Entwicklungslabor der Naturwissenschaftler oder der Ingenieure sind auch die großen juristischen Utopien seit *Platon* und *Thomas Morus* ein Sammelpunkt für Ideen. Hier werden Rechtsgedanken hervorgebracht, Rechtsfiguren und Verfahren entwickelt; hier lassen sich diese Ideen oft über Generationen speichern und von hier aus treten einige von ihnen den Weg in die Verkaufsräume und die Wirklichkeit des modernen Staates an. Wer immer Kritik an Reformentwürfen übt, kommt an diesem ideengeschichtlichen Befund nicht vorbei. Dass eine Vereinfachung des Steuerrechts „unrealistisch" oder „nicht durchsetzbar" sei, ist deshalb ein sehr ahistorischer Vorwurf,

---

13 Vgl. hierzu auch zum Ansatz der „Second-Best"-Lösungen *Schön*, DStR 2008, Beihefter zu Heft 17, 10 (17).
14 Vgl. *Bloch*, Geist der Utopie, 2. Fassung 1918, gesamelte Werke Band XIV, S. 173; *Schölderle*, Geist der Utopie, 2012, S. 158 f.; vgl. auch *Jungk/Müllert*, Zukunftswerkstätten, 1981; S. 99 ff., die während „Phantasiephasen" entstandenen „utopischen Entwürfen" einen Zwischenschritt auf dem Weg zu einer realisierbaren Lösung sehen.
15 *P. Kirchhof*, Bundessteuergesetzbuch, 2011.

der die Analyse in der Sache nicht ersetzt, sondern mit dem man sich allenfalls Zeit erkauft.

5. Dimensionen der Vereinfachung

Nach allem müssen Juristen darüber sprechen, welche Reformoptionen überhaupt Vereinfachungen bedeuten würden und welche nicht. Vereinfachungen des Einkommensteuerrechts sind nicht allein, in den Augen der Steuerpflichtigen vielleicht sogar am wenigsten, Vereinfachungen des Einkommensteuergesetzes. Wenn man als „Recht" in einem weiteren Sinne das Rechtsleben, also Rechtsetzung, Rechtsanwendung, Rechtsbefolgung und Rechtsdurchsetzung versteht, sind Vereinfachungen des Steuerrechts aus Sicht des Bürgers in erster Linie die Entschlackung der steuerlichen Nebenpflichten, namentlich der Anzeige-, Mitteilungs- und Erklärungspflichten; und aus Sicht der Verwaltung die Reduktion der Veranlagungsfälle und des Aufwands pro Fall.[16] Die folgende Vereinfachungsanalyse muss sich deshalb außer auf das materielle Recht zwingend auch auf das Verfahrensrecht und die Verfahrenspraxis erstrecken.[17]

Hier wie dort sind Vereinfachungen Reduktionen von Komplexität.[18] Die Komplexität einer Norm oder gar eines ganzen Rechtsgebiets – hier: des Einkommensteuerrechts – ist allerdings quantitativ kaum zu fassen. Ein formaler Vereinfachungsbegriff würde jede Textkürzung als Vereinfachung ansehen, wenn es sich nicht allein um die Verschiebung einer fortbestehenden Regelung etwa aus dem Gesetz in eine Rechtsverordnung oder eine Verwaltungsanweisung handelt. In einem materialen Sinn könnte Komplexität die Zahl der Prüfungsstationen und Synapsen sein, die zwischen der Aufnahme des Sachverhalts und der Feststellung der abschließenden Rechtsfolge stehen. Sie lassen sich allerdings kaum sinnvoll zählen. Zudem fallen die einzelnen Subsumtionsschritte auch unterschiedlich schwer. Viel praktischer ist das Anknüpfen an den zeitlichen und monetären Aufwand, den der Steuerpflichtige, ggf. seine zivilrechtlichen Vertragspartner (Arbeitgeber, Bank, Bauherr, Spendenempfänger etc.) und die Verwaltung treiben müssen, um die Pflichten zu erfüllen, die das Einkommensteuerrecht einschließlich des einschlägigen Verfahrensrechts begründet.[19]

Auf dieser Basis ist Vereinfachung die Verringerung der Zeit oder der Kosten, die im Veranlassungszusammenhang mit dem Einkommensteuerrecht stehen. Etwas ausführlicher ist nach der Summe aus Zeit und Kosten zu fra-

---

16 Hierzu exemplarisch *Meyding*, Vereinfachender Gesetzesvollzug durch die Verwaltung, in P. Fischer (Hrsg.), Steuervereinfachung. DStJG 21 (1998), 219 ff.
17 Vgl. *Ruppe*, DStJG 21 (1999), 29 (38).
18 Vgl. *Luhmann*, Soziale Systeme, 1984, S. 22; 46 ff; zum Vereinfachungsbegriff *Schön*, StuW 2002, 23 (24 f.); *Dean*, Hofstra Law Review, vol. 34 (2005), 405 (452).
19 Zum Vorangegangen *Dean*, Hofstra Law Review, vol. 34 (2005), 405 (412).

gen, die die Steuerpflichtigen, die genannten privaten Dritten und die Finanzbehörden des Bundes, der Länder und der Gemeinden zur Befolgung ihrer einkommensteuerrechtlichen Pflichten und Gestaltungsmöglichkeiten aufwenden.[20] Diese Vereinfachungs-Indikatoren sollen im Folgenden allerdings nur i.S. einer qualitativen Analyse herangezogen werden.

6. Begriff des „Gelingens"

Im Sinne eines zweiten Filters folgt die Gelingensfrage. Formal gelingt die Reform des Einkommensteuergesetzes, wenn sie das Licht des Gesetzblatts erblickt und mit höherrangigem Recht vereinbar ist. Substantiell gelingt sie, wenn sich auch die auf das Gesetz aufgewendete Zeit und die Rechtsanwendungs- und Rechtsbefolgungskosten in der Gesamtbetrachtung verringern.

7. Weiteres Vorgehen

Im Folgenden sollen zunächst kursorisch die Schauplätze einer Vereinfachung des materiellen Rechts der Besteuerung von Einkommen durchgesehen werden(unten III.). Dem folgt ein Blick in das Verfahrensrecht (IV.). Bei beiden Feldern handelt es sich um klassische juristische Domänen. In einem dritten Schritt sind die Nachbardisziplinen einzubeziehen: Was kann das Recht dazu beitragen, außerrechtliche Blockaden zu lösen (unten V.)?

III. Materielles Recht

1. Weniger Steuerarten

Prägend für das materielle Recht der Besteuerung von Einkommen ist das Nebeneinander von Einkommen- und Körperschaftsteuer als großen Gemeinschaftsteuern, dem hierauf erhobenen (Bundes-)Solidaritätszuschlag und der im Kern kommunalen Gewerbesteuer. Insofern ist die Vereinfachungsfrage zunächst die Frage nach dem Wegfall ganzer Abgabenarten. Verfassungsrechtlich steht keine dieser vier Abgabenarten unter Artenschutz. Aus der Zuweisung von Rechtsetzungs- und Ertragskompetenzen (Art. 105, 106 GG) folgt für jede einzelne der vier Abgabentypen nicht nur ein Ausgestaltungs-, sondern ein echtes Entschließungsermessen des Bundes; allein Art. 28 Abs. 2 Satz 3 GG verbietet eine Streichung der Gewerbesteuer ohne Ersatz durch eine andere wirtschaftskraftbezogene Steuerquelle.

Politisch liegen die Dinge anders. Die Einkommensteuer der natürlichen Personen steht in ihrer Existenz nicht zur Disposition. Wie tief sich das steuer-

---

20 *Ruppe*, DStJG Bd. 21, 1999, 29, 32 f.; *Schön*, StuW 2002, 23 (25).

politische Ideal einer periodischen Belastung des Zuwachses an disponiblem Einkommen in die Imagination sozialer Gerechtigkeit eingebrannt hat, zeigt sich an der gängigen Beurteilung des seit dem 19. Jahrhundert einzig relevanten Gegenmodells zur Einkommensteuer – der indirekten Steuern – als „degressiv": Denn diese Aussage ist nur richtig, wenn man die Belastung mit indirekten Steuern ins Verhältnis zu einem (sei es auch vorrechtlichen Begriff vom) Einkommen des Zensiten setzt, der im Einkommen repräsentierten wirtschaftlichen Leistungsfähigkeit also eine übergreifende Maßstabsfunktion beimisst. Angesichts der formalen Gleichordnung der Steuertypen in Art. 106 GG und der Maßstabsarmut der Grundrechte ist gerade dies dogmatisch keineswegs selbstverständlich. Zu empfehlen ist der Verzicht auf die Einkommensteuer nicht; sie stellt sich weiterhin als historische Errungenschaft dar.

Schon die Körperschaftsteuer ist dagegen nicht sakrosankt. Solange man Körperschaften für Zwecke der Ertragsbesteuerung eine Abschirmwirkung gegenüber ihren Gesellschaftern beimisst, würde zwar der Verzicht auf die Körperschaftsteuer zu einem „deferral" und damit zu einem vor Art. 9 Abs. 1, Art. 12 Abs. 1, Art. 14 Abs. 1 und/oder Art. 3 Abs. 1 GG rechtfertigungsbedürftigen (und kaum zu rechtfertigenden) Zins- und Liquiditätsvorteil führen. Eine Überführung der Körperschaftsteuer in die Einkommensteuer machte die eigenständige Körperschaftsteuer entbehrlich. Darin liegt mehr als die in der betriebswirtschaftlichen Steuerlehre als Integration der Körperschaftsteuer in die Einkommensteuer bezeichneten Modelle der Steuerkonkurrenz. Zu denken ist vielmehr an eine vollständige Erstreckung einer in ihrem persönlichen Tatbestand erweiterten Einkommensteuer auf Körperschaften. Alle großen Reformmodelle der letzten Jahre waren auf die Einführung einer einheitlichen Unternehmensteuer gerichtet.[21]

Denkbar ist aber auch die Aufgabe der Körperschaftsteuer ohne Erweiterung des persönlichen Einkommensteuertatbestands, wenn die Einkommensteuer dafür körperschaftliche Gewinne auf der Ebene der hinter der/den Körperschaft(en) stehenden natürlichen Personen belastet. Dafür kommen Einkünftezurechnungsregeln, aber auch Ausschüttungsfiktionen in Betracht. Mögliche Vorbilder finden sich in §§ 15 Abs. 1 Nr. 2 EStG, 14 ff. KStG oder 7 ff. AStG. Eine Verallgemeinerung dieser Konzepte ist indes theoretisch und v.a.

---

21 Vollständige Vereinheitlichung: *P. Kirchhof*, Bundessteuergesetzbuch, 2011, S. 15 f.; für ein von der Einkommensteuer abgekoppeltes, seinerseits aber rechtsformunabhängiges Unternehmenssteuergesetz: *Lang/Eilfort* (Hrsg.), Strukturreform der deutschen Ertragsteuern, 2013, S. 237 ff.; *Sachverständigenrat zur Begutachtung der gesamtwirtschaftlichen Lage/Max-Planck-Institut für Geistiges Eigentum, Wettbewerbs- und Steuerrecht/Zentrum für Europäische Wirtschaftsforschung*, Reform der Einkommens- und Unternehmensbesteuerung durch die Duale Einkommensteuer, 2006. Für eine Beibehaltung eines Dualismus dagegen noch *Lang (Hrsg.)*, Kölner Entwurf eines Einkommensteuergesetzes, 2004, S. 40 ff.

im praktischen Vollzug anspruchsvoll; ihr Vereinfachungspotential bleibt hinter dem Gewinn an Belastungsgleichheit zurück.

Näher liegt ein isolierter Verzicht auf die Gewerbesteuer. Angesichts der überdeutlichen Annäherung der (Rest-)Gewerbesteuer an die Einkommen- und Körperschaftsteuer scheint dieser Weg in der Rechtsentwicklung bereits angelegt zu sein. In politisch-realwissenschaftlicher Perspektive wirkt das Postulat einer Abschaffung der Gewerbesteuer demgegenüber illusionär. In dieser Lage kommt möglicherweise eine nominale Beibehaltung der Gewerbesteuer bei gleichzeitiger Vollintegration in die Einkommen- und Körperschaftsteuer in Betracht. Dazu könnte der Gesetzgeber quer durch alle Einkunftsarten die Einkommensteuer um einen allgemeinen Kommunalzuschlag ergänzen, für den die Kommunen das nach Art. 28 Abs. 2 Satz 3 GG gebotene Hebesatzrecht erhalten.[22] Dann wäre die Marke „Gewerbesteuer" der Name für den Zuschlag, der auf gewerbliche Einkünfte entfällt. Im wirtschaftlichen Ergebnis ließe sich aber jede Sonderbelastung gewerblicher Einkünfte vermeiden.

2. Weniger Einkunftsarten

a) Zusammenführung der Gewinneinkünfte

Nach der Überführung der eigenständigen Gewerbesteuer in einen einkunftsartübergreifenden Kommunalzuschlag fällt eine Zusammenführung der Gewinneinkunftsarten leichter als bisher. Insbesondere die Unterscheidung zwischen §§ 15 und 18 EStG ist weder nach ihrem Belastungsgrund noch nach der Sinnhaftigkeit unterschiedlicher Gewinnermittlungsmethoden aufrecht zu halten.

b) Wegfall der Einkünfte aus Land- und Forstwirtschaft, Vermietung und Verpachtung

Bei den laufenden Einkünften aus Land- und Forstwirtschaft und den laufenden Einkünften aus Vermietung und Verpachtung, die zu selten zusammen gesehen werden, stellt sich die Existenzfrage. Die Nutzung unbeweglichen Vermögens wirft in der Regel nur einen sehr geringen (Netto-)Ertrag ab.

---

22 So etwa vorgeschlagen von *P. Kirchhof*, Bundessteuergesetzbuch, 2011, S. 18 ff., 552 ff.; *Lang/Eilfort* (Hrsg.), Strukturreform der deutschen Ertragssteuer, 2013, S. 426 ff.; zu dahingehenden Überlegungen des BMBF *M. Gehm*, ZRP 2011, 143; neuerdings auch *E. Reimer*, Die künftige Ausgestaltung der bundesstaatlichen Finanzordnung. VVDStRL 73 (2014), S. 153 ff. (171 f.); und demnächst *Kempny/Reimer*, Aufgabengerechte Finanzverteilung zwischen Bund, Ländern und Kommunen. Gutachten 70. DJT, 2014, sub D.I.2.c.bb.

Bei den Einkünften aus Vermietung und Verpachtung standen den 3,17 Mio. Steuerfällen, in denen die Einkünfte positiv waren (Summe: 25,93 Mrd. Euro), im Jahr 2009 2,1 Mio. Steuerfälle gegenüber, in denen die Einkünfte negativ waren (Summe: -11,44 Mrd. Euro); bezogen auf Verlustquellen aus allen Einkunftsarten trugen die Verluste aus Vermietung und Verpachtung 46 Prozent bei, die positiven Einkünfte aus Vermietung und Verpachtung aber nur 4 Prozent zu allen positiven Einkunftsquellen bei.[23] Angesichts eines v.a. in Hochzinsphasen zumeist negativen Aufkommens aus den Einkünften aus Vermietung und Verpachtung kommt u.U. eine ersatzlose Streichung des § 21 EStG in Betracht.[24] Dass der Einkünftebegriff sich gerade im Blick auf die Immobilienbesteuerung durchaus ändern kann, zeigt die Abschaffung der Wohnwertbesteuerung in § 21 Abs. 2 EStG a.F.[25]

Ein ähnliches Bild ergibt sich für die Einkünfte aus Land- und Forstwirtschaft.[26] Das gälte selbst dann noch, wenn man die zahlreichen Verschonungssubventionen in diesem Bereich außer Betracht ließe. Gerade die Verschonungssubventionen weisen erhebliche Komplexität auf. Sie machen aus der Einkommensbesteuerung der Land- und Forstwirtschaft ein schwer durchdringliches, der Vereinfachung noch harrendes Sondergebiet. Die Regelungen des Forstschädenausgleichsgesetzes geben davon beredt Auskunft.

Dass Einkünfte und Aufkommen aus der Nutzung unbeweglichen Vermögens so gering sind, hat nicht allein den ökonomischen Grund einer geringen Eigenkapitalrendite bei besonderer Wertbeständigkeit der eingesetzten Vermögensgegenstände. Normativ ist hier wie dort auch die grundsteuerliche Vorbelastung zu bedenken. Die Grundsteuer belastet typisierend den mittleren laufenden Sollertrag. Ihre Stärkung könnte de lege ferenda die Streichung der Einkommensteuerbarkeit von Einkünften aus Land- und

---

23 *Statistisches Bundesamt*, Fachserie 14, Reihe 7.1.1., Jährliche Einkommensteuerstatistik 2009/Sonderthema: Einkünfte aus Kapitalvermögen (Art.-Nr. 2140711097004; Stand: 10/2013), S. 10 f.
24 Vgl. zum mangelnden Aufkommen aus Einkünften i.S.d. § 21 EStG *Rechnungshof Baden-Württemberg*, Die einkommensteuerrechtliche Bedeutung der Einkünfte aus Vermietung und Verpachtung (2007), der zwar nicht die ersatzlose Streichung, wohl aber eine objektbezogene Verlustabzugsbeschränkung, alternativ eine dauerhafte Verstrickung aller stillen Reserven im Rahmen des § 21 EStG anregt (S. 3, 31 ff.).
25 Weggefallen durch WohneigFG vom 15.5.1986. Nach dieser Vorschrift gehörte zu den Einkünften aus Vermietung und Verpachtung auch der Nutzungswert der Wohnung im eigenen Haus oder der Nutzungswert einer dem Steuerpflichtigen ganz oder teilweise unentgeltlich überlassenen Wohnung einschließlich der zugehörigen sonstigen Räume und Gärten.
26 Aus den Einkünften aus Land- und Forstwirtschaft ergab sich 2008 ein Einkommensteueraufkommen von rd. 8,9 Mrd. Euro, 2009 von nur noch rd. 7,9 Mrd. Euro; aus den Einkünften aus Vermietung und Verpachtung 2008 ein Aufkommen von 12,0 Mrd. Euro, 2009 – v.a. angesichts des gesunkenen Zinsniveaus – von rd. 14,5 Mrd. Euro: *Statistisches Bundesamt* (oben Fn. 23), S. 6.

Forstwirtschaft und aus Vermietung und Verpachtung ausgleichen und damit die Verengung des Einkünftebegriffs vor dem Prinzip der Besteuerung nach der wirtschaftlichen Leistungsfähigkeit rechtfertigen. Dass die Überlegungen zu einer Grundsteuerreform seit Jahren – und trotz der Speyerer Tagung unserer Gesellschaft[27] – stocken, ist schwer nachvollziehbar. Zu bedenken ist, dass eine grundlegende Reform der Grundsteuer dem Bund nach Art. 105 Abs. 2 i.V.m. Art. 72 Abs. 2 GG verwehrt ist, und dass der Bund auch unterhalb dieser Schwelle diese Materie jederzeit freigeben kann.

Allerdings erfasst der heutige § 21 EStG neben den Erträgen aus unbeweglichem Vermögen auch bestimmte Mobiliarerträge und gemischte Erträge, namentlich bei Betriebsverpachtung (§ 21 Abs. 1 Nr. 2 EStG) und bei der zeitlich begrenzten Überlassung von Rechten (§ 21 Abs. 1 Nr. 3 EStG). Soweit § 21 EStG damit anderes als unbewegliches Vermögen betrifft, wird es auch künftig an einer grundsteuerlichen Vorbelastung fehlen; insoweit kommt m.E. auch keine Abtrennung aus der Einkommensteuerpflicht in Betracht. Zu erwägen ist aber die Integration dieser Einkünfte aus Mobiliarvermögen – gemeinsam mit den Einkünften aus der Vermietung beweglicher Gegenstände (§ 22 Nr. 3 Satz 1 a.E.) in Katalog und Systematik des § 20 Abs. 1 EStG.

c) Veräußerungsgewinne

Traditionell ist die Veräußerungsgewinnbesteuerung von der Besteuerung korrespondierender laufender Einkünfte abgekoppelt.[28] Systematisch böte eine Zusammenführung der Veräußerungsgewinne und der laufenden (Nutzungs-)Einkünfte aber neben einer verbesserten Abbildung wirtschaftlicher Leistungsfähigkeit auch ein erhebliches Vereinfachungspotential. Für den betrieblichen Bereich ist dieses Potential längst gehoben; für den Privatbereich markiert § 20 Abs. 2 EStG einen sinnvollen, die Dogmatik und Beachtung der §§ 22 Nr. 2, 23 EStG entlastenden Schritt. Für alle nicht zur Einkunftserzielung i.S.d. § 20 EStG genutzten privaten Wirtschaftsgüter wirft die Anwendung der der §§ 22 Nr. 2, 23 EStG dagegen weiterhin zahlreiche unnötige Abgrenzungsprobleme auf.[29] In dieser Lage empfiehlt sich kein zusätzlicher Separattatbestand für Gewinne aus privaten Grundstücksveräußerungen (etwa in § 21 EStG), sondern eher eine auch auf die Mobili-

---

27 Vgl. die Beiträge in *Wieland* (Hrsg.), Kommunalsteuern und -abgaben, DStJG 35 (2012).
28 Hierzu etwa *Hamacher*, Veräußerungsgewinne nach dem Körperschaftsteuergesetz und Einkommensteuergesetz, in Pelka (Hrsg.), Unternehmenssteuerreform (2001), S. 129 ff. (135 ff.); *Heuermann*, Entwicklungslinien steuerbarer Veräußerungen von Privatvermögen im Spiegel höchstrichterlicher Rechtsprechung, DB 2013, 718 ff.
29 Exemplarisch *Deutschländer*, Sonstige Einkünfte aus privaten Veräußerungsgeschäften. Praxisrelevante Fallgestaltungen bei Veräußerungen und Übertragungen von Grundstücken und anderen Wirtschaftsgütern, NWB 2014, 1019 ff.

arveräußerung zu erstreckende weitere Einkunftsart, in der auch die bisherigen §§ 17, 20 Abs. 2, 22 Nr. 3 und 23 EStG aufgehen können.

Die allgemeine Einbeziehung von Veräußerungsgewinnen in den Einkünftebegriff des EStG wirft allerdings – gerade mit Blick auf die im Privatvermögen typischerweise lange Haltedauer – erneut das Problem der Inflationsberücksichtigung auf. Vieles spricht zwar für eine Besteuerung zu den regulären tariflichen Sätzen bzw. dem regulären kommunalen Hebesatz;[30] Regelungen nach Art des § 34 Abs. 3 EStG dienen weder der Vereinfachung noch einer realitätsgerechten Abbildung wirtschaftlicher Leistungsfähigkeit. Der notwendige Inflationsausgleich ist präziser durch eine gleitende Indexierung der Anschaffungs- und Herstellungskosten auf Ebene der Bemessungsgrundlage zu bewirken; die Progressionsspitzen können Vorschriften nach Art des heutigen § 34 Abs. 1 EStG abmildern.

d) Straffung der „sonstigen Einkünfte"

Straffungspotential besteht darüber hinaus im Bereich der „sonstigen Einkünfte" i.S.d. §§ 22–23 EStG. § 22 Nr. 2 und § 23 EStG gingen in dem o.g. allgemeinen Veräußerungstatbestand auf. Die sonstigen Einkünfte aus Leistungen ließen sich in die Gewinneinkünfte integrieren, die Versorgungsbezüge der Abgeordneten in § 19 EStG. Einkünfte aus wiederkehrenden Bezügen, aber auch eine Reihe weiterer „sonstiger Einkünfte" ähneln den Einkünften aus Kapitalvermögen und werfen in dieser Relation heute schwierige Abgrenzungsprobleme auf. Spätestens dann, wenn der Einstieg in die nachgelagerte Besteuerung 2040 abgeschlossen ist, lässt sich dieser Tatbestand in den § 20 EStG integrieren. Am Ende dieser Rechtsentwicklung könnte dann die Streichung der §§ 22 und 23 EStG stehen.

3. Wegfall innerperiodischer Abzugstatbestände und weitere Schedularisierung

a) Zusammenführung der Freibeträge, Freigrenzen und Nichtaufgriffsgrenzen auf Ebene der Einkunftsermittlung

Enormes Potential für Vereinfachung und Straffung bieten zahllose Freibeträge und Freigrenzen sowie offizielle und inoffizielle Pauschalierungen des Abzugs von Betriebsausgaben und Werbungskosten auf Ebene der Einkünfteermittlung. Schon das geltende Gesetzesrecht bietet hier ein zu buntscheckiges Bild. Nimmt man die zahlreichen einschlägigen Verwaltungsanweisungen und arkanen Nichtaufgriffsgrenzen aus der Verwaltungspraxis hinzu, ergeben sich kaum zu rechtfertigende Ungleichbehandlungen.

---

30 Oben 2. a).

Einkommensbesteuerung gelingen? 305

Überblick: Freibeträge und Freigrenzen im EStG

Zielgruppe	Betrag	Bemerkungen, Rechtsgrundlage
Rentner, Empfänger privater (familienrechtlicher) Unterhaltszahlungen, Versorgungsleistungen, Leistungen aus Altersvorsorgeverträgen etc. (§ 22 Nr. 5 EStG)	102 €	Werbungskostenpauschale (§ 9a Nr. 3 i.V.m. § 22 Nr. 1, 1a, 1b, 1c und 5 EStG)
ausländische (gebietsfremde) Künstler, Sportler und Artisten	250 €	pro Darbietung; Freigrenze (§ 50a Abs. 2 Satz 3 EStG)
Bezieher „sonstiger Einkünfte aus Leistungen", z.b. Gelegenheitsvermieter	256 €	Freigrenze (§ 22 Nr. 3 Satz 2 EStG)
Vermieter oder Untervermieter einzelner Räume	520 €	außergesetzliche Freigrenze (R 21.2 Abs. 1 EStR)
Spekulanten	600 €	Freigrenze (§ 23 Abs. 3 Satz 5 EStG)
nebenberufliche Wissenschaftler, Künstler, Schriftsteller, Lehrer, Dozenten, Prüfer	≤ 614 €	außergesetzliche Betriebsausgabenpauschale (H 18.2 EStR)
unverheiratete Land- und Forstwirte	670 €	abschmelzender Freibetrag (§ 13 Abs. 3 EStG)
nebenberufliche Arbeitnehmer gemeinnütziger oder öffentlicher Einrichtungen	720 €	Freibetrag (§ 3 Nr. 26a EStG)
Sparer	801 €	Werbungskostenpauschale („Sparer-Pauschbetrag"; § 20 Abs. 9 EStG)
Arbeitnehmer	1000 €	Werbungskostenpauschale (§ 9a Nr. 1 lit. a EStG)
aktive Beamte, Richter und Soldaten	1000 €	Werbungskostenpauschale (§ 9a Nr. 1 lit. a EStG)
verheiratete Land- und Forstwirte	1340 €	abschmelzender Freibetrag (§ 13 Abs. 3 EStG)
nebenamtliche Übungsleiter, Ausbilder etc.	2400 €	Freibetrag (§ 3 Nr. 26 EStG)
Betreuer	2400 €	Freibetrag (§ 3 Nr. 26b EStG)
hauptberufliche selbständige Journalisten und Schriftsteller	≤ 2455 €	außergesetzliche Betriebsausgabenpauschale (H 18.2 EStR)

Überblick: Freibeträge und Freigrenzen im EStG		
Zielgruppe	Betrag	Bemerkungen, Rechtsgrundlage
pensionierte Beamte, Richter und Soldaten	≤ 4002 €*	Versorgungsfreibetrag, Zuschlag zum Versorgungsfreibetrag und Werbungskostenpauschale (§ 19 Abs. 2 i.V.m. § 9a Nr. 1 lit. b EStG)
selbständige Tagesmutter	9000 €**	außergesetzliche Betriebsausgabenpauschale (BMF v. 20.5.2009, BStBl. I 2009, 642)
GmbH-Gesellschafter bei Anteilsveräußerung oder Wegzug ins Ausland	9060 €	abschmelzender Freibetrag (§ 17 Abs. 3 EStG)
Einzelunternehmer oder Freiberufler ab 55 J. bei Betriebsaufgabe oder Wegzug ins Ausland	45 000 €	abschmelzender Freibetrag (§ 16 Abs. 4 EStG)

Das Plädoyer für eine Vereinfachung der Freibeträge, Freigrenzen, Pauschalen und Nichtaufgriffsgrenzen ist dabei kein Plädoyer für deren Streichung. Regelmäßig würden Streichungen oder auch unüberlegte Absenkungen der genannten Beträge zu einer erheblichen Zunahme der Veranlagungsfälle führen. Nach den oben entfalteten Maßstäben läge darin das Gegenteil einer Vereinfachung. Auszuloten sind aber Spielräume für betragsmäßige Angleichungen und evtl. legistische Zusammenführungen.[31]

Die Vereinfachung durch Vereinheitlichung geht mit einem Zugewinn an materieller Belastungsgleichheit einher. Der allgemeine Gleichheitssatz, die Berufsfreiheit und die Eigentumsfreiheit lassen gegenwärtig das Fehlen entsprechender Freibeträge oder Freigrenzen für bestimmte Berufsgruppen und Einkunftsarten (etwa für die oben nicht genannten Unternehmer oder Freiberufler mit ihren laufenden Einkünften, aber auch für Vermieter selbständiger Wohn- oder Gewerbeeinheiten) zumindest als rechtfertigungsbedürftig erscheinen.

b) Vollständiger Ausschluss des Werbungskostenabzugs

Bei allen Anfangsschwierigkeiten und bei allen Belastungen, die die Einführung der Abgeltungssteuer am 1.1.2009 bei den Banken und auch in den Fi-

---
* Dafür entfällt der allgemeine Altersentlastungsbetrag (§ 24a EStG), der max. 1900 Euro beträgt.
** Beispielsrechnung (Halbtagsbetreuung in eigenen oder angemieteten Räumlichkeiten; fünf fremde Kinder).
31 Hierzu ausführlich *Reimer*, FR 2011, 929; und jüngst *Luck*, „Alles oder Nichts" – Die Freigrenze im Steuerrecht, 2014, S. 340 ff.

nanzverwaltungen mit sich gebracht hat, bedeutet sie für die große Zahl der zur Einkommensteuer veranlagten Steuerpflichtigen doch eine enorme Vereinfachung. Das gibt Anlass zu der Frage, inwieweit der Ausschluss des Werbungskostenabzugs auch für andere Überschusseinkünfte in Betracht kommt und Spielraum für Steuersatzsenkungen eröffnet.

Unter dem Gesichtspunkt einer Reduktion der Veranlagungsfälle, aber auch einer weiterhin leistungsfähigkeitsgerechten Besteuerung rücken dabei die Einkünfte aus nichtselbständiger Arbeit in das Zentrum der Aufmerksamkeit. Das Bundessteuergesetzbuch markiert hier die größtmögliche Vereinfachung.[32]

c) Revision des Abzugs von Sonderausgaben und außergewöhnlichen Belastungen?

Weniger ergiebig ist die Suche nach parallelem Vereinfachungspotential im Bereich der Kosten der privaten Lebensführung, namentlich bei Sonderausgaben und außergewöhnlichen Belastungen. In der 17. Legislaturperiode wurden Möglichkeiten einer stärkeren Pauschalierung bestimmter außergewöhnlicher Belastungen ausgelotet. Am Ende hat der Gesetzgeber von diesem Vorhaben jedoch Abstand genommen.[33] Das mag daran liegen, dass die Akzeptanz von Streichungen oder Kürzungen dieser Abzugstatbestände gering ist. Mehr als irgendwo sonst stellt sich hier die Gelingensfrage.

Vor allem aber genießt das subjektive Nettoprinzip verfassungsrechtlich hohen Rang. Der Vereinfachungszweck kann den Ausschluss des Abzugs von Erwerbsaufwendungen, mithin einen Verzicht auf das – verfassungsgerichtlich ohnehin nicht anerkannte[34] – objektive Nettoprinzip vergleichsweise unproblematisch tragen. Demgegenüber stößt er als Rechtfertigungsgrund für Durchbrechungen des bei Art. 2 Abs. 1 i.V.m. Art. 1 Abs. 1, Art. 6 Abs. 1 und 2, aber auch Art. 3 Abs. 2 und 3 GG angesiedelten subjektiven Nettoprinzips in der – zulässigen – Verhältnismäßigkeitsprüfung rasch an Grenzen. Wenn der Gesetzgeber in Ausübung seines breiten Einschätzungs- und Gestaltungsspielraums die Privatheit und die Außergewöhnlichkeit bestimmter Aufwendungen anerkannt hat, wird er diese Aufwendungen in der Regel zum Abzug zulassen müssen. Pauschalierende Lösungen sind damit nicht ausgeschlossen, dürfen aber im Einzelfall nicht hinter dem Ist-Aufwand zurückbleiben.

---

32 Hierzu *P. Kirchhof*, Bundessteuergesetzbuch, 2011, S. 412 f.
33 BR-Drucks. 684/12.
34 Offengelassen durch BVerfG, zuletzt BVerfGE 122, 210, 234; vgl. *Schneider*, Beihefter zu DStR 34, 2009, 87; fundierte Kritik bei *Lehner*, DStR 2009, 185.

4. Vereinfachungen in Raum und Zeit

a) Zusammenführung unterschiedlicher Arten der persönlichen Steuerpflicht

Ein viertes Aufmerksamkeitsfeld sind Vereinfachungen in Raum und Zeit. Das Außensteuerrecht gehört zu den Querschnittsmaterien, in denen die Zunahme an Komplexität besonders augenfällig ist. Der räumliche Anwendungsbereich des Einkommensteuerrechts, der von dem schlichten Dualismus von unbeschränkter und beschränkter Steuerpflicht geprägt war, ist längst in Auflösung begriffen.[35] Namentlich die Ausdifferenzierungen der Statusverhältnisse (§§ 1 EStG, 2 AStG) und – in Abhängigkeit hierzu – des Zuschnitts der Bemessungsgrundlage (§§ 34c f., 49 ff. EStG, 2 AStG), daneben die sprunghafte Zunahme an Entstrickungstatbeständen und normativen Vorgaben für die Festsetzung und Kontrolle konzern- und unternehmensinterner Verrechnungspreise (§ 1 AStG) haben die Rechtsanwendung erheblich erschwert und verteuert. Die europäische und internationale Öffnung des innerstaatlichen Rechts hat zudem – etwa im Fall der Zinsschranke – zu signifikanten Ausdifferenzierungen von Regeln auch und gerade in rein innerstaatlichen Sachverhalten geführt.

Ein Weg zurück in den einfachen Dualismus von unbeschränkter Steuerpflicht mit einer Besteuerung auf Nettobasis und beschränkter Steuerpflicht auf Bruttobasis ist schwer vorstellbar. Solange das objektive Nettoprinzip die Besteuerung reiner Inlandssachverhalte anleitet, ist es auf die im EU-Ausland ansässigen Steuerpflichtigen zu erstrecken. Für das subjektive Nettoprinzip ist zumindest fraglich, ob der EuGH beim heutigen Stand der Grundfreiheitsjudikatur Fälle wie *Schumacker*[36] und *de Groot*[37] erneut so entscheiden würde wie in der Frühzeit seiner Judikatur zu den direkten Steuern – oder ob er (wie in der Rechtsprechungslinie *Gerritse*[38]) die Besteuerung gebietsfremder derjenigen ansässiger Steuerpflichtiger auch insoweit annähern könnte, dass sich die Grundentscheidungen für oder gegen eine Besteuerung Ansässiger nach dem objektiven *und* dem subjektiven Nettoprinzip auch den gebietsfremden Unionsbürgern mitteilt. In dieser Lage kann es sich für Deutschland empfehlen, unter Nutzung der allgemeinen Spielräume für eine Besteuerung auf Bruttobasis den Versuch zu unternehmen, die Einkommensermittlung bei der beschränkten Steuerpflicht (§§ 50 ff. EStG) noch enger an die unbeschränkte Steuerpflicht heranzuführen und sodann Vorschriften wie §§ 1 Abs. 3 und 1a EStG, aber auch § 2 AStG zu streichen.

---

35 Zu dem Phänomen einer Dynamisierung der persönlichen Steuerpflicht *Lehner/Waldhoff* in P. Kirchhof/Söhn/Mellinghoff, EStG, § 1 Rz. D 1 ff.
36 EuGH, Urt. v. 14.2.1995 – Rs. C-279/93, FR 1995, 224.
37 EuGH, Urt. v. 12.12.2002 – Rs. C-0385/00, FR 2003, 141.
38 EuGH, Urt. v. 12.6.2003 – Rs. C-234/01, BStBl. II 2003, 859.

Aber auch der Katalog des § 49 EStG bietet legistisches Vereinfachungspotential. Dies zeigt sich exemplarisch bei der Zinsbesteuerung. Die Einbeziehung sämtlicher Zinsen aus deutschen Quellen in die deutsche Besteuerung erlaubt eine Straffung der Einzeltatbestände des § 49 Abs. 1 Nr. 5 EStG. Sie trüge zudem der internationalen Präferenz einer Verlagerung der Besteuerung aus dem Ansässigkeitsstaat in den Quellenstaat und dem Postulat der Finanzierungsneutralität Rechnung.[39]

Auch hier wird aber ein Spannungsverhältnis zwischen legistischer Vereinfachung und Vollzugsvereinfachung erkennbar: Denn bei einer Erstreckung der beschränkten Steuerpflicht von Personen, die in einem DBA-Staat ansässig sind, auf Zinsen aus inländischen Quellen müsste der Gesetzgeber entweder den Banken oder – in dem nachgeschalteten Erstattungsverfahren – dem Bundeszentralamt für Steuern eine Pflicht zur Beachtung der unterschiedlichen Quellensteuersätze der deutschen DBA auferlegen;[40] wählt er den Weg über eine Reduktion der Abgeltungssteuer schon im Zeitpunkt des Einbehalts, müsste sich die Bank zudem nicht nur – wie bisher – rein negativ des Umstands versichern, dass der Kunde nicht in Deutschland ansässig ist; vielmehr müsste sie – positiv – den richtigen Ansässigkeitsstaat ermitteln und periodisch verifizieren.

b) Stärkung des Jährlichkeitsprinzips

Von anderer Art sind Überlegungen zur Vereinfachung des Einkommensteuerrechts in zeitlicher Hinsicht. Dabei ist weniger an die – schon wegen des verfassungsrechtlich vorgegebenen Vertrauensschutzes notwendig komplexen – Regelungen des intertemporalen Rechts (den transitiven zeitlichen Anwendungsbereich)[41] als an die Geltungsdauer (den intransitiven zeitlichen Anwendungsbereich) des EStG zu denken. Nach englischem Vorbild[42] könnte auch der deutsche Gesetzgeber von den „ewigen Gesetzen", die uns seit dem 19. Jahrhundert vertraut sind, für die periodischen direkten Steuern – also namentlich die Einkommen- und Körperschaftsteuer – auf Jahresgesetze übergehen, deren zeitlicher Anwendungsbereich auf jeweils ein Kalenderjahr begrenzt ist.

Für sich genommen bedeutet eine derartige „sunset legislation" zwar viel Unruhe und ein Weniger an übergreifender Planungssicherheit. Konzeptio-

---

39 Vgl. *Lehner/Reimer*, IStR 2005, 542; und zuletzt *OECD*, BEPS Action Plan, Ziff. 5, S. 18 (Internet: www.oecd.org/ctp/BEPSActionPlan.pdf).
40 Vgl. Art. 11 Abs. 2 OECD-MA; zu den Varianzen im deutschen Abkommensnetz die Übersicht bei *Pöllath/Lohbeck* in Vogel/Lehner, Doppelbesteuerungsabkommen, 5. Aufl. (2008), Art. 11 Rz. 48.
41 Terminologie in Anlehnung an *Vogel*, Der räumliche Anwendungsbereich der Verwaltungsrechtsnorm (1965), S. 2; *Vogel* in Vogel/Lehner (Hrsg.), DBA, 5. Aufl. (2008), Zur Überschrift Rz. 3 ff., 5 ff.
42 Vgl. hierzu *Bayer/Ernst*, BB 1996, 21 (24).

nell trüge die Einführung eines Verfallsdatums aber der Funktion von Steuern als Mittel zur Deckung der Ausgaben eines konkreten Haushaltsjahres Rechnung. Die Aufmerksamkeit für die Haushaltsführung von Bund und Ländern und damit der Konsolidierungsdruck würden zunehmen. Zugleich gewännen die Steuergesetze an zeitnaher demokratischer Legitimation.[43] Der Vereinfachungseffekt läge in der regelmäßigen Kontrolle des Gesamtbestands des Normkörpers. Das gesamte Gesetz käme jährlich neu auf die Tagesordnung. Vorschriften, die sich nicht bewährt oder überlebt haben, stünden damit im Jahresrhythmus zur Disposition; und auch die Aufhebung einer umstrittenen Vorschrift wäre psychologisch immer nur eine Aufhebung für ein Jahr. Viel eher als gegenwärtig ließe sich damit eine Vereinfachung *ad experimendum* ins Werk setzen.

Eine Zwischenform könnte darin liegen, dass zwar ein Stammgesetz, das den Aufbau des Steuertatbestandes vorzeichnet, weiterhin dauerhaft gilt und anwendbar bleibt, dass aber wichtige Stellschrauben, die über die Belastungshöhe entscheiden – Freibeträge, Freigrenzen, Pauschalen, Lenkungsnormen und der Tarif – jeweils nur für ein Jahr fixiert werden dürfen.

c) Insbesondere: Wegfall des Verlustabzugs

Eine anders gelagerte Stärkung des Jährlichkeitsprinzips läge im Wegfall des Verlustabzugs. Ob wir den Verlustrücktrag wirklich brauchen, scheint mir fraglich. Für den betrieblichen Bereich entlastet er die Rückstellungsdogmatik; vor allem aber entspricht er in Fällen von Verlusten am Ende der Lebenszeit des Steuerpflichtigen, in der letzten Periode vor Liquidation einer Kapitalgesellschaft, vor einem schädlichen Anteilserwerb i.S.d. § 8c Abs. 1 KStG oder vor dem Versiegen einer abgeschotteten Einkunftsquelle eher einem interperiodisch konzipierten objektiven Nettoprinzip als der reine Verlustvortrag. Das ist vielleicht sein größter Vorteil. Diesem Vorteil steht zwar eine Zunahme an Bescheiden und damit an Verwaltungsvorgängen gegenüber; mit Blick auf den hohen Automatisierungsgrad liegt darin aber kein gravierender Nachteil. Dass der Verlustrücktrag dem Steuerpflichtigen Liquidität verschafft, die bei einer Beschränkung auf den Verlustvortrag entfiele, korrespondiert mit einem entsprechenden Liquiditätsnachteil des Fiskus, lässt sich ökonomisch aber immerhin als Beitrag zu

---

43 Grundrechtseingriffe der Gegenwart kann nur das gegenwärtige Parlament durch eine rechtsstaatlich bestimmte Entscheidung legitimieren. Alte Gesetze sind durch die historische Zustimmung nicht mehr, durch das gegenwärtige Unterlassen einer Änderung nicht hinreichend legitimiert. Denn das Unterlassen der Änderung oder Aufhebung eines alten Gesetzes ist nicht bestimmt, sondern diffus: Es kann unterschiedliche und uneinheitliche Gründe haben. Daher kann man aus dem Unterlassen der Änderung einer Regelung nicht schließen, dass diese Regelung heute noch von den notwendigen simultanen Mehrheiten in Bundestag und Bundesrat (Art. 106 Abs. 3 GG) getragen ist.

antizyklischer Fiskalpolitik begreifen. Insgesamt ist damit ein isolierter Wegfall des Verlustrücktrags nicht ratsam.

Ein vollständiger Verzicht auf den interperiodischen Verlustabzug – also eine Streichung auch des Verlustvortrags (§ 10d Abs. 2 EStG) – wäre demgegenüber von großer Bedeutung. Vereinfachungswirkung hätte diese Maßnahme nicht allein mit Blick auf die geringere Zahl an Bescheiden, sondern vor allem insofern, als dann für Veranlagungszeiträume, in denen die Existenz eines Verlusts dem Grunde nach feststeht, der Streit um dessen Höhe jede Relevanz verlöre. Ohne Änderungen des Steuerbilanzrechts oder die Einführung einer negativen Einkommensteuer, die symmetrisch zur positiven Einkommensteuer ausgestaltet sein müsste, stünde diesem Vorteil aber der Nachteil einer Abkopplung der Besteuerung von ökonomischen Investitionszyklen gegenüber: Während Steuerpflichtige, deren Periodenerträge typischerweise wenig volatil sind, keine Nachteile zu gewärtigen hätten und weiterhin auf Nettobasis besteuert würden, näherte sich die Einkommensteuer bei Steuerpflichtigen mit mehrjährigen Investitionszyklen einer Besteuerung auf Bruttobasis an: Anlaufverluste, aber auch Schlussverluste wären nicht mehr mit den Erträgen aus Zeiten geringer Aufwendungen verrechenbar. Ob hier – auch unter dem Gesichtspunkt immanenter Systemgerechtigkeit – die verfassungsrechtliche Rechtfertigung einer ökonomisch-realen Ungleichbehandlung noch gelänge, ist ernstlich zweifelhaft.

5. Veränderungen des Tarifs

Unter Vereinfachungsgesichtspunkten gibt es beim Tarif nur eine sinnvolle Reform: die Einführung eines einheitlichen Steuersatzes, der oberhalb eines für alle gleichen Grundfreibetrags einsetzen müsste.[44] Jede andere Lösung – also selbst der Einheitstarif in Kombination mit abschmelzenden Freibeträgen – bedeutet die Beibehaltung von Einkünftezonen, in denen es eine Progression oder (in Deutschland undenkbar) eine Degression des Grenzsteuersatzes gibt. Und die bloße Existenz von Progressions- oder Degressionszonen führt unweigerlich für alle, die Einkünfte innerhalb oder oberhalb dieser Zonen beziehen, zu einem Auseinanderklaffen von Grenzsteuersatz und Durchschnittssteuersatz.

Natürlich begegnet eine Abschaffung des proportionalen Tarifs erheblichen politischen Bedenken, insbesondere im Zusammenwirken mit der degressiven Ausgestaltung der Sozialversicherungsbeiträge und den redistributiven Wirkungen der Staatsverschuldung. Diesseits aller weiteren steuersystematischen[45] und ökonomischen Fragen[46] bleibt es für die beschränkte Fragestellung der Vereinfachung bei einer binären Weltsicht: Der feste, auch

---

44 So der Vorschlag von *P. Kirchhof*, Bundessteuergesetzbuch, S. 374 ff.
45 S. dazu den Beitrag von *Drüen*, in diesem Band, S. 9 ff.
46 Dazu *Houben*, in diesem Band, S. 321 ff.

auf Ebene der Bemessungsgrundlage nicht konterkarierte Einheitssteuersatz wäre ein Befreiungsschlag von hohem Vereinfachungspotential; jede andere Lösung ist keine Vereinfachung. Ungeachtet dessen reduziert allerdings auch jede Abflachung des progressiven Tarifs Gestaltungsanreize und verringert damit den Druck auf andere Normen des EStG.[47]

IV. Verfahrensrecht

1. Vorausgefüllte Steuererklärung

Besondere Hervorhebung verdienen verfahrensrechtliche Innovationen. Je länger sich die Einführung des sog. Belegabrufverfahrens mit dem Konzept der vorausgefüllten Steuererklärung hingezogen hat, desto größer wurden die Erwartungen. Die derzeitige (erste) Ausbaustufe[48] erfüllt die hohen Erwartungen noch nicht. Die automatische Übermittlung der Lohnsteuerbescheinigungen, der Rentenbezugsmitteilungen und der Mitteilungen über Beiträge zu Kranken- und Pflegeversicherungen und über bestimmte Vorsorgeaufwendungen reduzieren den Erklärungsaufwand des Steuerpflichtigen heute aber bereits spürbar; zugleich erlegen sie ihm allerdings korrespondierenden Verifikationsaufwand auf.

Perspektivisch kommt dem Angebot einer engmaschig vorausgefüllten Steuererklärung unter allen Vereinfachungsvorschlägen weiterhin das wohl größte Vereinfachungspotential zu. Die Vorausfüllung befreit das Steuerrechtsverhältnis zudem von dem haut goût, den ein rein retrospektiv programmiertes Verifikationsprinzip inzwischen hat. Nachschau und Ausspähen werden als Schnüffelei empfunden, die die Rechtsbefolgungsbereitschaft des Steuerpflichtigen jedenfalls im Hinblick auf diejenigen Angaben, die nicht dem Belegabrufverfahren unterliegen und von Amts wegen nur schwer zu ermitteln sind, sogar schwächen könnten. Gut kommuniziert,[49] wird das Vorausfüllen dagegen als innovativer Service erscheinen. Namentlich das Beispiel Schwedens ist hier ermutigend.[50]

Für die inländischen Einkünfte kommt es darauf an, dass neben den Einnahmen aus nichtselbständiger Arbeit, den Kapitalerträgen und den Renten auch Aufwendungen einbezogen werden. Für die Akzeptanz dürfte das sogar von entscheidender Bedeutung sein. Zu denken ist deshalb etwa an die automatisierte Übermittlung

---

47 *Drüen*, in diesem Band, S. 9 ff.
48 BMF, Schr. v. 10.10.2013 – IV A 3 - S C202/11/10001 – DOK 2013/0841868, BStBl. I 2013, 1258.
49 Vgl. https://www.elster.de/belegabruf/info.php (28.3.2014): „kostenloses Serviceangebot der Steuerverwaltung, das Ihnen die Erstellung Ihrer Einkommensteuererklärungen für die Jahre ab 2012 erleichtern soll".
50 *Humm*, Kontrollmitteilungen im Steuerrecht, 2014, S. 282 ff.

- von Personenstammdaten des Steuerpflichtigen und unterhaltsberechtigter Angehöriger (namentlich der kindergeldberechtigten Kinder) durch Meldebehörden und Arbeitgeber;
- des Ortes der regelmäßigen Arbeitsstätte und der Zahl der Arbeitstage, an denen der Steuerpflichtige diese Arbeitsstätte aufgesucht hat, durch den Arbeitgeber. Auf dieser Grundlage könnte die Entfernungspauschale von Amts wegen (auf Basis der kürzesten Straßenverbindung) ermittelt oder jedenfalls vorgeschlagen werden;
- von Zuwendungsbescheinigungen durch gemeinnützige Körperschaften;
- von Daten über haushaltsnahe oder geringfügige Beschäftigungsverhältnisse durch die sog. Minijobzentrale;
- von Daten über haushaltsnahe Dienstleistungen und Handwerkerleistungen durch die Leistungserbringer

an das zuständige (Wohnsitz-)Finanzamt, das auf dieser Grundlage dem Steuerpflichtigen eine nahezu vollständig vorausgefüllte Erklärung übermitteln kann.

Die vorausgefüllte Steuererklärung sollte aber nicht von vornherein auf inländische Vorgänge beschränkt bleiben. Zwar werden nicht deklarierte Auslandseinkünfte immer ein Informations- und Verifikationsproblem bleiben. Die Automation des zwischenstaatlichen Informationsaustauschs auf der Basis der Zinsrichtlinie[51] und die energischen Bemühungen, die die OECD nach dem US-amerikanischen Gesetz über die Rechtsbefolgung bei Einkünften aus ausländischen Bankkonten (FATCA) angestrengt hat, zeigen aber, dass jedenfalls die Einbeziehung bankmäßig bezogener ausländischer Kapital- und Veräußerungserträge in die vorausgefüllte Steuererklärung nicht mehr generell unrealistisch ist.

Nicht zu verkennen ist allerdings die Herausforderung, die die Einführung der vorausgefüllten Steuererklärung gerade für eine nach Ländern getrennte und bundesstaatlich nur sporadisch und wenig systematisch verflochtene Finanzverwaltung bildet. Hier muss der Vollzugsföderalismus (Art. 30, 83, 108 Abs. 3 bis 5 GG) seine Handlungsfähigkeit beweisen. Wenn es der Steuervereinfachung dient, kommen auch Ergänzungen des Katalogs der Bundeskompetenzen in § 5 FVG, insbesondere aber eine Reform des § 20 FVG in Betracht.

2. Umsatzscharfe elektronische Erfassung der inländischen Leistungsfähigkeit

Die Automatisierung lässt sich perspektivisch aber auch noch weiter denken. In dem Maße, wie in einzelnen Ländern das Bargeld aus dem täglichen

---

51 Richtlinie 2003/48/EG.

Leben fast vollständig verschwindet und durch elektronisches Geld ersetzt wird, ist jedenfalls technisch eine Erfassung aller Geldumsätze eines Steuerpflichtigen möglich. Für die natürliche Person kommt es im nichtunternehmerischen Bereich ohnehin fast nur auf Geldumsätze an. Könnten die Banken ihren Kunden hier das Angebot machen, ihnen bei der Identifikation aller einkommensteuerrelevanten Umsätze einer Periode zu helfen, um dann die so gefilterten Kontodaten zu einer Art E-Bilanz der natürlichen Personen machen, die mit Zustimmung des Steuerpflichtigen unmittelbar an die Finanzbehörden übermittelt wird? Darin läge – privatrechtlich und freiheitsschonend organisiert – die höchstmögliche Ausbaustufe der vorausgefüllten Steuererklärung.

3. Selbstveranlagung?

Diese Verbesserungen der Informationsbeschaffung und -bereitstellung können praktisch ein Schritt auf dem Weg zur Einführung einer Selbstveranlagung des Steuerpflichtigen sein.[52] Rechtlich und konzeptionell sind sie von diesem Modell aber streng zu trennen: Denn Belegabrufverfahren und vorausgefüllte Steuererklärung belassen die Veranlagung als verfahrensabschließenden Rechtsanwendungsakt bei der Behörde. Sie ändern daher nichts an der Risikoverteilung im Staat-Bürger-Verhältnis. Insbesondere bleibt es bei den bisherigen Regeln über die Bestandskraft und ihre Durchbrechung. Dagegen würde jedes Erstarken einer – vorausgefüllten oder nicht vorausgefüllten – Erklärung des Steuerpflichtigen zu einer Steueranmeldung dessen Aufhebungs- und Strafbarkeitsrisiko ceteris paribus signifikant erhöhen, ohne dass die Verifikationspflichten der Finanzbehörde suspendiert würden. Daher bedeutete die Einführung einer Selbstveranlagung im Wesentlichen eine Entlastung der Veranlagungsstellen auf dem Feld der ohnehin automatisierten Bescheiderstellung und -übermittlung. Ein substantieller Beitrag zur Verfahrensvereinfachung liegt darin nicht.

4. Prämierung des Veranlagungsverzichts

Fragt man demgegenüber nach einer Reduktion der nicht automatisierbaren Verfahrensschritte auf Seiten der Finanzbehörde, rückt die gezielte Senkung der Veranlagungsfälle in den Blick. Deshalb ist zu erwägen, ob der Fiskus einen Veranlagungsverzicht des Steuerpflichtigen prämieren darf und soll. Diese Option ist rechtsstaatlich anspruchsvoll, weil sie sich – negativ gewendet – als Einführung einer Gebühr für die Veranlagung lesen lässt. Richtigerweise müsste der Staat aber eher den privaten Dokumentations- und Erklärungsaufwand abgelten als umgekehrt der Steuerpflichtige den Veranlagungsaufwand. An die Stelle gezielter Anreize für den Veranla-

---

[52] So *P. Kirchhof*, Bundessteuergesetzbuch, 2011, S. 211 ff.; ebenso bereits *Seer*, StbJb. 2004/2005, 53 (59 ff.).

gungsverzicht – und damit ein Auseinanderklaffen von formellem und materiellem Recht – können aber die oben (III. 3.) erörterten Straffungen des materiellen Rechts selber treten: der Einsatz von Freigrenzen, Freibeträgen und Pauschalen.

Als eine indirekte Form der Prämierung können bislang Pauschalbeträge wie §§ 9a, 10c, 20 Abs. 9 EStG gesehen werden, welche zumindest dazu führen, dass nicht veranlagten Steuerpflichtigen in vielen Fällen kein Nachteil entsteht.[53]

V. Ansätze zur Lösung außersteuerrechtlicher Probleme

Alle bisherigen Überlegungen haben die Komplexität des Steuerrechts als ein steuerjuristisches Phänomen betrachtet. In dieser immanenten Sicht ging die Frage dahin, ob ein kompliziertes Gesetz durch ein einfaches ersetzt werden kann. Wie gesehen, hat die Komplexität steuerrechtlicher Regelungen aber auch externe Ursachen. Das Steuerrecht steht unter politischem und verfassungsrechtlichem Druck, der zur Zunahme von Komplexität führt; Vereinfachung erfordert entweder die Beseitigung dieser Druckvektoren oder die Stärkung des Gegendrucks.

1. Institutionelle Lösungen

In dieser Lage kommen zunächst institutionelle Lösungen in Betracht. Im Vereinigten Königreich gibt es seit 2010 ein Office of Tax Simplification, das monothematisch programmiert ist und durch informationelles Handeln – namentlich Komplexitätsmessungen und deren öffentliche Verbreitung – das Bewusstsein für das Anliegen der Steuervereinfachung stärkt, ferner Lösungen zur Entschlackung des Steuerrechts vorlegt.[54] Bereits vorher hat das Vereinigte Königreich, ebenso wie andere Commonwealth-Staaten, namentlich Australien und Neuseeland, die Vereinfachung seines Steuerrechts im Rahmen einer projektartigen Überarbeitung zu einem zentralen Anliegen gemacht. Hierbei sollten die Steuergesetze zum Zwecke der Vereinfachung unter Beibehaltung der bestehenden Rechtslage neu geschrieben werden.[55] Das Ziel der rein textlichen Vereinfachung führte jedoch nicht selten zum gegenteiligen Ergebnis.[56] Die USA haben die Tradition des *restatement of the law*, durch das private Institutionen den Rechtsstoff eines überquellenden *case law* bei weitgehender Funktionsgleichheit der praktischen Ergebnisse zusammen zu fassen und zu entschlacken suchen.[57]

---

53 Vgl. *Trzaskalik*, DStJG 12 (1989), 157 (165).
54 Überblick über dessen Tätigkeit unter www.gov.uk/government/organisations/office-of-tax-simplification.
55 *James/Sawyer/Wallschutzky*, BIFD 1997, 493.
56 *Schön*, StuW 2002, 23 (27).
57 *Hay*, US-Amerikanisches Recht, 5. Aufl. 2011, Rz. 32.

Alle diese Ansätze sind ambitioniert, weil sie auf eine Veränderung im Bestand des Altrechts abzielen. Wenn sich in den Belastungsergebnissen im Wesentlichen nichts ändern darf und soll, erlahmt indes nicht nur der politische Gestaltungswille; auch in der Rechtspraxis ist – insbesondere in Staaten mit einer ausgebauten und auslegungsfreudigen Finanzgerichtsbarkeit – die Bereitstellung neuer Texte mit einem steten vergleichenden Rückgriff auf die alten verbunden; aus der Straffung des Rechtsstoffs würde dann faktisch seine Zunahme. Die Aufnahme derartiger *rewriting*-Projekte erscheint mir deshalb als nicht ratsam.

Aber auch eine Beschränkung institutioneller Kontrollen auf neue Gesetze begegnet Bedenken. In der Tat verfolgt Deutschland mit dem Normenkontrollrat über eine – wenn auch nicht steuerspezifische – Instanz zur Eindämmung der Zunahme an Komplexität der Rechtsordnung. Prägender Einfluss kommt dem Normenkontrollrat aber im Bereich der Steuergesetzgebung bislang nicht zu. Auch die Pflichtangaben zu „Vollzugsaufwand", „Sonstigen Kosten" und „Bürokratiekosten", die jedem Entwurf eines Bundesgesetzes oder einer Bundesrechtsverordnung vorzustellen sind, bleiben in ihrer Wirksamkeit diffus.

2. Reduktion der Bestimmtheitsanforderungen

Das Steuerrecht könnte aber auch dadurch kürzer und einfacher werden, dass es unbestimmter wird. Abstriche an die Vorhersehbarkeit der Belastungsfolgen bei reiner Gesetzeslektüre müssten – wenn die Planungssicherheit konstant bleiben soll – durch ein Mehr an verbindlichen Auskünften, möglicherweise sogar durch Instrumente einer konsensualen Festlegung der Belastungsfolgen im Vorfeld konkreter Transaktionen oder Gestaltungen ausgeglichen werden.[58] Ungeachtet aller verfassungsrechtlichen Bedenken läge darin eine enorme administrative Herausforderung. Mit Blick auf die Erwartungen an die Vollzugsgleichheit dürfte die Straffung der Gesetze aber mit einer überproportionalen Zunahme an Verwaltungsanweisungen einhergehen: Denn die Verwaltungen sind dem Einzelfall näher als der Gesetzgeber. Im Exekutivföderalismus wäre die Reduktion der gesetzlichen Regelungsdichte deshalb keine Vereinfachung und erst recht kein rechtsstaatlicher Gewinn.

3. Schärfung der Folgerichtigkeitsrechtsprechung

Gegendruck geht aber von den Rationalitätsanforderungen aus, die das Steuerverfassungsrecht insgesamt und insbesondere die Folgerichtigkeitsrechtsprechung stellen. Je höher die Rechtsprechung und hier insbesondere die verfassungsgerichtliche Rechtsprechung die in den Grundrechten und dem Rechtsstaatsprinzip enthaltenen Neutralitätspostulate gewichten, desto

---

58 *Seer*, Verständigungen in Steuerverfahren, 1996, und *Seer*, StbJb. 2004, 53 (75 f.).

schwerer sind diejenigen Komplexitäten zu rechtfertigen, aus denen Ungleichbehandlungen folgen. Positiv gewendet: Verfassungsrecht und Gerichte können demokratische Grundentscheidungen respektieren, sie sogar stärken und zugleich das Steuerrecht vereinfachen, wenn sie den Gleichheitsrechten auch in anderen Fragen als der eingetragenen Lebenspartnerschaft im Steuerrecht zum Durchbruch verhelfen. Für die Unternehmensbesteuerung hat *Wolfgang Schön* unter Hinweis auf *Dan Shaviro*

– Rechtsformneutralität,

– Ausschüttungsneutralität,

– Finanzierungsneutralität;

– Ausschüttungs-Veräußerungs-Neutralität

angemahnt.[59] Weitere Neutralitäten – etwa auch Inlands-Auslands-Neutralitäten – ließen sich ergänzen. Für sie alle gilt, dass die Bewahrung einer hohen Kontrolldichte den Gesetzgeber zu wirkungsvollen Vereinfachungen bringen kann.

Nicht bewältigen kann die Grundrechtsjudikatur demgegenüber die Komplexitäten, die ohne Gleichheitsverstoß, möglicherweise sogar im Interesse einer übergreifenden Gleichbehandlung entstehen: namentlich die Vervollkommnung der Nettobesteuerung und die Erstreckung des objektiven, möglicherweise auch des subjektiven Nettoprinzips auf Gebietsfremde, die Verbesserung des Verlustabzugs oder die Einführung und Perfektionierung der Regeln zu Entstrickung und Verstrickung.

4. Referendumsvorbehalte

Neben diese richterlichen Lösungen könnten verfassungspolitische Innovationen treten, jedenfalls für neue Gesetze. Können komplexitätssteigernde Steuergesetze unter Referendumsvorbehalt gestellt werden? Volksabstimmungen könnten die politischen Kosten für die Einführung

– neuer Lenkungstatbestände,

– neuer Steuerbegünstigungen oder

– komplexer Regelungen zur Missbrauchsabwehr erhöhen.

Gleichwohl sind Zweifel angebracht. Denn schon die Identifizierung derartiger Tatbestände ist keineswegs trivial; zentrale Neuerungen v.a. aus dem Bereich der Einkommen- und Körperschaftsteuer der letzten Jahre zeigen, wie schwer die Trennlinie zwischen systemwahrender Missbrauchsabwehr und systemwidriger Selektivverschärfung zu ziehen ist:

---

59 *Schön*, in diesem Band, S. 217 ff.

- Hätten die Einführung der Zinsschranke oder die nachträgliche Ergänzung um die Institute von Zinsvortrag und EBITDA-Vortrag nach diesen Regeln der Volksabstimmung bedurft?
- Wie ist die Frage für die einzelnen Tatbestände des § 8c KStG zu beantworten?
- War die Einführung der Abgeltungssteuer ein Systemwechsel oder im Wesentlichen die Einführung eines Sparerprivilegs?

Schon für diese Fragen dürfte es kaum einheitliche Antworten geben; als Tatbestandsmerkmal verfassungsrechtlicher Referendumsvorbehalte taugt die Abgrenzung zwischen Systemstärkung und Systemdurchbrechung sicher nicht. Zudem ist wiederum darauf zu verweisen, dass es auch unsystematische Vereinfachungen und systematisch gebotene Komplexitätssteigerungen gibt. Dass Volk dort zu befragen, wo es differenziert und damit kompliziert wird, und dem Parlament die einfachen Gesetze und die Festlegung des allgemeinen Steuerniveaus zu überlassen, ist auch legitimationstheoretisch fragwürdig. Der – intuitiv bedeutsame – Gesichtspunkt der Output-Legitimation im Sinne technischer Qualität und guter Vollziehbarkeit der Steuergesetze spricht geradezu für das Gegenteil: eine parlamentarische Festsetzung der Technizitäten der Bemessungsgrundlage und eine plebiszitäre Bestimmung des Steuerniveaus.

Zu erwägen ist deshalb ein anderer Vorschlag: Ließen sich *de constitutione ferenda* plebiszitäre Elemente in verfassungsrechtlich (Art. 79 Abs. 3 GG) zulässiger Weise für diejenigen steuergesetzlichen Regelungen vorsehen, die über die Legislaturperiode hinaus wirken? Dieses Modell zielt auf einen Referendumsvorbehalt für nachhaltig wirkende Gesetze. Natürlich sind auch sie anfänglich gut legitimiert. Nötig ist aber eine aktuelle Legitimation für jede Periode, auf die das Steuergesetz Anwendung beansprucht, in der es der Finanzierung immer neuer Haushalte dient und in der es revolvierend immer neue Pflichten im Staat-Bürger-Verhältnis hervorbringt. Lässt sich hier für jede neue Periode eine laufend erneuerte Legitimation durch das gesetzgeberische Unterlassen einer Änderung oder Aufhebung konstruieren? Legitimiert der Gesetzgeber ein altes Gesetz durch das bloße Unterlassen seiner Aufhebung? Schon der institutionelle Rahmen der Art. 76 und 77 GG verbietet diese Sichtweise. Wenn und weil der Deutsche Bundestag ein altes Steuergesetz gern aufgehoben hätte, davon aber absieht, weil es ersichtlich keine Mehrheit im Bundesrat gibt, fehlt dem Gesetz doch die volle aktuelle Legitimation; sie wird zumindest rissig. Deshalb sollte ein solches Gesetz anfänglich oder nachträglich durch ein Plebiszit bekräftigt werden. Das Volk fällt nicht, jedenfalls nicht in gleicher Weise der Diskontinuität anheim wie das Parlament.

Im Sinne des oben[60] Gesagten könnte der verfassungsändernde Gesetzgeber das Zeitgesetz zum Normalfall machen und alle Vorgriffe des heutigen Parlaments auf die Steuergesetzgebung künftiger Legislaturperioden dadurch erschweren, dass er insoweit einen Referendumsvorbehalt macht. Ohne Referendum oder nach dem Scheitern eines Referendums müssten sich dann rasch nach einer Bundestagswahl Mehrheiten in Bundestag und Bundesrat für ein neues (Jahres-)Einkommensteuergesetz finden.

Es ist reizvoll, einen Moment darüber nachzudenken, ob das Institut der *fiscal cliff* aus den USA in seiner Wirkungsweise auch bestimmte Komplexitätsprobleme in Deutschland verringern könnte. Die Funktionsfähigkeit eines solchen Arrangements steht und fällt mit der Frage, was gilt, wenn nach einer Wahl die Mehrheiten in Bundestag und Bundesrat nicht zu organisieren sind, wenn insbesondere auch ein evtl. Vermittlungsverfahren scheitert.[61]

Die Grundrechte und der rechtsstaatliche Vorbehalt des Gesetzes drängen dann auf einen einkommensteuerlosen Zustand, auf *tax holidays*. Das erhöht den politischen Einigungsdruck, aber um den Preis subjektiv empfundener Ungerechtigkeit und damit einer erheblichen sozialen Unruhe. Die USA gehen denn auch den umgekehrten Weg eines radikalen Periodenabschottung in der Haushaltswirtschaft: Neuverschuldungsverbot plus Steuerverschärfungen. Spieltheoretisch ist das wohl auch der einzige Weg. Aber auch hierfür bedarf es eines Maßstabs und eben einer gesetzlichen Grundlage. Zu denken wäre an eine einfache *Alternative Minimum Tax*, also ein Gesetz, das (nach Art einer steuerlichen Notstandsgesetzgebung) einmal für immer durch eine Art Eventualreferendum zu beschließen ist, aber nur dann Anwendung findet, wenn die Brücke in die neue Legislaturperiode binnen einer bestimmten Frist auf keinem anderen Weg gelingt.

Ein solches institutionelles Arrangement verschaffte der Rationalität der Steuerpolitik zugleich einen erheblichen Aufmerksamkeitsgewinn in Wahlkampfzeiten. Auch darin liegt allerdings Fluch und Segen zugleich. Denn in der Eile, in der nach einer Bundestagswahl koalitionsvertragliche und informelle Festlegungen getroffen werden, können sich bekanntlich Missgeschicke ereignen, Privilegien werden eingeschmuggelt oder umgekehrt Verschonungen heimlich gestrichen. Aber die demokratische Kontrolle wird doch über die Jahre gestärkt und gesteigert. Die *fiscal cliff*, vielleicht selbst das bloße Drohen mit ihr, kann den Mehltau verringern, der darin liegt, dass bislang jede Reform daran gemessen wird, wer in einem primitiven Vorher-Nachher-Vergleich die „Gewinner" und „Verlierer" sind. Vetospieler haben es dann schwerer.

---

60 Oben unter III. 4. b).
61 Vgl. *Reimer*; VVDStRL 73 (2014), S. 153 ff. (178); und *Schwarz/Radziwill*, DVBl. 2014, 469 ff.

VI. Fazit

Insgesamt zeigen damit die Überlegungen zum einfachen Recht, dass Vereinfachungen mit besonderem Gewinn auf dem Gebiet der Steuerinformationen zu suchen sind. Verfassungsänderungen können zu einer Reduktion von Komplexität beitragen, wenn das parlamentarische Steuergesetz zum Zeitgesetz wird; soweit Steuerreformen über die Legislaturperiode hinaus gelten sollen, könnten sie unter Referendumsvorbehalt gestellt werden.

So kann vielleicht nicht die, aber doch mehr als eine Vereinfachung der Einkommensbesteuerung gelingen. Im Übrigen ist es mit der Verhältnis der Steuerjuristen zur Steuervereinfachung wie mit der theologischen Verkündigung des Jenseits im Diesseits. Es fehlt die Gewissheit, aber die Hoffnung schenkt Gelassenheit. Wir brauchen die Vorstellung von einem einfachen Steuerrecht, um die Komplexität des geltenden Steuerrechts zu erkennen und sie in den Grenzen zu halten, die rechtsstaatlich und informationstechnisch zu bewältigen sind.

Reformüberlegungen zur Bemessung der Einkommensteuer (Tariffragen, Grenzen für die Steuerbelastung)

Prof. Dr. *Henriette Houben*
Humboldt-Universität zu Berlin

Inhaltsübersicht

I. Einleitung und Struktur
II. Der optimale Einkommensteuertarif
III. Die kalte Progression in der Einkommensteuer
IV. Grundlegende Tarifreformen
　1. Anforderungen und Beurteilungskriterien
　2. Eine aufkommensneutrale Flat-Tax
　3. Zwei alternative Stufentarife
　4. Die duale Einkommensteuer
　5. Zwischenfazit zur großen Tarifreform
V. Grenze der Einkommensteuerbelastung
VI. Fazit

I. Einleitung und Struktur

Die nächste halbe Stunde ist Fragen zur zutreffenden Bemessung der Einkommensteuer gewidmet. Ich werde dazu zunächst einige Überlegungen zum optimalen Einkommensteuertarif voranstellen. Anschließend werde ich auf die kalte Progression eingehen, die aus dem Zusammenspiel von progressivem Tarif und Inflation entsteht. Ein wesentlicher Teil des Vortrages ist dann ausgewählten Modellen für eine grundlegende Tarifreform gewidmet. Schließlich werde ich der Frage nachgehen, ob es eine ökonomisch begründbare, klare Grenze für den Spitzensteuersatz gibt, bevor ich mit einem kurzen Fazit schließe.

II. Der optimale Einkommensteuertarif

Die Theorie der optimalen Besteuerung beschäftigt sich u.a. modelltheoretisch mit der Wirkungsweise der Einkommensbesteuerung. Diese Modelle veranschaulichen, dass die Suche nach dem optimalen Einkommensteuertarif aus der Abwägung zwischen Gerechtigkeitsvorstellungen und den durch die Besteuerung induzierten Verhaltensanreizen (der sog. Effizienz) besteht. Dabei sind diese Modelle grundsätzlich sehr gut geeignet, Wirkungszusammenhänge zu verdeutlichen; allerdings sind die Empfehlungen, wie der optimale Tarif auszusehen hätte, sowohl von der Art der Modellierung als auch von der Parametrisierung des Modells abhängig. Die Modelle basieren zumindest in Bezug auf die Modellierung von Gerechtigkeit auf einem Werturteil. Zudem muss jedes Modell die Realität vereinfachen, so dass die Modelle häufig nur Teilaspekte der Wirkungszusammenhänge abbilden. Die wirtschaftswissenschaftliche Forschung ist damit nicht in der Lage, den einzig richtigen, empirisch fundierten optimalen Einkommensteuertarif für Deutschland vorzugeben.

Damit bleibt die Bestimmung des Einkommensteuertarifs primär eine politische Entscheidung, die auf Werturteilen zur Gerechtigkeit und häufig auch auf einem vorgegebenen Aufkommensziel beruht. Die fundierte Entscheidungsfindung kann daher nur vor dem Hintergrund der Kenntnis der aktuellen Einkommensverteilung erfolgen.

Die jüngste, gegenwärtig verfügbare Lohn- und Einkommensteuerstatistik enthält alle Veranlagungen und Lohnsteuerfälle des Jahres 2007. Im Jahr 2007 gab es in Deutschland etwa 68 Millionen Volljährige. In der Lohn- und Einkommensteuerstatistik 2007[1] waren rund 51 Millionen Personen erfasst, wovon nur 38 Millionen Personen tatsächlich mit Lohn- oder Einkommensteuer belastet waren. Damit kommen etwa 25 % der Volljährigen mit der Lohn- bzw. Einkommensteuer gar nicht in Berührung (bspw. Abiturienten, Studenten, einige Rentner, Erwerbslose), und weitere 20 % der Volljährigen erzielen ein zu versteuerndes Einkommen, das steuerfrei bleibt, weil es unter dem Grundfreibetrag liegt. Als Steuerzahler stehen damit bei dem gegenwärtigen Grundfreibetrag rund 55 % der Volljährigen zur Verfügung.

Das Einkommen und die Steuerbelastung sind unter diesen Steuerzahlern ungleich verteilt. Bei 50 % der Steuerzahler lag das zu versteuernde Einkommen pro Kopf[2] unter 21 Tsd. Euro. Die 10 % einkommensstärksten Personen verfügten über ein Einkommen von mindestens 44 Tsd. Euro. Das Mindesteinkommen bei den einkommensstärksten 5 % bzw. 1 % der Personen lag bei 58 bzw. 123 Tsd. Euro. Die einkommensschwächere Hälfte der Einkommensteuerzahler vereinnahmt 24 % des zu versteuernden Einkommens (zvEs) und trägt 11 % des Steueraufkommens. Die einkommensstärksten 10 % bzw. 1 % der Steuerzahler vereinnahmen 32 % bzw. 12 % des zvEs aller Steuerzahler, tragen aber mit 51 % bzw. 23 % deutlich überproportional zum Steueraufkommen bei.

---

1 Diesen Auswertungen liegt die Faktisch Anonymisierte Lohn- und Einkommensteuerstatistik (FAST) 2007 zugrunde.
2 Bei zusammen veranlagten Ehegatten ist das zu versteuernde Einkommen auf die beiden Ehegatten aufzuteilen. Für die in dieser Arbeit verwendeten Auswertungen der amtlichen Lohn- und Einkommensteuerstatistik wurde das zu versteuernde Einkommen auf beide Ehegatten gleichmäßig aufgeteilt. Die hälftige Aufteilung (in Alternative zur Aufteilung nach dem jeweiligen Anteil eines Ehegatten an der Summe der Einkünfte) entspricht der Vorstellung der Erwerbsgemeinschaft und wird auch bei der Tarifberechnung mittels Splittingverfahrens so durchgeführt. Aus diesen Gründen ist die Halbteilung des zu versteuernden Einkommens für den hiesigen Untersuchungsgegenstand (Tarifanalyse) vorzugswürdig.

der Einkommensteuer

Dass hohe Einkommen überproportional zum Steueraufkommen beitragen, ist Ausfluss des proportionalen Einkommensteuertarifs. Ein proportionaler Einkommensteuertarif ist durch steigende *Durchschnitts*steuersätze gekennzeichnet. Als Durchschnittssteuersatz wird dabei das Verhältnis aus Steuerlast und zu versteuerndem Einkommen bezeichnet. Während der einkommensgewichtete Durchschnittssteuersatz der einkommensschwächeren Hälfte der Steuerzahler bei 10 % liegt, beträgt er für die einkommensstärksten 10 % bzw. 1 % der Steuerzahler 33 % bzw. 40 %. Dass der Anteil, den Steuerzahler von ihrem zu versteuernden Einkommen abzuführen haben, mit zunehmendem Einkommen steigt, liegt zum einen an der Existenz eines Grundfreibetrags (hier spricht man von der indirekten Progression) und zum anderen am Tarif mit steigenden *Grenz*steuersätzen (der sog. direkte Progression).

III. Die kalte Progression in der Einkommensteuer

Wann immer ein Einkommensteuertarif steigende Durchschnittssteuersätze aufweist, besteht das Phänomen der kalten Progression. Die kalte Progression adressiert den Umstand, dass lediglich dem Inflationsausgleich dienende Einkommenssteigerungen zu einer Erhöhung des Durchschnittssteuersatzes, also zu einer Erhöhung der Abgabenquote, führen.

Jeder progressive Tarif muss daher an die Inflation angepasst werden, da andernfalls Einkommenssteigerungen, die lediglich der Erhaltung der Kaufkraft dienen,

1. zu einer Erhöhung der Staatsquote und
2. zu einer Verringerung der realen Nachsteuereinkommen

führen. Ein Beispiel möge dies verdeutlichen:

Ein Arbeitnehmer verdient 10 000 Euro. Das Steuerrecht sähe annahmegemäß einen Grundfreibetrag von 8000 Euro vor. Über dem Grundfreibetrag liegendes Einkommen soll mit einem Steuersatz von 20 % besteuert werden. Die Steuer beträgt dann (10 000 Euro − 8000 Euro) × 20 % = 400 Euro. Der Durchschnittssteuersatz liegt bei 400/10 000 = 4 %. Das Nachsteuereinkommen bei 9600 Euro. Annahmegemäß spart der Arbeitnehmer nicht und kauft sich daher Waren im Wert von 9600 Euro. Im Folgenden Jahr steigen die Preise drastisch: Die Inflationsrate beträgt 10 %. Der Arbeitnehmer fordert nun 10 % mehr Arbeitslohn, um keine Reallohnsenkung hinnehmen zu müssen. Das Einkommen steigt auf 11 000 Euro. Die Steuerlast liegt bei (11 000 Euro − 8000 Euro) × 20 % = 600 Euro. Der Durchschnittssteuersatz liegt bei 600/11 000 = 5,45 %. Das Nachsteuereinkommen beträgt 10 400 Euro. Da die Preise um 10 % gestiegen sind, benötigt der Arbeitnehmer ein Nachsteuereinkommen von 9600 Euro × 110 % = 10 560 Euro, um sich die gleichen Waren wie im Vorjahr leisten zu können. Durch den gestiegenen Durchschnittssteuersatz ist das reale Nachsteuereinkommen gesunken; der Arbeitnehmer kann weniger Waren erwerben als im Vorjahr, obwohl sein Vorsteuereinkommen um die Inflationsrate gestiegen ist.

Antizipieren die Steuerpflichtigen die kalte Progression, so muss der relative Einkommensanstieg die Inflationsrate übersteigen. Folglich wirkt die kalte Progression inflationsverschärfend.

Die kalte Progression tritt über den gesamten Einkommensbereich auf, da der Durchschnittssteuersatz über den gesamten Einkommensbereich steigt und sich dem Spitzensteuersatz nähert, diesen aber nie erreicht. Die kalte Progression betrifft daher alle Steuerzahler, jedoch betrifft sie den Einzelnen in unterschiedlichem Ausmaß. Bei einem 10 %igen Einkommensanstieg zum Inflationsausgleich steigt die Steuerlast der einkommensschwächeren Hälfte der Steuerzahler um 25 %. Ohne kalte Progression wäre die Steuerlast nur um 10 % gestiegen, da ein 10 %iger Einkommensanstieg bei konstantem Durchschnittssteuersatz zu einem 10 %igen Steueranstieg führt. Die Mehrbelastung durch die kalte Progression beträgt für die einkommensschwächere Hälfte der Steuerzahler damit durchschnittlich 25 %-10 % = 15 % bzw. 106 Euro. Die Steuerbelastung der einkommensstärksten 10 % bzw. 1 % steigt bei einem 10 %igen Einkommensanstieg um 13 % bzw. 11 %, so dass die Zusatzlast der kalten Progression sich auf 3 % bzw. 1 % der Steuerlast beläuft. Dies entspricht 834 Euro bzw. 1210 Euro. In relativer Betrachtungsweise trifft die kalte Progression einkommensschwächere Steuerzahler deutlich stärker, während sich bei absoluter Betrachtungsweise das umgekehrte Bild ergibt. Die relative Betrachtungsweise zeigt dabei, dass der Anteil, den einkommensschwächere Steuerzahler zum Gesamtaufkommen der Einkommensteuer beitragen, steigt.

Von der kalten Progression profitiert der Staat, da die Einkommensteuereinnahmen bei einem inflationsbedingten Einkommensanstieg von 10 % um 15 % zunehmen würden. Die 5 % Zusatzeinnahmen, die Folge der fehlenden Inflationsanpassung sind, führen zu Mehreinnahmen bei der Einkommensteuer von rund 12 Mrd. Euro.

Als Zwischenfazit zum Thema kalte Progression lässt sich daher festhalten, dass eine laufende Inflationsanpassung des Einkommensteuertarifs notwendig ist, da andernfalls:
1. die Staatsquote steigt, also bspw. aus dem biblischen 10ten schnell 12 %[3] werden,
2. der Anteil der Einkommensteuer, der von einkommensschwächeren Personen zu tragen ist, steigt und
3. die Steuerlastverteilung damit zufällig wird.

Welcher Anteil des Einkommensteueraufkommens bspw. von der einkommensschwächeren Hälfte der Steuerzahler geleistet werden soll, ist dann

---

3 Hier habe ich mich im Vortrag versprochen und statt „12 %" der „12te" gesagt.

der Einkommensteuer

nicht mehr Ergebnis des im politischen Prozess unter Kenntnis der Einkommensverteilung gesetzten Tarifs, sondern zufällig durch die Inflationsrate bestimmt.

IV. Grundlegende Tarifreformen

1. Anforderungen und Beurteilungskriterien

Lassen Sie mich nun zu der Frage kommen, welche Folgen eine grundlegende Tarifreform hätte. Dafür möchte ich zunächst einen Blick auf die Anforderungen werfen, die an einen Einkommensteuertarif gestellt werden. Im Wesentlichen dient die Einkommensbesteuerung der Aufkommenserzielung. Der Einkommensteuertarif soll also ein gewisses Aufkommensniveau sicherstellen. Daneben wird aus Gerechtigkeitserwägungen oft ein moderater Eingangssteuersatz gefordert. Effizienzüberlegungen führen dagegen eher zur Forderung nach moderaten Spitzensteuersätzen. Je nach politischer Gesinnung und je nachdem, ob die Schwerpunktsetzung auf dem Gerechtigkeits- oder dem Effizienzaspekt liegt, wird entweder ein starkes oder ein schwaches Steuersatzgefälle gefordert. Entsprechend unterscheiden sich auch die Vorstellungen von „reich" mithin vom richtigen Beginn der oberen proportionalen Tarifzone. In der jüngeren Vergangenheit wurde auch häufig unter der Parole der Abschaffung des Mittelstandsbauches ein gleichmäßiger Anstieg der Grenzsteuersätze gefordert. Daneben findet sich häufig die Forderung nach einem einfachen, transparenten Tarif. Mir erschließt sich nicht vollständig, was mit dieser Forderung gemeint ist, aber wenn ich versuche, die Eigenschaften eines einfachen, transparenten Tarifs aus den vorgeschlagenen Tarifreformen zu extrahieren, so ist wohl gemeint, dass der Grenzsteuersatz ohne Berechnungen für jedes Einkommen direkt aus der Tarifvorschrift ablesbar sein soll. Wahrscheinlich ist mit der Forderung nach einem einfachen Tarif auch der Wunsch verbunden, dieser möge einfach erinnerbar sein. Von den in der jüngeren Vergangenheit vorgeschlagenen Tarifalternativen möchte ich auf drei Modelle näher eingehen: zunächst auf die Flat-Tax, dann auf Stufentarife und schließlich auf die duale Einkommensteuer.

Um diese drei Tarifmodelle vergleichen zu können, muss ich mich einer einheitlichen Definition bedienen: als Bemessungsgrundlage der Einkommensteuer gilt stets das zu versteuernde Einkommen, alle anderen zur Berechnung der Einkommensteuer notwendigen Elemente gehören zum Tarif. Dies gilt insbesondere auch für den Grundfreibetrag, der im Folgenden bei allen Einkommensteuertarifen als Tarifelement behandelt wird. Ich möchte die verschiedenen Einkommensteuertarifmodelle anhand von zwei Kriterien beurteilen:

a) dem erzielten Aufkommen und
b) der Verteilung der Steuerbelastung.

Die Berechnungen beruhen auf der Faktisch Anonymisierten Einkommensteuerstatistik (FAST) 2007. Diese wurde mittels static aging auf das Jahr 2014 einheitlich mit der BIP-Wachstumsrate fortgeschrieben, um die voraussichtlichen Auswirkungen einer Tarifreform in 2014 zu simulieren. Verhaltensanpassungen wurden nicht simuliert, so dass es sich ausschließlich um Erstrundeneffekte handelt.

2. Eine aufkommensneutrale Flat-Tax

Zunächst sei die Flat-Tax betrachtet. Dabei gehe ich – basierend auf der bisherigen Rechtsprechung – davon aus, dass in Deutschland ein Grundfreibetrag zwingend zu gewähren ist. Verwendet man den für den Einkommensteuertarif 2014 vorgesehenen Grundfreibetrag von 8354 Euro, so muss der einheitliche Einkommensteuersatz 30 % betragen, um das gleiche Aufkommen wie im geltenden Recht zu erzielen.

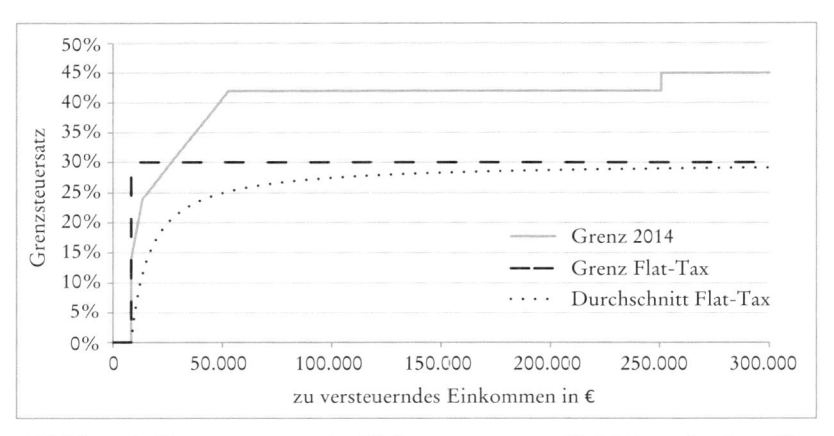

Abbildung 1: Grenzsteuersatz des Einkommensteuertarifs 2014 sowie einer Flat-Tax (mit identischem Grundfreibetrag und Steuersatz von 30 %) sowie Durchschnittssteuersatz der Flat-Tax

Eine Flat-Tax mit Grundfreibetrag ist eine indirekt progressive Steuer, wie der steigende Durchschnittssteuersatzverlauf zeigt. Zwar bleibt der Grenzsteuersatz, also der Steuersatz für zusätzlich erzieltes Einkommen, oberhalb vom Grundfreibetrag, konstant, aber der Durchschnittssteuersatz, also der Anteil am Einkommen, der als Steuer abzuführen ist, steigt über den gesamten Einkommensbereich. Im Vergleich zum gegenwärtig für 2014 geplanten Einkommensteuertarif übersteigt der Grenzsteuersatz bei der Flat-Tax den Grenzsteuersatz des aktuellen Tarifs bis zu einem zu versteuernden Einkommen von 26 650 Euro und bleibt anschließend hinter dem Grenzsteuersatz zurück. Für hohe Einkommen würde der Grenzsteuersatz um bis zu 15 Prozentpunkte sinken.

Die Verteilungsanalyse zeigt, dass durch die Anhebung des Grenzsteuersatzes im unteren Einkommensbereich rund 88 % der Steuerzahler stärker belastet werden würden.

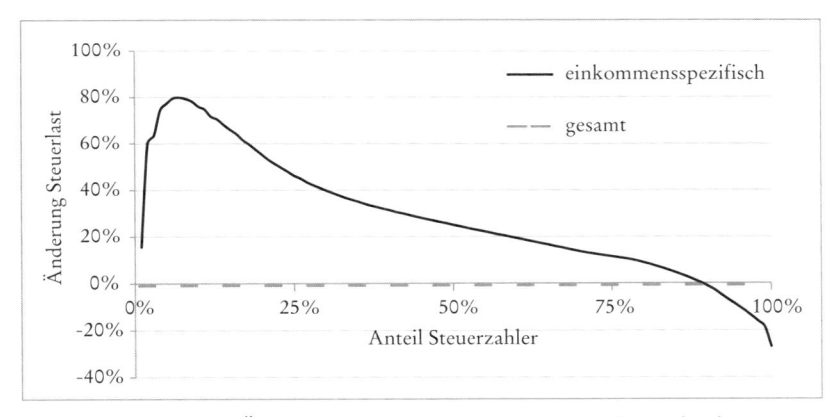

Abbildung 2: relative Änderung der Steuerlast für die nach der Höhe des zvE pro Kopf geordneten Steuerzahler in Perzentilauswertung bei einer Flat-Tax

Obwohl die Steuerquote sich nicht ändert, also die relative Änderung der Steuerlast gesamt bei null liegt, zeigt sich bei einkommensspezifischer Betrachtung ein ganz anderes Bild. Ordnet man die Steuerzahler nach der Höhe des zvE pro Kopf, so steigt die durchschnittliche Steuerbelastung in den unteren Einkommensperzentilen um bis zu 80 % an.[4] Selbst der Mediansteuerzahler sieht sich einem Anstieg der Steuerbelastung von 25 % gegenüber. Es profitieren die 11 % einkommensstärksten Steuerzahler. Die Steuerbelastung bei den einkommensstärksten 1 Prozent der Steuerzahler sinkt um mehr als 26 %. Ein aufkommensneutraler Flat-Tax-Tarif belastet im Vergleich zum Status Quo die meisten Steuerzahler deutlich stärker und dies zugunsten einiger weniger einkommensstarker Steuerzahler. Ein solcher Tarif scheint mir politisch kaum vermittelbar.

---

4 In Einzelfällen kann der relative Anstieg der Steuerbelastung über 100 % betragen (Anstieg des Grenzsteuersatzes von 14 % auf 30 %). Da die Bezieher geringer zvE aber häufig auch Einkünfte unter Progressionsvorbehalt aufweisen, liegt der durchschnittliche empirische Anstieg unter dem maximalen tariflichen Anstieg der Steuerbelastung.

3. Zwei alternative Stufentarife

Die deutliche Lastenumverteilung von „oben" nach „unten" kann teilweise durch einen Stufentarif vermieden werden. Dabei sind zahlreiche Stufentarife denkbar, wovon ich zwei gern näher betrachten möchte.

Der erste ist ein Tarif, der in Anlehnung an den Kirchhofschen Tarifvorschlag nach einem Grundfreibetrag zwei Tarifstufen mit einer Stufenbreite von 5000 Euro vorsieht. Die Grenzsteuersätze betragen 15 %, 20 % und 25 % und ich lege den für 2014 geplanten Grundfreibetrag zugrunde. Es ergibt sich der folgende Tarif:

Tarifparameter für den Stufentarif I:				
Einkommen bis einschließlich ... €	8354	13 354	18 354	darüber
Grenzsteuersatz	0 %	15 %	20 %	25 %

Ein solcher Tarif würde zu Mindereinnahmen von etwa 60 Mrd. Euro führen; das bedeutet, dass das Einkommensteueraufkommen um etwa 26 % sinken würde. Davon würden die Steuerpflichtigen in ganz unterschiedlichem Umfang profitieren, wie schon ein Blick auf den Grenzsteuersatzverlauf nahelegt.

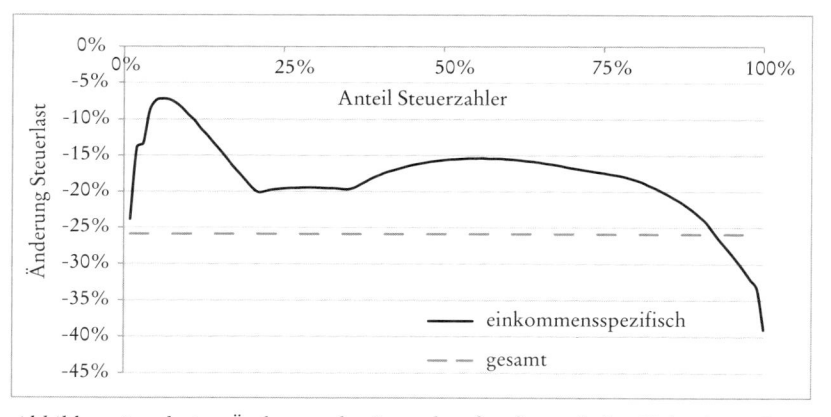

Abbildung 3: relative Änderung der Steuerlast für die nach der Höhe des zvE pro Kopf geordneten Steuerzahler in Perzentilauswertung beim Stufentarif I

Im Durchschnitt würden alle Einkommensgruppen (Perzentile) entlastet, aber Geringverdiener deutlich weniger als Hocheinkommensbezieher.[5] Nur

---
5 Die hiesige Analyse basiert auf den Durchschnittsent- bzw. -belastungen für jeweils ein Perzentil, also je ein Prozent der Steuerzahler. Im Einzelfall kann es zu einer Mehrbelastung kommen, da der Eingangssteuersatz von 15 % über dem gegenwärtigen Eingangssteuersatz von 14 % liegt.

die 7 % einkommensstärksten Einkommensteuerzahler würden überdurchschnittlich entlastet. Das einkommensstärkste 1 Prozent der Steuerzahler würde durchschnittlich sogar um fast 40 % entlastet.

Da dieser Stufentarif dem Aufkommensziel nicht gerecht wird und zudem problematische Verteilungswirkungen aufweist, soll ein alternativer Stufentarif vorgestellt werden. Dieser Tarif soll aufkommensneutral und einfach zu erinnern sein.

Ein möglicher Stufentarif, der diesen Anforderungen gerecht wird, sieht nach dem Grundfreibetrag einen Grenzsteuersatz von 10 % bis zu einem zvE von 10 000 Euro vor, einen Grenzsteuersatz von 20 % bis zu einem zvE von 20 000 Euro, einen Grenzsteuersatz von 30 % bis zu einem zvE von 30 000 Euro und einen Grenzsteuersatz von 40 % bis zu einem zvE von 40 000 Euro. Um Aufkommensneutralität zu ermöglichen läge der Spitzensteuersatz dann bei 45 %.

Tarifparameter für den Stufentarif II:						
Einkommen bis einschließlich … €	8354	10 000	20 000	30 000	40 000	darüber
Grenzsteuersatz	0 %	10 %	20 %	30 %	40 %	45 %

Dieser Tarif wäre annähernd aufkommensneutral. Er würde zu Steuersenkungen bei Geringverdienern führen. Dies ginge aber auf Kosten der 22 % einkommensstärkeren Steuerpflichtigen. Bereits ab einem zvE von knapp 35 500 Euro pro Kopf würde dieser Stufentarif zu Mehrbelastungen führen. Dabei sehen sich die einkommensstärksten 11 % durchschnittlichen Mehrbelastungen von mehr als 6 % ausgesetzt. Dies gilt jedoch nicht für das einkommensstärkste 1 Prozent, dessen durchschnittliche Mehrbelastung bei 3 % liegt.

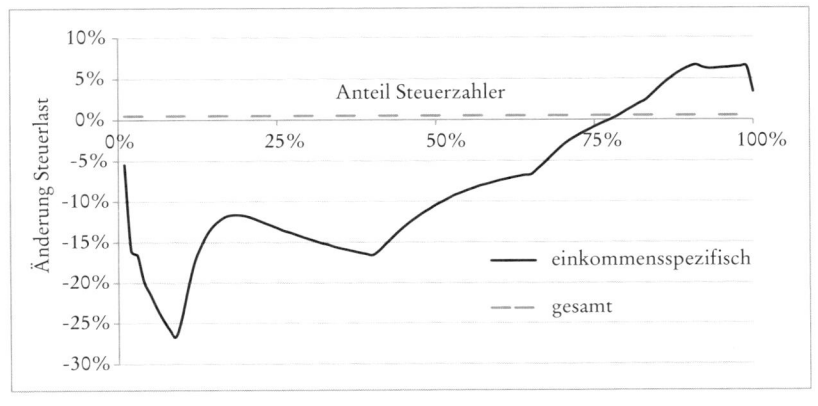

Abbildung 4: relative Änderung der Steuerlast für die nach der Höhe des zvE pro Kopf geordneten Steuerzahler in Perzentilauswertung beim Stufentarif II

4. Die duale Einkommensteuer

Die Aufkommens- und Verteilungswirkungen einer dualen Einkommensteuer können nicht mit vergleichbarer Präzision geschätzt werden. Dies liegt daran, dass es zum gegenwärtigen Zeitpunkt keine Daten zu den Steuerwerten von Betriebsvermögen gibt und folglich der Zinsanteil nicht hinreichend verlässlich bestimmt werden kann. Aus diesem Grunde habe ich auf eine stark annahmegetriebene Schätzung verzichtet.

5. Zwischenfazit zur großen Tarifreform

Unter Verteilungsgesichtspunkten führt eine Flat-Tax zu erheblichen Problemen, da die Steuerlast einzig durch zwei Parameter – den Grundfreibetrag und den Steuersatz – für alle Steuerpflichtigen bestimmt ist. Es fehlen weitere Parameter, um eine Belastungsdifferenzierung entsprechend den politischen Gerechtigkeitsvorstellungen sicherstellen zu können. Dies gilt in abgemilderter Form auch für Stufentarife mit nur wenigen Tarifstufen.

M.E. ist zum gegenwärtigen Zeitpunkt eine Tarifreform, die einen höheren Aufkommensanteil von Geringerverdienenden zugunsten eines geringeren Aufkommensanteils von einkommensstärkeren Steuerpflichtigen fordert, politisch nicht durchsetzbar. Aber genau diese Eigenschaft hat eine aufkommensneutrale Flat-Tax stets.

Bei einem differenzierteren Tarif gilt es schließlich zu bedenken, dass marginal erscheinende Grenzsteuersatzsenkungen im unteren Einkommensbereich zu drastischen Erhöhungen im oberen Einkommensbereich führen – entweder muss der Spitzensteuersatz dann deutlich früher einsetzen oder er muss deutlich höher liegen.

V. Grenze der Einkommensteuerbelastung

Lassen Sie mich noch kurz einige Anmerkungen zur Grenze der Einkommensteuerbelastung machen. Die Laffer-Kurve beschreibt den Zusammenhang von Steuersatz und Steuereinnahmen. Sie zeigt, dass bei steigendem Steuersatz zunächst das Aufkommen steigt. Das Aufkommen steigt aber nicht linear sondern unterproportional. Die Laffer-Kurve zeigt zudem, dass es einen Steuersatz gibt, bei dessen Überschreiten das Steueraufkommen aufgrund von Ausweichreaktionen der Steuerpflichtigen sogar sinkt. Die ökonomische Grenze für die Steuerbelastung liegt klar dort, wo die weitere Erhöhung des Steuersatzes zu einem Rückgang des Aufkommens führen würde. So einfach dieser Zusammenhang theoretisch ist, so schwer ist er empirisch zu quantifizieren.

der Einkommensteuer 331

Es gibt in der jüngeren Vergangenheit einige Studien, die versuchen, den Verlauf der Laffer-Kurve zu schätzen. Ich habe Ihnen dafür nur zur Veranschaulichung einmal exemplarisch Schätzungen für die EU und die USA von *Trabandt/Uhlig* mitgebracht.

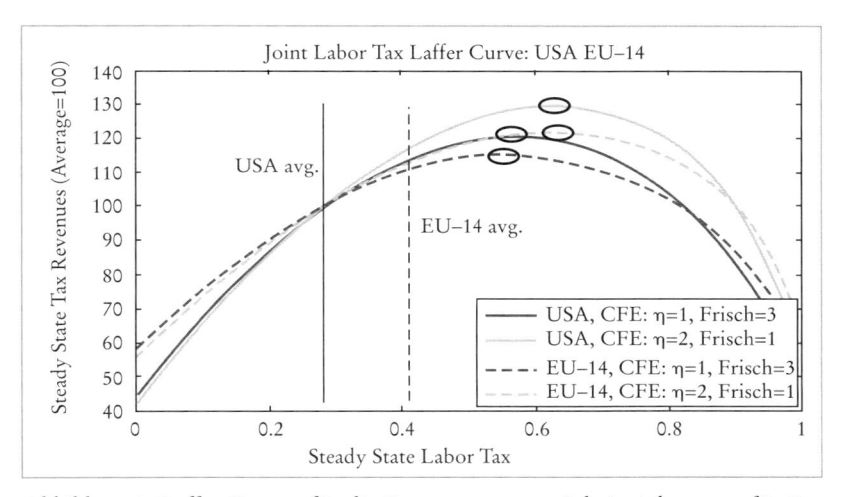

*Abbildung 5: Laffer-Kurven für die Besteuerung von Arbeitseinkommen für Europa und die USA. Quelle: **Trabandt/Uhlig**: How far are we from the slippery slope?, ECB Working Paper Series No. 1174, 2010.*

Die Änderung des Steueraufkommens bei einer Änderung des Steuersatzes[6] wird von zwei Effekten bestimmt: dem sog. mechanischen Effekt, der oft auch als Erstrundeneffekt bezeichnet wird. Dieser ergibt sich aus der Anwendung des geänderten Steuersatzes auf ein unverändertes zvE. Der zweite Effekt geht von der durch Verhaltensanpassungen geänderten Steuerbemessungsgrundlage aus. Die Höhe des Verhaltenseffekts wird maßgeblich von der Elastizität des zvEs bestimmt. Die Elastizität gibt wieder, wie stark die Bemessungsgrundlage auf eine Steuersatzänderung reagiert. Sie ist als Relation zwischen der Änderung des zvE bei einer 1 %igen Änderung der Nachsteuerrate (= 1-Grenzsteuersatz) definiert. Reagiert das zvE nicht auf Steuersatzänderungen, so ist die Elastizität des zvEs Null und die Laffer-Kurve hat keinen Scheitelpunkt; vielmehr würde in einem solchen Fall das Aufkommen linear mit dem Steuersatz steigen. Liegt die Elastizität hingegen bei Eins, so sinkt das zvE um 1 %, wenn die Nachsteuerrate um 1 % sinkt. In jüngster Zeit gibt es erste Studien zur Elastizität der Steuerbemessungsgrundlage für Deutschland. Allerdings zeigen diese Studien erhebliche

---
6 Der hier verwendete Steuersatz ist ein Durchschnittssteuersatz, der Sozialabgaben mit einbezieht.

Schwankungen in den geschätzten Ergebnissen in Abhängigkeit vom gewählten Schätzansatz. Bei aller notwendigen Vorsicht scheint die Elastizität des zvE auch für höhere Einkommen (obere 10 % der Steuerzahler) gegenwärtig gut 0,3 zu betragen.[7] Aus anderen Studien bspw. aus den USA ist jedoch bekannt, dass die Höchsteinkommensbezieher deutlich sensitiver reagieren.

Für die Frage des maximalen Spitzensteuersatzes lässt sich das Konzept der Laffer-Kurve analog anwenden, nur dass hier zumeist nur das Aufkommen aus der Einkommensteuerzahlung der Hochverdiener betrachtet wird, weil angenommen wird, dass der Spitzensteuersatz die Einkommen der geringer Verdienenden nicht beeinflusst. Auf Basis der Einkommensverteilung und der Elastizität lässt sich der aufkommensmaximale Spitzensteuersatz berechnen. Unter zusätzlicher Vorgabe eines Gerechtigkeitsideals kann auch der optimale Spitzensteuersatz modelltheoretisch bestimmen.[8] U.a. weil gegenwärtig aber noch keine belastbaren Schätzungen zur Elastizität von Hocheinkommensbeziehern vorliegen, kann auch zum gegenwärtigen Zeitpunkt keine belastbare, auf die Realität übertragbare, ökonomische Grenze für den Spitzensteuersatz angegeben werden.

VI. Fazit

Die Tarifgestaltung spiegelt gegenwärtig primär die Vorstellungen einer gerechten Lastenverteilung wieder. Auch deshalb sollte der Tarif regelmäßig an die Inflation angepasst werden, da andernfalls die Aufkommensanteile der unterschiedlich einkommensstarken Steuerzahler sich verschieben und zudem der Staatsanteil steigt. Eine laufende Inflationsanpassung führt aber auch dazu, dass Tariftransparenz im Sinne eines einfach zu merkenden Tarifs nur bedingt erreichbar ist, da alle Wertgrenzen des Tarifs jedes Jahr um die Inflationsrate steigen müssten. Der vorgestellte, transparente Stufentarif II hätte beispielsweise nur im ersten Jahr dieses einfache Aussehen. Bereits

---

7 Vgl. *Schmidt/Müller*, Die Elastizität des zu versteuernden Einkommens in Deutschland – Eine empirische Untersuchung auf Basis des deutschen Taxpayer-Panels, ARQUS-Diskussionsbeitrag Nr. 132, 2012.
8 *Saez*, Using elasticities to derive optimal income tax rates, in: Review of Economic Studies, 68, S. 205–229, und *Bach/Corneo/Steiner*, Optimal top marginal tax rates under income splitting for couples, CEPR Discussion Paper 8435. Diese Modelle basieren aber auf der Modellierung eines Steuerrechts, bei dem der Staat nicht nur die fest vorgegebenen Staatseinnahmen erzielen möchte, sondern darüber hinaus – wenn möglich – weitere Steuereinnahmen erzielen möchte, die dann in den Einkommensschwachen umverteilt werden. Die von *Bach/Corneo/Steiner* verwendete Gerechtigkeitsvorstellung präferiert eine vollständige Gleichverteilung aller Einkommen, weshalb der aufkommensmaximierende Spitzensteuersatz als der optimale Spitzensteuersatz betrachtet wird.

im zweiten Jahr ergäben sich bei korrekter Inflationsanpassung „krumme" Wertgrenzen.

Zu den Stufentarifen sei noch angemerkt, dass sie die Unsicherheit über den anzuwendenden Grenzsteuersatz deutlich erhöhen können. Aufgrund der komplexen Bemessungsgrundlagenermittlung ist eine präzise Schätzung des zvEs regelmäßig schwierig. Es ist leicht, sich um einige 100 Euro oder gar 1000 Euro zu verschätzen. Während dies bei einem stetigen Tarif relativ unproblematisch ist, führt eine solche Fehlschätzung um die Sprungstellen in einem Stufentarif herum schnell zu einer Änderung der Grenzsteuerbelastung von 10 Prozentpunkten. Der Steuerzahler nimmt als bspw. an, sein Grenzsteuersatz läge bei 30 %, hingegen liegt er – bspw. aufgrund eines Betriebsausgabenabzugsverbots – tatsächlich bei 40 %. Eine solch starke Unsicherheit bezüglich des anzuwendenden Grenzsteuersatzes gibt es nur bei Stufentarifen mit Sprungstellen, regelmäßig aber nicht bei stetigen Tarifen.

Festzuhalten bleibt schließlich, dass alle Tarife – selbst die Flat-Tax mit Grundfreibetrag – progressive Tarife sind. D.h. auch, dass der Steuerpflichtige in keinem der hier diskutierten Tarife seinen Durchschnittssteuersatz direkt aus der Tarifvorschrift ablesen kann. Ebenso benötigen alle progressiven Tarife die Vorschrift zum Progressionsvorbehalt, falls eine solche Regelung grundsätzlich im Steuerrecht gewünscht ist. Es ist u.a. deshalb insgesamt fraglich, wie groß der Vereinfachungseffekt einer Tarifreform wäre.

Diskussion

zu den Referaten von Prof. Dr. *Ekkehart Reimer* und
Prof. Dr. *Henriette Houben*

Leitung:
Prof. Dr. *Monika Jachmann*

Prof. Dr. *Moris Lehner*, München

Zunächst einmal herzlichen Dank für zwei sehr spannende Vorträge. Ich möchte die Machbarkeitsstudie von Herrn *Reimer* um einige internationale Aspekte ergänzen. Wenn wir Steuervereinfachung als wichtiges Reformziel ansehen, dann kommt grenzüberschreitend auch die Rechtsangleichung in den Blick. Wir haben im Bereich der Europäischen Union bei den indirekten Steuern bereits sehr viel erreicht. Auch im Bereich der direkten Steuern gibt es wichtige Errungenschaften. Die Rechtsprechung des EuGH, auch als „stille Harmonisierung" bezeichnet, ist weit fortgeschritten. Im Internationalen Steuerrecht gibt es das OECD-Musterabkommen mit umfassendem Kommentar, auch dies stellt aus meiner Sicht Rechtsangleichung in einem weiteren Sinn dar, zumindest aber ein in den vergangenen Jahrzehnten vielfältig angenommenes Angebot zur Rechtsangleichung. In kleineren Bereichen haben wir den Grundsatz der Entscheidungsharmonie im Internationalen Steuerrecht, und die deutsche Verhandlungsgrundlage hat trotz restriktiver Elemente ebenfalls Angleichungspotenzial. Ich denke, dass wir diesen grenzüberschreitenden Gesichtspunkten bei unseren Reformüberlegungen besonderes Gewicht geben müssen.

Prof. Dr. *Anna Leisner-Egensperger*, Jena

Ich hätte eine Frage an Herrn *Ekkehart Reimer* und zwar zu dem Vorschlag eines Referendumsvorbehalts für nachhaltig wirkende Steuergesetze. Eigentlich eine spannende Idee, auf den ersten Blick natürlich bestechend. Das würde gerade den nachhaltig wirkenden Steuergesetzen eine erhöhte Legitimationskraft verleihen und dadurch zu einer Verstetigung des Steuerrechts führen und faktisch dann auch zu einer Vereinfachung. Ich frage mich allerdings, ob nicht diese Zwei-Klassen-Gesellschaft, die dann letztlich entstünde zwischen nachhaltig wirkenden Steuergesetzen und anderen Steuergesetzen – wobei sich die Frage auch stellt, wie die beiden voneinander abzugrenzen wären – ob diese nicht zu einer doch sehr starken Legitimation für die nachhaltig wirkenden Steuergesetze führen würde, zu einer m.E. zu großen Legitimation, wenn man sie sieht vor dem Hintergrund des verfassungsrechtlichen Diskontinuitätsgrundsatzes. Denn dieser besagt ja, als unmittelbarer Ausfluss des Demokratieprinzips, dass nach jeder Legislaturperiode sämtliche Karten neu gemischt werden, personell und auch sachlich und zwar sachlich nicht nur formal, sondern eben auch faktisch politisch, in dem Sinne, dass materiell tatsächlich völlig neue Steuergesetze entstehen können.

Prof. Dr. *Michael Droege*, Mainz

Auch eine kurze Frage an Dich, *Ekkehart*. Es geht um die Zeitgesetze. Zunächst dachte ich, das ist ja eine charmante Utopie, denn sie führt uns, wie viele Utopien, zurück in die Vergangenheit. Steuergesetze waren immer Zeitgesetze. Die Landstände hatten nur nicht viel mehr zu tun, als Steuern zu verewigen. Der Deutsche Bundestag und erst recht die Landtage haben etwas mehr zu tun. Die Frage ist: Überfordern wir nicht parlamentarische repräsentative Körperschaften, wenn wir sie in eine Dauerevaluation des Steuerrechts, das ja, wie wir alle wissen, nicht so leicht zu evaluieren ist, führen? Das wäre mein erstes Bedenken. Das zweite: Zeitgesetze schwächen demokratische Legitimation. Es ist, glaube ich, ein Irrtum, zu meinen, der Arm des Gesetzgebers im Vorgriff in die Zukunft sei tatsächlich so beschränkt. Im Haushaltsrecht hat Haushaltsgesetz als Zeitgesetz die Logik staatlicher Innenfinanzierung für sich. Das Steuerrecht ist aber Eingriffsrecht; und wenn wir mit dem Steuerrecht anfangen, es als Zeitgesetz auszugestalten, würde ich fragen: Müssen wir da nicht alle Eingriffsgesetze als Zeitgesetze ausgestalten? Ich komme aus einem Bundesland, nämlich Hessen, das hatte im Dezember eines Jahres beinahe keine Gemeindeordnung für das nächste Jahr. Dazu führen nämlich Zeitgesetze. Der Gesetzgeber entzieht sich. Meine zweite Frage: Das große Vertrauen in die Folgerichtigkeit und das Verfassungsrecht. Systementscheidungen und -durchbrechungen sind rational nur schwer voneinander zu unterscheiden; und wenn ich in Art. 3 GG hineinschaue, finde ich relativ geringe Unterscheidungsparameter, die mir rational erleichtern, diese Unterscheidung zu treffen. Wäre es nicht viel sinnvoller, als ins Verfassungsrecht zu schielen, zunächst einmal Lösungen in unserer Dogmatik zu finden, also die Binnendogmatik des Steuerrechts zu entfalten? Zivilrichter kommen auch mit Systemwidrigkeiten des bürgerlichen Rechts klar, indem sie die gewachsenen Strukturen ihrer Dogmatik – des Allgemeinen Teils etwa – anwenden, ohne dauernd nach Karlsruhe zu rufen. Sollten Steuerrechtler und Steuerrechtsdogmatik weniger leistungsfähig sein?

Prof. Dr. *Roman Seer*, Bochum

Zunächst an Dich, *Ekkehart Reimer*, der Vortrag hat mir natürlich gut gefallen, allerdings meine Zweifel hinsichtlich des fiscal cliffs von Zeitgesetzen, da möchte ich mich dem, was Herr *Droege* gerade gesagt hat, anschließen und vielleicht noch ergänzen: Aus Sicht des Rechtsanwenders, des Steuerpflichtigen, ist ein dauerhaftes zeitloses Gesetz an sich das einfache Gesetz. Und es ist das, worauf er letztlich vertraut, worauf er arbeitet, worauf er disponiert, und das Gefühl immer am Ende des Jahres auf irgendetwas zu schielen, was passieren könnte, das erleben wir zum Teil ja aus meiner Sicht in einer Fülle in Jahressteuergesetzen, die nun gerade nicht sonderlich die Vereinfachung und Stetigkeit fördern. Und wenn man das fiscal cliff der Amerikaner sich anguckt und den internal revenue code mit den entsprechenden regulations mit in den Blick nimmt, dann weiß man, dass das offenbar überhaupt keine Korrelation zur Vereinfachung beiträgt. Dann noch zum anderen: Das Verfahren. Das Verfahren, da hast Du eine These aufgestellt, die ich anzweifeln möchte, dass der Vereinfachungsdruck umso geringer wird, je besser die Automation ist. Das kann man natürlich auch umdrehen. Man kann nämlich sagen, je komplizierter und je verflochtener irgendeine Automation ist, umso höher ist die Komplexität. Nur ich möchte auf eins noch hinweisen: Du hattest auch gesagt, die Mitwirkungspflichten, eine Fülle von Mitwirkungspflichten würde praktisch gegen eine Vereinfachung sprechen. Aus Sicht des Verpflichteten sei das eben ein großer Anteil an Verkomplizierungen. Man muss da m.E. den Quellenabzugsverpflichten und den Steuerentrichtungspflichtigen, also Arbeitgeber, Banken usw. sehen, da stimmt das. Die entlasten aber spiegelbildlich die eigentlichen Steuerpflichtigen, die damit nichts mehr zu tun haben. D.h. in diesem Dreieck muss man sagen, kann eine Erhöhung von bestimmten Pflichten durch Skaleneffekte dazu führen, dass für Millionen anderer dies zu einer deutlichen Entlastung führt. Per Saldo führt dies selbstverständlich zu einer erheblichen Steuervereinfachung. Vielleicht noch eins zu den Freibeträgen und Freigrenzen. In der Tat, das ist ein wichtiges Mittel. Ich weiß noch, als wir bei der Stiftung Marktwirtschaft in der Unterkommission Steuervollzug zusammen saßen, als Herr *Schmidt* aus Bayern uns vorrechnet, er ist wahrscheinlich auch hier noch im Saal, was die Erhöhung der Arbeitnehmerpauschale, des Werbungskostenpauschbetrages, so kann man das ja auch nennen, kosten würde. Dann merkte man, was da an jeder Pauschale hängen kann und das ist in Tat eine wichtige Abwägung. Worüber ich mich z.B. seit Jahren wundere – ich weiß noch als ich anfing, vor über 30 Jahren mich mit Steuern zu beschäftigen – da gab es auch schon geringwertige Wirtschaftsgüter, da war die Grenze der geringwertigen Wirtschaftsgüter bei 800 DM, und dann waren wir zwischenzeitlich bei 410 Euro nach 30 Jahren, also Inflation gar nicht mitgerechnet. Man kann sich vorstellen, was für eine Verkomplizierung allein der Dokumentationsaufwand für die Abschreibung von diesen an sich geringwertigen Wirtschaftsgütern bei den einzelnen Klein-, Mittel- und sonstigen Unternehmern ausgelöst hat. Und vielleicht noch als letztes zu dem Tarif auf Rädern: Das war alles so einleuchtend, bis auf dass 12. der 8. war. Nicht einmal in der biblischen 10. d.h., das war an sich eine umgekehrte Rechnung, hätte man da anschließen müssen, aber das ist auch völlig gleichgültig. Es ist völlig richtig, dass der Tarif dann einfach ist, wenn der Bürger weiß, wie hoch sein Grenz- oder Durchschnittsteuersatz ist. Allerdings, die meisten Bürger wissen gar nicht, was Grenz- und Durchschnittsteuersatz ist. Das ist das eine. Man kann es nicht richtig ablesen, ist auch richtig. Ich glaube, die einzige Möglichkeit ist, dass in solch einer vorausgefüllten Steuererklärung schon die Sätze andeutungsweise gezeigt oder zumindest nachher in dem Steuerbescheid dann richtig ausgewiesen werden. Ich glaube, das geschieht zum Teil schon in Bundesländern, wenn ich das richtig gesehen habe. Das wäre natürlich ganz gut, wenn das so plakativ ist. Im Übrigen hat mir das alles sehr eingeleuchtet, was Sie dort aufgezeigt haben.

Prof. Dr. *Gregor Kirchhof*, Augsburg

Ich erlaube mir – bei einer breiten Zustimmung zu Deinem Vortrag, lieber *Eckkehart* – Anmerkungen zu den beiden Punkten, die ich ganz anders sehe. Gestern hat insbesondere *Dieter Drüen* zu Recht den Gestaltungsraum des Gesetzgebers betont, wenn sich dieser für eine Steuerreform entscheiden sollte. Doch hast Du, lieber *Ekkehart*, mit jeder Berechtigung ergänzt, dass es verfassungsrechtliche Maßstäbe gibt, die wieder entfaltet werden sollten. Das ist einmal der Maßstab der Folgerichtigkeit, auf den Du eingegangen bist. Wir könnten aber auch darüber nachdenken, die rechtsstaatlichen Gebote des Vertrauensschutzes, der Bestimmtheit und der Rechtssicherheit wieder hervorzuheben. Jede Steuer greift in Freiheitsrechte ein, muss deshalb das Maß der Verhältnismäßigkeit wahren. Dieses Maß ist aber bisher im Steuerrecht nicht hinreichend entfaltet. Zudem gibt es eine Bestimmung im Grundgesetz – und ein Pendant auf europäischer Ebene –, die ganz in Vergessenheit geraten ist: Art. 19 Abs. 1 Satz 1 GG. Hiernach muss jedes grundrechtsbeeinträchtigende Gesetz allgemein sein und darf nicht nur für den Einzelfall gelten. Dieser Maßstab nimmt den Gedanken der Einzelfallgerechtigkeit auf, der auch gestern Abend betont wurde. Der Gesetzgeber ist nicht beauftragt, unmittelbar für Einzelfallgerechtigkeit zu sorgen. Er stiftet – das ist ein alter Gedanke, den insbesondere *Hart, v. Jhering* und *Radbruch* betont haben – Gerechtigkeit, indem er allgemeine Regel erlässt, die dann im Einzelfall von Verwaltung und Gerichten angewandt werden. Diese Gewalten sollen unmittelbar für Einzelfallgerechtigkeit sorgen, das ist das gewaltenteilende Konzept des Grundgesetzes. Dieser Gedanke führt zu meinem kritischen Blick auf zwei Punkte des Vortrags. Der Gesetzgeber sollte ein allgemeines Gesetz so erlassen, dass es für immer gelten könnte, mag es auch kurze Zeit später wieder geändert oder aufgehoben werden. Dann kann das Gesetz Rechtsvertrauen stiften – hier stimme ich der Kritik, die schon geäußert wurde, zu. Ein Verfallsdatum für Gesetze oder ein Referendumsvorbehalt widersprechen diesem Gedanken. Dieser ist aber auch deshalb wichtig, weil wir gegenwärtig nach der Generationengerechtigkeit fragen. Das Instrument für eine solche Gleichheit in der Zeit sind nicht die Grundrechte, weil der Grundrechtseingriff in der Zeit nicht vergleichbar ist. Das Instrument für eine Generationengerechtigkeit, für eine Gleichheit in der Zeit ist das allgemeine Gesetz.

Prof. Dr. *Ulrich Hufeld*, Hamburg

Ekkehart, zwei Rückfragen zur Raum-Zeit-Dimension. Erstens: Darf das Bundesreferendum durchschlagen auf die Länderhaushalte? Oder setzt die Referendumsidee eine Reform der Finanzverfassung voraus? Ich denke vor allem an die Gemeinschaftsteuern des Art. 106 Abs. 3 GG. Und, wichtiger noch, die zweite Frage: Du hast unter der Überschrift Raum-Zeit die EuGH-Rechtsprechung betrachtet, aber wie steht es mit der Sekundärrechtsetzung der Union? Das ist fast schon eine ketzerische Frage: Könnte darin, in einheitlicher Rechtsetzung durch und für die Union, ein Rationalisierungs- und Vereinfachungspotenzial stecken? Die Finanztransaktionssteuer wird uns sicher nicht Vereinfachung bringen. Aber wenn man die GKKB durchblättert, lässt sich der Systemcharakter schwerlich bestreiten, jedenfalls nicht der Anspruch zurückweisen, dass das Konzept strengen Anforderungen der Gesetzgebungsallgemeinheit entspricht. Es ist kaum vorstellbar, in der „teilkodifikatorischen" GKKB eine Verschonungssubvention zu verstecken. Wenn sie eines Tages in Kraft tritt, womöglich beschränkt auf den Euroraum im Zuge einer verstärkten Zusammenarbeit (Art. 20 EUV), wird sie sich als Systemgesetz für einen Wirtschaftsraum bestenfalls auch in der Zeit bewähren und gegen irrationale Zugriffe leichter abschirmen lassen. Frage also: Verheißt die europäische Sekundärrechtsetzung eine neue Chance der Vereinfachung im Zeichen ökonomischer Rationalität und Folgerichtigkeit? Gewiss drängen sich auch Gegenargumente auf. Dennoch: Öffnen sich in der Union Teilräume, öffnet sich der auf Allgemeinheit und Wettbewerbsneutralität angelegte Binnenmarktraum für eine systemrationale Steuerpolitik, die wir uns im nationalen Rechtsraum mit all den Vermachtungen gar nicht mehr vorstellen können?

Dr. *Jochen Lüdicke*, Düsseldorf

Herr *Reimer*, an Sie die Frage, aber vielleicht auch an Frau *Houben* zum Tarif. Wir haben ja im Moment ein Auseinanderfallen von Kapitaleinkünften, die im Wesentlichen nach flat tax besteuert werden und sonstigen Einkünften. Die Begründung für die progressive Besteuerung der sonstigen Einkünfte ist ja das Maß gesteigerter Leistungsfähigkeit. Ich frage mich jetzt, ist das eigentlich heute noch verfassungsrechtlich zulässig zu sagen, ich habe gesteigerte Leistungsfähigkeit, wenn ich nur einen Teil der Einkünfte betrachte, aber einen möglicherweise für das Wohlergehen eines Einzelnen erheblichen Teil der Einkünfte außen vor lasse, oder kommen wir nicht heute schon bei konsequenter Anwendung vom verfassungsrechtlichen Gleichheitsbegriff zu einem Einheitstarif, den Frau *Houben* sehr eindrucksvoll in ihrem Beitrag als doch relativ einfach und gut merkbar dargestellt hat?

Prof. Dr. *Heribert Anzinger*, Ulm

Von mir vier kurze und deshalb vielleicht etwas provokante Fragen zu greifbaren Visionen, die *Ekkehart Reimer* gezeichnet hat. Wegfall der Einkünfte aus Vermietung und Verpachtung: Ist die Berücksichtigung der negativen Einkünfte aus Vermietung und Verpachtung nicht eine hocheffiziente und einfache Art der Subventionierung des Wohnungsbaus, die wir deswegen beibehalten sollten? Zusammenführung der Freibeträge: Wäre es wirklich eine sichere Vereinfachung, wenn wir einen Werbungskostenpauschbetrag mit 2000 Euro regeln und dafür andere Freibeträge streichen würden? Wenn dieser höhere Freibetrag, etwa durch Fahrtkosten, aufgebraucht wird, verpufft die Vereinfachungswirkung, bevor sie den beruflich veranlassten Aufwand für kleinere Arbeitsmittel, etwa einen Bleistift, erfasst. Wären deshalb nicht mehrere Freibeträge für verschiedene Werbungskostenarten vorzugswürdig? Vorausgefüllte Steuererklärung: Das ist wohl das greifbarste Projekt. Da würde mich offen interessieren, woher bekommt die Finanzverwaltung eigentlich die Daten? Wollen wir das eigentlich, dass da alles drin steht, schon vorausgefüllt in der Steuererklärung, vom Kammerjäger, der die Bettwanzen verjagt hat, bis zu unangenehmen Arztbesuchen, deren Kosten die Krankenkasse nicht übernommen hat? Und zu den Zeitgesetzen: Ist es realistisch, dass es zu einer Vereinfachung führt, wenn wir Gesetze automatisch außer Kraft setzen? Denkt man an die bisherige Gesetzgebungspraxis in Deutschland und wagt man einen Blick ins Ausland, etwa in die Vereinigten Staaten, stellt sich die Frage, ob Zeitgesetze die Qualität der Gesetze wirklich verbessern würden. Müsste man dazu nicht zumindest auch die Rahmenbedingungen für das Steuergesetzgebungsverfahren ändern?

Dr. *Martin Vock*, Wien

Nachdem Herr Prof. *Reimer* einen österreichischen Beamten eingangs zitiert hat, darf ich mich hier mit meinen Anmerkungen zu Ihrem Vortrag kurz zu Wort melden. Ich glaube, eine Steuerreform kann nur dann gelingen, wenn man die Psychologie der Steuerzahler und der handelnden politischen Akteure nicht vergisst. Z.B. ist es empirisch nachweisbar, dass eine Abzugsteuer viel weniger schmerzhaft empfunden wird als eine zu veranlagende Steuer, weil der Steuerpflichtige/die Steuerpflichtige das Geld nie zur eigenen Verfügung hatte und daher der Verlust auch nicht so schmerzt. Deswegen ist z.B. die Lohnsteuer und die Kapitalertragsteuer als abgegoltene Abzugsteuer wahrscheinlich so ein Erfolgssystem. Genauso ist es so, dass Verluste psychologisch viel stärker wahrgenommen werden als Gewinne und dass es jeden Steuerpflichtigen und jeder Steuerpflichtigen sozusagen Vergnügen bereitet, vom Fiskus Geld zurück zu bekommen. Deswegen stelle ich hier die These auf, dass es vielleicht nicht so klug ist, Lenkungsnormen in den Steuergesetzen vollkommen zu eliminieren, weil es schlicht und ergreifend ein wirklich gutes Incentive für Steuerpflichtige ist, ein gewünschtes Verhalten zu setzen und vielleicht einen größeren Anreiz bietet, als eine direkte Subvention zu gewähren. Und zu Ihrer These, dass befristet Steuergesetze zur Vereinfachung führen würden: Da würde ich dazu anmerken aus meiner Erfahrung im politiknahen Bereich, ich glaube, dass das dazu führen wird, dass in der Regel wohl die kleinere Partei in einer Koalitionsregierung eine extreme Macht bekäme und diese Macht dazu benützen würde, ihre eigene Klientel mit Sondervorschriften hier bevorzugen zu wollen und dass das kein Weg wäre, die Steuergesetze zu vereinfachen, sondern im Gegenteil, eher noch zu verkomplizieren.

Prof. Dr. *Henriette Houben*, Berlin

Ganz kurz: Die Kenntnis der Steuersätze war ja angesprochen worden. Es ist bestimmt löblich, in einem Steuerbescheid den Grenzsteuersatz und den Durchschnittsteuersatz auszuweisen, auch noch gleich mit einer Legende dazu, was was ist, weil ich glaube, das ist noch nicht so bekannt, auch nicht den Politikern bekannt, die sich mit diesen Konzepten tatsächlich beschäftigen. Ich weiß, dass der Durchschnittssteuersatz immer dann ausgewiesen wird, wenn Progressionsvorbehaltseinkünfte waren, weil er dann benötigt wird zur Steuerberechnung, also zumindest in den Bescheiden, die ich kenne. Ansonsten ist es mir nicht geläufig, dass einer von beiden oder beide ausgewiesen werden. Dann die Frage, ob gesteigerte Leistungsfähigkeit nach Verfassungsrecht zulässt, dass man einen unterschiedlichen Tarif erhebt. Kann ich natürlich nicht beurteilen, weil ich kein Verfassungsrechtler bin. Als Ökonom ist man etwas pragmatischer und sagt: Natürlich haben auch die Kapitaleinkünfte gesteigerte Leistungsfähigkeit, aber die sind halt elastischer, da passiert mehr, wenn wir die besteuern, also machen wir es halt nicht. Und deshalb ist uns in dem Punkt dann die Gerechtigkeit ein bisschen egal sozusagen. Deshalb da einfach die Abwägung Gerechtigkeit, und was passiert, wenn ich das tue, die fällt eben bei Kapitaleinkommen anders aus als bei Arbeitseinkommen, weil Arbeitseinkommen nicht so reagiert.

Prof. Dr. *Ekkehart Reimer*, Heidelberg

Ich hätte eine Idee, Frau Vorsitzende. Ich erlaube mir jetzt, nicht alle Fragen einzeln zu beantworten und schon gar nicht in der chronologischen Reihenfolge, sondern ich würde zunächst einmal Bewunderung äußern für die Vielfalt an Maßstäben und zusätzlichen Gedanken aus unserer Diskussion und meine, dass die Diskussion gezeigt hat, dass wir schon bei den Maßstäben ein außerordentlich heterogener bunter Kreis sind. Einige haben sehr, ich will mal sagen dogmatisch, eher normativ argumentiert. Ich greife jetzt statt aller *Gregor Kirchhof* heraus. Andere haben eher eine polit-ökonomische Perspektive, Herr *Vock* etwa, bezogen, und ich glaube, je nach Perspektive fallen die Antworten auf die Frage, ob Steuervereinfachung gelingen kann, total unterschiedlich aus. In meinem Vortrag hat eine Perspektive sicher vorgeherrscht. Aus dieser deskriptiven Perspektive würde ich doch gerne zumindest noch ein Wort sagen zu den von Herrn *Lehner* und dann auch von *Ulrich Hufeld* angesprochenen Fragen der europäischen internationalen Einflüsse auf die Komplexität oder Einfachheit unserer Steuersysteme, weil mir das ja in der Tat so als besonders auffällig erscheint, wie ich es im Vortrag nicht vorgetragen habe. Es ist richtig, dass wir beobachten können, dass überall da, wo dezentrale steuerrechtliche Regelungen erlassen werden, und das betrifft auch unseren Vollzugsföderalismus mit den vielen Schreiben der 16 Finanzverwaltungen der Länder und der Finanzverwaltung des Bundes, natürlich die Komplexität höher ist als in unitarischen Systemen, und insofern spricht in der Tat manches dafür, dass eine Europäisierung von Steuergesetzgebung – ganz oder teilweise – ceteris paribus zu einer Vereinfachung führt. Wir sollten uns aber auch den Blick dafür bewahren, dass Vereinfachung nicht alles ist. Also dass es noch andere Ziele und Rationalitätsanforderungen an Steuergesetzgebung gibt, als Vereinfachung. Und wenn es jedenfalls zwischen den Zeilen richtig herausgehört habe, ist im Grunde der zentrale Einwand gegen ein Mehr an richtlinienrechtlichen Festlegungen auf europäischer Ebene die Zahl von 28 Vetospielern. Das Steuerrecht wird dann in einer Weise sozusagen versteinert, dass jedenfalls dieser Handlungsform der Richtlinie – solange das Einstimmigkeitserfordernis gilt – im Grunde den nötigen demokratischen Spielraum auf nahe Null reduzieren würde. Das wäre aus meiner Sicht sozusagen dann der Preis, den man für die Vereinfachung zahlen müsste, den ich persönlich dafür nicht zahlen würde. Ich glaube, das spricht doch eher für dezentrale Regelungen, übrigens auch im Bundesstaat. Ich glaube, auch im Bundesstaat können wir vielleicht sogar Vereinfachung erlangen, wenn wir bestimmte Steuerarten auf die Landtage zurückdelegieren. Das ist ja kurz angesprochen worden. Ich will es mal bei diesen wenigen Federstrichen belassen, denn die Pause ist uns allen heilig. Ich danke aber sehr herzlich für die vielen Anregungen.

Erneuerung der Besteuerung von Vermögen aus deutscher Sicht (Vermögensteuer, Vermögensabgabe, Erbschaft- und Schenkungsteuer)

Prof. Dr. *Hanno Kube*, LL.M.
Johannes Gutenberg-Universität Mainz

Inhaltsübersicht

I. Vermögensbesteuerung im verfassungsrechtlichen Rahmen
II. Vermögensteuer
 1. Kompetenzrechtliche Lage
 2. Materiell-rechtliche Anforderungen
  a) Leistungsfähigkeitsgerechte Besteuerung in den verschiedenen Stadien des Vermögensdurchlaufs
  b) Steuersystematische Einordnung der Vermögensteuer
   aa) Vermögensteuer als Sollertragsteuer
   bb) Leistungsfähigkeit durch Innehabung von Vermögenssubstanz
   cc) Würdigung im Rahmen der geltenden Steuerrechtsordnung
  c) Schwierigkeiten freiheits- und gleichheitsgerechter Ausgestaltung
   aa) Unverhältnismäßigkeit jeder echten Substanzsteuer
   bb) Maßvolle Teilhabe am Ertrag – Ertragsblinde Bemessungsgrundlage
   cc) Fehlende Rechtfertigungskraft des Umverteilungsanliegens
   dd) Erhebliche Erfassungs- und Bewertungsprobleme
   ee) Schwierigkeiten sozialstaatlich adäquater Belastung
   ff) Missbrauchsanfälligkeit einer Privilegierung von Betriebsvermögen
 3. Zwischenergebnis
III. Einmalige Vermögensabgabe
 1. Kompetenzrechtliche Voraussetzung einer kriegslastenähnlichen Finanzierungsnotlage
 2. Widerspiegelung in den eigentumsgrundrechtlichen Anforderungen
 3. Weitere Probleme
 4. Zwischenergebnis
IV. Erbschaft- und Schenkungsteuer
 1. Kompetenzrechtliche Lage
  a) Landessteuer mit Zerlegungsoption
  b) Der Rahmen erforderlicher Bundesregelung
 2. Materiell-rechtliche Anforderungen
  a) Der unentgeltliche Vermögenszuwachs als Belastungsgrund
  b) Einzelne freiheits- und gleichheitsrechtliche Maßgaben
   aa) Maßvolle Teilhabe am Vermögenszuwachs – Weiter Gestaltungsraum
   bb) Einmalige, gleichheitsgerechte Bewertung zu Verkehrswerten
   cc) Abstimmung mit der Einkommensteuer – Insbesondere bei stillen Reserven
   dd) Wiederum: Missbrauchsanfälligkeit einer Privilegierung von Betriebsvermögen
   ee) Grundrechtsgemäßer Schutz von Ehe und Familie – Nachbesserungsbedarf
 3. Zwischenergebnis
V. Steuern im freiheitlichen Staat

I. Vermögensbesteuerung im verfassungsrechtlichen Rahmen

Zwei Momente treiben die aktuellen Bestrebungen, die Besteuerung des Vermögens zu erneuern: Zum einen das Ziel, trotz hoher Steuereinnahmen[1] und historisch niedriger Kapitalmarktzinsen zusätzliche Einnahmen zu generieren, um die Haushalte zu konsolidieren und auch neue Ausgaben finanzieren zu können;[2] zum anderen das Anliegen der Umverteilung, das sich aus der Wahrnehmung einer zunehmenden Ungleichverteilung von Vermögen in Deutschland ergibt.

Tatsächlich ist die steuerliche Belastung des Vermögens in Deutschland gegenwärtig überschaubar.[3] Das Grundsteueraufkommen liegt bei 11 Mrd. Euro jährlich,[4] das Aufkommen aus der Erbschaft- und Schenkungsteuer bei 4 Mrd. Euro pro Jahr.[5] Auch ist zu belegen, dass die Nettovermögen der deutschen Privathaushalte in der jüngeren Vergangenheit stark angestiegen sind und dass von diesem Anstieg vor allem die großen Vermögen profitieren.[6]

Doch rechtfertigt der Fiskalzweck die Vermögensbesteuerung ebenso wenig wie der Umverteilungszweck.[7] Besteuerungsgrund und Besteuerungsmaß ergeben sich allein aus den kompetenzrechtlichen und rechtsstaatlichen Grundlagen und Grenzen des staatlichen Steuerzugriffs.

Diese verfassungsrechtlichen Maßgaben sollen im Folgenden – mit Blick auf mögliche Reformoptionen – für die Vermögensteuer, für die Vermögensabgabe und für die Erbschaft- und Schenkungsteuer entfaltet werden, dies auch unter Berücksichtigung der Erkenntnisse der Münsteraner

---

1 *Bundesministerium der Finanzen*, Monatsbericht Oktober 2013, S. 76 f.
2 Im Raum stehen neben den ausdrücklich ausgewiesenen staatlichen Ausgaben auch die weitergehenden, klar vorauszusehenden Zahlungsverpflichtungen und finanziellen Risiken, so aufgrund der Bedarfe an Reinvestitionen in die öffentlichen Infrastrukturen, aufgrund anstehender Pensionsleistungen und aufgrund der im Zuge der europäischen Staatsschuldenkrise übernommenen Gewährleistungen.
3 Mit aktuellen Zahlen zum internationalen Vergleich *OECD*, Revenue Statistics 2012; *KPMG*, Vermögensbesteuerung – wer besteuert wie?, 2012; *Wissenschaftlicher Beirat beim Bundesministerium der Finanzen*, Besteuerung von Vermögen, Februar 2013, S. 11 ff.; fundiert für die Situation in Europa auch die ältere Studie von *Lehner*, Tax Law Review Vol. 53 (2000), 615 ff.
4 Es ist über die letzten Jahre nicht stärker angestiegen als das Gesamtsteueraufkommen; *Andrae*, Realsteuern 2012, IFSt-Schrift Nr. 485, 2013, S. 11.
5 Dieses Aufkommen ist in den letzten Jahren auch in absoluten Zahlen vergleichsweise konstant geblieben.
6 *Bundesministerium für Arbeit und Soziales*, Lebenslagen in Deutschland. Der Vierte Armuts- und Reichtumsbericht der Bundesregierung, 2013, S. 45 ff. und S. 342 ff.
7 *Tipke*, Die Steuerrechtsordnung, Bd. 2, 2. Aufl. 2003, S. 920.

Jahrestagung der DStJG 1998,[8] die ausschließlich den Steuern auf Erbschaft und Vermögen gewidmet war. Ausgeklammert bleibt die ihrerseits reformbedürftige Grundsteuer,[9] die auf der Speyerer Jahrestagung der DStJG 2011 behandelt wurde[10] und die sich meines Erachtens nur als Sollertragsteuer in das Besteuerungssystem einfügt.[11] Ausgeklammert bleiben ebenso die international zum Teil den Vermögensteuern zugerechneten Aufwandsteuern wie die Kfz-Steuer, die nur mittelbar an die Vermögenssubstanz, unmittelbar dagegen an den finanziellen Aufwand anknüpfen, der zum Erhalt der Substanz betrieben wird, und die sich deshalb als Steuern auf die Vermögensverwendung rechtfertigen.[12] Soweit sich effektive Substanzbelastungen schließlich im Bereich der Ertragsteuern ergeben, vor allem durch Abzugsverbote und Hinzurechnungsgebote,[13] aber ebenso durch den fehlenden Inflationsausgleich bei der Erfassung von Veräußerungsgewinnen, stellen diese Belastungen Anfragen an eine freiheits- und gleichheitsgerechte Ertragsbesteuerung, sind aber nicht Instrumente einer genuinen Vermögensbesteuerung.

---

8 *Birk (Hrsg.)*, Steuern auf Erbschaft und Vermögen, DStJG 22 (1999).
9 Ausdrücklich zur Problemlage BFH v. 30.6.2010 – II R 60/08, BStBl. II 2010, 897 ff.; v. 30.6.2010 – II R 12/09, BStBl. II 2011, 48; jedenfalls andeutungsweise auch BVerfG v. 13.4.2010 – 1 BvR 3515/08, HFR 2010, 862 (864); gegenwärtig beim BVerfG anhängig ist das Verfahren 2 BvR 287/11; aus der Literatur mit Blick auf den Reformbedarf *Wissenschaftlicher Beirat beim Bundesministerium der Finanzen*, Reform der Grundsteuer, Dezember 2010; *Schulemann*, Reform der Grundsteuer. Handlungsbedarf und Reformoptionen, Karl-Bräuer-Institut des Bundes der Steuerzahler, Heft 109, 2011; *Seer* in Tipke/Lang (Hrsg.), Steuerrecht, 21. Aufl. 2013, § 16 Rz. 38.
10 *Schmehl* in Wieland (Hrsg.), Kommunalsteuern und -abgaben, DStJG 35 (2012), S. 249 ff.
11 Ebenso BVerfGE 41, 269 (281); *P. Kirchhof* in Isensee/Kirchhof (Hrsg.), Handbuch des Staatsrechts der Bundesrepublik Deutschland, Bd. 5, 3. Aufl. 2007, § 118 Rz. 239; kritisch zu einer äquivalenzgestützten Rechtfertigung der Grundsteuer auch *Seer* in Tipke/Lang (Hrsg.), Steuerrecht, 21. Aufl. 2013, § 16 Rz. 2 ff.; a.A. (Rechtfertigung nach dem Äquivalenzprinzip) *Schmehl* in Wieland (Hrsg.), Kommunalsteuern und -abgaben, DStJG 35 (2012), S. 249 (256).
12 *P. Kirchhof* in Isensee/Kirchhof (Hrsg.), Handbuch des Staatsrechts der Bundesrepublik Deutschland, Bd. 5, 3. Aufl. 2007, § 118 Rz. 240.
13 Beispielhaft zu nennen sind die Zinsschranke (§ 4h EStG, § 8a KStG) oder auch die Hinzurechnungstatbestände in § 8 GewStG; s. zur verfassungsrechtlichen Problematik der Substanzeingriffe durch letztere die Vorlage des FG Hamburg (DStRE 2012, 478 ff.) an das BVerfG (Verfahren 1 BvL 8/12).

II. Vermögensteuer[14]

1. Kompetenzrechtliche Lage

Der Ertrag der begrifflich tradierten[15] „Vermögensteuer" ist nach Art. 106 Abs. 2 Nr. 1 GG den Ländern zugewiesen (Landessteuer). Die konkurrierende Gesetzgebungskompetenz hat im Rahmen der Erforderlichkeit der Bund, Art. 105 Abs. 2, Alt. 2 i.V.m. Art. 72 Abs. 2 GG.

Auf die sich insoweit stellenden Fragen, insbesondere nach der Fortdauer der Sperrwirkung des 1995 für mit dem Grundgesetz unvereinbar erklärten[16] Vermögensteuergesetzes[17] und nach der Erforderlichkeit einer vollumfänglichen Bundesregelung,[18] soll hier aber nicht näher eingegangen werden. Denn die zentralen verfassungsrechtlichen Probleme der Vermögensteuer liegen im materiell-rechtlichen Bereich.

---

14 Das aktuell diskutierte Vermögensteuermodell (s. dazu *Kruhl*, StBW 2012, 700 ff.; *Häuselmann*, DStR 2012, 1677 ff.; *Stein/Reich*, ErbBstg 2012, 260 ff.; *Hötzel*, Ubg 2013, 84 ff.; vgl. auch die Anträge der Fraktion DIE LINKE, BT-Drucks. 17/453 vom 19.1.2010 und BT-Drucks. 17/8792 vom 29.2.2012), dem die SPD – trotz jüngerer Relativierungen der Position, insbesondere im Bundestags-Wahlprogramm 2013 (SPD-Wahlprogramm 2013 „Das Wir entscheidet. Das Regierungsprogramm 2013–2017", S. 68) – grundsätzlich nahe steht, sieht vor, dass das in- und ausländische Nettogesamtvermögen (Weltvermögen) der Steuerpflichtigen mit einem Satz von 1 % belastet wird. Erwogen werden eine Befreiung von Betriebsvermögen, persönliche Freibeträge von 2 Mio. Euro (4 Mio. Euro für Ehegatten) und ein lineares Abschmelzen des Freibetrags bei Gesamtvermögen oberhalb von 2 Mio. Euro. In der Bewertung wird teilweise von Verkehrswerten, teilweise von Ertragswerten ausgegangen. Festgesetzt werden soll die Steuer jährlich, dies auf Grundlage periodisch wiederkehrender Hauptfeststellungen der Werte. Prognostiziert wird ein Aufkommen von ca. 11,5 Mrd. Euro jährlich.
15 Siehe zur historischen Anknüpfung JöR N.F. Bd. 1 (1951), S. 762 ff.; diskutiert wurde vor allem die Abgrenzung zur einmaligen Vermögensabgabe, deren Ertrag dem Bund zusteht.
16 BVerfGE 93, 121 (148).
17 Nach Verstreichen der vom BVerfG zur Neuregelung gesetzten Frist (31.12.1996) besteht kein Grund mehr dafür, dem verfassungswidrigen Gesetz noch Wirkungen zuzusprechen; so wohl auch *Seer* in Tipke/Lang (Hrsg.), Steuerrecht, 21. Aufl. 2013, § 16 Rz. 61 („nach Verstreichen der gesetzten Reformfrist (31.12.1996) durch den Richterspruch außer Kraft getreten"); a.A. *Mayer*, DStR 1997, 1152 (1155 f.).
18 Siehe dazu näher *Korte*, Die konkurrierende Steuergesetzgebung des Bundes im Bereich der Finanzverfassung, 2008, S. 153 ff.; *Kube*, DStR Beihefter zu Heft 26/2013, 37 (38 f.); auch *Hey/Maiterth/Houben*, Zukunft der Vermögensbesteuerung, IFSt-Schrift Nr. 483, 2012, S. 28.

2. Materiell-rechtliche Anforderungen

a) Leistungsfähigkeitsgerechte Besteuerung in den verschiedenen Stadien des Vermögensdurchlaufs

Maßstab einer freiheits- und gleichheitsgerechten steuerlichen Individualbelastung ist der Maßstab der Besteuerung nach der wirtschaftlichen Leistungsfähigkeit.[19] Im Vielsteuersystem, auf das alle entwickelten Steuerrechtsordnungen vertrauen, wird dabei an verschiedene Formen der Manifestation wirtschaftlicher Leistungsfähigkeit angeknüpft. Steuerbare Leistungsfähigkeit kann, im zeitlichen Längsschnitt, aus dem Hinzuerwerb, aus der Innehabung und aus der Verwendung von Vermögen abzuleiten sein.[20] Dies führt zur Einteilung der korrespondierenden Steuern in Ertragsteuern, Substanzsteuern und Verbrauchsteuern (im weiteren Sinne).

Weil es sich aber in allen drei Stadien des Vermögensdurchlaufs um das gleiche Vermögen handelt und weil deshalb auch jede der Steuerarten zumindest indirekt alle drei Phasen des Vermögensdurchlaufs belastet, wird in Frage gestellt, ob der Steuerstaat in diesen verschiedenen Stadien kumulativ auf das Vermögen zugreifen darf. Teilweise wird vertreten, dass hier jeweils dieselbe Leistungsfähigkeit indiziert wird und dass sich bei den Steuern auf den Vermögenszuwachs, den Steuern auf den Vermögensbestand und den Steuern auf die Vermögensverwendung allein die Zeitpunkte des steuerlichen Zugriffs auf diese Leistungsfähigkeit unterscheiden.[21] Auf dieser Grundlage wird zur Verhinderung steuerlicher Überbelastung und unter Verweis auf den Freiheits- und den Subsidiaritätsgedanken für ein rein konsumorientiertes Steuersystem plädiert,[22] das von der historisch hergebrachten partiellen Kapitalorientierung der Besteuerung[23] Abstand nimmt.

---

19 Aus jüngerer Zeit BVerfGE 93, 121 (134 ff.); 107, 27 (46 ff.); 116, 164 (180); 117, 1 (30 f.); 121, 108 (119); 122, 210 (230 f.); 123, 111 (120); 126, 400 (417); 127, 224 (245); 132, 179 (189); aus der Literatur *Birk*, Das Leistungsfähigkeitsprinzip als Maßstab der Steuernormen, 1983; *Tipke*, Die Steuerrechtsordnung, Bd. 1, 2. Aufl. 2000, S. 479.
20 *Hey* in Tipke/Lang (Hrsg.), Steuerrecht, 21. Aufl. 2013, § 3 Rz. 57.
21 So *Hey* in Tipke/Lang (Hrsg.), Steuerrecht, 21. Aufl. 2013, § 3 Rz. 57.
22 *Joachim Mitschke*, Über die Eignung von Einkommen, Konsum und Vermögen als Bemessungsgrundlage der direkten Besteuerung, 1976; *Rose (Hrsg.)*, Konsumorientierte Neuordnung des Steuersystems, 1991; *Kaiser*, Konsumorientierte Reform der Unternehmensbesteuerung, 1992; *Lang* in Smekal/Sendlhofer/Winner (Hrsg.), Einkommen vs. Konsum, 1999, S. 143 ff.; *Hey* in Tipke/Lang (Hrsg.), Steuerrecht, 21. Aufl. 2013, § 3 Rz. 57.
23 Die kapitalorientierte Besteuerung, die sich vor allem in der nach der Reinvermögenszugangstheorie ausgestalteten Einkommensteuer (Kapitaleinkommensteuer) konkretisiert, geht auf Ansätze des 19. Jahrhunderts zurück; in diesem Sinne auch *Tipke*, Die Steuerrechtsordnung, Bd. 1, 2. Aufl. 2000, S. 502 – „Dass das gesamte disponible Einkommen – auch das nicht für den Konsum benötigte – zur Steuerzahlung befähigt, ist m.E. evident."

Dass in der Praxis aller entwickelten Steuersysteme Steuerzugriffe in den verschiedenen Stadien des Vermögensdurchlaufs nebeneinander stehen, ist gleichwohl nicht zu bemängeln. Denn trotz der Identität der Vermögenssubstanz werden durch den mehrfachen Zugriff durchaus unterschiedliche Formen der Manifestation von Leistungsfähigkeit erfasst, die auf eine höhere oder geringere besteuerungswürdige Gesamtleistungsfähigkeit hindeuten.[24] Wer ein hohes Einkommen erzielt und damit einen großen Vermögensbestand erwirtschaftet, Luxusgüter konsumiert und den durch eine Zweitwohnung oder ein Reitpferd entstehenden Aufwand finanziert, kann als steuerlich leistungsfähiger angesehen werden als jemand, der im Ausgangspunkt zwar Erträge in gleicher Höhe erzielt, diese Erträge aber nicht in einem Bestand akkumuliert und sie in anderer Weise verbraucht.

Auch die Freiheitsgrundrechte sprechen nicht eindeutig dafür, dass sich der Steuerstaat auf ein bestimmtes Stadium des Vermögensdurchlaufs konzentrieren sollte oder gar müsste. Zwar ist es richtig, dass die reine Konsumbesteuerung, die das Vermögen in den Stadien des erwerbsbezogenen Handelns und des Haltens unberührt lässt, als prinzipiell freiheitsfreundlich, zudem als spar- und investitionsfreundlich anzusehen ist.[25] Doch kann dieser freiheitsschonende Gehalt der Konsumbesteuerung jedenfalls insoweit auch im Rahmen der Ertragsbesteuerung verwirklicht werden, als man die ertragssichernden, nicht-konsumtiven Aufwendungen des Steuerpflichtigen zum Abzug zulässt (objektives Nettoprinzip).[26] Auch darüber hinaus eignet sich gerade die Einkommensteuer, die – anders als die anonyme, weil in der Regel indirekte Verbrauchsteuer – in besonderer Weise den Einzelnen im Blick hat, für eine umfassend freiheitsfreundliche[27] und das Subsidiaritätsprinzip verwirklichende Besteuerung.

Schließlich wird das Nebeneinander von Ertrags- und Verbrauchsbesteuerung auch durch den steuerrechtfertigenden[28] Gedanken der Globaläquivalenz[29] begründet. Der Staat soll durch die Ertragsbesteuerung am Erfolg der privatwirtschaftlichen Tätigkeit partizipieren, den er durch die Bereit-

---

24 *Weber-Grellet*, Steuern im modernen Verfassungsstaat, 2001, S. 98 f.
25 *Hey* in Tipke/Lang (Hrsg.), Steuerrecht, 21. Aufl. 2013, § 3 Rz. 57.
26 Auch *Hey* in Tipke/Lang (Hrsg.), Steuerrecht, 21. Aufl. 2013, § 3 Rz. 72.
27 Siehe zur Aufnahme der freiheitsgrundrechtlichen Wertungen in das steuerrechtliche Leistungsfähigkeitsprinzip *P. Kirchhof* in Kirchhof/Söhn/Mellinghoff (Hrsg.), Einkommensteuergesetz, Kommentar, Stand: Juni 2013, § 10b EStG Rz. A 42 ff.; *Geserich*, Privater, gemeinwohlwirksamer Aufwand im System der deutschen Einkommensteuer und des europäischen Rechts, 1999, S. 26 ff. und S. 53 f.; grundsätzlich auch *Tipke*, Die Steuerrechtsordnung, Bd. 2, 2. Aufl. 2003, S. 795.
28 Die staatsphilosophische und steuertheoretische Frage nach der Steuerrechtfertigung liegt der verfassungsrechtlichen Ebene, namentlich den verfassungsrechtlichen Maßstäben der Steuerbemessung, voraus und ist streng von dieser zu unterscheiden; *Kube*, Finanzgewalt in der Kompetenzordnung, 2004, S. 131.
29 Zur historischen Entwicklung dieses Gedankens *Vogel* in Vogel, Der offene Finanz- und Steuerstaat, 1991, S. 605 (609 ff.).

stellung von Infrastrukturen (Sicherheit, Recht und Justiz, Gewährleistung eines Bankensystems, Straßen und Schienen etc.) ermöglicht.[30] Parallel dazu legitimiert sich die Verbrauchsbesteuerung globaläquivalent dadurch, dass der Staat die den Konsum ermöglichenden Rahmenbedingungen vorhält.[31]

Auf besteuerungswürdige Leistungsfähigkeit kann deshalb im Grundsatz sowohl im Zeitpunkt des Vermögenshinzuerwerbs als auch in der Phase der Innehabung von Vermögen und schließlich im Zeitpunkt der Vermögensverwendung zugegriffen werden. Entscheidend ist, dass das Vielsteuersystem in seiner Gesamtheit für eine angemessene Erfassung und Besteuerung der Gesamtleistungsfähigkeit einer Person sorgt,[32] was seinerseits voraussetzt, dass prinzipiell jede Steuer dem Leistungsfähigkeitsprinzip unterstellt wird.[33]

Damit ist aber noch nicht präjudiziert, wie sich die Steuerzugriffe in den verschiedenen Stadien des Vermögensdurchlaufs im Einzelnen zueinander verhalten. Diese Verhältnisse zu klären, ist Gegenstand der Steuerkonkurrenzlehre, die es dringend neu zu entfalten gilt.[34] Im vorliegenden Zusammenhang interessiert nun aus dem Spektrum der steuerlichen Konkurrenzverhältnisse das Verhältnis der Vermögensteuer zu den anderen Steuern, insbesondere zu den Ertragsteuern.

---

30 Zur Markteinkommenstheorie der Ertragsbesteuerung *P. Kirchhof*, Besteuerung im Verfassungsstaat, 2000, S. 53, 80 f.
31 Wenngleich es sicherlich zutrifft, dass sich aus der Steuerrechtfertigungslehre nicht „beliebige einzelne Steuern" ableiten lassen, dass mit anderen Worten nicht jede einzelne Steuer in ihrem jeweiligen Bestand und Zuschnitt durch einen vorrechtlichen Belastungsgrund erklärt werden kann (*Tipke*, Die Steuerrechtsordnung, Bd. 2, 2. Aufl. 2003, S. 579 f.), unterstützt der Gedanke der Globaläquivalenz aber doch das grundsätzliche Nebeneinander von Erwerbsteuern und Verbrauchsteuern im Angesicht des Nebeneinanders von globalen Austauschbeziehungen zwischen Staat und Gesellschaft zum einen im Bereich der Erwerbswirtschaft, zum anderen auf dem Gebiet des Güterkonsums (jeweils Bereitstellung von Infrastrukturen gegen steuerliche Partizipation).
32 Zur gebotenen Gesamtschau (Bemessung der Gesamtsteuerlast nach der Gesamtleistungsfähigkeit) *Mellinghoff* in Birk (Hrsg.), Steuern auf Erbschaft und Vermögen, DStJG 22 (1999), S. 127 (130 f.).
33 Auch deshalb ist eine isolierte Begründung der Gewerbesteuer und der Grundsteuer (dazu oben I.) durch das Äquivalenzprinzip abzulehnen.
34 Siehe dazu aus jüngerer Zeit die Beiträge auf dem Symposium „Steuerkonkurrenzen" zu Ehren von Ministerialdirigent a. D. Werner Widmann an der Ruprecht-Karls-Universität Heidelberg am 17.5.2013; zur Strukturierung steuerlicher Mehrfachbelastungen auch *Mellinghoff* in Birk (Hrsg.), Steuern auf Erbschaft und Vermögen, DStJG 22 (1999), S. 127 (131 ff.).

b) Steuersystematische Einordnung der Vermögensteuer

aa) Vermögensteuer als Sollertragsteuer

Um dieses Verhältnis zu erschließen, ist im ersten Schritt ein historischer Rückblick geboten. Denn Steuern stehen in ihrer Zeit, erklären sich aus den jeweiligen Herrschafts- und Verwaltungsstrukturen. In der frühen Neuzeit wurden die direkten Steuern von den Landständen bewilligt und auf die Steuerpflichtigen nach Matrikeln und Katastern umgelegt, die Steuerobjekte wie den Grundbesitz und das Vieh erfassten.[35] Diese Vermögensbestände dienten dabei, mangels anderweitiger Ermittlungsmethoden, als Indikatoren für die vermuteten Erträge, von denen die Steuer abgeführt werden konnte. Die direkte Besteuerung war damit eine Sollertragsbesteuerung nach Maßgabe des Vermögens.[36]

Mit der zunehmenden Verdichtung der landesherrlichen Herrschaftsgewalt wuchs der steuerliche Finanzierungsbedarf des Staates und professionalisierte sich neben der kameralen Haushaltsverwaltung auch die Steuerverwaltung. Langsam, aber stetig begann – um den Wechsel vom 18. zum 19. Jahrhundert – das Zeitalter der Einkommensteuer, die in der Bemessung immer genauer an die tatsächlichen Einkünfte anknüpfte.[37]

Als ersatzweise Ertragsbesteuerung war die Vermögensteuer damit jedenfalls im späteren 19. Jahrhundert nicht mehr zu rechtfertigen.[38] So wurde die Belastung des Vermögens durch das Preußische Ergänzungsteuergesetz von 1893,[39] später auch durch das Reichsvermögensteuergesetz von 1922,[40] auf eine andere Grundlage gestützt, die Grundlage der Fundustheorie.[41] Nach dieser Theorie rechtfertigt sich eine mäßige Vermögensbesteuerung neben einer mäßigen Istbesteuerung der Vermögenserträge durch die Vorstellung, dass Vermögenserträge besonders leicht und gleichmäßig, risiko-

---

35 *Lang*, Historische Entwickelung der Teutschen Steuerverfassungen, 1793, S. 243.
36 *Raths*, Bedeutung und Rechtfertigung der Vermögensteuer in historischer und heutiger Sicht, 1977, S. 59 ff.; *Vieten*, Die verfassungsrechtliche Zulässigkeit der Wiedereinführung einer Vermögensteuer, 2005, S. 5 f.; *Birk* in Birk (Hrsg.), Steuern auf Erbschaft und Vermögen, DStJG 22 (1999), S. 7 (10 f.).
37 Zu dieser Ablösung und den Folgen für die Begründung der Vermögensteuer ausführlich *Horn*, StuW 1978, 56 ff.; auch *Vieten*, Die verfassungsrechtliche Zulässigkeit der Wiedereinführung einer Vermögensteuer, 2005, S. 6.
38 *Vieten*, Die verfassungsrechtliche Zulässigkeit der Wiedereinführung einer Vermögensteuer, 2005, S. 6.
39 Preußisches Ergänzungsteuergesetz vom 14.7.1893, PrGS 1893, S. 134 ff.
40 Reichsvermögensteuergesetz vom 8.4.1922, RGBl. I 1922, S. 335.
41 Siehe die Amtliche Begründung zum Entwurf des Preußischen Ergänzungsteuergesetzes: „Die Anschauung, daß dem sog. fundierten, d.h. auf Besitz gegründeten Einkommen im Vergleich zu dem Arbeitseinkommen im allgemeinen eine größere Steuerkraft beiwohne, ist so weit verbreitet wie berechtigt, und bedarf einer besonderen Begründung an dieser Stelle nicht."; zitiert nach *Raths*, Bedeutung und Rechtfertigung der Vermögensteuer in historischer und heutiger Sicht, 1977, S. 123.

los, ohne persönlichen Arbeitseinsatz und ohne Vorsorgeaufwendungen erzielt werden und deshalb stärker besteuert werden dürfen als andere Erträge. Während sich die Vermögensteuer damit von einer Ersatz- zu einer Ergänzungsteuer wandelte, blieb Belastungsgrund mithin der Ertrag, dies nicht zuletzt – und das zeigen die Gesetzgebungsmaterialien – mit steuerbegrenzender Funktion.[42]

Dieser Sollertragsansatz wurde im Grundsatz auch in den nachfolgenden Vermögensteuergesetzen durchgehalten.[43] Die Tarife von durchgängig wenigen Promille des Vermögens unterstreichen das.

bb) Leistungsfähigkeit durch Innehabung von Vermögenssubstanz

Dem historisch maßgeblichen Sollertragskonzept stehen andere Ansätze zur Rechtfertigung der Vermögensteuer gegenüber, an erster Stelle die Vermögensbesitztheorie. Danach knüpft die Vermögensteuer an eine Leistungsfähigkeit an, die sich allein aus der Innehabung von Vermögen und aus den daraus folgenden Dispositionsmöglichkeiten ergeben soll.[44] Die Vermögensbesitztheorie sucht den Belastungsgrund also nicht in einem Sollertrag, sondern in der Vermögenssubstanz selbst.

cc) Würdigung im Rahmen der geltenden Steuerrechtsordnung

Will man die verschiedenen Rechtfertigungsansätze der Vermögensteuer im Rahmen der geltenden Steuerrechtsordnung würdigen, ist vom Befund einer heute detailgenauen Istbesteuerung der Vermögenserträge auszugehen, was jede Form einer echten Ersatzertragsbesteuerung ausschließt.

Auch der mitunter vorgetragene Gedanke einer vermögensteuerlichen „Auffüllung" der Abgeltungsteuer verbietet sich – ungeachtet der Frage nach der Tragfähigkeit der Begründung und nach der Schlüssigkeit der Aus-

---

42 Siehe die Verhandlungen des Reichstags, I. Wahlperiode 1920, Bd. 369, Anlagen zu den Stenographischen Berichten, Nr. 2862, S. 14; die Vermögensteuer wird hier als Sollertragsteuer verstanden, die nicht zu einer schleichenden Vermögenskonfiskation führen darf; zitiert nach BVerfGE 93, 121 (139).
43 *Vieten*, Die verfassungsrechtliche Zulässigkeit der Wiedereinführung einer Vermögensteuer, 2005, S. 7 f.; s. zu den Gesetzgebungsmaterialien zum Vermögensteuergesetz 1974 sogleich unten II. 2. b) bb).
44 Mit einer Aufarbeitung des Schrifttums *Raths*, Bedeutung und Rechtfertigung der Vermögensteuer in historischer und heutiger Sicht, 1977, S. 165 ff.; *Tipke*, Die Steuerrechtsordnung, Bd. 2, 2. Aufl. 2003, S. 924 ff.; für die Vermögensbesitztheorie aus jüngerer Zeit insbesondere *Birk* in Birk (Hrsg.), Steuern auf Erbschaft und Vermögen, DStJG 22 (1999), S. 7 (12) (unmittelbare Nutzbarkeit zur Bedürfnisbefriedigung); auch *Musil*, DStR 2013, 1994 (1995). Auch in der Begründung zum Vermögensteuergesetz 1974 klingt diese Form der Rechtfertigung der Steuer an; BT-Drucks. 6/3418, 51.

gestaltung der Abgeltungsteuer[45] – schon deshalb, weil der Abgeltungsteuer ein bewusstes gesetzgeberisches Lenkungsanliegen zugrunde liegt.

Ebenso wenig lässt sich die Vermögensteuer dadurch legitimieren, dass man ihr die Funktion zuschreibt, Ertragsteuermindereinnahmen infolge legalen oder illegalen Verhaltens der Steuerpflichtigen zu kompensieren.[46] Denn jede Steuer muss für sich bestehen. Den Phänomenen der Steuerhinterziehung und Steuergestaltung ist durch eine entsprechende Anpassung und Auslegung des Einkommensteuerrechts zu begegnen. Hat das Einkommensteuerrecht nicht aus sich heraus die Kraft, einen im Wesentlichen gleichheitsgerechten Vollzug sicherzustellen, schlägt dies auf die Beurteilung der Gleichheitsgerechtigkeit der einkommensteuerrechtlichen Regelungen selbst zurück.[47] Zudem würde eine derartige „Nachholfunktion" der Vermögensteuer den Rechtschaffenen doppelt treffen, ohne dass dies durch das Maß seiner Leistungsfähigkeit gerechtfertigt wäre, also zu einer verfassungswidrigen Ungleichbehandlung führen.

Dies lenkt den Blick auf die Fundustheorie.[48] Das BVerfG hat sich dieser Theorie wiederholt explizit[49] oder implizit[50] angeschlossen. Ungeachtet der Frage nach ihrer normativen Kraft stehen heute aber schon die empirischen Grundannahmen der Fundustheorie in Zweifel. Denn Kapitaleinkünfte erscheinen zunehmend volatil und risikobehaftet. So kann der Kapitaleinsatz in der Wirtschaft und an den Finanzmärkten mit hohen Risiken verbunden sein und ist in seinem Ertrag abhängig von typischerweise unvorhersehbaren Gewinn-, Zins- und Kursentwicklungen. Zudem trägt der Kapitaleigner das Risiko von Inflation und Währungsschwankungen. Selbst Vermietungseinkünfte können im Angesicht von Renovierungs- und Sanierungsbedarfen, auch unsicheren Bonitäten der Mieter, unstet und ungleichmäßig sein. Im Vergleich dazu erscheint der monatliche Lohn des Arbeitnehmers, trotz des

---

45 Zu Recht kritisch etwa *Wagner*, Steuergleichheit unter Standortvorbehalt?, 2010.
46 Auch *Tipke*, Die Steuerrechtsordnung, Bd. 2, 2. Aufl. 2003, S. 935 ff.; *Arndt* in Birk (Hrsg.), Steuern auf Erbschaft und Vermögen, DStJG 22 (1999), S. 25 (31); *Scheffler*, DStR Beihefter zu Heft 26/2013, 51 (55).
47 Zu den Folgen strukturell in den Gesetzesregelungen angelegter Vollzugsdefizite BVerfGE 84, 239; 110, 94.
48 Verschiedene andere Rechtfertigungsansätze, die im Laufe der Zeit entwickelt wurden, erscheinen von vornherein nicht tragfähig: s. dazu mit einem ausführlichen Überblick und jeweiliger Verwerfung *Tipke*, Die Steuerrechtsordnung, Bd. 2, 2. Aufl. 2003, S. 916 ff.; auch *Arndt* in Birk (Hrsg.), Steuern auf Erbschaft und Vermögen, DStJG 22 (1999), S. 25 (27 ff.).
49 BVerfGE 43, 1 (7) – „Es ist auch verfassungsrechtlich nicht zu beanstanden, wenn das in der Regel weitgehend „leistungslos" aus dem Vermögen fließende Einkommen durch Einkommen- und Vermögensteuer stärker besteuert wird als das Einkommen, das aus der Verwendung der Arbeitskraft fließt."; s. auch BVerfGE 13, 331 (348), dort zur Beurteilung der Gewerbesteuer.
50 BVerfGE 41, 269 (281); 93, 121 (139).

Kündigungsrisikos, als relativ sicher und gleichmäßig.[51] Die Fundustheorie kann das Sollertragskonzept der Vermögensteuer deshalb nicht rechtfertigen. Gleichwohl spricht aber meines Erachtens schon die historisch informierte Interpretation des verfassungsrechtlich positivierten Art. 106 Abs. 2 Nr. 1 GG[52] dafür, die Vermögensteuer als nicht anrechenbare Sollertragsteuer in Ergänzung zur Einkommen- und Körperschaftsteuer zu verstehen.

Vervollständigt wird das verfassungsrechtliche Bild allerdings erst mit Anlegung der grundrechtlichen Maßstäbe, vor allem des Eigentumsgrundrechts, gerade auch vor dem Hintergrund der in der Vergangenheit durchgängig sehr maßvoll kumulierten Ist- und Sollertragsbesteuerung des Vermögens.[53]

c) Schwierigkeiten freiheits- und gleichheitsgerechter Ausgestaltung

aa) Unverhältnismäßigkeit jeder echten Substanzsteuer

Das Eigentumsgrundrecht aus Art. 14 Abs. 1 GG schützt das Eigentum dauerhaft. Dies schließt eine Vermögensbesteuerung aus, deren Belastungsgrund in der Vermögenssubstanz liegt. Denn eine solche Steuer ist ihrer Konzeption nach darauf angelegt, diese Substanz über die Zeit vollständig zu entziehen, in diesem Sinne also konfiskatorisch zu wirken.[54] Sobald argumentiert wird, die Steuer lasse sich typischerweise aus den Erträgen finanzieren,[55] ist der Boden der Substanzbesteuerung verlassen und wird in

---

51 Auch *Tipke*, Die Steuerrechtsordnung, Bd. 2, 2. Aufl. 2003, S. 923 f.; *Hey/Maiterth/Houben*, Zukunft der Vermögensbesteuerung, IFSt-Schrift Nr. 483, 2012, S. 34 f.
52 Zur Bedeutung der Benennung in der Kompetenznorm auch BVerfGE 93, 121 (134 f.) – „Sie [die Steuern auf den ruhenden Bestand] werden vom Grundgesetz bei Regelung der Ertragshoheit (Art. 106 Abs. 2 Nr. 1 und Abs. 6 GG) in ihrer historisch gewachsenen Bedeutung aufgenommen und als zulässige Form des Steuerzugriffs anerkannt", unter Verweis auf BVerfGE 7, 244 (252); 14, 76 (91); 16, 306 (317); auch *Siemers/Birnbaum*, ZEV 2013, 8 (12).
53 Siehe etwa die Begründung zum Entwurf des Preußischen Ergänzungssteuergesetzes, Preußisches Haus der Abgeordneten, 1892/93, Aktenstück Nr. 6, S. 521, wiedergegeben in BVerfGE 93, 121 (139), nach der die Eigenschaft der Vermögensteuer als einer ergänzenden Abgabe namentlich auch darin bewahrt bleiben müsse, dass sie im Verhältnis zur Hauptsteuer nur eine sehr mäßige Quote der vorausgesetzten Steuerkraft in Anspruch nehmen sollte.
54 BVerfGE 93, 121 (137) unter Verweis auf die Rechtsprechung zum eigentumsgrundrechtlichen Schutz vor konfiskatorischer Besteuerung; s. BVerfGE 14, 221 (241); 16, 147 (161); 29, 327 (331); 38, 61 (81); st. Rspr.; dass der Konfiskationsgedanke vorliegend auf den konkreten Vermögensgegenstand bezogen wird, ergibt sich daraus, dass die Ertrags- und insoweit auch Substanzbesteuerung in das verfassungsrechtliche Eigentum des Steuerpflichtigen eingreift.
55 *Musil*, DStR 2013, 1994 (1997), der darüber hinaus aber auch Substanzeingriffe zulassen will, „sofern strukturell kein Vermögensverlust droht"; letzterem ist zu entgegnen, dass fortlaufende Substanzeingriffe immer zum Vermögensverlust führen.

Wirklichkeit ein Sollertragskonzept vertreten. Eine echte, auf Dauer angelegte[56] Substanzsteuer greift dagegen in jedem Fall unverhältnismäßig in das Eigentum ein:[57] Weil sie die Steuerquelle nach und nach vernichtet, verfehlt sie das den Steuern eigene Ziel der nachhaltigen Staatsfinanzierung und ist damit zur Zielerreichung ungeeignet.[58] Zudem sucht sie gar nicht erst den Ausgleich mit den langfristigen Interessen des Eigentümers, der nach dem Besteuerungsprogramm am Ende vermögenslos dasteht.[59] Soweit die Vermögensbesitztheorie eine echte Substanzbesteuerung des Vermögens rechtfertigen soll, scheitert sie damit nicht nur an der historischen Verfassungsinterpretation der Kompetenzgrundlage,[60] sondern auch und insbesondere am grundrechtlichen Eigentumsschutz. Soweit sich die Vermögensbesitztheorie dagegen von der reinen Substanzsteuer zu distanzieren sucht, indem sie die Dispositionsmöglichkeiten betont, die sich aus dem Vermögen ergeben, stellt sich die weitergehende Frage, ob hier möglicherweise ein Sollkonsumsteuerkonzept vertreten wird, dessen Schlüssigkeit allerdings intensiv zu prüfen wäre und das in grundrechtlich problematischer Konkurrenz zu den Istkonsumsteuern stünde.[61]

Der Eigentumsschutz lässt es im Übrigen ebenso wenig zu, eine Vermögenssubstanzsteuer als gestreckte Form der Erbschaftsbesteuerung zu legitimieren, die allein der – den steuerlichen Zugriff auf die Substanz im Zeitpunkt des Transfers grundsätzlich duldenden[62] – Erbrechtsgarantie gemäß Art. 14 Abs. 1 GG unterliegt. Denn die Eigentümerfreiheit zu Lebzeiten ist und bleibt durch das Eigentumsgrundrecht gewährleistet.

---

56 Anderes gilt dagegen im Fall des einmaligen steuerlichen Substanzeingriffs aus besonderen Gründen, der mit Art. 14 Abs. 1 GG vereinbar sein kann; s. zur Vermögensabgabe unten III. 2.
57 Ebenso *Hey/Maiterth/Houben*, Zukunft der Vermögensbesteuerung, IFSt-Schrift Nr. 483, 2012, S. 42; a.A. *Wieland*, Rechtliche Rahmenbedingungen für eine Wiedereinführung der Vermögensteuer, Rechtsgutachten erstattet für ver.di, November 2003, S. 45 ff.
58 So auch *Vieten*, Die verfassungsrechtliche Zulässigkeit der Wiedereinführung einer Vermögensteuer, 2005, S. 121.
59 Die Vermögenssubstanzsteuer unterscheidet sich insoweit nicht nur von den Ertragsteuern, sondern auch von den Verbrauchsteuern. Denn diese knüpfen die Steuerforderung an eine freiwillige Konsumentscheidung, die – jedenfalls im Fall der indirekten Steuern – nur dann getroffen wird, wenn der Steuerpflichtige über genügend liquide Mittel verfügt, um den Preis zu begleichen und die im Preis überwälzte Steuer zu tragen.
60 Siehe zu dem Befund, dass die Vermögensteuer von den historischen Gesetzgebern nie als echte Substanzsteuer gedacht gewesen ist, sondern zunächst als Ersatzsteuer für eine Ertragsteuer, sodann als Ergänzungssteuer zu einer Ertragsteuer legitimiert wurde, oben II. 2. b) aa).
61 Dazu auch *Scheffler*, DStR Beihefter zu Heft 26/2013, 51 (55 f.).
62 BVerfGE 93, 165 (172); *Bryde* in v. Münch/Kunig (Hrsg.), GG, Kommentar, Bd. 1, 6. Aufl. 2012, Art. 14 GG Rz. 46 m.w.N.

bb) Maßvolle Teilhabe am Ertrag – Ertragsblinde Bemessungsgrundlage

Art. 14 Abs. 1 GG erlaubt damit nur die historisch hergebrachte und kompetenzrechtlich angelegte Sollertragsbesteuerung des Vermögens.[63] Das BVerfG hat dies in seinem Vermögensteuerbeschluss von 1995 bestätigt und ergänzt, dass das zulässige Höchstmaß der Gesamt-Ist- und Sollertragsbesteuerung in der Nähe einer hälftigen Teilung zwischen privater und öffentlicher Hand liegt.[64] Der Halbteilungsgrundsatz weist meines Erachtens einen gangbaren Weg, weil er einen substanzhaltigen Eigentumsschutz bietet, zugleich aber – und dies wird oftmals übersehen – die inhaltliche Gestaltungsfreiheit des Gesetzgebers in hohem Maße schont.[65] In jedem Fall aber hat das BVerfG in seiner Gewerbesteuerentscheidung von 2006 unterstrichen, dass die Ertragsteuerbelastung nicht so weit gehen darf, dass „der wirtschaftliche Erfolg grundlegend beeinträchtigt wird und damit nicht mehr angemessen zum Ausdruck kommt".[66]

An diesem Maßstab scheitert die Vermögensteuer im Zusammenwirken mit der heutigen Istertragsbesteuerung, zumindest bei einem Tarif von einem Prozent des Vermögens, so wie aktuell vorgeschlagen. Ein struktureller Mangel liegt dabei schon in der defizitären Verbindung zwischen Belastungsgrund und Bemessungsgrundlage. Die Vermögensteuer darf verhältnismäßig auf jährliche Erträge zugreifen, wählt dazu aber den ertragsblinden, auch zur Typisierung kaum geeigneten Maßstab des Vermögensbestandes. Der Steuerpflichtige wird dadurch einem Steuerzugriff ausgeliefert, dessen Verhältnismäßigkeit vom zufälligen Zusammenspiel variabler Faktoren abhängt.

So wird die kumulierte Ertragsteuerbelastung durch Einkommen- oder Körperschaftsteuer, Gewerbesteuer, Solidaritätszuschlag und Vermögensteuer in vielen Fällen unternehmerischen Handelns im Ergebnis bei über

---

63 *P. Kirchhof*, Deutschland im Schuldensog, 2012, S. 168 macht in diesem Zusammenhang ergänzend darauf aufmerksam, dass Art. 14 Abs. 2 Satz 2 GG den Eigentumsgebrauch gesteigert gemeinwohlpflichtig stellt, weniger dagegen das reine Innehaben von Eigentum. Dies wiederum steht in Verbindung zur Markteinkommenstheorie der Ertragsteuern, nach denen der Staat am unternehmerischen Erfolg aus der Nutzung staatlich bereitgestellter Infrastrukturen partizipieren soll; vgl. auch *P. Kirchhof* in Isensee/Kirchhof (Hrsg.), Handbuch des Staatsrechts der Bundesrepublik Deutschland, Bd. V, 3. Aufl. 2007, § 118 Rz. 124 – „Zugriff primär auf Eigentum in Bewegung"; *P. Kirchhof*, Bundessteuergesetzbuch, 2012, § 2 Rz. 60.
64 BVerfGE 93, 121 (137 f.).
65 Zur Diskussion einerseits *Seer*, FR 1999, 1280 ff.; offen gehalten bei *Lang*, NJW 2000, 457 ff.; andererseits *Weber-Grellet*, BB 1996, 1415 ff.; auch *Birk* in Birk (Hrsg.), Steuern auf Erbschaft und Vermögen, DStJG 22 (1999), S. 7 (20 f.); *Wieland* in Ebling (Hrsg.), Besteuerung von Einkommen, DStJG 24 (2001), S. 29 (37 ff.); aus der Rechtsprechung BFH v. 17.7.1998 – VI B 81/97, BStBl. II 1998, 671; v. 11.8.1999 – XI R 77/97, BStBl. II 1999, 771; v. 18.9.2003 – X R 2/00, BStBl. II 2004, 17; v. 1.3.2005 – VIII R 92/03, BStBl. II 2005, 398; s. auch BVerfGE 93, 121 (149 ff.) – Sondervotum *Böckenförde*.
66 BVerfGE 115, 97 (117).

70 oder 80 Prozent des Ertrags liegen, wie zahlreiche aktuelle Berechnungen belegen.[67] Der wirtschaftliche Erfolg kommt hierbei nicht mehr angemessen zum Ausdruck. Gerade bei eigenkapitalstarken Neugründungen und in unternehmerischen Krisen kann es durch die kumulierte Belastung sogar zu Substanzeinbußen kommen. Dies ist verfassungswidrig.

Entsprechendes gilt für private Kapitalanlagen: So brachte eine zehnjährige deutsche Staatsanleihe im Jahr 2012 eine Rendite von 1,57 %.[68] Nach Abgeltungsteuer und Solidaritätszuschlag blieb eine Rendite von 1,16 %. Geht man von einer Vermögensteuer von 1 % auf das Kapital aus, ergibt sich in diesem Beispiel ein Ertrag von nur noch 0,16 % nach Ist- und Sollertragsteuern. Auf der Basis der ursprünglichen Rendite von 1,57 % errechnet sich damit eine steuerliche Ertragsabschöpfung von etwa 90 %.[69] Der wirtschaftliche Erfolg kommt auch hierin ganz sicher nicht mehr „angemessen zum Ausdruck". Berücksichtigt man zudem die Inflation, wird deutlich, dass auch der Kapitalanleger im Ergebnis Substanzeinbußen erleidet.

Die geplante Vermögensteuer verstößt danach im gegenwärtigen ertragsteuerrechtlichen Umfeld gegen das Eigentumsgrundrecht aus Art. 14 Abs. 1 GG.[70]

cc) Fehlende Rechtfertigungskraft des Umverteilungsanliegens

Das in der Politik mitschwingende Umverteilungsanliegen vermag daran nichts zu ändern. Zwar können Lenkungsanliegen eine von der Leistungsfähigkeit abweichende Besteuerung im Grundsatz tragen.[71] Doch werden relevante Vermögensumverteilungen durch eine Vermögensteuer, deren Höhe bei einem Prozent der Vermögenssubstanz liegt, von vornherein

---

67 Siehe die Modellrechnungen bei *Spengel/Zinn*, StuW 2011, 173 ff.; *Siemers/Birnbaum*, ZEV 2013, 8 (11); *Bültmann*, Braucht Deutschland eine Vermögensteuer?, Argumente zu Marktwirtschaft und Politik Nr. 122, Stiftung Marktwirtschaft, September 2013, S. 12 ff.; *Zipfel*, BB 2013, 2199 ff.; *Maiterth/Houben*, DStR 2013, 1906 (1907 ff.); *Wissenschaftlicher Beirat beim Bundesministerium der Finanzen*, Besteuerung von Vermögen, Februar 2013, S. 14 ff.; *Wiegard* in v. Wartenberg u.a. (Hrsg.), Steuerpolitik im Wahlkampf, IFSt-Schrift Nr. 489, 2013, S. 11 (14 ff.).
68 Beispiel nach *Bundesministerium der Finanzen*, März 2013.
69 Siehe auch die Berechnungen bei *Scheffler*, DStR Beihefter zu Heft 26/2013, 51 (55).
70 Verhältnismäßigkeitswahrend könnte freilich wirken, die Vermögensteuer auf die Einkommen- oder Körperschaftsteuer anzurechnen; dies mit der Begründung, die Vermögensteuer im Wesentlichen allein zur Verifikation der Istertragsteuer einzusetzen. Dies würde allerdings die Frage nach dem materiellen Belastungsgrund der Vermögensteuer aufwerfen, zumal der Verifikation auch eine schlichte, in das Verfahren zur Erhebung der Istertragsteuer integrierte Erklärung über die Vermögensgegenstände im Privatvermögen dienen könnte.
71 Siehe bereits BVerfGE 16, 147 (161); st. Rspr.

nicht bewirkt.⁷² Zudem trägt das Umverteilungsanliegen, anders als typische, sachliche Lenkungsziele wie etwa der Denkmalschutz, kein Maß in sich, was dieses Anliegen als Rechtfertigungsgrund für eine stetig erhobene Vermögensteuer ungeeignet erscheinen lässt, genauso wie der ebenfalls maßlose Fiskalzweck nicht die Steuerbemessung im Einzelfall anleiten kann.⁷³

Vermögensteuern sind nach alldem kein geeignetes Instrument, um die gesellschaftlichen Vermögensverhältnisse gezielt und in angemessener Weise zu verändern. Sehr viel eher kommt insoweit die von der Erbrechtsgarantie regierte, einmalig auf einen bestimmten Prozentanteil einer im Transfer befindlichen Vermögenssubstanz zugreifende Erbschaftsteuer in Betracht.⁷⁴

dd) Erhebliche Erfassungs- und Bewertungsprobleme

Hinzu treten die bekannten, ganz erheblichen Probleme der Erfassung der steuertatbestandlichen Vermögensgegenstände und insbesondere ihrer Bewertung, auf die es bei einheitlichem Steuersatz ausschließlich ankommt, soll die Steuer zutreffend bemessen werden.⁷⁵ Die Sollertragsbesteuerung des Vermögens bemisst sich in der Grundkonzeption zwingend nach der Ertragsfähigkeit des gesamten Nettovermögens.⁷⁶ Die Gesamtheit aller Vermögensgegenstände des Steuerpflichtigen im In- und Ausland zu erfassen und die Ertragsfähigkeit dieser Vermögensgegenstände gegenwartsnah wie auch gleichheitsgerecht, also mit gleicher Verlässlichkeit,⁷⁷ zu ermitteln, ist aber – auch bei bestehender Deklarationspflicht – praktisch ausgeschlossen,⁷⁸ selbst unter Zugrundelegung eines vereinfachten Ertragswertverfah-

---

72 Entsprechend BVerfGE 93, 121 (135); dort wurde in diesem Zusammenhang auch auf die mögliche Überwälzung der von Unternehmen zu tragenden Vermögensteuer auf die Allgemeinheit der Nachfrager verwiesen.
73 Zu letzterem *Tipke*, Die Steuerrechtsordnung, Bd. 1, 2. Aufl. 2000, S. 326.
74 So auch *Hey/Maiterth/Houben*, Zukunft der Vermögensbesteuerung, IFSt-Schrift Nr. 483, 2012, S. 51; *Wissenschaftlicher Beirat beim Bundesministerium der Finanzen*, Besteuerung von Vermögen, Februar 2013, S. 32; *Wiegard* in v. Wartenberg u.a. (Hrsg.), Steuerpolitik im Wahlkampf, IFSt-Schrift Nr. 489, 2013, S. 11 (19); s. näher unten IV. 2. b) aa).
75 Dies wird auch in BVerfGE 93, 121 (136) betont.
76 BVerfGE 93, 121 (136); zu dieser zwingenden Folge auch *Meyding*, DStR 1992, 1113 (1114) („Gleichmäßige Erfassung des Gesamtvermögens nach Ertragswerten"); *Scheffler*, DStR Beihefter zu Heft 26/2013, 51 (55).
77 Die gleichheitsbezogenen Defizite, auch im Vollzug, waren Grundlage der Entscheidung des BVerfG von 1995 zu den Bewertungsdifferenzen im Verhältnis zwischen einheitswertgebundenem und nicht einheitswertgebundenem Vermögen; BVerfGE 93, 121.
78 So auch *Meyding*, DStR 1992, 1113 (1116 f.); *Seer* in Tipke/Lang (Hrsg.), Steuerrecht, 21. Aufl. 2013, § 16 Rz. 62; optimistischer dagegen, unter Verweis auf Typisierungsmöglichkeiten, *Musil*, DStR 2013, 1994 (1998).

rens.[79] Wie lässt sich verifizieren, ob ein Steuerpflichtiger die Gesamtheit seiner steuerbaren Vermögensgegenstände deklariert hat? Und wie hoch ist die Ertragskraft etwa von Barvermögen, von Gütern, die in unterschiedliche Unternehmensstrukturen oder auch in ausländische Volkswirtschaften eingebunden sind, von Gegenständen des Privatgebrauchs oder aber von Altersvorsorgevermögen und entsprechenden Anwartschaftsrechten?[80] Die Finanzverwaltung müsste im Angesicht dieser Fragen und auch im Angesicht der schieren Anzahl wiederkehrend erforderlicher Bewertungen scheitern, zumal Freibeträge erst im Anschluss an die Bewertung abgesetzt werden können. Jedenfalls stünde der sehr hohe Ermittlungs- und auch Befolgungsaufwand in keinem akzeptablen Verhältnis zum Steueraufkommen;[81] ganz abgesehen von den massiven Eingriffen in die Privatsphäre, zu denen Deklarationen und Ermittlungen führen würden. Im Ergebnis stehen klar vorauszusehende, strukturell in den Regelungen angelegte[82] und deshalb die Verfassungswidrigkeit schon der Regelungen begründende Vollzugsdefizite.[83] Das Schlagwort von der Bedeutung „symbolischer Besteuerung" kann daran nichts ändern.

ee) Schwierigkeiten sozialstaatlich adäquater Belastung

Die für die konkreten Lebensumstände des Steuerpflichtigen indifferente Bemessungsgrundlage erschwert es zudem, die Vermögensteuer auf die Grundrechtsgewährleistungen der Menschenwürde in Verbindung mit dem Sozialstaatsprinzip und von Ehe und Familie abzustimmen (Art. 1 Abs. 1 i.V.m. Art. 20 Abs. 1 und Art. 6 Abs. 1 GG), obwohl gerade die Vermögensteuer potentiell Wirtschaftsgüter belastet, die der persönlichen Lebensführung des Steuerpflichtigen und seiner Familie dienen. Das BVerfG hat des-

---

79 Ebenso *Siemers/Birnbaum*, ZEV 2013, 8 (10).
80 Ausdrücklich verhält sich zur Bewertung von Altersvorsorgevermögen, soweit ersichtlich, im Rahmen der aktuellen Diskussion überhaupt nur der Entwurf von BÜNDNIS 90/DIE GRÜNEN zur Einführung einer einmaligen Vermögensabgabe; s. BT-Drucks. 17/10770, 4 und 12 (§ 10); s. zu den entstehenden Ungleichbehandlungen in Abhängigkeit von der Art und Weise der Alterssicherung *Scheffler*, DStR Beihefter zu Heft 26/2013, 51 (57 f.).
81 *Meyding*, DStR 1992, 1113 (1116) geht von Verwaltungskosten der Vermögensteuer i.H.v. 32 % des Steueraufkommens aus, dies noch auf Grundlage der – verfassungsrechtlich unzureichenden – Einheitsbewertung; die Verwaltungskosten anderer Steuern liegen demgegenüber im Bereich eines unteren einstelligen Prozentanteils am Aufkommen; kritisch zur Administrierbarkeit unter dem Gesichtspunkt der Befolgungskosten auch *Maiterth/Houben*, DStR 2013, 1906 (1910 f.); *Wissenschaftlicher Beirat beim Bundesministerium der Finanzen*, Besteuerung von Vermögen, Februar 2013, S. 57 ff. (Erhebungs- und Befolgungskosten von bis zu 50 % des zu erwartenden Aufkommens).
82 Siehe dazu BVerfGE 84, 239; 110, 94.
83 Ebenso *Tipke*, Die Steuerrechtsordnung, Bd. 2, 2. Aufl. 2003, S. 946 ff.; dies anerkennt auch *Birk* in Birk (Hrsg.), Steuern auf Erbschaft und Vermögen, DStJG 22 (1999), S. 7 (18).

halb verlangt, dass die wirtschaftliche Grundlage der persönlichen Lebensführung gegen eine vermögensteuerliche Sollertragsbesteuerung abgeschirmt werden muss.[84] Gleichwohl sind Freibeträge, die insoweit in Betracht kommen, hier nur ein sehr grober Behelf. Es bleibt bei dem Problem, dass die Vermögensteuer gegenüber der Herkunft und Verwendung von Vermögen blind ist, weder das subjektive Nettoprinzip noch den Gemeinnützigkeitsgedanken entfaltet, und stattdessen jedwedes Vermögen in einen unterstellten Ertragszusammenhang bringt. Der Blick auf das Individuum, der die Einkommensteuer auszeichnet, ist der Vermögensteuer verstellt.

ff) Missbrauchsanfälligkeit einer Privilegierung von Betriebsvermögen

Am verlässlichsten ertragreich ist freilich Betriebsvermögen. Dieses soll nun aber vermögensteuerlich privilegiert werden. Die Steuerfreistellung könnte sich durch wirtschaftspolitische Zielsetzungen rechtfertigen lassen. Allerdings wird oftmals auch Privatvermögen wirtschafts- und gemeinwohlförderlich eingesetzt; der für das Betriebsvermögen mitunter synonym gebrauchte Begriff des Produktivkapitals ist insoweit fehlleitend. Die entscheidende verfassungsrechtliche Problematik einer Vermögensteuerbefreiung von Betriebsvermögen liegt darüber hinaus aber bei der schon vielfach hervorgehobenen offenen Flanke, die sich hier für Missbrauchswillige eröffnet. Legislative Maßnahmen wie das Vorgehen gegen die Cash GmbH[85] in erbschaftsteuerrechtlichem Zusammenhang verdeutlichen die Schwierigkeiten und sind im Ergebnis Tropfen auf den heißen Stein.[86] Eine Differenzierung zwischen Privat- und Betriebsvermögen verschärft nach alldem die verfassungsrechtlichen Schwierigkeiten, die die Vermögensteuer im gegenwärtigen Bezugsrahmen ohnehin hat.

3. Zwischenergebnis

Die Vermögensteuer ist somit zwar kompetenzrechtlich angelegt. Unter den gegenwärtigen Umfeldbedingungen der Ertragsbesteuerung und auch im Angesicht der Bewertungsschwierigkeiten, die sich aus der Komplexität heutiger Vermögensanlagen ergeben, ist sie aber nicht verfassungsgemäß zu erheben und sollte deshalb zügig von der Reformagenda gestrichen werden.

---

84 BVerfGE 93, 121 (141).
85 *Maack/Römer*, DStR 2013, 80 ff.; *Erkis/Mannek/van Lishaut*, FR 2013, 245 ff.
86 Siehe auch *Siemers/Birnbaum*, ZEV 2013, 8 (11).

III. Einmalige Vermögensabgabe[87]

1. Kompetenzrechtliche Voraussetzung einer kriegslastenähnlichen Finanzierungsnotlage

Die einmalige Vermögensabgabe steht kompetenzrechtlich gesondert. Nach Art. 106 Abs. 1 Nr. 5, Art. 105 Abs. 2, Alt. 1 GG darf der Bund Vermögensabgaben zum Kriegslastenausgleich oder für sonstige Zwecke erheben. In den Diskussionen im Parlamentarischen Rat stand die Kriegsfolgenbewältigung im Mittelpunkt.[88] Die Öffnung für weitere Finanzierungszwecke war umstritten und wurde nur mit der Maßgabe gebilligt, dass in jedem Fall punktuelle, außergewöhnliche, kriegsfolgenähnliche Finanzierungsnotlagen des Bundes vorauszusetzen sind.[89]

Diese Anforderung erfüllen die gegenwärtigen Finanzierungsbedarfe des Bundes nicht. Die Staatsschuld ist über lange Jahre gewachsen und rechtfertigt keine ad hoc-Konsolidierung über eine einmalige Vermögensabgabe.[90] Von einer einmaligen, außergewöhnlichen Situation kann insoweit keine Rede sein. Ansonsten würde jede Entscheidung der Politik, einen über die Zeit zunehmend verschuldeten Haushalt zu konsolidieren, als Ereignis ver-

---

87 Zur einmaligen Vermögensabgabe liegt bereits seit einiger Zeit ein Gesetzentwurf der Fraktion BÜNDNIS 90/DIE GRÜNEN vor (sog. „Grüne Vermögensabgabe"; s. den Entwurf eines Gesetzes zur Erhebung einer Vermögensabgabe, BT-Drucks. 17/10770 vom 25.9.2012; dazu begleitend *Bach/Beznoska/Steiner*, Aufkommens- und Verteilungswirkung einer Grünen Vermögensabgabe, DIW Berlin, Politikberatung kompakt 59, 2010; eine einmalige Abgabe unterstützt auch der Entschließungsantrag der Fraktion DIE LINKE, BT-Drucks. 17/10778 vom 25.9.2012). Nach diesem Entwurf soll eine einmalige Vermögensabgabe i.H.v. 15 % des Nettogesamtvermögens natürlicher Personen zu Verkehrswerten (Stichtag 1.1.2012) erhoben werden. Die Zahlung wird dabei auf 10 jährliche Teilbeträge verteilt. Es sollen Freibeträge von 1 Mio. Euro für Privatvermögen und 5 Mio. Euro für inländische Betriebsvermögen gelten. Bei Betriebsvermögen soll die jährliche Belastung auf maximal 35 % des Nettovermögensertrags begrenzt werden. BÜNDNIS 90/DIE GRÜNEN haben diese Konzeption in ihrem Bundestags-Wahlprogramm 2013 bestätigt und hinzugefügt, dass sich nach Ablauf der 10 Jahre eine Vermögensteuer mit entsprechenden Bemessungsprinzipien anschließen soll (BÜNDNIS 90/DIE GRÜNEN-Wahlprogramm 2013 „Zeit für den Grünen Wandel", S. 82 f.). In ähnliche Richtung zielt der Vorschlag des Internationalen Währungsfonds (IWF) von Oktober 2013, eine 10 %-Abgabe auf das Vermögen zu erheben.
88 Zum Überblick JöR N.F. Bd. 1 (1951), S. 762 ff.; mit einer Detailanalyse *G. Kirchhof*, StuW 2011, 189 (192).
89 Siehe insbesondere die Ausführungen in der 13. Sitzung des Ausschusses für Finanzfragen am 6.10.1948, wiedergegeben in *Deutscher Bundestag/Bundesarchiv (Hrsg.)*, Der Parlamentarische Rat 1948–1949. Akten und Protokolle, Bd. 12, Ausschuss für Finanzfragen, 1999, S. 423.
90 *P. Kirchhof*, Deutschland im Schuldensog, 2012, S. 185; entsprechend bereits *Schemmel*, Verfassungsfragen einer Vermögensabgabe, Karl-Bräuer-Institut des Bundes der Steuerzahler, Sonderinformation 37, 1999, S. 10 ff.

standen werden können, das die Erhebung einer einmaligen, zu den anderen Steuern hinzutretenden Vermögensabgabe rechtfertigen würde. Die besonderen Finanzlasten des Bundes, die sich aus der europäischen Banken- und Staatsschuldenkrise ergeben, sind zwar stärker ereignisbezogen, können aber in ihrem Volumen mit den exorbitanten Lasten in der Nachkriegssituation nicht verglichen werden.[91] Die Not der Nachkriegszeit, die außergewöhnliche, jenseits des regulären Steuersystems stehende Finanzierungsmaßnahmen erforderlich machte, wird durch die europäische Banken- und Staatsschuldenkrise in Deutschland nicht wieder heraufbeschworen. Die Ertragskraft der regulären Steuern reicht aus, um dieser Krise Herr zu werden.

2. Widerspiegelung in den eigentumsgrundrechtlichen Anforderungen

Dieser kompetenzrechtliche Befund spiegelt sich in der Subsumtion unter das Eigentumsgrundrecht wider. Denn Art. 14 Abs. 1 GG lässt steuerliche Eingriffe in die Vermögenssubstanz nicht auf der Basis einer laufenden, die Substanz auf Dauer vollständig aufzehrenden Besteuerung, sondern nur einmalig und mit Rücksicht auf eine in die Verhältnismäßigkeitsprüfung einzustellende historische Ausnahmelage zu.[92] Das BVerfG benennt beispielhaft die Finanzierung der mit dem Versailler Vertrag auferlegten Lasten durch das Reichsnotopfergesetz 1919 und die Finanzierung des Lastenausgleichs nach dem Lastenausgleichsgesetz 1952.[93] In diesen Voraussetzungen entsprechen sich Art. 14 Abs. 1 GG und Art. 106 Abs. 1 Nr. 5 GG.[94] Dass eine einmalige bzw. historische Ausnahmelage in diesem Sinne gegenwärtig nicht zu erkennen ist, wurde im Zusammenhang der kompetenzrechtlichen Prüfung bereits begründet.[95]

3. Weitere Probleme

Bei zeitlicher Streckung, wie sie vorgeschlagen wird, könnte man allerdings erwägen, die einmalige Vermögensabgabe als Sollertragsteuer zu verstehen. Doch ändert dies nichts am Fehlen der konkreten tatbestandlichen Voraussetzungen; ganz abgesehen von der grundsätzlichen Frage, ob die Kom-

---

91 Ebenso *G. Kirchhof*, StuW 2011, 189 (194); *P. Kirchhof*, Deutschland im Schuldensog, 2012, S. 186; *Seer* in Tipke/Lang (Hrsg.), Steuerrecht, 21. Aufl. 2013, § 16 Rz. 63, der hier infolge der zehnjährigen Ratenzahlung eine bewertungstechnisch leichter beherrschbare Vermögensteuer in neuem Gewande vermutet; anders im Ergebnis *Wieland*, Vermögensabgaben i.S.v. Art. 106 Abs. 1 Nr. 5 GG, Rechtsgutachten im Auftrag der Hans-Böckler-Stiftung und der Vereinten Dienstleistungsgewerkschaft (ver.di), August 2012, S. 27.
92 BVerfGE 93, 121 (138 f.).
93 BVerfGE 93, 121 (138 f.).
94 So auch *G. Kirchhof*, StuW 2011, 189 (200).
95 Siehe soeben oben III. 1.

petenzgrundlage ein Sollertragskonzept überhaupt trägt.[96] Im Übrigen ergäben sich wiederum unverhältnismäßige Gesamtertragsteuerlasten,[97] auch bei einer – ihrerseits höchst missbrauchsanfälligen – Begrenzung der unternehmerischen Vermögensabgabenlast auf 35 % des Ertrags.

Schließlich würde auch die Vermögensabgabe ganz erhebliche Bewertungs- und Vollzugsprobleme aufwerfen.[98] Zwar wäre die Bewertung nur einmalig vorzunehmen. Bei Unterstellung eines Substanzeingriffs könnte auch von den Verkehrswerten und müsste nicht von der Ertragskraft der Vermögensgegenstände ausgegangen werden. Dennoch würde die Vermögensabgabe ebenso wie die Vermögensteuer zu erheblichen Schwierigkeiten führen, das persönliche Vermögen – auch in der Relation der Vermögenswerte zueinander – realitätsgerecht zu erfassen, zumal unter Berücksichtigung des hier teilweise zu vermutenden Gestaltungs- und Abgabenvermeidungswillens. Die sachgerechte Erfassung des Auslandsvermögens ist von vornherein kaum zu gewährleisten. Soweit für die Bewertung ein Stichtag in der Vergangenheit gelten soll, wären zudem die Anforderungen an eine unechte Rückwirkung zu erfüllen.[99]

4. Zwischenergebnis

Nach alldem ist auch eine einmalige Vermögensabgabe heute nicht verfassungsgemäß zu erheben. Wenn ihre Befürworter avisieren, die Abgabe nach 10 Jahren in eine Vermögensteuer zu überführen, bestätigt dies sehr deutlich die fehlende Sensibilität für die besonderen Voraussetzungen dieser außerordentlichen Finanzierungsform.

IV. Erbschaft- und Schenkungsteuer

1. Kompetenzrechtliche Lage

Die großen Schwierigkeiten einer verfassungskonformen Vermögensbesteuerung lenken den Blick auf die Erbschaft- und Schenkungsteuer.

---

96 In BVerfGE 23, 288 (305) hatte das BVerfG festgestellt, dass der Lastenausgleich aufgrund der zeitlichen Streckung in der Regel aus den Erträgen des Vermögens finanziert werden kann und deshalb keinen konfiskatorischen Effekt hat; dies deutet auf die Billigung eines Sollertragskonzepts in diesem Rahmen hin; freilich hatte das Gericht die tatbestandlichen Voraussetzungen der Erhebung (historische Ausnahmelage) hier bejaht.
97 Vgl. bereits *Schemmel*, Verfassungsfragen einer Vermögensabgabe, Karl-Bräuer-Institut des Bundes der Steuerzahler, Sonderinformation 37, 1999, S. 20 ff.
98 *P. Kirchhof*, Deutschland im Schuldensog, 2012, S. 190.
99 *G. Kirchhof*, StuW 2011, 189 (194 ff.).

a) Landessteuer mit Zerlegungsoption

Wie die Vermögensteuer ist die Erbschaft- und Schenkungsteuer eine Landessteuer (Art. 106 Abs. 2 Nr. 2 GG). Damit ist sie, dies ist ein erster – finanzverfassungsrechtlicher – Reformgesichtspunkt, offen für eine horizontale Abgrenzung und Zerlegung nach Maßgabe von Art. 107 Abs. 1 Satz 1 und 3 GG. Wenn der Länderanteil am Aufkommen der Einkommen- und Körperschaftsteuer und das Aufkommen aus den Landessteuern den einzelnen Ländern gem. Art. 107 Abs. 1 GG entsprechend dem örtlichen Aufkommen zugewiesen werden und hierdurch im Ergebnis eine Zuordnung nach der örtlichen Steuerkraft erreicht werden soll,[100] kann dies für die Erbschaft- und Schenkungsteuer bedeuten, dass der Ertrag aus dieser Steuer nicht allein dem Wohnsitzland des jeweiligen Steuerpflichtigen, sondern anteilig auch den Ländern zugewiesen wird, in denen steuergegenständliches Substrat belegen ist. Denn es ist dieses konkrete Substrat, das auf die wirtschaftliche Leistungsfähigkeit hindeutet, die die Besteuerung rechtfertigt und das der Staat in seinem Bestand gerade am Ort der Belegenheit sichert.[101] Eine derartige, verfassungsrechtlich eröffnete, wenn auch nicht zwingend verlangte Aufteilung der Erbschaft- und Schenkungsteuer würde den Ländern nicht nur einen Anreiz bieten, sich als Wohnsitzland für wohlhabende Bürger attraktiv zu machen, sondern die Länder – bei gebotener Einbeziehung von Betriebsvermögen in die Erbschaft- und Schenkungsteuer[102] – auch veranlassen, sich als attraktiver Unternehmensstandort zu präsentieren.

b) Der Rahmen erforderlicher Bundesregelung

Als Landessteuer unterfällt die Erbschaft- und Schenkungsteuer der konkurrierenden Gesetzgebungskompetenz des Bundes nur unter den Voraussetzungen des Art. 105 Abs. 2, Alt. 2 GG, wenn also die Anforderungen des Art. 72 Abs. 2 GG erfüllt sind. Seit der Änderung im Jahr 1994 setzt Art. 72 Abs. 2 GG die Erforderlichkeit einer bundesseitigen Regelung, nicht mehr allein das Bedürfnis nach einer solchen Regelung voraus.[103]

---

100 *Huber* in v. Mangoldt/Klein/Starck (Hrsg.), GG, Bd. 3, 6. Aufl. 2010, Art. 107 GG Rz. 68; aus der Rechtsprechung BVerfGE 72, 330 (395); 101, 158 (221); 116, 327 (379).
101 Zur möglichen Berücksichtigung des Orts der Wertschöpfung im Rahmen der Zerlegung auch BVerfGE 72, 330 (391 f.); unter dem Gesichtspunkt des Äquivalenzzusammenhangs entsprechend *Korioth*, Der Finanzausgleich zwischen Bund und Ländern, 1997, S. 521; s. auch *Häde*, Finanzausgleich, 1996, S. 210.
102 Siehe dazu unten IV. 2. b) dd).
103 Zur Bedeutung dieser Änderung für den Verweis in Art. 105 Abs. 2 GG *Siekmann* in Sachs (Hrsg.), GG, Kommentar, 6. Aufl. 2011, Art. 105 GG Rz. 23 f.; *Seer* in Tipke/Lang (Hrsg.), Steuerrecht, 21. Aufl. 2013, § 2 Rz. 34 ff.

Verbreitet[104] und auch vom Gesetzgeber[105] wird angenommen, eine vollständig bundeseinheitliche Erbschaft- und Schenkungsteuer sei zur Herstellung gleichwertiger Lebensverhältnisse im Bundesgebiet oder auch zur Wahrung der Rechts- oder Wirtschaftseinheit im gesamtstaatlichen Interesse erforderlich. Dies erscheint allerdings, insbesondere unter Berücksichtigung der im Bereich des Art. 72 Abs. 2 GG n.F. restriktiven Rechtsprechung des BVerfG,[106] als fraglich.

Erforderlich ist eine bundeseinheitliche Regelung der Erbschaft- und Schenkungsteuer jedenfalls insoweit, als ungewollte Doppelbesteuerungen oder doppelte Nichtbesteuerungen zu verhindern sind, die sich als „problematische Folgen" im Sinne der Rechtsprechung des BVerfG zur Auslegung des Begriffs der „Wahrung der Rechts- oder Wirtschaftseinheit"[107] darstellen. Darüber hinausgehend aber streitet ein eher wettbewerblich ausgerichtetes Verständnis des Bundesstaates für legislative Gestaltungsmöglichkeiten der Länder.[108] Es ist nicht zu erkennen, dass landesseitige Ausgestaltungen einer doppelbesteuerungs- und steuerlückenfrei angelegten Erbschaft- und Schenkungsteuer Konsequenzen hätten, denen der Bund nach Maßgabe der Anforderungen in Art. 72 Abs. 2 GG entgegenwirken müsste. Weder würden unterschiedliche Landesgesetze dazu führen, dass „sich die Lebensverhältnisse in den Ländern der Bundesrepublik in erheblicher, das bundesstaatliche Sozialgefüge beeinträchtigender Art und Weise auseinander" entwickeln, noch käme es zu einer „Rechtszersplitterung, ... die im Interesse sowohl des Bun-

---

104 *Schubert*, Die Verfassungswidrigkeit der Erbschaft- und Schenkungsteuer und die verfassungsrechtlichen Anforderungen an eine Neuregelung, 2011, S. 239 ff.; *Seer* in Tipke/Lang (Hrsg.), Steuerrecht, 21. Aufl. 2013, § 2 Rz. 42.
105 BT-Drucks. 16/7918, 25 („Unterschiedliche landesrechtliche Regelungen bei der Erbschaftsteuer würden zum einen Rechtsunsicherheit erzeugen und zum anderen, wegen der Streubreite der insbesondere im einzelnen Erbfall begünstigten Personen einerseits und wegen der Gebietshoheit der Länder andererseits, den Abschluss von Abkommen zur Vermeidung von Doppelbesteuerung zwischen den Ländern unabweisbar machen. Diese Rechtszersplitterung kann im Interesse weder des Bundes noch der Länder hingenommen werden. Die gesamtwirtschaftlichen Interessen würden bei einer landesrechtlichen Zersplitterung des Erbschaft- und Schenkungsteuerrechts beeinträchtigt werden, weil unterschiedliche Regelungen oder sogar das Unterlassen einer Regelung durch einzelne Länder zu einer dem einheitlichen Lebens- und Wirtschaftsraum widersprechenden Wettbewerbsverzerrung führen würden, die sich nachteilig auf die gesamtwirtschaftliche Situation der Bundesrepublik Deutschland auswirkt.").
106 BVerfGE 106, 62 (Altenpflege); 111, 226 (Juniorprofessur); 112, 226 (Studiengebührenverbot).
107 BVerfGE 106, 62 (145 f.).
108 So auch *Hey* in VVDStRL Bd. 66 (2007), S. 277 (311 f.); *Korte*, Die konkurrierende Steuergesetzgebung des Bundes im Bereich der Finanzverfassung, 2008, S. 128 ff.; für eine alleinige Kompetenz der Länder *Wernsmann/Spernath*, FR 2007, 829 ff.; *Haag*, Die Aufteilung steuerlicher Befugnisse im Bundesstaat, 2011, S. 404 ff.

des als auch der Länder nicht hingenommen werden kann", noch rechtfertigt sich eine weitergehende Bundesregelung aus dem Anliegen der „Erhaltung der Funktionsfähigkeit des Wirtschaftsraums der Bundesrepublik".[109] Welche Elemente des Steuertatbestandes bundeseinheitlich koordiniert[110] werden müssen, um Doppelbesteuerungen und doppelten Nichtbesteuerungen effektiv entgegenzuwirken,[111] bleibt näher zu prüfen. Viel spricht für eine bundesseitige Koordinierung der subjektiven und fundamentalen sachlichen Anknüpfungspunkte und für eine landesseitige Regelung der weiteren Elemente des sachlichen Steuertatbestands (insbesondere Freibeträge) wie auch des Steuersatzes.[112] Hierdurch würde zudem eine hinreichende Vergleichbarkeit der Landesregelungen sichergestellt und dadurch ein funktionierender Steuerwettbewerb[113] gewährleistet werden. Die Standortattraktivität[114] könnte sich dann auch aus den landesgesetzlichen Ausgestaltungen der Erbschaft- und Schenkungsteuer ergeben.

2. Materiell-rechtliche Anforderungen

a) Der unentgeltliche Vermögenszuwachs als Belastungsgrund

Im Zentrum sollen aber auch hier die materiell-rechtlichen Maßgaben stehen. Die Erbschaft- und Schenkungsteuer knüpft an die Leistungsfähigkeit an, die sich aus dem Hinzuerwerb von Vermögen durch Erbschaft oder Schenkung ergibt. Sie ist damit eine Erwerbsteuer, Belastungsgrund und Bemessungsgrundlage ist der unentgeltliche Vermögenszuwachs.[115] Die ju-

---

109 Siehe mit diesen Konkretisierungen BVerfGE 106, 62 (144 ff.).
110 Mit dieser Begrifflichkeit auch *Braams*, Koordinierung als Kompetenzkategorie, 2013.
111 Eine bundesseitige Pflicht zur Koordinierung könnte dabei aus dem Grundsatz der Bundestreue herzuleiten sein, dem die an den Bund gerichtete Maßgabe entnommen wird, auf die Kompetenzen der Landesgesetzgeber Rücksicht zu nehmen und diese nicht übermäßig zu beschränken; BVerfGE 34, 9 (20 f.) (dort allerdings mit der Rechtsfolge eines Verbots bundesseitiger Regelung).
112 Ebenso im Ergebnis *Hey* in VVDStRL Bd. 66 (2007), S. 277 (311 f.); *Korte*, Die konkurrierende Steuergesetzgebung des Bundes im Bereich der Finanzverfassung, 2008, S. 153; s. entsprechend die Ermächtigung zur Harmonisierungsgesetzgebung in Art. 129 der Schweizerischen Bundesverfassung („Der Bund legt Grundsätze fest über die Harmonisierung der direkten Steuern von Bund, Kantonen und Gemeinden; er berücksichtigt die Harmonisierungsbestrebungen der Kantone. Die Harmonisierung erstreckt sich auf Steuerpflicht, Gegenstand und zeitliche Bemessung der Steuern, Verfahrensrecht und Steuerstrafrecht. Von der Harmonisierung ausgenommen bleiben insbesondere die Steuertarife, die Steuersätze und die Steuerfreibeträge. Der Bund kann Vorschriften gegen ungerechtfertigte steuerliche Vergünstigungen erlassen.").
113 Dazu nunmehr *Nücken*, Nationaler Steuerwettbewerb, 2013.
114 Siehe dazu bereits oben IV. 1. a).
115 BVerfGE 93, 165 (172); *Tipke*, Die Steuerrechtsordnung, Bd. 2, 2. Aufl. 2003, S. 872; *Mellinghoff* in Birk (Hrsg.), Steuern auf Erbschaft und Vermögen, DStJG 22 (1999),

dikative Einordnung als Verkehrsteuer[116] erscheint dagegen, obwohl der Erwerb freilich einen Verkehrsvorgang voraussetzt, als sehr technisch und unspezifisch;[117] sie wird auch nicht zwingend durch die Befreiungsvorschrift des § 3 Nr. 2 GrEStG indiziert.

Der Qualifizierung als Erwerbsteuer steht nicht entgegen, dass der Hinzuerwerb nicht am staatlich mitgewährleisteten Markt, als Ertrag einer wirtschaftlich eingesetzten Ertragsquelle, erzielt wird. Die Steuer auf den unentgeltlichen Hinzuerwerb rechtfertigt sich vielmehr durch andere Elemente im Verhältnis der Globaläquivalenz zwischen Staat und Gesellschaft.

Deshalb ist auch das Nebeneinander von Einkommensteuer auf den entgeltlichen Erwerb am Markt einerseits und Erbschaft- und Schenkungsteuer auf den unentgeltlichen Erwerb außerhalb des Marktes andererseits (vgl. § 12 Nr. 3 EStG) gerechtfertigt. Diesen Selbstand der Erbschaft- und Schenkungsteuer übersieht, wer sie als Steuer auf bereits versteuerte Substanz brandmarkt. Denn dies übergeht den besonderen Sachverhalt des unentgeltlichen Zuwachses und impliziert stattdessen eine doppelte Marktertragsbesteuerung, um die es hier aber nicht geht.[118]

Auch die verbreitete Bezeichnung als Transfersteuer im Graubereich zwischen Einkommen- und Vermögensteuer ist vor diesem Hintergrund unglücklich; ganz abgesehen davon, dass der Begriff der Transfersteuer personal unbestimmt bleibt, was mit dem Individualsteuerprinzip unvereinbar ist.[119] Die Erbschaftsteuer, auf der im Folgenden der Schwerpunkt liegen soll – die Schenkungsteuer läuft in den Wertungen parallel –, ist in ihrer derzeitigen Ausgestaltung und auch richtigerweise eine individuelle Bereicherungs-, eine Anfallsteuer,[120] und keine Objekt- oder Nachlasssteuer. Die Gesamtschuldnerschaft gem. § 20 Abs. 1 ErbStG ist deshalb zu hinterfragen.[121]

S. 127 (135); *Schubert*, Die Verfassungswidrigkeit der Erbschaft- und Schenkungsteuer und die verfassungsrechtlichen Anforderungen an eine Neuregelung, 2011, S. 27 ff.

116 BFH v. 22.9.1982 – II R 61/80, BStBl. II 1983, 179 (180).
117 Auch *Mellinghoff* in Birk (Hrsg.), Steuern auf Erbschaft und Vermögen, DStJG 22 (1999), S. 127 (135); *Seer* in Tipke/Lang (Hrsg.), Steuerrecht, 21. Aufl. 2013, § 15 Rz. 3 (trifft „nicht ihren materiellen Gehalt").
118 Ebenso *Meincke* in Birk (Hrsg.), Steuern auf Erbschaft und Vermögen, DStJG 22 (1999), S. 39 (43 f.).
119 Zur Bedeutung der Beteiligung verschiedener Steuersubjekte auch *Seer* in Tipke/Lang (Hrsg.), Steuerrecht, 21. Aufl. 2013, § 15 Rz. 1 m.w.N.
120 BVerfGE 93, 165 (172 f.); 117, 1 (33); *Mellinghoff* in Birk (Hrsg.), Steuern auf Erbschaft und Vermögen, DStJG 22 (1999), S. 127 (135); *Seer* in Tipke/Lang (Hrsg.), Steuerrecht, 21. Aufl. 2013, § 15 Rz. 1.
121 Kritisch auch *Meincke*, ErbStG, Kommentar, 16. Aufl. 2012, § 20 ErbStG Rz. 6.

b) Einzelne freiheits- und gleichheitsrechtliche Maßgaben

aa) Maßvolle Teilhabe am Vermögenszuwachs – Weiter Gestaltungsraum

Grundrechtlich wird die Erbschaftsteuer von der Erbrechtsgarantie nach Art. 14 Abs. 1 GG regiert, die die einmalige staatliche Teilhabe am ererbten Vermögenszuwachs zulässt.[122] Der erbschaftsteuerliche Zugriff muss dabei verhältnismäßig sein, also angemessen zwischen der Freiheit des Vererbens und Erbens einerseits und dem Besteuerungsanliegen der Teilhabe der Allgemeinheit an intergenerationell weitergegebenem Vermögen andererseits vermitteln.[123] An die Höhe von Sollerträgen ist der Staat dabei – anders als bei der Vermögensteuer – gerade nicht gebunden, der demokratische Gestaltungsraum deshalb vergleichsweise groß.

bb) Einmalige, gleichheitsgerechte Bewertung zu Verkehrswerten

Der Belastungsgrund des unentgeltlichen Vermögenszuwachses verlangt prinzipiell eine Bewertung zu Verkehrswerten,[124] nicht zu Ertragswerten, die im gedanklichen Zusammenhang der erwerbswirtschaftlichen Güternutzung am Markt und damit der Ist- und Sollertragsteuern stehen. Das Ertragswertverfahren kommt deshalb nur hilfsweise in Betracht.[125]

Die Erbschaftsteuer bedarf nur der einmaligen Bewertung im Erbfall. Erhebungsdefizite sind deshalb, anders als bei der Vermögensteuer, nicht angelegt. Wie die Entscheidungen des BVerfG von 1995[126] und 2006[127] lehren, muss diese Bewertung allerdings gleichheitsgerecht sein, ungeachtet des etwaigen Vorhandenseins von Bewertungsschwierigkeiten in bestimmten Vermögensbereichen.

cc) Abstimmung mit der Einkommensteuer – Insbesondere bei stillen Reserven

Wenngleich die Einkommen- und die Erbschaftsteuer zu Recht nebeneinander stehen, können sich Probleme der Doppelbesteuerung ergeben; dies vor allem dann, wenn die Abgrenzung zwischen der Besteuerung des

---

122 Siehe bereits oben II. 2. c) aa).
123 Recht weitgehend BVerfGE 93, 165 (172) – „findet seine Grenze dort, wo die Steuerpflicht den Erwerber übermäßig belastet und die ihm zugewachsenen Vermögenswerte grundlegend beeinträchtigt. ... Die Steuerbelastung darf das Vererben vom Standpunkt eines wirtschaftlich denkenden Eigentümers nicht als ökonomisch sinnlos erscheinen lassen."
124 BVerfGE 117, 1 (33) (gemeiner Wert); *Seer*, StuW 1997, 283 (286); *Seer* in Tipke/Lang (Hrsg.), Steuerrecht, 21. Aufl. 2013, § 15 Rz. 3.
125 Siehe zum Überblick über die variantenreiche geltende Rechtslage zu den Bewertungsverfahren *Wiegand*, Beihefter zu DStR 51–52/2008, 94 ff.
126 BVerfGE 93, 165 (173 ff.).
127 BVerfGE 117, 1 (33 ff.).

entgeltlichen Ertrags und der Besteuerung des unentgeltlichen Zuwachses misslingt, weil die Bewertungsmaßstäbe divergieren.[128] Bestes Beispiel sind die stillen Reserven in vererbten und später vom Erben veräußerten Wirtschaftsgütern eines Betriebsvermögens, die im Zeitpunkt des Erbfalls unter Zugrundelegung der Verkehrswerte, nicht dagegen der Steuerbilanzwerte, erbschaftsbesteuert[129] und sodann bei Realisation nochmals einkommensbesteuert werden. Die Rechtsprechung ist hier in Bewegung, betrachtet die sich ergebende Doppelbesteuerung aber überwiegend als Zufallsfolge aus dem Nebeneinander der in sich jeweils stimmigen Binnensystematiken der beiden Steuerarten;[130] eine Verfassungsbeschwerde zu einer vergleichbaren Fallgestaltung ist anhängig.[131] § 35b EStG sieht in derartigen Fällen, in dieser Fassung seit 2009, eine pauschalierte Ermäßigung des Einkommensteuertarifs vor.[132]

Die Beurteilung fällt insoweit schwer: Einerseits steht die Entstehung der stillen Reserven im Zusammenhang der erwerbswirtschaftlichen Betätigung, in die der Erbe richtigerweise unter Buchwertfortführung eintritt; dies gebietet eine volle, definitive Einkommensbesteuerung nach Realisation. Andererseits ist die Erbschaftsteuer aber zutreffend nach Verkehrswerten zu ermitteln und die Einkommensteuer zum Bewertungszeitpunkt nur latent vorhanden, was den Abzug einer Nachlassverbindlichkeit ausschließt.

Im Endergebnis sollte der Steuerpflichtige nach den Maßstäben der Steuerkonkurrenz in jedem Fall entlastet werden. Vor diesem Hintergrund erscheint die Lösung des § 35b EStG unter pragmatischen Gesichtspunkten akzeptabel, wenngleich eine Auflösung der Doppelbesteuerungsproblematik auf der Ebene der Bemessungsgrundlagen näher läge als die Auflösung auf der Ebene des Tarifs.[133]

---

128 Siehe ausführlich *Crezelius* in Birk (Hrsg.), Steuern auf Erbschaft und Vermögen, DStJG 22 (1999), S. 73 ff.; *Mellinghoff* in Birk (Hrsg.), Steuern auf Erbschaft und Vermögen, DStJG 22 (1999), S. 127 (146 ff.); auch *Hechtner*, BB 2009, 486 (486 f.); *Kulosa* in Schmidt (Hrsg.), EStG, Kommentar, 32. Aufl. 2013, § 35b EStG Rz. 2.
129 Das Bewertungsrecht schreibt teilweise den Ansatz der Bilanzwerte, teilweise den Ansatz der Verkehrswerte vor; dazu *Seer* in Birk (Hrsg.), Steuern auf Erbschaft und Vermögen, DStJG 22 (1999), S. 191 (203 ff.).
130 Aus jüngerer Zeit etwa BFH v. 17.2.2010 – II R 23/09, BStBl. II 2010, 641 – Erbschaftsbesteuerung von noch nicht fälligen, auf den Erben übergegangenen Zinsansprüchen aus Wertpapieren mit ihrem Nennwert, danach Einkommensbesteuerung des Zinszuflusses beim Erben.
131 BVerfG, Verfahren 1 BvR 1432/10 (Vorlageentscheidung des BFH v. 17.2.2010 – II R 23/09, BStBl. II 2010, 641).
132 Aus den Gesetzgebungsmaterialien BT-Drucks. 16/11107, 25.
133 So auch *Mellinghoff* in Birk (Hrsg.), Steuern auf Erbschaft und Vermögen, DStJG 22 (1999), S. 127 (149).

dd) Wiederum: Missbrauchsanfälligkeit einer Privilegierung von Betriebsvermögen

Problematisch ist dagegen, ähnlich wie bei der Vermögensteuer, die technisch komplexe Privilegierung von Betriebsvermögen durch die §§ 13a und 13b ErbStG, die zu Gestaltung und Missbrauch Anlass geben. Eine freiheits- und gleichheitsgerechte, und das heißt auch realitätsgerechte Erbschaftsteuer muss deshalb auf besondere Verschonungen des Betriebsvermögens verzichten, die erhebliche Fehlanreize setzen, zu willkürlichen Steuerlasten führen und die Erbschaftsteuer im Ergebnis als Sonderbelastung der nicht Gestaltungsfähigen erscheinen lassen.[134] Geboten ist daher eine Erbschaftsteuer mit breiter, unausweichlicher Bemessungsgrundlage und entsprechend niedrigen Sätzen. Um der oftmals eingeschränkten Verfügungsgewalt über Betriebsvermögen Rechnung zu tragen und die Integrität der unternehmerischen Infrastruktur zu schützen, sollte jedoch eine ratenweise Zahlung der Erbschaftsteuer auf Betriebsvermögen ermöglicht werden, die auf die unternehmerische Ertragskraft Rücksicht nimmt.[135] Die ausstehende Entscheidung des BVerfG[136] ist mit Spannung zu erwarten.

ee) Grundrechtsgemäßer Schutz von Ehe und Familie – Nachbesserungsbedarf

Schließlich ist auch der grundrechtliche Schutz von Ehe und Familie erbschaftsteuerlich zur Geltung zu bringen; dies vor allem durch die Verschonung des in Freibeträgen erfassten familiären Gebrauchsvermögens und durch verwandtschaftsabhängige Tarifvergünstigungen.[137]

Fraglich ist dabei, trotz eines diesbezüglichen BFH-Urteils von April 2013,[138] die Angemessenheit der heute eher ungünstigen Belastung von Geschwistern, insbesondere in der wichtigen Wertstufe zwischen 600 000 und 6 Mio. Euro.[139]

Darüber hinaus muss nochmals unterstrichen werden, dass das BVerfG im Einheitswertbeschluss festgestellt hat, dass sich die Erbschaft für den Ehegatten noch als Ergebnis der ehelichen Erwerbsgemeinschaft darstellen muss.[140] Schon zu Lebzeiten getätigte ehebedingte Zuwendungen sollten deshalb insoweit von der Schenkungsteuer freigestellt werden, als sie den

---

134 *Seer* in Birk (Hrsg.), Steuern auf Erbschaft und Vermögen, DStJG 22 (1999), S. 191 (210 ff.); *Seer*, Ubg 2012, 376 ff.
135 In diese Richtung schon BVerfGE 93, 165 (175 f.).
136 BVerfG, Verfahren 1 BvL 21/12 (Vorlageentscheidung des BFH v. 27.9.2012 – II R 9/11, BStBl. II 2012, 899).
137 BVerfGE 93, 165 (174 f.).
138 BFH v. 24.4.2013 – II R 65/11, BStBl. II 2013, 633.
139 Siehe auch *Meincke*, ErbStG, Kommentar, 16. Aufl. 2012, § 19 ErbStG Rz. 3.
140 BVerfGE 93, 165 (175).

Umfang einer hälftigen Teilung des ehelichen Zugewinns nicht überschreiten. § 13 Abs. 1 Nr. 4a ErbStG bleibt dahinter deutlich zurück, wenn danach nur die Schenkung des Miteigentums am Familienheim begünstigt wird.[141] Der Gesetzgeber sollte dies korrigieren. Im Todesfall muss für die Erfüllung des Zugewinnausgleichs Entsprechendes gelten. § 5 Abs. 1 ErbStG folgt dem im Grundsatz, wählt allerdings mit der Anknüpfung an § 1371 Abs. 2 BGB einen eher komplizierten Weg.[142]

3. Zwischenergebnis

Die Erbschaft- und Schenkungsteuer ist somit das verfassungsgemäße und gebotene Mittel, um den Steuerstaat angemessen an Vermögen teilhaben zu lassen, dies im Zeitpunkt des unentgeltlichen Erwerbs. Die gesetzliche Ausgestaltung ist im Grundsatz tragfähig, in verschiedenen Punkten allerdings, wie skizziert, nachbesserungsbedürftig.

V. Steuern im freiheitlichen Staat

Steuern stehen in ihrer Zeit. Vermögensteuern gehen auf eine Zeit zurück, in der steuerlich abschöpfbare Erträge nur durch Einschätzung der Ertragsquellen, der Größe des Ackers, der Menge an Vieh, ermessen werden konnten; dies auf der Basis bestimmter Ertragserwartungen, die ihrerseits auf die Zeit der personalen Verpflichtungen, des Lehenswesens, zurückverweisen.

Der Staat des Grundgesetzes ist dagegen ein freiheitlicher Staat, der es dem Menschen überlässt, von seinen Freiheiten Gebrauch zu machen, und der sich als Steuerstaat darauf beschränkt, am tatsächlichen Erfolg des freiheitlichen Wirtschaftens zu partizipieren. Sollertragsteuern sind damit nur schwer zu vereinbaren; weniger noch echte Substanzsteuern, die nach ihrer Konzeption darauf gerichtet sind, die Grundlage des freiheitlichen Wirtschaftens über die Zeit aufzuzehren.

Der moderne, freiheitliche Steuerstaat sollte sich deshalb auf die Ertragsteuern konzentrieren, die ihm umso mehr Steueraufkommen bescheren, je größer der Erfolg des Wirtschaftens in Freiheit ist. Den Staat wird dies zugleich veranlassen, die private Wirtschaftskraft zu pflegen und Infrastrukturen vorzuhalten. Die Einkommensteuer, die den Menschen in seiner konkreten Lebenssituation im Blick hat, ist zudem die einzige Steuer, die umfassend freiheitsfreundlich ausgestaltet, auf die Wertungen der Freiheitsgrundrechte in

---

141 Kritisch auch *Sasse*, BB 1995, 1613 (1613 f.); *Seer*, StuW 1997, 283 (298); *Seer* in Tipke/Lang (Hrsg.), Steuerrecht, 21. Aufl. 2013, § 15 Rz. 121; *Meincke*, ErbStG, Kommentar, 16. Aufl. 2012, § 13 ErbStG Rz. 18.
142 Siehe dazu auch *Seer* in Tipke/Lang (Hrsg.), Steuerrecht, 21. Aufl. 2013, § 15 Rz. 103.

ihrer Gesamtheit abgestimmt werden kann. Die staatliche Einnahmenseite sollte deshalb in erster Linie über die Tarife der Einkommensteuer feingesteuert werden.

Die Steuern auf die Vermögensverwendung treten hinzu. Auch ihnen liegen, im Unterschied zur Vermögensteuer, typischerweise freiheitliche Entscheidungen zugrunde, die die Besteuerungsfolge in den Konsumvorgang einpreisen.

Ertrag- wie auch Konsumsteuern knüpfen damit an eine Leistungsfähigkeit an, die sich in der Regel als tatsächliche Zahlungsfähigkeit aufgrund ausgeübter Freiheit darstellt[143] – ganz anders als Vermögensteuern.

Die Erbschaft- und Schenkungsteuer steht gesondert daneben. Sie ermöglicht die verhältnismäßige Teilhabe der Gemeinschaft an einem durch Erbschaft oder Schenkung begründeten, außerordentlichen Vermögenszuwachs und erlaubt damit die Neueröffnung von Freiheitschancen in der Generationenfolge.

In einem Satz: Der freiheitliche Steuerstaat partizipiert am Erfolg gelebter Freiheit, entzieht der Freiheit aber nicht ihre Grundlage.

---

143 Zur Freiheits- und Gleichheitsgerechtigkeit der Ertrag- und Konsumsteuern in ihrem Zusammenwirken *P. Kirchhof*, Bundessteuergesetzbuch, 2012, § 2 Rz. 63.

Erneuerung der Besteuerung von Vermögen aus rechtsvergleichender Sicht

Prof. Dr. *Peter Essers**
Tilburg University, Tilburg

Inhaltsübersicht

I. Einleitung und Problemstellung
II. Das Leistungsfähigkeitsprinzip
   1. Leistungsfähigkeit und Gleichheit
   2. Leistungsfähigkeit vs. Instrumentalismus
III. Einige Gründe für die Vermögensteuer
IV. Einige Einwände gegen die Vermögensteuer
V. Einkommensteuer auf Vermögenseinkommen, Vermögensteuer, Schenkung- und Erbschaftsteuer in Europa und die USA
VI. Box 3 im niederländischen Einkommensteuergesetz
   1. Allgemeines
   2. Die drei Boxen des Einkommensteuergesetzes 2001
   3. Offizielle Gründe für Box 3
   4. Praktische Effekte von Box 3
   5. Vorschläge des Steuerreform-Ausschusses für zukünftige Änderungen von Box 3
   6. Box 3: Einkommensteuer oder Vermögensteuer?
VII. Schlussfolgerungen

I. Einleitung und Problemstellung

Das Generalthema der 38. Jahrestagung der Deutschen Steuerjuristischen Gesellschaft – „Erneuerung des Steuerrechts" – ist nicht nur in Deutschland sehr aktuell, sondern auch in anderen europäischen Ländern und so auch in meinem Land, den Niederlanden. Ohne Zweifel spielt die derzeitige Finanz- und Wirtschaftskrise dabei eine wichtige Rolle. Es führt zu weit, dem Steuersystem die Schuld an der Krise zuzuschreiben. Aber es ist wahrscheinlich so, dass bestimmte Bestandteile dieses Systems das Entstehen der Krise mit ausgelöst haben. Ich nenne als Beispiele die unterschiedliche steuerliche Behandlung von eigenem und fremdem Vermögen und die fehlende Abstimmung der unterschiedlichen Steuersysteme der Mitgliedstaaten der EU. Die Erosion der Bemessungsgrundlage und Gewinnverschiebungen in niedrig besteuernde Staaten sind gerade deswegen an der Tagesordnung. Die weitgehende Instrumentalisierung des Steuersystems hat dazu geführt,

---

* Univ.-Professor im Steuerrecht an der Universität von Tilburg (Tilburg University) und Vorsitzender des Finanzausschusses des niederländischen Senats. Der Vortragsstil wurde im Text weitgehend beibehalten. Der Autor dankt Univ.-Prof. Dr. *Heike Jochum* vom Institut für Finanz- und Steuerrecht der Universität Osnabrück herzlich für ihre Unterstützung beim Redigieren des Textes.

dass Staaten einander quasi überbieten, um Unternehmen und Kapitalströme auf Kosten der anderen Ländern in ihr Land zu locken.

Wenn Staaten sparen müssen, um ihre Schuldenlast zu reduzieren und die Nettoneuverschuldung einzuschränken, liegt es auf der Hand, dass sie dabei auch nach Möglichkeiten suchen, um ihr Steuersystem zu verbessern und seine Effizienz zu steigern. Eine häufig auftretende Frage ist dann die nach dem Verhältnis der Besteuerung von Arbeitseinkommen zu der Besteuerung von Vermögen. Vermögen zeichnet sich regelmäßig dadurch aus, dass es nicht an einen bestimmten Ort gebunden ist. Durch einen Knopfdruck kann ein Betrag vom einen Ende der Welt zum anderen Ende transferiert werden. Wenn ein Staat Kapitaleinkommen zu hoch besteuert, kann das dazu führen, dass dieser Staat gemieden wird, wenn es darum geht, zu entscheiden, wo Kapital investiert und angelegt werden soll. Die Folge ist dann, dass diejenigen, die weniger mobil sind, höher besteuert werden. Diese „Sitting Ducks" sind meistens die Arbeitnehmer. Um zu vermeiden, dass diese Kategorie übermäßig belastet wird, wird man nach anderen Möglichkeiten zur Steuererhebung suchen. Dabei kommt auch oft die Einführung oder Wiedereinführung einer Vermögensteuer in den Blick. Weil eine Vermögensteuer bei Vermögenden erhoben wird, spricht eine solche Steuer viele Nicht-Vermögenden sehr an. Das erklärt, warum auch viele politische Parteien, meistens von der linken Seite, solch eine Steuer unterstützen. Es scheint ein ideales Mittel, um gerade die „Reichen" einen Beitrag zur Bekämpfung der Krise leisten zu lassen; dies stößt oft um so mehr auf Beifall, als viele der Meinung sind, dass die „Reichen" die Krise in wesentlichem Maße verursacht haben. Insofern kann eine Vermögensteuer auch eine wichtige Symbolfunktion haben.

Juristen und Ökonomen haben gegenüber solcher Begeisterung jedoch etliche Bedenken. Juristen weisen oft auf das Gleichheitsprinzip hin: werden alle Vermögensbestandteile wohl in der gleichen Weise in die Abgabe einbezogen und inwiefern passt eine Vermögensteuer zu dem vom Gleichheitsprinzip abgeleiteten Leistungsfähigkeitsprinzip? Falls schon das Einkommen aus Vermögen mit Einkommensteuer belastet wird, kann man es dann rechtfertigen, dass auch der Besitz von Vermögen als solcher in die Steuerabgabe einbezogen wird? Dazu kommt dass, unter Berücksichtigung des flüchtigen Charakters vieler Vermögensbestandteile, das Risiko der Vermeidung oder Hinterziehung einer solchen Vermögensteuer sehr groß ist. Ökonomen weisen weiter darauf hin, dass eine Vermögensteuer für das Investitionsklima und die Konkurrenzfähigkeit eines Staates nachteilig ist.[1]

Es wundert dann auch nicht, dass nur noch wenige europäische Staaten eine Vermögensteuer haben. Die wichtigsten Vertreter sind Spanien, Frankreich

---

[1] Dazu: *Hansson/Nilsson*, Sweden's Wealth Tax: Good or Bad for Economic Growth?, Tax Notes International 7 April 2003, 53–57.

und in gewissem Maße, darüber sogleich mehr, die Niederlande (die sog. „Box 3" existiert schon dreizehn Jahren). Gleichwohl taucht, wie gesagt, in vielen europäischen Staaten, darunter auch Deutschland, regelmäßig die Diskussion über eine Wiedereinführung dieser Steuer auf.

Daher habe ich die folgende Problemstellung für diesen Beitrag gewählt:

In wiefern kann eine Vermögensteuer gerechtfertigt werden und in wiefern kann das niederländische Box 3 System Model stehen für andere EU-Staaten?

Im Nachfolgenden werde ich zur Beantwortung dieser Hauptfrage zunächst erörtern, ob und wenn ja, inwiefern aus steuerwissenschaftlicher Perspektive eine Vermögensteuer mit dem Leistungsfähigkeitsprinzip vereinbar oder jedenfalls aus übergeordneten Gründen gerechtfertigt werden kann.

Danach werde ich an Hand einer rechtsvergleichenden Übersicht die Situation in einigen europäischen Staaten und den Vereinigten Staaten im Überblick darstellen. Detaillierter möchte ich auf die Erfahrungen eingehen, die in den Niederlanden während der letzten dreizehn Jahre mit Box 3 – einen Teilbereich des niederländischen Einkommensteuergesetzes 2001 – gesammelt wurden. Diese Box 3-Steuer ist formell als eine Einkommensteuer auf die Einkünfte aus Vermögen ausgestaltet; materiell handelt es sich jedoch um eine Vermögensteuer. Dieser Beitrag wird abgeschlossen mit einigen Schlussfolgerungen.

II. Das Leistungsfähigkeitsprinzip

1. Leistungsfähigkeit und Gleichheit

Es ist allgemein anerkannt, dass Steuern in Übereinstimmung mit der wirtschaftlichen Leistungsfähigkeit des einzelnen Steuerpflichtigen erhoben werden sollen. Unter Leistungsfähigkeit verstehe ich die Fähigkeit („Faculty"), Steuern zu zahlen. Das Leistungsfähigkeitsprinzip prägt den steuerlichen Gleichheitssatz: gleiche Fälle soll man gleich behandeln, ungleiche Fälle soll man ungleich behandeln im Verhältnis zu ihrer Ungleichheit.[2]

Im Jahre 1923 präsentierten drei Professoren – *Gijsbert Bruins*, *Luigi Einaudi* und *Edwin Seligman* – und der spätere Präsident der Bank of England, Sir *Josiah Stamp*, dem Finanz-Ausschuss des Völkerbundes einen Bericht mit dem Titel „Report on Double Taxation".[3] In diesem Bericht stellten sie heraus dass, ausgehend von der Prämisse, dass Bürger in Übereinstimmung

---

2 *Jochum*, Grundfragen des Steuerrechts, 2012, S. 22 ff.
3 *Bruins/Einaudi/Seligman/Stamp*, Report on Double Taxation, submitted to the Financial Committee, League of Nations, 1923. Dazu auch: *Kemmeren*, Principle of Origin in Tax Conventions, A Rethinking of Models, 2001, 24.

mit ihrer Leistungsfähigkeit Steuern zahlen müssen, jede Regierung die Freiheit hat, einen oder mehrere Zeitpunkte zu wählen, um diese Leistungsfähigkeit zu bemessen.

Genannt werden vier Zeitpunkte, die in Betracht kommen, um die Fähigkeit festzustellen, Steuern zu zahlen:
1. Der Erwerb von Vermögen, zu besteuern mit Einkommensteuern.
2. Der Besitz von Vermögen, zu besteuern mit Vermögensteuern.
3. Der Konsum von Vermögen, zu besteuern mit Verbrauchsteuern.
4. Die Zuwendung von nicht-konsumiertem Vermögen, zu besteuern mit Schenkung- und Erbschaftsteuern.

Eine Besteuerung nach Maßgabe des Leistungsfähigkeitsprinzips erfordert, dass sich die Steuern auf Erwerb, Besitz, Konsum und Zuwendung von Vermögen gegenseitig ergänzen oder ersetzen können.

Theoretisch ist es z.B. möglich, ein System zu entwerfen, worin die Vermögensteuer als eine Art Steuervorauszahlung der Einkommensteuer gesehen wird. Diese Vermögensteuer wird dann in dem Moment mit der Einkommensteuer verrechnet, in dem tatsächlich Vermögenseinkünfte bzw. -gewinne realisiert werden. Das Ableben des Steuerpflichtigen kann als eine Form der Veräußerung betrachtet werden, die eine äußerste Abgabe bezüglich der im Leben des Erblassers aufgebauten Leistungsfähigkeit zu Folge hat; mit dieser wäre die schon bezahlte Vermögensteuer zu verrechnen. Das schließt an den Gedanken an, dass die Anwendung des Leistungsfähigkeitsprinzips es erfordert, eine *Lifetime notion of income* in Betracht zu ziehen.[4] Ohne die Möglichkeit einer Verrechnung droht dabei jedoch juristische und ökonomische Doppelbesteuerung. Wenn die Erben diese Endabgabe gesetzlich übernehmen dürfen, soll der Barwert dieser Endabgabe mit der Erbschaftsteuer, die die Erben zahlen müssen, verrechnet werden können.[5]

Ein mehr praktischer, weniger prinzipieller Ansatz, um die Vermögensteuer zu rechtfertigen, liegt darin, in dieser Steuer eine Kompensation dafür zu sehen, dass die Erhebung der Einkommensteuer auf Kapitaleinkünfte nur in unvollkommener Weise verwirklicht wird. Das war z.B. der Fall in dem niederländischen Steuersystem vor der Einführung des Einkommensteuergesetzes 2001. Dieses auf der Quellentheorie basiertes System besteuerte nur die Früchte der Einkommensquelle (die Dividende, Mieteinkünfte, Zinsen usw.), aber nicht die Wertveränderungen der Quelle selbst, die Vermögensgewinne und -verluste. In einem derartigen System könnte die Vermögensteuer als eine Kompensation für das Nicht-Besteuern von Vermögensgewinnen und

---

4 *Rose*, Economic aspects of taxation of income from capital, in *Essers/Rijkers*, The Notion of Income from Capital, EATLP International Tax Series, Volume I, 2005, 62–68.
5 *van Vijfeijken*, Contours of a Modern Inheritance and Gift Tax, Intertax 2006/3, 151–157.

-verlusten gesehen werden. Das würde ebenfalls implizieren, dass in dem Fall ein System mit einer *comprehensible notion of income from capital* entwickelt werden würde, so wie vielleicht das S-H-S Modell, und damit eine Vermögensteuer überflüssig sein würde. Von einem gleichen Gedankengang aus würde eine Vermögensteuer gerechtfertigt werden können als eine Kompensation für das Fehlen einer Schenkung- und Erbschaftsteuer in einem Lande.[6]

2. Leistungsfähigkeit vs. Instrumentalismus

In der Praxis wird insbesondere aus Gründen der Vereinfachung und Effizienz sowie zu Lenkungszwecken oft vom Leistungsfähigkeitsprinzip abgewichen. Beispiele hiervon sind die Steueranreize zur Wirtschaftsförderung und auf dem Gebiet des Umweltschutzes, die „Dual Income Taxes" in den skandinavischen Staaten,[7] die Reichensteuer (Vorschlag des Stellvertretenden Ministerpräsidents Clegg im Vereinigten Königreich), Solidaritätssteuer und Krisensteuern. Neulich plädierte der Deutsche Sachverständigenrat zur Begutachtung der gesamtwirtschaftlichen Entwicklung (*Five Wise Men*) dafür, in den südlichen Euro-Staaten eine Vermögensteuer einzuführen, um die Schulden zurückführen zu können, die anlässlich des Bail-Out entstanden sind.[8] Diese Vermögensteuer würde dann nicht so sehr auf Vermögen auf Bankkonton abstellen, sondern besonders auf Immobilien und andere weniger mobile Güter in diesen Staaten. In Oktober 2013 hat das *IMF Fiscal Affairs Department* im *Fiscal Monitor* ausgerechnet, dass eine einmalige Vermögensteuer in 15 EU-Staaten von 10 %, bezahlt durch Haushalte mit einem positiven Vermögen, die Schuldenratios unter das Niveau von Ende 2007 bringen würde.[9]

Die Nutzung von Steuern zur Erreichung sozialökonomische Ziele muss nicht falsch sein, sofern vorher untersucht wird, ob das Steuerinstrument im konkreten Fall das zweckmäßigste Instrument ist, um das beabsichtigte Ziel zu erreichen. Oft wird zu leicht und zu schnell das Steuerinstrument benutzt. Die Folge davon ist, dass die Steuergesetzgebung sehr kompliziert wird und fortwährend Konflikte mit dem Gleichheitsprinzip entstehen können. Das wiederum kann zu Unzufriedenheit mit dem Steuersystem führen und dadurch zu einer vermindertern Akzeptanz bei den Steuer-

---

6 *Essers/Rijkers*, The Notion of Income from Capital, EATLP International Tax Series, Volume 1, 2005, 296–300.
7 *Bø/Lambert, Thoresen*, Horizontal inequity under a dual income tax system: principles and measurement, International Tax Public Finance 2012, 19, 625–640 und *Keuschnigg*, The Design of Capital Income Taxation: Reflection on the Mirrlees Review, Fiscal Studies 2011, Volume 32, no. 3, 437–452.
8 http://www.zerohedge.com/news/2013-04-14/germanys-five-wise-men-confirm-wealth-tax-coming.
9 International Monetary Fund, Fiscal Monitor, October 2013, World Economic and Financial Surveys, 49.

pflichtigen. Die Legitimität des Steuersystems wird angetastet bei einer zu weitgehenden Instrumentalisierung zu Lenkungszwecken.

Die meisten Staaten besteuern Kapitaleinkünfte niedriger als Arbeitseinkünfte. Die Gründe dafür basieren meistens nicht auf dem Prinzip der Leistungsfähigkeit; bestimmende Gründe sind vielmehr regelmäßig: die Angst vor Kapitalflucht und vor Steuerhinterziehung, internationale Steuerkonkurrenz, Stimulierung des Sparers und des Schuldenabbaus, Förderung von Wachstum und Investitionen und die Inflation, die Vermögenseinkünfte mehr trifft als Arbeitseinkommen. Auch werden nicht immer alle Kapitaleinkünfte besteuert. Die Folge ist, dass die gegenwärtige Besteuerung von Kapitaleinkünften nicht selten einen Konflikt mit dem Leistungsfähigkeitsprinzip auslöst. Die Frage ist dann, ob eine Vermögensteuer eine gute Alternative oder Ergänzung sein könnte.

III. Einige Gründe für die Vermögensteuer

Auch wenn aus theoretischer Hinsicht eine Vermögensteuer neben einer Einkommensteuer und einer Schenkung- und Erbschaftsteuer existieren kann, bedarf der Klärung, ob Vermögen eine selbständige Quelle von Leistungsfähigkeit ist. Diesbezüglich gibt es verschiedene Theorien.[10] So wird Vermögen als eine Ausgabenreserve (Konsumpotential) angesehen;[11] das heißt, der Besitzer von Vermögen soll im Vergleich zu demjenigen, der kein Vermögen besitzt, eine Vorsprungposition innehaben, weil ihm der Besitz von Vermögen die Möglichkeit bietet, trotz eines (zeitlichen oder nicht zeitlichen) Mangels an Einkünften dennoch notwendige Ausgaben zu tragen, darunter auch die Verpflichtung, Steuern zu zahlen.

Andere weisen auf die Ertragsfähigkeit von Vermögen hin. Vermögen kann gesehen werden als der Barwert von zukünftigem Einkommen. Durch Besteuerung des aktuellen Vermögens wird daher auch ein Teil des zukünftigen Vermögens in die Abgabe mit einbezogen. Hiermit hängt zusammen, dass Vermögen auch als Produktionsfaktor für neues Vermögen angesehen werden kann. Durch kluge Vermögensanlage und -umschichtung, das heißt die Möglichkeit, zeitlich versetzt Vermögensbestandteile zu verkaufen und wieder Neue zu kaufen, entsteht wieder neues Vermögen mit der Folge zusätzlicher Leistungfähigkeit, um Steuern zu zahlen.

Als Rechtfertigung einer Vermögensteuer wird auch angeführt, dass Vermögen (anders als Arbeit) dauerhaftes (fundiertes) Einkommen sei (Fun-

---

10 *Essers/Rijkers*, The Notion of Income from Capital, EATLP International Tax Series, Volume 1, 2005, 296–300. *Tipke*, Die Steuerrechtsordnung II, 2. Aufl. 2003, 913–952.
11 Dazu: *Tipke*, Die Steuerrechtsordnung II, 2. Aufl. 2003, 924. *Tipke* ist übrigens ein entschiedener Gegner einer Vermögensteuer.

dustheorie). Weil der Besitz von Vermögen sicherer sei als eine Arbeitsstelle, bringe Vermögen strukturell auch mehr sichere Einkünfte ein.[12]

Daneben gibt es die Theorie von der Sonder-Leistungsfähigkeit der Vermögenden:[13] Vermögenden sollen über eine besondere Leistungsfähigkeit verfügen, die im Einkommen noch nicht erfasst sei (auch als „Vermögensbesitztheorie" bezeichnet): Vermögen schaffe Kreditfähigkeit und -würdigkeit, gesellschaftliches Ansehen, Bedürfnisbefriedigung durch Selbstbestätigung, Genuss von Macht und Einfluss, Gefühl wirtschaftlicher Sicherheit und Unabhängigkeit, insbesondere Konsumreserven (Konsumpotential) für den Notfall und eine gesteigerte Angebotselastizität auf dem Arbeitsmarkt. *Tipke:*[14]

„Durch die Vermögensteuer werde auch die Leistungsfähigkeit erfasst, die sich in der Eigennutzung von Gütern verkörpere (die die Einkommensteuer nicht oder nicht vollständig erfasst). Vermögen sei vererbbar, die Arbeitskraft nicht. Vermögende hätten größere Chancen, steuerliche Gestaltungsmöglichkeiten und Steuervergünstigungen auszunutzen. Im Sinnen dieser Theorie liegt es, dass auch ertragloses Vermögen besteuert wird, dass keine Rücksicht genommen wird auf die unterschiedliche Rentabilität verschiedener Vermögensarten und dass die Vermögensteuer nicht von der Einkommensteuer-Bemessungsgrundlage abgezogen werden kann."

Auch gibt es eine auf das Äquivalenzprinzip gründende Theorie zur Rechtfertigung der Vermögensteuer:[15] Weil der Staat das Vermögen schütze, könne man die Vermögensteuer als Prämie für staatlichen Schutz sehen.

Daneben werden die im vorigen Paragraphen genannten instrumentalistischen Gründe für eine Vermögensteuer angeführt. Dabei kann man namentlich an die Krisensteuer, Reichensteuer oder Solidaritätssteuer denken, so wie sie momentan in Frankreich, Griechenland und Spanien existieren („Bail-out-Steuern").

Schließlich kann die Vermögensteuer auch zur Umverteilung von Vermögen dienen, die Vermögensteuer also die Funktion einer Umverteilungssteuer übernehmen.[16] Vermögen sei, so wird vorgebracht, wesentlich ungleicher verteilt als Einkommen.

---

12 Kritisch zur „Fundustheorie" *Tipke*, Die Steuerrechtsordnung II, 2. Aufl. 2003, 922 ff.
13 Dazu instruktiv aber letztlich ablehnend *Tipke*, Die Steuerrechtsordnung II, 2. Aufl. 2003, 925 Fn. 30 unter Hinweis insbesondere auf die Begründung zum preußischen Ergänzungssteuergesetz v. 14.7.1893.
14 *Tipke*, Die Steuerrechtsordnung II, 2. Aufl. 2003, 924 und 925 m.w.N.
15 Vgl. *Hey* in Tipke/Lang, Steuerrecht, 21. Aufl. 2013, § 3 Rz. 44.
16 *Tipke*, Die Steuerrechtsordnung II, 2. Aufl. 2003, 931.

IV. Einige Einwände gegen die Vermögensteuer

Selbstverständlich können gegen diese Gründe zur Rechtfertigung einer Vermögensteuer auch gewichtige Einwände vorgebracht werden So betonen *Tipke, Lang* und *Hey*[17] dass eine gleichmäßige Lastenverteilung nicht bei der Ertragsfähigkeit des Vermögens ansetzen soll sondern nur an Ist-Erträgen; Vermögen erzeuge nicht per se Erträge. Werde Vermögen mit einem bestimmten Satz besteuert, gehe man von der Fiktion aus, dass das Vermögen in der Zukunft sichere Einkünfte einbringen wird. Also sei eine solche Steuer auf eine Fiktion gegründet. Die tatsächlichen zukünftigen Einkünfte können jedoch höher oder niedriger sein. *Tipke:* „Zum Leistungsfähigkeisprinzip, das ein Ist Prinzip ist, passt eine Sollertragsteuer nicht".[18] Weiter kommt hinzu, dass Vermögensarten auch unterschiedlich rentierlich sind. Ferner ist zu berücksichtigen, dass Vermögen der Barwert des zukünftigen Einkommens ist („Vermögen ist gespeichertes Einkommen"), eine Vermögensteuer in Kombination mit einer Einkommensteuer kann daher Doppelbesteuerung verursachen. Weiter stellen sie fest, dass steuerliche Leistungsfähigkeit Liquidität der Steuerzahler voraussetzt; diese sei daher als Zahlungsfähigkeit zu verstehen. Im Falle der Ertraglosigkeit sind liquide Mittel nicht vorhanden, um Steuern zu zahlen.

Ein anderer wichtiger Punkt der Kritik ist, dass die Besteuerung von Vermögen die Inflation negiert (1 Euro = 1 Euro Prinzip). Schließlich weist man darauf hin, dass die Bewertung des ruhenden Vermögens ein permanenter Quell der Ungleichbehandlung ist. Es gibt viele Ausnahmen in den Vorschriften für die Bewertung der Vermögensbestandteile. Für das deutsche BVerfG war dies der Hauptgrund, um im Jahr 1995 die deutsche Vermögensteuer als verfassungswidrig zu qualifizieren.[19]

V. Einkommensteuer auf Vermögenseinkommen, Vermögensteuer, Schenkung- und Erbschaftsteuer in Europa und die USA

Die unten aufgenommene Übersicht[20] zeigt die Einkommensteuer auf Vermögenseinkommen, Vermögensteuer sowie die Schenkung- und Erbschaftsteuer in einigen europäischen Staaten und in den USA. Es stellt sich heraus, dass die Staaten, die eine Vermögensteuer haben, in der Minderzahl sind. Beispiele solcher Staaten sind: Frankreich und Spanien. In der Schweiz

---

17 *Hey* in Tipke/Lang, Steuerrecht, 21. Aufl. 2013, § 3 Rz. 60–64.
18 *Tipke*, Die Steuerrechtsordnung II, 2. Aufl. 2003, 918.
19 BVerfG v. 22.6.1995 – 2 BvL 37/91, BVerfGE 93, 121 = BStBl. II 1995, 655.
20 Basiert auf die Master Thesis Tax Law von *Bosma*, The confrontation between the use of legal fictions in the taxation of (cross-border) capital income of individuals and structural principles of law, Tilburg University, EUCOTAX Wintercourse, 2013, 49–74.

gibt es eine kantonale Vermögensteuer. Andere Europäische Staaten die auch eine Art Vermögensteuer kennen sind Griechenland, Island, Liechtenstein, Norwegen und Rusland. Länder die heute keine Vermögensteuer mehr erheben, sind u.a.: Deutschland (seit 1997), Finland (seit 2006), Niederlande (seit 2001; aber dieses Land hat Box 3 seit 2001), Österreich (seit 1993) und Schweden (seit 2007).[21]

Einkommensteuer auf Kapitaleinkünfte, Vermögensteuer, Schenkung- und Erbschaftsteuer (2012/2013)						
	Eink.st. Tarif	Cap.gains tax Mob.	Cap.gains tax Imm.	Reichensteuer	Vermögenst.	Schenk/ Ersch.
AU	25 %	25 %	25 %	Nein	Nein	Nein
BE	25 %	33 %	16,5/33 %	Nein	Nein	Ja
CH	11,5 % (Fed.) 14–25 % (Kanton.)	Nein	10–40 %	Nein	Nein (Kanton. Vermög.st.)	Ja
DE	25 %	25 %	15–42 %	Ja	Nein	Ja
ES	21–27 %	21–27 %	21–27 %	Ja	0–2,5 %	Ja
FR	0–45 %	0–45 %	19 % + 14,5 %	Ja	0–1,5 %	Ja
HU	16 %	16 %	16 %	Nein	Nein	Ja
IT	12,5–20 %-	12,5–20 %-	21–46 %	Nein	Nein	Ja
NL	Box 3	Box 3	Box 3	Nein	Box 3	Ja
PL	19 %	19 %	19 %	Nein	Nein	Ja
SE	30 %	30 %	30 %	Nein	Nein	Nein
UK	10–45 %	18/28 %	18/28 %	Ja	Nein	Ja
US	20 %	10–39,6 %	10–39,6 %	Nein	Nein	Ja

Die meisten Staaten haben ein System etabliert, worin die Arbeitseinkünfte stärker besteuert werden als die Vermögenseinkünfte. Dadurch entsteht unverkennbar ein Konflikt mit dem Gleichheits- und Leistungsfähigkeitsprinzip. Die Frage, die sich als nächste aufdrängt, ist die, ob die (Wieder)Einführung einer Vermögensteuer eine gute Alternative sein kann, um diese Spannung zu verringern oder sogar vollständig aufzulösen. Um diese Frage

---

21 Dazu auch: *Lehner*, The European Experience with a Wealth Tax: A Comparative Discussion, 53 *N.Y.U. Tax Law Review* 615, 2000 und *Norregaard*, Taxing Immovable Property: Revenue Potential and Implementation Challenges, IMF Working Paper 13/129, IMF, 2013.

zu beantworten, werde ich die Situation in den Niederlanden etwas genauer beleuchten.[22]

VI. Box 3 im niederländischen Einkommensteuergesetz

1. Allgemeines

Am 1.1.2001 ist das niederländische Einkommensteuergesetz 1964 durch das Einkommensteuergesetz 2001 ersetzt worden. Ein Grund für diese Reform war, dass in den Niederlanden die Belastung mit Einkommensteuer und Sozialabgaben im Vergleich zu anderen Ländern ziemlich hoch war; dies galt insbesondere in Bezug auf die Besteuerung von Arbeitseinkommen. Ein anderer Grund war, dass das System unter einer Erodierung der Bemessungsgrundlage litt. Dies war hauptsächlich eine Folge der zahlreichen Steuerabzugsmöglichkeiten und des Fehlens einer Vermögenszuwachssteuer für Privatpersonen. Eine solche existierte lediglich bezüglich des Vermögenszuwachses von Unternehmern und Aktionären mit einer wesentlichen Beteiligung. Das Fehlen einer allgemeinen Vermögenszuwachssteuer lud zu vielen Steuerumgehungen ein, die im Kern steuerpflichtige Vermögenseinkommen in den Bereich des einkommensteuerfreien Vermögenszuwachses verlagerten. Die Ziele der Steuerreform 2001 wurden wie folgt formuliert:

1. Erweiterung und Verstärkung der Bemessungsgrundlage
2. Verbesserung der Arbeitsmöglichkeiten und ökonomischen Struktur, Stärkung der niederländischen Wettbewerbsposition
3. Stimulieren einer dauerhaften und nachhaltigen ökonomischen Entwicklung („grünes" Steuersystem)
4. Verwirklichung einer gleichmäßigen und gesetzmäßigen Steuerlast
5. Verbesserung der Emanzipation der Frauen und deren ökonomischer Unabhängigkeit
6. Vereinfachung des Steuersystems

Ausgehend von diesen Zielen, enthielt das Einkommensteuergesetz 2001 die folgenden wesentlichen Maßnahmen:

1. Erweiterung der Bemessungsgrundlage durch
   a) Einführung eines 3-Boxen-Sytems einschließlich einer fiktiven Investitionsertrag-Box (Box 3) und
   b) Abschaffen oder Verringern verschiedener Steuerabzugsmöglichkeiten,

---

22 *Essers*, Personal income tax reform in the Netherlands: the battle between robustness, fairness, and equality, L'Année fiscale 2006 (Revue annuelle), 2006, 21–33.

2. Eine Verschiebung von direkten Steuern zu indirekten Steuern und Ökosteuern,
3. Maßnahmen, um die Steuerlast auf Arbeitseinkommen zu verringern, die ökonomische Struktur zu verbessern und um eine gleichmäßige Steuerlast zu erreichen. Dazu wurden
   a) niedrigere Steuersätze und mehr Steuerstufen eingeführt und
   b) steuerfreie Einkommensbeträge durch die Anrechnung von Steuern ersetzt,
4. Maßnahmen, um Emanzipation und ökonomische Unabhängigkeit zu fördern,
5. Maßnahmen, um das Einkommensteuersystem zu vereinfachen.

2. Die drei Boxen des Einkommensteuergesetzes 2001

Die Erweiterung der Steuerbemessungsgrundlage wurde vorrangig durch die Einführung von Box 3 realisiert. Im Einkommensteuergesetz 1964 waren Vermögeneinkünfte, wie z.B. Dividenden und Zinsen, Teil des vollständig zu besteuernden Einkommens, das mit einem progressiven Satz besteuert wurde. Vermögenzuwachs dagegen wurde, wie schon gesagt, nicht besteuert sofern es sich nicht um Vermögenszuwachs eines Unternehmers oder eines Aktionäres mit einer wesentlichen Beteiligung handelte. Daneben wurde der Netto-Wert des persönlichen Vermögens des Steuerpflichtigen mit einer Vermögensteuer zu einem ermäßigten Satz (0,7 %) belastet. Diese Situation führte zu vielen Steuerumgehungen, die steuerpflichtiges Vermögenseinkommen in steuerfreies Vermögenszuwachseinkommen verlagerten. Besonders in den 1990'er Jahren wurden viele Finanzprodukte entwickelt, um Investoren steuerfreie Vermögenzuwächse zu sichern. Eine Folge davon war, dass die Besteuerung von Vermögeneinkünften zur Illusion verkam. Damit wurde auch das Leistungsfähigkeitsprinzip verletzt.

Die niederländische Regierung hätte auf diesen Prozess von Steuerumgehung mit einer Schließung der größten gesetzlichen Schlupflöcher reagieren können. Diese Vorgehensweise wurde jedoch nicht verfolgt, weil die Erfahrungen der 80'er Jahre gezeigt hatten, dass jede Gesetzesänderung die Komplexität der Gesetze weiter erhöhen und zu neuen Steuerumgehungsstrategien einladen würde. Eine grundlegende Lösung hätte wohl eine Vermögenszuwachsteuer sein können, so wie man sie in den skandinavischen Ländern in den frühen 1990'er Jahren eingeführt hatte. Eine solche Lösung wurde jedoch aus politischen Gründen verworfen. In den Niederlanden galt die Einführung einer Vermögenzuwachsteuer lange Zeit, vergleichbar mit dem bloßen Gedanken an eine Abschaffung des Hypothekzinsenabzugs, als eines der letzten (Steuer)Tabus. Daher wurde die Einführung einer Vermögenzuwachssteuer als eine politisch nicht realisierbare Alternative angesehen.

Schließlich beschloss die niederländische Regierung, ein Drei-Boxen-System einzuführen: Box 1 umfasst Einkünfte aus Arbeit und Wohnung[23] (inklusive abzugsfähige Hypothekzinsen) und besteuert diese mit einem progressiven Satz von höchstens 52 %; Box 2 erfasst Einkünfte – Dividenden und Veräußerungsgewinne – aus einer wesentlichen Beteiligung,[24] die mit einem proportionalen Satz von 25 % (einschließlich Körperschaftsteuer: 43,75 %) besteuert werden; und Box 3, die zu der Besteuerung eines fiktiven Ertrags aus Privatvermögen von 4 % mit einem proportionalen Steuersatz von 30 % führt.

Zur gleichen Zeit wurde die Vermögensteuer von 0,7 % abgeschafft. Im Grunde wurde diese Vermögensteuer durch Box 3 ersetzt, weil diese Box materiell zu einer Vermögensteuer von (30 % von 4 % =) 1,2 % vom Vermögen (Besitz minus Schulden) des Steuerpflichtigen führt.

Im Prinzip sind die drei Boxen strikt von einander getrennt. Das heißt, dass in der Regel[25] ein Verlustausgleich nur innerhalb der einzelnen Boxen möglich ist: ein negatives Ergebnis in einer der Boxen kann nicht durch ein positives Ergebnis in einer der anderen Boxen kompensiert werden.

Das System von Box 3 ist folgendermaßen konzipiert: Es wird unterstellt, dass Investoren zu Beginn eines jeden Jahres 4 % ihres Vermögens erwirtschaftet haben. Der fiktive Ertrag auf Investitionen wird an Hand des (gesamten) Vermögens (Besitz minus Schulden) festgestellt, das nicht in den Boxen 1[26] und 2 besteuert wird. Die Hauptregel für den Bewertungsmaßstab des Besitzes und der Schulden ist der gemeine Wert (Verkehrswert).

Ein fester Teil des Vermögens in Box 3 ist steuerfrei. Im Jahr 2013 betrug dieses persönliche steuerfreie Vermögen 21 139 Euro (für Ehepaare: 42 278 Euro). Dieser Betrag erhöht sich sukzessive um Alterszuschläge. Einige Teile des Vermögens des Steuerpflichtigen wie Kunstwerke und wissenschaftliche Arbeiten sowie „grüne" Investitionen sind ebenfalls steuerfrei gestellt. Freigestellt sind auch Mobilien, die für persönliche Zwecken verwendet oder verbraucht werden.

Durch die Einführung von Box 3 in das neue System muss jetzt anstelle der Vermögenseinkünfte jedes Jahr das Vermögen bewertet und festgestellt

---

23 Einkünfte aus Betrieb und aus selbständiger Arbeit, Lohne, Einkünfte aus der eigenen Wohnung, Leibrenten usw.
24 Ein Aktionär mit einer wesentlichen Beteiligung ist eine Privatperson, die selbst oder mit ihrem Partner mindestens 5 % vom Grundkapital der Gesellschaft besitzt.
25 Angehend Verluste in Box 2 gibt es allerdings eine Ausnahme von der Regel; siehe Art. 4.53 Einkommensteuergesetz 2001.
26 Z.B. die eigene Wohnung des Steuerpflichtigen.

werden. Wenn das Vermögen negativ ist, wird der Betrag von Null zugrunde gelegt. Daher gibt es keine Möglichkeit, in Box 3 Verluste zu verrechnen. Der niederländische Gesetzgeber wollte dabei eine jährliche Anpassung des fiktiven Ertrags aus Investitionen vermeiden; man argumentierte, dass der Satz von 4 % als durchschnittlicher Langzeitwert sowohl Gewinne aus Investitionen als auch Vermögenszuwächse realitätsgerecht erfasse.

Nachdem der fiktive Ertrag mit dem fixen Satz von 4 % angesetzt wird und dieser fiktive Ertrag in einem zweiten Schritt mit dem proportionalen Satz von 30 % besteuert wird, resultiert daraus eine Steuerlast auf Vermögen von 1,2 %. Selbst wenn der Steuerpflichtige einen negativen Ertrag erwirtschaftet hat, muss er diese Steuerlast von 1,2 % tragen. Das war nach dem Sturz der Börsen in 2001, 2002 und schließlich in 2008 bei vielen Steuerpflichtigen der Fall.

Weiter gibt es komplizierte Anti-Missbrauchs-Maßnahmen zur Vermeidung von nicht gerechtfertigten Steuervorteilen im Verhältnis zwischen Aktionär und Kapitalgesellschaft.[27]

3. Offizielle Gründe für Box 3

Offiziell wurde die Einführung von Box 3 im niederländischen Einkommensteuersystem wie folgt begründet:

- Sie sei eine Reaktion auf das sehr kritisierte und missbrauchsanfällige System des Einkommensteuergesetzes 1964.
- Box 3 würde Steuerumgehungen im Zusammenhang mit Vermögenseinkünften stoppen. Weil Box 3 keinen Unterschied macht zwischen Vermögenseinkünften und Vermögenszuwachs, würden allerlei Investitionskonstruktionen nutzlos werden, mit denen zuvor versucht wurde, steuerpflichtige Einkünfte aus Kapitalvermögen in den Bereich des steuerfreien Vermögenszuwachs zu verlagern. Für das Finanzamt würde in solch einem System nur die korrekte Bestimmung des Nettovermögens wichtig sein. Daneben bliebe für den Steuerpflichtigen, um eine Besteuerung zu vermeiden allenfalls noch der Weg, sein Vermögen in einen Steuerzufluchtsort zu verlagern, mit dem kein Informationsaustausch stattfindet. Aus diesen Gründen würde Box 3 im Vergleich zu dem früheren System auch zu höheren und stabilen Einkünften in Bezug auf die Besteuerung der Vermögenseinkünfte führen.
- Gemäß dem Gezetsgeber würde Box 3 der beste Weg zur Besteuerung der Vermögenzuwachskapazität sein. In der Vergangenheit hatte das gesetzliche Konzept der Besteuerung von Kapitaleinkünften zu vielen Steuerausfällen durch Steuerflucht geführt und so als unzureichend er-

---

27 Art. 3.92 Einkommensteuergesetz 2001.

wiesen. Box 3 ist demgegenüber auf einen stärker ökonomischen Ansatz gegründet und sichert eine Besteuerung der Vermögenzuwachskapazität. Der mit Hilfe des festen Satzes von 4 % bestimmte Ertrag, der als Langzeit-Durchschnitt gesehen werden muss, nähere sich dieser Zuwachskapazität realitätsgerecht weil der 4 %ige Satz nicht nur auf die Besteuerung von Vermögensfrüchten (Dividenden und Zinsen) gerichtet sei, sondern auch auf den Vermögenszuwachs des Besitzes.

- Box 3 würde besser mit dem Leistungsfähigkeitsprinzip übereinstimmen als das vorige System. In dem neuen System werde jeder Vermögenbesitzer jedes Jahr in Box 3 besteuert. Im vorigen System hätten dagegen gerade vermögende Steuerpflichtige mehr Möglichkeiten gehabt, um der Einkommensteuer zu entgehen als im neuen System. Vom Blickpunkt des Gesetzgebers aus gesehen bietet Box 3 darum in Übereinstimmung mit dem Leistungsfähigkeitsprinzip eine ehrlichere Verteilung der Steuerlast. Außerdem würden kleine Investoren durch die Einführung eines steuerfreien Betrags für Box 3-Vermögen begünstigt.

- Box 3 würde die Vermögensflucht in andere Länder reduzieren. Eine Steuerlast von 1,2 % vom Vermögen stimme mit der Besteuerung der Vermögeneinkünfte in anderen Staaten besser überein. Also würde der Anreiz deutlich reduziert, sein Vermögen aus den Niederlanden in andere Länder zu verschieben. Man könne sogar an „Repatriierung" des Vermögens aus anderen Ländern zurück in die Niederlande denken.

- Die Einführung eines analytischen Systems, so wie das Boxensystem, würde eine Erodierung der Bemessungsgrundlage verhindern. In einer Boxenstruktur, also einem analytische System, hat jede Box ihre eigene Bemessungsgrundlage und ihre eigene Satzstruktur. Wenn Wirtschaftsgüter oder Vermögenswerte von einer Box in eine andere übertragen werden, ist ein steuerlicher Ausgleich notwendig. Vorher nahmen Steuerzahler erhebliche Kredite auf, die nicht durch steuerpflichtige Vorteile kompensiert wurden. Die Zinsen in Bezug auf diese Kredite wurden von den Betriebsgewinnen oder vom Arbeitseinkommen abgezogen. Durch die strikte Trennung der Boxen ist diese Konstruktion nicht länger möglich. Nur noch Kosten, die mit dem Einkommen in der gleichen Box verbunden sind, kann man von diesem Einkommen in eben dieser Box absetzen. Daneben wurde der Abzug von Werbungskosten für Arbeitnehmer abgeschafft. Kosten in Bezug auf Kredite, die der Box 3 zuzuordnen sind, sind auch nicht abzugsfähig. Nur die Kredite selbst darf man bei der Bestimmung der Bemessungsgrundlage in Box 3 absetzen.

4. Praktische Effekte von Box 3

Die praktischen Effekte von Box 3 sind die Folgende:

a) Weil Box 3 nicht zwischen Vermögenseinkünften und Veräußerungsgewinnen unterscheidet, erübrigt sich die früher verbreitete Steuerplanung, basierend auf dem Unterschied zwischen Einkommen und Veräußerungsgewinnen; allerdings kam eine neue Diskussionen über die Allokation von Besitztümern zu den Boxen und über ihre Bewertung auf. Dennoch ist mein Eindruck, dass durch die relativ niedrige Steuerlast des neuen Steuersystems Steuerpflichtige weniger geneigt sind, ein teures und zeitraubendes Verfahren in Kauf zu nehmen, um diese Steuerlast weiter zu senken.

b) Steuerpflichtige müssen nicht länger ihr jährliches Einkommen aus Privatvermögen aufzeichnen. Anderseits müssen die Steuerpflichtigen im neuen System ihre Besitztümer und Schulden bewerten. Die Zuordnung von Aktiva und Passiva zu den verschiedenen Boxen und an die Partner verursacht auch viele schwierige Probleme. In dieser Hinsicht brachte die Einführung von Box 3 für viele Steuerpflichtige neue praktische Probleme mit sich mit. Dennoch hat Box 3 im Vergleich zum vorigen System für die Steuerpflichtigen insgesamt mehr Klarheit gebracht.

c) Das gilt auch für die Steuerbehörden. Für diese hat das System wahrscheinlich zu mehr Effizienz geführt. Das Bestimmen der Vermögenseinkünfte ist komplizierter als das Bestimmen der Aktiva und Passiva und ihres Wertes. Weiter passt Box 3 besser zu dem Ziel der Automatisierung der Besteuerungsprozesse und des Verfahrens der Steuereintreibung. Daneben braucht das Finanzamt nicht länger steuergünstigen Investitionsplänen entgegen zu treten. Überdies hat die Einführung von Box 3 zu höheren und stabilen Einkünften in Bezug auf die Besteuerung der Vermögenseinkünfte geführt als das frühere System, da Box 3 die Erosion der Bemessungsgrundlage in Bezug auf die Besteuerung der Vermögenseinkünfte gestoppt hat. Der durchschnittliche Steuerertrag von Box 3 in den Jahren 2001–2005 war ungefähr 2,5 Milliarden Euro pro Jahr.[28] Die Zahl der Steuerpflichtigen, die Vermögensteuer/Box 3-Steuer zahlen, hat sich von 1,3 Millionen Euro in 2000 auf 1,7 Millionen Euro in 2001 erhöht. In 2011 fielen fast 2 Millionen Haushalte in Box 3. Hauptsächlich wegen des steuerfreien Vermögens fallen nur 25 % der Haushalte in Box 3. Der Steuerertrag aus Box 3 betrug in diesem Jahr 3,6 Milliarden Euro. Das Einkommensteueraufkommen beträgt 2,7 % vom gesamten Steuerertrag in 2011 (134 Milliarden Euro).

Die folgende Tabelle zeigt die Steuererträge von Box 3 und die Zahl der Haushalte im Jahr 2011.[29]

---

28 Breder, lager, eenvoudiger?, Een evaluatie van de belastingherziening 2001, Finanzministerium der Niederlande, 2005, 69.
29 Nach: Naar een activerender belastingstelsel, Eindrapport Commissie inkomstenbelasting en toeslagen, Juni 2013, 57.

Steuererträge Box 3 und die Zahl der Haushalte (2011)

Zahlen	× 1000
Haushalte	1926
Erträge	Mio. €
Grundlage Box 3 inkl. freigestelltes Vermögen	373 855
Grundlage Box 3 exkl. freigestelltes Vermögen	305 575
Fiktives Box 3 Einkommen (4 %)	12 223
Steuerertrag Box 3 (30 %)	3667

Das Einkommensteueraufkommen beträgt 2,7 % vom gesamten Steuerertrag in 2011 (134 Milliarden Euro).

Es ist allerdings unwahrscheinlich, dass Box 3 alle Steuerpflichtigen davon abhält, ihre Ersparnisse in Steuerzufluchtsorte zu transferieren. Keine Besteuerung ist immer noch attraktiver als eine Besteuerung von 1,2 %. Internationale Entwicklungen in der EU und der OECD sind möglicherweise effektiver, um die Verschiebung von Ersparnissen zu stoppen. Außerdem spielen auch andere Steuern, wie die Erbschaftsteuer, in Bezug auf das Wegschleusen von Vermögen in Steuerparadiese eine Rolle.

d) Das Argument einer Besteuerung der Vermögensverdienstkapazität kann man auch mit guten Gründen in Frage stellen. Die Fiktion eines festen Ertrags von 4 % blendet die erheblichen Ertragsdifferenzen zwischen den verschiedenen Arten der Investitionen aus. Es gibt z.B. beträchtliche Unterschiede zwischen den Erträgen von vermieteten Wohnhäuser und den von vermieteten Büros oder verpachtetem Land. Dasselbe gilt für den Ertrag aus Schuldverschreibungen im Vergleich zu den Erträgen aus Aktien. Das System lässt auch die verschiedenen persönlichen Profilen der Investoren unberücksichtigt. Risikoscheue Investoren mit mäßigen Erträgen werden relativ stärker belastet als große Investoren, die ein höheres Kapitalanlagerisiko in Kauf nehmen. Die Letzten mögen vielleicht höhere Erträge auf ihre Investitionen realisieren können, weil sie Zugang zu dem notwendigen Know-how haben. Als Box 3 eingeführt wurde, sah man einen fiktiven Ertrag von 4 % als ziemlich niedrig an; in 1999 und 2000 war der mittlere Ertrag von Vermögenanlagen mehr als 9 %. In den Jahren 2001 und 2002 wurde durchschnittlich ein negativer Ertrag realisiert, während der Durchschnitt in den Jahren 2003 und 2004 ungefähr bei 5 % lag.[30] Die mitlere Rendite für die gewöhnlichen Sparer in 2005 erreichte gerade einmal 1,6 %.

---

30 Breder, lager, eenvoudiger?, Een evaluatie van de belastingherziening 2001, Finanzministerium der Niederlanden, 2005, 78.

Die folgende Tabelle zeigt die nominalen und realen durchschnittlichen Renditen zwischen 2001 und 2012:[31]

Nominale und reale durchschnittliche Renditen 2001–2012

Nominelle Renditen	2001–2012
Zahlungsrechnung	0,5
Sparrechnung	2,6
Termineinlage	3,7
Zinsen lang	3,8
Anteile	-/- 0,9
Inflation	2,1
Reale Renditen	
Zahlungsrechnung	-/- 1,6
Sparrechnung	0,5
Termineinlage	1,6
Zinsen lang	1,6
Anteile	-/- 3,0

Dennoch geht die niederländische Regierung immer noch davon aus, dass ein fiktiver Ertrag von 4 % realistischerweise als der langfristige durchschnittliche Vermögensertrag angesehen werden kann.[32] Die Besteuerung in Box 3 berücksichtigt auch nicht die Körperschaftsteuer, die schon auf der Ebene der Gesellschaft auf die Gewinne erhoben worden ist. Zinsen, die im Rahmen der Ermittlung des steuerpflichtigen Gewinns einer Gesellschaft abziehbar sind, werden auf die gleiche Weise besteuert wie Dividenden, die auf der Ebene der Gesellschaft nicht abzugsfähig sind.

e) Das größte Problem rund um Box 3 ist der Streit, den sie hinsichtlich ihrer Vereinbarkeit mit den Prinzipen von Gerechtigkeit und Gleichheit verursacht. Obschon die Anwendung eines proportionalen Steuersatzs und die Zuweisung eines steuerfreien Betrags in Box 3 zu einer Bentham Tarifkonstruktion führt, ist das Gesamtergebnis von Box 3 eine degressive Steuersatzkonstruktion. Das ergibt sich daraus, dass die Bemessungsgrundlage in einen festen Ertrag von 4 % besteht; höhere tatsächliche Erträge werden nicht belastet. Ich werde das durch ein Beispiel illustrieren. Gehe wir von einem Nettovermögen von 1 000 000 Euro und einem steuerfreien Betrag von 50 000 Euro aus; die Steuerlast ergibt sich als einen Prozentsatz des Rohertrages wie folgt:[33]

---

31 Nach: Naar een activerender belastingstelsel, Eindrapport Commissie inkomstenbelasting en toeslagen, Juni 2013, 63.
32 Breder, lager, eenvoudiger?, Een evaluatie van de belastingherziening 2001, Finanzministerium der Niederlanden, 2005, 79. Über Renditen von Immobilien gab es nicht genügend statistische Informationen.
33 Basiert auf ein Beispiel von *van Arendonk* in *Essers/Rijkers*, The Notion of Income from Capital, EATLP International Tax Series, Volume 1, 2005, 117.

Degressive Steuertarifstruktur
Beispiel: Privatvermögen 1 Mio. Euro, Steuerfreibetrag 50 000 Euro

Ertrag (%)	Box 3 Steuer	Steuerlast (%)
2	1,2	57
4	1,2	28,5
6	1,2	19
8	1,2	14,25
10	1,2	11,4
12	1,2	9,5
14	1,2	8,14
16	1,2	7,13
18	1,2	6,33
20	1,2	5,7

Je höher das realisierte Aktiv-Einkommen ist, umso größer wird der Vorteil sein, wenn die Aktiva in Box 3 angesetzt werden. Demgegenüber werden die Steuerpflichtigen im Falle von Schulden eine Aufstellung in Box 1 bevorzugen, weil Dank der progressiven Tarifstruktur in Box 1 der Abzug von Zinsaufwendungen die höchsten Vorteile bei der Ermittlung der belastbaren Ertragergebnisse liefert. Das heißt, dass das Finanzamt sehr genau prüfen muss, um sicherzustellen, dass Aktiva und Schulden in der richtigen Box angesetzt werden.[34] Auch die unterschiedlichen Tarife für Einkommen aus Arbeit und aus Privatvermögen einerseits und die Sollbesteuerung statt Istbesteuerung andererseits setzen sich mit dem Leistungsfähigkeitsprinzip in Widerspruch. Sehr wichtig ist es allerdings zu wissen, dass es in den Niederlanden kein Verfassungsgericht gibt. Das gibt dem Niederländischen Gesetzgeber etwas mehr Spielraum als in Deutschland.

---

34 Art. 2.14 Einkommensteuergesetz 2001 enthält eine Anti-Steuerumgehungsmaßnahme, um „Box-shopping" zu verhindern. Wenn rund um den Zeitpunkt der Vermögensfeststellung ein Steuerpflichtiger Aktiva von Box 3 nach Box 1 oder 2 verschiebt und er diese Aktiva wieder innerhalb von drei Monaten zurückversetzt, wird das als Steuerumgehung angesehen. Diese Aktiva werden dann in die Bemessungsgrundlage von Box 3 aufgenommen, während die Gewinne in Bezug auf diese Aktiva entweder in Box 1 oder 2 besteuert werden. Wenn die Übertragung der Aktiva innerhalb einer Zeitspanne von mehr als sechs Monaten stattfindet, wird dem Steuerpflichtigen gestattet zu beweisen, dass die Verschiebung auf wirtschaftlichen Gründen beruhte.

Die folgende Tabelle zeigt die Gliederung von Box 3-Vermögen:[35]

Gliederung Box 3 Vermögen in Mrd. (1.1.2011) Euro

Bank- und Sparguthaben	210 (51 %)
Anteile und Obligationen	90 (22 %)
Immobilien	80 (20 %)
Übrige	30 (7 %)
	410 (100 %)
Schulden	-/- 40
	370
Freigestelltes Vermögen	-/- 65
	305

Ungefähr 42 % der Haushalte in Box 3 besitzt ausschließlich Bank- und Sparguthaben. Bei höheren Vermögen steigt der Umfang der Anteile, Obligationen und Immobilien. Der Anteil der Schulden bleibt gleich, der Anteil des freigestellten Vermögens nimmt ab.

5. Vorschläge des Steuerreform-Ausschusses für zukünftige Änderungen von Box 3

Kürzlich hat die Kommission für Einkommensteuer und Zuschläge in ihrem Bericht „Naar een activerender belastingstelsel" („Zu einem aktivierendem Steuersystem") die nachfolgenden Änderungen der Box 3 vorgeschlagen:

1. Koppelung der fiktiven Rendite an die durchschnittlichen nominellen Sparzinsen der letzten fünf Jahre (2014: 2,4 %),
2. Eigene Wohnung in Box 3 einbeziehen,
3. Abschaffung der Altersfreibeträge und der Freibeträge für „grüne" Investitionen,
4. Jährliche Box 3 Bewertung der Anteile von Aktionären mit einer wesentlichen Beteiligung (Box 2), wobei als Bemessungsgrundlage das eigene Vermögen wie für die Körperschaftsteuer angesetzt wird.

Dies sind politisch sehr umstrittene Vorschläge. Es besteht daher nur eine sehr kleine Chance dafür, dass sie in der Zukunft realisiert werden.

---

35 Nach: Naar een activerender belastingstelsel, Eindrapport Commissie inkomstenbelasting en toeslagen, Juni 2013, 58.

6. Box 3: Einkommensteuer oder Vermögensteuer?

Die Frage liegt auf der Hand, wie die Box 3-Abgabe qualifiziert werden soll: handelt es sich um eine Einkommensteuer oder um eine Vermögensteuer? Diese Frage ist besonders für das internationale Steuerrecht von Bedeutung. Zur Beantwortung der Frage, ob ein Abkommen zur Vermeidung von Doppelbesteuerung anwendbar ist und wenn ja, welche Vertragsartikel in dem Fall konkret anwendbar sind, ist die Qualifikation der Abgabe sehr wichtig. Nach Auffassung der niederländischen Regierung ist Box 3 durchaus als eine Einkommensteuer einzuordnen. Box 3 orientiert sich immerhin an der Besteuerung von Vermögenseinkünften. Kennzeichen, die den Einkommenscharakter der Box 3 unterstreichen, sind nach Meinung der Regierung die folgenden:

- Box 3 ist Teil des Einkommensteuergesetzes 2001 („Wir nennen es eine Einkommensteuer also ist es eine Einkommensteuer");
- Box 3 Einkommen gehört zum Welteinkommen;
- Kapitalertragsteuer und ausländische Quellensteuer sind auf die Box 3-Einkommensteuer anzurechnen;
- Personengebundene Abzugsposten (Lebenshaltungskosten, Aufwendungen für Kinder, Spenden, Ausbildungskosten usw) können genutzt werden;
- Dazu kommt, dass der Hoge Raad in seinem Urteil vom 1.12.2006, BNB 2007/68 bezüglich des Doppelbesteuerungsabkommens zwischen den Niederlanden und Frankreich entschieden hat, dass die Box 3 Steuer eine Einkommensteuer sei.

Demgegenüber sprechen die nachfolgenden Kennzeichen für eine Vermögensteuer:

- Box 3 ist eine Kapazitätsteuer und die passt zu einer Vermögensteuer;
- Box 3 Steuer entspricht 1,2 % vom Privatvermögen am Anfang des Jahres;
- Keine Verlustverrechnung;
- Aktiv- und Passivposten werden isoliert betrachtet: eine Nettovermögenszuwachsmethode kann nicht angewendet werden;
- Auch Konsumschulden werden berücksichtigt;
- Box 3 Steuer reduziert das Vermögen, wenn die wirklichen Erträge strukturell niedriger sind als die fiktiven Erträge.

Nach meiner Meinung ist die Box 3 Steuer formal als eine Einkommensteuer ausgestaltet; materiell gesehen handelt es sich aber um eine Vermögensteuer.[36] Dafür spricht vor allem der Umstand, dass die Box 3 Steuer das Vermögen angreift, wenn die wirklichen Erträge strukturell niedriger sind als die fiktiven Erträge. Das steht in krassen Widerspruch zu den Prinzipien einer Einkommensteuer. Diesem Argument ist daher kaum etwas entgegenzusetzen.

VII. Schlussfolgerungen

1. Eine Vermögensteuer kann theoretisch so lange mit dem Leistungsfähigkeitsprinzip in Einklang gebracht werden, wie es sich um eine Steuer auf den Besitz handelt, die die Steuern auf Erwerb, Konsum und Zuwendung von Vermögen ergänzt oder ersetzt.
2. Aus dem Leistungsfähigkeitsprinzip ergeben sich aber auch viele Bedenken gegen die praktischen Auswirkungen einer Vermögensteuer.
3. Box 3 des niederländischen Einkommensteuergesetzes ist formal als eine Einkommensteuer ausgestaltet, materiell aber handelt es sich um eine Vermögensteuer.
4. Box 3 ist nicht nötig, wenn die tatsächlichen Einkünfte (einschließlich Veräußerungsgewinnen) aus Privatvermögen effektiv und fair mit einer Einkommensteuer besteuert werden können (z.B. Wertzuwachssteuer oder Kapitaleinkommensteuer).
5. Wenn das nicht (vollständig) möglich ist, kann Box 3 vielleicht eine realistische Alternative oder Ergänzung für eine mangelhafte Einkommensteuer auf Einkünfte aus Privatvermögen sein, vorausgesetzt dass
   - Box 3 nicht angewendet wird als Alternative für die Besteuerung von tatsächlichen Einkünften (einschließlich Veräußerungsgewinne) aus Privatvermögen die schon mit einer Einkommensteuer effektiv und fair besteuert werden können (z.B. Einkünfte aus Effekten und Sparrechnungen),
   - auch negative Vermögen berücksichtigt werden,
   - die fiktive Rendite alle fünf Jahre geprüft wird,
   - die fiktiven Einkünfte später mit den tatsächlichen Einkünften verrechnet werden können, z.B. wenn Veräußerungsgewinne besteuert werden.

---

36 Ebenso: *Dusarduijn*, Vermogensrendementsheffing, Fed Fiscale Brochures, 2010, 12–15 und *Dusarduijn*, Van Dijkhuizens vermogensrendementsheffing, Maandblad Belasting Beschouwingen (MBB) 2013/9, 256.

Diskussion

zu den Referaten von Prof. Dr. *Hanno Kube*,
LL.M. und Prof. Dr. *Peter Essers*

Leitung:
Prof. Dr. *Monika Jachmann*

Prof. Dr. *Klaus-Dieter Drüen*, Düsseldorf

Erst einmal einen ganz herzlichen Dank an *Peter Essers* für diesen äußerst instruktiven Vortrag. Ihre bildgestützte Präsentation hatdurch den Geldspeicher von Dagobert Duck die Fundustheorie wunderbar visualisiert, wirft aber zugleich auch einige Fragen auf. Ihre Frage, ob die Vermögensteuer eine Alternative oder eine Ergänzung zur Einkommensteuer sein kann, möchte ich in unsere gestrige Reformdiskussion zur Vollzugsfähigkeit der Steuergesetze einbinden. Das knüpft zugleich an die Thematik der Steuervereinfachung und der Mitwirkungspflichten beim Steuervollzug an, die Herr Kollege *Reimer* heute früh angesprochen hat. Mich würde interessieren, Herr *Essers*, wie sich der Vollzug der Vermögensteuer bei Privatvermögen gewährleisten lässt. Bestehen in den Niederlanden Aufzeichnungspflichten für die Bewertung und die Erfassung des Privatvermögens? Wie lassen sich die Steuererklärungen trotz der großen Zahl der erfassten Steuerpflichtigen gleichheitsgerecht verifizieren und wie die zugrundliegenden Bewertungen der verschiedenen Vermögenswerte überprüfen? Und daran schließt sich die Anschlussfrage an *Hanno Kube* an, wobei ich mir die Antwort aufgrund der konzisen Ausführungen zum Verfassungsrecht beinahe denken kann: Sollten wir aus deutscher Sicht eine Vermögensteuer zur Verifikation der Einkommensteuer, also gar nicht als fiskalorientierte Steuer, sondern als funktionale Ergänzungssteuer in Erwägung ziehen, um die gleichheitsgerechte Erfassung der Einkommensteuer durchführen zu können?

Prof. Dr. *Roman Seer*, Bochum

Also meine zusätzliche Frage schließt ja an das an, was *Klaus-Dieter Drüen* gesagt hat. Ich bin auch glücklich, dass ich mal die Frage an Dich stellen kann, *Peter*. Wie macht Ihr das bei dem Privatvermögen? Ich habe also verstanden, dass das gesamte Privatvermögen erfasst wird, also auch einschließlich von Kunstwerken, Bildern – wie ist das mit Antiquitäten, wie sieht das aus in einem Bereich, wenn jemand beispielsweise ein ganzes Lager von Porsche 911 und ähnlichen Fahrzeugen irgendwo gebunkert hat – auch so etwas gibt es natürlich, gibt es da entsprechend so etwas? In Deutschland gibt es mittlerweile in bestimmten Bezirken der Oberfinanzdirektion Münster sogenannte Flankenschutzfahnder. Die laufen da offenbar herum und klingeln an den Türen von Haushalten. Gibt es so etwas auch in Holland, dass dann geguckt wird, was haben die denn dahinter versteckt vielleicht? Was ist mit Schmuckstücken und ähnlichem? Und in der Tat, ich stimme Ihnen, lieber Herr *Kube*, voll inhaltlich in allem, was Sie da vorgetragen haben, zu. Würden Sie es dann aber trotz dieser ganzen Bedenken für vorstellbar ansehen, dass also praktisch eine Einkommensteuer partiell durch eine Soll-Ertragsteuer ersetzt werden könnte, und würde das das Bild verändern? Aber ich glaube, das hattest Du auch schon gefragt.

Prof. Dr. *Peter Essers*, Tilburg

Es gibt hier ein Paradoxon. Ich bin sehr skeptisch über Box 3 als Steuerwissenschaftler, aber die Politiker in Holland, die sind sehr glücklich mit Box 3. Warum? Die meisten Steuerpflichtigen haben keine Probleme mit Box 3, weil es einen ziemlich hohen steuerfreien Ertrag gibt: 40 000 Euro, wenn man verheiratet ist. Selbstgenutzte Immobilien sind steuerfrei, also auch Antiquitäten und Bilder. Nur wenn diese zur Gewinnerzielung genutzt werden – Sie sind ein Unternehmer oder ein Profi – dann wird es besteuert, aber meistens werden diese Sachen, diese Immobilien nicht besteuert. Natürlich haben wir Bewertungsprobleme mit Immobilien, aber für Sparrechnungen, für Effekte, da gibt es Unterlagen, wie man die bewerten soll. Also es gibt da Probleme, natürlich, aber nicht so viele und in Kombination mit dem niedrigen Satz gehen Leute nicht so schnell zum Richter. Also man kann sehr kritisch sein, wenn man fiktive Erträge betrachtet, also die Soll-Besteuerung aus einer steuerwissenschaftlichen Sicht, aber aus politischer Perspektive ist der Finanzminister sehr glücklich. Politiker, die die nächsten Wahlen gewinnen möchten, sind zufrieden, weil die meisten Leute durch Box 3 nicht belastet werden.

Prof. Dr. *Hanno Kube*, Mainz

Die Verifikationsfunktion ist natürlich ein ganz interessanter verfahrensbezogener Aspekt. *Klaus*, ja, wenn Du sagst, diese Steuer könnte zur Verifikation erhoben und dann angerechnet werden, wäre meine erste Rückfrage, ob es dann tatsächlich eine Steuer sein müsste, wenn sie dann angerechnet würde, oder ob dann insofern ein eigenständiger vermögensteuertypischer Verfahrensschritt ausreichen würde, um eben die Verifikation herzustellen. Was könnte ein solcher Verfahrensschritt sein? Beispielsweise eben das Erfordernis bestimmter Deklarationen, bestimmter Aufzeichnungspflichten, die dann erfüllt werden müssten oder ähnliches. Das wäre insofern vorstellbar. Letzter Punkt allerdings, und da kommen bei mir dann die ernstlichen Fragen auf, was das Erfordernis angeht: Für welche Einkunftsarten der Einkommensteuer bräuchten wir das eigentlich oder wo würde das fruchten? Die einzige Einkunftsart, die mir dazu einfallen würde, oder diejenige, die sich vielleicht aufdrängen würde, wären die §§ 22, 23er-Einkünfte auf Veräußerungserlöse. Das wäre die einzige Einkunftsart, bei der ich mir das vorstellen könnte, aber dann würde sich wieder die Frage stellen, ob sich das lohnen würde und ob auch der Freiheitseingriff, der damit verbunden wäre, die Sache rechtfertigen würde.

Prof. Dr. *Klaus-Dieter Drüen*, Düsseldorf

Man könnte auch allgemein an die Erleichterung einer Nachkalkulation insbesondere hinsichtlich betrieblicher Einkünfte denken, z.B. für den Fall, dass durch eine Vermögensanzeige Schwarzgelder aufgedeckt werden. Dieser Gedanke geht in die gleiche Richtung, würde aber einkunftsartenübergreifend wirken.

Prof. Dr. *Hanno Kube*, Mainz

Das ist sicherlich auch denkbar. Aber, wie schon im Vortrag ausgeführt, glaube ich, dass wir heute mit unserer seit 200 Jahren professionalisierten Steuerverwaltung im Ganzen sehr gute Möglichkeiten haben, in vielen Bereichen zuverlässig Ist-Erträge zu ermitteln. Insofern bleibt es fraglich, ob eine Deklaration des Vermögens erforderlich erscheinen kann. Eher materiell-rechtlich gehalten war die Frage nach der partiellen Ersetzung der Einkommensteuer durch eine Vermögensteuer, Herr *Seer*, der Besteuerung von Einkommen durch eine Soll-Ertragsbesteuerung. Das verweist letztlich in die Geschichte, also das Rad also zurückdrehen für Einkünfte, bei denen man heute tatsächlich so große Schwierigkeiten sieht, dass man eine Soll-Ertragsbesteuerung einer Ist-Ertragsbesteuerung vorziehen würde. Das scheint auch das Anliegen der Regierung in den Niederlanden zu sein. Dennoch würde ich auch in diesem Zusammenhang dabei bleiben, dass ich erhebliche Zweifel daran habe, ob eine Soll-Ertragsbesteuerung anstelle der gegenwärtigen Ist-Besteuerung tatsächlich einen Zuwachs an Besteuerungsgerechtigkeit mit sich bringen könnte.

Prof. Dr. *Gregor Kirchhof*, Augsburg

Ich habe erst eine Anmerkung und sodann eine Frage, die sich auf beide Vorträge bezieht. Die politischen Papiere, die Parteiprogramme und die Gesetzesvorschläge, nach denen in Deutschland eine Vermögensteuer eingeführt werden soll, tragen vor allem zwei politische Erwägungen für die Vermögensteuer vor. Beide Erwägungen greifen aber letztlich nicht. Die erste Erwägung betrifft die Umverteilung. Nach dem aktuellen Armutsbericht der Bundesregierung haben sehr wenige in Deutschland sehr viel Vermögen und viele wenig Vermögen. Diese Vermögensverteilung stellt in der Tat eine Gerechtigkeitsfrage. Doch – und hier stimmte ich Dir, lieber *Hanno*, zu – war die Vermögensteuer nie ein Instrument der Umverteilung und kann auch ein solches aus verfassungsrechtlichen Gründen nicht werden, weil der Vermögensteuerzugriff auf den Soll-Ertrag beschränkt ist. Nach der zweiten Erwägung werden im Ausland flächendeckend Vermögensteuern erhoben, so dass es nahe liege, auch in Deutschland eine solche Steuer einzuführen. Der Befund, dass zahlreiche Staaten das Vermögen besteuern, ist aber nur zutreffend, wenn man die Grundsteuer mit einbezieht. Konzentriert sich der rechtsvergleichende Blick auf echte Vermögensteuern, können nur sehr wenige Länder als Beispiel herangezogen werden. Der Trend geht vielmehr dahin, echte Vermögensteuern abzuschaffen. Damit komme ich zu meiner Frage, die etwa abstrakt ist. Als sich unsere Vereinigung vor Jahren mit der Vermögensteuer beschäftigte, betonte *Dieter Birk*, dass ein Arbeitnehmer, der kein Vermögen hat, weniger steuerlich leistungsfähig ist als ein anderer Arbeitnehmer mit gleichem Einkommen, der vermögend ist.[1] Dieser Befund stellt sich die Frage nach der steuerlichen Leistungsfähigkeit des Vermögens? Und da würde ich Dich so verstehen, *Hanno*, dass die Leistungsfähigkeit des Vermögens im Soll-Ertrag liegt, der allerdings schwer zu ermitteln ist. Meine Frage an Herrn *Essers* wäre nun, ob Sie das ähnlich oder ganz anders sehen.

Prof. Dr. *Johanna Hey*, Köln

Ich hätte auch noch eine Frage an *Peter Essers*, und zwar die Abstimmung mit der Grundsteuer. Denn, wenn ich diese Box 3 richtig verstehe, diesen Soll-Ertrags-Gedanken, dann frage ich mich, was daneben die Grundsteuer macht. Ich meine mich zu erinnern, dass die Niederlande die Grundsteuer nicht abgeschafft haben nach der Einführung der Box 3. Denn wir rechtfertigen die Grundsteuer ja auch mit einem Soll-Ertrags-Gedanken, und dann greifen wir ja zweimal auf die Soll-Erträge zu.

Prof. Dr. *Peter Essers*, Tilburg

Ja, die Frage der Umverteilung. Für mich ist das keine richtige wissenschaftliche Frage. Das ist eine politische Aufgabe. Wissenschaftler können nur sagen: Ja, wenn sie diese Umverteilung haben möchten, dann sollten sie das und das machen. Und das sind die Konsequenzen. Aber ob das Vermögen ungleich verteilt ist in einem Land, das ist ein sehr subjektives Urteil. Natürlich, man kann die Vermögensteuer dazu gebrauchen, aber für mich ist es keine Rechtfertigung aus wissenschaftlicher Sicht und gar nicht aus der Sicht der Leistungsfähigkeit. Das ist an die Politiker gerichtet. Die Frage der Fundustheorie: Ja man kann sagen, eine Arbeitsstelle heutzutage ist auch nicht mehr sicher, dann hat man auch sehr viele Unsicherheiten, so wie der Besitz von Vermögen auch viele Unsicherheiten mit sich bringt. Man denke an die Inflation. Also, ich kann mir das vorstellen bei diesen Theorien, aber in der Wirklichkeit sind sie nicht sehr beeindruckend. Die Grundsteuer haben wir nicht mehr in Holland. Also das Land wird besteuert in Box 3, wenn es kein Box 1-Vermögen ist, daher gibt es keine Doppelbesteuerung hier.

---
1 *Birk*, DStJG 22 (1999), 7 (16).

Prof. Dr. *Hanno Kube*, Mainz

Die Bezugnahme auf den Soll-Ertrag zeigt, dass das Anliegen historisch nicht die Umverteilung war. Anders ist dies bei der Erbschaftsteuer, die ihrem Belastungsgrund nach einmalig auf die Substanz zugreift, um sie anteilig unzuverteilen, und die entsprechend bemessen werden kann. Die Vermögensteuer ist dagegen als Steuer in die Zukunft gerichtet und führt über die Zeit zu einem im Ergebnis nicht wirklich kontrollierbaren Zugriff, der die Substanz vollständig aufzehren mag. Wenn international von Vermögensteuern gesprochen wird, ist es im Übrigen oftmals die Grundsteuer, die den wesentlichen Anteil ausmacht. Die property tax wird vielfach in die Statistiken einbezogen. Eine letzte Anmerkung zu der theoretischen Frage: Was ist Leistungsfähigkeit? Das gibt mir Anlass, noch einmal darauf hinzuweisen, dass aus meiner Sicht Leistungsfähigkeit im Kern Zahlungsfähigkeit sein muss, weil der Staat Geld verlangt. Leistungsfähigkeit ist deshalb nicht, darauf wurde zu Recht hingewiesen, Würdigkeit oder Kreditfähigkeit. Der Steuerstaat verlangt Geld und entsprechend muss sich die Bemessung auf die Zahlungsfähigkeit beziehen, die sich aus dem Ertrag ableitet oder durch einen Konsum indiziert wird, der in der Regel Zahlungsfähigkeit voraussetzt, weil die Umsatzsteuerlast in die Konsumentscheidung einbezogen wird, mit anderen Worten nur dann konsumiert wird, wenn Brutto-Zahlungsfähigkeit besteht.

Prof. Dr. *Marc Desens*, Leipzig

Ich habe eine Frage an Dich, *Hanno*, und zwar, Du hast gesagt, gegenwärtig ist die Vermögensteuer nicht verfassungskonform zu erheben, aber Du hast das ein bisschen offen gelassen. Also heißt das: eigentlich gar nicht? Oder gibt es eigentlich noch eine Möglichkeit, gegenwärtig die Vermögensteuer verfassungsgemäß zu erheben – das hängt ja ein wenig mit den Steuerkonkurrenzen zusammen. Das wäre die erste Frage. Zweite Frage: Ist auch die Grundsteuer verfassungswidrig nach Deinem Bild?

Prof. Dr. *Hanno Kube*, Mainz

Das ist eine Schlüsselfrage, die an den Kern der Sache geht. Gegenwärtig nicht verfassungskonform, was bedeutet das für die Zukunft? Ich hatte in der Zwischenzusammenfassung geschlossen, dass die Vermögensteuer unter den gegenwärtigen Rahmenbedingungen, insbesondere der Ist-Ertragsbesteuerung, nicht verfassungskonform zu erheben ist. Ich würde deshalb zum einen eine Abhängigkeit sehen von der Höhe der Ist-Ertragsbesteuerung. Zum anderen ist aber auch zu berücksichtigen, dass sich – über einen langen Zeitraum von Jahrhunderten – unser Verständnis von Vermögen immer stärker ausdifferenziert hat, so dass das Vermögen in seiner Ertragsfähigkeit immer schwerer fassbar erscheint. Dies lässt es auch für die Zukunft als immer schwieriger erscheinen, eine Vermögensteuer verfassungskonform zu erheben, zumal durch einen Staat, der den Anspruch erhebt, tatsächlich freiheits- und gleichheitsgerecht zu besteuern. Die zweite Frage hatte ich eingangs meines Referats in einem Halbsatz gestreift: Die Grundsteuer würde ich aus den zur Vermögensteuer vorgetragenen Gründen ebenfalls nur als Soll-Ertragsteuer rechtfertigen wollen, wenn überhaupt. Ein Äquivalenzbezug scheint mir nicht rechtfertigungsfähig. Eine Grundsteuer, die als Steuer erhoben wird, muss dem Leistungsfähigkeitsprinzip entsprechen.

Prof. Dr. *Ekkehart Reimer*, Heidelberg

Am Ende dieses extrem ertragreichen Blocks zur Vermögensbesteuerung: Zunächst herzlichen Dank, *Peter Essers*. Ich habe zum ersten Mal Box 3 verstanden, obwohl es sie schon lange gibt. Das war sehr erhellend und das war eine großartige Darstellung. Bei *Hanno Kube*: Zustimmung dazu, dass wir die Vermögensteuer nicht mehr brauchen, wenn man auf die Ergänzungsfunktion schaut. Das ist auch sehr luzid und überzeugend. Widerspruch habe ich allerdings in einem Punkt, und das betrifft eigentlich die zentrale Frage, ob die Vermögensteuer tatsächlich ertragsbasiert sein muss oder ob man sie nicht ohne Verfassungsverstoß eben doch als Substanzsteuer ansehen kann. Ich glaube, diesen Widerspruch möchte ich zumindest noch einmal zu Protokoll geben. Bei allem Respekt vor der Entscheidung im 93. Band: Sie könnte falsch sein. Wenn wir die Ergänzungsfunktion nicht mehr brauchen, zugleich aber sehen, dass das Grundgesetz an anderer Stelle Eingriffe auch in die Vermögenssubstanz ja zulässt – die einmalige Vermögensabgabe ist ein Beleg eigentlich dafür. Und wenn wir das verbinden mit einer modernen Eigentumsdogmatik, die sagt, nicht nur das zivilrechtliche Eigentum im Sinne der einzelnen Gegenstände, sondern auch das Vermögen als solches ist geschützt, dann leuchtet mir eigentlich nicht ein diese hochinteressante und auch neue Idee am Schluss Deines Referats, in dem Du sagst, dass die transaktionsbezogenen Freiheitsausübungen eher der Besteuerung zugänglich sind als dieses ruhende Vermögen, also die lange Phase zwischen Erwerb und Verbrauch. Müsste das nicht umgekehrt sein? Und so könnte man nicht sagen, der Eigentumsschutz garantiert eigentlich, also jedenfalls prinzipiell einmal Schutz vor jeder Besteuerung, egal woran sie anknüpft, weil wir Geld verlieren. Warum wir dieses Geld verlieren, das ist eine Sache, die der Steuergesetzgeber zu fixieren hat, und der Diamant des Maharadschas vermittelt die gleiche Leistungsfähigkeit, die etwa ein Geldvermögen vermittelt, aus dem man sozusagen jederzeit einzelne Stücke herauslösen kann. Deswegen meine ich, dass dieser Gedanke der Enteignung am Ende gegen die Steuer nicht wirklich hilft.

Prof. Dr. *Hanno Kube*, Mainz

Der Kerngedanke ist aus meiner Sicht die Dauerhaftigkeit des Eigentumsschutzes, d.h. die zeitlich unbeschränkte Gewährleistung aus Art. 14 Abs. 1

GG. Dies schließt ein Konzept aus, das sich dem Belastungsgrund nach auf die Substanz bezieht und gar nicht den Anspruch erhebt, eine Steuer zu verlangen, die aus dem Ertrag zu schöpfen wäre. Das Substanzsteuerkonzept greift bewusst auf die Substanz zu und schmilzt sie der Konzeption nach über die Zeit ab. Das scheint mir der Schlüssel zu sein, und ich glaube, dass das ungeachtet der Differenzierung, die man bei Art. 14 GG zwischen dem Bestand und dem auch sozial eingebundenen und sozial abhängigen Gebrauch vornehmen kann, nicht mit dem Eigentumsgrundrecht vereinbar ist.

Prof. Dr. *Joachim Stolterfoth*, Freiburg

Ich bin Rechtsanwalt. Ich will, nachdem der Herr *Reimer* da schon vorgeprescht ist, auch die Frage mal in der Richtung stellen. Ich könnte mir vorstellen, historisch hat ja auch ökonomisch die Vermögensteuer immer auch den Gedanken gehabt, die Machtballung zu verhindern. Das war eine Idee, dass nämlich eine ganz andere Leistungsfähigkeit gegeben ist, wenn ich entsprechend hohes Vermögen habe und die Risiken des Lebens geringer sind. Wenn wir diesen Gedanken nehmen, dann könnte ich von der steuerlichen folgerichtigen Argumentation von Herrn *Kube* natürlich z.B. auf die Mitbestimmung gehen und sagen: Die Änderung der Sozialordnung in dem Punkt, Machtanballung zu verhindern, ist ein Argument für eine Vermögensteuer, nur dann sind wir natürlich im Grunde genommen aus der steuerlichen Argumentation heraus und sind in der wirtschaftsrechtlichen Argumentation. Aber dass das möglich ist, das würde ich durchaus sehen. Ob es verfassungsrechtlich richtig ist, nach den folgerichtigen Darlegungen von Herrn *Kube*, darüber kann man streiten. Aber da würde ich sagen, denken lässt es sich schon.

Dr. *Christoph Moes*, Augsburg

Ich möchte das, was der Herr *Reimer* gesagt hat, gerne auch noch einmal unterstreichen. Die Aushöhlung der Vermögensteuer zur Soll-Ertragsteuer steht im Vermögensteuerbeschluss von 1995. Genauso wie der Halbteilungsgrundsatz. Was aus dem Halbteilungsgrundsatz dann 11 Jahre später im Gewerbesteuerbeschluss 2006 geworden ist, hat man ja gesehen. D.h. ich glaube, wir haben schon jetzt in der Verfassungsrechtsprechung Indizien dafür, dass nicht alles, was im Vermögensteuerbeschluss 1995 steht, so wiederholt werden würde. Und ob Ihre Argumentation, Herr *Kube*, vor dem Bundesverfassungsgericht tragen würde, ist m.E. sehr zweifelhaft. Die Vermögensteuer kommt dort an, und die Argumentation ist, sie kann nur als Soll-Ertragsteuer ausgestaltet werden. Den Soll-Ertrag kann man unter den gegenwärtigen Rahmenbedingungen nicht korrekt erfassen und aus diesem Grund ist eine Vermögensteuer per se unzulässig. Das ist, wenn ich Sie recht verstanden habe, Ihre Argumentation. Die Vermögensteuer steht aber im Art. 106 GG drin. Ich kann mir beim besten Willen nicht vorstellen, dass sich der Senat am Verfassungsgericht diesem sozusagen definitorischen Verbot, das Sie ja fast schon aufbauen, anschließen wird.

Dr. *Joachim Borggräfe*, Frankfurt

Herr *Kube*, mir fehlen in der Gesamtbetrachtung der Erbschaftsteuer und Vermögensteuer im Hinblick auf die Ausgestaltung, die wir ja gefunden haben, schmerzvoll einige ganz wichtige Punkte aus der Praxis. Ich kann mir nicht vorstellen, dass wir bei offenen Grenzen im Rahmen der Globalisierung durch die heutige Finanzverwaltung Inlands- und Auslandsvermögen gleich bewertet bekommen, egal wie wir das machen. Da würde mich auch interessieren, Herr *Essers*, wie machen das die Niederlande? Das zweite ist, wir haben Betriebsvermögen letztendlich deshalb privilegiert in der Bewertung oder verschont wie wir es sagen, weil wir eben die Auswirkungen auf die Arbeitsplätze sehen. Beide Steuern, die Erbschaft- und Schenkungsteuer sowie die Vermögensteuer setzen nun einmal, wenn keine Liquidität da ist, keine Zahlungsfähigkeit per se voraus, sind also Steuern in einer Situation, in der eigentlich derjenige, der sie zahlen soll, diese Zahlungsfähigkeit nicht per se hat. Und das dritte ist: Ja, es gibt in der heutigen betrieblichen Welt keine gleichmäßige Bewertung zwischen immateriellen Werten und materiellen Werten. Wenn Sie die Marken – ob das Apple ist, ob das Google ist, ob das etwa die Marke des Jägermeisters ist – alles immaterielle Werte, die der Markt beim Verkehrswert in Milliardenwerten bewertet. Die, wenn ich sie in die Erbschaftsteuer oder Schenkungsteuer nach Ihrer Sicht ohne Verschonung einbeziehen müsste, im Grunde genommen die Illiquidität bedeuten. Und wir haben schließlich, vorletzter Punkt, im Moment eine bankenpolitische Situation, wo die großen Nationalbanken, egal ob das die EZB, die Schweizer Bank, die Amerikaner, die Engländer über die financial repression, die jetzt sozusagen die Krise fangen soll, eine Bewertung völlig unmöglich machen aus meiner Sicht. Wir haben Volatilitäten, die letztendlich nicht mehr planbar, nicht mehr greifbar sind, und damit muss jeder Standort, letzter Punkt aus meiner Sicht, der jetzt belastet wird mit Erbschaftsteuer, ohne Verschonung des Betriebsvermögens im Standortwettbewerb unterliegen genauso wie letztendlich – Herr *Essers*, vielleicht noch ein Wort dazu aus Ihrer Sicht, wie derjenige, der eben auch Box 3 Vermögensteuer/Einkommensteuer erhebt, die Liechtensteiner haben sich da ja angeschlossen – m.E. im Standortwettbewerb um Arbeitsplätze und Beschäftigung unterliegen muss.

Dr. *Kurt Leiber*, Krefeld

Ich habe eigentlich nur ein praktisches Bedenken. Ich bin fest davon überzeugt, dass unsere gesamten Finanzminister sofort die Vermögensteuer einführen würden, wenn sie nicht die Probleme sähen, dass unsere Finanzverwaltung darunter ächzt, mit den laufenden Steuern klar zu kommen. Das ist das einzige Problem. Denn ich nehme an, im Finanzministerium Nordrhein-Westfalen liegt immer noch mein vor 10 Jahren gefertigter Entwurf für ein neues Vermögensteuergesetz. Das wird sofort hervorgeholt, wenn wir über das andere Bedenken hinweg kommen, und ich glaube nicht, dass dann das Bundesverfassungsgericht sagen wird: Also das, was ihr jetzt gemacht habt, das wird mit den Argumenten, die heute vorgetragen werden, zerfetzt werden. Das wird in irgendeiner Weise gerechtfertigt werden und dann bleibt es bei der Vermögensteuer.

Prof. Dr. *Peter Essers*, Tilburg

Vielleicht gestatten Sie mir, ein Missverständnis auszuräumen. Vielleicht glauben Sie, dass wir in Holland keine Steuerprinzipien haben. Das ist nicht so. Wir haben nur kein Bundesverfassungsgericht. Das Parlament soll die Steuerentwürfe prüfen an der Verfassung und insbesondere der Senat, die erste Kammer in Holland, hat diese besondere Aufgabe. Wenn man der Meinung ist, dass ein Gesetzentwurf verfassungswidrig ist, dann soll man das Gesetz abschaffen und es wird ein neues Gesetz kommen. Wir können schon prüfen an internationalen Abkommen, Rechte der Menschen, das kann ein Richter tun, aber prüfen an der Verfassung ist in Holland nicht möglich. Jedoch bedeutet das nicht, dass wir keine Prinzipien haben. Und auch die Bewertung, ich glaube, die schwierigsten Probleme in Bezug auf die Bewertung sehen Sie bei Unternehmen. Ich verweise nur auf das transfer pricing-Problem. Bei Privatpersonen gibt es auch Bewertungsprobleme, aber nicht solch schwierige wie bei Unternehmen. Und da haben wir schon viele Erfahrungen. Wir sind auch sehr gut in Holland mit Fiktionen, wenn es zu schwierig wird, dann kommen wir mit einer Fiktion. Ich würde sage, besuchen Sie uns einmal. Es funktioniert.

Prof. Dr. *Hanno Kube*, Mainz

Herr *Stolterfoth*, das Machtanballungsargument ist im Grunde ein klassisches Argument, wenn man es freiheitsrechtlich wendet, für die Erbschaftsteuer. Die Erbschaftsteuer alloziert Freiheitschancen über die Zeit neu, verhindert Machtanballung über die Zeit. Die Erbschaftsteuer ist aus meiner Sicht das gebotene Instrument zur Verhinderung von Machtanballung, nicht die Vermögensteuer, wie auch die Geschichte zeigt. Herr *Moes*, sie haben es richtig analysiert. Ein Gesichtspunkt, der gegen die Vermögensteuer spricht, sind die Erfassungsschwierigkeiten. Ein anderer Gesichtspunkt ist aber auch die Höhe der Steuer im Zusammenwirken mit der aktuellen Höhe der Ist-Ertragsbesteuerung. Unter Berücksichtigung der schwierigen Kalkulierbarkeit und Voraussehbarkeit der effektiven Steuerlast – angesichts der Bezugnahme auf den Vermögensbestand bei wechselnder Ertragslage – sehe ich ungeachtet der historisch hergebrachten verfassungsrechtlichen Kompetenzgrundlage durchaus strukturelle Probleme. Diese Probleme werden verstärkt, Herr *Borggräfe*, und das war insofern Wasser auf die Mühlen der Argumentation, durch die massiven Schwierigkeiten der Bewertung gerade im unternehmerischen Bereich. Wenn ich insofern gegen die Differenzierung zwischen Privatvermögen und Betriebsvermögen plädiert habe wegen der Missbrauchsgefahren, soll das nicht heißen, dass ich die besonderen Schwierigkeiten der Bewertung im unternehmerischen Bereich nicht sehen würde. Ich habe die Schwierigkeiten in der Kürze der Zeit bewusst hervorgehoben; die Schwierigkeiten, die Ertragskraft hinreichend genau zu bestimmen, angesichts der Ausdifferenzierung des unternehmerischen Vermögens, des Kapitalvermögens, des im Ausland verhafteten Vermögens. Herr *Leiber*, die praktischen Bewertungsprobleme sprechen doch vielleicht auch dafür, dass die Finanzverwaltung ein entsprechendes Signal senden sollte, dass der Vollzug nicht gelingen kann, jedenfalls im Angesicht unserer Ansprüche an die Freiheits- und Gleichheitsgerechtigkeit der Besteuerung. Ich finde es sehr interessant, Herr *Essers*, dass wir die verfassungsrechtlichen Bedenken, damit möchte ich schließen, über die Grenzen hinweg teilen und in vielem in der Bewertung übereingestimmt haben, ungeachtet der unterschiedlichen institutionellen Arrangements in unseren beiden Ländern.

Voraussetzungen für das Gelingen einer Steuerreform – Ursachen des Scheiterns bisheriger Reformüberlegungen

Prof. Dr. *Detlev J. Piltz*
Bonn

Inhaltsübersicht

I. Der Stand der Reformen
II. Ursachen des Scheiterns bisheriger Reformüberlegungen
III. Voraussetzungen für das Gelingen einer Steuerreform – Zwölf steuerpolitische Thesen
IV. Reformzukunft

I. Der Stand der Reformen

Die Diagnose des deutschen Steuerrechts, insbesondere des Einkommensteuerrechts, in Bezug auf „gutes und richtiges Steuerrecht" fällt schlecht aus. Die Vokabeln sind: Steuerchaos, Steuerdschungel, unverständlich, unüberschaubares Geflecht, katastrophaler Zustand des geltenden Steuerrechts usw. Am kritischsten sind die Wissenschaft und die Richterschaft, gefolgt von den Steuerpflichtigen, ihren Verbänden und Beratern. Finanzbeamte sind vorsichtiger, aber skeptisch genug. Politiker sehen das Steuerrecht positiv oder negativ, je nach ihrer aktuellen politischen Rolle. In der Opposition halten sie das Steuerrecht für mangelhaft und die eigenen Änderungsvorschläge für segensreich. An der Regierung halten sie das Steuerrecht für zufriedenstellend und funktionsfähig, die Änderungsvorschläge der Opposition für unrealistisch. Die Koalitionsvereinbarung zwischen den Regierungsparteien CDU/CSU und SPD vom Dezember 2013 enthält dazu politisch folgerichtig den Satz: „Deutschland hat derzeit insgesamt ein zeitgemäßes und wettbewerbsfähiges Steuerrecht."

Immerhin gibt es in der deutschen Steuergemeinde, wenn man so einmal alle Politiker, Beamte, Richter, Hochschulangehörige, Berater, Unternehmen, Verbände und Steuerpflichtige bezeichnen will, die sich mit dem Steuerrecht befassen, wohl doch die Übereinstimmung, dass das deutsche Steuerrecht keineswegs die beste aller Welten sei, sondern dass es durchaus besser sein könnte. Die ganz große Mehrheit der Steuergemeinde fordert sogar eine große Steuerreform, verstanden als Fundamentalreform, als Reform an Haupt und Gliedern, Strukturreform, eine grundlegende Reform.

Bei der Überzeugung von der Reformbedürftigkeit und der Forderung nach Reformen ist es nicht geblieben. Seit ca. drei Jahrzehnten gibt es vornehmlich aus der Wissenschaft, aber auch aus dem politischen Raum eine ganze Anzahl von Reformvorschlägen, teilweise – und das ist ein neues Element in der Reformdiskussion – in Form ausformulierter Gesetzesvorschläge, ganz überwiegend für das Einkommensteuerrecht, zuletzt aber auch in Form eines Bundessteuergesetzbuches durch *Paul Kirchhof*.[1]

Man kann diesen Reformvorschlägen unabhängig davon, wie man zu dem Inhalt steht, durchgehend eine hohe Qualität in dem Sinne bescheinigen, dass sie durchdacht, unparteiisch, dogmatisch und systematisch sauber sind. Hier ist eine große Palette zum Teil exzellenter Ideen geschaffen worden, auf denen der Gesetzgeber fruchtbar aufbauen könnte.

Die Politik und der Gesetzgeber haben diese Entwürfe mehr oder weniger höflich zur Kenntnis genommen und dann beiseite gelegt oder gar nicht zur Kenntnis genommen. Gesetz geworden ist davon nichts. Wenn man die Koalitionsvereinbarung von CDU/CSU und SPD vom 16. Dezember 2013 auf Bestrebungen in dieser Richtung durchsieht, wird man nicht fündig. Der steuerliche Schwerpunkt liegt dort auf eher technischen Maßnahmen und der Verhinderung von Steuerflucht und Steuerhinterziehung (was übrigens interessante Schlussfolgerungen auf das steuerliche Menschenbild der Autoren zulässt). Man kann davon ausgehen, dass die große Steuerreform auch in den nächsten vier Jahren nicht nur nicht kommen, sondern nicht einmal angefasst werden wird. Es gibt sogar achtbare Stimmen aus der Wissenschaft, die sie für die nächsten 20 Jahre nicht kommen sehen, wie etwa *Johanna Hey*: „Der große Wurf in Sachen Steuergerechtigkeit und Steuervereinfachung wird jedoch auch 2035 nicht verwirklicht sein".[2]

Dieser Befund, dass so viele ein hohes Bedürfnis nach einer großen Steuerreform sehen und dass vornehmlich von der Wissenschaft hierzu hervorragendes Grundlagenmaterial zur Verfügung gestellt worden ist, wirft natürlich eine Frage auf. Wenn so viele die Reform wollen und wenn so viele vernünftige Vorschläge hierzu gemacht worden sind: Warum geschieht dann nichts? Warum gibt es keine große Reform? Das ist die Frage nach den Ursachen des Scheiterns der bisherigen Reformüberlegungen.

II. Ursachen des Scheiterns bisheriger Reformüberlegungen

Große Steuerreformen gelingen in Demokratien typischerweise in drei Situationen:

---

1 Dazu oben *Drüen*, DStJG 37 (2014), unter III. 2. b). und *Eilfort* in Lang/Eilfort (Hrsg.), Strukturreform der deutschen Ertragsteuer, 2013, S. 7 m.w.N.
2 In Wirtschaftsrat Deutschland (Hrsg.), Deutschland im Jahr 2035, S. 195.

- Im Zusammenhang mit Kriegen. Prototyp ist der Erste Weltkrieg, dem die berühmten Erzbergerschen Steuerreformen folgten.
- Im Zusammenhang mit existenziellen Wirtschaftskrisen. Prototyp ist die Wirtschaftskrise nach 1929.
- In Normalzeiten, wenn ein Spitzenpolitiker sich eine solche Reform auf die Fahnen schreibt. Prototyp sind die Wahlkämpfe von *Ronald Reagan* um die amerikanische Präsidentschaft 1980 und 1984.

Als Ursache für das Scheitern der deutschen Reformbemühungen der letzten drei Jahrzehnte stelle ich folgende These auf: Die Reformvorschläge sind gescheitert, weil sie das zentrale Interesse derjenigen Personen, welche allein eine solche Reform bewerkstelligen können, negieren oder vernachlässigen. Diese Personen sind die für die Steuergesetzgebung zuständigen Politiker. Ihr Interesse ist das Machtinteresse. Die Regierung will an der Macht bleiben. Die Opposition will die Macht erlangen. Die Kurzantwort auf die obige Frage lautet deshalb: Die Reformentwürfe scheitern, weil sie den politischen Entscheidungsträgern keinen Machtvorteil bieten. Dieses Element wird meines Erachtens in der bisherigen Diskussion wenn nicht „unterschlagen" so doch in hohem Maße außer Acht gelassen.

Die große Steuerreform ist ein Problem von der Art, das in der modernen Politik häufig geworden ist. Die Reformwilligen stellen fest: Wir könnten sie bewerkstelligen. Wir sollten sie auch bewerkstelligen. Wir wollen sie auch bewerkstelligen. Aber wir tun es nicht. Die Reform findet nicht statt, weil diejenigen, die als politische Entscheider die Macht dazu haben, gegenläufige Interessen haben.

Die maßgebenden Entscheider für Steuergesetze sind die Politiker der Bundesregierung, der die Regierung tragenden Parteien sowie weitere Politiker im Bundestag einschließlich der Opposition sowie im Bundesrat, weiter in den Ländern und Gemeinden.

Weitere Institutionen und Personen haben dienende, mahnende, beeinflussende und im Einzelfall auch Veto-Funktion, wie z.B. das Bundesfinanzministerium, Gerichte, die Wissenschaft, Verbände der Steuerpflichtigen, beratende Berufe, aber keine positive Gesetzgebungsfunktion.

Dass Politiker das Machtinteresse haben, ist offenbar und bedarf für die Leser dieses Beitrages keiner Begründung. Es mögen deshalb wenige Zitate von „Wissenden" genügen.

Der Soziologe *Max Weber*:[3] „Wer Politik treibt, erstrebt Macht – Macht entweder als Mittel im Dienst anderer Ziele – idealer oder egoistischer – oder Macht um ihrer selbst willen."

---

3 Aus Politik als Beruf, 1919.

Der Jurist *Karl Löwenstein*:[4] „Die Politik ist nichts anderes als der Kampf um die Macht."

Der Politiker *Carlo Schmidt*:[5] „Eine Partei, die nicht nach der Regierungsmacht strebt, ist in der parlamentarischen Demokratie eine Sinnlosigkeit."

Der Politiker *Willy Brandt* erkannte 1978 als die Kernfrage für seine Partei:[6] „Wie an die Macht kommen, wie an der Macht bleiben?"

Man kann auch näher an die Gegenwart gehen. *Franz Müntefering* ist während seiner Oppositionszeit berühmt geworden für seine Äußerung: „Opposition ist Mist ... Wir wollen regieren."

Angela Merkel bemerkte während der Koalitionsverhandlungen zwischen CDU/CSU und SPD im November 2013: „Wir wollen regieren."

Vor einem Missverständnis ist hier zu bewahren. Macht wird vielfach mit „böse" gleichgesetzt, und die Erfahrung bestätigt leider häufig genug die Erkenntnisse von Beobachtern der Politik zu allen Zeiten in allen Ländern, wie sie *Lord Acton* klassisch zusammengefasst hat: „Power corrupts and absolute power corrupts absolutely." Aber Macht ist nur dann böse, wenn sie zum Bösen genutzt wird. Ohne Macht geschieht auch nichts Gutes in der Politik. Der bayerische Ministerpräsident *Horst Seehofer* sagte kürzlich: „Macht ist Voraussetzung für Gestaltung."[7] Von dem weltweit anerkannten guten Politiker *Nelson Mandela* hätte nie irgendjemand etwas erfahren, wenn er nicht an die Macht gekommen und diese zur Durchsetzung seiner guten Ziele benutzt hätte. Er hätte mit seiner Macht auch anders verfahren können. Das Gute der Macht wollen vermutlich auch die, die wöchentlich ein „Machtwort" der Kanzlerin oder sonstiger Politiker fordern. Das Streben nach politischer Macht ist deshalb zunächst wertneutral. Es kommt darauf an, was der Politiker damit macht.

In der Demokratie entscheiden über die Macht die Stimmen der Wähler. Deshalb müssen Politiker und ihre Parteien um Wählerstimmen werben. Das BVerfG hat dies erkannt, akzeptiert und fördert es. Parteien stehen „im Wettbewerb um Wählerstimmen".[8] Sie sind „Wahlvorbereitungsorganisationen".[9] Das ist auch für Politiker klar. Finanzminister *Wolfgang Schäuble* hat es ausgesprochen:

---

[4] Verfassungslehre, 1959, S. 1.
[5] Der Deutsche Bundestag in der Verfassungswirklichkeit, FS Schöttle, 1964, S. 267.
[6] Zitiert in der Einleitung zum Hamburger Programm der SPD, 2007, www.spd.de/partei/grundsatzprogramm.
[7] WamS Nr. 51 v. 22.12.2013, S. 4.
[8] BVerfG v. 17.4.2008 – 2 BvL 4/05, BVerfGE 121, 108 (123).
[9] BVerfG v. 5.4.2001 – 1 BvR 932/94, NJW 2001, 2957.

„Da kommt es auch zum Wettlauf der Parteien um die Gunst der Wähler. Wir Politiker müssen Mehrheiten organisieren. Demokratie beruht nicht auf dem Prinzip, dass sich der Klügere durchsetzt."[10]

Setzen Politiker auch das Steuerrecht zu Wählergewinnungs- und damit zu Machtzwecken ein? Wenn nein, scheint der Machtaspekt keine große Rolle zu spielen. Wenn ja, unterstützt das die These, dass die Reformvorschläge wegen Vernachlässigung dieses Aspekts bisher erfolglos waren.

Eine Untersuchung der deutschen Steuergesetzgebung für 40 Jahre von 1964 bis 2004 ergab folgendes:[11]

- Bundesregierungen jeder Parteizugehörigkeit setzen das Steuerrecht (auch) zur Wahlwerbung ein.
- Für am wahlwirksamsten werden Änderungen bei der Einkommensteuer und Lohnsteuer gehalten.
- Steuererhöhungen erfolgen typischerweise im Jahr nach der Wahl und im darauffolgenden Jahr.
- Steuersenkungen werden so terminiert, dass sie sich für die Stimmberechtigten im Wahljahr bemerkbar machen.
- Parteien, die im Bundestag und im Bundesrat die Mehrheit haben, scheuen Steuererhöhungen, weil sie dafür von den Wählern als Alleinverursacher verantwortlich gemacht werden.
- Steuererhöhungen sind leichter durchzusetzen, wenn die Mehrheit im Bundesrat der Opposition angehört und diese zustimmt oder eine große Koalition regiert, weil der Wähler dann alle Parteien verantwortlich macht.
- Eher rechtsorientierte Parteien neigen zu einer Erhöhung der direkten Steuern und Senkung der indirekten Steuern. Eher linksorientierte Parteien tendieren umgekehrt zu einer Senkung der direkten Steuern und Erhöhung der indirekten Steuern (beides übrigens gegen eine weit verbreitete Vermutung).

Die Untersuchung von *Koester* zeigt auch die Grenzen der Wählermanipulierbarkeit auf. Die Wirkungen dieser wahlopportunistischen Steuerpolitik sind nur zum Teil so wie erhofft. Die Wähler belohnen zwar die steuersenkende Regierung mit ihren Stimmen und bestrafen die Steuererhöhungspartei. Aber: Sie fällen diese Entscheidung nicht aufgrund der im Wahljahr wirkenden Steuerveränderungen, sondern aufgrund der Steuerpolitik der ganzen Legislaturperiode (sind also nicht so kurzfristig manipulierbar, wie von der Regierung erhofft).

---

10 Zitiert bei *Tipke*, Steuerrecht als Wissenschaft, FS Lang, 2010, S. 53.
11 *Koester*, The political economy of tax reforms, Diss. Berlin 2007 (deutsche Dissertation zum deutschen Steuerrecht in englischer Sprache).

Diese Erkenntnisse werden durch das sonstige Verhalten der politischen Entscheider als Gesetzgeber, Wahlkämpfer, Koalitionäre und als Individuen bestätigt: Viele Einzelregelungen in Steuergesetzen beruhen zu einem Anteil auf Wählerwerbungsmotiven, z.B. progressive Steuersätze, Reichensteuer, Minderheitensteuern wie Vermögensteuer und Erbschaftsteuer, Finanztransaktionssteuer. Tendenziell ist es für die Mehrheit und die von ihr getragenen Politiker reizvoll, die Steuerlast einer Minderheit aufzuerlegen.[12] Schon *Alexis de Toqueville* schrieb in seinem berühmten Werk über die Demokratie in Amerika (1835) über die „Tyrannei der Mehrheit".

Das Abstimmungsverhalten im Bundestag und Bundesrat kann sich an dem Gemeinwohl ausrichten, aber ebenso der Machterhaltung oder -gewinnung dienen, z.B. durch sog. Blockadepolitik. Ein jüngerer Klassiker dieser Art war das Gewürge um das Jahressteuergesetz 2013.

Den unverstelltesten Blick auf das Steuerrecht als Mittel zur Wählerwerbung geben naturgemäß die Äußerungen der Parteien hierzu: die Grundsatzprogramme und besonders die Wahlkampfprogramme (auch: Regierungsprogramm, Bürgerprogramm, Bundestagswahlprogramm). Die Programme zur Wahl 2013 sind voller Steueraussagen. Etwa von Bündnis 90/Die Grünen: „Die Steuererhöhung für weniger als drei Millionen Vielverdienende finanziert die Steuersenkungen für viele Geringverdiener." Bei ca. 62 Mio. Wahlberechtigten tritt das Grundmuster steuerlicher Wählerwerbung deutlich zutage: wenigen „Reichen" nehmen, um damit die Stimmen der vielen „Armen" zu kaufen. Das reale Musterbeispiel für diese Denkweise ist die sog. Millionärssteuer mit 75 % Steuersatz auf Einkommen über eine Million Euro, mit der *François Hollande* im Frühjahr 2012 in seinem Wahlkampf gegen *Nikolas Sarkozy* warb und die nach seinem Wahlsieg (leicht verändert) Gesetz wurde. Das Steueraufkommen ist völlig unbedeutend, aber der Symbolwert groß.

In Koalitionsvereinbarungen schlagen sich die Steuerziele der nach der Wahl die Regierung bildenden Parteien nieder, gewöhnlich etwas realistischer als in den Wahlprogrammen, aber immer noch ehrgeizig, und auch mit Blick auf die Wähler.

Äußerungen einzelner Politiker in- und außerhalb von Wahlkampfperioden können der Bevölkerungssympathie dienen oder sie verspielen, z.B. zum Solidaritätszuschlag, zur Wehrsoldbesteuerung, neuerdings zur Selbstanzeige.

Das Fazit ist: Auch das Steuerrecht wird von den Entscheidern über die große Steuerreform als Wählergewinnungsinstrument und Machtmittel eingesetzt. Keineswegs nur, aber auch.

---

12 *Schön*, Leitideen des Steuerrechts, StuW 2013, 292.

Das Gewicht des „Wahlelements" in der Steuerpolitik ist je nach Maßnahme hoch verschieden. Es gibt auch Bereiche des Steuerrechts, in denen dieser Zusammenhang in der Steuergesetzgebung keine Rolle spielt, typischerweise bei Gesetzen, die nur wenige Wähler berühren, und bei technisch hoch komplexen Steuergesetzen, was sich häufig überlappt. Ein Beispiel ist das Umwandlungssteuergesetz.

Selbstverständlich dienen Steuergesetze außer zur Wähler- und Machtgewinnung auch anderen Zwecken, z.B. der Steigerung der Wettbewerbsfähigkeit von Unternehmen oder der Verhinderung bestimmter dem Gesetzgeber unerwünschter Aktivitäten, indem diese steuerlich hoch belastet werden. Ein Beispiel ist die (gegen das Leistungsfähigkeitsprinzip verstoßende) Versagung des Abzugs von Verlusten aus bestimmten Auslandsinvestitionen gem. § 2a EStG.

Die Kritik an wählerorientierten Steuergesetzen („Opportunismus") wird von Politikern für abwegig gehalten. Der damalige MdB und Vorsitzende des Finanzausschusses des Deutschen Bundestages *Hans Gattermann* erkannte:

[Das Fehlen eines Systems im Steuerrecht ist] „völlig zwangsläufig in einer parlamentarischen Demokratie. Denn dieses Steuerrecht ist ja nicht Selbstzweck, sozusagen l'art pour l'art, sondern mit Hilfe dieses Gesetzes werden die Bürger abkassiert im wahrsten Sinne des Wortes, und andere werden aus den einkassierten Mitteln mit Wohltaten versehen".[13]

Das bis dato beobachtbare steuerpolitische Verhalten von Politikern zu Steuern in und außerhalb der Steuergesetzgebung stützt also in hohem Maße die These, dass die Politik das Steuerrecht (auch) zur Wählergewinnung und dadurch zur Machtgewinnung und -erhaltung nutzt.

Stimmenwerbung und – etwas drastischer formuliert – Stimmenkauf durch Wahlversprechen und Wahlgeschenke sind keine Verirrungen der Demokratie, sondern ihr Grundwesen. Es ist vermutlich der Grundfehler der deutschen Steurreformer, dass sie dieses (natürlich) erkennen, aber nicht als unentbehrliche Voraussetzung der Reform auch *an*erkennen, und als Baustein der Reform verwenden.

Demzufolge gehört zu den Ursachen für das Scheitern der bisherigen Reformbemühungen auch – und das war hier herauszuarbeiten – die Vernachlässigung der politischen Urmotivation der Macht- und Wählergewinnung.

---

13 In *Raupach/Tipke/Uelner*, Niedergang oder Neuordnung des deutschen Einkommensteuerrechts, 1985, S. 203.

III. Voraussetzungen für das Gelingen einer Steuerreform – Zwölf steuerpolitische Thesen

Dass es zum Gelingen der großen Steuerreform der Macht der Politiker bedarf, wissen die Reformbefürworter natürlich, sprechen es aber nicht aus. Sie setzen darauf, dass sich „die bessere Idee durchsetzt", eine in einer parlamentarischen Demokratie in Normalzeiten leider realitätsfremde Erwartung. *Joachim Lang* hat sich immerhin einmal geöffnet:[14]

„Als die Kommission Steuergesetzbuch im Juli 2004 ... einberufen wurde, war das Projekt von einem allgemeinen politischen Konsens über die Notwendigkeit einer vereinfachenden Steuerrechtsreform getragen. Es fehlte nurmehr ein letzter Mosaikstein, der für die Überwindung der Vielfalt von Gruppeninteressen unabdingbar ist: Die politisch starke Persönlichkeit, die von dem Willen beseelt ist, die Steuerrechtsreform zu leisten."

So ist es. Das Bild vom Mosaikstein ist noch zu zart, richtiger wäre es, vom Fundament oder dem Schlussstein der Reform zu sprechen.

Die Reformbefürworter stellen fast ausnahmslos einen Empfehlungs- bzw. Forderungskatalog an die Politik mit Kriterien für ein gutes Steuerrecht auf, etwa nach dem Muster, dass das Steuerrecht gerecht, einfach, transparent sein müsse, nicht zu hoch belasten dürfe, einfach zu verwalten sei usw. Das Ziel ist ein „gutes" Steuerrecht. Soweit ersichtlich, finden sich keine Empfehlungen an die politischen Entscheider, wie diese ein besseres Steuerrecht in der politischen Wirklichkeit auch realisieren könnten. Wie dargestellt, hat die Politik bisher auf sämtliche Reformvorschläge nicht reagiert. Nach 30 Jahren vergeblicher Liebesmüh ist es hohe Zeit, dass die Reformwilligen und aktiven Reformarbeiter sich selbst fragen:

Was muss ein Reformvorschlag berücksichtigen, um von den politischen Entscheidern aufgegriffen oder gar realisiert zu werden?

Hierzu möchte ich 12 Thesen vorstellen, die eine Antwort auf diese Frage versuchen. Gemessen an der bisherigen Diskussion sind diese Thesen unkonventionell. Sie sollen klar machen, dass es für die Durchsetzung eines besseren Steuerrechts nicht ausreicht, darauf zu warten, dass die (vielleicht nur vermeintlich) bessere Idee sich von selbst durchsetzt. Wenn diese Thesen Widerspruch erwecken, ist das Absicht. Einige von ihnen sind auch mit einem Augenzwinkern geschrieben, aber keineswegs ohne Ernst. Worum es geht, ist, eine Art Tabuthema ans Licht zu heben, weil dieses Tabu eine Steuerreform bisher verhindert hat. Im Englischen gibt es den Ausdruck „elephant in the room". Das ist etwas, dessen Gegenwart und Gewicht jeder Beteiligte kennt, aber keiner auszusprechen wagt. Der Elefant in der Steuerreformdiskussion ist das politische Interesse der Entscheider, ohne dessen Berücksichtigung keine fundamentale Steuerreform je Wirklichkeit

---

14 *Joachim Lang* in FS Spindler, 2011, S. 158.

werden kann. Die folgenden Thesen sind deshalb nicht wissenschaftliche, sondern *steuerpolitische Thesen*.

1. Der Reformvorschlag muss den *politischen Entscheidern* einen *Machtvorteil* in der Weise versprechen, dass sie damit Wählerschaft und öffentliche Meinung in ihrem Sinne positiv beeinflussen können.

Dieses ist der Obersatz, ohne dessen Berücksichtigung große Steuerreformen in Normalzeiten, d.h. außerhalb von Staatsnotsituationen wie Kriegen oder schwersten Wirtschaftskrisen, keine Chance auf Verwirklichung haben. Die politischen Entscheidungsträger über die Steuerreform müssen diese zum Zentrum ihres politischen Wollens machen (Beispiel: *Ronald Reagan* in seinen Wahlkämpfen zur amerikanischen Präsidentschaft und seiner dann verwirklichten Steuerpolitik). Nur wegen eines juristisch „besseren" Gesetzes oder weil es die „bessere Idee" ist, handelt kein politischer Entscheider. Dass ein Steuerphilosoph in die Position eines solchen Entscheiders kommt, ist eher unwahrscheinlich.

2. Der Reformvorschlag muss in einer *Situation* und zu einem *Zeitpunkt* kommen, da sein Vorteil für die politischen Entscheider offenbar ist.

Vorzugsweise ist das eine Situation im Vorlauf zu einer Bundestagswahl. Der Zeitpunkt für *Paul Kirchhofs* Auftritt auf der politischen Bühne im Sommer 2005 vor der Bundestagswahl am 18.9.2005 war deshalb genau richtig, nur der Inhalt war (aus politischer Perspektive) falsch.

3. Es ist richtig, weiter *Reformvorschläge* zu produzieren.

Nur so wird das Bewusstsein über die Reformbedürftigkeit in Gang gehalten und besteht in einem günstigen Augenblick eine Chance auf Verwirklichung. Steuerexperten, besonders aus der Wissenschaft, neigen zu dem Glauben, dass der „katastrophale Zustand" des deutschen Steuerrechts unhaltbar sei und in Bälde einen „Steueraufstand" auslösen werde. Das ist ein gravierender Irrtum. Die steuerliche Leidensfähigkeit der Bevölkerung ist viel ausgeprägter, als die Reformer glauben, auch weil 99 % der Wähler die Zusammenhänge nicht verstehen. Nur zu warten, dass sich „die bessere Idee durchsetzt", ist erfolglos. Vielmehr muss (in der richtigen Situation und zum richtigen Zeitpunkt) ein Anstoß erfolgen.

4. Die Steuerreform muss zu einer *Entlastung aller Wahlberechtigten* führen. Eine sog. aufkommensneutrale Steuerreform (vollständige Gegenfinanzierung) ist ausgeschlossen.

Bei der aufkommensneutralen Steuerreform gibt es per definitionem Gewinner und Verlierer. Wenn am Ende das gleiche Steueraufkommen herauskommen soll, führt jede Steuerreform zu einer Verschiebung der Belastung innerhalb der Besteuerten. Das BVerfG hat klar erkannt: „Gegenfinanzierung" bedeutet nichts anderes als Umverteilung von Steuerlasten".[15] Im Laufe jeder Steuerreformaktivität tauchen Listen der „Gewinner und Verlierer" der Reform auf, bisweilen von der Regierung selbst aufgestellt, bisweilen von der Opposition, stets von den Medien. Wenn die Verliererliste genug Gewicht hat, sei es durch die Anzahl betroffener Wähler, sei es durch Steuerpflichtige mit großem Einfluss, ist die Reform „tot". Bei einer großen Reform wäre, wenn sie Verlierer in Kauf nähme, eine so große Wählergruppe betroffen, dass die Politik zurückziehen müsste, um Wählerverluste zu vermeiden. Außerdem kämpfen die Verlierer härter als die Gewinner.

Möglich ist eine Steuerreform, bei der alle gewinnen, manche aber mehr und andere wenig. Dann ärgern sich zwar diejenigen, welche wenig gewinnen, über die Mehrgewinner, sind aber immer noch mit ihrem kleinen Gewinn zufrieden.

5. In einer staatlichen Notsituation darf eine Steuerreform auch zur *Höherbelastung aller Wahlberechtigten* führen.

Bei ihr verlieren zwar manche mehr als andere, und die Mehrverlierer werden sich darüber ärgern, aber es werden alle höher belastet. Dies entspricht dem allgemeinen Solidaritätsgefühl in schwierigen Situationen. Die Politik hat für solche Zwecke seit eh und je Parolen entwickelt: „Blut, Schweiß und Tränen", „Wir sitzen alle in einem Boot", „Gemeinnutz geht vor Eigennutz", „Ich kenne keine Parteien mehr. Ich kenne nur noch Deutsche", „Die Solidarität aller ist gefordert" usw.

6. Der *Einkommensteuersatz* muss *progressiv* sein.

Ein proportionaler Einkommensteuersatz stößt auf den Widerwillen von 90 % der Wählerschaft. „Wenn die Krankenschwester genauso viel Steuern zahlt wie der Chefarzt, ist das eine Schweinerei!" Auch wenn das sachlich falsch ist, ist gegen einen solchen Volkswillen kein Einkommensteuertarif möglich. Die Progression braucht keineswegs so ausgeprägt zu sein wie im geltenden Steuerrecht, aber sie muss deutlich sichtbar sein.

7. *Steuervergünstigungen* für *wichtige Wählergruppen* müssen *erhalten* bleiben.

Unter dem Vorwurf der sozialen Kälte und der Enteignung der Ärmsten fällt andernfalls jede Steuerreform zusammen. Schlagendes Beispiel ist die Steuerfreiheit von Zuschlägen für Sonntags-, Feiertags- oder Nachtarbeit (§ 3b EStG). Wenn die Mehrheit der Bevölkerung unsystematische Elemente im Steuerrecht haben will, dann muss der demokratisch gewählte Politi-

---

15 BVerfG v. 7.7.2010 – 2 BvL 14/02, 2 BvL 2/04, 2 BvL 13/05, BVerfGE 127, 1 (26); vgl. auch *Hey*, Gesetzesfolgenabschätzung im Steuerrecht und das Unheil der Gegenfinanzierung, StuW 2013, 107.

ker dem entsprechen, um an der Macht zu bleiben. Das ist ein Steuerproblem der meisten Demokratien.[16]

8. *Kleinere Steuervergünstigungen* für fast *alle Wähler* müssen *belassen* werden.

Menschen wollen etwas pfiffiger sein als ihr Nachbar, dem Staat ein Schnippchen schlagen, ein Schnäppchen machen usw. Solche Ausweichmechanismen dienen der seelischen Zufriedenheit. Die Aufkommensfolgen sind vorher bekannt und können an anderer Stelle ausgeglichen werden. Ein Beispiel sind pauschale Abzüge für Ausgaben, die höher sind als die tatsächlichen Ausgaben.

9. Der Reformvorschlag muss die bisherige relative *Intransparenz* über die wahre *Steuerbelastung* des einzelnen beibehalten. Keine Alleinsteuer! Keine Reduzierung der Steuern auf zwei oder drei!

Wenn die Steuerpflichtigen ihre Gesamtbelastung mit allen Steuern (direkte und indirekte Steuern zusammen) einfach ablesen und auf ihr Einkommen umrechnen könnten, würden sie vor Schreck halbtot umfallen und politisch reagieren. Allein das Vielsteuersystem, das den Steuerpflichtigen seine Gesamtsteuerbelastung praktisch nicht erkennen lässt, sichert die Akzeptanz hoher Steuerbelastungen. Die schon von *Adam Smith* hervorgehobene Unmerklichkeit der Besteuerung wird zwar von vielen Wissenschaftlern als unethisch verurteilt, ist aber im modernen Steuerstaat nicht wegzudenken (s. auch These 10).

10. Die relativ unmerkliche *Steuererhebung an der Quelle* wichtiger Steuern muss beibehalten werden.

Der größte Teil des Steueraufkommens wird rechtstechnisch relativ unmerklich erhoben durch Quellensteuerabzug oder Verstecken der Steuer im Preis: Lohnsteuer, Kapitalertragsteuer, Umsatzsteuer, Mineralölsteuer und die meisten anderen Verbrauchsteuern. Diese Technik bewirkt, dass die Steuer zeitnah und sicher eingeht und es insoweit keinen oder kaum Steuerwiderstand gibt. Als Kontrast stelle man sich vor, die Mineralölsteuer würde nach Ablauf des Jahres in einer Summe nach den gefahrenen Kilometern erhoben!

11. Wo immer es möglich ist, muss der *Verwendungszweck* der Steuer angegeben werden.

Die Steuerakzeptanz steigt erheblich an, wenn die Menschen wissen, wofür die von ihnen gezahlten Steuern ausgegeben werden. Ein Beispiel hierfür ist der Solidaritätszuschlag zum Wiederaufbau in den Neuen Ländern und der

---

16 Illustrativ The Economist vom 25.1.2014, S. 59, Bribing the Taxpayer, beruhend auf einer Studie des IMF.

politische Kampf um dessen Beibehaltung für andere Zwecke. Ein politischer Renner ist neuerdings auch eine Erhöhung der Grunderwerbsteuer zwecks Verbesserung der Ausbildung von Kindern, welche Verwendung auch jede andere Besteuerung unangreifbar veredelt. Ohne Nennung der Verwendungszwecke erhalten Steuererhöhungen leicht den Charakter von schlichtem Abkassieren, was psychologisch jedenfalls in Zeiten hoher Steuereinnahmen unverdaulich ist.

12. Die Reform darf sich *keine mächtigen Gegner* schaffen.

Als potentielle Gegner für eine wissenschaftlich saubere Reform der Ertragsteuern gelten vielen die Gemeinden mit ihrem Anspruch auf und Kampf für die Gewerbesteuer.[17] Weitere potentielle Gegner sind Unternehmerverbände und Gewerkschaften. Die letzteren können unmittelbar Wählerpotential aktivieren. Die ersteren stellen selbst zwar nur wenige Wähler, sind aber durch ihren Einfluss auf Arbeitsplätze wichtige Multiplikatoren für Wählerstimmen. Sie müssen mit ins Boot.

IV. Reformzukunft

Die Steuerreformer der letzten drei Jahrzehnte sind Idealisten. Das macht sie so sympathisch. Manche von ihnen werden diese Thesen als unerfüllbar, vielleicht sogar als Zumutung empfinden. Wer das tut, möge aber berücksichtigen, dass dies genau die Empfindungen eines Politikers sind, der die Anforderungsliste des Idealisten an die Politik sieht. Ohne eine Berücksichtigung politischer Interessen lässt sich ein besseres Steuerrecht überhaupt nicht verwirklichen.

Die Reform-Erfolgslosigkeit der Vergangenheit und der aufgrund der Koalitionsvereinbarung vom Dezember 2013 eher triste Ausblick auf eine reformlose Zukunft in den nächsten Jahren könnte die Reformwilligen entmutigen. Das wäre schade und für das Ziel einer großen Reform auch kontraproduktiv (s. These 3). *Bertolt Brecht* meinte:

„Wie lange bleiben Werke bestehen? Solange, wie sie noch nicht fertig sind. Denn solange sie noch Anstrengungen verlangen, verfallen sie nicht."

Man kann es auch einfacher sagen: Solange sich die Ärzte um den Patienten bemühen, ist er noch nicht tot.

---

17 Vgl. *Eilfort*, Und sie bewegt sich doch! Das mühsame Ringen um eine bessere Finanzierung der Kommunen, (Fn. 1), S. 473 (487).

Podiumsdiskussion

zum Referat von Prof. Dr. *Detlev Jürgen Piltz*

Moderation:
Prof. Dr. h.c. *Rudolf Mellinghoff*

Prof. Dr. h.c. *Rudolf Mellinghoff*, München

Herr *Piltz*, herzlichen Dank für Ihre Tour de Raison, die Sie uns gegeben haben, und Ihre Anregungen für die Diskussion. Wir wollen gleich einsteigen, und ich bitte zunächst Herrn *Fahrenschon*, der jetzt Präsident des Deutschen Sparkassen- und Giroverbandes ist, aber auf eine reichhaltige politische Erfahrung als Bundestagsabgeordneter, anschließend als Staatssekretär im Finanzministerium und von 2008 bis Ende 2011 Bayerischer Staatsminister der Finanzen war, sich zu äußern.

Georg Fahrenschon, München

Lieber Herr Prof. *Mellinghoff*, Sie haben mich jetzt überrascht, ich habe mich gerade ruhig eingerichtet, um mir für den Return noch genügend Zeit zu nehmen, denn ich bin tatsächlich, lieber Herr Prof. *Piltz*, hin und her gerissen, ob ich jetzt quasi bierernst noch einmal den Punkt aufnehmen möchte und sollte. Natürlich gibt es einen, und zwar wesentlichen Unterschied zwischen der Arbeitsweise, im Übrigen auch den Mechanismen von Wissenschaft und der Politik, denn in der Politik gibt es am Ende zwei wesentliche Bestandteile. Da liegt vorne der Wahlkampf und damit der Schlagabtausch, und dem folgt 1:1 der Kompromiss, weil wir am Ende in einer Gesellschaft leben mit wesentlichen Ausnahmen, aber auch die werden seltener, denn selbst ein amerikanischer Präsident kann, wenn er die Mehrheit in direkter Wahl erreicht hat, nicht ohne Rückkopplung mit Kongress und Senat arbeiten und damit kommt er um einen Kompromiss nicht herum. Ich bin mir im Übrigen sehr sicher, dass *Ronald Reagan* mit seinem damaligen Gegenkandidat, dem amtierenden Präsidenten und Friedensnobelpreisträger, auch nicht zimperlich umgegangen ist. Unabhängig davon, ob er drei Professoren mit hatte, die ihm einen klugen Rat gegeben haben, den er sich zu Eigen gemacht hat. Und auf der anderen Seite müsste man natürlich auch noch einmal ein bisschen lockerer, nicht spaßhaft, viele Dinge, die Sie gesagt haben und die ich auch nachvollziehen kann, aufspießen, noch ein bisschen mit Geschichten aus der Praxis begleiten. Ich will mich vor allen Dingen auf zwei Dinge konzentrieren. Eins hat mir bei Ihrer Aufzählung Ihrer Punkte gefehlt, und da kann ich tatsächlich sagen, aus der Praxis und zwar im Bundestag angefangen und dann auch an der Spitze einer Länderfinanzverwaltung. Sie haben die Auswirkungen der Steuerpolitik auf die Haushalte und damit die Reaktion der Haushälter, also derjenigen, die in unserem Staatswesen in der Verwaltung die Aufgabe haben, den laufenden Betrieb zu finanzieren, die Finanzierung aufrecht zu erhalten, vergessen. Denn die Steuerpolitik, vor allen Dingen der letzten vier Jahre – und das mache ich mir nicht in allen Bereichen zu eigen – aber sie ist geprägt davon, dass man im Grunde gesagt hat: Wir können uns eine Steuerreform überhaupt gar nicht leisten. An einer Stelle sind Sie darauf eingegangen, bei der Rolle der Kommunen, der Rolle der Gemeinden. Sie haben mit Sicherheit eine Gemeindefinanzreform im Hinterkopf gehabt, die wird sehr stark geprägt davon, dass die Kämmerer ihre Bürgermeister, Oberbürgermeister, Landräte positionieren und sagen: Wenn das passiert, können wir uns jenes nicht mehr leisten. Insoweit muss man in einer Analyse und in einem Versuch, die unterschiedlichen Kräfte heranzuziehen, auch diejenigen mit heranziehen, die die Ausgabenseite repräsentieren. Und das macht dann am Ende auch einen wesentlichen Unterschied aus. Die Menschen, die Steuerzahlerinnen und Steuerzahler, die haben nämlich momentan eine Grundeinstellung, dass sie schon einmal hellhörig werden, wenn sie Steuerreform hören, weil sie unterstellen: Das kann nur in einer höheren Besteuerung enden und deshalb gibt es eine Abwehrhaltung. Mit jeder Steuerreform wird in der Breite der Bevölkerung eigentlich verbunden: Es kostet mich was und es wird noch komplizierter. Und insoweit müssen wir uns überlegen, wenn wir jetzt einmal nach vorwärts die Debatte führen, was muss man eigentlich aufsetzen, um eine Diskussion zum richtigen Zeitpunkt mit den richtigen Elementen auch positiv einzuspielen? Denn nur dann bedient sie den Vorteil, bedient sie den passenden Zeitraum, bedient sie den Ansatz, auch zu erklären und zu entlasten. Wir müssen uns also über die Akzeptanz unterhalten, und wenn wir über Akzeptanz reden (und eine gelungene Steuerreform braucht vor allen Dingen Akzeptanz), dann reden wir über Aktualität. Und dann reden wir eigentlich in der jetzigen Situation über einen Ansatz, der die aktuelle Situation treffen muss, nämlich die Tatsache, dass die Steuerzahlerinnen und Steuerzahler momentan in Deutschland wie Steine zwischen zwei großen Mühlsteinen zerrieben werden, zwischen der Niedrigzinsphase auf der einen Seite, die sie Einkommen und Vermögen kostet, Möglichkeiten wegnimmt und der kalten Progression, dem bestehenden Steuerrecht, das wir momentan haben. Insoweit glaube ich, dass wir immer, und da haben Sie Recht, das Rad in Bewegung gehalten werden muss. Politik funktioniert anders als Wissenschaft. Ein grandioser Artikel, eine nobelpreisträchtige Arbeit, eine Arbeit, die einen Nobelpreis erhalten hat, die ist quasi wie in Stein gemeißelt und prägt die Debatte. So läuft Politik nicht. Sie müssen jeden Tag die Zeitung füllen. Und haben Sie sich schon einmal überlegt, auch wenn eigentlich nichts los ist, kriegen Sie eine Tageszeitung, die sowohl den Wirtschaftsteil als auch den Lokalteil wie den nationalen Teil befüllt. Und zweitens müssen Sie mit den Menschen auch umgehen, und da will ich einfach auch noch einmal darauf hinweisen, ja, die Menschen reagieren, die Menschen wollen abgeholt werden und die Menschen sind ungeduldig. Wir alle reagieren so. Wenn Sie auf den Bahnsteig treten und Sie hören die Durchsage „Der Zug kommt in 10 Minuten", dann ärgern Sie sich, aber Sie warten. Aber richtig ärgerlich werden Sie erst, wenn es 11 Minuten, 12 Minuten, 13 Minuten sind. Und insoweit müssen wir uns an dieser Stelle in den Übergängen etwas überlegen, um die Menschen mitzunehmen, um sie zu überzeugen, dass wir an einem Konzept arbeiten, das das Steuerrecht besser, weniger komplex und nachvollziehbarer macht. Und dann will ich am Ende die Diskussion nur noch bereichern mit einem Gedanken, den ich *Macchiavelli* entliehen habe. Der uns vielleicht auch in der Steuerpolitik helfen könnte, denn wie umsichtig man in solchen Fragen sein muss, das beschreibt er, wenn man ans Geld der Menschen geht, wie folgt: Er empfahl bei der Eroberung einer Stadt die Häupter der Familien zu töten, nicht aber deren Besitz anzutasten. Ich zitiere: Denn die Menschen vergessen schneller den Tod ihres Vaters als den Verlust des väterlichen Erbes.

Prof. Dr. h.c. *Rudolf Mellinghoff*, München

Vielen Dank, Herr *Fahrenschon*, mir liegt etwas auf der Zunge, aber vielleicht ist es besser, wenn ein Politikwissenschaftler sich zu diesen Problemen äußert, Herr *Wagschal*, Politikwissenschaftler aus Freiburg und habilitiert über Steuerpolitik und Steuerreform im internationalen Vergleich. Sie haben ja jetzt sozusagen einen Berater, der das mal so von außen gesehen hat, einen Politiker, der richtig in der Mitte steht. Sie haben das alles beobachtet.

Prof. Dr. *Uwe Wagschal*, Freiburg

Wenn man das zusammenfassen möchte, was sind so die wichtigsten Reformhindernisse, dann wird zunächst einmal übersehen, dass Steuer- und Sozialsysteme ja hochgradig pfadabhängig sind, d.h. es gibt gewisse Erbschaften, Politikerbe, und davon neigt der Politiker, der Verwaltungsbeamte, auch der Steuerpflichtige ja wenig zu wechseln. Das ist glaube ich wichtig. Pfadwechsel sind nur unter großen Schwierigkeiten möglich und sehr selten zu beobachten, und ich glaube, das ist auch das, was wir eigentlich bei solchen großen Steuerreformvorschlägen beobachten können. Ich habe jetzt die letzten Wochen das wunderbare Buch von Herrn *Kirchhof* gelesen, sein Bundessteuergesetzbuch und die Diskussion damals in Heidelberg auf dieser Konferenz. Auf 220 Seiten wird das alles diskutiert, ausgebreitet, und am Ende gibt es 1½ Seiten zur politischen Realisierbarkeit und das Meiste davon waren eigentlich Dankesworte und Grußworte, aber nichts wirklich Konkretes, wie das tatsächlich passieren soll. Deswegen glaube ich, Pfadwechsel/Pfadabhängigkeit ist wichtig. Was wir auch sehen: Steuerreformen variieren sehr stark im Ausmaß. Die Finanzverwaltung führt eine Liste, Sie haben es angedeutet, 275 Steueränderungen haben wir da seit 1964 zu beobachten und wir haben, wenn wir das historisch auch ansehen, große

Steueränderungen und Reformen immer nach großen sozialen Umschwüngen, Wechseln, Kriegen, z.b. also der Einführung der Einkommensteuer in England, napoleonischen Kriege, USA, Bürgerkrieg auch dann die Erzberger'sche Steuerreform. Auch wenn wir es herunterbrechen, dann eben große Reformen während der Bundesrepublik Deutschland, immer dann, wenn wir Krisenphänomene hatten, wie etwa in der Wirtschaftsfinanzkrise hatten wir diese Konjunkturpakete oder in Zeiten der Ölpreiskrise hatten wir immer große Steuerreformen, also das sind wichtige Determinanten von Reformen. Wenn aber sozusagen Normallage ist, dann haben wir eine inkrementalistische Politik in Deutschland, und diese inkrementalistische Politik zeigt sich eben daran, dass wir eigentlich pro Jahr ungefähr fünf Steuergesetzänderungen haben, die man unterschieden kann: erste Reform, also kleine Änderungen – mittlere – große Reform. Und dadurch, wie gesagt, haben wir eine große Ko-Varianz, also einen Zusammenhang zwischen wirtschaftlichen Schwierigkeiten und Entwicklung. Ganz entscheidend jedoch für den Umfang von Steuerreformblockaden sind Anzahl, Stärke und politische Distanz zwischen sogenannten Veto-Spielern. Also Veto-Spieler können sein: die Koalitionsregierung; wenn sie also eine Allparteienkoalition oder eine Mehrparteienkoalition haben, dann wird es schwierig, weil sie parteipolitisch sehr stark auseinander liegen, eine Reform hinzubekommen. Wenn wir eben in politischen Mehrebenensystemen wie in der Bundesrepublik sind, mit einer starken zweiten Kammer, die möglicherweise dann auch gegenläufig gefärbt sind und wenn sie sich das anschauen bei uns in der Bundesrepublik Deutschland haben wir ungefähr 70 % der Zeit solche gegenläufigen Mehrheiten. D.h. momentan regiert die aktuelle Bundesregierung höchstens gerade mit 15 Stimmen im Bundesrat, die sie direkt kontrollieren kann, ansonsten ist sie eben auf die Opposition angewiesen. Und das erfordert natürlich Kompromisskonsens. Veto-Spieler können auch sein: die direkte demokratische Entscheidung des Volkes. Die Schweiz musste dreimal ihre Mehrwertsteuer eben dem Volk vorlegen, bis sie 1995 erst abgestimmt worden ist. Sie haben also 40 Jahre gebraucht für so große Steuerreformen, weil eben das Schweizer Volk als Veto-Spieler hier ganz massiv über demokratische Instrumente Einfluss genommen hat. Wir sehen, in Deutschland sind Steuersenkungen halb so groß, wie wenn wir keine gegenläufigen Mehrheiten haben. Also da sieht man ganz konkret, die Färbung des Bundesrates und wie eben die Widerlager dort sind, spielen eine Rolle. Das Timing, These 4, das Timing von Steuerreform ist wichtig. Hier unterscheide ich mich von Herrn *Pilz* ein bisschen und zwar, wir sehen es, dass vor den Wahlen – das war ja seine Empfehlung – vor den Wahlen Steuerreformen durchgeführt werden sollten, das haben wir in der Vergangenheit gesehen, hängt natürlich auch von den Kontexten ab. Kurz vor der Wahl haben wir das Scheitern der Steuerreform 1997/1998 gesehen. In dieser Legislaturperiode haben wir ganz kurz vor der Wahl das Scheitern der Progressionsanpassung und des Steuerabkommens mit der Schweiz erlebt.

Steuergesetze in Deutschland brauchen im Schnitt 225 Tage, bis sie verabschiedet werden, d.h. das sollten die Machtpolitiker auch im Blick haben, dass es natürlich gewisse Zeit braucht. Insofern ist also nach den Wahlen eigentlich der Moment für größere Steueränderungen, und insbesondere sollte man dann auch die Verhältnisse im Bundesrat berücksichtigen, insbesondere sind dann eben große Koalitionen vielleicht hilfreicher für große Änderungen. Es gibt massiven Interessengruppeneinfluss. Wir haben das gesehen bei der lex Lufthansa, wir sehen es in der Landwirtschaft, wie sehen das in der letzten Legislaturperiode bei den Hoteliers, jetzt bei der Ökosteuer, Energieeinspeisung, bei den Bedingungen für gewisse Arbeitnehmergruppen, also steuerfreie Sonntagszuschläge etc. pp. Das macht m.E. in der Tat auch Sinn, weil natürlich Parteien responsiv sind, das wird natürlich in der Öffentlichkeit in der Mediendemokratie skandalisiert. Das ist für Parteien aber sozusagen zweckrational und logisch. Problematisch wird es möglicherweise dann, wenn Experten über solche Programme tatsächlich dann in den Ministerien sitzen und Gesetze schreiben. Das Finanzmarktgesetz ist sicherlich da ein ganz besonderes Problem gewesen. Meine 6. These: Wir haben einen hohen status quo bias, d.h. Politiker sind risikoavers, die Bürger sind risiko-avers und man muss denen natürlich auch die Wurst am Ende des Tunnels zeigen, warum sie sich auf eine Reform einlassen sollen. D.h. man muss sozusagen die Verlierer überkompensieren und es ist möglicherweise ein Problem gewesen bei der angedeuteten Gemeindesteuerreform 2011, die da gescheitert ist, weil natürlich die Kommunen hier ganz massiv eben den benefit nicht gesehen haben. Also hier braucht es eine Politik, der Politikwissenschaftler spricht da von credit claiming, man muss auch Gewinne nutzen und diese eben versprechen. Und schließlich als letzte These: Es gibt internationale Einflüsse, insbesondere über den Steuerwettbewerb, die Reform auch gefördert haben. Es gibt auch Veto-Spieler wie im Bundesverfassungsgericht, die auch Reformen initiieren können über Beschlüsse, also nicht nur kassieren oder Reformen einsammeln können. Ferner gibt es auch im internationalen Vergleich und durch den Steuerwettbewerb Reformimpulse. Das hat man in den 80er und 90er Jahren gesehen, das war ein Reformmotor für viele Änderungen, aber es gibt natürlich auch den gegenläufigen Prozess. Herr *Reimer* hat dies heute Morgen schon angedeutet, dass es eben über Einstimmigkeitsprinzipien bei 28 jetzt Veto-Spielern in der Europäischen Union zu einem Stillstand kommen kann.

Prof. Dr. h.c. *Rudolf Mellinghoff*, München

Vielen Dank für den Überblick, Herr *Wagschal*, Sie haben die Schweiz schon erwähnt. Wir haben auf dem Podium mit Herrn Prof. *Jeitziner*, einen Wirtschaftswissenschaftler, der Professor an der Universität Fribourg in der Schweiz ist und gleichzeitig Chefökonom der eidgenössischen Steuerverwaltung. Wie sehen Sie diese Perspektive?

Prof. Dr. *Bruno Jeitziner*, Bern

Ich erfülle zwei Bedingungen nicht, wenn ich anknüpfe an Herrn *Fuest* und Herrn *Staringer* gestern, denn erstens bin ich kein Steuerrechtler und zweitens kenne ich als Schweizer die deutsche steuerrechtliche Debatte nicht im Detail. Eigentlich erfülle ich auch eine dritte Bedingung nicht, weil sich die Diskussion um grundlegende Steuerreformen dreht. Wohl diskutieren wir auch in der Schweiz über grundlegende Steuerreformen; aber wir diskutieren diese nie vor dem Hintergrund, dass wir sie auch tatsächlich umsetzen können. Das ist völlig unmöglich. Es gibt einfach zu viele Veto-Player. Aber es ist für uns trotzdem wichtig, grundlegende Steuerreformen zu diskutieren, um das Referenzsystem zu bestimmen, damit wir wissen, in welche Richtung wir uns mit unseren kleinen Reformschritten bewegen sollten. Nach diesen einleitenden Bemerkungen komme ich zur Frage nach den Hindernissen für grundlegende Steuerreformen. Ich habe mir dazu fünf Stichworte notiert. Das erste Hindernis ist die Gegenfinanzierung einer Steuerreform. Wir haben in der Schweiz Steuern, von denen wir seit langem wissen, dass wir diese abschaffen sollten. Es gelingt uns jedoch nicht, diese schädlichen Transaktions- und Substanzsteuern abzuschaffen, weil die Frage der Gegenfinanzierung nicht geklärt ist. Vergessen Sie bei der Diskussion über die Gegenfinanzierung nicht: Es geht nicht nur darum, im Gegenzug andere Steuern zu erhöhen. Gegenfinanzieren können Sie auch über Ausgabenkürzungen. Gegenfinanzieren können Sie ausserdem über Verschuldung, das ist ja nur eine Verschiebung der Steuerlast in die Zukunft. Die Frage der Gegenfinanzierung muss man also viel breiter diskutieren. Als zweites Hindernis habe ich mir die Übergangsproblematik notiert. Wir haben an dieser Konferenz auch schon davon gehört. Stellen Sie sich eine Diskussion über eine wachstumsfreundliche Steuerreform vor. Das ist eine Investition in die Zukunft. Bei Investitionen fallen kurz- und mittelfristig zuerst Kosten an. Die Erträge fahren Sie erst in Zukunft ein, in der Regel werden bis dahin mehr als vier Jahre verstreichen. Welcher Politiker wird Ihnen ein Reformprogramm verkaufen wollen, bei dem er nur Kosten verantworten muss und die Erträge daraus erst viel später anfallen, also erst nachdem er wieder für Wahlen antreten muss. Das führt zu einem Dilemma des Reformers. Ein drittes Hindernis sind die asymmetrischen Wirkungen von Reformen. Es ist z.B. typisch für Vereinfachungsdiskussionen, dass die Verlierer von Reformen klar identifizierbar sind, während die Gewinner von Reformen meistens diffus und breit gestreut sind. Gewinner von Reformen können Sie in der Regel nicht gleich gut mobilisieren wie die Verlierer. Dieses Argument ist eng verknüpft mit dem vierten Hindernis: asymmetrischer Zugang der Interessengruppen. Die so genannte Interessengruppentheorie der Politik modelliert Politik als Verteilungsspiel. Diese Perspektive eignet sich sehr gut für die Analyse von Steuerthemen, denn bei den Steuern geht es ja letztlich um die Frage: Wem wird wieviel weggenommen? Das Problem bei diesem Spiel ist, dass nicht alle gleich lange Spieße haben.

Es gibt Interessengruppen mit längeren und solche mit kürzeren Spießen. Die Interessengruppen mit längeren Spiessen können sich besser durchsetzen und für sich Privilegien sichern. Alle bestehenden steuerlichen Regelungen, also auch alle Steuerprivilegien, sind auf demokratischem Weg zustande gekommen. Man kann nicht erwarten, dass diese Privilegien über denselben demokratischen Prozess wieder abgeschafft werden können. Es sei denn, im Gefüge der Interessengruppen haben substantielle Verschiebungen stattgefunden. Privilegien kommen vor Prinzipien. Damit müssen wir auch in der Steuerpolitik leben. Der fünfte Punkt sind die Verbundsysteme. Ich stelle fest, und ich vermute, das ist in Deutschland sehr ähnlich, wenn ich die Diskussion über die Gewerbesteuer verfolge: Immer dann, wenn in einem föderalen Staatswesen alle Gebietskörperschaften involviert sind, ist eine Reform fast nicht möglich, weil die Verantwortlichkeiten zu verwässert, die Interessen zu verschieden sind. In Bereichen, in denen die Kantone für Steuern allein verantwortlich sind, machen diese bemerkenswerte Reformschritte; wenn der Bund allein zuständig ist, gibt es auch vernünftige Reformschritte; bei Bund und Kantonen zusammen ist das viel schwieriger.

Prof. Dr. h.c. *Rudolf Mellinghoff*, München

Vielen Dank, Herr *Jeitziner*, Herr *Peters*, Sie haben ja seit 1985 in der Finanzverwaltung gewirkt, zuletzt als Steuerabteilungsleiter im Bundesministerium der Finanzen. Manchmal wird – vielleicht etwas pointiert – behauptet, das Bundesfinanzministerium sei der Gesetzgeber. Wo würden Sie die Ursachen des Scheiterns sehen?

Dr. *Albert Peters*, Berlin

Zunächst möchte ich an die These von Herrn *Piltz* anknüpfen, die er in seinem Vortrag nicht mehr so explizit ausgeführt hat, die aber in seinen Unterlagen steht, dass nämlich die Mitarbeiter des Bundesfinanzministeriums dienende Funktionen haben und das ist, glaube ich, ganz wichtig. In der Tat, ich war seit 1985 im Bundesfinanzministerium mit Unterbrechungen tätig und das erste, was ich als Regierungsrat mitgestalten durfte, war die dreistufige Steuerreform unter Minister *Stoltenberg*. Und unabhängig davon, wie wir die Kriterien festlegen, was eine Steuerreform ist, kann man schon sagen, das war noch eine Steuerreform. Da ging es um Absenkung der Steuersätze und Verbreiterung der Bemessungsgrundlage, und im Rahmen dieser Steuerreform wurde 1990 der linear-progressive Tarif eingeführt. Ich glaube, das war durchaus eine gute Entscheidung. Die letzte Steuerrechtsänderung, an der ich mitgewirkt habe, war das Steuervereinfachungsgesetz 2011. Aus dieser Erfahrung möchte ich vier, fünf Punkte nennen, die aus meiner Sicht mitentscheidend sind für das Scheitern von Steuerreformen.

Das erste Phänomen könnte man vielleicht so beschreiben: Es gibt so etwas wie die Erosion des politischen Mutes durch Zugewinn fachlicher Erkenntnisse. Dafür ein kleines Beispiel, aber es ist repräsentativ: Die Bundesregierung wollte in dieser Legislaturperiode als einen Bereich der Vereinfachung zu einer Typisierung und Pauschalierung von außergewöhnlichen Belastungen kommen. Nun ist gestern ja schon von Herrn Prof. *Englisch* sehr schön ausgeführt worden, wie komplex hier nicht nur das geltende Recht ist, sondern wie schwierig auch Steuerreformüberlegungen in diesem Gebiet sein können und zudem eine vielfältige Rechtsprechung zu beachten ist. In der Diskussion über Reformmöglichkeiten wurde festgestellt, wenn man zu stramm an die Typisierung und Pauschalierung herangeht, dann gibt es Probleme mit der Rechtsprechung und wenn man zu großzügig herangeht, dann gibt es Probleme mit den Finanzen. Und deshalb wurde letztlich davon Abstand genommen. Das ist ein Beispiel dafür, dass der anfängliche Mut schrittweise durch Erkenntnisgewinn verloren geht.

Ein zweiter Punkt hat mit Mitspielern zu tun, die hier auf der Tagung gestern und heute noch keine Rolle gespielt haben, nämlich die Medien, die als Sprachrohr, aber auch als Verstärker zum Scheitern von Steuerreformen durchaus ihren Beitrag leisten können. Das läuft häufig nach folgendem Ritual medial so ab, dass weitreichende Reformvorschläge zunächst auf der ersten Seite der Tageszeitungen euphorisch begrüßt werden und Applaus bekommen. In den nächsten Tagen oder Wochen, in denen die Interessensvertreter in den Medien zu Wort kommen, werden dann diese Steuervorschläge fein säuberlich zerlegt. Und häufig scheitern sie dann auch.

Einen dritten Punkt hat Herr Prof. *Piltz* schon genannt, das ist dieses Thema „Verunglimpfungspotenzial". Herr *Piltz* hat gesagt, wenn die Zeitungen schreiben, die Krankenschwester wird zugunsten des Chefarztes belastet, dann ist eine Steuerreform tot. Als auch einmal überlegt wurde wie man denn die ermäßigten Umsatzsteuersätze reduzieren könnte, da musste nur das Wort „Hundefutter" fallen und schon war der Mut, etwas zu gestalten, dahin.

Ein vierter Punkt ist, auch das ist schon so ein wenig angesprochen worden, die zeitliche Lücke zwischen Entscheidungen über Steuerreformen und deren Wirksamkeit. Auf anderen Reformfeldern hat man ja miterlebt, dass wegen dieser Lücke auch Regierungen scheitern und abgewählt werden können. Das wissen natürlich Politiker und deshalb ist auch das eine Reformbremse, weil Entscheidung und Wirkung zeitlich so weit auseinander fallen. Und einen letzten Punkt möchte ich nennen, auch nur beispielhaft: Zweimal ist der Versuch, die Gewerbesteuer zu reformieren, gescheitert. Das Scheitern hatte viele Gründe. Ein Grund ist genannt worden: Der Widerstand der Kommunen, aber der macht sich ja auch an Gründen fest und ich glaube, Hintergründe des Scheiterns waren zumindest zwei Dinge: Zum Einen – und auch das ist wieder sehr entscheidend für das Gelingen oder

Scheitern von Steuerreformen – der richtige Zeitpunkt. Zu Beginn der Debatte über die Abschaffung oder Reform der Gewerbesteuer verfiel das Aufkommen der Gewerbesteuer. Der Leidensdruck der Kommunen war zu Beginn dieser Diskussion deutlich höher als zum Schluss, als sich schon das Gewerbesteueraufkommen wieder erholt hatte oder sich zumindest abzeichnete, dass es sich wieder erholen würde. Das hat natürlich die Kommunalvertreter in ihrer ablehnenden Haltung bestärkt. Zum anderen hat man im Grunde genommen bei der Reform zur Gewerbesteuer zweimal exakt denselben Fehler gemacht, indem man eine riesengroße Kommission gebildet hat mit einer Vielzahl von Arbeitsgruppen, darunter Unterarbeitsgruppen, bis hin zu der berühmt berüchtigten Arbeitsgruppe Quantifizierung – und das war natürlich nicht nur dem fachlichen Interesse geschuldet, sondern es war das Interesse der Kommunen, die eine Unterarbeitsgruppe wollten, die sich mit den gemeindescharfen Auswirkungen einer solchen Gewerbesteuerreform beschäftigen sollte. Damit war dann klar, dass nicht mehr ernsthaft in Erwägung gezogen wurde, einer solchen Reform näher zu treten.

Prof. Dr. h.c. *Rudolf Mellinghoff*, München

Vielen Dank, Herr *Peters*. Herr *Fahrenschon*, wir nehmen jetzt einmal an, es besteht die Chance, ein neues Erbschaftsteuergesetz zu machen. Das könnte ja passieren, und Sie lassen alles Revue passieren, was Sie jetzt eben gehört haben, und müssen jetzt neu in den Ring steigen und wissen, Sie müssen ein Erbschaftsteuergesetz jetzt machen und legen das also nicht zur Seite. Was würden Sie machen? Würden Sie daran denken, das vielleicht auf einer höheren Ebene vielleicht nach Europa zu schicken? Würden Sie eine Kommission einsetzen? Wie würden Sie jetzt reagieren, damit Sie wirklich eine Erbschaftsteuer, die gleichmäßig, gerecht, einfach, niedrig ist, einführen?

Georg Fahrenschon, München

Also, Herr Prof. *Mellinghoff*, in dem Gedankenexperiment darf ich quasi auch unterstellen: Ich habe eine Mehrheit, eine bestehende Mehrheit, ich muss mir über den Bundesrat keine Gedanken machen?

Prof. Dr. h.c. *Rudolf Mellinghoff*, München

Nein, über den müssen Sie sich schon Gedanken machen!

Georg Fahrenschon, München

Ja, dann muss ich ganz ehrlich sagen, dann gehe ich jetzt lieber in die Hedwigs-Kathedrale, stifte eine Kerze und hoffe, dass uns irgendjemand die Debatte zur Erbschaftsteuer erspart. Aber im Kern muss man natürlich schon sagen, man braucht keine Kommission. Also zum Erbschaftsteuerrecht eine Kommission einzusetzen, wäre – aus Schaden wird man klug – nicht zu beherzigen. Zur Erbschaftsteuer in Deutschland ist durch höchste Gerichte und auch durch die Wirtschaftsverbände eigentlich alles aufbereitet, was man aufbereitet haben muss. Dann muss man sich überlegen, was ist das Ziel dieser Erbschaftsteuer? Und ohne dass ich jetzt noch mitten drin in der Fachdebatte stehe, was ist der Kritikpunkt, der jetzt auch noch einmal in von Gerichten ausgeleuchtet wurde? Und dann muss man im Zweifelsfall sagen, ok, wenn man diesen Kritikpunkt aufnehmen möchte, wenn man also sagt: es kann nicht sein, dass die Privilegierung von Unternehmensanteilen nicht dem entspricht, was ich auch über Unternehmensbeteiligungen und Aktien habe, muss ich mir überlegen, ob ich diesen Schritt mache oder nicht mache. Ansonsten – das wird Sie jetzt nicht verwundern, dazu habe ich zu viele Stunden in Ministerien, im Kanzleramt oder an anderer Stelle zur Erbschaftsteuer herumverhandelt – unter den gegebenen politischen Mehrheiten, wenn man unterstellt, dass wir in Deutschland die Erbschaftsteuer ähnlich wie einen progressiven Einkommensteuertarifverlauf nicht abschaffen, weil wir offensichtlich getragen sind von dem Wunsch, wer erbt soll einen Teil seines Erbes auch der Allgemeinheit über die Steuer noch einmal zur Verfügung stellen, muss man im Grunde den Grundzügen, die wir jetzt haben Rechnung tragen.

Prof. Dr. h.c. *Rudolf Mellinghoff*, München

Herr *Piltz*, Sie werden als Berater in das Gremium berufen und Sie wollen jetzt sozusagen die Politik beraten. Sie wollen dass es jetzt einmal voran geht. Wir haben ja gerade in diesem Bereich fantastische Vorüberlegungen, die auch, soweit ich es sehe, eigentlich in der Wissenschaft weitgehend akzeptiert werden.

Prof. Dr. *Detlev Jürgen Piltz*, Bonn

Prozedural ganz einfach: ich warte auf das BVerfG. Ich würde es nicht für richtig halten, eine politische Initiative jetzt anzufangen in der Erbschaftsteuer, ohne die dort mit einiger Sicherheit zu erwartenden Aussagen zu kennen. Da kann man nur etwas falsch machen und es ist nicht angenehm, dann widerlegt zu werden. Ich weiß nicht, wann das kommt. Man hört unterschiedliche Zahlen. Es hieß einmal am Ende des Jahres, dann wieder nächstes Jahr.

Prof. Dr. h.c. *Rudolf Mellinghoff*, München

Ja, mir ging es weniger um die Frage, wie man jetzt taktisch vorgeht, sondern eher sachlich, in einer schwierigen Situation, wo doch im Grunde genommen von der Wissenschaft ausgearbeitete, gute Entwürfe vorliegen, die eine umfassende, gleichmäßige und niedrige Erbschaftbesteuerung vorsehen. Und in der Bevölkerung gibt es einen großen Konsens, dass die Erbschaftsteuer nicht gänzlich abgeschafft werden soll. Herr *Wagschal*, was würden Sie den Politkern in einer solchen Situation raten, um eine wirklich fundamentale Reform umzusetzen?

Prof. Dr. *Uwe Wagschal*, Freiburg

Zunächst einmal braucht es für große Reformen auch politische Unternehmer, der sich das zu eigen macht und da sehen wir, das kann gut funktionieren. Nehmen wir *Roger Douglas* in Neuseeland oder *Perschon* in Schweden, *Reagan* haben wir angesprochen. Es kann auch mal in die Hose gehen, wenn wir *Maggy Thatcher* sehen in Großbritannien, die auch eine gute Idee hatte vielleicht mir der poll tax, wo eigentlich jeder Ökonom gesagt hat, das ist genau die Steuer. Das ist das, was man ja in den volkswirtschaftlichen Grundvorlesungen lernt, das ist die optimalste aller Steuern und damit wären wir alle glücklich. Ich glaube, das hat man doch recht schnell gemerkt, dass das im politischen Prozess nicht so war. Also es braucht sozusagen jemand, der das eben vertritt. Dann braucht es natürlich auch eben eine Situation, in dem wir Veto-Spieler umspielen oder sozusagen diese Veto-Konstellation aushebeln können. Das kann eben mit einer expliziten Großen Koalition in Deutschland passieren, kann aber auch mit einer impliziten Großen Koalition passieren, indem wir die Opposition mit einbinden. Ob das tatsächlich an dieser Stelle bei der Erbschaftsteuer gelingt, glaube ich eher weniger, weil das doch ein sehr polarisiertes Politikfeld ist und da sind die Unterschiede sehr groß. Man müsste sozusagen dann wahrscheinlich ein politisches Koppelgeschäft machen und sagen, ok, wir erhöhen die Reichensteuer oder führen die Vermögensteuer ein, aber ich kann mir nicht vorstellen, dass die Opposition, hier die SPD, sozusagen einer Schleifung der Erbschaftsteuer zustimmt. Und es braucht natürlich auch eine Kommunikationsstrategie. Wir haben das gesehen bei vielen Steuer- und Sozialreformen. Die politische Skandalisierung ist natürlich – wir haben es ja schon gehört – ganz besonders wichtig ins Kalkül zu nehmen. Ob das jetzt Joe the plumber in Amerika oder die Krankenschwester (oder in Frankreich war es der polnische Handwerker, der da skandalisiert worden ist), das passiert immer wieder. Und es braucht natürlich auch ein Reformfenster. Ich habe es angedeutet, das Timing sollte zügig verlaufen, also wenn es elektual noch unschädlich ist. Im letzten Jahr vor einer Bundestagswahl bekommen Sie so etwas nicht durch. In Deutschland kommt hinzu, dass wir permanent Wahlen haben. 16 Landtagswahlen stehen an. Da neigt die Politik oder neigen Politiker dazu, ja auch eher abstinent zu sein von Reformen. Es braucht, glaube ich, auch einen breiten gesellschaftlichen Konsens oder zumindest muss es vermittelt werden, also der Politikwissenschaftler spricht von advocacy coalition, es braucht eine Koalition von Leuten in den Medien, es braucht eben gesellschaftliche Gruppen, die für so etwas sind, Gewerkschaften sind natürlich nicht schlecht, aber eben auch die Parteien.

Prof. Dr. h.c. *Rudolf Mellinghoff*, München

Vielen Dank, Herr *Wagschal*, bevor ich Herrn *Jeitziner* und Herrn *Peters* frage, vielleicht ist die Erbschaftsteuer nicht das richtige Beispiel. Jetzt nehmen wir einmal an, Herr *Fahrenschon*, Sie haben einfach die Möglichkeit eines Reformansatzes und Sie wollen jetzt wirklich etwas ändern und einen Bereich novellieren. Sie hätten sich einen Bereich ausgesucht, der von einer großen Mehrheit der Bevölkerung getragen würde. Was würden Sie für weitere Rahmenbedingungen einfordern, damit es klappt?

Georg Fahrenschon, München

Also, wenn man jetzt quasi sich überlegt, wie man das deutsche Steuerrecht so anpackt, das es wirklich zukunftsfähig wird, dass es wetterfest wird, dann muss man mit Sicherheit in die rein fachliche Debatte. Sie haben ja jetzt eine andere Aufstellung gegeben, die unterschiedliche Ebenen mit einbezieht. Ich glaube, dass wir das zu wenig machen. Also, man könnte z.B. natürlich, ich nehme jetzt noch einmal die Erbschaftsteuer, man könnte natürlich auch noch einmal ernsthaft sagen, warum nehmen wir eigentlich eine Steuer, die allein den Ländern zugute kommt, und klären sie auf nationaler Ebene? Müssen wir nicht eigentlich uns einmal überlegen, welche Steuerschrauben mit europäischer Wirkung es gibt, Unternehmensteuern, Körperschaftsteuern, Steuern mit Wirkung auf Aktiengesellschaften? Dann gibt's ein Element unserer Steuerpolitik, das hat eine klare, quasi alle in Deutschland betreffende Wirkung, also das Einkommensteuerrecht. Und dann gibt es offensichtlich eine ganze Reihe von Nebenaspekten, die in unterschiedlichen Steuerarten entwickelt sind, und die müssen dann am Ende zwischen dem Bund, den Ländern und nicht zu vergessen der kommunalen Ebene entwickelt werden. Wenn wir am Ende mal eine Debatte führen, die wir vor etwa 10 Jahren in der Rechtsetzung schon einmal geführt haben, wo wir nämlich gesagt haben, wir müssen diese Verschränkung auflösen zwischen Bundespolitik und Bundesrat. Und damals stand die Zahl im Raum: 90 % aller bundespolitischen Entscheidungen müssen durch den Bundesrat und da kommt überhaupt nichts mehr vorwärts und man versuchte, das zu entflechten. Ich glaube diese Diskussion bräuchten wir im Steuerrecht ganz dringend. Wenn uns das gelingt, dann sind wir vielleicht auch ein Stück weit wieder politikfähiger und können in den unterschiedlichen Ebenen auch im Steuerrecht schrittweise Fortschritte erzielen. Ich glaube, am Ende ist das Schweizer Beispiel gar nicht so verkehrt. Bezogen aufs deutsche System müssen wir uns dringend damit auseinandersetzen, dass die lokalen Effekte, die Ländereffekte, die nationalen Effekte und vor allen Dingen die europäischen also die internationalen und für unsere Wirtschaft von großer Bedeutung stehenden Effekte, dass die nicht gut genug gegeneinander abgegrenzt sind und da würde ggf. eine Veränderung in der

Herangehensweise und damit auch in der Handlungsfähigkeit uns wirklich vorwärts bringen.

Prof. Dr. h.c. *Rudolf Mellinghoff*, München

Herr *Jeitziner*, die Schweiz ist wieder angesprochen worden. Sie haben auch gesagt, das Verbundsystem sei ein Problem und zum anderen die vielen Privilegien, die Lobbyisten, die Interessengruppen und ähnliche Einflüsse. Sie stehen vor der Aufgabe, zu sagen: Wie kann es denn gelingen, unter diesen Rahmenbedingungen einen deutlichen Schritt voranzukommen? Wir werden Lobbyisten immer haben und wir werden jedenfalls in der Bundesrepublik auch immer Verbundsysteme haben. Herr *Fahrenschon* hat angesprochen, ob man die Kompetenzen nicht klarer gegeneinander abgrenzen könnte. Dann wäre ein Teil der Probleme gelöst, aber die großen Lobbygruppen sind weiterhin da. Wie würden Sie damit umgehen? Was würden Sie für das Gelingen einer Erneuerung fordern?

Prof. Dr. *Bruno Jeitziner*, Bern

Welche Faktoren begünstigen aufgrund bisheriger Erfahrungen Steuerreformen? Ich habe mir dazu fünf Stichworte notiert. Das erste Stichwort ist „Systemzwang" oder irgendeine aussergewöhnliche Situation. Der wichtigste begünstigende Faktor ist sicher der internationale Steuerwettbewerb – von ihm geht der stärkste Reformdruck aus. Aber auch außergewöhnliche Situationen wie eine Finanzkrise können Reformen begünstigen. Stellen Sie sich vor, eine systemrelevante Bank gerät in ernste Schwierigkeiten. Zur Lösung dieser too big to fail-Problematik gehöre die Abschaffung einer Steuer, der Emissionsabgabe auf Fremdkapital. Im Eilzugstempo ist diese Steuer abgeschafft; dabei hatte man vorher die Abschaffung dieser Steuer jahrelang diskutiert, ohne zu einem Ergebnis zu gelangen. Warum wird die Abschaffung der Steuer plötzlich so einfach? Weil neue Systemzwänge auftreten, welche die Aufrechterhaltung des Status quo verunmöglichen. Reformen werden möglich, wenn der Status quo bedeutungslos wird, wenn alle wissen, dass die Ausgangslage jetzt eine ganz andere ist. Aber so lange die Leute glauben, dass der Status quo hat nach wie vor Bestand hat, gewinnen Sie keine Mehrheiten für Reformen. Diesbezüglich haben große Staaten ein Problem, weil bei diesen der Systemzwang viel weniger wirkt. Kleine Staaten haben demgegenüber gar keine andere Wahl als sich anzupassen, weil sie kaum über Besteuerungsmacht verfügen. Große Staaten haben Besteuerungsmacht, also können sie sich dem Systemzwang, dem Anpassungsdruck sehr lange widersetzen oder gar versuchen, diesen auszuschalten. Zweiter Punkt: Sie brauchen klar identifizierbare Verlierer im Status quo. Der Leidensdruck der Verlierer im Status quo ermöglicht deren Mobilisierung. Mit der Unterstützung der Verlierer im Status quo können Sie versuchen, eine Reform durchzusetzen. Dritter Punkt: Institutionelle Bedingungen. Da komme ich auf den Föderalismus zu sprechen. Kleine Gebietskörperschaften können viel beweglicher sein, weil sie viel homogener sind. Stellen Sie sich vor: Kleine Kantone haben ohne große politische Diskussionen eine Flat Rate Tax eingeführt. Der Kanton Obwalden hat sogar in einer Volksabstimmung eine regressive Steuer beschlossen (die dann allerdings vom Bundesgericht für unzulässig befunden wurde). Dieser Beschluss war politisch einfacher, weil es um eine Steuersenkung für Bezieher hoher Einkommen ging, von denen es bis dahin im Kanton noch gar keine gab. Solche Entscheide kommen in relativ homogenen Gebietskörperschaften eher zustande. Da diese Voraussetzung in kleinen Gebietskörperschaften eher erfüllt ist, kann Föderalismus Steuerreformen begünstigen. Der Föderalismus dient dazu, dass Sie gleichzeitig die Vorteile von Größe und Kleinheit eines Landes nutzen können. Selbstverständlich muss man ein föderalistisches Steuersystem intelligent organisieren, und da ziehe ich ein konsequentes Trennsystem einem Verbundsystem vor. Vierter Punkt: Transparenz schaffen. Sie müssen zum einen Transparenz schaffen über die Funktionsweise der Politik. Ein Kernproblem in der politischen Diskussion ist, dass die Leute völlig unrealistische Erwartungen haben an die Politik. Anders gesagt: Die Leute erwarten von den Politikern Dinge, die die Politiker gar nicht leisten können. Wir brauchen ein „politics without romance" wie das *Buchanan* einmal formuliert hat. Das muss man den Leuten erklären, damit diese ihre Ansprüche an die Politik herunterfahren. Sie müssen zum andern Transparenz schaffen über die Steuerwirkungen. Welches sind die Effizienz-, Verteilungs und Standortwirkungen? Was ist Steuerinzidenz? Wenn die Leute diese Zusammenhänge verstehen, sind sie z.B. bereit, aus Rücksicht auf Arbeitsplätze Unternehmenssteuern zu senken. Ein wichtiges Thema sind Steuervergünstigungen. Wir haben eine Liste von 100 Steuervergünstigungen, welche auf Bundesebene bestehen, ins Internet gestellt nach dem Motto: name and shame. Zuerst geht es darum, Transparenz zu schaffen über bestehende Steuervergünstigungen und damit die Diskussion zu lancieren. Gerade in der Schweiz ist das wichtig, sind es doch letztlich fast immer die Stimmbürger, die über Steuern entscheiden. Und ein letzter Punkt: Zweckbindungen. In der Schweiz ist auf Bundesebene die Verknüpfung von Steuererhöhungen mit einer Zweckbindung der Einnahmen die Regel. Zweckbindungen sind bei Finanzpolitikern umstritten, aber aus politökonomischer Sicht können sie positiv beurteilt werden. Dies liegt nicht nur daran, dass Sie dann eine höhere Zustimmung erreichen; Sie haben mit der Zweckbindung auch eine Verknüpfung von Einnahmen und Ausgabenentscheidungen, was aus Effizienzsicht günstig zu beurteilen ist. Die Leute stimmen nicht einfach für eine Mehrwertsteuererhöhung, sondern für eine Mehrwertsteuererhöhung, wenn die damit verbundenen Mehreinnahmen zur Sanierung der Invalidenversicherung verwendet werden, also zweckgebunden sind.

Wege zur praktischen Erneuerung 431

Prof. Dr. h.c. *Rudolf Mellinghoff*, München

Vielen Dank, Herr *Jeitziner*, Herr *Peters*, Sie waren lange im BMF und haben sicher daran mitgearbeitet und wollten zum Gelingen beitragen. Aus der reichen Erfahrung: Was würden Sie noch besser machen wollen und vorantreiben?

Dr. *Albert Peters*, Berlin

Ich hätte da eher bescheidenere Wünsche, aber ich glaube, dass diese auch zum Gelingen von Steuerreformen beitragen könnten. Zum einen wäre es die intensivere Zusammenarbeit von Juristen und Ökonomen, wenn möglich, auch in einer gemeinsamen und für die Politiker verarbeitbaren Sprache, vielleicht auch unter Einbeziehung von Politikwissenschaftlern, die den politischen Prozess erläutern, verständlich darlegen und auch dazu Vorbereitungen treffen können. Ein weiterer Aspekt ist, das ist vielleicht ein ganz typischer Punkt von Ökonomen, die empirische Fundierung und das noch bessere Erfassen von Wirkungsmechanismen. Gestern hat Herr Prof. *Fuest* das schlechte statistische Material beklagt und da ist ja auch was dran. Wir haben heute anhand der Folien von Frau *Houben* gesehen, dass die aktuelle Steuerstatistik dem Jahr 2007 zugrunde liegt. Wenn man bedenkt, dass das Statistische Bundesamt – ich glaube auf 10 Tonnen genau – z.B. die Erntemenge von Zuckerrüben aus dem vergangenen Jahr darlegt, dann ist das schon eine ziemliche Diskrepanz und zeigt wie wenig wir über die Steuerdaten wissen. Zwar hat sich in den letzten Jahren sehr viel mit Hilfe von Mikroanalysen verbessert, gleichwohl glaube ich, könnte man über diesen Punkt nachdenken, wie auch Herr Prof. *Fuest* mit Blick auf andere Staaten festgestellt hat, Stichwort Steuerlabor.

Ein weiterer Aspekt, der m.E. bessere Vorbedingungen für das Gelingen von Steuerreformen schaffen könnte, wäre nicht so sehr auf große Reformvorschläge zu hoffen, die direkt aus der Wissenschaft kommen, weil das häufig dann zu den schon erwähnten Problemen der Transmission in den politischen Bereich führt. Ich glaube, es wäre Erfolg versprechender, wenn wir kleinere Reformprojekte in Fachkommissionen erarbeiten, in denen eben Juristen, Ökonomen, Vertreter der Finanzverwaltung, Vertreter der Wissenschaft, auch Vertreter von Interessengruppen gemeinsam versuchen, etwas voranzubringen. Manchmal klappt das ganz gut, wenn ich z.B. an die Brühler Kommission denke oder auch an die lange zurückliegende Reformkommission 1971, die sogenannte Eberhardt-Kommission, das war eine ganz kleine Gruppe, aber sie war aus meiner Sicht klug zusammengesetzt und hat immerhin ja dann die Reform des Körperschaftsteuerrechts vorbereitet.

Ein letzter Aspekt: das rechtzeitige Einbinden verschiedener Interessengruppen. Ich habe es immer sehr bedauert, dass erst in der offiziellen Finanzausschusssitzung eine Anhörung durchgeführt wurde, kurz bevor dann die Endberatung im Finanzausschuss stattgefunden hat. Da sind die meisten Dinge bereits festgeklopft. Häufig war das eher eine peinliche Veranstaltung, wenn jeder Vertreter noch einmal seine allseits erwartbare und bekannte Meinung kundgetan hat. Außerdem laden die Fraktionen in der Regel nur die ein, von denen sie eine bestimmte Meinung erwarten. Also hat das Ganze relativ wenig Erkenntnisgewinnn gebracht. Deshalb mein Plädoyer dafür, diese Interessengruppen und auch die Vertreter der Wissenschaft viel früher in den politischen Entscheidungsprozess einzubinden. Ich glaube, da kann die Wissenschaft noch etwas von der effizienten Art und Weise des sich Einbringens von Verbänden lernen. Nun weiß ich, man möchte da eine gewisse Zurückhaltung wahren, aber es wäre sicher sinnvoll, auch von sich aus einen Steuerreformvorschlag an die politischen Entscheidungsträger heranzubringen. Es geht auch darum, dass die von Herrn *Wagschal* genannten Veto-Spieler frühzeitig beteiligt werden, weil es dann auch für sie schwieriger wird, zu einem Veto zu kommen. Wenn man sie einbindet, dann hat man die Chance, über eine Diskussion zu einer gemeinsamen Entscheidung zu gelangen.

Und mein letzter Hinweis: Erfreuliche Ansätze so etwas zu tun, haben wir, z.B. wenn ich Frau Prof. *Hey* hier sehe – mit dem Institut Finanzen und Steuern oder den Berliner Steuergesprächen. Die haben diesen Ansatz, zu bestimmten Themen Experten zusammen zu bringen und zu einer Entscheidungshilfe für die Politik zu gelangen. Das sind für mich einige kleine, aber möglicherweise entscheidende Gelingensvoraussetzungen für auch mal größere Steuerreformen.

Prof. Dr. h.c. *Rudolf Mellinghoff*, München

Vielen Dank, meine Herren, wir haben nun seit gestern zusammen gesessen und wenn ich auf die Uhr gucke, haben wir genau eine Minute vor Ende der Veranstaltung, so dass ich jetzt darauf verzichte, noch einmal jedem auf dem Podium das Wort zu geben. Auf dieser Tagung haben wir uns darüber Gedanken gemacht, wie wir die Systematisierung und um die Erneuerung des Steuerrechts voranbringen können. Was können wir für einen Beitrag leisten, um die vielfältigen Probleme zu lösen? Einige Vorschläge haben wir gehört und nicht alles erscheint hoffnungslos. Wir müssen über die Trennung von Ebenen, über Transparenz, über Timing, vielleicht über Reformen in kleinen Raten sprechen. Wir müssen darüber nachdenken, unterschiedliche Auffassungen in einem sehr frühen Stadium des Gesetzgebungsverfahrens einzubringen. Wichtig bleibt vor allem der Dialog der Deutschen Steuerjuristischen Gesellschaft mit der Politik. Ich danke Ihnen allen hier auf dem Podium und danke Ihnen, dass Sie so geduldig zugehört haben.

Resümee

Prof. Dr. *Monika Jachmann*
Richterin am Bundesfinanzhof
Ludwig-Maximilians-Universität, München

Inhaltsübersicht

I. Einführung
II. Erneuerung der Besteuerung von Einkommen
  1. Prinzipien und konzeptionelle Leitlinien einer Einkommensteuerreform
  2. Steuerökonomische und steuerjuristische Prinzipien optimaler Einkommensbesteuerung (Gerechtigkeit und Effizienz)
  3. Einkommensbegriffe und Einkunftsarten
  4. Einkommensermittlung, objektives Nettoprinzip/ Verlustberücksichtigung
  5. Verwirklichung des subjektiven Nettoprinzips/Familienbesteuerung
  6. Die Funktion des Unternehmenssteuerrechts im Einkommensteuerrecht
  7. Internationale Aspekte einer Reform der Unternehmensbesteuerung
  8. Kann eine Vereinfachung der Einkommensbesteuerung gelingen?
  9. Reformüberlegungen zur Bemessung der Einkommensteuer (Tariffragen, Grenzen für die Steuerbelastung)
III. Erneuerung der Besteuerung von Vermögen
  1. Erneuerung der Besteuerung von Vermögen aus deutscher Sicht (Vermögensabgabe, Vermögensteuer, Erbschaft- und Schenkungsteuer)
  2. Erneuerung der Besteuerung von Vermögen aus rechtsvergleichender Sicht
IV. Wege zur praktischen Erneuerung
  1. Voraussetzungen für das Gelingen einer Steuerreform – Ursachen des Scheiterns bisheriger Reformüberlegungen
  2. Wege zur praktischen Erneuerung in der Diskussion
V. Schlussbetrachtung

I. Einführung

Die wissenschaftliche bzw. dogmatische Begleitung von Reformüberlegungen im Steuerrecht sind gerade zur Zeit des diesjährigen Wahlkampfs von zentraler Bedeutung, in dem vornehmlich die aus der jeweiligen Perspektive gerechte Belastung höherer Einkommen und Vermögen, die Bekämpfung von Steuerhinterziehung und Steuerbetrug oder die Steuergestaltungsmöglichkeiten international tätiger Unternehmen diskutiert werden. Ein Blick in die Geschichte der Bundesrepublik Deutschland zeigt, dass die Erneuerung des Steuerrechts häufig gefordert wurde, aber bisher nicht durchgesetzt werden konnte. Jede Politikergeneration verspricht ein einfaches, systematisches, folgerichtiges, verständliches und gerechtes Steuersystem, worauf aber jeweils Gesetzgebungsaktivitäten folgten, die bis auf wenige

Ausnahmen genau das Gegenteil dessen bewirkten, was geplant war. Inzwischen ist der Gesetzgeber nicht einmal mehr in der Lage, zwingend erforderliche Gesetzesanpassungen zu verabschieden. Selbst wenn man der Auffassung folgen sollte, dass nur Steuerberater, Finanzbeamte und Finanzrichter das geltende Steuerrecht verstehen müssten, ist inzwischen ein Zustand erreicht, der nicht mehr akzeptabel ist. In den letzten Jahren sind auch unter Mitwirkung von vielen Mitgliedern der Deutschen Steuerjuristischen Gesellschaft konkrete Reformvorschläge entwickelt worden. Obwohl Teile dieser Reformvorschläge schon seit einigen Jahren vorliegen, ist bisher keine der Anregungen von der Politik aufgenommen worden. Dabei handelt es sich bei allen Reformvorschlägen um gut durchdachte, steuerrechtlich fundierte und teilweise innovative Konzepte. Die Ursache des Scheiterns bisheriger Reformüberlegungen hat vielfältige Gründe und liegt sicher auch an den politischen Rahmenbedingungen. Da die Steuerrechtswissenschaft und die ökonomischen Steuerwissenschaften darin einig sind, dass die Erneuerung des Steuerrechts unabweisbar ist, besteht Anlass sich über die Voraussetzungen für das Gelingen einer Steuerreform nachzudenken. Es gilt, die gemeinsamen Grundüberlegungen herauszuarbeiten und über die Voraussetzungen für das Gelingen einer Steuerreform nachzudenken. Demgegenüber ist es nicht Ziel der diesjährigen Tagung, die vorliegenden Steuerreformkonzepte im Einzelnen zu bewerten, zu evaluieren und sich für die eine oder die andere Alternative zu entscheiden. Vielmehr sollen gemeinsame Leitlinien für eine Erneuerung des Steuerrechts entwickelt und diskutiert werden. Den Schwerpunkt bilden die Überlegungen zur Erneuerung der Besteuerung von Einkommen. Gerade die aktuelle Steuerreformdiskussion fordert aber auch eine Auseinandersetzung mit der Besteuerung von Vermögen (z.B. durch Vermögensabgabe, Vermögensteuer oder Erbschaft- und Schenkungsteuer). Der Abschluss der Tagung ist den Wegen zu einer praktischen Erneuerung des Steuerrechts gewidmet.

II. Erneuerung der Besteuerung von Einkommen

1. Prinzipien und konzeptionelle Leitlinien einer Einkommensteuerreform

Klaus-Dieter Drüen setzt beim Befund eines langgehegten und verbreiteten Wunsches nach Erneuerung der Besteuerung von Einkommen an. Ausgehend von einem einleitenden Überblick über die Reformgeschichte der Besteuerung von Einkommen plädiert er für eine differenzierte Analyse des Reformbedarfs. Eine Steuerreform ist originäre Aufgabe der Politik. Die Rechtsprechung macht Rechtsrealität und Reformbedarf erkennbar, die Rechtswissenschaft bereitet rechtspolitische Alternativen vor und entwickelt Gegenentwürfe.

Reformmaßstäbe müssen die Verbesserung der Steuergerechtigkeit sowie der Effizienz und der Akzeptanz der Besteuerung von Einkommen sein. Ohne Interdisziplinarität kann dies nicht gelingen. Die Vereinfachung ist in Relation zur Komplexität der Lebenswirklichkeit zu verfolgen. *Drüen* benennt zwei Maximen für den Reformgesetzgeber: Die neue Lösung muss der bisherigen inhaltlich erkennbar überlegen sein. Die zweite Reformmaxime ist Reformpragmatismus bei der inhaltlichen Ausgestaltung, etwa mit Blick auf den internationalen Steuerwettbewerb und den Übergang zum neuen Recht. Pragmatisch muss das alte Recht optional temporär fortgelten oder – administrativ vorzugswürdig – zeitweise einen finanziellen Ausgleich schaffen.

Drüen analysiert konzeptionelle Leitlinien der diskussionsleitenden Reformentwürfe von *M. Rose*, Reform zur Einfachsteuer (2002/2011), *P. Kirchhof*, Einkommensteuergesetzbuch (2003) und Bundessteuergesetzbuch (2011), *J. Mitschke*, Erneuerung des deutschen Einkommensteuerrechts (2004), *M. Elicker*, Entwurf einer proportionalen Netto-Einkommensteuer (2004), *J. Lang et al.*, Kölner Entwurf eines Einkommensteuergesetzes (2005), der Kommission „Steuergesetzbuch" der Stiftung Marktwirtschaft, Entwurf eines EStG (2005/2009) sowie des Sachverständigenrats/MPI/ZEW, Reform durch die duale Einkommensteuer (2006); so gewinnt er einen Überblick über konzeptionelle Gemeinsamkeiten und Unterschiede der Reformentwürfe. Eine erste Differenzierung verläuft zwischen den Reformentwürfen einerseits, die grundsätzlich am traditionellen Einkommensbegriff anknüpfen, der wiederum wesentlich durch die klassische Kapitalorientierung und die Markteinkommenstheorie geprägt ist, und den konsumorientierten Besteuerungskonzepten andererseits. Gemeinsam ist beiden Entwurfsgruppen trotz divergierender einkommenstheoretischer Grundlage die Forderung nach einer nachgelagerten Besteuerung zur Vermeidung inflationärer Scheingewinne. Weiteres gemeinsames Ziel ist das einer Einkunftsartenreduzierung, wenngleich es selbst wiederum Kritik auslöst. Die konzeptionelle Tarifentscheidung zwischen „Einheitssteuer vs. dualer Steuer" wirft ihre Schatten auf den Einkommensbegriff zurück. Der synthetische und analytische Einkommensbegriff konkurrieren miteinander. Es stellt sich die „Schicksalsfrage", inwieweit das Verfassungsrecht eine im internationalen Steuerwettbewerb angelegte Differenzierung nach mobilen und weniger mobilen Produktionsfaktoren gestattet. Auf der Ebene des Steuersatzes ist neben dem zweigeteilten Steuersatz die andere konzeptionelle Antwort unter den Reformentwürfen der Vorschlag eines flachen, proportionalen Steuersatzes auf das gesamte Einkommen, zum Teil in Form eines Teilmengenstaffeltarifes. Insgesamt haben viele der in den Reformentwürfen aufgegriffenen Themen eine lange Reformtradition. Bei seiner verdichtenden Zusammenschau zentraler Prinzipien einer reformierten Besteuerung von Einkommen geht es *Drüen* abstrakt um zentrale Prinzipien der Besteuerung von Einkommen mit Blick auf eine Reform und die spezifischen Reformspielräume. Er begreift diese Prinzipien als Optimierungsgebote für die Besteuerung von Einkommen und ihrer Reform. Zu berücksichtigen ist insoweit die steuerpolitische Gestaltungsfreiheit in den Grenzen höherrangigen Rechts; es gilt der Versuchung zu widerstehen, präferierte Ausgestaltungen als verfassungsgeschuldet zu begreifen bzw. Rechtspolitik als Interpretationskunst zu kaschieren.

Das materielle Prinzip der Besteuerung nach der wirtschaftlichen Leistungsfähigkeit ist der einzig sachgerechte Maßstab für die Besteuerung von Einkommen. Als im Ausgangspunkt hoch abstraktes Leitprinzip bedarf es der Konkretisierung aufgrund zusätzlicher Werturteile. Stets ist der Gefahr zu begegnen, unter Berufung auf das Leistungsfähigkeitsprinzip Erwünschtes in die Verfassung hineinzuinterpretieren. Die Vollzugsgerechtigkeit rechtfertigt einen pragmatischen Einkommensbegriff. Dieser eröffnet in den (umstrittenen) Grenzen der Verfassung auch eine analytische Schedulensteuer, zumal neben die Vollzugssicherung auch materielle Rechtfertigungsgründe treten. Das Nettoprinzip wird durch praxisnotwendige Typisierungen durchbrochen. Das Interventionsprinzip beschreibt den Einsatz des Einkommensteuerrechts für vom Gesetzgeber verfolgte Lenkungswirkungen. Lenkungsnormen lassen sich begrenzt rechtfertigen, wobei stets die europäische Reichweite des Lenkungsangebots und die disziplinierende Wirkung des europäischen Beihilferechts zu bedenken sind. Rechtspolitisch lautet die allgemeine Empfehlung, steuerliche Subventionen nur zurückhaltend und wohldosiert einzusetzen. Das Prinzip gesetzlich eingehegter Gestaltungsfreiheit der Steuerpflichtigen setzt bei der wirtschaftlichen Freiheit des Steuerpflichtigen an, an der der Steuerstaat partizipiert. Weder Finanzbeamte noch Finanzrichter dürfen sich anmaßen, sich im Zuge der Steuerveranlagung (ex post) als bessere Unternehmer zu genieren. Das Ist- und nicht ein Soll-Einkommen ist die Grundlage des staatlichen Steuerzugriffs.

Auf der anderen Seite bedarf es gesetzlich effektiver Vorkehrungen gegen den Versuch von Steuerumgehungen und Steuervermeidungsbestrebungen. Das Prinzip internationaler und europäischer Anschlussfähigkeit der Besteuerung von Einkommen im offenen Steuerstaat führt zum Verzicht auf nationale Sonderwege. Fiskalzwecknormen wie Lenkungsnormen müssen unionsrechtfest sein. So stößt etwa die einseitige Einführung einer nachgelagerten Besteuerung von Einkommen an unionsrechtliche Grenzen.

Die vorliegenden verschiedenen Reformentwürfe enthalten vielfältige, zum Teil aus ausländischen Rechtsordnungen rezipierte oder aus der Historie wiederentdeckte Vorschläge und Bausteine, auf die der Gesetzgeber in toto oder in Kombination zurückgreifen kann. Die Umsetzung liegt in der Hand der Politik. Jeder Reformvorschlag ist ein wissenschaftliches Angebot an die Rechtspolitik. Es gilt die beharrliche Arbeit an der Reform der Besteuerung von Einkommen fortzusetzen. Reformentwürfe liefern als Kontrastprogramme vielfach wertvolle systematische Erkenntnisse für das geltende Einkommensteuerrecht.

Resümee 437

2. Steuerökonomische und steuerjuristische Prinzipien optimaler Einkommensbesteuerung (Gerechtigkeit und Effizienz)

Clemens Fuest stellt wohlfahrtsökonomische Ansätze (Theorie optimaler Besteuerung) neben Ansätze der politökonomisch orientierten Finanzwissenschaft und zeigt auf, dass es erst die Berücksichtigung beider erlaubt, Prinzipien und Leitlinien für die praktische Steuerpolitik zu entwickeln, steuerpolitische Vorschläge angemessen zu bewerten und Entwicklungen der Steuerpolitik zu erklären. Der wohlfahrtsökonomische Ansatz befasst sich mit Effizienz und Verteilungsaspekten der Besteuerung. Ein gegebenes Steueraufkommen soll mit möglichst geringen gesamtwirtschaftlichen Kosten erhoben werden. Die Zusatzlast der Besteuerung entspricht der Differenz zwischen den gesamtwirtschaftlichen Kosten der Besteuerung und dem Steueraufkommen; sie resultiert daraus, dass Steuern zu Ausweichreaktionen der Besteuerten führen (steuerliche Verzerrungen). Die Analyse der Zusatzlastminimierung führt zu einer Reihe von Regeln effizienter Besteuerung, insbesondere die sog. inverse Elastizitätenregel, die Freiheitskomplementaritätsregel und die Produktionseffizienzregel. Die aus der Zusatzlastanalyse abgeleiteten Regeln abstrahieren von Gerechtigkeits- und Verteilungsfragen. Prinzipiengerechte Besteuerung bzw. gerechte Steuerlastverteilung lassen sich aus diversen Gerechtigkeitstheorien ableiten. Viele dieser Theorien führen zu Ergebnissen, die eine Steuerlastverteilung nach der wirtschaftlichen Leistungsfähigkeit verlangen, wenngleich manche Ökonomen das Äquivalenzprinzip als Leitlinie für eine gerechte Steuerlastverteilung betonen. Kontrovers diskutiert wird die Frage, welcher Indikator für wirtschaftliche Leistungsfähigkeit herangezogen werden soll. Dabei geht es zum einen um den richtigen Einkommensbegriff und die Umsetzung des objektiven Nettoprinzips, zum anderen um die Frage, ob das Einkommen oder eher der Konsum der Indikator sein sollte, an dem eine gerechte Besteuerung anknüpft. Für die Frage, wie die mit Steuern verbundenen Lasten sich verteilen, ist entscheidend, wie elastisch Nachfrager und Anbieter an Märkten auf die Besteuerung reagieren. Tendenziell trägt die Marktseite einen um so höheren Anteil an der Gesamtlast der Steuer, je unelastischer sie reagiert. Der Zusammenhang zwischen Marktmacht und Steuerüberwälzung lässt sich einfach anhand eines perfekt preisdiskriminierenden Monopolisten erläutern. Besonders deutlich wird die Relevanz der Überwälzungsfrage im Bereich der Unternehmensbesteuerung. In der Debatte über internationale Kapitalmobilität und Steuerwettbewerb wird betont, dass Unternehmen und unternehmerische Investitionen auf Besteuerung durch Standortverlagerung ins Ausland reagieren und in der Folge die Steuerlast teilweise oder ganz auf Einkommen immobiler Produktionsfaktoren überwälzt wird. Eine Verknüpfung von Effizienz- und Verteilungsüberlegungen liefert die Theorie Optimaler Einkommensbesteuerung; sie zeigt, dass Umverteilungsziele und Effizienzziele konfligieren. Die Einkommensteuer ist unter allgemeinen Bedingungen das bessere Umverteilungsinstrument als eine differenzierende Verbrauchsteuer. Das

Nettoprinzip wird nicht nur durch Gerechtigkeitsüberlegungen gestützt, sondern auch durch Effizienzargumente. Eine verbreitete Form der steuerpolitischen Reaktion auf die Internationalisierung der Wirtschaft, die auf Überlegungen der Optimalsteuertheorie beruht, ist die in vielen Ländern erfolgte Abwendung vom System der synthetischen Einkommensbesteuerung und die Einführung von Steuersystemen, die Kapital- und Arbeitseinkommen unterschiedlich behandeln. Die Literatur im Bereich der optimalen Besteuerung beschäftigt sich zunehmend mit Problemen der Steuerhinterziehung, der Steuervermeidung sowie mit administrativen Problemen der Steuererhebung. Die politökonomische Theorie der Besteuerung betont, dass steuerpolitische Entscheidungen von Menschen gefällt werden, die im Rahmen gegebener institutioneller Regeln eigene Interessen verfolgen und sich in dieser Hinsicht nicht von Menschen unterscheiden, die privaten Geschäften und Interessen nachgehen. Die konstitutionelle Theorie der Besteuerung zeigt, dass ein Kleptokrat, der das Ziel verfolgt, das Steueraufkommen zu maximieren und für eigene Zwecke zu verwenden, das Steuersystem nach den Besteuerungsregeln gestalten würde, die aus der Perspektive der wohlfahrtsökonomischen Theorie effizient sind. Sie wählt das Modell der Kleptokratie in erster Linie zu analytischen Zwecken. Normativ geht es aus der Perspektive dieses Ansatzes darum, die Rahmenbedingungen steuerpolitischer Entscheidungen so zu gestalten, dass die staatliche Besteuerungsmacht begrenzt wird. So kommt es in der Steuerpolitik darauf an, den steuerpolitischen Entscheidungsprozess durch Verfassungsregeln so zu gestalten, dass eine übermäßig hohe Besteuerung oder eine Ausbeutung bestimmter Gruppen durch andere Gruppen verhindert wird. Zwar ist die Delegation von Besteuerungsmacht an eine Regierung oder eine Parlamentsmehrheit unvermeidlich. Gleichzeitig ist es aber wichtig, diese Macht zu beschränken. Dies führt zu Besteuerungsprinzipien, die denen der wohlfahrtsökonomischen Theorie teils diametral entgegengesetzt sind. Optimalsteuertheorie und konstitutionelle Besteuerungstheorie widersprechen sich aber nicht immer. Besteuerungsprinzipien, die als Leitlinien für die praktische Steuerpolitik in der modernen Demokratie gelten wollen, sollten die Effizienz der Besteuerung, eine gerechte Steuerlastverteilung, aber auch den Schutz gegen übermäßige Besteuerung einzelner Gruppen oder der Steuerzahler insgesamt anstreben.

3. Einkommensbegriffe und Einkunftsarten

Marc Desens zeigt auf, dass sich Steuerreformmodelle an umstrittenen Wertentscheidungen orientieren und daher nur gelingen, wenn diese im Reformprozess vollständig offengelegt werden und die politische Mehrheit von den Wertvorstellungen und Folgewertungen überzeugt ist. Der Reformer trägt dabei die Argumentationslast. Konzeptionelle Gelingensbedingungen einer Steuerreform sind die Überzeugung von den zugrunde gelegten Wertvorstellungen von der konkreten Umsetzung der Wertvorstellungen, von der materiellen Notwendigkeit der Reform sowie ihrer praktischen Umsetzbarkeit.

Marc Desens versucht, dies anhand (noch) nicht umgesetzter Reformforderungen zu Einkommensbegriff und Einkunftsarten zu belegen, nämlich die Einführung einer konsumorientierten Einkommensteuer, die Abschaffung bzw. Reduzierung der Einkunftsarten, die Verwirklichung der sog. Markteinkommenstheorie und die vollständige Besteuerung der privaten Veräußerungsgewinne.

Für konsumorientierte Konzepte (Sparbereinigung/nachgelagerte Besteuerung und Zinsbereinigung) streiten ihre intertemporären Neutralitätseffekte und ihre inflationsbereinigende Wirkung. Würde man die Grundkonzepte schon im Ausgangstatbestand umsetzen, bedeutete dies eine gesetzgeberische Neuausrichtung bei der Konkretisierung des Leistungsfähigkeitsprinzips für die Einkommensteuer. Bezugsgröße für die Leistungsfähigkeit wäre das gesamte Lebenseinkommen. Mit einer entsprechenden Ausgangsentscheidung des Reformgesetzgebers würde das Leistungsfähigkeitsprinzip nicht durchbrochen, sondern folgerichtig umgesetzt. Bei hybriden Formen, die die Grundkonzepte nur partiell bzw. typisierend verwirklichen, sind die Privilegierungen der Kapital- bzw. Kapitaleinsatzeinkünfte als Durchbrechungen des Leistungsfähigkeitsprinzips zu rechtfertigen. So müssen gerade die außersteuerlichen Rechtfertigungsgründe überzeugen. Hinsichtlich der Grundkonzepte der Konsumorientierung erscheint es schon im Ausgangspunkt zweifelhaft, warum bei der Einkommensteuer der Konsum ein besserer Indikator für Leistungsfähigkeit sein soll als die bereits durch den Erwerb entstandene Konsumierbarkeit. Ferner ist fraglich, ob das Einkommensteuerrecht am Realwertprinzip ausgerichtet werden muss. Besteuerungspraktisch würde speziell eine Sparbereinigung das Problem der Wegzugsbesteuerung – vor allem innerhalb der EU – erheblich ausweiten.

Gegen den Verzicht auf Einkunftsarten spricht, dass der Veranlassungszusammenhang als Zuordnungskriterium für Aufwendungen zur Erwerbsphäre und die Gewinnerzielungsabsicht als subjektives Element vor allem zur Abgrenzung der privaten Konsumsphäre nicht an das „Einkommen" als solches anknüpfen können, sondern als notwendigen Letztbezugspunkt eine konkrete „Einkünftequelle" benötigen. Abzuschaffen wären schlicht nicht notwendige Rechtsfolgendifferenzierungen. Die Existenz von Einkunftsarten kann durchaus zur Verständlichkeit des Einkommensteuerrechts beitragen. Dies gilt insbesondere für die Reduzierung auf vier Einkunftsarten nach dem Entwurf der Stiftung Marktwirtschaft. Steuerwissenschaftliche Ideale und Reformmodelle werden sich freilich nur durchsetzen können, wenn sie sich spezifischen Fiskalinteressen, Umverteilungs- und Lenkungszielen nicht gänzlich verschließen, sondern die Reformmodelle diese in einer Art und Weise aufnehmen können, dass erstere möglichst minimal beeinträchtigt werden. In diesem Sinne setzt eine sinnvolle Reduzierung der Einkunftsarten eine Reform der Gemeindefinanzierung mit einer Umgestaltung der Gewerbesteuer voraus. Eine Überwindung des Einkünftedualismus scheitert derzeit noch an der Überzeugung von der praktischen Umsetzbarkeit. Begreift man das Problem zuvörderst als eine Abgrenzungsfrage der steuerbaren Sphäre von der nicht steuerbaren Konsumsphäre, gibt es keinen Grund, zumindest bei Wirtschaftsgütern, die zur Fruchtziehung in der privaten Vermögensverwaltung eingesetzt werden, nicht auch Wertrealisierungen in der Substanz zu besteuern. Das Hauptargument gegen den Dualismus liegt im dann freigelegten Vereinfachungspotential; ggf. könnte man auch ein „Arbeitsvermögen" annehmen. Bei Grundstücken und anderen Wirtschaftsgütern der privaten Vermögensverwaltung ist zu unterscheiden, ob sie zur Nutzung fähig sind und ob sie einem Dritten überlassen, gar nicht genutzt werden oder selbst genutzt werden. Selbst bzw. privat genutzte Wirtschaftsgüter wären nicht zu erfassen. Bei § 23 EStG wären ggf. einfach die Fristen zu streichen und die Abgrenzung zur nicht steuerbaren Selbstnutzung schärfer zu konturieren. Trennt man gesetzestechnisch den Nutzungs- vom Veräußerungstatbestand, spricht viel dafür, das steuerverstrickte Vermögen der privaten Vermögensverwaltung schon im Gesetz wie ein steuerverstricktes Betriebsvermögen auszugestalten. Offen ist, ob und wie Scheingewinne durch die Inflation zu vermeiden sind.

Marc Desens schließt mit dem Appell an die Steuerwissenschaft, sich – solange es am politischen Reformdruck fehlt – darauf zu beschränken, die konzeptionellen Gelingensbedingungen einer Steuerreform in den Blick zu nehmen.

4. Einkommensermittlung, objektives Nettoprinzip/ Verlustberücksichtigung

Aus österreichischer Sicht bringt *Claus Staringer* das objektive Nettoprinzip in den Kontext der Schedulenbesteuerung nach Maßgabe einer Abgeltungsteuer. Er stellt die deutsche Abgeltungsteuer der österreichischen Endbesteuerung gegenüber. Deutschland macht mit der Einführung einer Abgeltungsteuer für Kapitaleinkünfte unter Einschluss der Gewinne aus der Veräußerung von Kapitalvermögen einen deutlichen Schritt hin zu einer Schedulenbesteuerung. In Österreich gilt seit 1992 mit der sog. Endbesteuerung eine entsprechende Sonderbesteuerung, seit 2011 auch für Veräußerungsgewinne aus Kapitalvermögen sowie Derivateeinkünfte. 2012 wurden auch Veräußerungsgewinne aus Immobilien einem besonderen Steuerregime hinsichtlich Tarif und Bemessungsgrundlage unterworfen. Gemeinsamer Wesenszug der genannten Sondersteuersysteme sind die zum Teil gravierenden Einschränkungen des objektiven Nettoprinzips.

Die Analyse des bestehenden Rechtszustandes soll zur Aufbereitung der rechtspolitischen Frage dienen, ob die sich in der geschilderten Rechtsentwicklung als zumindest mögliche Option zukünftiger Gesetzgebung zeigende Schedularisierung der Einkommensteuer unter weitgehender Aufgabe des objektiven Nettoprinzips als Modell für die Weiterentwicklung der Einkommensteuer in der Zukunft eignet, – dies speziell mit Blick auf die Rechtfertigung von Einschränkungen des objektiven Nettoprinzips.

In Deutschland geht mit der Abgeltungsteuer für laufende Kapitaleinkünfte ein Abzugsverbot für mit den Kapitaleinkünften in Zusammenhang stehenden Kosten einher. In Österreich ist das Abzugsverbot verfassungsrechtlich vorgegeben. Es soll auch dann gelten, wenn die Abgeltungswirkung des Steuerabzugs gar nicht zum Tragen kommt, weil der Steuerpflichtige eine Veranlagung der Kapitaleinkünfte zum Regeltarif vornimmt. Für Veräußerungsgewinne nach Abzug von Veräußerungskosten gilt im deutschen Recht das Abzugsverbot im Rahmen der Abgeltungsteuer analog zu laufenden Kapitaleinkünften, in Österreich – ohne Verfassungsrang – ein Abzugsverbot für mit Veräußerungsgewinnen in Zusammenhang stehende Kosten. Dabei kann durchaus bezweifelt werden, ob die bei laufenden Kapitaleinkünften wohl zutreffende Annahme, dass solche Einkünfte typischerweise nur in geringem Ausmaß Kostenaufwand des Steuerpflichtigen erfordern (insbesondere weil der laufende Einkünftebezug als Gegenleistung für die bloße Kapitalüberlassung stattfindet, ohne dass der Steuerpflichtig sich besonders um die Vereinnahmung kümmern muss), bei Veräußerungsgewinnen in gleicher Weise zutrifft. In Österreich besteht weiter ein Ansatzverbot für Anschaffungsnebenkosten, dies mit zahlreichen Folgeproblemen. Mit der Aufgabe der zehnjährigen Spekulationsfrist zugunsten einer allgemeinen Steuerpflicht von Immobilienveräußerungsgewinnen wurde in Österreich in Form der Immobilienertragsteuer (Immo-ESt) eine Abzugssteuer mit einem Sondersteuersatz von 25 % eingeführt. Auch bei Immobilien besteht nun ein nicht verfassungsrechtlich abgesichertes Abzugsverbot für Kosten im Zusammenhang mit dem Gewinn aus der Veräußerung. Die erforderliche Rechtfertigung ist schwieriger zu finden als bei der Veräußerung von Kapitalvermögen, da anders als dort gerade kein Gleichklang der Besteuerung von Veräußerungsgewinnen mit jener von laufenden Einkünften aus dem jeweiligen Vermögen vorliegt. Dabei ist zu berücksichtigen, dass die Kosten (auch) im Zusammenhang mit der Vermietung der Immobilie stehen konnten. Ein Ansatzverbot für Anschaffungsnebenkosten besteht nicht, was wiederum dem beim Kapitalvermögen die Rechtfertigung entzieht. In Österreich ist für negative Kapitaleinkünfte ein horizontaler Verlustausgleich zwar grundsätzlich möglich, aber auch hier bestehen Verrechnungsbeschränkungen in Gestalt getrennt zu führender Verrechnungstöpfe. Ein vertikaler Verlustausgleich über die Schedule der Kapitaleinkünfte hinaus ist nicht zulässig. Für Veräußerungsverluste aus Immobilien ist der horizontale Verlustausgleich innerhalb der Schedule mit anderen Immobilienveräußerungsgewinnen möglich, ohne dass dafür eine gesonderte Topfbeschränkung bestünde. Ein vertikaler Verlustausgleich ist lediglich mit laufenden Einkünften aus Vermietung und Verpachtung zugelassen, dies auch nur zur Hälfte. Eine darüber hinausgehende (d.h. mit anderen

Einkünften) Verwertung des Veräußerungsverlustes ist – wie beim Kapitalvermögen – nur im Betriebsvermögen – möglich, auch hier begrenzt mit der Hälfte des Verlustes.

Wird innerhalb der Schedule ein negatives Jahresergebnis erzielt und ist auch kein vertikaler Verlustausgleich möglich, so ist ein periodenübergreifender Vortrag der Verluste nach deutschem Recht innerhalb der Schedule möglich, nicht aber in Österreich. Dabei gilt auch im Betriebsvermögen ein Vortrag von Schedulen-Einkünften nur in Höhe des halben Verlusts. Der Ausschluss außerbetrieblicher Verluste vom Vortrag wurde vom österreichischen Verfassungsgerichtshof als verfassungswidrig festgestellt. Der Gesetzgeber hat hierauf aber bisher nur in Gestalt einer Zehn-Jahres-Verteilung von außergewöhnlichen Aufwendungen bei den Einkünften aus Vermietung und Verpachtung reagiert.

Zusammenfassend stellt *Staringer* fest, dass der Hauptteil der Rechtfertigungslast für weitreichende Abzugsverbote im Rahmen der vorgefundenen Schedulensysteme vom Sondersteuersatz zu tragen ist. Zwar liegt eine Beschränkung des Nettoprinzips vor, letztlich wird dadurch aber lediglich der Steuervorteil der Scheduleneinkünfte gegenüber den übrigen, normalbesteuerten Einkünften geschmälert. Bei solcher Sicht ist die Schedulenbesteuerung eben nur „im Paket" mit einer Bruttobesteuerung erhältlich. Diese Rechtfertigung wird umso schwächer, je gewichtiger – zumindest im Regelfall – der Kostenaufwand im Vergleich zu den Bruttoeinkünften wird. Jedenfalls wird der „Paketgedanke" aber nicht ausreichen, um das Kostenabzugsverbot auch im Fall der Regeltarifveranlagung zu rechtfertigen. Noch weiter angespannt wird die Rechtfertigungskraft des Schedulensteuersatzes, wenn dieser auch den Ausschluss eines vertikalen (oder sogar horizontalen) Verlustausgleiches mit anderen Einkunftsarten rechtfertigen muss. Es scheint so, dass die Rechtfertigung einer Schedulenbesteuerung immer dann zu schwächeln beginnt, wenn diese Besteuerung nur lückenhaft umgesetzt ist. So können auch nebeneinanderliegende, aber im Einzelnen unterschiedlich geregelte Schedulen, zu Rechtfertigungsschwächen führen, da sich rasch die Frage stellt, warum die Rechtslage in einer Schedule strenger bzw. liberaler ist als in der anderen. Hier muss das „Allheilmittel" Sondersteuersatz jedenfalls versagen, weil er Unterschiede innerhalb einer Schedule oder zwischen verschiedenen Schedulen, die dem gleichen Steuersatz unterliegen, nicht mehr erklären kann.

5. Verwirklichung des subjektiven Nettoprinzips/Familienbesteuerung

Joachim Englisch setzt beim grundlegenden Befund eines subjektiven Nettoprinzips im Einkommensteuerrecht an, konturiert durch Rechtsprechung – insbesondere des BVerfG – und Literatur. Er begreift das subjektive Nettoprinzip als maßgeblich auf dem Ideal der solidarischen Lastentragung in einer durch das staatliche Gemeinwesen konstituierten Verantwortungsgemeinschaft freier Bürger fußend. Die Steuer ist ein nach dem sozialstaatlich unterlegten Solidarprinzip erhobener Finanzierungsbeitrag für das Gemeinwohl. Die sozialstaatliche Dimension der Besteuerung setzt nicht erst beim Tarif durch Elemente der Steuerprogression o.Ä. ein.

Besteuerung nach der individuellen Leistungsfähigkeit meint Besteuerung entsprechend der individuellen Befähigung zur solidarischen Lastentragung. Hinsichtlich der auf die Existenzsicherung verwendeten Einkommensbestandteile geht das Recht auf Befriedigung des Eigenbedarfs bzw. die Verantwortung für die Abdeckung des familiären Bedarfs der Gemeinwohlverantwortung uneingeschränkt vor; das dafür verwendete Einkommen unterliegt keiner Sozialbindung i.S.v. Art. 14 Abs. 2 GG. Der gebundenen Einkommensverwendung jedenfalls für existenziell notwendigen Bedarf des Steuerpflichtigen und unterhaltsberechtigter Familienangehöriger ist grundsätzlich durch einen Abzug von der Bemessungsgrundlage Rechnung zu tragen. Jenseits der Absicherung eines existenziellen Bedarfs ist Zurückhaltung hinsichtlich der Zuordnung weitergehender Aufwendungskategorien zum subjektiven Nettoprinzip angezeigt. Insbesondere der bloße Umstand, dass Aufwendungen nach verfassungsrechtlicher oder gar nur einfachgesetzlicher Wertung indisponibel sind, genügt hierfür nicht.

Reformbedarf besteht insbesondere hinsichtlich der häufig zu beobachtenden tatbestandlichen Verquickung des subjektiven Nettoprinzips einerseits sowie sozial-, familien- oder gesellschaftspolitischer Förderanliegen andererseits. Es fehlt an einer durchgängigen und einheitlichen gesetzlichen Regelung derjenigen nicht erwerbswirtschaftlich veranlassten Einnahmen des Steuerpflichtigen („Privatbezüge"), die ihn von existenznotwendigen Aufwendungen entlasten bzw. anhand derer er entsprechende Aufwendungen bestreiten soll. Soweit dem Steuerpflichtigen nicht erwirtschaftete Bezüge zufließen, befähigen sie ihn zu solidarischer Lastentragung und müssen in die Bemessungsgrundlage einbezogen werden.

Bei Unterhaltsleistungen stünde es grundsätzlich nicht im Einklang mit zivilrechtlichen Wertungen, im Falle eigener Erwerbseinkünfte des Unterhaltsberechtigten der Unterhaltszahlung die existenzsichernde Bedeutung abzusprechen und im Hinblick darauf schon die Abziehbarkeit beim Unterhaltsverpflichteten entfallen zu lassen. Keine tragfähige verfassungsrechtliche Begründung sieht *Englisch* für ein zwingendes Abstandsgebot betreffend staatliche Transferleistungen an Bedürftige einerseits und dem Erwerbstätigen verbleibendes Nachsteuereinkommen andererseits. Evident fehlsam ist die in § 33 Abs. 1 und 3 EStG vorgesehene Kürzung des Aufwendungsabzugs um die sog. „zumutbare Belastung".

Im Bereich der Sonderausgaben mangelt es insbesondere den Regelungen betreffend den Abzug von Vorsorgeaufwendungen an hinreichender Engführung mit dem subjektiven Nettoprinzip.

Der gesetzlichen Typisierung von Abzugstatbeständen sind vergleichsweise enge Grenzen gesetzt.

Die gegenwärtig streng periodenbezogenen Entfaltung des subjektiven Nettoprinzips greift insgesamt zu kurz.

Bei einer Reform der Familienbesteuerung geht es rechtsdogmatisch vor allem um eine sachgerechte Berücksichtigung von Unterhaltsleistungen. Dies deckt sich nur zum Teil mit den Anforderungen des subjektiven Nettoprinzips, nämlich nur insoweit, als die Unterhaltsleistung zur Abdeckung des existenziellen Bedarfs des Empfängers bestimmt ist. Die Unterhaltsgemeinschaft ist eine Verbrauchsgemeinschaft, die sich zivilrechtlich grundsätzlich am verfügbaren Nachsteuereinkommen orientiert. Dem Gesetzgeber ist es unbenommen, gleichwohl über eine steuerliche Berücksichtigung nur des existenzsichernden Unterhaltsaufwands hinauszugehen. Das gegenwärtige Konglomerat einkommensteuerlicher Regelungen zur Berücksichtigung von Unterhaltsleistungen ist aber nicht folgerichtig. Einem Betreuungs- und Erziehungsbedarf minderjähriger Kinder ist einkommensteuerlich nur insoweit durch einen Abzug von der Bemessungsgrundlage Rechnung zu tragen, als erstens die entsprechende Bedarfslage bei den Eltern einen realen Mittelabfluss bewirkt hat, zweitens der entsprechende Betreuungs(mehr)aufwand entweder wesentlich durch eine Erwerbstätigkeit veranlasst ist, so dass ein Abzug schon nach dem objektiven Nettoprinzip geboten ist, oder aber deshalb entstehen, weil die Eltern den existenziellen Betreuungsbedarf ihres Kindes aus von ihnen nicht zu beeinflussenden Umständen nicht selbst abdecken können, sowie drittens die Aufwendungen der Höhe nach einen essentiellen Grundbedarf an Betreuungsleistungen nicht übersteigen. Verfehlt ist die Abzugsberechtigung eines Elternteils, der Naturalunterhalt leistet, ebenso die Privilegierung von Unterhaltsleistungen zwischen getrennt lebenden bzw. geschiedenen Ehegatten. Darüber hinaus eröffnet das geltende Recht gleichheitsrechtlich bedenkliche Gestaltungsmöglichkeiten in Folge der unzureichenden steuerlichen Erfassung von Unterhaltsleistungen beim Empfänger. Den Defiziten des geltenden Rechts kann in verfassungskonformer Weise durch eine Überführung des Ehegattensplittings und des familiären Leistungsausgleichs in ein Familien-Realsplitting Rechnung getragen werden. Die solidarische Lastentragung kann nicht wegen eines höheren Lebensstandards der Eltern und damit auch der Kinder verweigert werden. Ein steuerliches Familien-Divisorensplitting kann nicht vom Gesetzgeber eingefordert werden. Dessen ungeachtet wäre er aber auch nicht daran gehindert, sich für dieses Modell der Familienbesteuerung zu entscheiden.

6. Die Funktion des Unternehmenssteuerrechts im Einkommensteuerrecht

Wolfgang Schön analysiert das Unternehmenssteuerrecht als Recht des Unternehmers, des Unternehmens sowie des Unternehmensträgers. Der Unternehmer besitzt keine Sonderstellung im Einkommensteuerrecht. Die Besteuerung des Unternehmens besitzt keine Funktion außerhalb der Regelbesteuerung natürlicher Personen. Hiervon zu trennen ist die Frage, ob das Unternehmen als Objekt tatsächliche Besonderheiten außerhalb des gesetzlichen Tatbestands des § 15 Abs. 2 EStG aufweist, die eine Sonderbehandlung rechtfertigen. Der Kapitaleinsatz des Unternehmers legitimiert eine Begünstigung im Rahmen des weltweiten Wettbewerbs um Kapital. Die Rechtfertigung der existierenden Gewerbesteuer kann aus steuerpolitischer Sicht nicht mehr in der Legitimität einer Sonderbelastung gewerblicher Unternehmen gefunden werden; im Vordergrund steht nur noch die Aufteilung der Aufkommensberechtigung auf das unternehmerische Einkommen zwischen Bund, Ländern und Gemeinden im Interesse kommunaler Finanzautonomie. Sub specie der steuerlichen Erfassung von Unternehmensträgern geht es um die Frage, in welcher Weise die Besteuerung von Einkommen deshalb modifiziert werden muss, weil die Erzielung von Einkünften in unterschiedlichen Rechtsformen ausgeübt wird.

Die Körperschaftsteuer ist aus ihrer Funktion innerhalb des regulären Einkommensteuersystems zu legitimieren und auszugestalten. Die Notwendigkeit einer Besteuerung selbständiger Rechtsträger erfolgt aus dem Realisationsprinzip. Der wesentliche Unterschied zwischen Personengesellschaften und Kapitalgesellschaften liegt darin, dass eine einvernehmliche Rückzahlung der eingezahlten Kapitalbeträge in GbR, OHG und KG in der Regel keinen gesetzlichen Schranken unterliegt, während in der GmbH und in der AG die Schranken des Kapitalerhaltungsrechts eingehalten werden müssen. Der Wegfall der Körperschaftsteuer ist keine wünschenswerte Option. Eine eigene Steuerpflicht von Unternehmensträgern muss konsequent vier interdependente Differenzierungen in den gesetzlichen Vorschriften ausbilden, nämlich die Differenzierung zwischen steuerpflichtigen und nicht steuerpflichtigen Einheiten, zwischen der Besteuerung thesaurierter und ausgeschütteter Gewinne, zwischen Eigen- und Fremdkapital sowie zwischen Ausschüttungen und Veräußerungsgewinnen.

Für körperschaftsteuerpflichtig wären alle diejenigen Gesellschaften zu erklären, in denen der einzelne Gesellschafter von der Entscheidung der Gesellschaftergesamtheit oder der Entscheidung der Geschäftsleitung abhängig ist, wenn er anstrebt, Gewinnanteile zu entnehmen.

Die Differenzierung zwischen steuerpflichtigen und nichtsteuerpflichtigen Einheiten sollte auf die individuelle Lage der Beteiligten Rücksicht nehmen und daher für geschlossene Kapitalgesellschaften (GmbH, ausländische Limited Companies, SARL etc.) und gesamthänderische Personengesellschaften (OHG, KG, GbR, PartG, ausländische LLP und LLC) ein Wahlrecht einschließen. Werden auf der Ebene des Unternehmensträgers sämtliche Gewinne einer eigenständigen Besteuerung unterzogen, stellt sich die zwingende Folgefrage nach der Differenzierung zwischen thesaurierten und ausgeschütteten Gewinnen. Im Grundsatz gibt es vier verschiedene Methoden zur Vermeidung der Doppelbelastung körperschaftsteuerpflichtiger Gewinne. Dividendenabzugsverfahren wie auch Anrechnungsverfahren behandeln die Körperschaftsteuer konsequent wie eine „Vorauszahlung" auf die Einkommensteuer. Eine Freistellung von Dividenden führt, wenn der Körperschaftsteuersatz deutlich unter dem Einkommensteuersatz liegt, zu einer dauerhaften Minderbelastung des Unternehmensgewinns. Zudem muss es eine gleichsinnige Freistellung von ausländischen Dividenden geben. Besonders schmerzlich wirkt die Freistellung von Auslandsdividenden, wenn die Körperschaftsteuerlast im Quellenstaat hinter der im Sitzstaat des Empfängers zurückbleibt. So bleiben die pragmatischen, wenn auch systematisch nicht voll überzeugenden Teileinkünfteverfahren und Teilsteuersatzverfahren. Um die Differenzierung zwischen Eigen- und Fremdkapital bereits auf der Ebene der Gesellschaft für irrelevant zu erklären, erlaubt das Konzept der allowance for corporate equity (ACE) bei Kapitalgesellschaften den steuerfreien Abzug einer „fiktiven Verzinsung" auf das Eigenkapital. Das gedankliche Gegenmodell bildet die Comprehensive Business Income Tax (CBIT), welche die Gleichbehandlung von Eigen- und Fremdkapital durch den Ausschluss der steuerlichen Abzugsfähigkeit von Fremdkapitalentgelten sichert. Werden Fremdkapitalentgelte und Eigenkapitalentgelte bei der Gesellschaft im Hinblick auf ihre Abzugsfähigkeit unterschiedlich behandelt, bedarf es einer überzeugenden Grenzziehung zwischen den beiden Finanzierungsformen. Aus der Sicht des internationalen Steuerrechts muss auch die Sondersituation von Konzernunternehmen beachtet werden. Bei Dividenden und Veräußerungsgewinnen sind die Differenzierungen zwischen privat und betrieblich gehaltenen Anteilen aufzugeben. Die geltenden Verwerfungen bei der Anwendung des Steuersatzes, der Verrechenbarkeit von Verlusten und bei der Abzugsfähigkeit von Erwerbsaufwendungen wären zu beseitigen, eine allgemeine capital gains taxation einzuführen. Dabei muss die Besteuerung von privaten Veräußerungsgewinnen mit einem realistischen Inflationsausgleich versehen werden; andernfalls drohen Scheingewinn- und Substanzbesteuerung. Die Verrechnung von Verlusten aus Veräußerungen mit positiven Einkünften aus anderen Quellen muss generell gestattet werden. Die Verlustverrechnung wird zu einem Grundsatzproblem, wenn eine Steuerrechtsordnung zwischen zwei getrennten Ebenen der subjektiven Steuerpflicht – Gesellschaft und Anteilseigner – unterscheidet. Nach dem Modell einer wechselseitigen „Option" von Personen- und Kapitalgesellschaften für und gegen die gesonderte Körperschaftsbesteuerung erledigen sich die Probleme der Verlustverrechnung weitgehend durch eine sinnvolle privatautonome Nutzung des Optionsmodells. Weiter sprechen gute Gründe dafür, § 8c KStG zur Gänze abzuschaffen. Ein Abgleich mit der Organschaft ist unerlässlich. Körperschaftsteuer und Gewerbesteuer könnten effizient kombiniert werden, indem bei der Körperschaftsteuer eine maßvolle allowance for corporate equity eingeführt und im Gegenzug bei der Gewerbesteuer eine maßvolle Hinzurechnung der Fremdkapitalentgelte angeordnet würde. Insgesamt wird es kein Regelwerk geben, das innerhalb des klassischen Einkommensteuerrechts eine Gleichbehandlung sowohl der Unternehmer als auch der Unternehmen und schließlich auch der Unternehmensträger garantiert.

7. Internationale Aspekte einer Reform der Unternehmensbesteuerung

Ausgehend von einem Rückblick auf Unternehmensteuerreformvorschläge der letzten Jahre erkennt *Heinz-Klaus Kroppen* in dem unter den Schlagworten BEPS (Based Erosion and Profit Shifting), Apple Tax oder Google Tax bekannt gewordenen Phänomen der Erodierung der steuerlichen Bemessungsgrundlage und den möglichen Gegenmaßnahmen zu ihrer Eindämmung das aktuelle steuerpolitische Thema. Auf der Basis einer Analyse des Google Steuerfalls setzt sich *Kroppen* kritisch mit Reformvorschlägen zur Eindämmung angeblich aggressiver Steuerplanungen multinationaler Unternehmen auseinander.

Soweit in der Manipulation von konzerninternen Verrechnungspreisen die Ursache von Gewinnverlagerungen von Hochsteuer- in Niedrigsteuerländer gesehen wird, rät *Kroppen*, an dem bestehenden System zur Bestimmung von Verrechnungspreisen festzuhalten, es aber zu verbessern. Zu denken sei insbesondere an eine größere internationale Akzeptanz der Profit Split Methode, die gerade bei komplexen Sachverhalten oft zu gerechteren Ergebnissen führe. Wenn aber die OECD vorrangig auf das Vorhandensein von natürlichen Personen in einem Land für die Zuordnung eines Gewinns abstelle, liege dies nicht im deutschen Interesse.

Was die Besteuerung der digitalen Wirtschaft (Internethandel) betrifft, so scheint eine Datenbewertung schon realiter nicht möglich. Eine Marktzugangsbesteuerung wäre problematisch. Eine Verschiebung der Gewichtung von Wertschöpfungsbeiträgen weg vom Wert der Erfindung hin zum Wert des Marktes sei für Deutschland und die deutsche Wirtschaft nachteilig.

Eine Aufgabe der Betriebsstätte als Anknüpfungspunkt für die Besteuerung zugunsten einer digitalen Präsenz oder auch nur eine Orientierung an Umsatzhöhen dürfte den freien Handel behindern, die Streitauffälligkeit erhöhen und das Besteuerungssubstrat verringern.

Quellensteuern erweisen sich nicht als Allheilmittel.

Eine Lizenzschranke zur Begrenzung der Abzugsfähigkeit von Lizenzgebühren ist kaum zu rechtfertigen. Auch von der Einführung eines umfassenden Korrespondenzprinzips über Fälle eines echten Qualifikationskonflikts hinaus rät *Kroppen* ab.

Ein Übergang vom Wohnsitzprinzip zum Staatsbürgerprinzip entspräche schon nicht dem weit überwiegenden internationalen Konsens der Besteuerung nach dem Wohnsitz (einzig prominente Ausnahme: USA). Eine Staatsbürgerbesteuerung verursacht immense praktische Probleme in der Einkommensermittlung und der Durchsetzung des Steueranspruchs. Letztlich basieren auch alle von Deutschland abgeschlossenen Doppelbesteuerungsabkommen auf dem Wohnsitzprinzip. Gegen eine Veröffentlichungspflicht für aggressive Steuerplanungsmodelle spricht schon, dass diese eine schwer zu treffende Entscheidung voraussetzen, was aggressive und was noch moderate Steuerplanung ist. Diese Abgrenzung ist äußerst schwierig und im Übrigen international kaum konsensfähig. Ein „Country by Country" Reporting erscheint als sachgerechtere Maßnahme zur Erhöhung der Transparenz. Zwar wird auch ein solches Reporting zusätzliche Kosten verursachen, allerdings sind viele der notwendigen Daten in Konzernen verfügbar. Insgesamt sollte Deutschland den politischen Forderungen nach einer einseitigen Verschärfung des deutschen internationalen Steuerrechts nicht vorschnell nachgeben, um Schaden für den Standort zu vermeiden.

8. Kann eine Vereinfachung der Einkommensbesteuerung gelingen?

Ekkehart Reimer begreift das Ziel der Steuervereinfachung als mehrdimensional und stellt es in einen umfassenden interdisziplinären wie gesellschaftlichen Gesamtkontext. Dem demokratischen Verfassungsstaat fallen Vereinfachungen des Steuerrechts schwer: Hier bestehen hohe Ansprüche an das Maß an sog. Einzelfallgerechtigkeit, eine fiskalisch begründete Komplexität sowie desintegrative Interessenvertretungen. Es gilt zu fragen, welche Reformoptionen überhaupt Vereinfachungen bedeuten würden. Bezogen auf das materielle Recht denkt *Reimer* insbesondere an die Überführung der Gewerbesteuer in einen einkunftsartübergreifenden Kommunalzuschlag, eine Zusammenführung der Gewinneinkunftsarten und die ersatzlose Streichung des § 21 EStG. Die Vermietung beweglicher Gegenstände wäre in § 20 Abs. 1 EStG zu integrieren. Eine Zusammenführung der Veräußerungsgewinne und der laufenden (Nutzungs-)Einkünfte böte neben einer verbesserten Abbildung wirtschaftlicher Leistungsfähigkeit auch ein erhebliches Vereinfachungspotential; zu bedenken wäre freilich der Inflationsausgleich. § 22 Nr. 2 und § 23 EStG könnten in einem allgemeinen Veräußerungstatbestand aufgehen, die sonstigen Einkünfte aus Leistungen in den Gewinneinkünften, die Versorgungsbezüge der Abgeordneten in § 19 EStG. Einkünfte aus wiederkehrenden Bezügen, aber auch eine Reihe weiterer „sonstiger Einkünfte" ähneln den Einkünften aus Kapitalvermögen.

Bei zahllosen Freibeträgen und Freigrenzen sowie Pauschalierungen des Abzugs von Betriebsausgaben und Werbungskosten auf Ebene der Einkünfteermittlung, entsprechenden Verwaltungsanweisungen und Nichtaufgriffsgrenzen aus der Verwaltungspraxis wären Spielräume für betragsmäßige Angleichungen und evtl. legistische Zusammenführungen zu nutzen. Parallel zur Abgeltungsteuer stellt sich die Frage, inwieweit der Ausschluss des Werbungskostenabzugs auch für andere Überschusseinkünfte in Betracht kommt und Spielraum für Steuersatzsenkungen eröffnet. Bei Sonderausgaben und außergewöhnlichen Belastungen dürfen pauschalierende Lösungen nicht hinter dem Ist-Aufwand zurückbleiben. In zeitlicher Hinsicht könnte der Gesetzgeber auf Jahresgesetze übergehen, deren zeitlicher Anwendungsbereich auf jeweils ein Kalenderjahr begrenzt ist. Eine anders gelagerte Stärkung des Jährlichkeitsprinzips läge im Wegfall des Verlustabzugs.

Beim Tarif gibt es unter Vereinfachungsgesichtspunkten nur eine sinnvolle Reform: die Einführung eines einheitlichen Steuersatzes, der oberhalb eines für alle gleichen Grundfreibetrags einsetzen müsste.

Im Verfahrensrecht kommt einer engmaschig vorausgefüllten Steuererklärung das wohl größere Vereinfachungspotential zu. Einzubeziehen wären Einnahmen aus nichtselbständiger Arbeit, Kapitalerträgen und Renten wie auch Aufwendungen. Zu denken ist an die automatisierte Übermittlung von Personenstammdaten, von Zuwendungsbescheinigungen durch gemeinnützige Körperschaften, Daten über haushaltsnahe oder geringfügige Beschäftigungsverhältnisse durch die sog. Minijobzentrale sowie von Daten über haushaltsnahe Dienstleistungen und Handwerkerleistungen durch die Leistungserbringer an das zuständige (Wohnsitz-)Finanzamt. Jenseits dessen nimmt *Reimer* eine umsatzscharfe elektronische Erfassung aller Geldumsätze eines Steuerpflichtigen in den Blick. Er fragt weiter, ob der Fiskus einen Veranlagungsverzicht des Steuerpflichtigen prämieren darf und soll.

Im Interesse einer Reduktion der Komplexität des Steuerrechts sind auch außersteuerrechtliche Probleme zu lösen. Institutionelle Lösungen zielen etwa auf textliche Vereinfachung unter Beibehaltung der bestehenden Rechtslage. Bei einer Reduktion der Bestimmtheitsanforderungen müssten Abstriche an die Vorhersehbarkeit der Belastungsfolgen durch ein Mehr an verbindlichen Auskünften, möglicherweise sogar durch Instrumente einer konsensualen Festlegung der Belastungsfolgen im Vorfeld konkreter Transaktionen oder Gestaltungen ausgeglichen werden, im Exekutivföderalismus letztlich keine Vereinfachung und erst recht kein rechtsstaatlicher Gewinn. Vereinfachungspotential bergen Rechtsformneutralität, Ausschüttungsneutralität, Finanzierungsneutralität, Ausschüttungs-Veräußerungs-Neutralität oder auch Inlands-Auslands-Neutralität. Schließlich denkt *Reimer* über verfassungspolitische Innovationen nach, jedenfalls für neue Gesetze. Komplexitätssteigernde Steuergesetze könnten unter Vorbehalt gestellt werden.

Jedoch zeigen zentrale Neuerungen v.a. aus dem Bereich der Einkommen- und Körperschaftsteuer der letzten Jahre, wie schwer die Trennlinie zwischen systemwahrender Missbrauchsabwehr und systemwidriger Selektivverschärfung zu ziehen ist. Effektiver scheint ein Referendumsvorbehalt für nachhaltig wirkende Gesetze.

Reimer schließt mit der Erkenntnis, dass es der Vorstellung von einem einfachen Steuerrecht bedarf, um die Komplexität des geltenden Steuerrechts zu erkennen und sie in den Grenzen zu halten, die rechtsstaatlich und informationstechnisch zu bewältigen sind.

9. Reformüberlegungen zur Bemessung der Einkommensteuer (Tariffragen, Grenzen für die Steuerbelastung)

Henriette Houben stellt anhand von Diagrammen einen optimalen Einkommensteuertarif, die kalte Progression, grundlegende Tarifreformansätze sowie Grenzen für den Spitzensteuersatz dar.

Was den optimalen Einkommensteuertarif betrifft, so ist die Tarifwahl letztlich wertungsabhängig. Eine sachgerechte Wertung erfordert die Kenntnis der Einkommensverteilung. 2007 waren etwa von 68 Millionen Volljährigen nur 51 Millionen in der Lohn- und Einkommensteuerstatistik erfasst, davon wiederum nur 38 Millionen Einkommensteuerzahler. Rund 55 % der Volljährigen sind Steuerzahler. Gut die Hälfte des Steueraufkommens stammt von den 10 % stärksten Steuerzahlern, knapp ein Viertel vom Stärksten 1 % der Steuerzahler. Betrachtet man die einkommensgewichteten Durchschnittssteuersätze, so trifft auf die unteren 50 % der Steuerzahler ein Durchschnittssteuersatz von 10 %, auf Steuerzahler mit einem zu versteuernden Einkommen von 21 000 bis 44 000 Euro 19 %, auf die oberen 10 % der Steuerzahler 33 %, auf das obere 1 % der Steuerzahler mit einem zu versteuernden Einkommen von über 123 000 Euro 40 % Durchschnittssteuersatz.

Unter dem Stichwort der kalten Progression als Folge steigender Durchschnittssteuersätze weist *Houben* darauf hin, dass das Einkommenswachstum zum Inflationsausgleich den Durchschnittssteuersatz nicht ändern darf. Denn ohne Inflationsanpassung führt ein nominales Einkommenswachstum zu einem Anstieg des Durchschnittssteuersatzes, zu einer Erhöhung der Staatsquote und zum Sinken des realen Nachsteuereinkommens. Die Inflationsverschärfung betrifft alle Steuerzahler, wenngleich in unterschiedlichem Ausmaß. Um die kalte Progression zu vermeiden, ist eine laufende Inflationsanpassung notwendig, da andernfalls die Staatsquote steigt, der Steuerbeitrag der Einkommensschwachen übermäßig steigt und die Steuerlastverteilung zufällig wird. Eine laufende Inflationsanpassung führt aber auch dazu, dass Tariftransparenz im Sinne eines einfach zu merkenden Tarifs nur bedingt erreichbar ist, da alle Wertgrenzen des Tarifs jedes Jahr um die Inflationsrate steigen müssten.

Anforderungen an einen Steuertarif sind ein gewisses Aufkommensniveau, ein moderater Eingangs- und Spitzensteuersatz, ggf. ein gleichmäßiger Anstieg der Grenzsteuersätze sowie Transparenz und Einfachheit. Zu unterscheiden sind Flat-Tax, Stufentarife und die duale Einkommensteuer. Eine aufkommensneutrale Flat-Tax müsste bei einem Grundfreibetrag von 8354 Euro einen einheitlichen Steuersatz von 30 % vorsehen. Für hohe Einkommen würde der Grenzsteuersatz um bis zu 15 Prozentpunkte sinken. Durch die Anhebung des Grenzsteuersatzes im unteren Einkommensbereich würden rund 88 % der Steuerzahler stärker belastet. Ein aufkommensneutraler Flat-Tax-Tarif belastet im Vergleich zum Status Quo die meisten Steuerzahler deutlich stärker und dies zugunsten einiger weniger einkommensstarker Steuerzahler. Ein solcher Tarif scheint politisch kaum vermittelbar. Die Lastenumverteilung von „oben" nach „unten" kann teilweise durch einen Stufentarif vermieden werden. Ein Stufentarif mit einem Grenzsteuersatz von 0 % bis 8354 Euro, mit 15 % bis einschließlich 13 354 Euro, 20 % bis einschließlich 18 354 Euro, 25 % darüber, würde zu Mindereinnahmen von 60 Milliarden Euro (26 %) im Jahr führen. Im Durchschnitt würden alle Einkommensgruppen (Perzentile) entlastet, aber Geringverdienter deutlich weniger als Hocheinkommensbezieher. Aufkommensneutral wäre ein Stufentarif mit einem Grenzsteuersatz von 10 % zwischen 8354 Euro bis einschließlich 10 000 Euro, 20 % bis einschließlich 20 000 Euro, 30 % bis einschließlich 30 000 Euro, 40 % bis einschließlich 40 000 Euro sowie darüber 45 %. Dieser Tarif würde zu Steuersenkungen bei Geringverdienern auf Kosten der 22 % einkommensstärkeren Steuerpflichtigen führen. Allgemein können Stufentarife die Unsicherheit über den anzuwendenden Grenzsteuersatz deutlich erhöhen. Die duale Einkommensteuer ist nicht mit vergleichbarer Präzision quantifizierbar. Zu berücksichtigen wäre eine Verzinsung von Betriebsvermögen. Insgesamt erscheint eine Mehrbelastung unterer Einkommen politisch gegenwärtig kaum durchsetzbar – so die Flat-Tax. Bei einem differenzierten Tarif führen marginal erscheinende Grenzsteuersatzsenkungen im unteren Einkommensbereich zu drastischen Erhöhungen im oberen Einkommensbereich – entweder muss der Spitzensteuersatz dann deutlich früher einsetzen oder er muss deutlich höher liegen. Die ökonomische Grenze für die Steuerbelastung liegt dort, wo die weitere Erhöhung des Steuersatzes zu einem Rückgang des Aufkommens führen würde. Da alle Tarife – selbst die Flat-Tax mit Grundfreibetrag – progressive Tarife sind, kann der Steuerpflichtige in keinem der diskutierten Tarife seinen Durchschnittssteuersatz direkt aus der Tarifvorschrift ablesen. Ebenso benötigen alle progressiven Tarife eine Regelung zum Progressionsvorbehalt. Es ist u.a. deshalb insgesamt fraglich, wie groß der Vereinfachungseffekt einer Tarifreform wäre. U.a. weil gegenwärtig aber noch keine belastbaren Schätzungen zur Elastizität von Hocheinkommensbeziehern vorliegen, kann auch keine belastbare, auf die Realität übertragbare, ökonomische Grenze für den Spitzensteuersatz angegeben werden.

III. Erneuerung der Besteuerung von Vermögen

1. Erneuerung der Besteuerung von Vermögen aus deutscher Sicht (Vermögensabgabe, Vermögensteuer, Erbschaft- und Schenkungsteuer)

Hanno Kube durchleuchtet zunächst die Vermögensbesteuerung im verfassungsrechtlichen Rahmen. Er versteht die Vermögensteuer – insbesondere mit Blick auf den historischen Verfassungsgeber – als nicht anrechenbare Sollertragsteuer in Ergänzung zur Einkommen- und Körperschaftsteuer. Eine Vermögensubstanzbesteuerung verkürzt das Eigentum unverhältnismäßig. Art. 14 Abs. 1 GG schließt eine Vermögensbesteuerung aus, deren Belastungsgrund in der Vermögenssubstanz liegt und erlaubt nur eine in der Kumulation mit der Ist-Ertragsbesteuerung verhältnismäßige Sollertragsbesteuerung, die jedenfalls den wirtschaftlichen Erfolg des Steuerpflichtigen nicht grundlegend beeinträchtigt. Danach scheitert die Vermögensteuer im Umfeld der heutigen Ist-Ertragsbesteuerung, zumindest bei einem Tarif von einem Prozent des Vermögens, so wie aktuell vorgeschlagen. Der strukturelle Mangel liegt in der defizitären Verbindung zwischen Belastungsgrund (Ertrag) und Bemessungsgrundlage. Im Ergebnis käme es zu unverhältnismäßigen Kumulativbelastungen. Das Umverteilungsanliegen hat keine rechtfertigende Kraft, weil eine relevante Umverteilung durch eine 1 %-Vermögensteuer nicht erreicht wird und das Anliegen, anders als andere Lenkungsziele, auch kein Maß in sich trägt. Die Sollertragsbesteuerung bemisst sich zwingend nach der Ertragsfähigkeit aller Vermögensgegenstände; diese gleichheitsgerecht und periodisch wiederkehrend festzustellen, ist praktisch ausgeschlossen. Hinzu träten massive Eingriffe in die Privatsphäre. Im Rahmen der gegenüber der Herkunft und Verwendung von Vermögen blinden Vermögensteuer mit ihrer für die konkreten Lebensumstände des Steuerpflichtigen indifferenten Bemessungsgrundlage kann weder das subjektive Nettoprinzip noch der Gemeinnützigkeitsgedanke entfaltet werden. Eine Privilegierung von Betriebsvermögen ist in erheblicher Weise missbrauchsanfällig und dabei auch bei legitimer wirtschaftspolitischer Zielsetzung unzulässig. Die Vermögensteuer ist somit zwar kompetenzrechtlich angelegt, unter den gegenwärtigen Rahmenbedingungen aber nicht verfassungsmäßig zu erheben.

Eine einmalige Vermögensabgabe setzt schon kompetenzrechtlich außergewöhnliche kriegsfolgenähnliche Finanzierungsnotlagen des Bundes voraus.

Die Erbschaft- und Schenkungsteuer ist als Landessteuer verfassungsrechtlich offen für eine – den Ländern Anreize bietende – Zerlegung, insbesondere nach Belegenheiten. Eine bundeseinheitliche Regelung ist jedenfalls insoweit erforderlich, als ungewollte Doppelbesteuerungen zu verhindern sind. Die Erbschaft- und Schenkungsteuer ist eine Steuer auf den unentgeltlichen Vermögenshinzuerwerb außerhalb des Marktes. Grundrechtlich wird die Erbschaftsteuer von der Erbrechtsgarantie nach Art. 14 Abs. 1 GG regiert, die die einmalige staatliche Teilhabe am ererbten Vermögenszuwachs zulässt. Der erbschaftsteuerliche Zugriff muss dabei verhältnismäßig sein. An die Höhe von Sollerträgen ist der Staat dabei – anders als bei der Vermögensteuer – gerade nicht gebunden, der demokratische Gestaltungsspielraum deshalb vergleichsweise groß.

Der Belastungsgrund des Vermögenszuwachses erfordert eine gleichheitsgerechte Bewertung nach Verkehrswerten. Probleme der Doppelbesteuerung durch Einkommen- und Erbschaftsteuer können sich ergeben, wenn die Abgrenzung zwischen entgeltlichem Ertrag und unentgeltlichem Zuwachs misslingt, weil die Besteuerungsmaßstäbe divergieren. Die Lösung des § 35b EStG ist im Ergebnis akzeptabel. Eine realitätsgerechte Erbschaftsteuer muss auf missbrauchsanfällige Verschonungen des Betriebsvermögens verzichten. Ehe und Familie werden erbschaft- und schenkungsteuerlich durch Freibeträge und Tarifabstufungen geschützt. Fraglich ist die gegenwärtige Einordnung von Geschwistern. Zuwendungen sollten insoweit von der Schenkungsteuer befreit werden, als sie die Grenze einer hälftigen Teilung des ehelichen Zugewinns nicht überschreiten. Die Erbschaft- und Schenkungsteuer ist das gebotene Mittel, um den Steuerstaat angemessen an privatem Vermögen teilhaben zu lassen. Die gesetzliche Ausgestaltung ist in einigen Punkten nachbesserungsbedürftig.

Insgesamt sollte sich der freiheitliche Staat auf die Ertragsteuern konzentrieren, ergänzend auf die Konsumsteuern. Sie knüpfen an eine Leistungsfähigkeit an, die sich regelmäßig als tatsächliche Zahlungsfähigkeit in Folge ausgeübter Freiheit darstellt.

2. Erneuerung der Besteuerung von Vermögen aus rechtsvergleichender Sicht

Peter Essers stellt die Frage, inwiefern eine Vermögensteuer gerechtfertigt werden und das niederländische Box 3 System für andere EU-Staaten Modell stehen kann. Er begreift Leistungsfähigkeit als Fähigkeit zur Steuerzahlung. Eine Besteuerung nach Maßgabe des Leistungsfähigkeitsprinzips erfordert, dass sich die Steuern auf Erwerb, Besitz, Konsum und Zuwendungen von Vermögen gegenseitig ergänzen oder ersetzen können. Die meisten Staaten besteuern Kapitaleinkünfte niedriger als Arbeitseinkünfte, zudem werden nicht alle Kapitaleinkünfte besteuert. Die gegenwärtige Besteuerung von Kapitaleinkünften konfligiert oft mit dem Leistungsfähigkeitsprinzip. *Essers* diskutiert Gründe für und gegen die Vermögensteuer.

Das niederländische Einkommensteuergesetz von 2001 arbeitet mit 3 – strikt getrennten – Boxen. Box 1 umfasst Einkünfte aus Arbeit und Wohnung (inklusive abzugsfähige Hypothekzinsen) und besteuert diese mit einem progressiven Satz von höchstens 52 %; Box 2 erfasst Einkünfte – Dividenden und Veräußerungsgewinne – aus einer wesentlichen Beteiligung, die mit einem proportionalen Satz von 25 % (einschließlich Körperschaftsteuer: 43,75 %) besteuert werden; Box 3 führt zu der Besteuerung eines fiktiven Ertrages von Privatvermögen von 4 % mit einem proportionalen Steuersatz von 30 %, (Steuerlast 1,2 %). Die Vermögensteuer ist abgeschafft. Das System von Box 3 unterstellt, dass Investoren zu Beginn eines jeden Jahres 4 % ihres Vermögens erwirtschaftet haben. Der fiktive Ertrag auf Investitionen wird an Hand des (gesamten) Vermögens (Besitz minus Schulden) festgestellt, das nicht in den Boxen 1 und 2 besteuert wird. Die Hauptregel für den Bewertungsmaßstab des Besitzes und der Schulden ist der gemeine Wert (Verkehrswert). Die Fiktion von 4 % der Box 3 enthält Einkünfte, Veräußerungsgewinne und Werbungskosten. Der wesentliche Freibetrag beläuft sich auf 21 139 Euro, für Ehepaare 42 278 Euro. Verluste werden nicht angerechnet. Freigestellt sind Mobilien, die für persönliche Zwecke verwendet oder verbraucht werden. Im politischen Ergebnis erübrigt sich mit Box 3 die früher verbreitete Steuerplanung basierend auf dem Unterschied zwischen Einkommen und Veräußerungsgewinnen. Steuerpflichtige müssen nicht länger ihr jährliches Einkommen aus Privatvermögen aufzeichnen. Auch für die Steuerbehörden hat das System wahrscheinlich zu mehr Effizienz geführt. Allerdings entstehen Konflikte mit dem Gleichheits- und Leistungsfähigkeitsprinzip: Etwa blendet die Fiktion eines festen Ertrags von 4 % die erheblichen Ertragsdifferenzen zwischen den verschiedenen Arten der Investitionen aus. Box 3 impliziert eine degressive Steuertarifstruktur. Das System arbeitet mit unterschiedlichen Tarifen für Einkommen aus Arbeit und aus Privatvermögen, mit einer Sollbesteuerung statt einer Istbesteuerung. Trotz Box 3 gibt es noch Steuerhinterziehung. Umstrittene Vorschläge zu einer Reform von Box 3 gehen in Richtung einer Koppelung der fiktiven Rendite an die durchschnittlichen nominellen Sparzinsen der letzten 5 Jahre. Die eigene Wohnung soll in Box 3 einbezogen werden. Nach *Essers* Meinung ist die Box 3-Steuer formal als eine Einkommensteuer ausgestaltet; materiell gesehen handelt es sich aber um eine Vermögensteuer.

Essers stellt schlussfolgernd fest, dass eine Vermögensteuer theoretisch solange mit dem Leistungsfähigkeitsprinzip in Einklang gebracht werden kann, wie es sich um eine Steuer auf den Besitz handelt, die die Steuern auf Erwerb, Konsum und Zuwendung von Vermögen ergänzt oder ersetzt. Aus dem Leistungsfähigkeitsprinzip ergeben sich aber auch Bedenken gegen die praktischen Auswirkungen einer Vermögensteuer. Box 3 erübrigt sich, wenn die tatsächlichen Einkünfte (einschließlich Veräußerungsgewinnen) aus Privatvermögen effektiv und fair mit einer Einkommensteuer besteuert

Resümee

werden können (z.B. Wertzuwachssteuer oder Kapitaleinkommensteuer). Ist das nicht (vollständig) möglich, kann Box 3 vielleicht eine realistische Alternative oder Ergänzung für eine mangelhafte Einkommensteuer auf Einkünfte aus Privatvermögen sein, vorausgesetzt, dass Box 3 nicht als Alternative für die Besteuerung von tatsächlichen Einkünften (einschließlich Veräußerungsgewinne) aus Privatvermögen angewendet wird, die schon mit einer Einkommensteuer effektiv und fair besteuert werden können (z.B. Einkünfte aus Effekten und Sparrechnungen), dass auch negative Vermögen berücksichtigt werden, die fiktive Rendite alle fünf Jahre geprüft wird und die fiktiven Einkünfte später mit den tatsächlichen Einkünften verrechnet werden können.

IV. Wege zur praktischen Erneuerung

1. Voraussetzungen für das Gelingen einer Steuerreform – Ursachen des Scheiterns bisheriger Reformüberlegungen

Detlev Jürgen Piltz setzt mit der Erkenntnis an, dass das deutsche Steuerrecht allgemein als verbesserungswürdig eingestuft wird und es seit 25 Jahre gute und durchdachte Vorschläge zur Verbesserung des deutschen Steuerrechts gibt, gleichwohl eine große Steuerreform bisher nicht erfolgt ist. Große Steuerreformen gelingen in Demokratien nämlich typischerweise in drei Situationen, in Zusammenhang mit Kriegen, Prototyp der 1. Weltkrieg, im Zusammenhang mit existenziellen Wirtschaftskrisen, Prototyp die Weltwirtschaftskrise nach 1929 sowie in Normalzeiten, wenn ein Spitzenpolitiker sich eine solche Reform auf die Fahnen schreibt (Prototyp sind die Wahlkämpfe von Ronald Reagan um die amerikanische Präsidentschaft 1980 und 1984). Die bisherigen Reformvorschläge sind – so die These von *Piltz* – gescheitert, weil sie das Machtinteresse der für die Steuergesetzgebung zuständigen Politiker negieren oder vernachlässigen. Die Empirie zeigt, dass Politiker auch das Steuerrecht zu Wählergewinnungs- und damit zu Machtzwecken einsetzen. Für am wahlwirksamsten werden Änderungen bei der Einkommensteuer und Lohnsteuer gehalten. Steuererhöhungen erfolgen typischerweise im Jahr nach der Wahl und im darauffolgenden Jahr. Steuersenkungen werden so terminiert, dass sie sich für die Stimmberechtigten im Wahljahr bemerkbar machen. Eher rechtsorientierte Parteien neigen zu einer Erhöhung der direkten Steuern und Senkung der indirekten Steuern, eher linksorientierte zu einer Senkung der direkten Steuern und Erhöhung der indirekten Steuern.

Piltz formuliert zwölf Thesen zu den Voraussetzungen für das Gelingen einer Steuerreform:

1. Der Reformvorschlag muss den politischen Entscheidern einen Machtvorteil in der Weise bringen, dass sie damit Wählerschaft und öffentliche Meinung in ihrem Sinne positiv beeinflussen können.

2. Der Reformvorschlag muss in einer Situation oder zu einem Zeitpunkt kommen, da sein Vorteil für die politischen Entscheider offenbar ist.
3. Es ist richtig, weitere Reformvorschläge zu produzieren, da nur so das Bewusstsein über die Reformbedürftigkeit in Gang gehalten wird und in einem günstigen Augenblick eine Chance auf Verwirklichung besteht.
4. Die Steuerreform muss zu einer Entlastung aller Wahlberechtigten führen. Eine sog. aufkommensneutrale Steuerreform (vollständige Gegenfinanzierung) ist ausgeschlossen.
5. In einer staatlichen Notsituation darf eine Steuerreform auch zur Höherbelastung aller Wahlberechtigten führen.
6. Der Einkommensteuersatz muss progressiv sein, auch wenn die allgemeine Kritik an einem proportionalen Steuersatz falsch ist.
7. Steuervergünstigungen, von denen viele Wähler profitieren, müssen erhalten bleiben.
8. Kleinere Steuervergünstigungen für große Wählergruppen müssen belassen werden oder sind einzuführen.
9. Der Reformvorschlag muss die bisherige relative Intransparenz über wahre Steuerbelastung des Einzelnen beibehalten. Keine Alleinsteuer! Keine Reduzierung der Steuern auf zwei oder drei!
10. Die relativ unmerkliche Steuerhebung an der Quelle wichtiger Steuern muss beibehalten werden.
11. Wo immer es möglich ist, muss der Verwendungszweck angegeben werden.
12. Die Reform darf sich keine mächtigen Gegner schaffen.

2. Wege zur praktischen Erneuerung in der Diskussion

Podiumsdiskussion: Moderator: Rudolf Mellinghoff, Diskussionsteilnehmer: Uwe Wagschal, Georg Fahrenschon, Albert Peters, Bruno Jeitziner sowie Detlev Jürgen Piltz.

V. Schlussbetrachtung

Die Tagung der Deutschen Steuerjuristischen Gesellschaft vom September 2013 hat sich mit der Erneuerung der Besteuerung von Einkommen und Vermögen ein fundamentales Thema auf die Fahnen geschrieben, das schon Generationen von Steuerrechtlern beschäftigt, gegenwärtig jedoch an Umsetzungsreife wie politischer Brisanz gewonnen hat. Wenngleich der Blick in die Vergangenheit mit dem Scheitern einer großen Steuerreform den Realisten pessimistisch stimmen mag, hat die Tagung doch wesentliche Leitlini-

Resümee

en für das Vorhaben einer Erneuerung der Besteuerung von Einkommen und Vermögen in der nahen Zukunft aufgezeigt. Die konzeptionelle Grundlagenarbeit ist juristisch wie ökonomisch getan. Die Leitlinien einer Einkommensteuerreform liegen für die politische Diskussion in der Demokratie vor. Erhebliches Vereinfachungspotential bergen im Detail Einkommensbegriffe und Einkunftsarten sowie die Einkommensermittlung einschließlich des objektiven Nettoprinzips. Die Konzepte zum subjektiven Nettoprinzip sowie einer grundgesetzkonformen wie systemadäquaten Familienbesteuerung sind umsetzungsreif. Erhebliche Detailarbeit eröffnet sich im Hinblick auf die Unternehmensbesteuerung im Einkommensteuerrecht, wobei gerade auch internationale Aspekte zu berücksichtigen sind. Tariffragen sind vor dem Hintergrund einer transparenten Analyse der Wirkungsweise von verschiedenen Tarifmodellen zu beantworten. Letztlich geht es um im demokratischen Prozess abzustimmende Gerechtigkeitsziele.

Für die Erneuerung der Besteuerung von Vermögen kann einer Vermögensteuer nicht das Wort geredet werden, noch viel weniger einer Vermögensabgabe. Auch der Rechtsvergleich spricht nicht für eine Vermögensteuer. Erbschaft- und Schenkungsteuer sind entsprechend dem Belastungsgrund einer Steuer auf den unentgeltlichen Vermögenshinzuerwerb auszugestalten, erweisen sich dann aber als Mittel, den Steuerstaat am privaten Vermögen teilhaben zu lassen.

Letztlich liegt das Gelingen einer großen Steuerreform in der Hand der politischen Akteure, die sich freilich stets ihrer demokratischen Mehrheit rückversichern müssen.

Laudatio

aus Anlass der Verleihung des
Albert-Hensel-Preises 2013
an Herrn Privatdozenten Dr. André Meyer

RA Prof. Dr. *Peter Fischer*,
Vors. Richter am BFH a.D., Düsseldorf

Albert Hensel hat sich im Jahre 1922 in Bonn habilitiert. Der Titel seiner Habilitationsschrift lautet „System des Familiensteuerrechts". Die Gutachter der Bonner Fakultät *Ernst Landsberg* und *Rudolf Smend* betonten in ihren Berichten, dass die Beurteilung einer steuerrechtlichen Arbeit ihre wissenschaftliche Zuständigkeit übersteige. Dies zeigt die Pionierleistung von *Albert Hensel* mit der wohl ersten deutschen Habilitationsschrift zu einem steuerrechtlichen Thema. *Ekkehard Reimer* und *Christian Waldhoff* haben das Typoskript der Arbeit aufgespürt und im Jahre 2000 veröffentlicht. Die lediglich handschriftlich verfassten, von der Fakultät angenommenen Teile des Manuskripts – vor allem der Zweite Hauptteil der Arbeit – sind mit Ausnahme einer Gliederungsskizze verschollen.

Albert Hensel war der Auffassung, das Steuerrecht habe sich „in den letzten Jahrzehnten in immer stärker abfallender Kurve vom Privatrecht fortbewegt". Dabei knüpfe „jeder materiell-steuerrechtliche Tatbestand an Voraussetzungen des Privatrechts an und beurteile sich nach den besonderen Normen des öffentlichen Rechts". *Hensel* resümiert: „Beide Zweige – Zivilrecht und öffentliches Recht – sind hier zu einer fast untrennbaren Einheit verschmolzen, beide beeinflussen und modifizieren sich gegenseitig fortwährend". Vor diesem Hintergrund stellt *Hensel* im Ersten Hauptteil die Frage, „wie weit sich die subjektive Steuerpflicht jedes Ehegatten hinsichtlich der Gesamtsteuerforderung erstreckt". Er bemängelt, dass „nach außen hin eine gesonderte Ermittlung des Schuldanteils gar nicht stattfindet"; diese sei nur für das Innenverhältnis von Bedeutung. Leider gehört das Kapitel „Der Ausgleich der Steuerlasten im Innenverhältnis" zum nicht auffindbaren Zweiten Hauptteil der Arbeit. Dies lässt eine gewisse Wehmut aufkommen, ähnlich – hier lugt Umberto Eco um die Ecke – wie bei dem Gedanken an den verschollenen Zweiten Teil der Poetik des Aristoteles. Es bleiben umso mehr Herausforderungen für den wissenschaftlichen Nachwuchs.

Die Mitglieder der Jury – *Rainer Hüttemann*, *Markus Achatz* und ich – hatten in diesem Jahr 17 Arbeiten zu beurteilen, davon 3 Habilitationsschriften. Alle Arbeiten waren vorzüglich, viele der Dissertationen sind mit

„summa cum laude" bewertet worden – ein Indiz für den erfreulich hohen Stand der Steuerrechtswissenschaft in Deutschland und Österreich. Die Jury hat den Preis zuerkannt Herrn Privatdozenten Dr. *André Meyer* für seine Bonner Habilitationsschrift „Steuerliches Leistungsfähigkeitsprinz und zivilrechtliches Ausgleichssystem – Zum zivilrechtlichen Ausgleich von Steuerfolgen" (2013).

André Meyer geht der wie dargelegt bereits von *Albert Hensel* erörterten Frage nach, ob eine durch das geltende Steuerrecht normierte Verteilung der Steuerlast immer abschließend ist oder ob sie gegebenenfalls zivilrechtliche Ausgleichsansprüche zwischen Steuerpflichtigen auslösen kann. Bekanntermaßen fühlt sich das Steuerrecht nicht angesprochen und der Zivilrechtler hat wenig Verständnis für die Frage, wie die Haltung des BGH zum einschlägigen Problem des Steuerentnahmerechts der Gesellschafter einer Personengesellschaft zeigt. Fragen des Ausgleichs der Steuerlast und korrespondierend der Teilhabe an Steuervorteilen oder im Falle der Verlusteinbringung werden aber auch relevant im Verhältnis von zusammenveranlagten Ehegatten. Hier ist problematisch, ob der Ehegatte, dessen geringere Einkünfte oder Verluste zu einer Steuerminderung bei dem anderen Ehegatten geführt haben, einen Ausgleich für die Steuerersparnis des anderen Ehegatten verlangen kann. Die Frage stellt sich zum Glück nicht in jedem Falle bereits in den Flitterwochen.

Diese Fragen führen nicht in eine terra incognita. *Wolfgang Schön* hat sich im Jahre 2005 mit den zivilrechtlichen Voraussetzungen der steuerlichen Leistungsfähigkeit befasst und auf Situationen hingewiesen, in denen ein mit der Besteuerung nach der Leistungsfähigkeit konformes Ergebnis durch zivilrechtliche Ausgleichsansprüche herbeigeführt werden muss. Einem gebotenen Ausgleich ist die Schweizer Habilitationsschrift von *Thomas Koller* „Zivilrecht und Steuerrecht" (1993) nachgegangen. In Österreich hat *Matthias Petutschnig* in seiner Arbeit zur „Verteilung der Besteuerungsfolgen innerhalb eines Konzerns bei Anwendung einer Common Consolidated Corporate Tax Base" (2011) Einzelaspekte der Problematik erörtert; seine mit dem DWS-Förderpreis 2011 ausgezeichnete Arbeit analysiert die Verschiebung von Steuerzahlungsverpflichtungen innerhalb der Gruppe und entwickelt eine Ausgleichsmethode, mit der diese Verschiebungen verhindert bzw. rückgängig gemacht werden können. Indes fehlte bislang eine Untersuchung, die zum Ausgleich der Steuerfolgen die Bildung allgemeiner Regeln für alle in Betracht kommenden Problemlagen erarbeitet hätte. *André Meyer* hat sich dieser Pionieraufgabe gestellt. Seine Arbeit gewinnt aus einer Gesamtschau steuer- und verfassungsrechtlicher Wertungen überzeugende zivilrechtliche Lösungen.

Im ersten Teil der Arbeit legt *André Meyer* die Grundlagen für die weiteren Detailanalysen zum Familien- und Gesellschaftsrecht. Ein zivilrechtliches Ausgleichssystem könne steuerliche Sachverhalte nicht erfassen, wenn und soweit ein „materiell-rechtlicher Vorrang des Steuerrechts" bestehe. Hierbei zeigt er zunächst, dass zivilrechtliche Wertungen nur begrenzt auf das Steuerrecht ausstrahlen und dass es auch unter den Aspekten des Gleichheitsgrundsatzes und der Rechtsstaatlichkeit kein Gebot der Widerspruchsfreiheit der Rechtsordnung gibt. Eine materielle Wertungskongruenz lasse sich auch nicht mit dem Gedanken der „Einheit der Rechtsordnung" einfordern.

Er untersucht sodann, auf welche Weise das steuerliche Prinzip der Besteuerung nach der Leistungsfähigkeit für die Begründung steuerlicher Ausgleichsansprüche fruchtbar gemacht werden kann. Dieses Prinzip, das *Meyer* gegen die Gewichtung auf der Grundlage einer bloßen Willkürprüfung in der Rechtsprechung des BVerfG und gegen die Leerformel-Kritik der Literatur verteidigt, trete in Wechselwirkung zu Prinzipien und Wertungen des Zivilrechts. Das Leistungsfähigkeitsprinzip erlangt als Abwägungsfaktor bei sich widersprechenden steuer- und zivilrechtlichen Wertungen Bedeutung. Es darf grundsätzlich nicht in wertungsmäßigen Widerspruch zu einem zivilrechtlichen Ausgleichssystem treten. Auf dieser Grundlage ist die Ausgleichfunktion des Zivilrechts zu gewichten. Diese These wird in vielfältiger Hinsicht verfeinert. Meyer verweist zugleich auf Fallgestaltungen, in denen steuerrechtliche Wertungen die Antwort auf die Frage beeinflussen, ob, wie er formuliert, „eine Arbeitsteilung von Steuertatbestand und zivilrechtlichem Ausgleichssystem" geboten ist. Dies führt hin zum Topos der berichtigenden Gerechtigkeit („justitia correctiva"). Demgegenüber kollidieren Vereinbarungen, welche die beteiligten Personen über die Steuerlastverteilung getroffen haben, nicht mit dem Leistungsfähigkeitsprinzip.

Die aus dem 1. Teil der Arbeit gewonnenen Erkenntnisse in Verbindung mit den verfassungsrechtlichen Grundlagen des Splittingverfahrens werden exemplarisch für die Rechtsverhältnisse bei der Zusammenveranlagung von Ehegatten durchdekliniert. Dies erfordert eine intensive Auseinandersetzung mit den – heftig umstrittenen – verfassungsrechtlichen Grundlagen der Besteuerung von Ehegatten, nichtehelichen Lebensgemeinschaften und eingetragenen Partnerschaften, deren Konkretisierung durch das BVerfG er kritisch analysiert. Eine erste Folgerung ist die, dass zivilrechtliche Ausgleichsansprüche unter zusammenveranlagten Eheleuten einen Ausnahmetatbestand bilden. Nach der vom Gesetzgeber vorgefundenen Situation eines wechselseitigen Transfers infolge gemeinsamen Wirtschaftens besteht (nur) grundsätzlich kein Bedürfnis für einen zivilrechtlichen Ausgleich.

Die zivilrechtlichen Anspruchsgrundlagen für den Ausgleich, soweit er in Betracht kommt, werden eingehend untersucht. Soweit speziellere eheinterne Ausgleichsmaßnahmen oder vorrangige Unterhaltsansprüche eingreifen, bleibt für § 426 BGB kein Raum. Ausführlich erörtert *André Meyer* den Ausgleich von Steuererstattungen, der strikt zu trennen ist von der Erstattungsberechtigung im Verhältnis zum Finanzamt, den Anspruch auf Teilhabe an einem steuerlichen Vorteil, den gerichtsalltäglichen Fall des Steuerausgleichs nach Trennung der Eheleute und den Sonderfall der interpersonellen Verlustverrechnung.

Als zweites Referenzobjekt für die Erprobung seiner Grundthesen behandelt *André Meyer* den Steuerausgleich in gewerblichen Personengesellschaften. Hier erörtert er Fragen des Steuerentnahmerechts. Fraglich ist, ob Steuereffekte zwischen den Gesellschaftern auf Grund der pauschalen Entlastung nach § 35 EStG einen zivilrechtlichen Ausgleich erfordern. Sonderfragen stellen sich beim Gewerbesteuerausgleich in Verlustsituationen.

Im letzten Abschnitt der Arbeit zieht der Autor aus den Untersuchungen zur Gewerbesteuer allgemeine Folgerungen für von ihm sog. fremdbestimmte Steuerfolgen wie etwa den Untergang von Zins- und EBITDA-Vorträgen oder den Wegfall von Verlustvorträgen beim sog. Mantelkauf (§ 8c KStG).

Die übergreifenden Folgerungen fasst er für die Zivilrechtslage in 20 Thesen prägnant zusammen.

Die Arbeit von *André Meyer* ist ein zentraler weiterführender Beitrag zum Verständnis des Verhältnisses von Zivilrecht und Steuerrecht. Sie begründet nicht nur nachvollziehbar, sondern einleuchtend die Grundthese, dass auch ein zivilrechtlicher Steuerausgleich eine eigentlich binnensteuerlich geforderte Besteuerung nach der Leistungsfähigkeit gewährleisten kann und gewährleisten muss. Sie erarbeitet erstmalig allgemeine Maßstäbe für den Ausgleich von Steuerfolgen. Ein solcher Ausgleich ist überall dort geboten, wo eine gemessen am Leistungsfähigkeitsprinzip maßstabswidrige Verschiebung von Steuerfolgen festgestellt werden kann.

Mit der Wahl seines Themas hat *André Meyer* Originalität und Wagemut bewiesen. Er hat scheinbar disparate Wertungen mit dogmatisch gestaltender Kraft zu einem stimmigen Gesamtkonzept zusammengeführt. Die – in der Diktion von *Meyer*: teilrechtsordnungsübergreifende – Arbeit führt den Leser von den Niederungen des einfach-gesetzlichen Steuerrechts über die Höhen des steuerlich relevanten Verfassungsrechts – Leistungsfähigkeitsgrundsatz, den er mit neuen Erkenntnissen aufwertet, Gleichheitssatz, Schutz von Ehe und Familie – in die Weiten des Gesamtschuldnerausgleichs, des Geschäftsführungs- und des Bereicherungsrechts, des ehelichen Unterhalts- und Güterrechts und des Gesellschaftsrechts. Die Bonner Arbeit trifft – welch schöne Parallelität – in das Zentrum der Überlegungen von *Albert Hensel* in dessen Bonner Habilitationsschrift.

Namens der DStJG gratuliere ich Herrn Privatdozenten Dr. *André Meyer* zum Albert-Hensel-Preis 2013.

Deutsche Steuerjuristische Gesellschaft e.V.[1]

Satzung i.d.F. v. 9.9.2013 (Auszug)

§ 2 Vereinszweck

Der Verein verfolgt ausschließlich und unmittelbar gemeinnützige Zwecke im Sinne des Abschnitts „Steuerbegünstigte Zwecke" der Abgabenordnung. Der Verein hat den Zweck,

a) die steuerrechtliche Forschung und Lehre und die Umsetzung steuerwissenschaftlicher Erkenntnisse in der Praxis zu fördern;
b) auf eine angemessene Berücksichtigung des Steuerrechts im Hochschulunterricht und in staatlichen und akademischen Prüfungen hinzuwirken;
c) Ausbildungsrichtlinien und Berufsbilder für die juristischen Tätigkeiten im Bereich des Steuerwesens zu entwickeln;
d) in wichtigen Fällen zu Fragen des Steuerrechts, insbesondere zu Gesetzgebungsvorhaben, öffentlich oder durch Eingaben Stellung zu nehmen;
e) das Gespräch zwischen den in der Gesetzgebung, in der Verwaltung, in der Gerichtsbarkeit, im freien Beruf und in der Forschung und Lehre tätigen Steuerjuristen zu fördern;
f) die Zusammenarbeit mit allen im Steuerwesen tätigen Personen und Institutionen zu pflegen.

Der Verein ist selbstlos tätig; er verfolgt nicht in erster Linie eigenwirtschaftliche Zwecke.

Mittel des Vereins dürfen nur für die satzungsmäßigen Zwecke verwendet werden. Die Mitglieder erhalten keine Zuwendungen aus Vereinsmitteln. Es dürfen keine Personen durch zweckfremde Ausgaben oder durch unverhältnismäßig hohe Vergütungen begünstigt werden.

§ 3 Mitgliedschaft

(1) Mitglied kann jeder Jurist werden, der sich in Forschung, Lehre oder Praxis mit dem Steuerrecht befasst.

(2) Andere Personen, Vereinigungen und Körperschaften können fördernde Mitglieder werden. Sie haben kein Stimm- und Wahlrecht.

(3) Die Mitgliedschaft wird dadurch erworben, dass der Beitritt zur Gesellschaft schriftlich erklärt wird und der Vorstand die Aufnahme als Mitglied bestätigt.

(4) Die Mitgliedschaft endet durch

---

[1] Sitz der Gesellschaft ist Köln (§ 1 Abs. 2 der Satzung). Geschäftsstelle: Gustav-Heinemann-Ufer 58, 50968 Köln.

a) Austrittserklärung zum Schluss des Geschäftsjahres unter Einhaltung einer Frist von drei Monaten;

b) Wegfall der in Abs. 1 für die Aufnahme als Mitglied genannten Voraussetzungen;

c) Ausschluss durch die Mitgliederversammlung;

d) Ausschluss durch Beschluss des Vorstands, wenn ein Mitglied seinen Beitrag für drei aufeinanderfolgende Jahre nicht gezahlt hat; der Beschluss bedarf keiner Ankündigung und keiner Mitteilung, wenn das Mitglied der Gesellschaft eine Adressänderung nicht angezeigt hat und seine Anschrift der Gesellschaft nicht bekannt ist.

(5) Der Mitgliedsbeitrag ist am 1. April des jeweiligen Jahres fällig. Tritt ein Mitglied während eines Jahres der Gesellschaft bei, ist der volle Beitrag nach Ablauf eines Monats nach Erwerb der Mitgliedschaft gemäß Absatz 3 fällig.

(6) Der Vorstand kann rückständige Mitgliedsbeiträge erlassen, wenn deren Einziehung unbillig oder der für die Einziehung erforderliche Aufwand unverhältnismäßig hoch wäre.

Vorstand und Wissenschaftlicher Beirat der Deutschen Steuerjuristischen Gesellschaft e.V.

Vorstand

Präsident des Bundesfinanzhofs Prof. Dr. h.c. *Rudolf Mellinghoff* (Vorsitzender); Prof. Dr. *Roman Seer* (Stellv. Vorsitzender); Prof. Dr. Dr. h.c. *Michael Lang*; Ministerialdirektor *Michael Sell*; Verlagsleiter Prof. Dr. *Felix C. Hey* (Schatzmeister und Leiter der Geschäftsstelle); Rechtsanwalt Dr. *Jens Schönfeld* (Schriftführer).

Wissenschaftlicher Beirat

Prof. Dr. *Johanna Hey* (Vorsitzende); Prof. Dr. *Markus Achatz*; Ltd. Ministerialrat *Hermann Bernwart Brandenberg*; Richter am Bundesfinanzhof Dr. *Peter Brandis*; Prof. Dr. *Klaus-Dieter Drüen*; Prof. Dr. *Tina Ehrke-Rabel*; Prof. Dr. *Joachim Englisch*; Vorsitzender Richter am Bundesfinanzhof a.D. Prof. Dr. *Peter Fischer*; Dr. *Wolfgang Haas*; Präsident der Bundesfinanzakademie Dr. *Robert Heller*; Richter am Bundesfinanzhof Dr. *Bernd Heuermann*; Verlagsleiter Prof. Dr. *Felix C. Hey*; Prof. Dr. *Johanna Hey*; Prof. Dr. *Rainer Hüttemann*; Richterin am Bundesfinanzhof Prof. Dr. *Monika Jachmann*; Richter des Bundesverfassungsgerichts a.D. Prof. Dr. Dr. h.c. *Paul Kirchhof*; Prof. Dr. *Hanno Kube*, LL.M.; Präsident des FG Berlin-Brandenburg Prof. Dr. *Claus Lambrecht*, LL.M.; Prof. Dr. *Joachim Lang*; Prof. Dr. Dr. h.c. *Michael Lang*; Prof. Dr. *Moris Lehner*; Prof. Dr. *René Matteotti*; Präsident des Bundesfinanzhofs Prof. Dr. h.c. *Rudolf Mellinghoff*; Ministerialdirigent Dr. *Hans-Ulrich Misera*; Ministerialdirigent a.D. *Gert Müller-Gatermann*; Rechtsanwalt und Steuerberater Dr. *Jürgen Pelka*; Ministerialdirektor a.D. Dr. *Albert Peters*; Vorsitzender Richter am Bundesfinanzhof Prof. Dr. *Heinz-Jürgen Pezzer*; Rechtsanwalt Prof. Dr. *Detlev J. Piltz*; Rechtsanwalt und Steuerberater Dr. *Dirk Pohl*; Prof. Dr. *Ekkehart Reimer*; Ministerialdirigent *Eckehard Schmidt*; Prof. Dr. Dr. h.c. *Wolfgang Schön*; Rechtsanwalt Dr. *Jens Schönfeld*; Prof. Dr. *Roman Seer*; Prof. Dr. *Madeleine Simonek*; Präsident des Bundesfinanzhofs a.D. Dr. h.c. *Wolfgang Spindler*; Rechtsanwalt Prof. Dr. *Otmar Thömmes*; Rechtsanwalt, Wirtschaftsprüfer und Steuerberater Dr. *Thomas Weckerle*, LL.M.; Vorsitzender Richter am Bundesfinanzhof *Michael Wendt*.

Ehrenmitglieder

Universitätsprofessor (em.) Dr. *Heinrich Wilhelm Kruse*, Bochum

Universitätsprofessor (em.) Dr. *Klaus Tipke*, Köln

Teilnehmerverzeichnis

Albers, Jürgen, Senatsdirektor a.D., Thedinghausen
Altintas, Eda, Berlin
Anzinger, Heribert M., Prof. Dr., Ulm
Aufenfeld, Lothar, Kaiserslautern
Aweh, Lothar, Präsident des Finanzgerichts, Kassel

Bächle, Cornelia, Heidelberg
Balbinot, Chiara, München
Bartone, Roberto, Prof. Dr., Richter am Finanzgericht, Neunkirchen
Baur, Stefanie, Ass. jur., München
Beckmann, Thomas, Dr., Richter am Finanzgericht, Cottbus
Bergbauer, Karl, Dipl.-Fw., Steuerberater, vereidigter Buchprüfer, Cham
Bergmann, LL.M., Malte, Dr., Rechtsanwalt, Bonn
Birk, Dieter, Prof. Dr., Berlin
Birkhan, Hermann Josef, Regierungsdirektor, Königswinter
Bister, Ottfried, Vizepräsident des Finanzgericht a.D., Bremen
Bleschick, Sascha, Dr., München
Blum, Daniel Winfried, Mag., Wien
Bödecker, Carsten, Dr., Rechtsanwalt, Steuerberater, Düsseldorf
Borggräfe, Joachim, Dr., Rechtsanwalt, Frankfurt am Main
Bowitz, Hans-Hermann, Dr., Rechtsanwalt, Steuerberater, Frankfurt am Main
Brandis, Peter, Dr., Richter am Bundesfinanzhof, Neuss
Bruder, Michael, Dr., Hohenstein (Holzhausen)
Burret, Gianna, Dr., Rechtsanwältin, Freiburg

Chalinski, Tomek, Stralsund
Chen, Wen-Chin, Marburg
Chen, Yen-Jen, Köln
Claussen, Jochen, Osnabrück
Clemm, Hermann, Dr., Wirtschaftsprüfer, Starnberg
Cornelius, Lucas, Berlin
Cropp, Olaf, Diplom-Jurist, Hamburg

Damerow, Max-Dieter, Rechtsanwalt, Steuerberater, Notar a.D., Hannover
Deiwick, Nicole, Stralsund
Desens, Marc, Prof. Dr., Leipzig
Dommnick, Ralf, Düren
Drissen, Daniel, Düsseldorf
Droege, Michael, Prof. Dr., Mainz
Drüen, Klaus-Dieter, Prof. Dr., Düsseldorf
Dürrschmidt, LL.M., Daniel, Dr., Rechtsanwalt, Steuerberater, München
Dusarduijn, S.M.H., LE Tilburg

Eckhoff, Rolf, Prof. Dr., Schlangenbad-Georgenborn
Eggesiecker, Fritz, Prof. Dr., Steuerberater, Wirtschaftsprüfer, Erftstadt-Liblar
Eichberger, Michael, Prof. Dr., Richter des Bundesverfassungsgerichts, Karlsruhe
Elster, Harald, Berlin
El-Tounsy, Usama, Herr Rechtsanwalt, Berlin
Englisch, Joachim, Prof. Dr., Münster
Erdwiens, Hermannus, Oberfinanzpräsident, Magdeburg
Essers, Peter, Prof. Dr., LE Tilburg

Fahrenschon, Georg, München
Fest, Timo, Dr., Akademischer Rat a.Z., München
Fischer, Peter, Prof. Dr., Vorsitzender Richter am Bundesfinanzhof a.D, Düsseldorf
Frank, Julia, Osnabrück
Fuest, Clemens, Prof. Dr., Mannheim
Funk, Annette, Dr., Steuerberaterin, Berlin

Gaibler, Benjamin, Waiblingen
Gauß, Hermann, Rechtsanwalt, Berlin
Geisenberger, Ute, Dr., Rechtsanwältin, Steuerberater, Freiburg
Geuenich, Marco, Dr., Rechtsanwalt, Diplom-Finanzwirt, Düsseldorf
Gialouris, Dimitros, Dr., Rechtsanwalt, Athen
Gill, LL.M., Juliette, Düsseldorf
Glauflügel, Bert, Leitender Regierungsdirektor a.D., Esslingen a.N.
Gödden, Hermann, Leitender Regierungsdirektor, Essen
Gollner, Heinrich, Diplom-Betriebswirt, Steuerberater, Gauting
Gosch, Dietmar, Prof. Dr., Vorsitzender Richter am Bundesfinanzhof, Hamburg
Graw, Christian, Dipl.-Fw. Dr., Richter am Finanzgericht, Solingen
Grett, Hans-Dieter, Richter am Finanzgericht, Hemmingen
Gröpl, Christoph, Prof. Dr., Saarbrücken
Günther, Michael, Berlin

Haas, Wolfgang, Dr., Ludwigshafen
Haferkamp, Johannes, Präsident, Münster
Hagemann, Tobias, Berlin
Hahn, Hans-Heinrich, Ministerialrat a.D., Hannover
Hähn, Christian, Leipzig
Haslehner, Werner, Prof. Dr., Luxemburg
Haunhorst, Sabine, Dr., Richterin am Finanzgericht, Münster
Hecht, Bettina, Rechtsanwältin, Steuerberaterin, Berlin
Heidelbach, Volker, Rechtsanwalt, Essen
Heller, Robert, Dr., Präsident, Brühl
Helm, Thorsten, Dr., Rechtsanwalt, Steuerberater, Mannheim

Hendricks, Michael, Prof. Dr., Rechtsanwalt, Steuerberater, Bonn
Hensel, Claus A., Diplom-Kaufmann, Wirtschaftsprüfer, Steuerberater, Frankfurt
Herrmanns, Monika, Richterin am BVerfG, Karlsruhe
Heuermann, Bernd, Dr., Richter am Bundesfinanzhof, München
Hey, Johanna, Prof. Dr., Köln
Hey, Felix C., Prof. Dr., Köln
Heydt, Volker, Rechtsanwalt, Brüssel
Hintze, Hans-Rüdiger, Dr., Rechtsanwalt und Notar, Bremen
Hintze, Robert, Dr., Rechtsanwalt, Bremen
Hoffmann, Lutz, Präsident, Bremen
Hofstede, Manfred, Rechtsanwalt, Köln
Holm, Yasmin, München
Holzhey, Christian, Leipzig
Hoppe, Jürgen F., Dr., Rechtsanwalt, Hannover
Houben, Henriette, Prof. Dr., Berlin
Hübner, Manuel, Waltenhofen
Hufeld, Ulrich, Prof. Dr., Hamburg
Hummel, David, Dr., Leipzig
Hummel, Lars, Prof. Dr., Hamburg
Hüttemann, Rainer, Prof. Dr., Bonn
Hüttenberger, Michael, Rechtsanwalt, Kaiserslautern

Ismer, Roland, Prof. Dr., Nürnberg

Jachmann, Monika, Prof. Dr., Richterin am Bundesfinanzhof, München
Jacobs, LL.M., Thomas, Dr., Oberregierungsrat, Bonn
Jahndorf, Christian, Prof. Dr., Rechtsanwalt, Münster
Jeitziner, Bruno, Prof. Dr., Bern
Jochum, Heike, Prof. Dr., Osnabrück
Junker, Harald, Vizepräsident des Finanzgericht, Düsseldorf
Jüptner, Roland, Dr., Finanzpräsident, München

Kammeter, Roland T., Oberregierungsrat, München
Kammeter, Susann, Oberregierungsrätin, München
Karbe-Geßler, Daniela, Berlin
Kempny, LL.M., Simon, Dr., Köln
Kerschner, Ina, St. Pötten
Keß, Thomas, Dr., Richter am Finanzgericht, Hannover
Keßler, Andreas, Rechtsanwalt, Steuerberater, Vereidigter Buchprüfer, Bad Vilbel
Keymer, Dietrich, Dr., Haar
Kirchhof, Paul, Prof. Dr. Dr. h.c., Richter des Bundesverfassungsgerichts a.D., Heidelberg
Kirchhof, LL.M., Gregor, Prof. Dr., Augsburg
Kleemann, Björn, Diplom-Kaufmann, Drei Gleichen OT Wandersleben

Klotz, Simone, Richterin, Leipzig
Koberg, Peter, Dr., Rechtsanwalt, Frankfurt
Koblenzer, Thomas, Prof. Dr., Rechtsanwalt, Fachanwalt für Steuerrecht, Düsseldorf
Kofler, Georg, Prof. Dr., Linz
Kögel, Corina, Vizepräsidentin des Finanzgericht, Hamburg
Komisarczyk, Christine, München
Korfmacher, Michael, Rechtsanwalt, Steuerberater, Rostock
Köstler, Heinz, Dipl.-Betriebswirt, Steuerberater, Abensberg
Köstler, Julius, Bayreuth
Koth, Adalbert, Dr., Notar, Gänserndorf
Krauß, Rolf Karl, Vizepräsident des Finanzgerichts a.D, Neumünster
Kreft, Volker, Prof. Dr., Richter am Finanzgericht, Hannover
Kroppen, Heinz-Klaus, Prof. Dr., Düsseldorf
Krüger LL.M., Elmar, Dr., Rheine
Krumm, Marcel, Dr., Rechtsanwalt, Steuerberater, Mülheim an der Ruhr
Kube, LL.M., Hanno, Prof. Dr., Mainz
Kühn, Martin, Senatsrat, Bremen
Kunz, Peter W., Dr., Rechtsanwalt, Steuerberater, Wirtschaftsprüfer, Berlin

Lambrecht, LL.M., Claus, Prof. Dr., Präsident des Finanzgerichts, Cottbus
Lammers, Lutz, Prof. Dr., Potsdam
Lampert, Steffen, Prof. Dr., Osnabrück
Lamprecht, Philipp, PD Dr., Oberregierungsrat, Berlin
Lang, Michael, Prof. Dr. Dr. h.c., Wien
Lehner, Moris, Prof. Dr., München
Leiber, Kurt, Dr., Leitender Ministerialrat a.D., Rechtsanwalt, Krefeld
Leisner-Egensperger, Anna, Prof. Dr., Jena
Liedtke, LL.M., Stefan, Diplom-Finanzwirt, Rechtsanwalt, Steuerberater, Düsseldorf
Longin, Franz, Steuerberater, Wirtschaftsprüfer und Rechtsbeistand, Stuttgart
Lorenz, LL.M., Cornelia, Dr., München
Loschelder, LL.M., Friedrich, Dr., Richter am Finanzgericht, Bargteheide
Lüdicke, Jochen, Prof. Dr., Rechtsanwalt und Steuerberater, Berlin
Lüdicke, Bernhard, Düsseldorf

Mann, Alexander, Dr., Friedrichsdorf
Mann, Martin, Diplom-Betriebswirt., Steuerberater, Hemmingen
Marchgraber, Christoph, Dr., Wien
Marienhagen, Christiane, Heidelberg
Martini, Ruben, Heidelberg
Marx, Franz Jürgen, Prof. Dr., Bremen
Meickmann, Till, Osnabrück
Meindl, Angelika, München

Mellinghoff, Rudolf, Prof. Dr. h.c., Präsident des Bundesfinanzhofs, München
Meyer, André, Dr., Bonn
Meyer-Sandberg, Nils, Dr., Rechtsanwalt, Steuerberater, Hamburg
Milanin, Olga, Hamburg
Mingels, Fabian, Hannover
Modrzejewski, Matthias, Köln
Möhlenbrock, Rolf, Dr., Ministerialrat, Bergfelde
Mönius, Thomas, Rechtsanwalt, Forchheim
Mulas, Sigrid, Dr., Köln
Müller-Franken, Sebastian, Prof. Dr., Marburg
Müller-Stüler, Felix, Rechtsanwalt, Potsdam
Musil, Andreas, Prof. Dr., Potsdam
Mylich, Falk, Dr., Berlin
Myßen, Michael, Dr., Regierungsdirektor, Bernau b. Berlin

Nasdala, Stefanie, München
Neumann, LL.B., Axel, Steuerberater, Diplom-Finanzwirt, München
Niederberger, Florian, Diplom-Finanzwirt, Ulm
Niehus, Ulrich, Prof. Dr., Berlin

Obenhaus, Nils, Rechtsanwalt, Steuerberater, Hamburg
Obermair, Stefan, Dr., Berlin
Ott, Siegfried, Dr., Ministerialrat im Bundesfinanzministerium Wien a.D., Wien
Otto, Sabine, Leipzig

Palm, Ulrich, Prof. Dr., Stuttgart
Pedack, Elke, Berlin
Peetz, Carsten, Rechtsanwalt, Steuerberater, Berlin
Pelka, Jürgen, Dr., Rechtsanwalt, Steuerberater, Köln
Peters, Norman, Berlin
Peters, Albert, Dr., Ministerialdirektor a.D., Berlin
Pfitzner, Klaus, Rechtsanwalt/Steuerberater, Berlin
Pfizenmayer, Karl-Friedrich, Rechtsanwalt, Steuerberater, Wirtschaftsprüfer, Berlin
Pfizenmayer, Nikolaus, Rechtsanwalt, Stuttgart
Piltz, Detlev Jürgen, Prof. Dr., Rechtsanwalt, Bonn
Preißer, Michael, Prof. Dr. Dr. h.c., Hamburg
Prokisch, Rainer, Prof. Dr., Köln

Raupach, Arndt, Prof. Dr., Rechtsanwalt, München
Reddig, Jens, Dr., Münster
Reimer, Ekkehart, Prof. Dr., Heidelberg
Reinert, Maria, Osnabrück
Reiß, Wolfram, Prof. Dr., Nürnberg

Rodi, M.A., Michael, Prof. Dr., Greifswald
Rolfs, Christoph, Rechtsanwalt, Schwerin
Roser, Frank, Dr., Rechtsanwalt, Wirtschaftsprüfer, Hamburg
Rüchardt, Benedikt, Dr., München

Sachenbacher, Georg, Rechtsanwalt, Wirtschaftsprüfer, München
Sauer, Christian-Helmut, Dr., Künzell
Schätzlein, Adolf, Wirtschaftsprüfer, Steuerberater, Neuss
Scheidle, Helmut, Dr., Rechtsanwalt, Wirtschaftsprüfer, Steuerberater, Stadtbergen
Schenke, Ralf P., Prof. Dr., Würzburg
Scheurle, Franziska, Berlin
Schilli-Frank, Dagmar, Leitende Regierungsdirektorin, Essen
Schindler, Frank, Dr., Richter am Finanzgericht, Hamburg
Schmehl, Arndt, Prof. Dr., Hamburg
Schmidt, Eckehard, Ministerialdirigent, München
Schmitt, Michael, Prof. Dr., Stuttgart
Schmitz, Christoph, Ministerialrat, Mönchengladbach
Schmitz-Buhl, Lina, Berlin
Schneider, Andreas, Dr., Rechtsanwalt, Steuerberater, Jena
Schneider, Zacharias-Alexis, Hannover
Schober, Tibor, Dr., Rechtsanwalt, Berlin
Schoenfeld, Christoph, Präsident des Finanzgericht, Hamburg
Schöffler, Daniel, Rechtsanwalt, Stuttgart
Schön, Wolfgang, Prof. Dr. Dr. h.c., Direktor, München
Schönfeld, Jens, Dr., Rechtsanwalt, Bonn
Schönwandt, Jens-Carsten, Vorsitzender Richter am Finanzgericht a.D., Freiburg
Schuler, Dorothea, Hamburg
Schulz, Tobias, Richter am Finanzgericht, Kleinmachnow
Schulz, Jan, Rechtsreferendar, Berlin
Schulze, Erhard-Veit, Dr., Steuerberater, Rentenberater, Offenbach am Main
Schulze, Michael, Dr., München
Schulze, Martina, Berlin
Schulze zur Wiesche, Dieter, Prof. Dr., Rechtsanwalt, Nordkirchen
Schulze-Osterloh, Joachim, Prof. Dr., Cottbus
Schwarzer, Manfred, Rechtsanwalt, Wirtschaftsprüfer, Steuerberater, Erfurt
Screpante, Mirna, München
Seer, Roman, Prof. Dr., Wuppertal
Seidel, Gerhard, Dr., Rechtsanwalt, Wien
Seiler, Christian, Prof. Dr., Tübingen
Sieber, Roland, Steuerberater, Wirtschaftsprüfer, Diplom-Kaufmann, Korntal-Münchingen
Sieker, Susanne, Prof. Dr., Halle (Saale)

Sigloch, Jochen, Prof. Dr., Bayreuth
Söhn, Hartmut, Prof. Dr., Passau
Specker, Gerhard, Dr., Rechtsanwalt, Berlin
Spilker, Bettina, Dr., Arzbach/Wackersberg
Stahl, Christian, Dr., Rechtsanwalt, Stuttgart
Staringer, Claus, Prof. Dr., Steuerberater, Wien
Steinecke, Susann, Berlin
Sternberg, Christian, München
Stöber, Michael, PD Dr., Rechtsanwalt, Marburg
Stolterfoht, Joachim N., Prof. Dr., Rechtsanwalt, Steuerberater, Umkirch
Straßburger, Benjamin, Dr., Mainz
Sunde, Martina, Rechtsanwalt, Steuerberater, München

Take, Michael, Dr., Diplom-Volkswirt, Rechtsanwalt, Kiel
Tappe, Henning, Prof. Dr., Osnabrück
Thiemann, Christian, Dr., Passau
Tiedchen, Susanne, Dr., Richterin am Finanzgericht, Cottbus
Töben, Thomas, Dr., Berlin
Trossen, Nils, Dr., Richter am Finanzgericht, Düsseldorf
Tsourouflis, Andreas, Prof. Dr., Athen

Valta, Matthias, Dr., Frankfurt
Vock, Martin, Dr., Wien
von Wedelstädt, Alexander, Abteilungsdirektor a.D., Mülheim a.d. Ruhr

Wagschal, Uwe, Prof. Dr., Freiburg
Walzer, Klaus, Dr., Berlin
Waterkamp, Afra, Dr., Richterin am Finanzgericht, Magdeburg
Weber, Guido, Dr., Düsseldorf
Weckerle, LL.M., Thomas, Dr., Rechtsanwalt, Steuerberater, Wirtschaftsprüfer, Hagen
Weckesser, Artur, Dr., Präsident des Finanzgerichts, Stuttgart
Weigt, Manfred W., Rechtsanwalt, Norden
Weimar, Tanja, Heidelberg
Weinschütz, Bernhard, Richter am Finanzgericht, Berlin
Welling, Berthold, Rechtsanwalt, Berlin
Wendt, Michael, Vorsitzender Richter am Bundesfinanzhof, München
Wernsmann, Rainer, Prof. Dr., Passau
Werth, Bettina, Berlin
Wick, Simone, Dr., Steuerberaterin, Berlin
Widmann, Werner, Ministerialdirigent a.D., Mainz-Kastel
Winter, Stefan, Dresden
Wirth-Vonbrunn, Hannelore, Richterin am Finanzgericht, Hamburg
Witfeld, Alexander, Bochum

Wölke, Jens, Rechtsanwalt, Osnabrück
Wünnemann, Monika, Dr., Berlin

Zech, LL.M., Till, Prof. Dr., Wolfenbüttel
Zimmer, Ulrike, Berlin
Zimmermann, Thomas, Diplom-Betriebswirt, Steuerberater, Koblenz
Zorn, Nikolaus, Dr., Hofrat, Mieders

Stichwortverzeichnis

Bearbeiterin: Rechtsanwältin Dr. *Brigitte Hilgers-Klautzsch*

A

Abfärbe-/Gepräegeregelungen 130
Abgeltungsteuer 103, 108, 130, 209, 213 f., 225, 351 f., 356, 440 f., 449
Abzugsverbot
– Anschaffungsnebenkosten 146
– Betriebsausgaben 142 ff., 333
– Kosten 144 ff., 148, 151
– Österreich 143, 144 f., 148 ff.
– Veräußerungsgewinne Kapitalvermögen 144 ff.
– Werbungskosten 139, 142 ff., 205, 306 f.
ACE 245 f., 257, 285 f., 290, 446 f.
Administration der Besteuerung 77
Äquivalenzprinzip 72 f.
Afa-Beträge 134
Aktien, Gewinne und Verluste 151 ff., 209, 248, 388, 426
Aktiengesellschaft 230, 238, 284, 428
Akzeptanz der Besteuerung 16 ff., 47, 435
Allowance for corporate equity 245 f., 257, 285 f., 290, 446 f.
Alternative Minimum Tax 319
Alterseinkünfte 38, 107
Altersvorsorge, nachgelagerte Besteuerung 2, 107 f., 173, 305, 358
Anrechnungsverfahren 241 f., 250, 283, 446
Anschaffungsnebenkosten 146, 151
Anti-Missbrauchs-Maßnahmen 385
Apple 267 f., 401
Apple Tax 261, 447
Arbeitseinkommen 68 f.
Aufkommensneutrale Flat-Tax, ESt 19, 326 ff., 451
Aufkommensneutrale Steuerreform 245, 282, 431, 456
Aufwendungen
– Erwerbs– s. dort
– existenznotwendige, Abziehbarkeit 107, 123, 133, 167 f.
– Unterhalts– 192 ff., 444
– Vorsorge– s. dort
– Zins– 390
Ausländische
– Bankkonten 313
– Betriebsstätte 245 f.
– Dividenden 144, 243, 285, 446
– Gesellschaften 218, 238, 241, 272, 446
– Quellensteuer 275, 392
– Tochtergesellschaft 248
Ausschüttungszwang 235
Außensteuerrecht 210, 249, 308
Außergewöhnliche
– Entlastungen 30, 180
– Unterhaltsaufwendungen 155

B

Bailout-Steuern 377, 379
BEPS 261 ff., 447
Belgien 245, 277
Betreuungsbedarf, Kinder 30, 173, 192 ff., 444
Betriebsaufspaltung 130, 225
Betriebsausgabenabzug 22, 54, 133, 244 f., 254, 262, 276, 292, 304 f., 333, 449
– Abzugsverbot 142 ff., 333
Betriebsstätte
– Aufgabe 270 ff.
– fiktive 272
– feste Geschäftseinrichtung 271 f.
– Vertreter– 272 f.
Betriebsvermögen 53, 132 ff., 153, 210, 249, 330, 442, 451
– Privilegierung ErbSt 359 f., 363, 368, 369 f., 401, 452 f.
– Sonder– 59, 130, 225
Betriebsvermögensvergleich 224, 281
Betriebsverpachtung 130, 225, 303
BIP-Wachstumsrate 326
Bit Tax 268
Box 3, EStG 2001 NL 374 ff., 382 ff., 395 f., 454 f.

- Einkommensteuer oder Vermögensteuer 392 f.
- Gründe 385 f.
- praktische Effekte 386 f.

Box-Shopping 390
Bundessteuergesetzbuch 5, 15, 21 f., 24, 28 ff., 51, 85, 113, 180, 213, 235, 239 ff., 297 f., 406, 419, 435
BVerfG
- Betreuungsbedarf 192
- Einkünftedualismus 106, 128
- Erbschaftsteuer 367, 369
- Existenzminimum 159 ff., 181
- Gewerbesteuer 355
- Kinderfreibetrag 192
- Krankenversicherungskosten 161, 178, 181
- Unterhaltsaufwendungen 171, 186
- Vermögensteuer 355, 380

C
Capital gains taxation 249
Cashflow-Rechnung 101 f.
CBIT 246, 446
Check-the-box 237
Compliance, Kosten 278
Comprehensive Business Income Tax 246, 446
Consolidated tax return 255
Corporate Governance 234
Corporate tax 218
Corporations 213
Country by Country Reporting 278 f., 292, 448

D
Deferral 300
Degressive Steuertarifstruktur 389 f., 454
Dividenden 144, 235, 240 ff., 285, 446
- Auslands- 144, 446
- Differenz zu Veräußerungsgewinnen 248 f.
- Freistellung 242 f., 446
Dividendenabzugsverfahren 241 f.
Dividendenstripping 242
Doppelbesteuerung
- Erbschaftsteuer 364 ff., 453

- Vermeidung 107, 244, 256 f., 265, 376, 392, 397, 453
Doppelbesteuerungsabkommen 59 f., 265, 274 f., 448
- Niederlande und Frankreich 392
Doppelte Nichtbesteuerung 244, 364
Drittdarlehen 247
Duale Einkommensteuer 4 f., 24, 36 ff., 102, 106, 208, 260, 330, 435, 451
- Sachverständigenrat MPI/ZEW 36 ff.
Dual Income Tax 37, 227 f., 285 f., 377
Durchschnittssteuersatz 146, 154 f., 311, 323 ff., 340, 450 f.

E
Economies of sale 226
Effizienz (der Besteuerung) 16 ff., 41, 66, 74 ff., 83 f., 213 f., 321, 377, 437
Ehe, Besteuerung 163, 185, 190, 459
- Schutz bei Erbschaftsteuer 358, 369 f., 453, 462
Ehegatten, Zusammenveranlagung 194, 322, 460 f.
Ehegattensplitting 125, 200, 189 f., 444
Eigenbetreuung, Kinder 192 f.
Einheitliche(r)
- Einkunftsart 29, 40, 85
- Steuersatz, ESt 29, 32, 40, 134, 166, 187, 209
- Umsatzsteuer 75 f.
- Unternehmenssteuer 239 f.
- Vermögensbegriff 121 f.
Einkommen, Begriff 70 f., 95 ff., 119 ff., 225
- vs. Konsum 71
Einkommensbesteuerung, Vereinfachung 120 f., 293 ff., 438 f.
Einkommensteuer
- duale s. dort
- einheitlicher Steuersatz 29, 32, 40, 134, 166, 187, 209
- Grenzen der Belastung 321 ff., 330 ff.
- große Tarifreform 25, 38, 101 ff., 208, 347, 435, 439, 330

- konsumorientierte 25, 31 f., 38, 100 ff., 208, 233 f., 347, 435, 439
- Reform (2006) Sachverständigenrat/ MPI/ZEW 36 ff., 208, 260
- Stufentarif I 328
- Stufentarif II 329, 332
- Stufentarife 328 ff., 451
- Tarifänderung 311 f.
- Tariffragen 321 ff.
- Vereinfachung 7, 17, 28, 293 ff.
- auf Vermögenseinkommen (international) 380 ff.

Einkommensteuergesetz 2001, 3 Boxen (NL) 374 ff., 382 ff., 395 f., 454 f.

Einkommensteuerreform 1 ff., 95 ff., 293 ff., 321 ff.
- Reduzierung auf 4 Einkunftsarten 33 f., 112 f., 116 f., 301 ff., 435 f.
- Kirchhof, Tarifvorschlag 328
- Sachverständigenrat/MPI/ZEW 36 ff., 208, 260
- Stiftung Marktwirtschaft 4, 34 ff., 54, 89, 116

Einkommensteuerstatistik 322, 326, 450

Einkommensteuertarif 321 ff.
- optimaler 321 f.
- proportionaler 28, 58, 323, 414
- Stufen-, alternative 328 ff.

Einkünftedualismus, Überwindung 10, 40, 52, 129 ff., 225, 249, 439

Einkünfteerzielungsabsicht 127, 222

Einkunftsarten 33 f., 95 ff., 283
- Abzugsverbote 142 ff.
- Reduzierung auf 4 33 f., 112 f., 116 f., 301 ff., 435 f.

Elektronische Erfassung 313 f., 449

Elektronische Medien, Besteuerung 267, 270 f.

Elicker, Reformentwurf 31 f., 38 f., 102, 130, 435

Empire building 234

Entstrickungstatbestände 308, 317

Erneuerung der Besteuerung
- Einkommen 343 ff., 434 ff.
- Vermögen 10 f., 30, 159, 161, 217, 343 ff.

Erbschaften 71, 120, 122, 419

Erbschaftsteuer 362 f.
- Abstimmung mit ESt 367 f.
- Belastungsgrund 365 f.
- Betriebsvermögen 369 f.
- Freibeträge 369
- Kompetenzen 362 f.
- materiell-rechtliche Anforderungen 365 f.
- Missbrauchsanfälligkeit 359, 363
- Schutz von Ehe und Familie 369 f.
- stille Reserven 367 f.
- Verkehrswerte 362, 367 f.

Ertragskompetenz 299

Erwerbsgrundlage 53, 85, 113 ff.

Erwerbsaufwendungen 30, 54, 249, 307, 446

Erwerbsausgaben-Pauschale 116

Erwerbstätigkeit 116, 120, 141, 165, 176, 191 ff., 223, 444

Escape-Klausel 248, 275

Existenzminimum, steuerfreies 107, 123, 159 ff., 240, 244

F

Facebook 267

Faktisch Anonymisierte Einkommensteuerstatistik 322, 326

Familienbesteuerung 159 ff., 185 ff.

Familien-Divisorensplitting 198, 199 ff.

Familien-Realsplitting 197 ff., 204, 444

Familiensplitting, tarifliches 27, 48, 58, 199

FAST 326

FATCA 313

Fat capitalization 248

Feste Geschäftseinrichtung 271 f.

Fiktive(r/s)
- Betriebsstätte 272
- Box 3 Einkommen 388 f., 392 f.
- Einkünfte 455
- Ertrag 384 f., 395, 454
- Rendite 391, 454 f.
- Verzinsung 245, 446

Finnland 381

Flat-tax, Einkommensteuer 46, 56, 75, 326 ff., 451

Folgerichtigkeitsrechtsprechung 191, 204, 316 f.
Forstschädenausgleichsgesetz 302
Franchise tax 231
Frankreich 239, 268 f., 374, 379 f., 392, 427
Freie Berufe 85, 222, 224, 306
Freibeträge 113, 304 ff., 336, 339, 358 f., 449
Freigrenzen 113, 304 ff., 336, 449
Freizeitkomplementaritätsregel 70
Fremdvergleich 264 f., 273 f.
Fringe benefits 122
Fundamentalreform 405
Fundustheorie 227 f., 283, 350, 352 f., 394, 397

G
Gegenfinanzierung, Steuerreform 259, 413, 422, 456
Gemeindefinanzierung 119, 129, 439
Gepräge-Rspr., BFH 237
Geringverdiener 169, 177 f., 328 f., 410, 451
Geschäftseinrichtung, feste 271 f.
Geschiedenen-Realsplitting 197 f.
Gesellschafterdarlehen 247
Gesellschafter-Fremdfinanzierung 247
Gesellschaftsgewinne, anteilige Zurechnung 236, 238
Gewerbebetrieb
– Begriff 284 f.
– Besteuerung 228, 256 f., 283
– Einkünfte aus – 116, 224
– Gewerbesteuer 228
– Inhaber 221
– stehender 218, 226
Gewerbesteuer 13, 84, 218, 220, 228 f., 245, 281 ff., 355, 445, 447
– Abschaffung 5, 14, 92, 117, 299, 301
– -ausgleich 462
– BVerfG 355, 400
– Ersetzung durch kommunale Zuschlagsteuer 5, 27, 29, 35, 119, 301, 448
– -freiheit 223
– -pflicht 257

– Vereinigung mit Einkommensteuer 42
– Verrechnung mit Einkommensteuer 229
– Zukunft 255 ff.
Gewerbesteuergesetz 218
Gewerbesteuerreform 92, 255 ff., 416, 423 ff., 439
Gewinneinkünfte, Besteuerung 37, 116
– vs. Überschusseinkünfte 224 ff.
– Zusammenführung 301, 304, 448
Gewinnerzielungsabsicht 114 f., 133 f., 222, 439
Gewinnverschiebung 373
– s. auch Verrechnungspreise
GmbH 218 ff.
GmbH & Co. KG 218, 229
Goldbestand 130 f.
Google 261 ff., 401
Google Tax 261 ff., 447
Gewerblicher Grundstückshandel 129, 131
Gewerblicher Wertpapierhandel 129
Grenzsteuersatz 311, 323, 325 ff., 330 f., 340, 451
Griechenland 241, 379, 381
Große Steuerreform 90, 405 ff., 420, 455
Group relief 252, 255
Grundfreibetrag 127, 173 ff., 198, 200, 311, 322 f., 449, 451
Grundsteuerreform 303
Grundstücksveräußerung, private 148, 156, 210, 303 f.

H
Halbeinkünfteverfahren 11, 243, 250
Halbteilungsgrundsatz 355, 400
Haltefristen 130 ff.
Haushaltsgemeinschaft 199, 201
Hebesatz, kommunaler 35, 255, 257, 286, 301, 304
Hinzurechnungsbesteuerung 243, 262 f., 286
Hochverdiener 332
Holding Strukturen 255
Hybridformen 101 ff., 275, 439

I

Ikea 269, 274
IMF Fiscal Affairs Departement 377
Imputed Income 120, 122, 193
Indisponibles Einkommen, Lehre 185
Inflationsausgleich 209, 226, 245, 249, 276, 282, 304, 32, 323 ff., 345, 352, 380, 439, 446 ff.
Inflationäre Scheingewinne 38, 226, 249
Inflationsbereinigung 27, 47, 103 f., 134
Interdependenz materielles Recht und Verfahrensrecht 50 f.
Internationale(r)
– Aspekte der Unternehmensbesteuerung 1, 259 ff., 447 f.
– Steuerwettbewerb 4, 22, 36, 40 f., 59 ff., 76 f., 106 f., 209
Intertemporäre Neutralitätseffekte 103 f., 439
Interventionsprinzip 55 f., 436
Inverse Elastizitätenregel 68
Invest-KG 238
iPhone 268, 270
Island 381

J

Jährlichkeitsprinzip 309 f., 449
Jahressteuergesetz 2013 410

K

Kalte Progression 47, 321, 323 ff., 450
Kapitaleinkünfte, Abzugsverbot 142 f.
Kapitalgesellschaft, Besteuerung 218 ff.
Kapitalvermögen, Veräußerungsgewinne 144 ff.
Kinderfreibetrag 174 f., 182 f., 192, 196 f., 210
Kinderbetreuung, Kosten 30, 192 f.
Kinderlose Ehe 200
Kirchensteuer 215
Kirchhof 5, 15, 20 f., 24, 28 ff., 49, 406, 413, 419, 435
– Bundessteuer-/Einkommensteuergesetzbuch 28 ff.

– Tarifvorschlag Einkommensteuer 328
Kleinunternehmer 116, 240, 252
Kölner Entwurf Einkommensteuergesetzbuch 15, 24, 32 ff., 380, 412, 435
Körperschaftsteuer 217 ff., 229 ff.
– eigenständige 235
– Dividendenfreistellung 242 f., 446
– Integrierung in Einkommensteuer 217 ff., 300 f.
– Kompetenz 363
– Niederlande 389 f., 454
– Reformüberlegungen 1, 5, 10 f., 29, 31, 49 f., 61, 205, 218 f., 229 ff., 235 ff., 250, 286 f., 355, 445 f., 450
– Steuersatz 50, 243, 245, 259, 275, 384
– Verzicht 233 f., 300 f., 445
Kommission Steuergesetzbuch 4, 34 ff., 252, 412, 435
Kommunaler Hebesatz 35, 255, 286, 301, 304
Kommunale Zuschlagsteuer 5, 29, 256, 283, 301, 448
Konstitutionelle Besteuerungstheorie 77 ff.
Konsumbesteuerung 68 f., 71
Konsumorientierte Besteuerung 25, 31 f., 38, 100 ff., 208, 233 f., 347, 435, 439
Konsumpotential 378 f.
Konzernbesteuerung 255
– s. auch Unternehmen
Kopfsteuer 77
Korrespondenzprinzip 275 ff., 288 f., 448
Kranken- und Pflegeversicherungsbeiträge 171, 180, 210, 312

L

Laffer-Kurve 330 f.
Lang, Kölner Entwurf Einkommensteuergesetzbuch 15, 24, 32 ff., 380, 412, 435
Land- und Forstwirtschaft, Einkünfte 85, 116, 221, 227
– Wegfall 301 ff.

Lebenseinkommen 101, 103 ff., 227 f., 439
Leistungsfähigkeitsprinzip 47 ff., 72 f., 137 ff., 163 ff., 375 ff.
– und Gleichheit 375 f.
– Unterhaltsverpflichteter 188 ff.
– vs. Instrumentalismus 377 f.
Liechtenstein 381, 401
Lifetime notion of income 376
Lizenzen 262, 274
Lizenzschranke 275, 448
LLP 218, 237 f., 446
LLC 237 f., 446
Lock-in-Effekt 226, 243
Lohn- und Einkommensteuerstatistik 322, 450

M
Mantel(ver)kauf 253
Market Premium 270
Markteinkommenstheorie 38, 100, 119 ff., 175, 207, 222, 435, 439
Mietwohnung 130 f.
Mindestbeteiligungshöhe 130, 244
Mindesteinkommen 322
Missbrauchsanfälligkeit
– Erbschaftsteuer 359
– Vermögensteuer 363
Mittelstandsbauch 325
Mitunternehmerschaft 325
Mutter-Tochter-Richtlinie 241

N
Nachsteuereinkommen, reales 170, 176, 323, 443 f., 450
Notional Interest Deduction 277
Nettoprinzip
– objektives 53 ff., 76, 137 ff.
– subjektives, s. auch dort 107, 159 ff.
Neutralitätspostulat 166, 316
Nichtaufgriffsgrenzen 304 ff., 449
Nichtselbständige Tätigkeit 13, 116, 130, 307, 312, 449
Niederlande, Vermögensbesteuerung 373 ff.
– Box 3, s. dort
Niederländisches Einkommensteuergesetz 282 ff.

Niedrigsteuerstaaten 76, 247, 263 f., 288 f., 447
Nutzungsfähige Wirtschaftsgüter 130
Nutzungstatbestände 131 ff.
Nutzungswechsel 132 f.

O
Objektives Nettoprinzip 53 ff., 76, 137 ff.
Österreich, Einkommensermittlung
– Abzugsverbote 143 f., 146, 441 f.
– DBA 273
– Gruppenbesteuerung 255
– objektives Nettoprinzip 137 ff., 440
– Rechtsvergleich 137 ff., 205 f., 209 f., 381, 460
– Veräußerungsgewinne 148
– Verlustberücksichtigung 152, 154
Offener Steuerstaat 59 f.
Office of Tax Simplification 315
Optimale Besteuerung, Theorie 66, 75 ff., 86, 166, 321, 438
Optimierungsgebote 43 f., 436
Organschaft, Reformvorschläge 253

P
Partnerschaftsgesellschaft mit beschränkter Berufshaftung 218, 229, 237, 280
Pauschalen 33, 54, 116, 142, 180 f., 305 f., 310, 313, 315, 336, 415
Personengesellschaft, Besteuerung 218 ff.
Perzentile 327 f., 451
Prinzip der Anschlussfähigkeit 59 f., 436
Prinzip der Besteuerung nach der wirtschaftlichen Leistungsfähigkeit 47 ff., 303, 436, 461
Prinzip der steuerpolitischen Gestaltungsfreiheit 45 f., 57 f.
Prinzip der Vollzugsfähigkeit 50 ff., 394
Prinzipien zur Besteuerung von Einkommen 42 ff.
Private Vermögensgeschäfte, Steuerreform 134
Privatbezüge 173 f., 203, 443

Private Limited Company 218
Private Veräußerungsgewinne 100,
   126, 128 f., 225, 281, 144 ff.
Privilegierung, Betriebsvermögen bei
   ErbSt 359 f., 363, 368, 369 f., 401,
   452 f.
Produktionskosten 67
Produktionseffizienz(regel) 70, 76
Profit Split Methode 266, 447
Progression
 − direkte 323
 − indirekte 323
 − kalte 47, 321, 323 ff., 450
Progressionsvorbehalt 285, 327, 333,
   340, 451
Progressiver Einkommensteuersatz
   37, 56, 69, 74 ff., 138, 141, 154, 244,
   410, 414, 423, 426, 451, 456
Progressive Tarifstruktur 390
Proportionaler Einkommensteuertarif
   28, 58, 323, 414
Publikums(personen)gesellschaft 234,
   237

Q
Quellensteuer(abzug) 36, 113 f.,
   241, 246 f., 415
 − ausländische 392
 − als Allheilmittel 274 f.
 − Dividenden/Zinsen 268
 − Lizenzen 262, 274 f.
 − Sätze 309
Quellentheorie 10, 120 f., 376

R
Reales Nachsteuereinkommen 170,
   176, 323, 443 f., 450
Realsplitting, Familien-/Geschienden−
   197 f., 444
Rechtsreform Einkommensteuer 12,
   14 ff.
Reduzierung, Einkunftsarten 33 f.,
   112 f., 116 f., 283, 301 ff., 435 f.
Referendumsvorbehalt 317 ff., 334,
   450
Reform
 − Einkommensteuer 9 ff., 65 ff.,
   95 ff., 293 ff., 321 ff., 405 ff.

 − Gewerbesteuer 92, 255 ff., 416,
   423 ff., 439
 − Unternehmenssteuer 259 ff.
 − Vermögensteuer 343 ff.
Reformdiskussion Einkommensteuer
   7, 12, 18, 23 f., 58, 89, 97, 262, 291,
   394, 406, 412, 434
Reformentwürfe zur Besteuerung von
   Einkommen
 − duale Einkommensteuer 4 f., 24,
   36 ff., 102, 106, 208, 260, 330, 435,
   451
 − Elicker 31 f., 38 f., 102, 130, 435
 − Kirchhof s. dort
 − Kölner Entwurf 32 ff., 54, 435
 − Lang 32 f., 43
 − Mitschke 30 f., 38, 55, 102, 130,
   180, 435
 − Rose 24, 25 ff., 435
 − Steuergesetzbuch Stiftung Marktwirtschaft 4, 34 ff., 54, 89, 116,
   252, 412, 435
Reformgeschichte 10 ff., 85, 434
Reformmaßstäbe 16 f.
Reformmaximen 20 f.
Reformvorarbeiten 14 f.
Reformwege 20 ff.
Reformvorschläge, Unternehmenssteuer 259 ff.
Reichensteuer 377, 379, 381, 410, 427
Reinvermögenszugangstheorie 10, 52,
   120 f.
REIT-Gesetzgebung 235
Report on Double Taxation 375
Repro-Transaktionen 277
Russland 381

S
Sachverständigenrat/MPI/ZEW, Reform (2006) 36 ff., 208, 260
Schadensersatz 123
Schatteneinkommen 193
Schedulenbesteuerung 37, 42, 53,
   137 ff., 206, 209 f., 436, 440 ff.
 − Österreich 137 ff.
Schenkungsteuer 373 ff.
 − s. auch Erbschaftsteuer
Schweden 312, 381, 427

Schweiz 281, 380, 401, 420 ff., 428 f., 460
- kantonale Vermögensteuer 181
S-Corporation 239
Selbständige Tätigkeit 27, 116, 127, 218, 221 f., 305 f.
Selbständiger Unternehmensträger 231 ff., 445
Selbstgenutzte Wirtschaftsgüter 125, 128, 130 f., 282, 395
Selbstnutzung 132 f., 440
Selbstveranlagung 314 f.
S-H-S Modell 377
Sitting Ducks 374
Skandinavien
- Dual-Income-Tax-Modell 37, 377, 383
- Verlustbeitragsmodell 254 f., 291
Smartphones 268, 270
Sollertragsbesteuerung, Vermögen 350, 353, 355, 357, 359, 452
Sonderausgaben 172, 178, 180 f., 444, 449
- Revision 307
Sonderbetriebsvermögen 59, 130, 225
Sonn- und Feiertagszuschläge 114, 208
Sonstige Einkünfte (§§ 22, 23 EStG) 304, 338, 448
Sozialhilfe 123, 160, 171, 176 f., 186
Spanien 374, 379 f.
Spar- und Investitionsbereinigung 101
Spekulationsfrist 225
Spitzensteuersatz 1, 46, 74 f., 153, 206, 321, 324 f., 329 f., 332, 450 ff.
Staatsbürgerschaftsprinzip 277 f., 448
Staatsquote 323 f., 450
Steuergerechtigkeit 16 ff., 34, 46, 70 ff., 98, 118, 166 f., 178 f., 181 f., 435
Steuerinzidenz 73
Steuerreform, große 405 ff.
- aufkommensneutrale 19, 326 ff., 413, 451, 456
- fundamentale 405, 412, 427
- Scheitern der bisherigen 406 ff.
- Stand 405 f.

- Thesen 412 ff.
- Zukunft 416
Steuersenkungen 77, 329, 409 f., 420, 451, 455
Steuererhöhungen 73, 80, 409, 416, 430, 45
Steuerumgehung 58, 382 f., 385, 436
Steuervereinfachung 17, 56, 83, 293 ff., 334, 336, 340, 394, 406, 448
- in der Demokratie 295
- in der Informationsgesellschaft 296
- als Utopie 297
Steuervereinfachungsgesetz 2011 423
Steuervergünstigungen 60, 116, 197, 379, 414 f., 430, 456
Stiftung Marktwirtschaft, Entwurf Steuergesetzbuch 4, 34 ff., 54, 89, 116, 252, 412, 435
Stille Reserven 60, 125, 226, 248
Stufentarife ESt, alternative 328 ff.
- Stufentarif I 328
- Stufentarif II 329, 332
Subjektives Nettoprinzip 107, 159 ff.
- Reformbedarf 172 ff.
- überperiodische Entfaltung 182 f.
- verfassungsrechtliche Geltung 163 ff.
Substanzbesteuerung, ErbSt 249, 257, 259, 353 f., 446, 452
Subventionen 56, 119, 123, 170, 172, 215, 302, 436
- Verschonungs- s. dort

T
Tarifänderung, Einkommensteuer 311 f.
Tarifliches Familiensplitting 27, 48, 58, 199
Tarifreform, Einkommensteuer 321 f.
Tax Holiday 276, 319
Teileinkünfteverfahren 205, 243, 249 f., 446
Teilsteuersatzverfahren 243
Teilwertabschreibung 210, 224 f., 251 f., 254
Theorie der optimalen Besteuerung 66 f., 74, 77, 321

Thesaurierte Unternehmensgewinne 102, 106, 231 ff., 235 f., 240, 244, 248, 259, 284, 445 f.
Thin capitalization 247
Transfereinkommen 123 ff., 207
Transparenzregeln 278 f., 291 f.
Typisierung Einkommensbesteuerung 30, 33 f., 53 ff., 85, 171, 180 ff., 206, 355, 424, 436, 444

U
Überlassene Wirtschaftsgüter 130 ff.
Überschussrechnung 224
Umlagefinanzierte Sozialversicherungsrenten 144, 125 f.
Umsatzsteuer
– einheitliche oder differenzierte 75 f.
Unterhaltsleistungen, Abziehbarkeit 123, 125 f., 163, 173 ff., 184 ff., 188 f., 192 f., 197 f., 214, 443 f.
Unternehmen
– Begriff 218
– Besteuerung 226 ff.
– Kapitaleinsatz 226
– staatliche Infrastruktur 228
Unternehmensbesteuerung
– Funktion im Einkommensteuerrecht 217 ff.
– internationale 259 ff.
Unternehmensgewinne, anteilige Zurechnung 236, 238
Unternehmenssteuer
– allgemeine 42, 116, 239 f.
– einheitliche 239 f.
– kommunale 256
– Körperschaftsteuer s. dort
Unternehmenssteuerrecht 217 ff., 253, 445
Unternehmenssteuerreform 142, 249, 259 ff.
Unternehmensträger, selbständiger
– Begriff 219
– Besteuerung 229 ff.
– Wegfall der Besteuerung 233 f.
Unternehmer
– Begriff 218
– Besteuerung 220 ff.

US Hinzurechnungsbesteuerung 263
USA 75, 255, 261 ff., 277 f., 281, 315, 319, 331 f., 380 f., 420, 448

V
Veräußerungstatbestände 130 f., 133 f.
– gestreckte 133
– punktuelle 133
Veräußerungsgewinne 100, 126, 128 f., 224 f., 248
– Differenz und Dividende 248 ff.
– aus Immobilien (Österreich) 138, 148 ff.
– aus Kapitalvermögen (Österreich) 138 ff., 144 ff.
Veranlagungsverzicht 314 f., 449
Veranlassungszusammenhang 114, 133 f., 298, 439
Verbrauchsteuern 68 ff.
Verbrauchsgemeinschaft, Ehe 201, 206, 444
Verdeckte Gewinnausschüttung 234, 247
Vereinfachung, Einkommensteuer 7, 17, 28, 293 ff.
Verfassungsregeln 77 ff.
Verfassungswidrigkeit, Besteuerung 104 f., 358
– s. auch BVerfG
Verkehrswert 362, 367 f., 384, 401, 453 f.
Verlustausgleich 151 ff.
Verlustabzug, Wegfall 310 f., 449
Verlustrücktrag 311, 183, 310 f.
Verlustverrechnung, Einschränkung 35, 152, 205 f., 241, 244, 250 ff., 392, 446
– Gesellschaft/Anteilseigner 250 f.
– Organschaft 253
– Reformmodelle 252
– Vergleich Deutschland/Österreich 151 ff.
Verlustvortrag
– Ausschluss Deutschland/Österreich 154 f.
– Streichung 29, 88, 139, 287, 310 f., 462

Vermietung und Verpachtung, Einkünfte 37, 128 f., 153, 155, 224 f., 441 f.
- Wegfall 301 f., 330
Vermögensabgabe, einmalige 343 ff., 360 ff., 399, 434, 452 ff.
Vermögensbesitztheorie 351, 354, 379
Vermögensbesteuerung, Reformansätze 343 ff.
Vermögensteuer 343 ff.
- Ausgestaltung 353 f.
- BVerfG 355, 380
- Einwände 380
- Erfassungsprobleme 357 f.
- Europa und USA 380 ff.
- Gründe 378 ff., 385 f.
- Kompetenzen 346 f., 360 f.
- materiell-rechtliche Anforderungen 365 f.
- Missbrauchsanfälligkeit 359, 363
- Rechtsvergleich 373 ff.
- Sollertragsteuer 350 f.
Vermögensverwaltung 116, 128 ff., 220, 223, 440
Verrechnungspreise 263 ff., 264 f., 308, 447
Verschonungssubventionen 170, 172, 215, 302
Vertreterbetriebsstätte 272 ff.
Verwendungszweck, Steuern 169, 415 f., 456
Verzerrungen, steuerliche 67 f.
Vollzugsgerechtigkeit 52 f., 436
Vorausgefüllte Steuererklärung 312 f., 337, 339, 449
Vorsorge, zusätzliche 107
Vorsorgeaufwendungen

- Abzug 168, 174, 178 f., 312, 351, 444
- Zuschüsse 174

W
Wegzugsbesteuerung 110, 439
Werbungskostenabzug, Ausschluss 139, 142 ff., 205, 306 f.
Wertschöpfungs(-steuer) 79, 120, 122, 193, 226, 269 f., 447
Wiederkehrende Bezüge 126
Wirtschaftsgüter, 125, 128 ff.
- (nicht-)nutzungsfähige 130
- selbstgenutzte 125, 128, 130, 131 f., 282, 395
- überlassene 130 ff.
- ungenutzte 130 f.
Wohnsitzprinzip 277 f., 448
Worldwide debt cap 248

Z
Zinsbereinigung 4, 28, 101 ff., 439
Zinsen 71, 83, 256, 281
- Abgeltungsteuer 225, 245
- Abzugsfähigkeit 18, 247 f.
- Einheitssatz 244 ff.
- Finanzierungs– 149 f.
- Gewerbesteuer 257
- Niederlande 383 ff., 454
- Quellensteuer 247, 268, 309, 376
- Schutz– 27, 38
- Verlustausgleich 152
Zins-Lizenzgebühren-Richtlinie 247
Zukunftssicherung 29, 33, 36, 116
Zusätzliche Vorsorge 107
Zusatzlast der Besteuerung 67